Johann Rottenhöfer

Neue Anweisung in der feinern Kochkunst

Johann Rottenhöfer

Neue Anweisung in der feinern Kochkunst

ISBN/EAN: 9783743302037

Hergestellt in Europa, USA, Kanada, Australien, Japan

Cover: Foto ©Andreas Hilbeck / pixelio.de

Manufactured and distributed by brebook publishing software
(www.brebook.com)

Johann Rottenhöfer

Neue Anweisung in der feinern Kochkunst

Illustrirtes Kochbuch

von

J. Rottenhöfer,

Königl. Haushofmeister und vorher erstem
Mundkoche weil. Sr. Maj. des Königs
Maximilian II. von Bayern.

Zweite vermehrte Auflage.

Verlag von Braun & Schneider,
München.

Illustrirt von Emil Doepler.

Vollständig in 13 Heften, wovon das letzte gratis geliefert wird.
Subscriptionspreis für das Heft 36 kr. oder 10 Sgr.
☞ Aufgeschnittene oder sonst durch den Gebrauch angeschlagene Exemplare werden nicht zurückgenommen.

1284. Steinbutte auf italienische Art. Turbot à l'Italienne.

Man wählt hierzu eine kleine Steinbutte; diese wird sehr rein geputzt, gut ausgewaschen, gesalzen und so einige Stunden an einen kalten
Ort gestellt. Hierauf wird sie abgetrocknet und in eine irdene flache
Schüssel gelegt, mit einem viertel Pfund gutem Oel, dem Saft von zwei
Zitronen und einem Glase weißen italienischen Wein noch eine Stunde
marinirt. Unterdessen werden sechs Stück Trüffeln geschält, gewaschen,
dann mit Schalottenzwiebeln, grüner Petersilie, Champignons, Estragon,
Schnittlauch, von jedem gleiche Theile, Alles zusammen fein zu Hachis geschnitten und dies zusammen mit einem halben Pfunde frischer Butter gedünstet, dann vier Eßlöffel voll geriebene Semmel, Sardellenbutter, etwas
Cayenne-Pfeffer und Muskatnuß dazu gethan und mit einer viertel Maß
guter brauner Sauce verrührt. Die Steinbutte wird auf ein passendes,
flaches Geschirr gelegt, über derselben leichte Einschnitte gemacht, mit der
beschriebenen Masse überstrichen, mit einem Bogen Papier, der gut mit
Oel bestrichen ist, gedeckt und so während einer Stunde unter öfterm Begießen mit der eigenen Sauce, wo man jedoch von Zeit zu Zeit etwas
Wein nachgießen muß, langsam gebraten. Beim Anrichten wird das Fett
rein abgenommen, der Fisch mit einem Casserolle-Deckel ausgehoben, auf
eine passende Schüssel gelegt und die eigene Sauce sammt den Kräutern
darüber gegossen.

57. Abschnitt.

Von der Seezunge.　De la Sole.

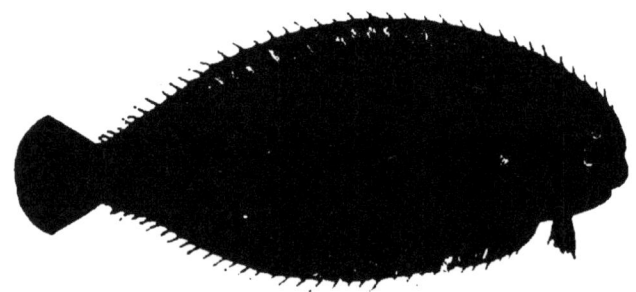

Sie gehört ebenfalls zu dem Geschlechte der Plattfische, ist ganz
platt, ihrer Länge nach keilförmig gestaltet und theils mit einer weißen,
theils mit einer schwärzlichen Haut und diese mit ganz feinen Schuppen
belegt. Ihr Fleisch ist viel feiner, saftreicher und milder als das anderer
Plattfische und ist deßhalb sehr geachtet.

1285. Gebackene Seezungen. Soles frites.

Die Seezungen werden rein gewaschen, die Haut davon abgezogen, gesalzen und so eine Stunde stehen gelassen. Nach dieser Zeit werden sie abgetrocknet, in Mehl umgekehrt, dann in Eier, welche mit Salz und etwas Wasser abgeschlagen sind, durchgezogen und mit geriebenem Brote bestreut. Kurz vor dem Anrichten werden sie lichtbraun aus dem Schmalz gebacken, über eine zusammengelegte Serviette auf einer Schüssel angerichtet und Zitronen, jede der Länge nach in vier Theile geschnitten, mit beigegeben.

1286. Gebackene Seezungen auf englische Art. Soles frites à l'Anglaise.

Die Seezungen werden, wie die vorhergehenden, zubereitet und kurz vor der Tafelstunde gebacken, dann auf der untern Seite ein Einschnitt gemacht und die ganze Gräte behutsam herausgenommen und nachstehende Butter eingefüllt. Ein halbes Pfund ganz frische Butter wird schaumig gerührt, dann kömmt der Saft von zwei Zitronen, ein Eßlöffel voll Senf, zwei Eßlöffel voll Sardellenbutter, zwei Eßlöffel voll kalte Sauce suprême, Salz, Muskatnuß und zwei Kaffeelöffel voll fein geschnittene, blanchirte Petersilie dazu, welches zusammen genau in Verbindung gebracht und bis zum Gebrauche kalt gestellt wird. Mit dieser Butter werden, wie schon bemerkt, die gebackenen und entgräteten Seezungen, in jede ein Eßlöffel voll, eingestrichen, welches jedoch erst im letzten Augenblicke, ehe sie zur Tafel kommen, geschehen muß. Die Butter wird in dem heißen Fische leicht schmelzen, sich mit dem entquillenden Safte desselben vereinigen und so eine sehr angenehme köstliche Speise geben.

1287. Gebackene Seezungen auf französische Art. Filets de Soles à la Horly.

Von vier Seezungen wird die Haut abgelöst, die Filets ausgeschnitten, egal zuparirt und dann mit Oel, Pfeffer, Salz, Petersilie und in Scheiben geschnittenen Zwiebeln eine Stunde marinirt. Nach dieser Zeit werden die Filets auf ein Tuch gelegt, abgetrocknet, in Mehl umgekehrt, aus heißem Schmalz gebacken, auf einer Platte erhaben angerichtet und eine Sauce tomate extra mitservirt.

1288. Seezungenschnitten nach Vernon. Escalopes de soles à la Vernon.

Aus drei Stück Soles werden zwölf egal runde Escalopes geschnitten, diese gesalzen und eine halbe Stunde stehen gelassen. Sodann werden sie abgetrocknet, in Mehl umgekehrt, in Eier getaucht, panirt und dann in einer Plât à sauté in klare Butter eingerichtet. Unterdessen bereitet man ein gutes Austern-Ragout (siehe 7. Abschnitt Nr. 326), unter welches man ebenso Krebsschweifchen gibt und au bain-marie warm stellt. Eine viertel Stunde vor dem Anrichten werden die Escalopes lichtgelb gebraten, dann zum Entfetten über ein Tuch gelegt. Sie werden über eine Reis-Borbure im Kranze angerichtet und in ihre Mitte das Kleinragout gegeben.

1289. Seezungenschnitten à la Dieppoise. Filets de soles à la Dieppoise.

Von fünf schönen Seezungen werden die Filets ausgeschnitten, von diesen die Haut abgelöst, dann rein gewaschen, gut abgetrocknet und daraus zwanzig Stück gleich große Filets wie die Poularbenbrüste geschnitten. In jedes von diesen wird an dem spitzen Theil eine rothe Krebsscheere eingesteckt, dann werden sie gesalzen, in klare Butter eingerichtet und mit einer mit Butter bestrichenen Papierscheibe bedeckt kalt gestellt. Dann bereitet man ein Ragout von Austern mit Champignons, welches mit einer guten rothen Krebssauce nach dem Verhältniß zu den Ingredienzen in richtiger Binbung ist. Kurz vor dem Anrichten werden die Seezungenstücke, welche leicht beschwert sein müssen, auf beiden Seiten sautirt, dann wird die Butter abgegossen und der Saft einer Zitrone darüber gepreßt. Sie werden dann im Kranze, die Scheeren nach oben, angerichtet und das ganz heiße Klein-Ragout in die Mitte gegeben.

1290. Seezungenschnitten à la Gourmand. Filets de soles à la Gourmand.

Die Seezungenschnitten werden wie die vorhergehenden zubereitet, dann werden sie in eine dick fließende Sauce normande (siehe Nr. 226) eingetaucht und über einen mit fein geriebenem Brot bestreuten Deckel gelegt, worauf man sie kalt werden läßt. Sonach werden sie in fein geriebenem weißen Mundbrote umgekehrt, dann in leicht gesalzene, gut abgeschlagene Eier getaucht und wiederholt panirt. Dann werden sie mit dem Messer in gleiche Stückchen geformt, in zerlassener Krebsbutter in einer Plât à sauté über Kohlenfeuer auf beiden Seiten sautirt, zum Entfetten über ein Tuch gelegt, den vorhergehenden gleich angerichtet und das in bester Eigenschaft bereitete Klein-Ragout Salpicon à la normande (siehe Nr. 325) heiß in ihre Mitte gegeben.

1291. Seezungenschnitten à la Gastronome. Filets de soles à la Gastronome.

Man bereitet aus vier schönen Seezungen ohngefähr vierzehn Stück gleiche Filets, welche die Größe wie Hühnerbrüstchen haben. Diese werden gesalzen, in eine Schüssel gethan, mit Zitronensaft beträufelt und so eine Stunde marinirt. Von den Abschnitten (paruro) wird mit Krebsbutter eine feine Farce bereitet (siehe Nr. 294). Die Seezungenstückchen werden nun gut abgetrocknet, dann auf einer Seite mit der Farce messerrückendick recht egal und glatt überstrichen, wobei man das Messer in's heiße Wasser tauchen muß, und dann in klare Butter in eine Plât à sauté eines neben das andere eingelegt. Wenn nun alle so eingerichtet sind, wird die Oberfläche derselben geschmackvoll mit abgekochten schwarzen durch

36*

kleine blecherne Ausſtecher geformte Trüffeln garnirt, dann über jedes
Filet eine dünne Speckſcheibe gelegt und dann das Ganze mit einer mit
Butter beſtrichenen Papierſcheibe bedeckt. Kurz vor dem Anrichten werden
dieſelben ohngefähr zehn Minuten lang in's Bratrohr geſtellt, worin man
ſie langſam gar werden läßt. Sie werden dann in eine Schüſſel über
eine Farce-Bordure ſchön angerichtet und in ihre Mitte ein recht gut bereitetes Püree von Champignons (ſiehe Nr. 261) gegeben.

1292. Seezungenſchnitten in Papilloten. Filets de soles en papillotes.

Von vier Seezungen werden die Filets ausgelöſt, dieſe in fingerlange,
zweifingerbreite Stückchen geſchnitten, geſalzen und mit einer Fines herbes,
nebſt einem Stück friſcher Butter gedämpft; hierauf werden ſie auf eine
Aſſiette gelegt, unter die Fines herbes etwas Krebs-Farce und Sardellenbutter gerührt und jedes Stückchen damit überſtrichen. Sodann werden
ſie in mit Oel beſtrichenen Papierherzchen eingelegt, dieſe recht genau über-
bogen und eine halbe Stunde vor dem Anrichten auf einen gut mit Oel
beſtrichenen Bogen Papier gelegt und auf dem Roſte bei ſchwachem Kohlenfeuer gebraten. Die Zeit des Bratens muß ſo berechnet ſein, daß die
Papilloten vom Roſte gleich zu Tiſch kommen.

1293. Mayonnaiſe von Seezungen. Mayonnaise de filets de soles.

Aus vier Seezungen werden die Filets ausgelöſt und hiervon wieder
ſechszehn Stück gleich große, egale Filets geſchnitten, welche geſalzen, in
klarer Butter ſautirt und ſodann zwiſchen zwei flachen Caſſerollen-Deckeln

leicht gepreßt werden. Unterdessen bereitet man eine gute Sauce-Mayonnaise. Die Seezungenstücke werden durch die Mayonnaise gezogen, über einen Deckel gelegt und auf Eis gestellt. In gleicher Zeit hat man einen Aspik-Reif, bordure d'aspic, in gestoßenes Eis gegraben, in welchen man halb-fingerdick klare Fleischsulz gießt und, wenn sie gestockt ist, darüber Krebs-schweifchen, aus den Kernen gedrehte Oliven einlegt, welche man mit Aspik begießt und wieder stocken läßt; wenn dies erreicht ist, wird wieder soviel Aspik eingegossen, daß die Schweifchen und Oliven überdeckt sind. Ueber diese kömmt dann eine zweite Einlage und zwar von rollirten Sardellen und zwischen jede in vier Theile geschnittene Eierdotter, welche dann wieder wie die vorhergehenden mit Aspik übergossen werden. Eine halbe Stunde vor dem Anrichten wird die Aspik-Bordure in's heiße Wasser getaucht, auf eine passende flache Porzellan- oder schöner noch flache Krystall-Schüssel gestürzt, die Form abgehoben und die Schüssel auf's Eis gestellt. Die Seezungenstückchen werden erhaben im Kranze in die Mitte gelegt und außen herum mit ganz kleinen, rund ausgestochenen Croutons, auf denen Caviar gestrichen ist, garnirt.

1294. Seezungenstückchen als Salat. Filets de soles en salade.

Aus vier schönen Seezungen werden die Filets ausgeschnitten, gesalzen und, ganz den vorhergehenden gleich, in Butter sautirt und leicht gepreßt. Sie werden dann in eine Porzellanschale gelegt und eine Stunde mit Oel, Zitronensaft, feingeschnittener Estragon und Pimpernelle, Estragonessig und Pfeffer marinirt. Hierauf werden die Fischstückchen in einer flachen Schüssel über ein Beet von nudelartig geschnittenem Kopfsalat erhaben angerichtet und außen herum eine Bordure von hart gekochten, halbirten Eiern, zwischen die jedesmal ein Salatherzchen kömmt, aufgestellt. Der Salat wird dann überall mit der Marinade begossen und zu Tisch gegeben.

1295. Turban von Seezungen. Turban de filets de soles à la Conti.

Von vier schönen Seezungen werden die Filets ausgelöst, so daß man sechszehn gleich große Stücke bekömmt; diese werden nun recht egal in gleicher Form auf einer Seite etwas zugespitzt zugeschnitten, dann acht davon mit schwarzen Trüffeln und acht mit recht grünen Cornichons schön bigarrirt. Von dem Fleische von drei kleinen Seezungen wie auch von den Abfällen wird eine Farce bereitet, wovon man den vierten Theil zurückläßt und drei Theile in eine mit Butter ausgestrichene, genau zur Schüssel passende, turbanähnliche, blecherne, oben abgerundete Form einfüllt und diese Farce-Bordure au bain-marie gar werden läßt. Ist dies erreicht, so wird dieselbe in die zum Anrichten bestimmte Schüssel gestürzt, dann werden die bigarrirten Seezungenstücke von innen mit dem Rest der Farce dünn überstrichen und in abwechselnder Farbe, die breite Seite nach unten, darüber gebogen, so daß die Spitzen der Filets nach innen kommen und das Ganze einem Turban ähnlich erscheint. Ist nun das Gericht mit

Fleiß und Geschmack vollendet, so werden über die Filets dünne Speck=
scheiben gelegt, in der Mitte ein passendes Stück Mundbrot leicht einge=
drückt und zuletzt mit Papier zugedeckt. Drei viertel Stunden vor dem
Anrichten wird nun der Turban über einen Plafond in das nicht zu heiße
Bratrohr oder in den Backofen gestellt und langsam gar gemacht. Beim
Anrichten selbst wird das Papier wie die Speckscheiben schön abgenommen,
das Fett mittelst eines Tuches herausgetunkt, die Schüssel gut gereinigt
und in die Mitte ein Ragout von Austern (siehe Nr. 326) gegeben, zu
welchem man noch die Champignons und Krebsschweifchen gibt.

1296. Seezungenstückchen auf italienische Art. Soles à l'Italienne.

Vier schöne frische Seezungen werden sehr rein geputzt, die Haut ab=
gezogen, gesalzen und ganz der Steinbutte gleich, behandelt.

1297. Papietten von Seezungen. Filets de soles en popiettes.

Aus vier Seezungen werden die Filets ausgelöst, so zwar, daß man
sechszehn gleich große Filets hat; sie werden gesalzen, mit Fisch=Farce be=
strichen, aufgerollt, in mit Butter bestrichenes Papier eingehüllt und in
einer Court=Bouillon weich gekocht. Sie werden auf ein Tuch zum Ent=
fetten gelegt, aus dem Papier genommen, schön angerichtet und eine Sauce
Italienne oder auch eine Krebs=Sauce darüber gegossen.

---

58. Abschnitt.

Von der Makrele.   Du Maquereau.

Die Makrele hat einen eingedrückten, glatten Kopf und glatten Körper
und durch die am Schwanz sich befindenden Nebenflossen ein sonderbares
Ansehen. Sie ist acht bis zehn Zoll lang, zuweilen noch größer. Im
Frühjahr wird sie am meisten an den nördlichen Küsten Frankreichs ge=
fangen, ihr Fleisch ist sehr zart, wohlschmeckend und saftig.

1298. Makrelen in Salzwasser gekocht. Maquereaux à l'eau de sel.

Für eine Schüssel sind drei Makrelen hinreichend; sie werden rein geputzt, die Leber behutsam herausgenommen, der Kopf gebunden, und dann gesalzen. Eine viertel Stunde vor dem Anrichten werden sie in gesalzenes, kochendes Wasser gelegt und gar gemacht. Sie werden auf einer langen Schüssel angerichtet, mit grüner Petersilie garnirt und eine Sauce maître d'hôtel wie auch klare Butter, beurre fondu, extra beigegeben. Die Lebern der Makrelen werden über dieselben gelegt.

1299. Geröstete Makrelen. Maquereaux à la Picardienne.

Die Makrelen werden gereinigt, ausgenommen, über dem Rücken ein tiefer Einschnitt gemacht, gesalzen und dann mit Oel, Zitronensaft, Pfeffer, Lorbeerblatt, Petersilie und in Scheiben geschnittenen Zwiebeln eine Stunde marinirt. Eine halbe Stunde vor dem Anrichten werden sie auf Kohlenfeuer geröstet, dann auf den Bauch angerichtet, die Lebern dazwischen gelegt und in die Rückenöffnung dieselbe kalte Butter gefüllt, wie sie bei den Seezungen à l'anglaise im vorhergehenden Abschnitt angegeben ist. Etwas piquante Jüs, mit Zitronensaft angenehm gesäuert, wird darunter gegossen.

1300. Makrelen nach Küchenmeister Art. Maquereaux à la maître d'hôtel.

Nachdem drei Makrelen gut gereinigt, gewaschen und der ganze Rückgrat, ohne den Fisch in seiner natürlichen Form zu beschädigen, ausgelöst ist, werden sie gesalzen und mit Oel, Zitronensaft, grüner Petersilie, grobem Pfeffer, Lorbeerblatt und Schalottenzwiebeln eine Stunde marinirt. Eine halbe Stunde vor dem Anrichten werden sie bei starkem Kohlenfeuer über einem heiß gemachten Roste gebraten, wo sie öfters mit ihrer Marinade bestrichen werden müssen. Sie werden auf eine lange Schüssel gelegt und eine gut bereitete Sauce maître d'hôtel wird extra beigegeben. Auch wird öfters eine kalte beurre maître d'hôtel in den Rücken eingefüllt.

1301. Makrele mit schwarzer Butter. Maquereaux au beurre noir.

Sie werden, wie die vorhergehenden, ohne daß jedoch der Rückgrat ausgelöst wird, marinirt und auf dem Rost gebraten, dann angerichtet und eine schwarze Butter darüber gegossen. Man läßt einige Schalotten, Petersilie, ganzen Pfeffer und ein Lorbeerblatt in einem halben Weinglas voll gutem Essig aufkochen, stellt zu gleicher Zeit ein halbes Pfund frische Butter in einer Casserolle auf's Feuer und läßt sie beinahe schwarz werden, gießt dann den Essig sammt den Kräutern dazu, kocht es zusammen nochmals auf und gießt diese Butter durch ein Sieb über die Fische.

1302. Makrelen mit Austern. Maquereaux à la Boulonaise.

Nachdem man drei gute Makrelen rein geputzt, gewaschen und jede in drei gleiche Theile geschnitten hat, werden sie in weißem Wein mit

Wasser, Salz und aromatischen Kräutern abgekocht, dann angerichtet und mit einer sehr guten Austern=Sauce übergossen.

1303. Makrelen auf Flamänder Art. Maquereaux à la Flamande.

Nachdem drei Makrelen sehr rein geputzt, gewaschen und wieder ab= getrocknet sind, wird der ganze Rückgrat derselben behutsam ausgelöst und die Fische auf ein Tuch gelegt und gesalzen. Dann bereitet man von Schalotten, Petersilie, Champignons, Trüffeln eine Fines herbes, welche in einem viertel Pfund Butter gedünstet, dann mit den durchpassirten Lebern der Makrelen, vier Eßlöffeln voll Sardellenbutter und eben soviel Fisch= Farce in genaue Verbindung gebracht und mit dieser gefüllt werden, so daß dieselben ihre natürliche Form wieder erhalten. Sie werden dann in gutem Schreibpapier, welches sehr gut mit Oel bestrichen wurde, einge= wickelt, unten und oben gut überschlagen und mit Bindfaden netzartig umbunden. Eine halbe Stunde vor dem Anrichten werden sie über einen gut mit Oel bestrichenen Bogen Papier auf den Rost gelegt und bei stiller Gluth langsam gebraten, dann aus dem Papier genommen, auf eine lange Schüssel gelegt und mit einer Sauce tomate servirt.

1304. Makrelenschnitten mit Austern. Sauté de filets de maquereaux aux huîtres.

Nachdem vier schöne frische Makrelen gereinigt, gewaschen und die Lebern hievon auf einer Assiette kalt gestellt worden sind, werden die beiden Hälften einer jeden rein aus Haut und Gräten gelöst und hievon Filets geschnitten, welche die Form einer Hühnerbrust haben; sie werden gesalzen und in einer Plât à sauté in klare Butter gelegt, mit einer mit Butter bestrichenen Papierscheibe, damit keine Luft eindringen kann, gedeckt und bei Seite kalt gestellt. Die Lebern werden in Stücke geschnitten, gesalzen und in Mehl umgekehrt. Kurz vor dem Anrichten werden die Filets auf beiden Seiten sautirt, auf ein Tuch zum Entfetten gelegt, dann im Kranze in einer Entréeschüssel, wo zwischen jedes ein in gleicher Größe und Form wie die Makrelenschnitten geschnittenes und aus klarer, frischer Butter gebackenes Brotherzchen gelegt wird, angerichtet, ein gutes Austern=Ragout in ihre Mitte gegeben und nachdem die gebackenen Lebern derselben außen herum garnirt worden sind, sogleich zu Tisch gegeben.

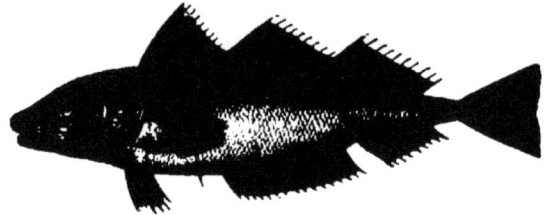

59. Abschnitt.

Vom Weißling. Du Merlan.

Diese vorzüglichen delikaten Fische, womit uns das mittelländische Meer reichlich versieht, haben einen länglichen Körper, kleine, runde, silber= weiße glänzende Schuppen, die auf dem Rücken in's olivengrüne spielen, mit schwarzen Brust= und Schwanzflossen, die obere Kinnlade ist hervor= stehend. Sie müssen sehr frisch genossen werden, denn nur ihre Frische ist es, die ihren feinen Geschmack so ungemein erhöht.

1305. Abgesottener Weißling. Merlan à l'eau de sel au persil.

Nachdem der Merlan rein geschuppt, ausgenommen und gut ausge= waschen ist, wird er in ein passendes Geschirr gelegt, gesalzen, mit rein gewaschenen Petersilienwurzeln sammt dem Grünen und einem Lorbeerblatt belegt, kaltes Wasser darüber gegossen und so langsam auf dem Feuer gar gekocht. Er wird sobann angerichtet und etwas von seinem eigenen Wasser darunter gegossen. Die Leber desselben wird mit abgekocht und als Deli= katesse beigelegt.

1306. Gebackener Weißling. Merlan frit.

Man wählt hierzu die kleinern; diese werden sehr rein geputzt, aus= gewaschen, auf beiden Seiten leichte Einschnitte gemacht, dann gesalzen, die Lebern in den Körpern angelegt, in Mehl umgekehrt und so aus heißem Schmalz gebacken. Sie werden über eine Serviette auf einer langen Schüssel angerichtet und mit gebackener Petersilie garnirt. Zitronenschnitten werden extra beigegeben.

1307. Gratinirte Merlans. Filets de merlans au gratin.

Von vier Merlans werden die beiden Filets rein aus Haut und Gräten gelöst, in kleine Stücke geschnitten, gesalzen und mit einer Fines herbes und frischer Butter weich gedünstet. Ebenso wird eine Farce von Merlan bereitet, mit dieser der Boden einer Entrée=Schüssel halb fingerdick bestrichen, die Hälfte der Merlanschnitten nebst Kräutern darüber gethan,

wieder mit Farce überstrichen, dann wird der Rest der Schnitten darüber
gelegt, erst mit den Kräutern, dann mit Farce glatt überstrichen und mit
einer mit Butter bestrichenen Papierscheibe gedeckt. Eine halbe Stunde
vor dem Anrichten wird das Gratin in einem mäßig heißen Ofen auf
ein Blech gestellt und langsam gebraten, dann sehr rein entfettet, schön
glacirt, etwas Demi-Glace darüber gegossen und so zu Tisch gegeben.
Die aus den Abgängen der Fische bereitete, mit Zitronensaft angenehm
gesäuerte Merlan-Essenz kann extra beigegeben werden.

**1308. Merlanschnitten in einer Papier-Caisse. Filets de merlans
en caisse, gratinés.**

Die vorhergehenden Merlanschnitten werden mit Farce gerade so in
einem Papier (Caisse) eingerichtet und im Ofen gratinirt.

**1309. Gebackene Merlanschnitten à la Comtesse. Filets de merlans
frits à la Comtesse.**

Einige Merlans werden gut gereinigt, gewaschen, die beiden Filets aus
Haut und Gräten gelöst, dann in fingerlange Stückchen geschnitten, ge-
salzen, in Mehl umgekehrt und lichtgelb gebacken; dann werden sie in einem
Körbchen, welches geschmackvoll aus pâte d'office bereitet ist, erhaben an-
gerichtet, in ihre Mitte ein Bouquet von recht grün gebackenen Petersilien-
sträußchen gethan und nachdem das Körbchen unten herum noch mit kleinen
Caisses von Papier, welche mit einem Salpikon von Krebsen und den
Merlanlebern gefüllt, garnirt ist, wird es sogleich zu Tisch gegeben.

1310. Merlanschnitten in einer Brotkruste. Blanquette de merlans en croustade de pain.

Die Merlans werden im Salzwasser mit Petersilie abgekocht und wenn sie kalt sind, ausgehoben, das Fleisch aus Haut und Gräten gelöst, dann mit etwas frischer Butter und Salz bis alle Flüssigkeit weg ist, gedünstet, dann mit guter Sauce béchamel leicht untermengt und so kochend=heiß in einer schön geschnittenen, aus dem Schmalz lichtbraun gebackenen Brotkruste erhaben angerichtet und außen herum, nämlich am Rande der Kruste, ein Band von Krebsschweifchen gelegt. Die Kruste wird zuvor auf eine Entrée=Schüssel gestellt.

1311. Gebackene Merlans nach französischer Art. Horly de filets de merlans.

Siehe Abschn. 57, Horly de soles.

1312. Popietten von Merlans. Popiettes de filets de merlans.

Von vier Merlans werden die Filets ausgelöst, sauber parirt, jedes in der Mitte durchgeschnitten, so daß man sechszehn gleich große Filets erhält. Diese werden gesalzen, mit Merlan=Farce, die mit Krebsbutter bereitet wurde, überstrichen, aufgerollt und über in eine Entrée=Schüssel finger=dick aufgestrichene Farce gestellt, dann wird das Ganze mit dünnen Speck=scheibchen überlegt, mit einer mit Butter bestrichenen Papierscheibe gedeckt und kalt gestellt. Eine halbe Stunde vor dem Anrichten wird die Schüssel in einen mäßig heißen Ofen gestellt, die Popietten langsam gar gemacht, dann rein entfettet, schön glacirt und mit einer gut bereiteten Sauce Fines herbes leicht übergossen.

1313. Merlans nach holländischer Art. Merlans à la Hollandaise.

Diese werden in Salzwasser abgekocht, auf einer langen Schüssel angerichtet, mit rund geschälten und in Salzwasser gekochten Kartoffeln umlegt und eine holländische Butter=Sauce extra beigegeben.

60. Abschnitt.

Vom Stör, Sterlet und Hausen. De l'Esturgeon, Esterlet et du grand Esturgeon.

Der Stör ist ganz dem Hausen ähnlich; er ist ohne Schuppen und sein Körper ist mit mehreren Reihen großer, beinharter Schilde besetzt. Die Hauptfarbe des Körpers ist blaugrünlich, oberhalb mit braunen, unterhalb mit schwärzlichen Punkten besetzt und der Bauch weiß. Sein Kopf ist rüsselförmig, länger und spitzer als beim Hausen; er wird in allen europäischen Meeren gefangen, im Sommer geht er in die großen Flüsse, wie z. B. in die Wolga, Donau, Weichsel. Einen besonderen Handelsartikel macht der Rogen aus, der an Ort und Stelle eingesalzen und unter dem Namen Caviar verkauft wird. Sein Fleisch ist weiß und schmackhaft, besonders von denen, die nicht über 20 Pfund schwer sind.

Der Sterlet hat in seiner Gestalt viel Aehnlichkeit mit dem Stör, jedoch wird er nur gegen fünf Fuß lang. Seine Gattungskennzeichen sind drei Reihen Schilder, wovon er gegen fünfzehn auf dem Rücken hat. Wenn der Sterlet recht frisch ist und durch den Transport nicht gelitten hat, so wird er viel höher geachtet als der Stör. Der aus seinem Rogen bereitete Caviar wird für den besten gehalten.

Der Hausen ist seines Fleisches wegen weniger beliebt, jedoch seine Blase, aus welcher die sogenannte Hausenblase bereitet wird, bei der Kochkunst sehr geachtet. Seine Gestalt ist merkwürdig, der Kopf gleicht einem länglichten Vierecke, dessen Ende in eine stumpfe Schnauze ausgeht, jedoch wie beim Stör und Sterlet mit vier Bartfasern versehen ist. Seine Farbe ist auf dem Rücken schwarz, an den Seiten bläulich und auf dem Bauche weiß und sein Körper ist ebenfalls mit fünf Reihen knöcheriger, beinharter Schilber besetzt. An Größe übertrifft der Hausen bei weitem den Stör, indem er gegen sechzehn Schuh lang und zuweilen über fünfhundert Pfund schwer wird. Der junge Hausen im Gewichte von sechszehn bis achtzehn Pfund ist sehr gut und wird sehr geachtet.

1314. Stör und Sterlet gesotten. Esturgeon ou esterlet au court-bouillon.

Wie schon bemerkt wurde, werden für feinere Tafeln nur junge Exemplare solcher Fische genommen; sie werden bei der ersten Bauchflosse aufgeschnitten, rein ausgenommen, alle knöchernen Schilder rein ausgeschnitten, gut gewaschen, gehörig gesalzen, der Kopf gebunden in ein passendes Fischgeschirr, oder auch theilweise zerschnitten, eingelegt und mit einer stark gewürzhaften Court=Bouillon kalt übergossen und während anderthalb bis zwei Stunden langsam vor der Tafelstunde gar gemacht. Beim An=richten wird er über eine Serviette auf eine passende Fischplatte auf den Bauch gelegt und mit einer holländischen Sauce, einer Ravigote, oder auch Poivrade nebst klarer Butter zur Tafel gegeben.

1315. Gebratener Stör. Esturgeon au four.

Der gut gereinigte und vorher mehrere Stunden gut eingesalzene Stör oder Sterlet wird von dem Salzwasser abgetrocknet, in eine Bratpfanne gelegt, mit einer sehr gewürzhaften Marinade begossen und im Brat= oder Backofen langsam und in schönster Farbe gebraten, dann angerichtet, der Fond sehr rein entfettet, durchgeseiht und über denselben gegossen. Eine gute Kapern=, Sardellen= oder Senf=Sauce wird extra mitservirt.

1316. Sterlet auf polnische Art. Esterlet à la Polonaise.

Nach sorgfältiger Vorbereitung wird der Stör gut eingesalzen, in ein passendes Geschirr gethan, mit abgeschälten Zitronenscheiben, Lorbeerblättern, Thymian und Basilikum, in Scheiben geschnittenen Zwiebeln und gelben Rüben gewürzt, mit einer Bouteille rothen Wein und ebensoviel guter Marinade übergossen und gut zugedeckt auf Kohlenfeuer langsam gedünstet. Derselbe wird auf einer langen Schüssel angerichtet, mit glacirten Zwiebeln und gebratenen Kartoffeln bekränzt und mit nachstehender Sauce übergossen.

Die Essenz, worin der Sterlet gedünstet wurde, wird durch ein Haarsieb geseiht, sehr rein entfettet und mit zwei Quart Sauce espagnole über dem Feuer dicklichfließend eingekocht, dann mit einem Stückchen Glace und zwei Eßlöffeln voll Sardellenbutter untermengt, durch ein Haartuch gepreßt und so kochendheiß in einer Saucière extra beigegeben, etwas hier=von wird über den Sterlet gegossen.

Aus dem Stör werden noch verschiedene Gerichte bereitet, wie z. B.

1317. Grillirte Stör=Coteletten. Côtelettes d'esturgeon grillées.

1318. Grillirte Stör=Coteletten in Papier. Côtelettes d'esturgeon grillées en papillotes.

1319. Escalope von Stör. Escalope d'esturgeon.

1320. Stör auf Kalbsnuß=Art. Esturgeon en noix de veau.

1321. Stör auf Kalbsnuß=Art mit Trüffeln. Esturgeon en noix de veau aux truffes.

1322. Stör auf Kalbsnuß=Art mit Oliven. Esturgeon en noix de veau aux olives.

1323. Stör auf Kalbsnuß=Art mit Champignons. Esturgeon en noix de veau aux champignons.

Da das Fleiſch der größeren Stöfe einige Aehnlichkeit mit dem Kalb=
fleiſch hat, ſo weiſe ich auf den Abſchnitt vom Kalbfleiſch zurück, indem
alle hier genannten Gerichte, welche bei demſelben vorkommen, in ihrer
Zubereitung genau angegeben ſind. Nur iſt zu bemerken, daß bei allen
ganz gedämpften Störſtücken mehr gewürzhafte Ingredienzen angewendet
und Wein beigegoſſen werden muß.

61. Abſchnitt.
Vom Thunfiſch.   Du Thon.

Er iſt der größte unter den Fiſchen, die in Europa genoſſen werden
und wird ſehr häufig im mittelländiſchen Meere, an den Küſten von Italien
und der Provence gefangen. Friſch gekocht hat ſein Fleiſch wegen ſeines
vielen Fettes einen thranartigen Geſchmack und iſt ſchwer zu verdauen; an
einigen Theilen gleicht es dem Kalb=, an andern dem Rindfleiſche. Am
meiſten werden dieſe Fiſche bei uns im marinirten Zuſtande geſpeiſt, in
dem man ſie in Gläſern gepackt und mit Oel übergoſſen zu mäßigem
Preiſe kauft. In ſeiner Bereitung kömmt er dem Stör gleich.

62. Abschnitt.

Vom Rochen, Stachelrochen. De la Raie.

Diese in Frankreich, besonders aber in Paris sehr beliebten Fische sind von einer eigenthümlich häßlichen Gestalt. Sie haben einen flachen gedrückten Körper und das Maul befindet sich unter dem abgesonderten Kopfe. Der Glattroche hat eine glatte Haut, die Grundfarbe ist auf dem Rücken braun und weiß gesprenkelt, der Bauch ist weiß. Der Stachelroche hingegen ist mit einer Menge Stacheln auf dem Rücken und andern Theilen des Körpers versehen, doch sind auch hier wieder mehrere Abarten. Sie leben nur in salzigem Wasser und es werden viele an der französischen Küste gefangen; ihr Fleisch ist sehr wohlschmeckend.

1324. Stachelroche mit schwarzer Butter. Raie au beurre noir.

Der Stachelroche muß mit Vorsicht, daß man sich nicht verletzt, gereinigt werden; er wird sobann behutsam ausgenommen und rein gebürstet, damit alles Unreine zwischen den Stacheln weggeht. Hierauf wird er in ein passendes Geschirr gelegt, mit einer gut ausgekochten, würzhaften Kräutermarinabe nebst dem nöthigen Salz, Wein und Essig begossen, dann auf das Feuer gestellt und wenn er zu kochen anfängt, abgehoben, rein abgeschäumt und bei Seite gestellt. Wenn er halb ausgekühlt ist, wird er ausgehoben, alle Stacheln und die Haut von demselben genommen, dann wird er wieder in seine Marinade gelegt und warm gestellt. Beim Anrichten wird er auf eine passende Schüssel gelegt und mit einer schwarzen Butter, wozu man etwas von der Fischmarinade angewendet hat, übergossen und sogleich zu Tisch gegeben.

63. Abschnitt.

Von der Spigola, Seewolf.   Du Loup marin.

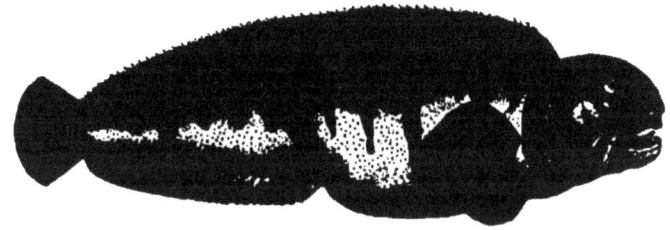

Dieser sehr geachtete Fisch, welcher in dem mittelländischen Meere so häufig gefangen wird, gehört mit Recht zu den ersten Delikatessen. Sein Fleisch ist sehr fein und von ausgezeichnetem Geschmack und ich muß gestehen, daß unter allen Fischen, die ich während meines Aufenthaltes in Sicilien und Neapel kennen gelernt habe, die Spigola, wie ihn die Italiener nennen, den Vorzug hat.

1325. Spigola auf Neapolitanische Art. Spigola à la Napolitaine.

Nachdem die Spigola rein geschuppt, die Flossen abgestutzt, rein ausgenommen und gewaschen ist, wird sie auf beiden Seiten eingeschnitten, gut eingesalzen, in ein Geschirr gelegt, mit einer guten Kräutermarinade und zwei Bouteillen vin de Sauterno begossen, ein mit Butter bestrichenes Papier darüber gelegt und so gut zugedeckt auf Kohlenfeuer langsam gedünstet. Wenn dies erreicht ist, wird der Fond von dem Fisch abgeseiht, dieser sehr rein entfettet, mit zwei Quart Sauce espagnolo untermengt und diese Sauce rein aus Fett und Schaum gekocht; sie wird sodann durch ein Haartuch über aus den Kernen gedrehte Oliven und Kapern

gepreßt und zusammen nochmals aufgekocht. Der Fisch wird hierauf aus=
gehoben, auf eine lange Schüssel gelegt, mit einem Theile der Sauce
übergossen (maskirt) und der Rest in einer Saucière extra beigegeben.

1326. Spigola à la Castellan. Spigola à la Castellan.

Die Spigola wird, der vorhergehenden gleich, gedünstet und ange=
richtet, schön glacirt und mit kleinen gebackenen Crevetten, Schillnocken,
kleinen gebackenen Fischen, gefüllten Oliven, Champignons, jedes für sich,
in kleinen Häufchen garnirt. Eine Sauce von kleinen Crevetten, eine
Homard= oder auch eine Krebs=Sauce wird extra beigegeben.

1327. Spigola nach Rosamel. Spigola à la Rosamel.

Dieselbe wird ebenso gedünstet, angerichtet und glacirt und wie die
vorhergehende mit Austern, Krebsnocken, in Scheiben geschnittenen Trüffeln
und Champignons garnirt und nachstehende Sauce dazu gegeben. Die
nöthige Sauce veloutée wird mit der Austern=Jüs gut verkocht, sodann
mit einer Liaison von fünf Gelbeiern legirt, gehörig gesalzen, mit etwas
Cayenne=Butter angenehm gewürzt und recht heiß dem Fisch beigegeben.
Sämmtliche Garnitur kann auch in die Sauce gethan und damit die
Spigola übergossen (maskirt) werden.

1328. Spigola in einer Butterteig=Pastete. Spigola en vol au vent à la Palermitaine.

Die kleine Spigola wird im gesalzenen Wasser gekocht, nach dem Er=
kalten ausgehoben und rein aus Haut und Gräten in geblätterten Stückchen
gelöst. Ebenso wird ein Seekrebs abgekocht, alles Fleisch ausgelöst, in
schöne Stückchen geschnitten und zugedeckt kalt gestellt. Ferner werden sechs
Dutzend Austern mit Zitronensaft und vin de Sauterne einmal aufgekocht,
die Jüs durchgeseiht, die Austern von ihrem Bart gereinigt und zu den
Homard=Stückchen gethan. Sodann werden drei Quart weiße Sauce mit
der Austern=Jüs und etwas Fisch=Essenz über dem Windofen unter be=
ständigem Rühren dickfließend eingekocht, gehörig gesalzen, mit Zitronensaft
im Geschmacke gehoben, durch ein Haartuch über die Fischstückchen gepreßt,
geschwungen und au bain-marie warm gestellt. Beim Anrichten wird die
vol au vent über eine Serviette auf eine Entrée=Schüssel gethan, das
sehr heiße Emincée eingefüllt, mit etwas Homard=Sauce übergossen, maskirt,
darüber die erwärmten Homardstückchen, im Kranze schön geordnet, gelegt
und nachdem man die Austern in deren Mitte gethan hat, wird der vol
au vent recht heiß zur Tafel gegeben.

64. Abſchnitt.

Von den Krebſen.   Des Ecrevisses.

Obgleich dieſe Thiere, deren es viele Gattungen gibt, wie bekannt, zu den Inſekten gehören, unter welchen ſie die einzigen ſind, die den Menſchen zur Speiſe dienen, ſo iſt doch ihr Fleiſch fiſchartig und härter oder weicher, je nach der Größe dieſer Thiere.   So iſt z. B. das Fleiſch vom Hummer weit unverdaulicher als von dem gewöhnlichen Krebs und die kleine Krabbe (Crevette) ist weit zarter als alle andere Thiere ihres Geschlechts. Der Hummer und der Taschenkrebs, als die größten desselben, geben einen geringen Beitrag zur Summe der Nahrungsmittel und nur auf den Tafeln der Reichen findet man sie, weil sie theuer sind. Ein weit bedeutenderes Produkt für die Küche sind dagegen die gemeinen Krebse. Ihre Con-sumtion in den Sommermonaten ist außerordentlich groß und fast überall sich gleich, weil sie die angenehmste Nahrung und durch eine geschickte Zu-bereitung die mannigfaltigsten und beliebtesten Speisen geben.

1329. Natürlich gesottene Krebse. Ecrevisses au naturel.

Alle Krebse sind mehr oder weniger mit einem leichten Schleim über-zogen, deßhalb müssen sie mehrmals recht rein gewaschen werden. Sodann werden sie alle genau besehen, ob nichts Unreines an ihren Füßen und Scheeren ist, worauf man sie dann in ein flaches Geschirr legt und zudeckt. Zu gleicher Zeit wird eine Zwiebel in Scheiben geschnitten, mit etwas Kümmel, einer Hand voll Petersilie und einigen Gewürzkörnern in eine Casserolle gethan, mit Wasser und Wein gut ausgekocht, dann über die Krebse durch ein Haarsieb gegossen, gehörig gesalzen, auf starkem Feuer einige-mal übersotten und mit einem Stück frischer Butter mehrmals geschwungen. Sie werden sodann, die Scheeren nach oben, über eine zusammengelegte Serviette auf einer runden oder langen Schüssel pyramidenförmig angerichtet, mit grünen Petersilriensträußchen garnirt und recht heiß zu Tisch gegeben.

1330. Krebswürste. Boudins d'ecrevisses.

Man kocht sechszig Stück mittelgroße Krebse wie die vorhergehenden ab, schüttet sie in eine Schüssel und passirt die Krebsbrühe durch eine Serviette. Wenn die Krebse halb ausgekühlt sind, werden die Schweifchen und Scheeren ausgebrochen, klein würfelig geschnitten, in ein Schüsselchen gethan und zugedeckt bei Seite gestellt. Die Krebsschalen werden, nachdem das Innere aus dem Körper genommen ist, mit einem Pfund frischer Butter fein gestoßen, dann in eine Casserolle gethan und, bis die Butter zu schäumen anfängt und dieselbe eine schöne rothe Farbe hat, auf dem Feuer geröstet; sodann wird sie durch eine starke leinene, im warmen Wasser gut ausgewaschene, geruchlose Serviette in's kalte Wasser gepreßt, worin man sie stocken läßt. Die Krebsschalen werden in eine Casserolle gethan, mit zwei Maß guter Milch begossen, aufgekocht und ebenfalls durch ein Haarsieb geseiht. Sodann bereitet man von einem Pfund Hechten- oder Schillfleisch mit Semmelpanade und der nöthigen Krebsbutter eine feine Farce, ebenso von einem Stückchen Krebsbutter, zwei Kochlöffeln voll Mehl und der ausgekochten Milch eine Krebs-Beschamel. Beides wird dann zusammen in einen Reibstein gethan und mit dem nöthigen Salz, einem halben Kaffeelöffel voll feinen Kräutern nebst drei ganzen und dem Gelben von acht Eiern, wie auch mit acht Eßlöffeln voll Krebsbrühe (Essenz von abgekochten Krebsen) zu einer feinsalbigen, geschmackvollen Masse verarbeitet, die man sodann rein aus dem Reibstein nimmt, in eine irdene Schüssel gibt und mit den Krebsschweifchen untermengt. Diese Masse wird, nachdem man zuvor eine Probe davon gemacht, in geruchlose und rein gewaschene schweinerne Bratwurstdärme durch eine Spritze gefüllt, jede fingerlang abgebunden und, wenn alle fertig sind, eine viertel Stunde in's kochendheiße Wasser gethan, dann aus diesem auf ein Tuch gelegt und mit Krebsbutter in einer Plât à sauté auf beiden Seiten sehr langsam, bis sie eine schöne Farbe haben, geröstet und sodann über einer Serviette gehäuft angerichtet. Feiner, angenehmer Geschmack und apetitliches Ansehen muß sie zu einem willkommenen Gerichte erheben.

1331. Krebswürste nach französischer Art. Boudins d'ecrevisses à la Française.

Statt der Fisch-Farce wird hier Geflügel-Farce mit Krebsbutter bereitet, angewendet, ferner werden den Krebsschweifchen noch die Brüste von einem gebratenen Kapaun, in einer Marinade abgekochte Gänseleber, alles kleinwürfelich geschnitten, beigemischt. Im Uebrigen werden sie ganz wie die vorigen zubereitet.

1332. Gestürzte Krebsspeise à la Reine. Timbale aux ecrevisses à la Reine.

Von dem Brustfleische zweier alter Hühner, der nöthigen Semmelpanade, Krebsbutter, einer Messerspitze voll Herbes en poudre, Salz und dem Gelben von sechs Eiern wird eine Farce bereitet, welche durch ein feines Haarsieb gestrichen, sodann in eine Schüssel gethan, mit vier Obertassen voll dick eingekochtem Krebs-Beschamel und dem Gelben von noch acht Eiern in genaue Verbindung gebracht und sodann eine halbe Stunde recht zart gerührt wird. Unterdessen wird das weiße Brustfleisch von zwei jungen Hühnern nebst den Schweifchen von vierzig Krebsen kleinwürfelich geschnitten und mit dem festgeschlagenen Schnee von sechs Eiern langsam unter die Krebsmasse gezogen. Eine kupferne oder blecherne Stürzform, die in der Mitte ein Rohr hat (schleifsteinartig), wird mit Krebsbutter ausgestrichen, am Boden ein Papierkranz passend eingelegt, dieser wieder überstrichen und die Masse bis einfingerdick vom Rande eingefüllt. Drei viertel Stunden vor dem Anrichten wird die Form bis zur Hälfte in einer hohen Casserolle in's heiße Wasser gestellt, zugedeckt, einige glühende Kohlen auf den Deckel gethan und so langsam im Dunste gekocht. Beim Anrichten wird die Form ausgehoben, abgetrocknet, in eine Entrée-Schüssel umgestürzt, sodann behutsam abgehoben und der Krebstimbale mit einer recht hochrothen, angenehm schmeckenden Krebssauce maskirt und sogleich zu Tisch gegeben. Die Bereitung der Krebssauce ist folgende: Zwei Quart weiße Coulis werden mit einem Quart Geflügelessenz, wozu die Carcasses der alten Hühner verwendet werden müssen, dickfließend über dem Feuer eingerührt, dann mit einem Stück Krebsbutter unter beständigem Rühren und Aufziehen gut untermengt, gehörig gesalzen, durch ein Haartuch gepreßt und wie oben gesagt wurde, angewendet.

1333. Krebs=Crepinetten, Krebsnetzchen. Crépinettes d'ecrevisses.

Es werden fünfzig Krebse abgekocht, die Schweifchen ausgelöst und die Schalen zu der Krebsbutter verwendet. Dann bereitet man von dem Brust= fleische zweier alter Hühner, Semmelpanade, Krebsbutter, Salz, Muskatnuß nebst zwei ganzen und vier Gelbeiern eine Farce, unter welche vier Eßlöffel voll würfelich geschnittene Champignons und ebensoviel geschnittenes, weißes Brustfleisch von gebratenen Hühnern melirt werden. Sodann werden aus einem gut ausgewässerten Schweinsnetz kleine viereckige Stückchen geschnitten, diese auf einer naßgemachten Serviette auseinander gelegt, in jedes drei Stück Krebsschweifchen in die Mitte gelegt, wo die rothe Seite unten sein muß, und über dies ein guter Eßlöffel voll von der Farce gethan, das Netzchen darüber geschlagen und hiervon ovalrunde Crepinetten geformt. Sie werden hierauf in eine mit Krebsbutter ausgestrichene Plât à sautés gelegt, mit etwas Geflügel=Braise begossen, mit einer Papierscheibe bedeckt, mit einem flachen Casserolledeckel leicht gepreßt und so auf Kohlenfeuer langsam gar gemacht. Beim Anrichten werden sie auf ein Tuch zum Entfetten gelegt, schön angerichtet, glacirt und etwas Demi=Glace darunter gegossen.

1334. Krabben. Crevettes.

Wir erhalten diese schon im abgekochten Zustande; sie werden über eine Serviette auf einer runden Schüssel pyramidenförmig angerichtet und als hors d'oeuvre mit frischer Butter servirt, oder für Garnitur bei großen Fischen angewendet.

1335. Homard mit kalter Sauce. Homard à la Provençale.

Auch dieser wird in einer Marinade abgekocht, verpackt und überall hin versendet. Er wird, nachdem die großen Scheeren abgebrochen sind, in der Mitte der Länge nach gespalten, alle Fleischstücke aus dem Schweife möglichst groß herausgenommen und dieses nebst den kleinen Eiern, die sich unter dem Schweife befinden, in eine Schüssel gethan. Die kleinern Fleischstückchen werden dann mit den Eiern und acht hartgekochten Gelb= eiern fein gestoßen, durchpassirt, dann in eine Schale gethan und mit feinem Provencer=Oel, einigen Löffeln voll feinem französischen Senf, fein geschnittener, blanchirter Petersilie, dem nöthigen Salz und Pfeffer zu einer zarten, dickfließenden Sauce angerührt. Die Hummerstückchen werden über eine Serviette auf einer Schüssel zierlich angerichtet, mit grüner Petersilie garnirt und die Sauce in einer Saucière extra beigegeben. Der Hummer kann auch, nachdem alles Fleisch aus dem Schweif gelöst, wieder in die Schale geordnet und so servirt werden.

1336. Salat von Hummer. Salade de homard.

Nachdem die rothen Eierchen des Homard abgelöst, sein gestoßen, mit seinem Oel verrührt und durchpassirt sind, werden sie in eine Schale gethan und zugedeckt kalt gestellt. Ebenso wird das Fleisch des Hummers, in möglichst großen Stücken, ausgelöst, in schöne, gleichmäßige Stückchen ge=

schnitten und mit Salz, Zitronensaft und feinem Oel eine Stunde marinirt.
Sodann wird eine Mayonnaise bereitet und unter diese die durchpassirten
Homard-Eierchen genau verrührt, damit sie eine blaßrothe Farbe erhält.
Eine Krystall- oder auch eine schöne Porzellan-Schale wird über gestoßenes
Eis gestellt, bis zum innern Rande mit Aspik angefüllt und wenn diese
festgesteckt ist, werden die Homardstückchen im Kranze darüber gelegt, mit
Mayonnaise überstrichen, dann wieder Homardstückchen und über diese wird
der Rest der Mayonnaise recht glatt gestrichen. Auf herum werden hartgekochte halbirte Eier aufgestellt, geschmackvoll mit fein ausgestochenen rothen
Rüben garnirt und zwischen die Eier werden halbirte, gerollte Sardellen,
aus den Kernen gedrehte recht grüne Oliven und Krebsschweifchen, in ge-
fälliger Schattirung, gelegt und nachdem der Homard-Salat außenherum
noch mit fein gehackter Aspik belegt ist, wird er zur Tafel gegeben.

1337. Busch von Krebsen. Buisson d'ecrevisses.

(Siehe die Vignette zu Anfang dieses Abschnittes.)

Dieser Aufsatz ist aus Stearin recht weiß
gegossen, wozu die einzelnen Formen auf die geschickteste Weise aus Gips gemacht sein müssen.
Die Schale, worüber die Schüssel zu stehen kömmt,
muß innen von Holz und diese wieder durch ein
hölzernes Säulchen in den Sockel, ebenfalls von
Holz, befestigt sein. Das Ganze wird dann mit
Stearin dünn übergossen. Die Schilfblätter werden einzeln gegossen und mittelst Draht an dem
Säulchen befestigt. Die Krebse werden an einem
Aufsatze von Blech nach nebenstehender Zeichnung
aufgehängt und dazwischen mit recht grünem Feldsalat, daß man den Aufsatz von Blech nicht sieht,

ausgarnirt und über das Ganze wird eine Attelette gesteckt. Diese Art Aufsätze gehören der neueren Küche an und sind, wenn mit Geschicklichkeit und Fleiß bereitet, von großer Eleganz und dem schönsten Effekte.

1338. Busch von Seekrebsen. Buisson d'homards.

Vier Seekrebse werden in einer Kräuter=Marinade abgesotten und mit dieser bis zum andern Tage kalt gestellt. Sobann wird in eine passende, lange Schüssel eine säulenartig geschnittene und aus dem Schmalz gebackene Brotkruste mit Eiweiß und Mehl befestigt, an welcher die vier Homard nach obiger Zeichnung aufgesetzt und an dieser mit Holzspeilchen befestigt werden. Die darin entstandenen leeren Räume können mit frischer Brunn= kresse oder wenn es die Gelegenheit bietet, mit kleinen Seekrebschen aus= garnirt werden. Ueber die Krebse wird dann eine passende Figur befestigt.

1339. Ein Aufsatz von Schwanen, aus Stearin gegossen, mit Seekrebsen. Pièce montée de cygne, garnie d'homards.

Zu diesem brillanten Aufsatze, welcher vor mehreren Jahren zu einem Buffet bei einem großen Hofballe in München in der Höhe von vier Schuhen gefertigt wurde, sind vor allem zwei Schwanen=Formen, aus Gips gemacht, nöthig, wovon der eine in schwimmender und der andere in aufrechtstehender Stellung, ganz nach beigegebener Zeichnung, auf die

beste Weise gemacht sein muß; ebenso verhält es sich mit dem Schilfbaum und dem Sockel. Das Ganze ist aus Fett gegossen und nach neuerer Manier aus Stearin. Zwischen die vier Schwanen sind vier schöne Homard gelegt, welche die Schönheit des Fettsockels noch ungemein erhöht.

65. Abschnitt.
Von der Fischotter.   De la Loutre.

Der größte Werth dieser Thiere, welche in und außer dem Wasser leben, besteht in dem Felle derselben, welches als gutes Pelzwerk bekannt ist. Ihr Fleisch ist jedoch auch genießbar, gleicht an Farbe dem Fleische des Rothwilds und wird zur Zeit strenger Fasten oft sehr theuer bezahlt. Es behält aber immer einen strengen Geschmack und gewährt bei der kostspieligsten Zubereitung doch nur eine sehr mittelmäßige Speise, die nur für lüsterne Menschen sein kann.

66. Abschnitt.
Von den Fröschen.   Des Grenouilles.

Diese Thiere bringen der Küche großen Vortheil, indem sie zu vielen Veränderungen anwendbar sind; besonders geben die Keulen des Frosches, als der anwendbarste Theil desselben, eine feine wohlschmeckende und leicht verdauliche Speise. Am besten sind die Frösche im Spätsommer und Herbste, am schlechtesten im Frühlinge als ihrer Laichzeit.

1340. Gebackene Frösche. Grenouilles frites.

Es wird das nöthige Quantum Froschkeulen abgestutzt, dann mit Zwiebelscheibchen, grüner Petersilie, Zitronensaft, etwas Oel und Salz gewürzt und so eine Stunde marinirt. Nach dieser Zeit auf einer Serviette abgetrocknet, in Mehl umgekehrt, dann in mit etwas Wasser abgeschlagene Eier getaucht und mit geriebenem Brote besäet. Kurz vor dem Anrichten werden sie aus heißem Schmalz gebacken, erhaben über eine zusammengelegte Serviette auf einer langen Schüssel angerichtet und oben darauf ein Häufchen grün gebackener Petersilie gelegt. In Viertheile geschnittene Zitronen werden dazu servirt.

1341. Frösche mit feinen Kräutern. Grenouilles aux fines herbes.

Die nöthige Zahl schöner weißer Froschkeulen werden abgestutzt, dann mit Butter, fein gehackter Petersilie, Schaletten und Champignons, von jedem ein Eßlöffel voll, eingerichtet, gesalzen und gut zugedeckt auf Kohlenfeuer eine viertel Stunde gedünstet. Dann wird die Butter rein abgeseiht, etwas weiße Coulis, ein Gläschen weißer Wein dazu gegossen und noch eine viertel Stunde gekocht. Dann werden die Froschkeulen in eine andere Casserolle gethan, die Sauce sehr rein entfettet, mit einer Liaison von fünf Gelbeiern gebunden, mit etwas Zitronensaft und Sardellenbutter im Geschmack gehoben, über die Froschkeulen gegossen, über dem Feuer heiß gemacht, in einer Entrée-Schüssel angerichtet und mit Fleurons garnirt.

1342. Weiß eingemachte Frösche. Grenouilles à la poulette.

Die nöthige Zahl abgestutzter Froschkeulen wird mit Salz und Wasser über dem Feuer einmal aufgekocht, abgeseiht, dann in eine Casserolle gethan und mit Butter und etwas Zitronensaft gedünstet. Sodann wird die nöthige weiße Coulis dazu gegossen, gesalzen und vollends weich gekocht, wo man die Butter und den Schaum während des Kochens rein abnimmt. Kurz vor dem Anrichten werden sie mit dem Gelben von vier Eiern legirt, mit etwas Zitronensaft angenehm gesäuert und so in einer Ragout-Schale angerichtet.

1343. Froschkeulen als Coteletten. Côtelettes de Grenouilles.

Hierzu wählt man schöne große Froschkeulen; diese werden abgestutzt, das eine Beinchen rein abgeschabt und von dem andern das Fleisch rein abgelöst, so daß alles an einem Beinchen ist; dieses wird mit dem Messerhefte leicht geklopft und zusammengehackt, so daß man kleine Côtelettes bekömmt, welches mit einiger Mühe verbunden ist. Sie werden dann gesalzen, in zerlassene, mit zwei bis drei Gelbeiern abgerührte, frische Butter getaucht, mit fein geriebenem, weißen Mundbrote bestreut, sodann in klare, frische Butter eingerichtet, gut zugedeckt und kalt gestellt. Kurz vor dem Anrichten werden sie auf Kohlenfeuer auf beiden Seiten lichtgelb gebraten, im Kranze angerichtet und in ihre Mitte etwas Demi-Glace, mit Zitronensaft gesäuert, gegossen.

67. Abschnitt.

Von den Austern, Muscheln und Schnecken. Des Huitres, des Escargots et des Moules.

Austern und Muscheln sind eine sehr beliebte Speise. In den Herbst- und Wintermonaten werden sie in den Küchen fast unentbehrlich, wenigstens vermißt man sie doch ungern darin und ihre ungeheure Menge gibt einen bedeutenden Beitrag zur Summe der Lebensmittel. Die vorzüglichsten Austern erhalten wir von den englischen und holländischen Küsten. Die Hauptsache dabei ist aber, daß sie recht frisch sein müssen, sonst taugen sie so wenig als andere. Man erkennt sie äußerlich an den Schalen. Wenn diese nämlich die Austern so fest umschließt, daß man sie nur mittelst eines Messers und mit Mühe öffnen kann, so ist die Auster frisch, im entgegengesetzten Falle kann man sie leicht öffnen oder wenn sie sich schon selbst geöffnet haben, dann sind sie meistens verdorben, denn statt daß eine frische Auster von einer klaren, piquant schmeckenden Feuchtigkeit umgeben ist, wird diese in einen übelriechenden Schleim verwandelt sein. Außer den vier Sommermonaten, wo auch ihre Laichzeit eintritt, werden sie das ganze Jahr hindurch gefangen und als große Delikatesse, besonders roh, wo sie am gesündesten sind, verspeist.

Was die Muscheln (Moules) anbetrifft, so finden dieselben, obgleich sie, besonders für Gourmands, eine angenehme beliebte Speise geben, doch weniger Liebhaber wie die Austern. Sie sind ebenfalls eine Conchylie mit zwei Schalen, welche das innen lebende Thierchen von selbst öffnen und schließen kann. Außer dem Wasser leben sie nicht so lange wie die Austern, auch werden sie nicht roh gespeist und wir erhalten sie im marinirten Zustande.

Nur die gemeine Garten-Schnecke kann in der Küche zubereitet und genossen werden und ist so lange brauchbar, als sie in ihrem Haus verschlossen ist, nämlich vom Spätherbst bis zum Frühling; wenn es wieder anfängt warm zu werden, öffnet sich ihr Haus und sie beginnt ein neues Leben.

In der angegebenen Zeit ist die Schnecke gewöhnlich sehr fett, weil sie sich in den Sommermonaten für den Winter gleichsam zu verproviantiren scheint und ihr dieses Fett alsdann zur Erhaltung während ihres langen Winterschlafes nothwendig sein mag. Als Speise hat die Schnecke einigen Werth, jedoch ist sie schwer verdaulich und nur gesunden Menschen und dann nur mäßig genossen, anzurathen. Häufig braucht man sie, um eine sehr zuträgliche Bouillon für Kranke davon zu kochen, deßhalb verdient sie auch unsere Aufmerksamkeit.

1344. Muscheln in ihren Schalen im Ofen. Moules au four.

Die nöthige Zahl, ungefähr vierzig Stück, werden rein gewaschen, dann mit Wasser und Salz auf starkem Feuer abgekocht und wenn sie ausgekühlt sind, aus ihren Schalen genommen, von ihrem Bart (bärtigen Fasern) befreit und in's kalte Wasser gelegt. Unterdessen bereitet man aus Champignons, Schalotten, Zwiebelchen und Peterstlie eine gute Fines herbes, welche mit einem viertel Pfund Butter und etwas Salz gedünstet wird. Die Muscheln werden auf ein Tuch gelegt und die schönern Schalen, ungefähr die Hälfte, werden gut ausgetrocknet, mit Sardellenbutter ausgestrichen und zwei Muscheln in jede gelegt. Die Fines herbes wird dann mit einem Stück Sardellenbutter, dem Saft einer Zitrone und zwei Löffeln voll guter brauner Sauce gut verrührt und über die Muscheln gestrichen, dann jede mit geriebenem braunen Brot bestreut und mit Krebsbutter betäufelt. Kurze Zeit vor dem Anrichten werden sie auf Salz im Ofen gestellt und langsam gebraten, dann über eine zusammengelegte Serviette auf einer flachen Schüssel angerichtet und zu Tisch gegeben.

1345. Ragout von Muscheln. Ragoût aux moules.

Die Muscheln werden, wie die vorhergehenden, abgekocht, aus den Schalen genommen und gereinigt. Ferner bereitet man von feingeschnittenen Champignons, Schalottenzwiebeln und Petersilie eine Fines herbes, welche mit Butter gedünstet, mit der nöthigen braunen Sauce gut verkocht, über die in eine Casserolle gelegten Muscheln gegossen, gesalzen und mit einem Glas Chablis auf Kohlenfeuer langsam geschmort werden. Beim Anrichten werden sie noch mit einem Eßlöffel voll Sardellenbutter und Zitronensaft im Geschmack gehoben und in einer Ragout-Schale recht heiß zur Tafel gegeben. Außen herum werden in Butter gebackene Brotherzchen garnirt.

1346. Schnecken in ihren Häuschen. Escargots au four.

Sechszig Stück schöne Gartenschnecken werden rein gewaschen, dann in eine Casserolle gethan, eine handvoll Salz darüber gestreut, mit Wasser übergossen und so einige Minuten gekocht. Hierauf werden sie mit einem Schaumlöffel ausgehoben und die Schnecken mit einer Dressir= oder Spick=nadel, daß sie nicht verrissen werden, aus ihren Häuschen genommen und in's kalte Wasser gethan. Sie werden dann auf eine Serviette gelegt und mit einem kleinen Messer die kleinen Därme, der Kragen und das kleine weiße Steinchen abgelöst, dann werden sie nochmals gewaschen, auf ein Tuch abgetropft, sodann in eine Casserolle gethan, gesalzen, mit einer Zwiebel, Thymian, ganzer Petersilie und einem Lorbeerblatt gewürzt, mit einfacher Brühe begossen und einige Stunden langsam auf Kohlenfeuer gedünstet. Unterdessen werden Schalottenzwiebeln, Petersilie und Champignons fein geschnitten, in einem viertel Pfund Butter gedünstet, dann mit etwas geriebenem Brote, kurz gekochter brauner Sauce, zwei Eßlöffeln voll Sardellenbutter, Salz, Pfeffer und etwas weißem Wein gut verrührt und bei Seite gestellt. Die Schneckenhäuschen werden dann rein ausge=waschen und über eine Serviette, damit das Wasser rein auslaufen kann, umgestürzt. Dann wird in jedes Häuschen etwas von der Farce gethan, eine Schnecke eingedrückt, darüber wieder etwas von der Farce gestrichen, mit fein geriebenem braunen Brote bestreut, mit Krebsbutter beträufelt und so wird fortgefahren bis alle so beendet sind. Dann werden sie über Salz in ein flaches Geschirr gestellt und eine viertel Stunde vor dem Anrichten in einem nicht heißen Backofen langsam wieder heiß gemacht, sodann über eine Serviette auf einer flachen Schüssel angerichtet und recht warm zu Tisch gegeben. Gut gedämpftes Sauerkraut kann für Liebhaber extra mitservirt werden.

68. Abschnitt. I. Abtheilung.

Von den warmen Pasteten.   Des Pâtés chauds.

Obschon die warmen und kalten Pasteten eigentlich der Backkammer (Patisserie) angehören, daher erst später folgen sollten, so bin ich doch genöthigt, da die ersteren zu den warmen Entrées gezählt und servirt und die kalten bei größern Diners gleich nach dem warmen Braten sich anschließen, sie schon hier folgen zu lassen.

1347. Mürber Pastetenteig.   Pâté brisé.

Zwei Pfund Mehl, ein und ein viertel Pfund Butter, zwei ganze und sechs Gelbeier, ein Kaffeelöffel voll Salz und ein Quart kaltes Wasser.

Das Mehl wird durch ein Mehlsieb auf ein Backbrett passirt, zu einer Grube auseinander gestrichen, in diese werden die Eier, die gebröckelte Butter, das Salz und das Wasser gethan. Dann arbeitet man mit den Fingerspitzen der rechten Hand Wasser, Eier und Butter untereinander und bringt nach und nach das Mehl hinein, so daß daraus ein fester, glatter Teig entsteht, der, in ein Tuch eingeschlagen, bis zum Gebrauch an einen kalten Ort gelegt wird. Sollte das Wasser nicht hinreichen, so muß noch etwas nachgegossen werden; auch muß dieser Teig mit einiger Vorsicht

während des Zusammenarbeitens behandelt werden, daß derselbe nicht ver=
brennt, das heißt, die Butter schmilzt durch zu langes Abarbeiten, trennt
sich, der Teig zerfällt in Stücke und ist dann als mißrathen zu betrachten.

1348. Warme Schnepfen=Pastete mit Trüffeln. Pâté chaud de bécasses aux truffes.

Zu dieser vorzüglichen Pastete werden vier schöne Waldschnepfen rein
flammirt, ausgenommen, der Magen von den Därmen gethan und die Ge=
därme selbst fein gehackt und zugedeckt bei Seite gestellt. Die Schnepfen
werden ganz, ohne sie zu beschädigen, ausgebeint, dann gesalzen; mit feinen
Kräutern (quatre épices) gewürzt, in eine Salatschale gelegt, der Saft einer
Zitrone darüber gepreßt, mit grüner Petersilie und einer in Scheiben ge=
schnittenen Zwiebel belegt und so zugedeckt eine Stunde marinirt. Unter=
dessen bereitet man von einem Pfund rein aus Haut und Sehnen gelöstem,
fein geschnittenem Rehwildpret, mit einem halben Pfund feinem Speck, Sem=
melpanade, einigen Eiern, dem nöthigen Salz und einer Fines herbes eine
zarte Farce, welche durch ein Haarsieb gestrichen und kalt gestellt wird. Fer=
ner wird ein Pfund Trüffeln rein gewaschen, gebürstet, dünn abgeschält,
sodann rondirt und diese Abfälle mit einem gleichen Theil Champignons,
Petersilie und Schalotten sehr fein geschnitten, dann mit den gehackten Där=
men in eine Casserolle gethan und so nebst einem Glas Madeira=Sec und
einem Stück Butter und Salz auf Kohlenfeuer gedünstet. Eine Pasteten=
reifform wird sodann mit klarer Butter gut ausgestrichen, auf einen mit
Butter bestrichenen, vierfach zusammengelegten Bogen Papier gestellt, mit
dem oben beschriebenen mürben Teig kleinfingerdick ausgelegt und innen mit
Farce bestrichen. Die Schnepfen werden auf ein Tuch gelegt, die innere
Seite mit etwas Farce überstrichen, in jede zwei in Scheiben geschnittene
Trüffeln gelegt, die Haut wie eine Galantine zusammengenommen und zwei
davon, jede in drei Theile durchschnitten, in die Pastete gelegt, diese dann
mit der Hälfte der gedünsteten Fines herbes überstreut und mit Farce ge=
deckt. Ueber diese kommen dann die zwei letzten ebenso gefüllten und ge=
schnittenen Schnepfen, welche mit dem Reste der Fines herbes und den in
Madeira=Wein und etwas Glace gekochten Trüffeln überlegt, diese mit dem
Rest der Farce überstrichen und mit Speckscheiben gedeckt werden. Außen

herum wird der Teigrand gut mit Eiern bestrichen, mit dem rund und finger=
dick ausgerollten Teig überdeckt, außen herum genau zusammengedrückt, nach
der Höhe der Pastete egal abgeschnitten, in die Mitte eine Oeffnung in der
Größe eines Guldenstücks ausgestochen und darüber, nachdem die Pastete oben
mit Ei bestrichen und mit Teig geschmackvoll garnirt ist, wird ein kleiner
Teigrand (Kamin) aufgesetzt. Die Pastete wird dann nochmals mit Ei be=
strichen, auf ein Backblech gestellt und in einem mäßig heißen Ofen zwei
Stunden langsam in schöner lichtbrauner Farbe gebacken. Beim Anrichten
wird die Pastete aus der Form genommen, über eine zierlich zusammenge=
legte Serviette auf eine flache Entrée=Schüssel gestellt, oben zweifingerbreit
vom Rande aufgeschnitten, der Deckel abgenommen, die Speckscheibchen davon
gethan und nachdem die Pastete noch mit einigen Eßlöffeln voll Schnepfen=
Essenz, welche aus den Carcasses derselben gezogen wurde, übergossen ist,
wird der Deckel darüber gethan und recht heiß zur Tafel gegeben.

1349. Warme Moosschnepfen=Pastete. Pâté chaud de bécassines.

Schließt sich in ihrer Bereitung ganz der vorhergehenden an, nur
daß die ausgebeinten Vögel ganz eingelegt werden.

1350. Warme Pastete von Wachteln. Pâté chaud de cailles.

1351. Warme Pastete von Lerchen. Pâté chaud aux alouettes.

1352. Warme Pastete von Krammetsvögeln. Pâté chaud de grives.

Achtzehn Krammetsvögel werden rein entfedert, flammirt, behutsam
ausgebeint, dann über eine Serviette ausgebreitet, mit Salz und feinen
Kräutern bestreut und mit nachstehender Farce gefüllt. Ein Pfund rein
aus Haut und Sehnen gelöstes und dann sehr fein geschnittenes Rehwildpret
vom Schlegel, ein halbes Pfund fein geschnittener Speck, ein viertel Pfund
Semmelpanade, fein geschnittene Trüffeln, Champignons, Petersilie, Scha=
lotten, von jedem ein Eßlöffel voll und zuvor in Butter gedünstet, zwei
ganze Eier, ein Kaffeelöffel voll feine Kräuter, das nöthige Salz und eine
Obertasse voll Krammetsvögel=Purée, welches aus den Carcasses derselben
bereitet worden ist, dies alles wird zusammen im Reibstein recht zart und
fein gestoßen. Mit dem dritten Theil derselben werden die Vögel gefüllt
und diesen ihre natürliche Form wieder gegeben. Eine Pastetenreifform
wird alsdann mit Teig ausgelegt, mit einem Theil der Farce ausge=
strichen, die Hälfte der Vögel darüber geordnet, diese leicht gesalzen, mit in
Scheiben geschnittenen und in Glace und Madeira=Wein abgedünsteten
Trüffeln bestreut, über diese kommt dann die zweite Hälfte der Vögel,
dann wieder Trüffeln und über diese wird der Rest der Farce gestrichen,
ein ganzes Lorbeerblatt darauf gelegt und mit in Scheiben geschnittenem
Speck gedeckt. Der innere Rand wird mit Eiern gut bestrichen, mit Teig
gut geschlossen und wie die Schnepfen=Pastete beendet und gebacken. Die
beiden vorhergenannten Pasteten werden ebenso zubereitet, nur daß von
Wachteln und Lerchen gegen dreißig Stück genommen werden.

1353. Warme Feldhühner-Pastete. Pâté chaud de perdreaux.

Fünf bis sechs Feldhühner werden rein entfedert, flammirt, gut ausgenommen und rein gewaschen; dann in der Mitte durchgeschnitten, der Rücken und die Schlegel ausgebeint, mit gewürztem Salz bestreut und so mit einem Stück frischer Butter und Fines herbes, welche aus Trüffeln, Champignons, Petersilie und Schalotten bestehen, auf Kohlenfeuer langsam gedünstet. Unterdessen hat man eine Farce wie zu der Krammetsvögel-Pastete bereitet. Mit dieser Farce werden die halb ausgekühlten Feldhühner sammt ihrer Fines herbes und in Scheiben geschnittenen Trüffeln in die Pastete geordnet, mit Speckscheiben überlegt und ebenso zugemacht und gebacken. Beim Anrichten wird der Speck abgenommen und einige Löffel voll Trüffel-Sauce, welche mit Feldhühner-Essenz bereitet wurde, darüber gegossen. Sollten die Feldhühner ganz jung sein, so werden zehn Stück genommen, wie die Schnepfen ausgebeint, gefüllt und ganz in die Pastete eingelegt.

1354. Warme Fasanen-Pastete. Pâté chaud de faisans.

1355. Warme Wildenten-Pastete. Pâté chaud de cannetons sauvages.

1356. Warme Pastete von Haselhühnern. Pâté chaud de gélinottes.

Werden ganz der Feldhühner-Pastete gleich zubereitet.

1357. Warme Kapaunen-Pastete. Pâté chaud de chapons.

Ein großer junger Kapaun wird rein flammirt, ausgenommen, rein ausgewaschen, dann wie zu einer Galantine ganz ausgebeint, auf ein Tuch ausgebreitet, gesalzen, mit seinen Kräutern bestäubt und mit Geflügel-Farce, unter welche einige Trüffeln und eine halbe geräucherte, gekochte Ochsenzunge, in Würfel geschnitten, melirt wurde, gefüllt. Eine Pasteten-reißform wird mit mürbem Pastetenteig gut ausgelegt, innen mit Farce gut ausgestrichen, der Kapaun in zweifingerbreite Stücke durchgeschnitten, die Hälfte davon eingelegt, mit in Scheiben geschnittenen Trüffeln bestreut und mit Farce überstrichen; dann kommen die andern Kapaunenstücke, über diese wieder einige Trüffelscheibchen und zuletzt wird das Ganze mit Farce überstrichen, mit Speckscheiben gedeckt und die Pastete, wie die vorhergehende, zugemacht und gebacken. Beim Anrichten wird etwas Demi-Glace, mit Madeira-Wein aufgekocht, darüber gegossen.

1358. Warme Pastete von Kalbsbriesen mit Krebsen. Pâté chaud de riz de veau aux écrevisses.

Sechs Paar schöne Kalbsbriesen werden eine Stunde lauwarm gewässert, dann blanchirt, abgekühlt, in Scheibchen geschnitten und mit Fines herbes, einem Stück frischer Butter und dem nöthigen Salz eine viertel Stunde gedünstet. Sobann bereitet man mit Krebsbutter eine gute Geflügel-Farce, mit welcher die Pastete am Boden bestrichen, ein Theil der

38

Kalbsbriesen mit ihrer Fines herbes eingelegt, mit Krebsschweifchen bestreut, wieder Farce darüber gestrichen, dann der Rest der Kalbsbriesen und Krebsschweifchen. Das Ganze wird dann wieder mit Farce überstrichen, mit Speckscheiben gedeckt, die Pastete, der vorhergehenden gleich, zugemacht und gebacken. Beim Anrichten wird etwas Krebs-Sauce darüber gegossen.

1359. Warme Pastete auf Russische Art. Pâté chaud à la Russe. (Kulibiaka.)

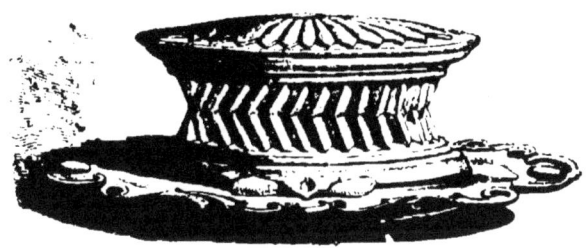

Ein Stück Sterlet, Lachs, oder auch nach Umständen ein Stück Huchen von zwei Pfund wird zu kleinen Tranchen geschnitten, diese mit Salz, Pfeffer und Muskatnuß gewürzt und mit Butter und Fines herbes, welche aus fein geschnittenen Schalotten, Petersilie und Champignons bestehen, langsam gedünstet. Ebenso wird eine schöne Gänseleber in Scheiben geschnitten, ebenso gewürzt und mit Fines herbes gedünstet. Ferner wird ein halbes Pfund guter Karolinen-Reis mit Geflügel-Bouillon, Salz und Muskatnuß körnig weich gedünstet und kalt gestellt; ebenso werden zwölf Eier hart gesotten, das Gelbe herausgenommen, fein gehackt und zugedeckt kalt gestellt. Eine passende Pastetenreifform wird gut mit klarer, frischer Butter ausgestrichen, mit mürbem Pastetenteig ausgedrückt, am Boden und an der Seite mit Reis belegt, dann wird die Hälfte der Fischstücke eingelegt, über diese etwas hart gesottene Eier gestreut, dann kommt die Hälfte der Gänseleberstücke und über diese wieder hartgesottene Eier und so wird mit dem Uebrigen fortgefahren, bis Alles eingelegt ist. Ueber das Ganze wird die Fines herbes, worin die Gansleber und Fischstücke gedünstet wurden, sammt ihrer Butter gestrichen, mit Reis gedeckt und die Pastete, wie die vorhergehenden, beendet. Eine Stunde vor dem Anrichten wird die Pastete in einem mäßig heißen Ofen gebacken, aufgeschnitten, etwas Sauce espagnole, mit Madeira-Wein gut eingekocht, darüber gegossen und so zur Tafel gegeben.

1360. Warme Pastete von Ochsengaumen mit feinen Kräutern. Pâté chaud de palais de boeuf aux fines herbes.

Zwölf Ochsengaumen werden mehrere Stunden lauwarm gewässert, die Haut abgezogen und dann in einer Braise weich gesotten, welches einen Tag zuvor geschehen muß. Ferner wird eine Farce cuite bereitet. Die Ochsengaumen werden lauwarm erwärmt, jeder in zwei Theile getheilt, sauber zugeschnitten, jedes Stückchen mit Farce überstrichen, mit Fines herbes bestreut, über diese einige Trüffelstückchen gelegt und so jedes über sich selbst aufgerollt. Wenn diese vierundzwanzig Stück so beendet sind, wird eine passende Pastetenform mit Butter ausgestrichen, mit Teig ausgelegt, mit einem Theil der Farce ausgestrichen, die Ochsengaumenroletten lagenweise eingelegt, zwischen welche in Scheiben geschnittene Trüffeln kommen. Das Ganze wird mit dem Reste der Farce überdeckt, mit Speckscheiben belegt und wie die vorhergehenden beendet. Eine Stunde vorher wird die Pastete in schönster Farbe gebacken, aufgeschnitten, der Speck abgenommen und einige Anrichtlöffel voll gut bereitete Trüffel-Sauce hineingegossen.

1361. Warme Pastete auf englische Art. Pâté chand à l'Anglaise.

Hierzu müssen zwei gut abgelegene Hammelsrippenstücke von bester Gattung gewählt werden. Aus diesen Rippenstücken werden die Filets rein ausgelöst, davon kleine Escalopes geschnitten und diese mit Salz, Pfeffer und Muskatnuß gewürzt. Ferner werden Schalottenzwiebeln fein geschnitten und blanchirt, wie auch einige Trüffeln, Petersilie und Champignons, von jedem ein Eßlöffel voll; diese Kräuter werden mit einem halben Pfund sehr frischer Butter einige Minuten gedünstet und dann über die Escalopes gethan. Hierauf wird die passende Pastetenform gut mit Butter ausgestrichen, mit Teig ausgelegt, die Hammelsstückchen in der Fines herbes umgekehrt und mit dieser im Kranze in die Pastete gelegt, in ihre Mitte kommen gedünstete, weiße Champignons und großwürfelich geschnittene, weich gekochte Artischockenböden. Ueber das Ganze wird die Fines herbes sammt der Butter gethan, die Pastete mit Speckscheiben gedeckt, gut zugemacht und eine und eine halbe Stunde vor dem Anrichten in schönster Farbe gebacken. Beim Anrichten wird die Pastete aufgeschnitten, das Fett rein abgenommen und eine gut bereitete Trüffel-Sauce, wozu die aus den Abgängen der beiden Hammelsrippenstücke gezogene Essenz verwendet wurde, kochendheiß darüber gegossen und zur Tafel gegeben.

38*

1362. Warme Hasen-Pastete auf englische Art. Pâté chaud de lièvre à l'Anglaise.

Zwei junge Hasen werden gut gereinigt, der Rücken und die Schlegel abgelöst, diese in gleichgroße Stücke geschnitten, mit Salz, Pfeffer und Muskatnuß gewürzt und in eine Casserolle gethan. Ferner werden Schalotten, Petersilie, Champignons und Trüffeln fein geschnitten und mit einem halben Pfund rapirten Speck und einem Stück frischer Butter über die Hasenstücke gethan und so auf Kohlenfeuer eine viertel Stunde gedünstet. Ebenso wird von dem Fleische zweier Hasenschlegel, ebensoviel Kalbfleisch, drei viertel Pfund fein geschnittenem Speck, Salz, Pfeffer und Muskatnuß eine feine Farce gemacht. Unterdessen wird eine passende Pastetenform mit Butter ausgestrichen, mit Teig ausgarnirt, mit einem Theil der Farce ausgestrichen und dann die Hasenstücke eingelegt, mit dem Reste der Farce gedeckt, darüber ein Lorbeerblatt gethan und mit Speckscheiben überlegt. Sie wird mit Teig, wie die vorhergehenden, geschlossen und eine und eine halbe Stunde vor dem Anrichten langsam in schönster Farbe gebacken. Beim Anrichten wird sie aufgeschnitten, der Speck und das Lorbeerblatt abgenommen und etwas Sauce espagnole, mit Hasen-Essenz und Madeira-See eingekocht, darüber gegossen. Ein Theil der Sauce wird extra mitservirt.

1363. Warme Pastete auf italienische Art. l'âté chaud à l'Italienne.

Es wird von mürbem Pastetenteig in einem Pastetenreif eine schöne Kruste gebacken, welche von innen messerrückendick mit Farce ausgestrichen und in einen lauwarmen Ofen eine halbe Stunde vor dem Anrichten gestellt wird. Ferner werden sieben bis acht Stück schöne Kalbs-Popietten gemacht, wie auch ebensoviele Krammetsvögel ausgebeint und mit Trüffel-Farce gefüllt. Diese werden zusammen in eine mit Speckscheiben ausgelegte Casserolle eingerichtet, mit Salz, Pfeffer und Muskatnuß gewürzt, mit einem Stück Schinken und einer in Scheiben geschnittenen Zwiebel belegt, mit etwas Madeira-Wein genäßt und so weich gedünstet. Unterdessen kommen Hahnenkämme, in Scheiben geschnittene Trüffeln, ganze Champignons, Geflügellebern, Lammsbrieschen in eine Casserolle, über welche die nöthige Sauce espagnole, welche mit einer halben Bouteille Marsalla-Wein, Trüffel-Essenz und einem Stück Glace über dem Feuer dicklich fließend eingerührt wurde, gegossen wird. Eine viertel Stunde vor dem Anrichten läßt man das Ragout auf Kohlenfeuer langsam kochen, richtet es recht heiß in die Pastete an und legt die Kalbs-Popietten und gefüllten Krammetsvögel, schön zugeschnitten und glacirt, darüber.

1364. Warme Reh-Pastete mit Trüffeln. Pâté chaud de chevreuil aux truffes.

Man wählt hierzu ein mehrere Tage mürbe gelegenes, nicht gesäuertes Reh-Filet. Aus diesem werden die beiden Filets ausgelöst, über dem Faden zu kleinen Escalopes geschnitten, mit Salz, Pfeffer und Muskatnuß gewürzt und mit zerlassener, frischer Butter und Fines herbes überdeckt. Von den

Abgängen wird mit einem gleichen Quantum fein rapirtem Speck, Fines herbes en poudre, dem nöthigen Salz und fein geschnittenen Trüffeln eine zarte Farce bereitet. Ferner wird ein halbes Pfund Trüffeln gereinigt, geschält, in Scheiben geschnitten und mit einem Glas Madeira-Sec und einem Stückchen Glace gedünstet. Eine Pastetenreif-Form wird dann mit Butter ausgestrichen, mit Teig ausgelegt, mit einem Theil der Farce aus= gestrichen, die Rehstückchen sammt den Kräutern im Kranze eingelegt, die Trüffeln in ihre Mitte gethan, das Ganze mit dem Rest der Farce über= deckt, über diese ein Lorbeerblatt gegeben und mit Speckscheiben überlegt. Die Pastete wird mit einem Teigdeckel, wie die vorhergehenden, gut ge= schlossen, beendet und eine und eine halbe Stunde vor dem Anrichten mit Aufmerksamkeit in schönster Farbe gebacken. Beim Anrichten wird sie aus der Form über eine zusammengelegte Serviette auf eine Entrée-Schüssel gestellt, aufgeschnitten, alles Fett und das Lorbeerblatt abgenommen und eine sehr gut bereitete Trüffel-Sauce in die Pastete gegossen.

1365. Warme Ragout=Pastete. Pâté chaud à la financière.

Man bäckt von mürbem Teig eine schöne Pastete in einer Reifform, streicht diese messerrückendick mit Kalbfleisch=Farce aus und stellt sie bis zum Gebrauche warm. Unterdessen bereitet man ein Ragout von Hahnenkämmen, Champignons, Trüffeln und Gänseleber mit einer sehr kräftigen mit Madeira= Sec und einem Stück Glace dickfließend eingekochten Sauce, welche genau nach dem Volumen der Ingredienzen durch ein Haartuch über diese passirt, oben mit etwas Demi=Glace übergossen und au bain-marie warm gestellt wird. Zu gleicher Zeit werden vier schöne weiße Kalbsmilchner mit Trüf= feln, nagelförmig geschnitten, gespickt und zwischen Speckscheiben eingerichtet, mit etwas Geflügel=Braise begossen, weich gedünstet. Ebenso werden vier Geflügelknödel (quenelles de volaille), zierlich mit ausgestochener, gekochter,

rother Pökelzunge und schwarzen Trüffeln dekorirt und sehr langsam mit
weißer Bouillon gar gemacht. Beim Anrichten wird die Pastete in eine
passende Entrée=Schüssel gestellt, diese bis zur Hälfte mit Geflügelklößchen
gefüllt, das kochendheiße Ragout bis zum Rand der Pastete darüber an=
gerichtet und darüber vier schöne rothe Krebse, zwischen welche die ge=
spickten Kalbsmilchner und die dekorirten Knöbelchen in schöner Ordnung
gelegt; alles schön glacirt und sogleich zu Tisch gegeben.

1366. Warme Pastete von Rheinlachs. Pâté chand de saumon du Rhin.

Aus drei Pfund Rheinsalm vom Mittelstück werden gleich große
Filets geschnitten, die mit einem halben Pfund frischer Butter und einer
Fines herbes, welche aus fein geschnittenen, blanchirten Schalotten, Cham=
pignons, etwas Petersilie und doppelt so viel feinen Trüffeln bestehen,
eingerichtet, gesalzen und auf Kohlenfeuer gar gedünstet werden. Von den
Abgängen wird mit der nöthigen Semmelpanade, Krebs= und etwas Sar=
dellenbutter, einigen Eiern, Salz und Muskatnuß eine zarte Farce bereitet.
Die passende Pastetenform wird, den vorhergehenden gleich, mit mürbem
Pastetenteig ausgedrückt, mit einem Theil der Farce ausgestrichen, die
Lachsstückchen sammt ihrer Fines herbes eingelegt, mit dem Rest der Farce
gedeckt, über diese zwei Lorbeerblätter gethan, mit Speckscheiben überlegt,
mit einem Teigdeckel geschlossen und ein und eine halbe Stunde vor dem
Anrichten in einem mäßig heißen Ofen in schönster Farbe gebacken. Beim
Anrichten wird die Pastete aus der Form genommen, in eine Entrée=
Schüssel gestellt, aufgeschnitten, die Lorbeerblätter und der Speck abgenom=
men und ein in bester Eigenschaft mit Krebs=Sauce bereitetes Kleinragout
mit Austern, Krebsschweifchen, Karpfenmilchnern und Champignons, kochend=
heiß darüber angerichtet.

1367. Warme Fisch=Pastete. Pâté chand de poissons à la marinière.

Hierzu sind zwei Pfund Lachs, zwei schöne Seezungen (Soles), ein
kleiner Aal, einige Dutzend Austern, einige Karpfen=Milchner, dreißig

Champignons und ein halbes Pfund Trüffeln nöthig. Aus dem Lachs werden kleine Tranchen, aus den Seezungen kleine Filets und aus dem Aal zweifingerbreite Stücke geschnitten. Jede Gattung der Fische wird in ein Schüsselchen gethan und gehörig gesalzen, ebenso die Karpfenmilchner. Die Champignons werden abgeschält und in Butter und Zitronensaft gedünstet, ebenso die Austern mit etwas weißem Wein überkocht, dann abgeseiht und gereinigt. Die Trüffeln werden geschält, in Scheiben geschnitten und mit Glace und Madeira-See gedünstet. Sodann wird aus den Abgängen der Fische eine Essenz gezogen, unter welche die der Austern und Champignons kömmt. Ferner werden unter ein halbes Pfund frischer Butter ein Eßlöffel voll fein geschnittene Petersilie, drei Eßlöffel voll Champignons, drei Eßlöffel voll feine Trüffeln und ein Eßlöffel voll fein geschnittene und blanchirte Schalotten gethan und mit dieser eine viertel Stunde gedünstet. Eine gehörig große passende Pastetenform wird nach der Regel mit Teig ausgedrückt, von innen mit Fisch-Farce, unter welche zwei Eßlöffel voll Sardellenbutter melirt wurde, fingerdick ausgestrichen und die Fische abwechselnd mit den Austern, Trüffeln, Champignons, den Karpfenmilchnern und der Fines herbes eingerichtet, dann mit Farce überstrichen, über diese zwei Lorbeerblätter gethan, mit Speckscheiben überlegt, mit einem Teigdeckel geschlossen und wie die vorhergehenden eine und eine halbe Stunde vor dem Anrichten sorgfältig gebacken. Beim Anrichten wird sie aufgeschnitten, alles Fett rein abgenommen und einige Löffel voll Krebs-Sauce, wozu die Fisch-Essenz verwendet wurde, darüber gegossen. Der Rest der Sauce wird in einer Saucière extra nachservirt.

1368. Warme Häring-Pastete mit Kartoffeln. Pâté chaud
de harengs aux pommes de terre.

Sechs Häringe werden einige Stunden in kalte Milch gelegt, dann die Haut abgezogen, in zwei Theile getheilt und von allen Gräten befreit. Es werden Kartoffeln abgesotten, geschält, mit einem runden Ausstecher in der Größe eines halben Guldenstückes ausgestochen und sodann in messerrückendicke Scheibchen geschnitten. Sodann wird eine Fines herbes von zwei Eßlöffeln voll Petersilie und einem Eßlöffel voll feingeschnittenen Schalotten bereitet und diese mit einem viertel Pfund frischer Butter abgedünstet. Eine Pastetenform wird mit Teig ausgedrückt, innen mit Fisch-Farce, die mit Sardellenbutter bereitet wurde, messerrückendick ausgestrichen, dann werden Kartoffelscheibchen eingelegt, über diese saurer Rahm gestrichen, dann Häringsstückchen mit Fines herbes bestreut, dann wieder Kartoffeln, Häringe und so wird fortgefahren, bis die Pastete bis einen fingerbreit vom Rande voll ist. Oben wird sie mit Farce überstrichen, mit einem Teigdeckel geschlossen und eine Stunde vor dem Anrichten schön lichtbraun gebacken. Beim Anrichten wird der Deckel einen fingerbreit vom Rande aufgeschnitten, die Farce mit einem Messer durchstochen und eine gut bereitete Sardellen-Sauce darüber gegossen.

1369. Englische Tauben-Pastete. Pâté chaud de pigeons à l'Anglaise.

Man wählt hierzu eine der Ofenhitze widerstehende, passende Schüssel von Fayence oder englischem Porzellan. Diese wird am Boden mit dünnen Speckscheibchen ausgelegt, über diese kommen ganz dünne Tranchen von gutem, mageren, rohen Schinken. Ferner werden sechs fette junge Nesttauben rein flammirt, ausgenommen, jede in vier Theile geschnitten und jedes Stückchen so gut als möglich entbeint; die Schlegel der Täubchen werden über dem Schinken in Ordnung gelegt, gesalzen und mit Cayenne bestreut, über diese kommen vier hartgekochte Eier, jedes in vier Theile geschnitten, welche leicht gesalzen werden; über diese kommen die zwölf Taubenbrüstchen, ebenfalls mit Salz und Cayenne gewürzt. Das Ganze wird mit sechs bis acht Eßlöffeln voll sehr kräftiger, corsirter Jüs übergossen. Der Rand der Schüssel wird mit geschlagenen Eiern bestrichen und von Butterteig ein Deckel darüber gelegt, welcher genau das Ganze schließen muß, dieser wird ebenfalls mit Eiern bestrichen und ein Gitter von Butterteigstreifen darüber gelegt, welches ebenfalls mit Eiern bestrichen wird. Eine Stunde vor dem Anrichten wird die Schüssel über einem runden Blech auf Salz gestellt und langsam gebacken, wo man, sobald der Teig Farbe nimmt, ihn mit Butter bestrichenem Papier decken muß. Aus dem Ofen wird die Schüssel gut gereinigt, in die Mitte eine Oeffnung gemacht und ein Glas Dry-Madeira eingegossen, welches den haut goût derselben noch erhöht. Auf dieselbe Art zubereitet, erscheinen diese Pasteten als:

1370. Englische Hühner-Pastete. Pâté chaud de volaille à l'Anglaise.

1371. Englische Ochsenfilet-Pastete. Pâté chaud de filets de boeuf à l'Anglaise.

1372. Englische Kalbs- oder Hammels-Schnitten-Pastete. Pâté chaud de filets de veau et de mouton à l'Anglaise.

Zu bemerken ist, daß das Fleisch, welches im rohen Zustande zu den Pasteten genommen wird, sehr gut abgelegen und von bester Gattung sein muß.

68. Abschnitt. 2. Abtheilung.

Von den Casserolle-Pasteten. Des Timbales.

Eine Abweichung der vorhergehenden in ihrem äußern Ansehen sind die Casserolle-Pasteten (Timbales), welche sowohl von Teig, als auch von den verschiedensten Farcen, von italienischen Nudeln und von Reis bereitet werden und dazu dienen, die verschiedensten Ragouts in sich aufzunehmen.

1373. Pariser Farce-Pastete von Geflügel. Timbale de volaille à la Parisienne.

Man wählt hierzu eine Timbale-Form oder eine sogenannte Sturz-Casserolle, welche auf jeder Seite eine kleine Lappe statt des Stiels hat. Diese Form wird messerrückendick mit geklärter frischer Butter ausgestrichen und an den Seiten mit einer schönen Garnitur von ausgestochener, geräucherter, gekochter Ochsenzunge und recht schwarzen Trüffeln eingelegt und sofort auf's Eis gestellt. Sodann bereitet man aus dem Brustfleische dreier alter Hühner eine gute haltbare Geflügel-Farce, welche in einer Schüssel mit dem Kochlöffel gut verrührt wird. Die Dekorirung wird innen mit abgeschlagenem Eiweis bestrichen, dann zwei Theile der Farce in die Timbale gethan und diese mit dem in lauwarmes Wasser getauchten Eßlöffel in gleichmäßiger Dicke auseinandergestrichen, welches mit vieler Vorsicht geschehen muß, damit sich die Dekorirung nicht verschiebt und die Farce die gleiche Dicke eines Fingers hat. Ferner werden sechs sautirte kalte Hühnerbrüste, ein gleiches Quantum Champignons, ebenso viel vorher abgekochte Trüffeln blätterig geschnitten, welche zusammen in eine Casserolle kommen und mit einer dickeingekochten Sauce suprême, wozu die Carcasses der alten und jungen Hühner verwendet werden, in Verbindung gebracht, so daß man ein sehr schmackhaftes dickes Ragout erhält. Dieses wird bis auf einen Finger dick vom Rande in die Timbale gefüllt, der obere Rand wird mit abgeschlagenen Eiern bestrichen, der Rest der Farce auf einem genau nach der Größe der Timbale rund geschnittenen und mit Butter bestrichenen Papier aufgestrichen, welches als Deckel darüber gelegt und genau an den Rand geschlossen wird. Eine und eine halbe Stunde vor dem Anrichten wird die Timbale in eine Casserolle bis zur Hälfte in kochendes Wasser gestellt, auf einen Dreifuß über glühende Kohlen gesetzt, zugedeckt, einige glühende Kohlen auf den Deckel gethan und so im Dunst gar gemacht, wo stets das Kohlenfeuer unterhalten werden muß. Beim Anrichten wird das Papier abgenommen, die Timbale in eine Entrée-Schüssel gestürzt, einige Sekunden ruhig stehen gelassen, damit sich die Timbale lostrennt. Die Form wird dann gerade abgehoben, die Timbale von Oben schön glacirt, etwas Sauce suprême unten herum gegossen und sogleich zu Tisch gegeben.

1374. Gestürzte Farce-Pastete von Gänseleber. Timbale de foie gras à la Demidoff.

Ein halber Bogen weißes Schreibpapier wird mit Butter bestrichen, in vier gleiche Theile getheilt, jeder derselben zwei messerrückendick mit Geflügel-Farce egal bestrichen, dann mit leicht abgeschlagenem Eiweiß überstrichen und mit fein hackirten recht schwarzen Trüffeln bestreut, so zwar, daß die ganze Oberfläche genau bedeckt ist; sie werden mit der flachen Messerklinge leicht an die Farce angedrückt, ein mit Butter bestrichenes Papier darüber gelegt, zusammen in eine Plât à sauté gethan, kochendheiße weiße Bouillon darüber gegossen und so einige Minuten bis zum Sieden zugedeckt stehen gelassen. Nach dieser Zeit werden sie mit einem flachen Schaumlöffel auf ein reines Tuch gelegt, das obere Papier abgezogen, worauf man sie erkalten läßt. Unter dieser Zeit wird eine Timbale gehörig mit geklärter frischer Butter reichlich ausgestrichen, die mit Trüffeln bestreuten Farce-Streifen in beliebige schöne Stückchen geschnitten oder ausgestochen und der ganze Model, sowohl am Boden als an der Seite, damit in schöner Zeichnung und mit Geschmack ausgelegt, so zwar, daß die schwarze Seite nach außen kömmt. Wenn dieß auf die bestmöglichste Weise erreicht und die Timbale-Form einige Minuten auf dem Eis recht kalt geworden ist, wird sie innen fingerdick mit haltbarer Geflügel-Farce recht egal dick ausgestrichen und mit nachstehendem Ragout gefüllt. Zwei Gänselebern werden in der Braise weich gedünstet, nach dem Erkalten ausgehoben, zu Escalopes geschnitten, in eine Casserolle gethan, mit einem halben Pfund in Scheiben geschnittenen, in Glace und Madeira-Wein abgedünsteten Trüffeln und dreißig Stück kleinen, weißen abgekochten Champignons untermengt und mit der nöthigen, mit Madeira-Sec, Glace und Geflügel-Essenz dick eingekochten Sauce espagnole leicht untermengt und kalt in die Timbale eingerichtet. Es wird von Farce ein Deckel, wie bei den vorhergehenden, darauf gethan und eine Stunde im Dunste langsam gar gemacht. Beim Anrichten wird die Timbale ausgehoben, abgetrocknet, in eine Entrée-Schüssel gestürzt, die Form nach einer Minute abgehoben, die abgelaufene Butter mit einem reinen Tuch ausgetrocknet, die Timbale leicht mit blonder Geflügel-Glace glacirt, etwas Demi-Glace darunter gegossen und sogleich zur Tafel gegeben. Eine Trüffel-Sauce wird extra mitservirt.

1375. Gestürzte Farce-Pastete von Feldhühnern. Timbale de perdreaux à la Nemours.

Von vier alten Feldhühnern werden die Brüste ausgelöst und hievon eine haltbare Farce bereitet. Eine Timbale-Form wird reichlich mit klarer Butter ausgestrichen und von recht schwarzen Trüffeln eine schöne Garnitur an der Seite eingelegt und diese dann auf's Eis kalt gestellt. Die Feld-hühner-Farce wird dann gut verrührt und mit zwei Dritttheilen derselben die Form fingerdick ausgestrichen. Sodann bereitet man von Hahnenkäm-men, Kalbsmilchnern, Champignons und Hahnennierchen, mit dick einge-kochter Sauce suprème ein gutes, kräftiges Ragout, mit welchem die Tim-bale-Form bis auf einen Finger dick vom Rande gefüllt und mit dem Rest der Feldhühner-Farce genau verschlossen wird. Von den Carcasses der Feldhühner wird eine Essenz gezogen und nachdem sie rein entfettet und geseiht ist, wird sie mit Sauce espagnole und einem Glas Madeira-Wein dickfließend eingekocht, dann durch ein Haartuch in eine Saucen-Casserolle gepreßt und an bain-marie warm gestellt. Eine Stunde vor dem An-richten wird die Timbale im Dunste sehr langsam gar gemacht, dann aus-gehoben, abgetrocknet, in eine Entrée-Schüssel gestürzt, die Form nach einer Minute abgehoben, oben darüber ein Kranz von mit Trüffeln bigarrirten Hühner-Filets mignons gelegt, das Ganze schön glacirt und zur Tafel gegeben. Die Feldhühner-Sauce wird in einer Saucière extra nachservirt.

1376. Gestürzte Farce-Timbale auf spanische Art. Timbale à l'Espagnole.

Die nöthige Anzahl recht grüner Oliven werden vom Kerne gedreht, in gesalzenem kochenden Wasser einige Minuten gekocht, dann auf ein Sieb geschüttet und mit frischem Wasser übergossen. Die Oliven werden sodann mit Geflügel-Farce mittelst einer Papierspritze gefüllt und denselben ihre eigentliche Form wieder gegeben. Unterdessen werden drei junge Wildenten im Safte am Spieß gebraten, nach dem Erkalten die Brüste ausgelöst, in gleich große schöne Stückchen getheilt und in einer Casserolle zugedeckt bei Seite gestellt. Die Carcasses der Enten werden fein gestoßen, dann mit brauner Sauce, die mit einem Glas Madeira-Sec und Geflügel-Essenz dick eingekocht wurde, gut verrührt und diese dann recht heiß durch ein

Haartuch gestrichen. Eine passende runde Kuppelform wird dann recht egal mit ganz dünnen Speckscheiben unten ausgefüttert und dann drei Reihen Oliven im Kranze eingelegt, welche man mit einem Pinsel, den man in geschlagenes Eierklar getaucht, von innen bestreicht und mit Geflügel-Farce fingerdick überstreicht. Wenn dieses, ohne die Oliven verrückt zu haben, geschehen ist, werden wieder zwei Reihen Oliven über die andern aufgesetzt, bestrichen, mit Farce überdeckt und so wird fortgefahren, bis die Form einige Linien vom Rande voll und gleichmäßig mit Farce überstrichen ist. Die Entenstückchen werden an eine Gabel gesteckt, durch die lauwarme Sauce gezogen und rundlaufend in die Timbale bis fingerbreit vom Rande eingelegt, sodann mit Eiern bestrichen und mit einem Farce-Deckel genau geschlossen. Eine Stunde vor dem Anrichten wird die Timbale im Dunste langsam gesotten, dann in eine Entrée-Schüssel gestürzt, nach einer Minute die Form abgehoben, die Speckscheiben davon gethan, das abgelaufene Fett mit einem Tuch rein ausgetunkt, etwas Demi-Glace über die Timbale gegossen und sogleich zur Tafel gegeben. Eine gut bereitete, kräftige Madeira-Sauce wird extra nachservirt.

1377. Gestürzte Krebs-Pastete. Timbale de queues d'ecrevisses à la reine.

Zu dieser ausgezeichneten Krebsspeise sind einige Hundert Krebse nöthig; sie werden rein gewaschen, mit Salz, Zwiebel, Petersilie, Wasser und weißem Wein abgekocht, dann nach dem Erkalten ausgebrochen. Die Schweifchen werden rein zugestutzt und von dem vierten Theil der Krebs-schalen wird mit einem Pfund frischer Butter eine schöne Krebsbutter bereitet. Ferner wird von ein und einem halben Pfund rein aus Haut und Gräten gelöstem Hechtenfleisch mit der Hälfte der Krebsbutter, ebensoviel Semmelpanade, zwei ganzen und vier Gelbeiern nebst dem nöthigen Salz und Muskatnuß eine Farce bereitet, welche durch ein feines Sieb gestrichen und in eine Schüssel gut gerührt wird. Sodann bereitet man von Champignons, Karpfenmilchnern und in Butter sautirten Hechtenfilets mit dick eingekochter Krebs-Sauce ein Kleinragout. Wenn alles dies genau zube-

reitet ist, wird die Kuppelstürzform reichlich mit Butter ausgestrichen, wie
die vorhergehende, statt der Oliven mit Krebsschweifchen ausgarnirt und
über diese fingerdick recht egal mit der Hechtenfarce überdeckt, welches jedoch,
wie bei der vorhergehenden Timbale bemerkt wurde, nur in kleinen Einlagen
und dies wieder mit Mühe geschehen kann. Wenn die Timbale genau aus=
gelegt, wird das kalte Kleinragout in die Mitte bis fingerdick vom Rande
eingerichtet, außen herum gut mit Ei bestrichen und mit dem Rest der
Farce genau eingeschlossen. Eine Stunde vor dem Anrichten wird die Kup=
pelform über einen eisernen oder blechernen Ring in eine tiefe Casserolle
gestellt, bis zur Hälfte mit heißem Wasser begossen und so langsam im
Dunste gesotten. Beim Anrichten wird sie ausgehoben, abgetrocknet, in
eine Entrée=Schüssel gestürzt, nach einer Minute die Form abgehoben, die
abgelaufene Butter rein ausgetunkt, die ganze Timbale schön mit blonder
Glace, unter welcher etwas Krebsbutter ist, glacirt und zur Tafel gegeben.
Eine gute Krebs=Sauce wird in einer Saucière extra nachservirt.

1378. Gestürzte Makaroni=Pastete mit Feldhühnern. Timbale de
macaroni au chasseur royal.

Ein Pfund ächte italienische, federkieldicke, lange Makaroni werden
in einem langen Geschirr in kochendes, gesalzenes Wasser gelegt und einige
Minuten blanchirt, sodann auf ein Sieb abgegossen, mit kaltem Wasser
abgekühlt und auf ein reines Tuch zum Abtropfen gelegt. Eine kuppel=
artige Stürzform wird sodann mit Butter ausgestrichen und mit ganz
dünnen weißen Speckscheiben ausgefüttert; in die Mitte wird ein in der
Größe eines Guldenstücks ausgestochenes, schwarzes Trüffel = oder recht
rothes Zungenstückchen federkieldick eingelegt und um dieses die Makaroni=
nudelstücke schneckenartig herum gelegt. Wenn diese ungefähr zweifinger=
hoch so eingelegt sind, werden sie innen mit einem Pinsel mit Eierklar
bestrichen und fingerdick mit gerührter, haltbarer Kalbfleisch=Farce über=
strichen, welches, wie bei der ersten beschriebenen Timbale bemerkt wurde,
am besten geschieht, wenn man einen Löffel in's heiße Wasser taucht und
damit die Farce leicht anbrückt und glatt ebnet. Wenn die erste Einlage

so beendet ist, werden die Makaroni wieder am Ende der erstern angepaßt und schneckenartig die ganze Form damit ausgefüttert, welches aber nur immer in kleinen Bändern geschehen kann, weil sie jedesmal sogleich mit Farce überstrichen werden müssen. Der Rest der Makaroni wird in zoll-lange Stückchen getheilt, in eine Casserolle gethan und zugedeckt bei Seite gestellt. Unterdessen werden von sechs zarten Feldhühnern die Brüstchen ausgelöst, die Filets mignons weggethan, die großen mit rother Ochsenzunge, die kleinen Filets mit schwarzen Trüffeln bigarrirt und in klare frische Butter eingerichtet und zugedeckt kalt gestellt. Die Schlegel der Feldhühner werden abgedämpft und nach dem Erkalten das Fleisch abgelöst, zu kleinen Filets geschnitten und nebst dem gleichen Quantum ebenso geschnittener Champignons und Zungenstückchen zu den Makaronistückchen gethan. Aus den Carcasses der Feldhühner wird eine Essenz gezogen, diese rein ent-fettet und geseiht, mit der nöthigen Sauce espagnole und einem Glas Madeira-Sec über dem Feuer zu einer kurzen, kräftigen Sauce eingerührt, welche sodann nach dem Volumen der Ingredienzen durch ein Haartuch über die Makaroni- und Fleischstückchen gepreßt und mit dieser vorsichtig untermengt wird, so daß man ein dickes Ragout erhält. Dieses wird in die Mitte der Timbale bis fingerdick vom Rande eingefüllt und mit Farce gut eingeschlossen. Eine Stunde vor dem Anrichten wird die Timbale langsam im Dunste gesotten, in eine Entrée-Schüssel gestürzt, der Speck abge-nommen, rein entfettet, die sautirten Feldhühnerbrüstchen mit den Filets mignons abwechselnd herum garnirt, diese schön glacirt und so zu Tisch gegeben. Eine Trüffel-Sauce wird extra nachservirt.

1379. Neapolitaner Makaroni-Nudel-Pastete. Timbale de macaroni à la Napolitaine.

Man streicht mit klarer frischer Butter eine Kuppelform gut aus, legt sie mit mürbem Pastetenteig, welchen man mit der Hand makaroninudel-artig ausrollt, schneckenartig aus, wobei man aber den Teig, der über sich zu liegen kömmt, mit Eiern bestreichen muß. Sodann wird ein halbes Pfund Makaroninudeln im gesalzenen, kochenden Wasser einige Minuten blanchirt, dann abgeseiht, in zollgroße Stückchen geschnitten, in eine Casserolle gethan und mit einem halben Pfund frischer Butter, ebensoviel frisch geriebenem Parmesankäse, dem nöthigen Salze und etwas Pfeffer über dem Feuer ge-schwungen, die Timbale bis fingerbreit vom Rande damit angefüllt, dann mit einem Teigdeckel genau geschlossen, mit Eiern bestrichen, über einen Eisenblech-kranz auf ein Pastetenblech gestellt und während einer Stunde in mäßig heißem Ofen in schöner lichtbrauner Farbe gebacken. Beim Anrichten wird die Timbale in eine Entrée-Schüssel gestürzt, mit einem scharfen Messer eine gehörig große Oeffnung ausgeschnitten, einige Löffel voll Makaroni-nudeln herausgenommen, statt diesen ein Kleinragout von Champignons, Hahnennierchen und emincirten Trüffeln, welches mit einer Sauce tomate bereitet ist, heiß eingefüllt, der Deckel darüber gethan und nachdem die Timbale noch mit Krebsbutter überstrichen wurde, sogleich zu Tisch gegeben.

1380. Timbale mit Raviolen und Parmesankäse. Timbale de
ravioles à la Parma.

Man bereitet von einer Hand voll Mehl, einem Eßlöffel voll Zucker,
nußgroß Butter und fünf Gelbeiern einen Teig, welchen man messerrückendick
ausrollt und etwas trocknen läßt. Eine ovale glatte Stürzform wird mit
klarer frischer Butter ausgestrichen, mit Ausstechern verschiedener Form,
wie z. B. Blätter, Arabesken, Ringeln u. dgl. aus dem Teig ausgestochen,
diese an eine Spicknadel gesteckt, der Boden und die Seite der Form in
schöner Zeichnung damit ausgelegt und dann auf's Eis gestellt. Ferner
wird ein Stück mürber Pastetenteig nach der Höhe und dem Umfang der
Form zu einem federkieldicken Band ausgewalzt, dann über sich selbst aufgerollt und nachdem mit einem Pinsel die Teiggarnitur mit Eiern bestrichen
ist, wird das Band seiner Höhe nach in die Form gestellt, langsam abgerollt und dabei, ohne die Zeichnung zu verrücken, behutsam angedrückt,
dann die beiden Enden des Teiges mit Ei bestrichen und einen Zoll breit
über sich gut zusammengemacht, so zwar, daß sich die Timbale beim Stürzen
nicht trennt. Ebenso wird ein Stück Teig genau als Boden geschnitten,
eingelegt und, von innen mit Ei bestrichen, gut an der Seite angedrückt.
Unterdessen hat man von feinem Nudelteig mit Geflügel-Farce, unter welche
etwas geriebener Parmesankäse melirt wurde, das nöthige Quantum kleiner
Raviolen bereiten lassen, welche in gesalzenem, kochenden Wasser einige
Minuten gekocht, dann abgeseiht, in eine Plat à sauté gethan und mit
einem Stück frischer Butter, geriebenem Parmesankäse, dem nöthigen Salz
und etwas Pfeffer geschwungen, die Timbale, nachdem sie ausgekühlt sind,
damit gefüllt, geebnet und mit einem Deckel fest zugemacht. Die Form
wird sogleich auf ein Pastetenblech gestellt und bei mäßig heißem Ofen in
schönster Farbe gebacken. Aus dem Ofen wird die Timbale auf eine
passende, ovale Schüssel gestürzt, der Deckel mit einem scharfen Messerchen
aufgeschnitten, einige Löffel voll Sauce tomato oder espagnole eingefüllt, der
Deckel darüber gelegt und sogleich zur Tafel gegeben.

1381. Mailänder Nudel-Pastete. Timbale de nouilles à la Milanaise.

Eine runde Sturz- oder Timbale-Form wird dick mit klarer frischer
Butter ausgestrichen, dann mit fein geschnittenen Nudeln ausgestreut, diese
leicht angedrückt und die Form auf's Eis gestellt. Sodann wird diese mit

mürbem Pastetenteig ausgefüttert und zugedeckt bei Seite gestellt. Ferner werden acht Hühnerbrüstchen sautirt, nach dem Erkalten in zolllange Stückchen geschnitten und diese nebst dem gleichen Quantum ebenso ge- schnittener Trüffeln und geräucherter Zunge in eine Casserolle gethan. Unterdessen hat man von einem ganzen Ei und sechs Eigelben einen feinen Nudelteig gemacht, woraus man zweizolllange, halbfingerbreite Nudeln schneidet; diese werden in gesalzenem, kochenden Wasser einige Minuten gekocht, dann abgeseiht, abgetropft, in eine Plåt à sauté gethan und mit einem Stück Butter, einer Hand voll frisch geriebenem Parmesankäse, dem nöthigen Salz und etwas Muskatnuß über dem Feuer geschwungen. Nach- dem sie ausgekühlt sind, wird eine Lage in die Timbale gefüllt, die Hälfte der melirten Hühnerstückchen darüber gestreut, dann kommt wieder eine Lage Nudeln, Hühnerstückchen und zuletzt Nudeln. Die Timbale wird sodann mit einem Teigdeckel gut geschlossen, mit Ei bestrichen und sogleich in schöner Farbe gebacken. Beim Anrichten wird der Deckel aufgeschnitten, die Nudeln mit der Messerspitze leicht gelockert, etwas Demi-Glace darüber gegossen, mit dem Deckel gedeckt und sogleich zur Tafel gegeben. Eine gut bereitete Sauce suprême wird extra nachservirt.

1382. Genueser Fleckel-Pastete. Timbale de lasagnas à la Génoise.

Man bereitet von zwei ganzen und dem Gelben von acht Eiern einen feinen Nudelteig, welchen man sehr dünn ausrollt, nachdem er getrocknet ist, übereinander legt und mit einem Colonne-Ausstecher in der Größe eines Sechskreuzerstücks Fleckchen aussticht. Unterdessen hat man eine runde Timbale-Form gut mit klarer frischer Butter ausgestrichen, wie jene mit Raviolen ausgarnirt, mit Teig ausgefüttert, innen mit Papier, welches mit Butter bestrichen wurde, ausgelegt, mit trockenen Erbsen angefüllt, einen Deckel von Teig darüber gemacht und so in schöner Farbe gebacken. Aus dem Ofen genommen, wird der Deckel aufgeschnitten, die Erbsen und das Papier herausgenommen und die Timbale in einer Entrée-Schüssel warm gestellt. Ferner werden einige hundert Champignons rein gewaschen, fein emincirt und mit feinem Genueser-Oel, Salz, einer Zehe Knoblauch, einem Lorbeerblatt, einem Majoransträußchen, Pfeffer und Muskatnuß gedünstet, dann Knoblauch, Lorbeerblatt und Majoran weg= und etwas Sauce tomate dazu genommen, in eine andere Caſſerolle gethan und warm geſtellt. Die Fleckchen werden kurze Zeit vor dem Gebrauch in geſalzenem, kochenden Waſſer einige Minuten gekocht, dann abgeſeiht, mit einem Stück Butter, friſch geriebenem Parmeſankäſe, dem noch nöthigen Salz und Muskatnuß geſchwungen und mit dieſen und den Champignons abwechſelnd recht heiß in die Timbale eingefüllt und ſogleich zur Tafel gegeben.

1383. Römiſche Reis=Paſtete. Timbale de riz à la Romaine.

Eine runde Stürzform wird ſehr ſtark mit geklärter, friſcher Butter ausgeſtrichen und mit fein geriebenem weißen Brote gut ausgeſtreut; ſodann werden vier Eier mit etwas Salz gut abgeſchlagen, mit lauwarmer Butter und geriebenem Parmeſankäſe untermiſcht, welche man in die Form gießt und dieſe gut auslaufen und über eine Schüſſel wieder ablaufen läßt; über dieſe Eier wird dann nochmals geriebenes Brot geſtreut. Hierauf wird ein Pfund Karolinen=Reis rein gewaſchen und mit guter Geflügel= Bouillon, einem Stück friſcher Butter, dem nöthigen Salz und Muskatnuß weich und kurz gedünſtet, dann mit einer Hand voll friſch geriebenem Parmeſankäſe, etwas Glace und einem Stück Butter gut verrührt. Mit dieſem Reis wird die Timbale=Form fingerdick ausgelegt und ein Theil zum Decken zurückbehalten. Dieſer wird mit einem Kleinragout von Cham= pignons, Geflügellebern, Kalbsmilchnern, Hahnenkämmen und Nierchen mit recht kräftiger, dick eingekochter Sauce espagnole untermengt, gefüllt, dann mit dem Reis gut gedeckt, welches am beſten geſchieht, wenn man nach der Größe der Form ein rundes Papier ſchneidet, dies mit Butter be= ſtreicht und fingerdick mit Reis recht egal überſtreicht, ſodann das Papier nach oben darüber legt und gut andrückt. Eine Stunde vor dem An= richten wird die Timbale auf ein Blech geſtellt und langſam ſchön ge= backen, dann in eine Entrée=Schüſſel geſtürzt, leicht mit Sauce übergoſſen und zur Tafel gegeben. Eine gute Sauce espagnole wird extra beigegeben.

1384. Piemonteſer Reis=Paſtete. Timbale de riz à la Piemontaise.

Ein Pfund Mailänder Reis wird rein beleſen, aber nicht gewaſchen, ſondern zwiſchen einem reinen Tuch abgerieben. Sodann läßt man ein halbes Pfund Butter in einer Caſſerolle heiß werden, gibt einen halben Eßlöffel voll fein geſchnittene Zwiebeln und den Reis dazu und röſtet dies zuſammen, bis die Zwiebeln gelb ſind; ſodann wird nochmal ſoviel gute Bouillon dar= über gegoſſen, als der Reis in ſeinem Volumen beträgt, nebſt etwas Kalbs= fond, dem nöthigen Salz und wenig geriebene Muskatnuß. Man deckt den Reis gut zu und läßt ihn auf Kohlenfeuer weich bünſten. Unterdeſſen wird eine Stürzform gut mit Butter ausgeſtrichen, mit rund ausgeſtochenen Trüffeln zierlich ausgelegt und einige Minuten auf's Eis geſtellt. Der kurz eingebünſtete Reis wird mit den Abfällen der Trüffeln, welche klein wür= felich geſchnitten wurden, nebſt zwei Löffeln voll Sauce veloutée untermengt und die Timbale fingerdick damit ausgedrückt, wo man aber zuvor die Trüf=

feln mit Eiweiß bestreichen muß. In die Mitte wird ein dickes Ragout von emincirten Feldhühnern, Champignons, Trüffeln, mit kurzer, kräftiger Sauce eingefüllt, mit Reis überdeckt, eine viertel Stunde in den Ofen gestellt, dann in eine Entrée-Schüssel gestürzt, nach einer Minute die Form abgehoben, die Timbale schön glacirt, etwas Demi-Glace darunter gegossen und zur Tafel gegeben. Eine Trüffel-Sauce wird extra mitservirt. Zu dieser Reis-Timbale sollten eigentlich Piemonteser Trüffeln angewendet werden.

1385. Reis-Pastete mit weißem Ragout. Casserolle au riz à la Marigny.

Zwei Pfund schöner Karolinen-Reis sind nöthig, um eine gehörige Reis-Pastete zu bereiten; derselbe wird durchsucht, mehrmals durch lauwarmes Wasser gewaschen, dann in eine gut verzinnte, etwas breite Casserolle gethan, mit guter weißer Fleischbrühe zweifingerdick übergossen, gesalzen, mit einem Stück ganz frischer Butter belegt und auf dem Feuer in's Kochen gebracht. Wenn dies erreicht ist, stellt man die Casserolle gut zugedeckt in einen Backofen oder Bratrohr und läßt sie ganz kurz eindämpfen und weich werden. Hierauf schüttet man den Reis in einen Mörser und stößt ihn, bis kein ganzer Kern mehr sichtbar ist; er wird sodann herausgenommen, auf ein Backbrett gethan und mit der Hand zu einem geschlossenen, zarten Teig abgearbeitet. Derselbe wird in eine passende, mit Butter ausgestrichene Sturz-Casserolle gedrückt, dann auf einen Plafond gestürzt, und mittelst geschnittenen gelben Rüben schöne Dessins eingedrückt, welches jedoch mit Geschicklichkeit und Geschmack ausgeführt werden muß. Dieselbe wird eine halbe Stunde vor dem Anrichten mit dem Gelben von einigen Eiern, unter welches etwas zerlassene Butter gerührt wurde, angestrichen und in einen sehr heißen Backofen gestellt, bis die Reis-Casserolle eine schöne Farbe hat, das heißt, die äußern Kanten müssen lichtbraun sein und die Vertiefung muß weiß bleiben. Hierauf wird sie aus dem Backofen genommen, oben ein Deckel ausgeschnitten, mit einem scharfen, einfachen Blechlöffel ausgehöhlt, aber nicht zu viel, sondern daß ein fingerdicker Rand bleibt. Sie wird sodann mit recht weichem und dick gekochten, warmen Reis ausgestrichen und in eine Entrée-Schüssel warm gestellt.

Beim Anrichten wird nachstehendes Ragout eingefüllt: Zwei Quart Sauce suprême werden mit einer halben Bouteille Champagner-Wein über brennendem Windofen, bis sich die Sauce vom Löffel spinnt, eingekocht, dann gehörig gesalzen, mit dem Safte einer halben Zitrone angenehm ge- säuert und durch ein Haartuch in eine Saucen-Casserolle über quenelles de pigeons, in Stückchen geschnittene Gänselebern, Trüffeln und Hahnen- kämme gepreßt und au bain-marie warm gestellt. Ebenso werden die Filets von sechs jungen Tauben ausgelöst, diese an der Seite leicht einge- schnitten, aber nicht durchgeschnitten, dann mit feinblätterig geschnittenen Trüffeln, welche mit etwas Glace kurz gedünstet sind, gefüllt, gesalzen, in zerlassene, frische Butter mit dem Gelben von einigen Eiern abgerührt, ge- taucht, mit fein geriebenem Brot besäet und in klare Butter eingerichtet. Kurz vor dem Anrichten werden die Filets auf Kohlenfeuer sautirt, das ganz heiße Ragout in die Reis-Pastete gefüllt, die Filets der Tauben im Kranze oben herum gelegt und sogleich zu Tisch gegeben.

1386. Reis-Pastete à la Reine. Casserolle au riz à la reine.

Zwei Kapaunen werden nach sorgfältiger Vorbereitung am Spieß ge- braten, dann, wenn sie beinahe kalt sind, wird das Brustfleisch ausgelöst und dieses zu einem feinen Hachis geschnitten, welches man in einer Casserolle zugedeckt zur Seite stellt. Unterdessen werden drei Quart béchamel grasse mit der aus den Carcasses der Kapaunen gezogenen Essenz über dem Windofen dickfließend eingekocht, welche mit dem Hachis gut verrührt, gesalzen und recht heiß in eine vorhergehend beschriebene Reis-Casserolle erhaben gefüllt werden. Außen herum werden hart ge- sottene Eier garnirt und zwischen jedes ein Filet mignon, welches mit Trüffeln bigarrirt, rund gebogen und sautirt wurde, gelegt.

Ferner erscheinen die Reis-Pasteten noch als:

1387. Reis-Pastete mit einer Blanquette von Indian. Blanquette de dinde en casserolle au riz.

1388. Reis-Pastete mit Escalopen von Hasen. Escalopes de levreauts au sang en casserolle au riz.

1389. Reis-Pastete mit einem Ragout Financier. Casserolle au riz, garni d'une ragoût à la financière.

1390. Reis-Pastete mit Salmy von Feldhühnern. Salmy de perdrix en casserolle au riz.

1391. Reis-Pastete mit Salmy von Fasanen. Salmy de faisans en casserolle au riz.

1392. Reis-Pastete mit Salmy von Schnepfen. Salmy de bécasses en casserolle au riz.

Die Bereitung der hier angeführten Ragouts findet man in dem betreffenden Abschnitte genau angegeben.

1393. Brotkrusten. Croustades de pain.

Einen gleichen Zweck, wie die Reis-Casserollen, haben die Brotkrusten; sie sind auch dazu bestimmt, alle feinen Ragouts in sich aufzunehmen, um diese mit mehr Eleganz ausstatten zu können und werden deßhalb auch bei Tafeln nie angegriffen. Man läßt von dem Bäcker von weißem, feinen Mehl in einer runden oder ovalen Casserolle, zu welchem Bedarf man es nöthig hat, ein hohes Brot backen, welches eine dichte und ja nicht poröse Schmolle (Krume) hat. Dieses Brot muß einen Tag vorher gebacken sein, wenn man daraus eine schöne Kruste schneiden will. Eine zweite Bedingung sind sehr scharfe Messer, ohne welche man nicht im Stande ist, etwas Gelungenes zu schaffen. Aus solchem Brote werden nun Vasen, Schalen, sowohl in runder, als auch in acht- und sechseckiger Form geschnitten. Daß zu solchen Arbeiten eine geschickte Hand und viel Uebung gehört, braucht nicht erwähnt zu werden, denn nichts belästigt das Auge mehr, als eine schlecht dressirte warme Pastete, eine plump dressirte Reis-Casserolle oder eine schlecht geschnittene Brotkruste, ja ich möchte behaupten, daß der beste Inhalt solcher Speisen damit verloren und unbeachtet bliebe. Ich rathe daher jedem jungen Anfänger, solcher Arbeit vielen Fleiß zuzuwenden und darüber nicht gleichgültig hinwegzugehen. Ist die Brotkruste schön geschnitten, so wird über der Oberfläche derselben einen halben Zoll dick vom Rande und ebenso tief ein Einschnitt gemacht, dann die Kruste aus frisch ausgelassenem Schweinsfett goldgelb gebacken, mit einem flachen Schaumlöffel aufgehoben, abtropfen gelassen, dann auf ein reines Tuch über Löschpapier zum Entfetten gelegt. Der Deckel wird abgeschnitten, die Kruste vorsichtig ausgehöhlt, dann innen mit Kalbfleisch-Farce ausgestrichen, unten mit Eierklar, unter welches man etwas Mehl gemengt hat, bestrichen, in eine Entrée-Schüssel befestigt und eine viertel Stunde in einen warmen Ofen zum Trocknen gestellt.

1394. Tauben-Côteletten in einer Croustade von Brot. Côtelettes de pigeons à la l'ompadour en croustade de pain.

Aus zehn jungen Tauben werden die Brüstchen ausgelöst, mit dem Messerhefte leicht geschlagen, die abgeschabten Flügelknochen an der spitzen Seite eingesteckt, gesalzen, in zerlassene mit drei Gelbeiern abgerührte

Butter getaucht, mit feinem weißen Reibbrot panirt und in klare frische
Butter in eine Plât à sauté eingerichtet. Aus den Carcasses derselben
wird eine Essenz gezogen, diese dann rein entfettet, geseiht und mit einer
Sauce suprême zu einer klaren, dickfließenden Sauce eingekocht, welche man
durch ein Haartuch in eine Casserolle preßt und warm stellt. Unterdessen
hat man schöne, kleine Champignons recht weiß abgedünstet, welche man
in die Sauce gibt. Kurz vor dem Anrichten werden die Tauben-Coteletten
schön lichtbraun sautirt, dann in die Tiefe einer Brotkruste ein Ragout
von Kalbsbrieschen und Taubenklößchen gefüllt, an die Tauben-Coteletten
werden kleine Papilloten gesteckt, diese im Kranze über dem Ragout aufrechtstehend und zwischen jedes eine Trüffel-Scheibe gelegt, aufdressirt und
die Champignons mit der nöthigen Sauce erhaben in ihre Mitte gegeben.
Der Rest der Sauce wird extra nachservirt. Auf dieselbe Art können
Lamms-, Hühner- und andere Coteletten bereitet werden.

1395. Feldhühner-Coteletten in einer Brotkruste. Côtelettes de
perdreaux en croustade de pain.

Aus acht gut gereinigten, jungen Feldhühnern werden die Brüstchen
ausgelöst und hiervon kleine Coteletten zubereitet, welche in klarer Butter
sautirt, dann gesalzen und zwischen zwei flachen Deckeln leicht gepreßt
werden. Sodann werden sie rein parirt und wie die vorhergehenden panirt.
Aus den Abgängen der Feldhühner wird eine Essenz bereitet und diese mit
zwei Quart Sauce espagnole, etwas Glace und einem Glas Madeira-Sec
zu einer kräftigen, dickfließenden Sauce eingekocht, welche gehörig gesalzen,
mit etwas Cayenne im Geschmack gehoben, durch ein Haartuch gepreßt
und au bain-marie warm gestellt wird. Sodann werden die nöthigen
schön grünen Oliven aus den Kernen gedreht, mit Geflügel-Farce gefüllt
und in die Sauce gethan. Die Feldhühner-Coteletten werden kurz vor dem
Anrichten auf dem Rost gebraten, dann ein Kleinragout von Feldhühner-
klößchen und in Scheiben geschnittenen Trüffeln in die Vertiefung der Brotkruste gefüllt, die Coteletten, die Beinchen nach oben aufrechtstehend, herum
aufdressirt und nachdem man die Oliven noch einige Minuten mit der
Sauce hat kochen lassen, werden sie in ihrer Mitte erhaben angerichtet.

1396. Schillschnitten in einer Brotkruste. Filets de sandre en
croustade de pain à la Villeroy.

Aus einem drei- bis vierpfündigen Schill werden die großen Filets
rein aus Haut und Gräten gelöst und hiervon gleich große Filets, den
Hühnerfilets gleich, geschnitten, diese werden gesalzen, in klarer Butter
sautirt, dann leicht gepreßt, schön zugeschnitten, mit einer Aufleg-Sauce
überstrichen, zweimal panirt und kurz vor dem Anrichten aus dem Schmalz
gebacken. Eine Blanquette von Schill wird recht heiß in die Vertiefung
der Brotkruste gefüllt, die gebackenen Schnitten werden herum aufdressirt
und in ihre Mitte ein Kleinragout von Krebsschweifchen und Champignons
erhaben angerichtet.

1397. Escalopes von Ochsenfilet in einer Brodkruste. Escalopes de filet de boeuf en croustade de pain.

Aus einem sehr gut abgelegenen Ochsenfilet werden kleine Escalopes, den Hasen-Escalopes ähnlich, geschnitten, in klarer Butter eingerichtet, mit einer mit Butter bestrichenen Papierscheibe gedeckt und kalt gestellt. Unterdessen bereitet man von Trüffeln, Champignons, Peterfilie und Schalotten mit einer kräftigen braunen Sauce eine Sauce fines herbes, welche au bain-marie warm gestellt wird. Einige Minuten vor dem Anrichten werden die Escalopes über dem Windofen schnell sautirt, die Butter abgegossen und mit der Sauce fines herbes, einem Stück Glace und etwas Bourre de Cayenne nochmals aufgekocht, dann erhaben in einer Brodkruste angerichtet, mit einem Theil der Sauce begossen und der Rest extra beigegeben. Zu bemerken ist, daß die Escalopes in ihrem vollsten Safte und die Sauce sich durch einen sehr kräftigen, lieblichen Geschmack auszeichnen muß.

---

68. Abschnitt. 3. Abtheilung.
Von den kalten Pasteten. Des Pâtés froids.

Die Teighülle der kalten Pasteten, welche die Inhaltsprodukte in sich aufnehmen, besteht in viererlei Art:

1) aus den aus freier Hand von ungenießbarem, festen Teig aufgesetzten Pasteten,

2) aus den in kupfernen oder blechernen mit Charnieren versehenen und mit mürbem Pastetenteig ausgefütterten Reisen, welche die schönste Pasteten-Form darstellen (siehe die Abbildungen auf der nächsten Seite),

3) aus den zum Ausschneiden ebenfalls von mürbem Teig bereiteten, niedern, langen Pasteten und

4) den statt der Teighülle in Fayence oder Steingut, den kalten aufgesetzten Pasteten ähnlichen Töpfen.

Die letzte Methode bleibt unter jeder Bedingung die beste, denn sie hat nicht nur allein den Vortheil, daß sie viel Zeit und Mühe spart, sondern ihre Inhaltsprodukte bleiben um vieles saftiger, geschmackvoller und was die Hauptsache ist, sie erhalten sich, an einem kalten, trockenen Orte aufbewahrt, viel länger. Die aus freier Hand aufgesetzten kalten Pasteten gehören der alten Methode an und erscheinen nur noch bei großen Gelegenheiten, nämlich bei Bällen, wo sie auf Buffets prangen. Eine weit bessere Methode neuerer Art sind die in Reisen gebackenen, kalten Pasteten; diese werden mit genießbarem Teig bereitet und erfordern nicht eine so außerordentliche Mühe und Zeit und sind selbst in ihrer Form und regelmäßigen Zeichnung schöner als die ersten. Die Pasteten zum Ausschneiden eignen

sich besonders für Gasthöfe und Restaurationen, weil sie sammt ihrem ge-
nießbaren Teig in schöne Portionen getheilt werden können.

1398. Kalte Hühner-Pastete mit Trüffeln. Pâté froid de perdreaux aux truffes.

Nach sorgfältiger Reinigung werden zwölf junge Feldhühner ganz ausgebeint, dann innen mit Speck und rohem Schinken, der in dünne Streifen
geschnitten und mit gewürztem Salz untermengt ist, gespickt und nachdem sie
ebenfalls von innen mit Salz und feinen trockenen Kräutern gewürzt sind,
werden sie in einer Terrine kalt gestellt. Sodann bereitet man folgende Farce:
es werden vier bis fünf alte Feldhühner gut gereinigt, oder in Ermangelung
dieser das Fleisch von einem Hasen rein aus Haut und Sehnen gelöst, sehr
fein geschnitten, dann mit dem vierten Theil fein geschnittenem, weißen
Speck mehr als das Fleisch wiegt und den Feldhühnerlebern recht fein gestoßen. Dazu kommen einige fein geschnittene Schalotten, ein Eßlöffel voll
Petersilie, zwei Eßlöffel voll Champignons, ebenso viel Trüffeln, alles sehr
fein geschnitten und in Butter gedünstet, das nöthige Salz, zwei Messerspitzen voll Fines herbes en poudre und zwei bis drei Eßlöffel voll Sauce
espagnole. Dies alles wird zusammen sehr gut verarbeitet, aus dem Reibstein in eine Schüssel gethan, unter welche man noch ein halbes Pfund

kleinwürfelich geschnittene, wo möglich frische Perigord-Trüffeln und den dritten
Theil einer geräucherten, gekochten, ebenso würfelig geschnittenen Ochsenzunge melirt. Die Feldhühner werden dann über ein Tuch ausgebreitet,
mit dem dritten Theil der Farce gefüllt, die Haut zusammengenommen,
ballonartig dressirt und über der Brust mit der Messerspitze durchstochen.
Sobann wird eine gehörig große Pastetenreifform gut mit kalter, klarer
Butter ausgestrichen, über einen bestrichenen Bogen Papier gestellt, mit
mürbem Pastetenteig, wie bei den warmen Pasteten angegeben ist, ausgefüttert, innen mit dünn geschnittenen Speckscheiben ausgelegt und mit einem
Theil der Farce überstrichen. Sechs von den Feldhühnern werden in die
Pastete eingelegt, leicht gesalzen, mit in Scheiben geschnittenen Trüffeln bestreut, darüber werden die andern sechs Feldhühner gelegt, welche ebenfalls
gesalzen, mit Trüffeln überstreut und mit dem Reste der Farce überstrichen
werden. Ueber die Farce wird ein Lorbeerblatt und ein viertel Pfund sehr
frische Butter gelegt und das Ganze mit Speckbarden gedeckt. Dann wird
von Teig ein Deckel ausgerollt, der Rand der Pastete mit Ei bestrichen,
der Deckel darüber gelegt, genau angedrückt und fest geschlossen. In die
Mitte wird eine Oeffnung in der Größe eines Zweiguldenstücks ausgestochen, darüber ein kleiner Kamin von Teig aufgesetzt, die ganze Oberfläche
der Pastete wird mit Ei bestrichen und geschmackvoll und in schöner Zeichnung
eine Garnitur darüber gelegt, diese wieder mit Ei bestrichen, dann in einem
mäßig heißen Ofen zwei bis zwei und eine halbe Stunde in schönster, lichtbrauner Farbe gebacken, wobei bemerkt werden muß, daß die Pastete, gleich
nachdem sie im Ofen Farbe nimmt, mit zwei mit Butter bestrichenen Bögen
Papier gedeckt werden muß. Während der Zeit als die Pastete im Ofen
ist, werden die Carcasses der Feldhühner klein zerhackt und hiervon eine Essenz
gezogen, welche dann durchgeseiht und mit einem Glas Madeira-Sec zu einer

dünnen Demi=Glace eingekocht wird. Wenn die Pastete gut ausgebacken ist, wird sie aus dem Ofen genommen, auf eine flache Schüssel gestellt, die Essenz in die Pastete gegossen, diese mit Teig gut zugemacht, an einen kalten, trockenen Ort gestellt und nach einer Stunde der Reif abgenommen. Auf gleiche Art können diese Feldhühner=Pasteten in eine Fayence=Terrine eingerichtet werden, welche aber bis zur Hälfte in Wasser gestellt und bei viel geringerer Ofenhitze gebacken werden muß. Dann verändert sich aber ihre Benennung und sie wird **Terrine de perdreaux** genannt. Es ist zu bemerken, daß alle kalten Pasteten, ehe davon gespeist wird, einige Tage zuvor gebacken sein müssen, sie werden dann aufgeschnitten, der Speck und das Lorbeerblatt abgenommen, mit einem silbernen Löffel portionenweise ausgestochen, auf eine Assiette gethan und etwas gehackte Fleischsulz beigelegt.

1399. Kalte Schnepfen=Pastete mit Trüffeln. Pâté froid de bécasses aux truffes.

Zu dieser ausgezeichneten kalten Pastete werden acht frisch geschossene Waldschnepfen genommen und diese ganz der vorhergehenden Feldhühner= Pastete gleich zubereitet und beendet, nur mit dem Unterschiede, daß die Carcasses sammt den Därmen, nachdem zuvor der Magen weggethan wurde, fein gestoßen werden, dann durch ein feines Haarsieb passirt und das Durchgestrichene unter die Farce melirt wird, welches derselben den eigen= thümlichen Schnepfengeschmack gibt.

1400. Kalte Krammetsvögel=Pastete mit Trüffeln. Pâté froid de grives aux truffes.

Vier und zwanzig schöne Krammetsvögel werden ausgenommen, gut gereinigt, ausgebeint, die Carcasses sammt den Därmen, nachdem der Magen der Vögel weggethan wurde, gestoßen, dann durchpassirt und dieses unter die Farce melirt. Im Uebrigen wird sie ganz der Feldhühner= Pastete gleich bereitet und vollendet.

1401. Kalte Pastete von Bekassinen mit Trüffeln. Pâté froid
de bécassines aux truffes.

1402. Kalte Pastete von Haselhühnern mit Trüffeln. Pâté
froid de gelinottes aux truffes.

1403. Kalte Pastete von jungen Wildenten mit Trüffeln. Pâté
froid de canards sauvages aux truffes.

Werden ganz der Feldhühnerpastete gleich bereitet, nur macht die Be-
kassinen-Pastete insoferne eine Ausnahme, daß die Carcasses wie bei der
Schnepfen-Pastete gestoßen, durchgestrichen und das Durchgestrichene unter die
Farce kömmt. Bei den andern werden die Carcasses zu einer Essenz verwendet, welche mit Madeira-Wein eingekocht und wie bei der Feldhühner-Pastete
eingegossen wird, welches derselben einen sehr angenehmen haut-goût gibt.

1404. Kalte Fasanen-Pastete mit Trüffeln. Pâté froid
de faisans aux truffes de Perigord.

Drei schöne frische Fasanen werden gut gereinigt, ausgenommen, rein
flammirt, ausgebeint, von innen mit Speck und rohem, in feine Streifen
geschnittenem Schinken gespickt, gewürzt und gesalzen. Sodann wird von ein
und einem halben Pfund ausgelöstem, frischen Schweinfleisch, den aus Haut
und Sehnen geschabten Fasanenschlegelfleische, mit zwei Pfund weißem, guten
Speck, alles recht fein geschnitten und zart gestoßen, eine Farce gemacht,
welche noch mit einem Kaffelöffel voll feinen Kräutern, einigen fein geschnittenen
Schalotten, einem Eßlöffel voll Petersilie, zwei Eßlöffeln voll Champignons,
ebenso viel Trüffeln, alles sehr fein geschnitten und mit Butter gedünstet,
gewürzt und mit dem Gelben von vier Eiern und vier Eßlöffeln voll
Sauce espagnole und dem nöthigen Salz gut verarbeitet wird. Diese Farce
wird aus dem Reibstein genommen, eine Pastetenreissform oder eine Fayence-

Terrine, erstere zuvor noch mit klarer, kalter Butter bestrichen, dann mit Speck ausgelegt und mit Farce ausgestrichen. Die Fasanen werden mit Farce und Trüffeln gefüllt, die Haut zusammengenommen und daraus drei Vallons geformt, welche mit der Messerspitze durchstochen, gesalzen und einer davon in die Pastete eingelegt wird, darüber kommt etwas Farce und in Scheiben geschnittene frische Perigord-Trüffeln, darüber kömmt wieder ein Fasan, darüber Farce mit geschnittenen Trüffeln, dann der dritte Fasan mit Trüffeln und fingerdick Farce, über diese kommen zwei Lorbeerblätter und über das Ganze Speckscheiben. Sie wird mit einem Teigdeckel genau geschlossen, oben schön garnirt, ebenso beendet und zwei und eine halbe Stunde langsam gebacken, nach dem Backen die Fasanen-Essenz mit Madeira-See eingekocht, eingegossen, genau zugemacht und kalt gestellt. Nach einigen Tagen wird sie wie die Feldhühner-Pastete servirt.

1405. Kalte Kapaunen-Pastete mit Trüffeln. Pâté froid de chapons aux truffes.

Zwei schöne, völlig ausgewachsene, junge Kapaunen werden gut gereinigt, ausgebeint, innen mit Speck und Schinkenstreifen, welche gesalzen und gewürzt sind, gespickt, dann gesalzen und zugedeckt. Sodann wird ein und ein halbes Pfund Schweinfleisch und dreiviertel Pfund Kalbfleisch sehr fein geschnitten und mit ebenso viel fein geschnittenem, weißen Speck fein gestoßen; sodann mit einem Kaffeelöffel voll feinen Kräutern, dem nöthigen Salz, einigen fein geschnittenen Schalotten, einem Eßlöffel voll Petersilie, zwei Eßlöffeln voll Trüffeln und ebenso viel Champignons, zuvor alles in Butter gedünstet, gut verarbeitet, einige Löffel voll Sauce suprème dazu melirt und mit dem vierten Theil derselben nebst in Scheiben geschnittenen Trüffeln die Kapaunen gefüllt. Dann wird die Haut zusammengenommen, rund ballonartig dressirt und mit der Messerspitze durchstochen. Eine Pastetenreif-Form wird stark mit frischer, klarer Butter ausgestrichen, diese auf ein rundes Tortenblech über bestrichenes Papier gestellt und mit Pastetenteig fingerdick ausgefüttert, dann innen mit Speckscheiben belegt und mit einem Theil der Farce ausgestrichen. Die Kapaunen werden nun gesalzen, einer davon in die Pastete gelegt, mit Farce bestrichen, mit in Stücke geschnittenen, frischen Trüffeln bestreut, dann kömmt der zweite Kapaun, Farce und Trüffeln und zuletzt der Rest Farce; über diese kommen zwei Lorbeerblätter und Speckscheiben. Auch diese Pastete wird wie die vorhergehenden genau geschlossen, bestrichen, schön mit Teig belegt, garnirt und zwei Stunden lichtbraun gebacken; wenn sie aus dem Ofen kömmt, wird eine Obertasse voll Geflügel-Essenz mit Madeira-See bereitet, eingegossen und nach zwei Tagen servirt.

1406. Kalte Indian-Pastete mit Trüffeln. Pâté froid de dindon aux truffes.

Hierzu wird ein junger Indian genommen, von welchem aber nur die Brüste in die Pastete gelegt werden; diese müssen ebenfalls mit Speck und Schinkenstreifen, welche gewürzt und gesalzen sind, durchspickt sein.

Die Schlegel des Indians werden zur Farce bereitet, welche ebenso wie die vorhergehende bereitet wird.   Die weitere Vollendung schließt sich ganz der Kapaunen-Pastete an.

1407. Kalte Hühner-Pastete. Pâté froid de poulets.

Auch diese schließt sich in ihrer Bereitung der Kapaunen-Pastete an, nur daß hierzu vier völlig ausgewachsene, schöne junge Hühner genommen werden.

1408. Kalte Gänseleber-Terrine auf Straßburger Art. Une terrine de foie d'oie gras de Strasbourg.

Die Straßburger Gänseleber-Pasteten erscheinen als eine große Delikatesse, sind in ganz Europa bekannt und gesucht und werden noch immer in großer Anzahl nach allen Orten versendet. Ihre Composition ist jedoch kein Geheimniß mehr, indem sie jetzt an allen Höfen Deutschlands größtentheils selbst bereitet werden. Zu einer Pastete werden zwei schöne Gänselebern, zwei Pfund ausgebeintes Schweinsrippenstück, zwei und ein halbes Pfund Speck, ein und ein halbes Pfund Trüffeln, das nöthige Salz und trockene Kräuter genommen. Die Gänselebern werden von einander getheilt, die Stelle, wo die Galle war, gut herausgelöst und die halben Lebern außen herum leicht abgeschnitten, dann mit dem vierten Theil nagelförmig geschnittener Trüffeln durchspickt, gesalzen, mit Pastetenkräutern gewürzt und in einer Terrine zugedeckt bei Seite gestellt. Das rein aus Haut und Sehnen gelöste Schweinefleisch und der Speck wird jedes für sich sehr fein geschnitten, dann zusammen recht fein gestoßen. Ferner werden zwei Schalotten, sechs Champignons, etwas Petersilie und die Abfälle der rund geschälten Trüffeln sehr fein geschnitten, dann mit etwas rapirtem Speck auf Kohlenfeuer passirt, die Abfälle der Leberabgänge dazu gethan und mit diesem und dem nöthigen Salz nebst einem Kaffeelöffel voll feinen Kräutern nochmals gut gestoßen, dann durch ein Sieb passirt, in eine Schüssel gethan und etwas fein geschnittener, gekochter Schinken und zwei Eßlöffel voll Rum darunter gemengt. Eine gehörig große Pasteten-Terrine wird mit dünnen Speckscheiben ausgelegt, dann am Boden fingerdick mit Farce belegt, über diese kommt eine Leber, das heißt zwei halbe, darüber ein Theil der rundgeschälten Trüffeln und wieder etwas Farce; dann werden die andern zwei Hälften der Lebern eingelegt, mit Farce überstrichen, dann kommen wieder Trüffeln mit Farce überstrichen. Ueber das Ganze werden Speckscheiben gelegt, der Deckel darüber gethan, die Terrine in ein etwas tiefes Geschirr gestellt und zwei und eine halbe Stunde in einem schwach heißen Ofen sehr langsam gebacken und nach einer Stunde das ausgelaufene Fett der Lebern wieder darüber gegossen. Nach Verlauf dieser Zeit wird sie aus dem Ofen genommen, der Speck abgelöst, etwas mit Glace eingekochter Madeira-Wein eingegossen, der Speck wieder darüber gelegt und zugedeckt kalt gestellt. Das ausgelaufene Fett wird geseiht, dann über die Terrine gegossen und bis zum andern Tage kalt gestellt. Am andern Tage übergießt man sie ganz mit frisch ausgelassenem

Schweinfett, über dieses wird, wenn es gestockt ist, ein rund geschnittenes, feines Papier gelegt und zuletzt der Deckel, welcher außenherum, wenn die Terrine gut gereinigt ist, mit Staniol geschlossen wird. Auf diese Weise kann sie an einem kalten trockenen Orte mehrere Monate gut aufbewahrt werden. Beim Serviren wird der Deckel abgenommen, das Fett mit einem einfachen Blechlöffel etwas von der Farce abgelöst, mit einem Löffel in Portionen ausgestochen und recht kalt servirt.

1409. Feldhühner=Terrine mit Gänseleber und Trüffeln. Terrine de Nérac.

Vier junge schöne Feldhühner werden ganz ausgebeint, dann gesalzen und gewürzt. Ein Pfund frische Trüffeln wird rein geschält, ronbirt und diese Parure nebst Schalotten, Petersilie und Champignons sehr fein ge= schnitten und mit geschabtem Speck geröstet. Eine Gänseleber wird schön parirt, in große Stücke geschnitten und mit Salz und Kräutern bestreut. Dann wird von einem und einem halben Pfund Schweinfleisch, ebensoviel Speck, den Abfällen der Gänselebern, den sein geschnittenen Kräutern, nebst Salz und einem Kaffeelöffel voll Fines herbes en poudre eine sehr feine Farce bereitet, welche durchpassirt werden muß. Die Feldhühner werden über ein Tuch gebreitet mit der Farce fingerdick überstrichen und mit den Gänselebern belegt, dann die Haut zusammengenommen und breit rund dressirt. Sie werden mit der Farce und den Trüffeln wie die Gänseleber=Terrine eingerichtet, mit Speck überdeckt, gebacken und ebenso beendet. Auf gleiche Weise können auch Fasanen und Haselhühner genommen werden.

1410. Kalte Hasen=Pastete. Pâté froid de levrauts aux truffes.

Zwei junge Hasen werden rein gewaschen, der Rücken ganz ausgebeint, innen mit Speck und Schinken, in Streifen geschnitten, gespickt, dann ge= salzen und gewürzt. Das rein aus Haut und Sehnen gelöste Fleisch der Schlegel, Läufe und Leber wird sehr fein geschnitten, dann gewogen und auf ein Pfund desselben ein und ein halbes Pfund sein geschnittener weißer Speck und ein halbes Pfund gekochter und sein geschnittener Schinken ge= nommen, welches zusammen mit drei Eßlöffeln voll feinen in Speck passirten Kräutern, einem Kaffeelöffel voll Fines herbes en poudre, dem Gelben von drei rohen Eiern und vier Eßlöffeln voll Sauce espagnole im Mörser recht fein gestoßen, gehörig gesalzen und durchpassirt wird. Eine Pastetenreissform wird mit klarer, kalter Butter gut ausgestrichen, dann mit mürbem Pasteten= teig gut ausgefüttert und mit Farce ausgestrichen. Die Hasenrücken werden über ein Tuch ausgebreitet, dann mit einem Theil der Farce überstrichen, mit in Scheiben geschnittenen Trüffeln überlegt, diese in die Farce gedrückt, die Hasenrücken zusammengerollt und in zweifingerbreite Stücke geschnitten. Sie werden in zwei Lagen mit der Farce und den Resten der Trüffeln eingerichtet, dann mit Farce überdeckt, zwei Lorbeerblätter darauf gelegt und mit Speckscheiben überdeckt. Man beendet und bäckt diese Pastete den vorhergehenden gleich, gießt, wenn sie aus dem Ofen kömmt, einige Eß=

löffel voll Hasen=Essenz, mit Madeira=Sec eingekocht, hinein, macht die Oeffnung gut mit Teig zu und stellt sie an einen kalten trockenen Ort.

1411. Kalte Schinken=Pastete zum Aufschneiden. Pâté froid de jambon de Westphalie.

Ein guter westphälischer Schinken wird einen Tag in's Wasser gelegt, dann den andern Tag in einer Marinade mit rothem Wein gehörig weich gekocht und kalt gestellt. Der untere Theil eines Kalbsschlegels, noix de veau, wird enthäutet, mit Speck und Schinkenfaden durchspickt und dann in einer Braise mit Madeira=Wein weich gedünstet. Der kalte Schinken wird rein zuparirt und die Abfälle würfelich geschnitten. Dann werden zwei Pfund frisches Schweinfleisch und ein Pfund Kalbfleisch rein aus Haut und Sehnen gelöst und recht fein geschnitten, ebenso werden drei Pfund Speck, wozu der abgeschnittene Speck von dem Schinken mit beigenommen wird, recht fein geschnitten und mit dem Fleisch im Mörser fein gestoßen. Ferner werden einige Schalotten fein geschnitten, blanchirt, abgeseiht und in einem Tuche fest ausgedrückt, dann mit einem Eßlöffel voll fein geschnittener Peter= silie, zwei Eßlöffeln voll Champignons und ebensoviel fein geschnittenen Trüffeln in rapirtem Speck geröstet und nebst dem nöthigen Salz, einem Kaffeelöffel voll dürren Kräutern, zwei ganzen Eiern und einem Ragout= löffel voll Sauce suprême zu dem Fleische gethan und nochmals mit dem= selben gut verarbeitet, dann wird die Farce herausgenommen und durchpassirt. Unterdessen wird von mürbem Pastetenteig ein zweimesserrückendicker, achtzehn Zoll langer und zwölf Zoll breiter Teigboden ausgewalgt, der über zwei mit Butter bestrichene, starke Papierbögen gelegt wird; über diesem wird in die Mitte der Länge nach und dreifingerbreit vom Rande fingerdick von der Farce aufgestrichen, über welche gleich lang geschnittene Stücke von dem Schinken und der Kalbsnuß gelegt werden. Darüber die würfelich geschnittenen Schinkenstückchen und ebensoviel Trüffeln gestreut und das Fleisch mit dem Rest der Farce gleichmäßig und glatt überstrichen und das Ganze mit Speckscheiben überlegt. Es wird ein zweites, gleich großes Stück von dem Teig ausgewalgt und über das Rollholz aufgerollt. Der vorstehende Teigrand wird aufgeschlagen, an den Speck genau angedrückt und nachdem der Teig von außen gut mit Ei bestrichen wurde, wird der Teig von dem Rollholz darüber abgerollt, von allen Seiten leicht angedrückt und von allen

Seiten mit Ei beſtrichen. Ueber dieſen wird eine meſſerrückenbicke Teigplatte von Butterteig gelegt, dieſe mit einem kleinen ſcharfen Meſſer zierlich ein=
geſchnitten, dann nochmals mit Ei beſtrichen und in die Mitte eine Oeffnung ausgeſtochen, um welche ein Kamin aufgeſetzt wird. Dieſe Paſtete wird ſobann über ein Backblech gezogen und bei mittlerer Ofenhitze zwei Stunden langſam ſchön gebacken, bann wenn ſie aus dem Ofen kömmt, wird ſie mit Teig zugemacht und kalt geſtellt. Die Eſſenz von dem Schinken wie jene von der Kalbsnuß wird aufgekocht, burchgeſeiht, ſehr rein entfettet, einge=
kocht, mit feſter Fleiſchſulz untermengt und klarifizirt, dann des andern Tags bickfließend in die Paſtete gegoſſen. Beim Gebrauche werden von berſelben die nöthigen Stücke aufgeſchnitten, dieſe wieder zuſammengeſchoben und über eine zuſammengelegte Serviette auf einer langen Schüſſel angerichtet.

Auf bieſelbe Weiſe werden die Haſen= und Reh=Paſteten zubereitet, nur baß zur Farce Haſen= und Rehfleiſch genommen werden muß.

1412. Kalte Lachs=Paſtete. Pâté froid de saumon maigre.

Ein Stück Lachs von brei bis vier Pfund wird gereinigt, gewaſchen, bas Fleiſch ſchön ganz aus Haut und Gräten gelöſt und hiervon ſchöne Tranchen geſchnitten, welche mit Sardellenfilets burchzogen, mit friſcher Butter und Fines herbes, bie aus Schalotten, Peterſilie und Champignons beſtehen, über dem Feuer ſteif gemacht werden. Unterdeſſen wird von zwei Pfund Hechtenfleiſch, Semmelpanade, einem halben Pfund Krebs=
und einem Pfund friſcher Butter, brei Eßlöffeln voll Sardellenbutter und vier Eßlöffeln voll Fines herbes mit zwei ganzen und dem Gelben von vier Eiern eine Farce bereitet, welche gehörig geſalzen und burch ein Sieb paſſirt wird. Eine Paſtetenreifform wird gut mit geklärter, kalter Butter ausgeſtrichen, mit mürbem Paſtetenteig ausgefüttert, mit Farce ausgeſtrichen, bann ein Theil der Fiſchſtücke eingelegt, über dieſe in Scheibchen ge=
ſchnittene Trüffeln geſtreut, bann wieder Farce, dann die zweite Hälfte der Fiſchſtücke, dann Trüffeln und zuletzt Farce, über welche zwei Lorbeerblätter

gelegt und noch ein Stück Butter in kleinen Stücken gegeben wird. Sie wird ganz wie die vorhergehenden zugemacht, oben schön geziert, mit Ei angestrichen und zwei Stunden langsam in schönster lichtbrauner Farbe gebacken. Wenn sie aus dem Ofen kömmt, wird eine gute Fischmarinade mit Wein gekocht, eingegossen. Auf dieselbe Art können alle Pasteten von großen See= oder Süßwasserfischen bereitet werden.

---

69. Abschnitt.
Von dem Gemüse.　Des Légumes.

　　Viele Gattungen von Erzeugnissen des Pflanzenreichs sind geeignet, in frischem oder getrocknetem Zustande in der Kochkunst bereitet zu werden und sind im Allgemeinen mit dem Namen Gemüse bezeichnet. Sie bilden einen so wesentlichen Theil der Nahrungsmittel, daß nicht allein der angehende junge Koch, sondern auch jede Hausfrau und sogar die bürgerliche Köchin die Wichtigkeit und richtige Zubereitung der verschiedenen Gemüse= arten kennen und auch in ökonomischer Hinsicht zu behandeln verstehen soll.

In der deutschen Küche erscheint das Gemüse als eine selbstständige Schüssel und zwar gleich nach dem Ochsenfleisch. Diese Art zu serviren ist jedoch nach französischer Sitte nicht die richtige, indem dort die Gemüse mehr als eine Garnitur oder als eigentliche Beilage zu den verschiedensten Fleisch=gerichten erscheinen, daher die deutsche Manier bei jeder Tafel, die nur einigermaßen auf guten Geschmack Anspruch machen will, nicht angenommen werden dürfte. Als selbstständige Schüssel erscheint jedoch das Gemüse sowohl in Frankreich wie bei jeder guten Tafel gleich nach dem Braten als erstes Entrémets, wo es aber nur aus den ersten und feinsten Er=zeugnissen besteht, gleichsam nur um den Gaumen zu kühlen und ihm für den Nachtisch frischen Reiz zu geben. Ebenso muß bemerkt werden, daß alle dürren Gemüse bei einem soignirten Diner zu keiner Jahreszeit zu Tisch gegeben werden dürfen und der Liebhaber sich solche für andere Ge=legenheit aufspare. Alle frischen grünen Gemüse müssen in viel und stark kochendem Wasser mit Salz, nicht zugedeckt, abblanchirt werden, dagegen müssen alle trockenen Gemüse gut zugedeckt langsam sieden.

69. Abschnitt. 1. Abtheilung.
Vom Kohl. Des Choux.

Von diesem gibt es verschiedene Gattungen, z. B. der Weißkohl oder Weißkraut, der rothe oder blaue Kohl, Blaukraut, der Wirsing=, Mailänder= oder Savoyenkohl, dann der blaue und grüne Winterkohl, der Rosenkohl oder Broccoli auch Brüsseler Kohl genannt, ferner der Blumenkohl, der italienische Broccoli und endlich die knollenartigen Kohlarten, nämlich die Kohlrüben, die unter der Erde und die Kohlraben, die ober der Erde wachsen.

1413. Gedämpftes Weißkraut auf französische Art. Choux blancs braisés à la Française.

Man wähle hierzu die beste Gattung, besonders aber sehe man darauf, daß derselbe aus einem guten Boden kommt, wo solcher besser gedeiht und wohlschmeckender wird. Drei bis vier Stück Kohlköpfe werden von ihren äußern groben Blättern befreit, jeder derselben in vier gleiche Theile getheilt, rein gewaschen und in kochendem, leicht gesalzenem Wasser zehn Minuten blanchirt; dann werden sie mit einem Schaumlöffel in's kalte Wasser ge=legt und, wenn sie kalt sind, gut ausgedrückt. Die mittleren, starken Rippen werden abgeschnitten und jedes Stück mit dünnem Bindfaden einmal gebunden. Hierauf wird eine flache Casserolle mit Speckscheiben belegt, über diese kommen die Weißkohlstücke, welche leicht gesalzen, mit einem Stück rohen Schinken belegt, wieder mit Speckscheiben überdeckt und mit einem Schöpflöffel voll Rind= oder Kalbfleischjüs übergossen, mit einer mit Butter bestrichenen, runden Papierscheibe überlegt, fest zugedeckt und so auf Kohlen=

feuer oder auch in einer Bratröhre langsam gedünstet werden, wobei man aber Acht habe, daß sie nicht anbrennen und man von Zeit zu Zeit, bis sich die Rippen zwischen den Fingern leicht zerdrücken lassen, immer etwas Bouillon nachgieße. Beim Anrichten werden die Weißkohlstücke zum Ent= fetten auf ein Tuch gelegt, der Bindfaden abgenommen und dieselben nach französischer Sitte als Garnitur um ein gedünstetes Ochsenfleisch=Tafelstück oder auch um einen gedünsteten Hammelschlegel geordnet und, nachdem sie nochmals schön glacirt sind, zur Tafel gegeben.

1414. Eine Bombe von Weißkraut. Une bombe de choux blancs.

Zwei schöne große Weißkrautköpfe werden halbirt, die rauhen Blätter wie auch der Strunk abgeschnitten, rein gewaschen, zehn Minuten blanchirt, dann mit Wasser abgekühlt, ausgedrückt und mit guter Fleischbrühe, dem nöthigen Salz und einem Stück rohen, fetten Schinken breiviertel weich gekocht. Dieser Kohl wird auf ein reines Tuch gelegt, eine bombenartige, halbrunde, kupferne Form wird mit Speckscheiben ausgelegt, dann mit den von ihren Rippen befreiten Kohlblättern halbfingerdick ausgefüttert, fest aneinander gedrückt, über diese Kalbfleisch=Farce gestrichen, dann kommen nochmals Kohlblätter und über diese wieder Farce. Unterdessen hat man von drei Feldhühnern, einem Fasan oder zwei Wildenten ein recht kräftiges, dickes Salmy bereitet, welches man in den leeren Raum in der Art einfüllt, daß die Bruststückchen nach unten und über diese die Schlegel kommen. Das Ganze wird mit Kohlblättern überdeckt, mit Farce überstrichen und eine Stunde vor dem Anrichten au bain-marie gekocht. Beim Anrichten wird die Form ausgehoben, abgetrocknet, in eine Entrée=Schüssel gestürzt, eine Minute stehen gelassen, dann abgehoben, der Speck wie alles Fett rein abgenommen, schön mit Glace überstrichen und, nachdem sie unten herum noch mit kleinen=Speckstücken und kleinen gebratenen Regensburger Bratwürstchen schön garnirt ist, sogleich zu Tisch gegeben.

1415. Gedünstetes Weißkraut auf spanische Art. Choux blanc à l'Espagnole.

Zwei schöne feste Köpfe Weißkraut werden fein geschnitten, rein ge= waschen, dann blanchirt und abgegossen. Nach diesem läßt man ein Stück frische Butter heiß werden, gibt den Kohl dazu und läßt ihn langsam dünsten. Zu gleicher Zeit wird eine gelbe Rübe, eine große Zwiebel, Petersilie, ein wenig Thymian, ein Stückchen Lorbeerblatt und die Hälfte einer Zehe Knoblauch, alles fein geschnitten, in eine Casserolle gethan, mit Consommé und einem Glas Madeira begossen und zusammen eine Stunde gedünstet. Dies wird sodann dann durchgepreßt, zu dem Kohl gegossen und zusammen, bis derselbe ganz weich und glacirt ist, langsam gedünstet. Kurz vor dem Anrichten wird die Butter abgeseiht, erhaben angerichtet, mit gedünsteten, schön glacirten Kastanien und kleinen Bratwürstchen garnirt und über den Kohl etwas gute, mit Madeira=Wein bereitete spanische Sauce, Sauce espagnole, gegossen.

1416. Gefüllte Weißkraut-Rouletten. Roulettes de choux
blancs farcis.

Drei Weißkohlköpfe werden nach Nr. 1414 gekocht und über ein
Tuch zum Entfetten gelegt. Sodann bereitet man eine gute Kalbfleiſch-
Farce, unter welche man kleinwürfelich geſchnittene Ochſenzunge melirt.
Die Kohlblätter werden dann von den Rippen befreit und über eine
genäßte Serviette meſſerrückendick zu einer Platte aufgebreitet, welche
mit der Farce überſtrichen, dann aufgerollt und zu fingerlangen Stücken
geſchnitten werden. Dann beſtreicht man die nöthige Anzahl in vier gleiche
Theile geſchnittene Papierbögen (weißes Schreibpapier), rollt in jedes eine
ſolche Roulette ein, macht ſie unten und oben gut zu und überbindet ſie
mit Faden kreuzweiſe. Wenn das nöthige Quantum der Rouletten ſo
beendet iſt, werden ſie aneinander in eine paſſende, flache Caſſerolle geordnet,
mit guter, fetter Rindfleiſch-Braiſe übergoſſen, geſalzen und gut zugedeckt
vollends weich gedünſtet. Beim Anrichten werden ſie ausgehoben, rein
entfettet, das Papier abgelöſt, die Rouletten erhaben in einer Entrée-
Schüſſel angerichtet, mit einer recht gut bereiteten Sauce espagnole übergoſſen und untenherum mit kleinen, gekochten Schinkenſtücken bekränzt.

1417. Gedünſtetes Weißkraut auf bürgerliche Art. Choux blancs
à la bourgeoise.

Zwei Weißkrautköpfe werden halbirt, die Blätter ab- und aus dieſen
die Rippen gelöſt, dann aufeinandergelegt, zuſammengerollt und fein, den
Nudeln gleich, geſchnitten und rein gewaſchen. Sodann wird ein Eßlöffel
voll fein geſchnittene Zwiebeln mit einem Stück Butter oder gutem Suppenfett gelb geröſtet, das Kraut dazu gethan, geſalzen, etwas Fleiſchbrühe darüber gegoſſen, mit etwas Kümmel gewürzt und ſo langſam weich und kurz
gedünſtet. Kurz vor dem Anrichten wird ein Eßlöffel voll Mehl darüber
geſtäubt, unter das Kraut gerührt, etwas Bouillon dazu gegoſſen, noch einige
Minuten gedünſtet, ſodann erhaben in eine Gemüſeſchüſſel angerichtet und
mit Schweins- oder Kalbs-Coteletten, mit Brat- oder Blutwürſten garnirt.

1418. Weißkraut auf bürgerliche andere Art. Choux blancs
à la bourgeoise.

Das von den Rippen befreite, fein geſchnittene und gewaſchene Weißkraut wird mit feingeſchnittenem Speck und Zwiebeln, welche zuvor gelb
geröſtet wurden, nebſt einer Obertaſſe gutem Eſſig, dem nöthigen Salz
und einem Stückchen Zucker recht weich gedünſtet, wobei man von Zeit zu
Zeit immer etwas Bouillon nachgießt. Kurz vor dem Anrichten wird es
leicht mit Mehl beſtäubt, etwas gute Bratenjüs dazu gegoſſen und noch
einige Minuten gedünſtet. Es wird erhaben angerichtet, mit weich ge-
dünſteten Hammelsrippen oder auch mit dergleichen Schweinsrippen bekränzt
und heiß zu Tiſch gegeben. Der Fond von dem bezeichneten Fleiſche wird
rein entfettet, kurz gekocht und über die Rippen gegoſſen.

40 *

1419. Sauerkraut auf deutsche Art. Choucroûte à l'Allemande.

Man schneidet eine große spanische Zwiebel recht fein, röstet sie mit gutem Braten- oder Suppenfett lichtgelb, gibt das nöthige, rein durchgesuchte, gute Sauerkraut wie auch zwei abgeschälte, in Scheibchen geschnittene Aepfel dazu, gießt ein Glas weißen Wein und einen Schöpflöffel voll Rindfleisch-Braise darüber und dünstet dieses mehrere Stunden lang langsam auf Kohlenfeuer. Wenn das Kraut weich und kurz ist, wird es leicht mit Mehl überstäubt, noch etwas guter Fond dazu gegossen und eine viertel Stunde gedünstet. Es wird erhaben in einer Gemüseschale angerichtet und mit gebratenen Schweinsrippen, mit Bratwürsten oder auch mit geräuchertem, gekochten Scheinfleisch bekränzt, heiß zur Tafel gegeben.

1420. Sauerkraut auf fränkische Art. Choucroûte à la Franconienne.

Zu dem gut bereiteten, recht weich und kurz gedünsteten Sauerkraut wird ein Erbsen-Püree extra beigegeben. Das Sauerkraut selbst wird mit geräucherter, gekochter, in schöne Stücke geschnittener Schweinsbrust und schweinernen Bratwürsten bekränzt.

1421. Sauerkraut auf bayerische Art. Choucroûte à la Bavaroise.

Frisches Schweinfleisch, sei es vom Rippenstück, vom Bug oder Schlegel, wird in dem Sauerkraut, aber nicht zu weich, gedünstet und mit diesem angerichtet. Kartoffelschnitzchen, in gesalzener Fleischbrühe weich gekocht und mit Zwiebeln oder geröstetem Brote aufgeschmalzen, werden diesem, extra angerichtet, beigegeben.

1422. Sauerkraut nach Wrede. Choucroûte à la Wrede.

Das Sauerkraut wird mit gutem weißen Wein und Rindfleisch-Braise recht weich und kurz gedünstet und ein Tête de veau en tortue, kurz in Sauce gehalten, extra angerichtet und dem Sauerkraut beigegeben (siehe Abschn. 10, Kalbskopf à la tortue).

1423. Sauerkraut auf Flamänder Art. Choucroûte à la Flamande.

Das mit Madeira-Wein und gutem Fond recht kurz und weich gedünstete Sauerkraut wird in einer platten moule en bordure, welche drei Finger hoch ist, fest eingedrückt, in eine Entrée-Schüssel gestürzt, die Form nach einer Minute abgehoben und in die Mitte ein kurz in Sauce gehaltenes Schnepfen=, Fasanen= oder Feldhühner=Salmy erhaben angerichtet. Außen herum werden aus weißem Mundbrote geschnittene und in Krebs=butter schwach geröstete Hahnenkämme aufrechtstehend um das Sauerkraut turbanähnlich aufgestellt.

1424. Sauerkraut im Ofen. Choncroûte à la Dufour.

Man bereitet von gekochtem Kalbskopf, gebratenen Feldhühnern oder Fasan, Champignons, geräucherter Ochsenzunge mit einer dick mit Madeira=Wein und Glace eingekochten Sauce espagnole ein recht gutes dickes Klein=Ragout, welches warm gestellt wird. Das Sauerkraut wird, wie das vor=hergehende, gedünstet, eine Silber=Casserolle mit dem dritten Theil einge=füllt, darüber kömmt das Klein=Ragout und über dieses wieder fingerdick Sauerkraut, so zwar, daß das Ragout gänzlich eingehüllt ist. Darüber wird die abgeriebene Rinde von frischem Mundbrote gestreut, mit zerlassener, frischer Butter beträufelt, auf ein Blech gestellt und im Ofen langsam gebacken. Beim Anrichten wird die Casserolle rein abgewischt, über eine zusammengelegte Serviette auf eine Schüssel gestellt und sogleich zu Tisch gegeben.

1425. Hechtenkraut. Choncroûte au four aux filets de brochet.

Das rein durchsuchte, nicht zu saure Kraut wird mit guter Fleisch=brühe, gerösteten Zwiebeln und etwas guter Braise gut weich und beson=ders aber ohne alle Flüssigkeit eingedünstet. Unterdessen werden sechsunddreißig Krebse abgekocht, die Schweifchen ausgebrochen und zugedeckt und von den Schalen mit dreiviertel Pfund Butter eine hochrothe Krebsbutter bereitet. Ferner werden aus einem breipfündigen Hechte die Filets ausgelöst, in Stücke geschnitten, gesalzen, panirt, aus dem Schmalz gebacken, dann klein aus den Gräten gezupft und ebenso zugedeckt kalt gestellt. Von zwei Theilen der Krebsbutter wird mit drei Eßlöffeln voll Mehl und zwei Maß süßem Rahm ein dickes Krebs=Beschamel angekocht, welches durch ein Haartuch gepreßt wird. Unterdessen wird das Kraut kurz und weich gedünstet sein, welches mit der nöthigen Krebs=Beschamel untermengt und in genaue Ver=bindung gebracht wird. Von diesem Kraut wird zweifinger hoch in eine silberne Casserolle oder porzellanene Gemüseschüssel gefüllt, darüber ein Theil der Hechtenfilets gestreut, dann kömmt wieder fingerdick Kraut, dann Hechtenfilet und zuletzt Kraut. Ueber das Ganze wird geriebenes Brot gestreut, dann mit zerlassener Krebsbutter beträufelt und eine viertel Stunde im Ofen gratinirt und sogleich angerichtet.

1426. Fasan mit Sauerkraut. Choncroûte au faisan.

Das Sauerkraut wird, jenem à la Wrede gleich, gedünstet. Der Fasan wird am Spieß in seinem vollsten Safte gebraten, schön nach der Regel verschnitten oder auch in seinem schönen Ansehen und guten Geruch ganz über das Sauerkraut gelegt. Ich habe sehr oft gesehen, daß Viele

ben Fasan halb am Spieß braten und in dem Kraut vollends weich dünsten. Allein der Fasan verliert dadurch einen großen Theil seines Ansehens und seiner Güte, das Kraut dagegen gewinnt an Aroma.

69. Abschnitt. 2. Abtheilung.

Vom Roth- oder Blaukraut, Rothkohl. Des Choux rouges.

Die Zeit des Blaukrautes fängt im Herbste an und dauert den ganzen Winter hindurch bis zum Frühjahr, das heißt, wenn dasselbe gut behandelt, gut eingekellert und öfters abgeblättert wird. Es ist ebenso wie der Weißkohlkopf geformt, nur unterscheidet es sich durch seine bald hellrothe, dann blaurothe oder violettähnliche Farbe. Viele ziehen es dem Weißkraut vor.

1427. Gedämpftes Blaukraut. Choux rouges étouffés.

Einige Köpfe Blaukraut werden von ihren äußern rauhen Blättern getrennt, dann halbirt, fein geschnitten oder gehobelt. Dann wird ein Stück weißer Speck sehr fein geschnitten, in eine Casserolle gethan und mit zwei Eßlöffeln voll fein geschnittenen Zwiebeln gelb geröstet, das schnell gewaschene Kraut hineingethan, dann ein Glas guter Weinessig, das nöthige Salz, ein Stück Zucker und ein Glas Burgunder=Wein beigegeben, mit zwei abgeschälten, blätterig geschnittenen Aepfeln untermengt und so auf Kohlenfeuer bei öfterem Umrühren langsam weich gedünstet. Kurz vor dem Anrichten wird es leicht gestäubt, noch einige Minuten gedünstet, erhaben angerichtet und mit auf dem Rost gebratenen Schweins=Coteletten oder auch mit gebratenen Hasenstückchen, Speckstückchen, mit gebratenen Bratwürsten, mit Hammels= und Kalbs=Coteletten u. dgl. m. bekränzt, zu Tisch gegeben.

1428. Rothkraut à la Valencienne. Choux rouges à la Valencienne.

Man schneidet ein Pfund geräuchertes, schweinenes Brustfleisch noch roh in kleine Würfel, röstet dies mit etwas ganz fein geschnittenem frischen

Schweinfett, bis das Fleisch sich leicht gefärbt hat. Dazu gibt man zwei Köpfe recht fein geschnittenes Rothkraut nebst etwas Salz, Pfeffer und Muskatnuß, näßt dieses mit einem Glas Bouillon und zwei kleinen Gläschen Kirschwasser, belegt es mit sechs Stück geschälten und feinblätterig geschnittenen Reinette-Aepfeln, und läßt das Ganze zwei Stunden langsam über Kohlenfeuer dünsten, wobei man öfters nachsehen muß, daß das Kraut nicht anliegt, es darf aber auch nicht umgerührt werden, damit der Speck stets unten bleibt. Beim Anrichten wird dasselbe leicht durchgerührt, erhaben angerichtet und mit kleinen Bratwürstchen garnirt.

1429. Blaukraut mit Kastanien. Choux ronges aux marrons.

Dasselbe zubereitete Kraut wird lagenweise oder auch im Kranze mit gedünsteten Kastanien angerichtet. Die Bereitung der Kastanien ist in Abschnitt 6 angegeben.

———

69. Abschnitt. 3. Abtheilung.

Vom Wirsingkraut, Wirsingkohl oder Mailänder Kohl, auch Savoyer Kohl genannt. Des Choux de Milan.

Dieser gleicht in seiner Form dem Weißkohlkopf, nur sind die Köpfe mit gelben und gelblich grünen gekrausten Blättern versehen, welche nicht so fest geschlossen sind. Im Geschmack ist derselbe dem Weißkohl vorzuziehen und hat sich in der Küche fast unentbehrlich gemacht.

1430. Wirsingkraut auf bürgerliche Art. Choux de Milan à la bourgeoise.

Von vier Stück schönem, gelben Wirsingkohl werden die äußern, rauhen Blätter abgelöst, die Köpfe werden in der Mitte durchgeschnitten, alle Rippen aus den Blättern genommen, diese weggethan und die Blätter in gesalzenem, kochenden Wasser blanchirt, dann mit kaltem Wasser abgekühlt, ausgedrückt und einigemal durchgeschnitten. Sodann wird ein Eßlöffel voll feingeschnittene Zwiebeln in einer Casserolle mit frischer Butter oder Bratenfett geröstet, der Kohl dazu gethan, mit Salz, etwas wenigem Pfeffer und Muskatnuß gewürzt, mit Fleischbrühe begossen und zugedeckt weich gedünstet. Kurz vor dem Anrichten wird derselbe leicht mit Mehl bestäubt, untermengt, noch einige Minuten gedünstet, dann erhaben angerichtet und mit Bratwürstchen, gekochtem Schinken, Zunge oder grillirten Coteletten u. dgl. garnirt.

1431. Ganz gedämpftes Wirsingkraut auf französische Art. Choux de Milan, braisés à la Française.

Unterliegt derselben Bereitung wie das gedünstete Weißkraut.

1432. Wirsingkraut mit jungen Feldhühnern. Choux de Milan aux perdreaux.

Man schneidet vier Stück schönes Wirsingkraut in der Mitte durch, löst so gut als möglich den Mittelstängel heraus, wäscht sie sehr sorgfältig, daß kein Würmchen zwischen den Blättern bleibt und blanchirt sie sodann in gesalzenem, kochenden Wasser. Sodann werden sie mit frischem Wasser ab= gekühlt, ausgedrückt, in eine Casserolle gelegt, gesalzen, mit fetter Fleischbrühe begossen und zugedeckt gedünstet. Zu gleicher Zeit werden vier junge Feld= hühner gut gereinigt, dressirt, mit Speck überbunden und mit rohem Schinken, einer Zwiebel und einer gelben Rübe, in Scheiben geschnitten, und dem nöthigen Salz gedünstet. Wenn sie weich sind, werden sie ausgehoben, der Fond geseiht, entfettet und zu dem Wirsingkraut gethan, mit welchem man dieses kurz eindämpfen läßt. Die Feldhühner werden dann sauber ver= schnitten und mit dem gedünsteten Wirsingkraut abwechselnd in eine Sturz= form eingerichtet. Beim Anrichten wird diese in eine Entrée=Schüssel ge= stürzt, nach einigen Minuten abgehoben, das Wirsingkraut schön glacirt und zur Tafel gegeben. Eine gute braune Sauce wird extra mitservirt.

---

69. Abschnitt. 4. Abtheilung.
Vom Carviol, Blumenkohl.   Des Choux fleurs.

Von ausgezeichneter Schönheit trifft man diese schöne Kohlart be= sonders in Italien, dem südlichen Frankreich, aber ganz besonders in Griechenland, wo sie in großer Anzahl gepflanzt und zu sehr billigen Preisen verkauft wird. Beim Einkaufe hat man besonders darauf zu sehen, daß die Blumen recht weiß, dichtgeschlossen und nicht mit grünen Blättchen durchwachsen sind.

1433. Blumenkohl auf englische Art. Choux fleurs à l'Anglaise.

Sechs Rosen schöner Blumenkohl werden von allen ihren Blättern befreit, der Stengel etwas abgeschnitten, abgeschabt und in's kalte Wasser gelegt. Kurz vor dem Anrichten wird derselbe in gesalzenem, kochenden Wasser mit einem Stück frischer Butter so gekocht, daß die Rosen beim Herausnehmen nicht zerfallen. Sie werden sodann in eine Entremetsschale. erhaben, die Stengel nach innen, daß diese zusammen eine ganze Rose bilden, angerichtet und eine englische Butter=Sauce extra beigegeben.

1434. Blumenkohl im Ofen. Choux fleurs au gratin.

Sechs Stück Blumenkohl werden, den vorhergehenden gleich, abge= kocht, auf ein Tuch ausgehoben, einige Minuten in Butter sautirt, dann in eine silberne oder porzellanene Casserolle eingerichtet, mit frischgeriebenem Parmesankäse bestreut, mit heißer Sauce béchamel maskirt, dann wieder Käse darüber. Ueber dieses wird wieder Sauce béchamel, unter welche zwei zu Schnee geschlagene Eiweiß melirt worden sind, überstrichen, mit zerlassener Butter begossen, mit geriebener Brotrinde bestreut und zwanzig Minuten im Backofen gratinirt.

1435. Gebackener Blumenkohl. Choux fleurs à la Villeroy.

Vier schöne Blumenkohl werden in kleine Rößchen getheilt, gereinigt, den vorhergehenden gleich abgekocht, auf ein Tuch zum Abtropfen gelegt, mit Salz und Muskatnuß gewürzt, dann in eine dick eingekochte, legirte Sauce fricassé getaucht und mit Brot panirt, dann nochmals in abgeschlagene ganze Eier getaucht und nochmals panirt. Vor dem Anrichten werden diese Rosen aus heißem Schmalz lichtbraun gebacken, auf ein Tuch zum Entfetten gelegt, über eine zusammengelegte Serviette auf einer Schüssel angerichtet und zu Tisch gegeben.

1436. Blumenkohl auf holländische Art. Choux fleurs à la Hollandaise.

Der Blumenkohl wird, den vorhergehenden gleich, abgekocht, angerichtet und mit einer holländischen Sauce übergossen.

1437. Blumenkohl oder italienischer Broccoli. Broccoli à l'Italienne.

Der Broccoli oder Blumenkohl wird, dem vorhergehenden gleich, abgekocht, auf ein Tuch gelegt, in kleine Rößchen getheilt und diese mit frischer Butter, etwas Salz und Muskatnuß sautirt, dann erhaben angerichtet und mit einer kräftigen Sauce espagnole, mit Sardellenbutter, Fines herbes und Zitronensaft im Geschmacke gehoben, darüber maskirt.

69. Abschnitt. 5. Abtheilung.

Vom Rosenkohl, auch Brüsseler Kohl genannt. Des Jets-choux, ou des Choux de Bruxelles.

Je fester die Knospen und je fleischiger die Stengel sind, desto mehr empfiehlt sich dieser Kohl. Im nördlichen Deutschland findet man ihn sehr mittelmäßig, in Holland hingegen, obgleich Italien und die wärmern Länder seine Heimath sind, findet man ihn vorzüglich schön und dies ist wohl mit Recht als Folge der Kultur und der Kosten, die man in jenem Lande auf Küchengärten verwendet, anzusehen. Die Röschen werden von den Stengeln abgelöst, von diesen die äußern Blättchen abgenommen, die Röschen rein gewaschen und in gesalzenem, kochenden Wasser einige Minuten, bis sie sich weich anfühlen lassen, blanchirt, dann mit frischem Wasser abgekühlt und zum Abtropfen auf ein Tuch gelegt. Kurz vor dem Anrichten werden sie mit einem Stück sehr frischer Butter, etwas Salz und einer Messerspitze Zucker über dem Feuer geschwungen, dann in einer Entrée-Schüssel erhaben angerichtet, etwas Jüs darunter gegossen und mit Bratwürsten, geräucherter, gekochter Ochsenzunge, jeder Art Coteletten oder auch Grenadins u. dgl. bekränzt, zu Tisch gegeben.

1438. Rosenkohl auf spanische Art. Choux de Bruxelles à l'Espagnole.

Nachdem man den Rosenkohl gut gereinigt, gewaschen und abblanchirt hat, läßt man ein viertel Pfund frische Butter in einer Plât à sauté heiß werden, gibt den gut abgetropften Rosenkohl dazu, schwingt denselben, bis er ganz heiß ist, über dem Feuer, würzt ihn mit etwas Salz, Zucker und Muskatnuß, gießt etwas gute Sauce espagnole darüber, richtet ihn erhaben an und garnirt denselben mit gedünsteten Kastanien und kleinen Bratwürstchen.

69. Abschnitt. 6. Abtheilung.

Von den Kohlraben.   Des Choux raves.

Dieses Gewächs ist Kohl und Rübe zugleich und kann sehr gut als beides benützt werden. Sie setzen ihre Knollen gleich über der Erde am Stengel an. Am besten sind die Kohlraben Anfang des Sommers, nämlich wenn ihre Blätter noch grün und zart und die Knollen noch fest und nicht faserig sind.

1439. Gefüllte Kohlraben.   Choux-raves farcis.

Achtzehn junge, zarte Kohlraben werden in gleicher Größe recht schön abgeschält, dann zehn Minuten in gesalzenem, kochenden Wasser blanchirt, aus diesem in's kalte gethan und darin abgekühlt. Sie werden auf ein Tuch gelegt, mit einem Apfelbohrer ausgehöhlt, dann in einer Plât à sauté über Speckscheiben eingeordnet und mit folgender Farce gefüllt: Zwei Anrichtlöffel voll Champignons werden fein geschnitten, in Butter passirt und mit einem Quart Sauce veloutée über dem Feuer dick eingerührt, dann mit dem Gelben von vier Eiern legirt, in ein Schüsselchen umgeleert und kalt gerührt. Zu diesem werden einige Löffel voll Geflügel-Farce genau gerührt, in eine Papierbüte gethan und damit die Kohlraben gefüllt. Sie werden dann gesalzen, etwas gute Geflügelbraise darüber gegossen, mit einer mit Butter bestrichenen Papierscheibe bedeckt, in den Ofen gestellt und langsam gar gedünstet. Beim Anrichten werden sie zum Entfetten auf ein Tuch gelegt, erhaben angerichtet, schön glacirt und eine dünnfließende, kräftige Sauce darüber gegossen.

1440. Kohlraben auf bürgerliche Art.   Choux - raves à la bourgeoise.

Zwölf schöne, zarte Kohlraben werden abgeschält, in Scheibchen geschnitten, mit den ebenfalls nudelartig geschnittenen, grünen, zarten Blättern rein gewaschen und blanchirt. Sobann wird ein Eßlöffel voll fein geschnittene Zwiebeln in guter, frischer Butter geröstet, die Kohlraben mit den grünen Blättern dazu gethan, mit dem nöthigen Salz und etwas Muskatnuß gewürzt, einige Löffel voll gute Fleischbrühe darüber gegossen, zugedeckt und langsam weich und kurz gedünstet. Vor dem Anrichten wird eine Obertasse voll weiße Sauce und etwas Fond von Kalbfleisch dazu gethan, nochmals aufgekocht, dann das allenfalls aufsteigende Fett abgenommen, angerichtet und mit gut bereiteten Kalbs-Coteletten, gekochten Zungen- oder Schinken-Stücken, Tendrons von Kalb- oder Hammelfleisch oder auch gebackener Kalbsleber im Kranze angerichtet.

69. Abschnitt. 7. Abtheilung.

Vom baumartigen Blattkohl, auch Palmkohl genannt.
Des Choux de palmiste.

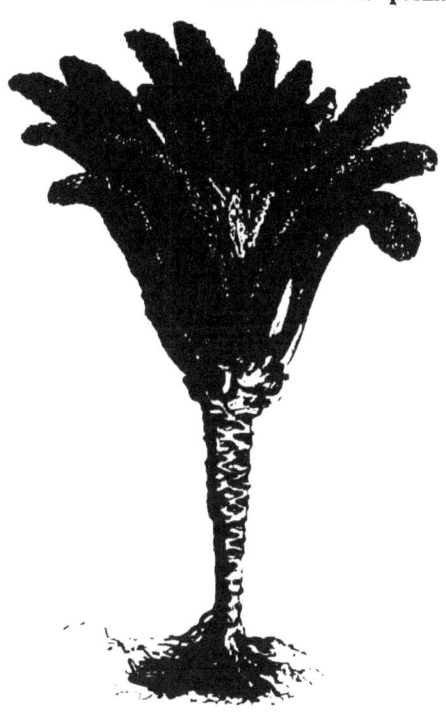

Diese sehr gute Kohl= art wird gegen drei Schuh hoch, hat aufrechtstehende, dunkle, lauchgrüne Blät= ter mit starken Rippen und die Bauart der Blätter hat Aehnlichkeit mit dem Palmbaume. Bei uns werden sie nur in Gär= ten cultivirt, in Frank= reich, besonders aber in der Umgegend von Flan= dern hingegen wird diese schöne Pflanze auf freiem Felde gebaut.

Sie wird ganz dem Kohlkraut gleich bereitet und ist diesem, so lange die Blätter noch nicht zu stark sind, an Zartheit vorzuziehen. Hammels= Coteletten mit gedünste= ten Kastanien können mit gutem Erfolge dazu ge= geben werden.

69. Abschnitt. 8. Abtheilung.

Vom Braunkohl oder Kohlkraut. Des Choux frisés.

Unter den verschiedenen Arten dieses Kohls ist der Zwergkohl oder der niedrig wachsende der feinste, weil sich derselbe am schnellsten weich kocht und den wenigsten Abfall hat. Beim Einkauf hat man darauf zu sehen, daß sein Blatt kraus, klein und dick ist und keine Spur vom Raupenfraße hat. Eine zweite Art dieses Kohls, welche der erstern an

Güte gleich kömmt, ist der grüne Kohl; er erträgt keinen strengen Frost und ist überhaupt sehr empfindlich gegen Kälte.

Die Bereitung des Braunkohls ist folgende: Das Kohlkraut wird von seinen Rippen abgestreift, mit vielem Wasser mehrmals rein gewaschen, dann in vielem und gesalzenen Wasser abgekocht und wenn es zwischen den Fingern sich weich zerdrücken läßt, wird es abgeseiht, mit kaltem Wasser abgekühlt, ausgedrückt und sehr fein geschnitten. Sobann wird ein Eßlöffel voll feingeschnittene Zwiebeln mit einem Stück Butter gelb geröstet, dann kommt das Kohlkraut dazu und wird nebst Salz und wenig geriebener Muskatnuß gut abgeröstet; hierauf wird ein Eßlöffel voll Mehl darüber gestäubt, gut verrührt und mit kräftiger Fleischbrühe und etwas Kalbs=Fond angerührt, zugedeckt und auf Kohlenfeuer noch eine halbe Stunde langsam gekocht. Beim Anrichten wird dasselbe gehörig gesalzen, erhaben angerichtet und mit Schweins=, Kalbs= oder Hammels=Coteletten garnirt; in die Mitte werden gedünstete Kastanien schön ganz gelegt.

69. Abschnitt. 9. Abtheilung.

Vom Chinesischen Kohl. Des Choux Pit-sai, ou Pe-Tsaie.

Diese noch wenig gekannte, vor= treffliche Gemüsepflanze, unter obigem Namen bekannt, kam aus dem mitter= nächtlichen China, wo dieselbe zwischen dem 35 — 40. Grade nördlicher Breite wild wächst, nach Europa. In ihrem Vaterlande erreicht dieselbe, wenn sie völlig ausgewachsen ist, eine Höhe gegen zwei Fuß und wiegt gegen zwölf Pfund; die schönsten und besten kom= men aus der Provinz Nyan=Sun. Dieselbe wird jedoch seit vielen Jahren auch in Deutschland gezogen und in den königlichen Gemüse=Gärten zu München und Nymphenburg wird die= selbe auf die beste Weise cultivirt.

In ihrer Bereitungsart schließt sich diese zarte Pflanze ganz dem Chikoree an, nur ist dieselbe noch zarter und feiner im Geschmacke.

69. Abschnitt. 10. Abtheilung.

Vom Spinat. Des Epinards.

Diese Pflanze gehört zu benjenigen, welche man den ganzen Sommer hindurch haben kann; es gibt zwei Arten, die eine mit langen, zugespitzten, und die andere mit länglich, eirunden, etwas breiten, dicken Blättern; die zweite Art ist die bessere. So lange der Spinat noch ganz jung ist, kann man ihn füglich als feines Gemüse für Entremets serviren; ebenso gehört er zu den Pflanzen, worauf sich schwächliche Personen, welchen die schwer zu verdauende Winterkost nicht gedeihlich ist, zu freuen pflegen, daher man ihn als eine der Gesundheit zuträgliche, nicht aber als eine nährende, oder allgemein beliebte Speise ansieht.

1441. Spinat auf bürgerliche Art. Epinards à la bourgeoise.

Man wähle beim Einkaufe den Spinat, der schöne, grüne Blätter hat, ohne in Samen geschossen zu sein; denn je mehr der Spinat geschossen ist, was man nach dem ausgebrochenen Samenstock leicht beurtheilen kann, desto magerer, schlaffer und blässer sind seine Blätter und haben dadurch Vieles an dem Safte verloren. Derselbe wird genau durchsucht, die groben Stiele abgebrochen, mehrmals und in vielem Wasser gewaschen, dann in hinreichen-dem, kochenden, gesalzenen Wasser weich blanchirt, abgeseiht, mit kaltem Wasser übergossen, abgekühlt, dann leicht, damit nicht zuviel von seinem Safte verloren geht, ausgedrückt und fein gewiegt. Hierauf läßt man ein Stück Butter oder in bürgerlichen Haushaltungen ein Stück gutes Suppenfett heiß werden, gibt eine fein geschnittene, kleine Zwiebel dazu, röstet diese blaß-gelb, dann wird der Spinat dazu gethan, über dem Feuer abgeröstet, mit dem nöthigen Salz und einer Messerspitze geriebener Muskatnuß gewürzt, mit einem Kochlöffel voll Mehl bestäubt, mit diesem genau verrührt und mit Fleisch-brühe zu einem etwas dicken Gemüse angekocht, welches man noch eine viertel Stunde kochen läßt. Er wird sodann angerichtet und nach Verhältniß mit Coteletten, geräucherter Zunge oder Schinken, Bratwürsten u. dgl. bekränzt.

1442. Spinat auf französische Art. Epinards à la Française.

Einige Körbchen voll rein durchsuchten und gewaschenen Spinats werden weich und in vielem und gesalzenen Wasser recht grün blanchirt, dann abgeseiht, abgekühlt, ausgedrückt und sehr fein geschnitten. Kurze Zeit vor dem Anrichten wird derselbe mit sehr frischer Butter leicht ab-geröstet, mit Salz, etwas wenig Muskatnuß und einem Theelöffel voll feinem Zucker gewürzt, mit dickgekochter Sauce veloutée angerührt und ge-kocht, dann mit noch einem Stück sehr frischer Butter verrührt, in eine Entremets-Schale erhaben angerichtet und mit in frischer und klarer Butter gebackenen, weißen Brot-Croutons, welche recht hübsch und egal geschnitten sind, bekränzt und sogleich zur Tafel gegeben.

1443. Spinat auf Piemonteser Art. Epinards à la Piemontaise.

Dieser wird dem vorhergehenden gleich vorbereitet. Kurz vor dem Anrichten läßt man ein Stück frische Butter bis zum Rauchen lichtbraun werden, gibt sodann ein Stück Sardellenbutter und eine Messerspitze voll fein zerbrückten Knoblauch dazu, dann den feingeschnittenen Spinat, röstet dies zusammen einige Minuten, rührt dann die nöthige Sauce espagnole und ein Stück Glace dazu, läßt ihn einigemal aufkochen und richtet ihn in eine Entremets=Schale erhaben an. Oefters werden auch kleine ge= kochte Korinthen beigefügt.

1444. Spinat auf englische Art. Epinards à l'Anglaise.

Hierzu werden die Stiele sorgsam von ganz jungem Spinat abge= brochen, dieser kurz vor dem Gebrauche schnell und grün blanchirt, dann ohne ihn abzukühlen, abgegossen, mit einem Stück sehr frischer Butter über dem Feuer schnell geschwungen, gehörig assaisonnirt, angerichtet und etwas Demi=Glace darunter gegeben.

1445. Spinat auf spanische Art. Epinards à l'Espagnole.

Nachdem der Spinat rein durchsucht, mehrmals rein gewaschen, ab= blanchirt und sehr fein geschnitten ist, wird derselbe in ein viertel Pfund heiße Butter gethan, gesalzen, mit etwas Pfeffer, Zucker und Muskatnuß gewürzt und über dem Feuer leicht passirt; zu diesem gibt man sonach drei Löffel voll gute Sauce espagnole, etwas Glace und noch ein Stück sehr frische Butter, welches man zusammen gut verrührt und den Spinat sogleich anrichtet. Derselbe wird mit kleinen, in Butter gelb gerösteten Brotherzchen und ebenso geschnittenen Schinkenstücken abwechselnd bekränzt und sogleich zu Tisch gegeben.

1446. Spinat mit süßem Rahm. Epinards à la crême.

Der recht grün blanchirte, sehr fein geschnittene Spinat wird eine viertel Stunde vor dem Anrichten mit einem Stück frischer Butter ab= geröstet, dann wird ein Kochlöffel voll Mehl genau darunter gerührt und mit einer halben Maß gutem, süßen Doppelrahm zu einem dicken Gemüse angekocht, dann gehörig gesalzen, mit etwas Zucker und Muskatnuß an= genehm gewürzt und erhaben in eine Entremets=Schale angerichtet und mit Croutons garnirt. Dieser Spinat muß sich durch Grüne und an= genehmen, zarten Geschmack auszeichnen.

1447. Spinatstrudel. Panequets aux épinards.

Es werden von vier Eßlöffeln voll feinem Mehl, fünf ganzen Eiern, etwas Salz und Muskatnuß mit dem nöthigen Rahm ganz dünne Pfann= kuchen gebacken, welche auf ein Tuch gelegt, mit dem vorhergehenden Spinat fingerdick überstrichen, zusammengerollt und in einer flachen Casserolle, mit frischer Butter bestrichen, eingelegt werden. Eine halbe Stunde vor dem Anrichten werden sie in's Bratrohr gestellt und wenn sie Farbe nehmen, wird eine viertel Maß kochender Rahm darüber gegossen, die Strubel zugedeckt und langsam eingekocht, sobann in einer tiefen Schale erhaben, in Stücke getheilt, angerichtet, ein wenig heißer Rahm barüber gegossen und zur Tafel gegeben.

1448. Gestürzter Spinat. Pain d'épinards à la printanière.

Der Spinat wird, wie jener à la Française, gekocht, aber dicker gehalten, zu diesem wird das Gelbe von zehn und das Weiße von vier Eiern langsam eingerührt. Dann wird eine runde Cylinder-Form mit klarer, frischer Butter ausgestrichen, am Boden ein Papier eingepaßt, darüber Butter gestrichen und der Spinat bis auf fingerdick vom Rande eingefüllt, einigemal die Form über eine Serviette auf den Tisch gestoßen und bann eine Stunde vor dem Anrichten au bain-marie gekocht. Sobann wird die Form in die Entrée-Schüssel gestürzt, nach einer Minute abgehoben, das Papier abgenommen, darüber kleine Lamms- oder Tauben-Coteletten im Kranze angerichtet und unten herum eine schöne Garnitur von jungen weißen und gelben Rübchen, welche schön ausgebohrt und mit Butter, Zucker und weißer Fleischbrühe weich gedünstet sind, garnirt.

---

69. Abschnitt. 11. Abtheilung.
Vom Portulak. Du Pourpier.

Diese äußerst zarten Pflanzen, deren Blätter ein feines zartes Gemüse geben, wachsen an röthlichen, ästigen, fußhohen Stengeln, die Blätter sind hellgrün, keilförmig und sehr fleischig. Sie werden ganz dem Spinat gleich gekocht und erscheinen daher als:

1449. Portulak auf französische Art. Pourpier à la Française.

1450. Portulak auf englische Art. Pourpier à l'Anglaise,

wobei ich auf den vorhergehenden Abschnitt zurückweise.

---

69. Abschnitt. 12. Abtheilung.

Von der Endivie. De la Chicorée.

Auch diese Pflanze gewährt fast den ganzen Winter hindurch ein feines zartes Gemüse und einen angenehmen Salat; sie muß aber im Herbste zugebunden und in luftigen Kellern oder in einem Gewächshause im Sande auf's Neue gepflanzt werden, wenn sie zart und fein werden soll. Diese Pflanze soll durch die Cultur aus der gemeinen Cichorie ent= standen sein, wovon es zwei Arten gibt, nämlich die gekrauste und die breitblätterige Endivie.

1451. Endivie mit Rahm gekocht. Chicorée à la crème.

Von zehn bis zwölf Stück schönen Endivien werden die äußeren grünen Blätter abgelöst, die gelben in Stücke geschnitten, sehr rein gewaschen, dann wie der Spinat, bis sich die Rippen zwischen den Fingern leicht zerdrücken lassen, blanchirt; hierauf werden sie abgegossen, mit kaltem Wasser abgekühlt, fest ausgedrückt und fein geschnitten. Sodann läßt man ein Stück sehr frische Butter heiß werden, gibt die Endivie nebst dem nöthigen Salz und wenig geriebene Muskatnuß dazu und röstet sie ganz dick ein; wenn dies erreicht ist, wird dieselbe mit dickgekochter heißer Be= schamel angerührt, einige Minuten gekocht, dann etwas Zucker und ein Stück Butter darunter gerührt, in eine Entremets=Schale angerichtet und mit Brotkrusten garnirt.

1452. Endivie auf deutsche Art. Chicorée à l'Allemande.

Dieselbe wird ganz, der vorhergehenden gleich, gereinigt, blanchirt und fein geschnitten, dann in Butter geröstet, mit etwas Mehl bestäubt, gut verrührt, mit Fleischbrühe angekocht, mit dem nöthigen Salz und Muskatnuß gewürzt und angerichtet; Coteletten, Kalbsmilchner und Lamms= coteletten u. dgl. können herum garnirt werden.

---

69. Abschnitt. 13. Abtheilung.

Vom Kopfsalat. De la Laitue pommée.

Diese sehr nützliche Pflanze gehört dennoch zu denjenigen, welche mehr als andere einem Wechsel hinsichtlich ihres Werthes unterworfen sind. Ist nicht im Frühlinge dieser Salat ein Leckerbissen für uns? Und dennoch hat er uns kaum einige Wochen einen angenehmen Genuß gewährt, so wird er auch schon getadelt und noch einige Wochen später findet man ihn gar nicht mehr wohlschmeckend; man sehnt sich nach anderen Gemüsen und nach anderem Salat und da wir im Sommer auch solche bald erhalten, so ist der Kopfsalat bald vergessen und verachtet.

41

1453. Gefüllter Kopfsalat. Laitue farcie.

Man wählt hierzu die weniger festen Häuptchen, diese werden von den groben Blättchen getrennt, sehr rein gewaschen, in gesalzenem kochenden Wasser eine Minute abgekocht, in's kalte Wasser ausgehoben, abgekühlt, sodann auf ein Tuch, jedes Häuptchen für sich, die Blättchen ausgebreitet gelegt, etwas Geflügel-Farce eingelegt, die Blättchen darüber geschlagen und die Farce mit diesen ganz eingehüllt. Sobann wird eine flache Casserolle am Boden mit Speckscheiben belegt, die gefüllten Salathäuptchen, die Stiele nach innen, genau aneinander gelegt, gesalzen, mit einem Stück rohen Schinken und Speckscheiben überlegt, mit guter Fleischbrühe begossen, mit einem mit Butter bestrichenen Papier überlegt und mit dem Deckel gut zugedeckt. Eine Stunde vor dem Gebrauche wird derselbe weich und kurz gedünstet, sodann zum Entfetten auf ein Tuch gelegt, mit dem Messer schön geformt, im Kranze zwischen jedes ein geröstetes Brotherzchen gelegt, angerichtet, der Salat schön glacirt und in der Mitte etwas Demi-Glace gegossen. Der gefüllte Salat wird auch als Garnitur für Suppen, ge= dämpftes Kalbfleisch, Geflügel, zu gedünstetem Ochsenfleisch u. dgl. gebraucht.

1454. Salat auf bürgerliche Art. Laitue à la bourgeoise.

Die nöthigen Häuptchen schöner Kopfsalat werden von ihren äußeren rauhen Blättern getrennt, die Stiele ab= und der Salat einigemal durch= geschnitten; dann sehr rein gewaschen, dem Spinat gleich blanchirt, ab= gekühlt, ausgedrückt, fein geschnitten und dann dem Spinat gleich gekocht.

---

69. Abschnitt. 14. Abtheilung.

Vom Sauerampfer. De l'Oseille.

Außer dem Sauerampfer, der gewöhnlich in unsern Gärten gebaut wird, gibt es unter anderem auch eine Art mit weißgelblichen und eine andere mit rothen Stielen und Rippen. Der letztere ist der strengste. Im Frühlinge, wenn diese Pflanze der Erde entkeimt, ist sie sehr zart und angenehm und ihre angenehme Säure dem menschlichen Körper zuträglich; je größer sie aber wird, je mehr geht diese Säure in Schärfe über, die man ihr aber durch Ueberbrühen nehmen kann. Sie ist sowohl zur Be= reitung guter Suppen, wie auch zu Gemüse-Saucen sehr gut anzuwenden und ein daraus bereitetes Püree mit Kalbs-Fricandeau allgemein sehr geschätzt.

1455. Püree von Sauerampfer. Purée d'oseille.

Einige Körbchen junger Garten-Sauerampfer werden rein durchsucht, gewaschen, blanchirt, abgekühlt, fest ausgedrückt und durch ein feines Haar= sieb gestrichen; sodann wird er in eine Casserolle gethan, etwas Mehl darüber gestäubt, mit Fleischbrühe gerührt, gesalzen, mit Muskatnuß gewürzt, etwas Zucker dazu gethan und über dem Feuer, bei beständigem Rühren, zu einem Püree gekocht, welches vor dem Anrichten noch mit einem Stück frischer Butter gerührt wird. Er wird in eine Entrée-Schüssel angerichtet und ein recht schön gespicktes, gut gedämpftes Kalbs-Fricandeau in Tranchen geschnitten, welches, wieder in seiner natürlichen Form zusammengeschoben, darüber gelegt wird.

---

69. Abschnitt. 15. Abtheilung.
Von der gelben Rübe. De la Carotte.

Unter den mancherlei Arten dieser Wurzel ist diejenige wohl die wohlschmeckendste, welche man mit dem französischen Namen Carotte bezeichnet. Ihre Farbe ist mehr roth als gelb; von außen hat sie ein geringeltes Ansehen und in fast gleicher Dicke wird sie ziemlich groß, rundet sich dann und endigt sich in eine dünne fadenähnliche Spitze. Sie wird das ganze Jahr hindurch gebraucht, was durch die verschiedenen Aussaaten ermöglicht wird.

1456. Gelbe Rüben auf bürgerliche Art. Carottes à la bourgeoise.

Das nöthige Quantum schöner, rother gelber Rüben wird abgeschabt, in zweifingerlange und messerrückendicke Blättchen getheilt, diese aufeinander gelegt und in feine Stückchen geschnitten. Sie werden in eine Casserolle gethan, gesalzen, mit einem Stück frischer Butter und einem Stückchen Zucker belegt, ein Quart gute Fleischbrühe darüber gegossen, zugedeckt und weich gedünstet. Sie werden dann mit Mehl wenig bestäubt, geschwungen, noch einige Minuten gedünstet und dann erhaben in eine Gemüse-Schüssel angerichtet.

1457. Gelbe Rüben mit Kernerbsen. Carottes et pois vert.

Schöne, große, rothe gelbe Rüben werden abgeschabt, mit einem Aepfelbohrer, in der Größe einer großen grünen Erbse, Erbsen ausgebohrt und solche ungefähr eine Maß, mit ebenso viel grünen Erbsen, in eine Casserolle gethan, gesalzen, gehörig gezuckert und nebst Bouillon und einem Stück frischer Butter weich und kurz gedünstet. Sie werden sodann mit einigen Anrichtlöffeln voll weißer dicker Sauce geschwungen, erhaben angerichtet und mit gebackenen Hühnern, kleinen Coteletten, gebackenen Kalbs-milchnern oder Hirn u. dgl. mehr bekränzt, zur Tafel gegeben.

1458. Gelbe Rüben und Zuckererbsen. Carottes et pois mange-tout.

Die gelben Rüben werden in gleiche Stückchen oder dünne Scheibchen geschnitten, mit einer gleichen Portion feiner Zuckererbsen gewaschen, dann Butter, Zucker, etwas Salz dazu gethan, mit weißer Bouillon begossen und weich und kurz gedünstet; sodann ein wenig mit Mehl bestäubt, noch etwas Bouillon dazugethan, einige Minuten gedünstet und dann angerichtet. Auch hiezu eignen sich vorhergehende Beilagen.

1459. Gelbe Rüben für Hochepot. Carottes glacées.

Aus den gelben Rüben werden die verschiedensten Formen geschnitten, welche theils zur Bekränzung großer Tafelstücke, zu den Chartreusen (gestürzten Speisen von Gemüsen), zu den Macedoines (gemischten Gemüsen) wie auch zu Salaten angewendet werden. Ihre Zubereitung zu den genannten wäre folgende:

Die gelben Rüben werden in leicht gesalzenem Wasser mit einem Stückchen Butter einige Minuten blanchirt, abgeseiht, in eine Casserolle gethan, mit einem Stückchen Zucker und Butter belegt, wenig gesalzen, weiße Fleischbrühe dazu gegossen und so, zugedeckt, weich in ihrem Safte kurz eingedünstet.

1460. Gelbe Rüben auf Flamänder Art. Carottes à la Flamande.

Hierzu werden die langen, fingerdicken gelben Rüben gewählt; sie werden abgeschabt, in runde dünne Blättchen geschnitten und den vorhergehenden gleich gedünstet; sodann gibt man zwei Anrichtlöffel voll Sauce allomande (legirte weiße Sauce) dazu, schwingt diese wohl durcheinander und richtet sie erhaben und recht heiß an.

1461. Gelbe Rüben mit Spargel. Carottes aux pointes d'asperges.

Die großen gelben Rüben werden mit dem Bohrer erbsengroß ausgebohrt, sodann mit Zucker, Butter, Salz und Fleischbrühe weich gedünstet. Unterdessen werden grüne Suppenspargel gereinigt, in kleine, erbsengroße Stücke geschnitten, blanchirt, mit frischem Wasser abgekühlt, auf ein Tuch gelegt, dann zu den Rübchen gethan, mit zwei Anrichtlöffeln voll weißer, dick eingekochter Sauce geschwungen und erhaben angerichtet.

---

69. Abschnitt. 16. Abtheilung.
Von der weißen Rübe. Du Navet.

Fast jede Gegend hat ihre eigene Sorte Rüben, woraus durch die lange Cultur derselben diese Abarten entstanden sein mögen, welche sich durch ihre Größe, Farbe und Form der Wurzeln unterscheiden. Frisch aus der Erde geben sie ein gutes, leicht zu verdauendes Gemüse, welches besonders mit gedünstetem Hammelfleisch für bürgerliche Haushaltungen eine nährende Schüssel gibt. Sie werden auch fein geschnitten und dem Kraut ähnlich für den Winter eingemacht, wodurch sie den Namen Rübenkraut erhalten.

1462. Gedünstetes Rüben-Gemüse. Navets à la bourgeoise.

Zwölf Stück zarte junge weiße Rüben werden geschält, in halbfinger=lange, federkielbicke Stückchen geschnitten, schnell gewaschen und in eine Schüssel gethan. Man läßt dann in einer Casserolle ein Stück Zucker mit Wasser zergehen und zum Caramel braun werden; sodann kommen die Rüben, ein Stück Butter, etwas Salz und Fleischbrühe dazu, worin man sie, gut zugedeckt, weich und kurz dünsten läßt. Kurz vor dem Anrichten werden sie leicht mit Mehl bestäubt, geschwungen, und mit diesem und noch etwas Fleischbrühe noch einige Minuten gedünstet. Sie werden in eine Gemüseschale mit sehr weich gedünstetem Hammelfleisch angerichtet.

1463. Glacirte weiße Rüben für Garnituren. Navets glacés pour garnitures.

Zarte weiße Rüben werden in vier gleiche Theile getheilt, sauber und in egaler Form zugeschnitten, blanchirt und mit kaltem Wasser abgekühlt. Sodann röstet man drei Eßlöffel voll Zucker mit einem viertel Pfund Butter auf schwachem Feuer lichtbraun, gießt dann etwas Fleischbrühe dazu und läßt es zusammen aufkochen. Hierauf werden die Rüben und etwas Salz dazu gethan, zugedeckt, weich und kurz eingedünstet, so zwar, daß die Rüben eine schöne lichtbraune, glänzende Farbe und einen angenehmen Geschmack haben. Sie dienen zur Bekränzung der großen gedünsteten Fleischstücke, zu Hammelskeulen u. dgl. mehr.

1464. Weiße Rüben mit Bechamel. Navets en haricots vierges.

Die großen weißen Rüben werden mit einem Bohrer in bohnenähnlicher Form ausgebohrt, blanchirt, mit Zucker, Butter, Fleischbrühe und wenig Salz eingerichtet, dann weich und kurz gedünstet. Sie werden sodann mit guter Bechamel übergossen, damit durcheinander geschwungen und sehr heiß angerichtet; herum werden glacirte Entenstückchen garnirt.

---

69. Abschnitt. 17. Abtheilung.

Von den grünen Bohnen. Des Haricots verts.

Dieses Gemüse ist für unsere Küche und Haushaltungen sehr bedeutend und liefert unter mancherlei Gestalten manche gefällige Schüssel für unsere Tische. Man speist sie im Sommer nicht allein als Gemüse, sondern auch als Salat. Für den Winter macht man sie für bürgerliche Tische in Salz ein, und selbst die trockene weiße Bohne gewährt noch manche beliebte Schüssel, wenn der Vorrath der Wintergemüse zu Ende geht. Die besten Sorten unter allen sind unstreitig die Schwert=Stangenbohnen und Schwert=Zwergbohnen; doch übertrifft an Zartheit letztere alle und kommt in dieser Hinsicht den in den Mistbeeten gezogenen fast gleich.

1465. Grüne Bohnen auf deutsche Art. Haricots verts
à l'Allemande.

Noch junge, zarte Bohnen, wo möglich Schwert-Zwergbohnen, werden
von ihren Faden befreit, in der Mitte durchgebrochen und mit kaltem
Wasser gewaschen. Sodann läßt man in einer Casserolle ein Stück Butter
heiß werden, gibt einen Eßlöffel voll fein geschnittene Zwiebeln und zwei
mit Petersilie dazu, und röstet dieß zusammen einige Minuten; dann
werden die Bohnen nebst dem nöthigen Salz und einem Stückchen Zucker,
wie auch einem Sträußchen Bohnenkraut dazu gethan, mit einem Schöpflöffel voll guter Fleischbrühe genäßt, gut zugedeckt und auf Kohlenfeuer
langsam weich und kurz gedünstet. Kurz vor dem Anrichten werden sie
leicht mit Mehl gestäubt, noch einige Minuten gedünstet und dann mit
gedünstetem Hammelfleisch zu Tisch gegeben.

1466. Grüne Bohnen auf englische Art. Haricots verts à l'Anglaise.

Man wählt hierzu nur ganz junge Bohnen, welche unten und oben
abgeschnitten, in genugsam kochendem, gesalzenen Wasser blanchirt, dann
abgeseiht und auf ein Tuch, damit das Wasser abtropfe, gelegt werden;
dann werden sie gehäuft in eine Silber- oder Porzellan-Schale angerichtet
und darüber ein Stück sehr frische Butter gegeben. Die Butter schmilzt
über den Bohnen und sie werden dadurch einen feinen, angenehmen Geschmack erhalten.

1467. Grüne Bohnen auf französische Art. Haricots verts
à la Française.

Die zarten grünen Bohnen werden en filets geschnitten, sehr grün
blanchirt, abgeseiht, auf ein Tuch zum Abtropfen gelegt, mit einem Stück
sehr frischer Butter über dem Feuer geschwungen, mit etwas Salz und
Muskatnuß gewürzt und mit etwas fein geschnittener, blanchirter Petersilie
und Glace im Geschmack gehoben, sodann nochmals geschwungen, in eine
Entremets-Schale gehäuft angerichtet und mit Croutons garnirt zur Tafel
gegeben. Sie müssen sich durch einen angenehmen natürlichen Geschmack
und schöne Grüne auszeichnen.

1468. Grüne Bohnen auf Lyoneser Art. Haricots verts
à la Lyonaise.

Die zarten grünen Bohnen werden recht grün in gesalzenem, stark
kochenden Wasser blanchirt und auf ein Tuch gelegt; sodann wird ein
Eßlöffel voll fein geschnittene Zwiebeln mit Butter gelb geröstet, die
Bohnen dazu gethan, auf starkem Feuer schnell sautirt, mit etwas Muskatnuß
und dem noch fehlenden Salz gewürzt, mit zwei Anrichtlöffeln voll Sauce
espagnole, etwas Glace, blanchirter Petersilie, einem Stück Butter und
etwas Zitronensaft geschwungen und gehäuft in eine Entremets-Schale
angerichtet.

1469. Grüne Bohnen als Pflückerbsen. Haricots verts en petits pois.

Die grünen Bohnen werden klein gewürfelt geschnitten, schön grün blanchirt, abgeseiht, in Butter sautirt, mit etwas blanchirter, fein geschnittener Petersilie, etwas weißer Sauce und Zucker untermengt, erhaben angerichtet und mit Glace bestrichenen Croutons garnirt.

69. Abschnitt. 18. Abtheilung.
Vom Spargel. Des Asperges.

Die Spargel werden bekanntlich in eigens dazu bereiteten, stark gedüngten Beeten gezogen. Gewöhnlich hält man die sehr dicken Spargel für die besten, aber ich bin überzeugt, daß man damit die Zunge betrügt, während man das Auge befriedigt; auch ziehen Viele den weißen dem grünen vor, was jedoch nicht richtig ist, denn die grünen haben einen weit feineren Geschmack und noch das Angenehme, daß man sie genießen kann, so weit sie grün sind. Die Speise gehört zunächst für den Gaumen und die Zunge; obwohl das Auge daran Wohlgefallen finden kann, wenn eine Speise in möglichster Vollkommenheit dargestellt wird, so hat doch hier der Geschmack die erste Stimme. — Der starke Spargel ist darum weniger von gutem Geschmacke, weil man zugleich mit ihm allzuviel von dem Wasser mit zum Munde bringt, worin er gekocht wird, und welches diese Stangen, gleichsam wie Röhren, in sich einziehen. Auch haben sie überdies einen stärkeren Geruch von den Mistbeeten, als der gewöhnliche Spargel. Vielleicht findet man in dieser Bemerkung etwas Widersprechendes; dies wird sich aber von selbst widerlegen, wenn man nur guten Mittelspargel und recht große Stangen davon zugleich bereiten läßt und beim Genusse das hier Gesagte einer Prüfung unterwirft.

1470. Spargel mit Butter=Sauce. Asperges en branche.

Unter dem Kopfe angefangen werden alle grünen, schuppenähnlichen Blättchen abgelöst, die Stengel rein geschabt, gewaschen, auf ein Tuch ausgehoben, in gleich große Büschel mit Bindfaden gebunden und die Stiele gleichmäßig abgeschnitten. Eine kleine halbe Stunde vor dem Anrichten werden sie im gesalzenen, kochenden Wasser, bis sich die Köpfe weich anfühlen lassen, gekocht, dann gehäuft über eine zusammengelegte Serviette angerichtet und eine Butter=Sauce extra mit servirt.

1471. Spargel auf Piemonteser Art. Asperges à la Piemontaise.

Die Spargeln werden den vorhergehenden gleich gereinigt und gesotten, dann auseinander, die Köpfe nach innen, in eine runde Schüssel angerichtet, soweit sie eßbar sind mit frischgeriebenem Parmesankäse bestreut und mit heißer gebräunter Butter übergossen.

1472. Spargelerbsen. Pointes d'asperges.

Man wählt hierzu die grünen, nicht dicken Spargel; diese werden
entblättert, so weit sie zart sind zu Erbsen geschnitten, recht grün blanchirt,
abgeseiht und auf ein Tuch gelegt; dann werden sie mit einem Stück
sehr frischer Butter sautirt, mit dem noch fehlenden Salz und etwas
Muskatnuß gewürzt, etwas Zucker und einige Löffel voll Supreme dazu
gethan, gut über dem Windofen geschwungen, mit dem Safte einer halben
Zitrone und etwas Glace im Geschmack gehoben und in eine Entremets-
Schale gehäuft, angerichtet.

1473. Spargelspitzen mit Beschamel. Pointes d'asperges à la Colbert.

Sie werden ganz dem vorhergehenden gleich zubereitet; statt der
Sauce suprême wird hier Beschamel und kein Zitronensaft genommen,
jedoch etwas süßer in Zucker zubereitet. Sie werden erhaben angerichtet
und mit Oeufs mollets garnirt.

---

69. Abschnitt. 19. Abtheilung.
Von den Hopfensprossen. Des Houblons.

Sie sind für Viele im Frühling eine angenehme Speise und werden
theils als Gemüse, theils als Salat zubereitet. Wild wächst der Hopfen
bekanntlich an Zäunen, der bessere aber wird in Hopfengärten gezogen.
Beim Putzen muß man nicht geizig sein und nichts weiter, als den zarten
obern Theil, der sich leicht abbrechen läßt, dazu nehmen; man läßt ihn
sodann in vielem Wasser mit Salz weich kochen.

1474. Hopfen-Gemüse. Houblons.

Bei der Kochkunst werden nur die ersten Triebe, welche im Frühjahre,
den Spargeln ähnlich, aus den Wurzeln hervorsprossen, benützt. Sie werden
nach sorgfältigem Reinigen, wie schon bemerkt wurde, im gesalzenen kochenden
Wasser weich blanchirt, dann abgeseiht, auf ein Tuch zum Trocknen gelegt,

dann mit in Butter geschwitzten Fines herbes, welche aus Petersilie und Zwiebeln bestehen, nebst einem Stückchen Zucker, etwas Salz und Muskatnuß gedünstet; dazu kommen noch einige Löffel voll weiße Sauce, etwas Glace, mit welcher sie geschwungen und gehäuft angerichtet werden.

69. Abschnitt. 20. Abtheilung.
Von den Schwarzwurzeln. Des Salsifis.

Diese Wurzel hat alle Eigenschaft einer guten Kost für Personen, welche krank sind oder waren. Es gibt deren zwei Arten, die auf Wiesen wild wachsende und die cultivirte, in Gärten gezogene, aus Spanien zu uns gekommene Schwarzwurzel. Sie erscheint als eine baumendicke, lange, schwarze Wurzel, welche im Herbste kommt und sich gut überwintern läßt. Beim Einkaufe muß man besonders darauf sehen, daß sie von innen recht weiß sind und, wenn man sie zerbricht, ein weißer, milch=ähnlicher Saft daraus hervorquillt.

1475. Schwarzwurzeln als Gemüse. Salsifis.

Man rührt einen Kochlöffel voll Mehl mit kaltem Wasser in einer Schüssel an, gießt etwas wenig Essig und das noch nöthige Wasser dazu. Die Schwarzwurzeln werden rein abgeschabt, in zolllange Stückchen ge=schnitten und in dieses angerührte Wasser, damit sie recht weiß bleiben, gelegt. Sodann läßt man ein Stück frische Butter heiß werden, hebt die Schwarzwurzeln auf ein reines Tuch aus, sucht die allenfalls noch daran=hängenden schwarzen Theile aus und gibt die Wurzeln zu der Butter; diese werden dann gesalzen, etwas Zucker und die nöthige weiße Fleischbrühe dazu gethan und so weich gekocht. Wenn dies erreicht ist, werden die Wurzeln abgeseiht, in eine andere Casserolle gethan und zugedeckt warm gestellt. In die zurückgebliebene Essenz wird die nöthige weiße Sauce gethan, über dem Feuer eingerührt, mit etwas Zitronensaft und dem noch fehlenden Salz im Geschmack gehoben, durch ein Sieb über die Wurzeln geseiht, mit diesen noch einmal aufgekocht und angerichtet.

1476. Gebackene Schwarzwurzeln. Salsifis frits.

Die rein geputzten und gewaschenen Schwarzwurzeln werden in halb=fingerlange Stücke geschnitten, in der Fleischbrühe mit Salz, etwas Zucker, Butter und etwas Zitronensaft weich gekocht, dann abgeseiht, auf ein Tuch abgetrocknet, in geschlagene ganze Eier getaucht, in Mehl, mit geriebenem Brot untermischt, gelegt und garnirt. Kurz vor dem Anrichten werden sie aus heißem Schmalz lichtbraun gebacken und über eine Serviette auf eine runde Schüssel angerichtet. Statt mit Brot garnirt, werden auch die Schwarzwurzeln in Backteig getaucht und lichtbraun gebacken.

69. Abschnitt.   21. Abtheilung.

Von den Artischocken.   Des Artichauts.

In der Küche wird besonders die glatte Kugel=Artischocke gern ge=
nommen; sie hat die größten Blumenköpfe, dicke bläulichbraune Schuppen
und einen sehr fleischigen Boden. Dies sehr beliebte distelartige Küchen=
Gewächs wird von Vielen hochgeachtet und wird nicht nur allein als
Gemüse aufgetischt, sondern es werden auch selbstständige kleine Gerichte
daraus bereitet, welche von Kennern gut aufgenommen werden.

1477. Artischocken auf holländische Art.   Artichauts à la Hollandaise.

Zarte schöne Artischocken werden am Boden rein zugeschnitten, mit
Zitronensaft eingerieben, die Blätter halb abgestutzt, dann in frisches Wasser
mit Zitronensaft gesäuert, gelegt. Sodann läßt man in einer Casserolle
hinreichend Wasser zum Sieden kommen, gibt Salz und Zitronensaft dazu,
legt die Artischocken ein, deckt sie gut zu und läßt sie auf dem Windofen
stark sieden. Ihr schnelles Weichwerden hängt von ihrer Zartheit und Größe
ab. Wenn sie nun weich sind, werden sie auf ein Sieb ausgehoben, die
inneren Blätter sammt ihrem Barte mit einem kleinen Löffel ausgehoben,
so zwar, daß die äußeren Blätter ganz bleiben und die Artischocke nicht
beschädigt wird. Sie werden dann wieder warm gestellt, beim Anrichten
in eine Casserolle von Silber oder Porzellain, die Blätter nach unten ge=
stellt, eingerichtet, etwas Fond darunter gegossen und in Begleitung einer
holländischen Sauce zu Tisch gegeben.

1478. Artischocke mit feinen Kräutern.   Artichauts à la Barigoule.

Die Größe der Artischocken bestimmt ihr Quantum; sie werden am
Boden sehr rein abgedreht, die äußeren Blätter abgelöst, die mittleren etwas
abgestutzt und aus diesen der Bart sammt den Blättern ausgehoben und
in Wasser mit Salz und Zitronensaft leicht blanchirt aber nur halb weich

gekocht, dann in's kalte Wasser gelegt, abgekühlt und auf eine Serviette umgestürzt, damit das Wasser abfließt. Unterdessen werden Champignons und Petersilie fein geschnitten, mit feinen Kräutern und einigen Eßlöffeln voll geriebenen Brot untermengt und damit die Artischocken gefüllt; darüber werden nun die Blätter zusammengebunden, die Artischocken in eine flache, am Boden mit Speck und Schinkenscheibchen belegte Casserolle dicht aneinander eingerichtet, leicht gesalzen, mit einer in Scheiben geschnittenen Zwiebel und einem Bouquet Petersilie belegt, etwas guter Fond und ein Glas Madeira-Wein darüber gegossen, mit Speckscheibchen und über diese eine mit Butter bestrichene Papierscheibe gelegt, gut zugedeckt und im Ofen vollends weich gedünstet, wo man sie von Zeit zu Zeit mit ihrem Fond begießt. Beim Anrichten werden sie ausgehoben, der Faden abgelöst und die Artischocken schön angerichtet; der Fond wird passirt, entfettet, mit zwei Anrichtlöffeln voll Espagnole aufgekocht und über die Artischocken angerichtet.

1479. Gefüllte Artischocken. Artichauts à la Bordelaise.

Die nöthige Anzahl schöner Artischocken werden den vorhergehenden gleich hergerichtet. Unterdessen werden zwei Eßlöffel voll fein geschnittene Zwiebeln in Oel passirt, auf ein Sieb abgegossen, die Zwiebeln mit fein geschnittenem gekochten Schinken, geschnittener Petersilie und einigen Eßlöffeln voll dicker, brauner Sauce gut verrührt und damit die Artischocken gefüllt, welche überbunden, den vorhergehenden gleich in eine flache Casserolle eingerichtet, gesalzen, mit einem Lorbeerblatt, einer in Scheiben geschnittenen Zwiebel und Petersilie gewürzt, mit einem Glas Vin de Sauterne und ebenso viel gutem Fond begossen, mit Speck und einer Papierscheibe überlegt, gut zugedeckt, im Backofen langsam gedünstet und öfters mit ihrem Fond begossen werden. Beim Anrichten werden sie auf eine Schüssel dressirt, der Fond passirt, rein entfettet, mit etwas Espagnole untermengt, eingekocht und mit diesem die Artischocken übergossen.

1480. Artischocken auf italienische Art. Artichauts à l'Italienne.

Die nöthige Zahl Artischocken werden am Stiele abgeschnitten, die äußeren Blätter abgelöst, die obern abgestutzt, der Boden sauber abgedreht, die Artischocke in zwei Theile getheilt, von den inneren Blättern und dem Barte getrennt, in vielem kochenden Wasser mit Salz und Zitroneneusaft halbweich blanchirt, dann in eine Schüssel in's kalte Wasser gethan, abgekühlt und auf ein Tuch zum Abtropfen gelegt. Sobann läßt man in einer Plât à sauté ein Stück Butter und etwas Oel heiß werden, gibt zwei Eßlöffel voll fein geschnittene Zwiebeln und ebenso viel Petersilie dazu, röstet dies einige Minuten und richtet sodann die halben Artischocken eine an die andere ein. Sie werden gesalzen, mit etwas gutem Fond und Sardellenbutter begossen, dann zugedeckt und im mittelheißen Backofen, bei öfterm Begießen, vollends weich gedünstet. Sie werden gehäuft angerichtet, unter die Fines herbes etwas Tomat-Sauce gethan, zusammen aufgekocht und über die Artischocken gegossen.

1481. Artischocken auf spanische Art.   Fonds d'artichauts à l'Espagnole.

Hierzu werden nur die Böden genommen, nämlich die von den Blättern und dem Bart gereinigten Artischocken-Böden (Fonds d'artichauts) werden sauber zugeschnitten (abgedreht), mit Zitronensaft eingerieben, dann mit einem Stück Butter, Salz und Zitronensaft im Wasser weich gekocht und in's kalte Wasser gelegt. Sobann wird eine flache Casserolle am Boden mit Speckscheiben belegt, die Artischockenböden darüber gelegt, diese mit guter Fleischbrühe begossen, das nöthige Salz und Zitronensaft dazu gegeben, gut zugedeckt und vollends weich gedünstet. Beim Anrichten werden die Artischocken, im Kranze über sich liegend, in eine Entremets-Schüssel dressirt, zwischen jede ein Häuptel braisirter Kopfsalat gelegt und mit einer recht kräftigen klaren spanischen Sauce maskirt.   .

1482. Gefüllte Artischockenböden.   Fonds d'artichauts farcis.

Die Artischockenböden werden, den vorhergehenden gleich, weich gedünstet und auf ein Tuch gelegt; sobann wird die nöthige Geflügelsfarce mit drei Eßlöffeln voll Fines herbes genau verrührt, etwas Glace dazu gegeben, die Böden damit gefüllt, diese glatt und mit Butter bestrichen, mit geriebenem braunen Brote übersäet, in einer Plât à sauté mit gutem Fond eingerichtet, mit einer mit Butter bestrichenen Papierscheibe gedeckt, worauf man sie sobann vollends weich dünstet, wodurch sie nebenbei eine schöne Farbe erhalten. Beim Anrichten werden sie gehäuft in eine Entrée-Schüssel aufdressirt, schön glacirt, etwas Demi-Glace darunter gegossen und zur Tafel gegeben.

1483. Gebackene Artischocken.   Artichauts frits.

Hierzu wählt man kleinere Artischocken; sie werden den vorhergehenden gleich zubereitet oder ganz weich gedünstet. Unterdessen bereitet man von gebratenem Geflügel, Ochsenzunge, Champignons, mit guter brauner Sauce ein kräftiges dickes Salpicon; mit diesem wird ein Artischockenboden gefüllt, ein anderer darüber gelegt, und auf diese Weise fortgefahren. Sie werden sobann in abgeschlagene Eier getaucht, mit Brot übersäet, kurz vor dem Anrichten aus heißem Schmalz gebacken, dann gehäuft über eine zusammengelegte Serviette auf eine Schüssel angerichtet und in ihre Mitte ein Bouquet recht grün gebackener Peterſilie gelegt.

---

69. Abschnitt. 22. Abtheilung.
Von den Cardonen.   Des Cardons.

Dieſes eßbare Diſtelgewächs stammt aus Spanien und wird bei den größten Tafeln sehr geachtet; es wird aber seit vielen Jahren auch bei uns in Gärten gepflanzt und gezogen. Die Rippen müssen dick, fest und vollkommen und von gelblich weißer Farbe sein. Da dieses Gewächs seine Reife erst im Keller oder Gewächshauſe erhält und seine rippenartigen Blätter diese weißlich gelbe Farbe erst erhalten, so muß man beim Einkaufe sehr darauf sehen, daß diese nicht wurmstichig, porös oder gar hohl sind, weil sie dann unbrauchbar und folglich gar nichts taugen.

1484. Cardonen mit Ochſenmark. Cardons à la moëlle de boeuf.

Man wählt nur die von wachsähnlicher Farbe und gelblich-weißen Rippen. Diese werden in fingerlange gleiche Stücke geschnitten, in vielem kochenden Wasser mit Salz, Essig und einigen Brotscheiben so lange gekocht, bis sich eine feine faſerige Haut abstreifen läßt. Sie werden dann auf ein Tuch gelegt, mittelſt grobem Salz und einem Tuche diese häutigen Fasern abgestreift, abgerieben und dann in's frische Wasser gelegt; wenn nun alle so beendet sind, werden sie auf beiden Enden rein zugeschnitten und in einer Fett-Braise mit Zitronenſaft und Salz weich gekocht. Kurz

vor dem Anrichten werden sie auf ein Sieb gelegt, damit das Fett ab=
fließt, dann gehäuft in eine Entremets=Schüssel aufdressirt, mit einer sehr
kräftigen Sauce espagnole leicht übergossen und mit Markstückchen belegt
zur Tafel gegeben. Ein halbes Pfund Ochsenmark wird in gleich große,
ovale, runde Stückchen geschnitten, in's kalte Wasser gelegt und so an der
Seite des Feuers lauwarm gewässert, damit sie schön weiß werden; die=
selben werden nun in eine andere Casserolle gethan, mit einfacher Fleisch=
brühe übergossen, gesalzen und einige Minuten langsam gekocht. Diese
Markstückchen werden nun über geröstete Brotkrüstchen gelegt, diese glacirt
und damit die Cardons garnirt.

1485. Cardonen mit Parmesankäse. Cardons au Parmesan.

Die Cardonen werden in der Braise weich und recht weiß gesotten,
dann in dreifingerbreite Stückchen geschnitten. Es wird eine Casserolle von
Silber oder Porzellan mit Butter angestrichen, am Boden mit Cardonstückchen
belegt, darüber eine Bechamel=Sauce gestrichen und messerrückendick mit
frischgeriebenem Parmesankäse bestreut; „darüber kommen wieder Cardon=
Stückchen, Bechamel und Käse. Darüber wird Brot gestreut, über dieses
zerlassene frische Butter gegossen und im Backofen langsam gratinirt.

---

69. Abschnitt. 23. Abtheilung.
Von den grünen Erbsen. Des Pois verts.

Ein Gemüse von frischen grünen Erbsen gehört zu dem feinsten, was
die Küche liefern kann und keines von den übrigen kömmt diesem an guten
Geschmack und Zartheit gleich, nur müssen hierzu die feinsten Exemplare
gewählt und genommen werden. Ferner muß man sehr darauf achten,
daß dieselben frisch gepflückt und ebenso aus den Schoten genommen
werden, indem jede Stunde nach dem Auslesen durch Eindringen der Luft
ihnen schadet und denselben den feinen Wohlgeschmack nimmt.

1486. Grüne Erbsen auf englische Art. Petits pois à l'Anglaise.

Zwei Maß grüne Erbsen werden durchsucht, eine viertel Stunde vor
dem Anrichten in gesalzenem kochenden Wasser schnell blanchirt, abgeseiht,
abgetropft, in eine Entremets=Schale gehäuft angerichtet und darüber ein
Stück sehr gute frische Butter gegeben.

1487. Grüne Erbsen auf französische Art. Petits pois à la Française.

Zwei Maß feine grüne Erbsen werden in eine breite Casserolle gethan,
mit einem halben Pfund frischer Butter, einem Bouquet Petersilie und einer
Zwiebel belegt, nebst dem nöthigen Salz und Zucker ein Glas frisches

Waffer dazu gethan und auf schnellem Feuer gedünstet. Wenn sie weich und kurz eingedünstet sind, wird die Zwiebel und die Peterslie weggethan, einige Löffel voll dicke weiße Sauce dazu gegeben, geschwungen, gehäuft, in eine Entremets-Schale angerichtet und mit gebackenen Croutons bekränzt.

69. Abschnitt. 24. Abtheilung.

Von den Macedoines, den Chartreusen und Borduren. Des Macédoines de légumes, des petites Chartreuses et des Bordures de légumes.

Eine Macédoine de légumes gehört zu den besten Entremets der Gemüse. Die Zeit des Frühlings ist dafür die geeignetste. Sie werden in Krustaden, in Borduren oder in Entremets-Schalen angerichtet.

Eine Maceboine im Frühling besteht aus grünen Bohnen, Pflückerbsen, Blumenkohl, Carotten und Spargelspitzen.

Eine Maceboine im Sommer ist zusammengesetzt aus gelben und weißen Rüben, kleinen Zwiebeln, abgeschälten Saubohnen, Blumenkohl, Artischockenböden und Kohlraben.

Eine Maceboine im Winter aus gelben und weißen Rüben, Rosenkohl, Champignons, Schwarzwurzeln, Sellerie und Carbons.

Zu allen Macedoines müssen die grünen Bohnen spitzweckartig geschnitten, die gelben und weißen Rüben, Kohlraben, Selleriewurzeln rund oder oval ausgebohrt, die Zwiebeln, der Rosenkohl und die Champignons klein, rund und fest gewählt, der Blumenkohl in kleine Röschen getheilt, der Carbon und die Artischockenböden in würfeliger Form geschnitten sein, und die grünen Bohnen, Rosenkohl, Blumenkohl, Pflückerbsen und Spargelspitzen im gesalzenen Waffer blanchirt werden. Sie werden sodann ab-blanchirt, die gelben und weißen Rüben, Kohlraben, Sellerie und die kleinen Zwiebeln mit Consommé, Butter und Zucker, die Carbons, Schwarz-wurzeln, Champignons und die Artischockenböden allein weiß gedünstet. Ferner muß bemerkt werden, daß der Name Maceboine ein Gemüse heißt, welches aus mehreren Sorten besteht; Chartreuse eine gestürzte Speise von aufgesetzten Gemüsen ist, eine Bordure de légumes ebenfalls aufgesetzt und gestürzt ist und dazu dient, andere Sorten Gemüse und Fleischstückchen in ihren leeren Raum aufzunehmen.

Die kleinen Chartreusen sind von gutem Effekt und eignen sich be-sonders, damit große Fleischstücke zu garniren; sie sind größtentheils mit Geflügel, Wildpret und anderen kleinen Salpikons zusammengesetzt. Die jungen Gemüse, womit sie aufgesetzt werden, sind immer mit dem Colonne-Ausstecher oder mit Aepfelbohrern ausgestochen und werden, wie vorher-gehend bemerkt wurde, zuvor weich gedünstet oder blanchirt.

1488. Kleine Chartreusen à la royale. Petites Chartreuses à la royale.

Zwölf große, recht rothe gelbe Rüben, ebenso viel weiße Rüben werden gereinigt, in zweifingerbreite Stücke geschnitten und diese, jede Sorte für sich, in stark bleistiftdicke Stückchen ausgestochen, welche mit etwas Salz einige Minuten blanchirt und dann weich gedünstet werden. Ferner wird eine Theetasse voll in Spitzweckchenform geschnittene grüne Bohnen, ebensoviel Pflückerbsen recht grün blanchirt und auf ein Tuch zum Abtrocknen gelegt. Zwölf bis fünfzehn kleine Croustade=Förmchen werden gut mit geklärter frischer Butter ausgestrichen, am Boden ein rund geschnittenes Scheibchen eingepaßt, dieses mit Butter überstrichen und einige Minuten auf's Eis gestellt. Sodann wird der Boden dieser Förmchen ausgelegt; es werden nämlich von recht schwarzer Trüffel in der Größe eines Dreikreuzerstückes runde Scheibchen ausgestochen, welche, an eine Spicknadel gesteckt, in die Mitte gelegt werden; außen herum werden Pflückerbsen und grüne Bohnen ge= schmackvoll eingelegt. Wenn nun die Böden der Förmchen alle so beendet sind, werden die Gemüse mit Ei bestrichen und messerrückendick mit Geflügels= Farce gedeckt. Sodann werden weiße und gelbe Rübchen abwechselnd an der Seite der Förmchen und bis zur Hälfte derselben schräg aufgestellt, welche ebenfalls wieder mit Eiern bestrichen und mit Farce überstrichen werden; über diese kommen nun wieder Rübchen und zwar in der Art, daß über jedes weiße ein gelbes und über jedes gelbe ein weißes Rübchen zu stehen kömmt, diese aber nach der andern Seite laufend gestellt werden. Wenn nun auch diese wieder genau mit Ei überstrichen und mit Farce recht glatt und in gleicher Dicke ausgestrichen sind, werden sie bis stark messerrückendick vom Rande mit einem Salpicon à la royale (siehe Abschn. 7) kalt gefüllt, der Rand der Farce wird mit Ei bestrichen, mit Farce gedeckt und darüber ein rundes, mit Butter bestrichenes Papierscheibchen gelegt. Eine halbe Stunde vor dem Anrichten werden sie an bain-marie langsam gekocht, ausgehoben, das Papier abgezogen, in eine Entréeschüssel gestürzt, oben leicht glacirt und darunter etwas Demi=Glace gegossen. Auf dieselbe

Art und Weiſe werden alle kleinen und großen Chartreuſen angefertigt, und es wird dem Geſchmacke eines Jeden überlaſſen, wie er ſeine Gemüſe einlegt; ebenſo bemerke ich, um alle Wiederholungen zu vermeiden, daß die Bereitung aller Chartreuſen ſtets dieſelbe iſt, und nur der Inhalt derſelben die Veränderung des Namens oder Benennung bedingt und ich weiſe beß= halb auf den Abſchnitt 7 der verſchiedenen Salpicons zurück.

1489. Große Chartreuſe mit Felbhühnern. Chartreuse de légumes aux perdreaux.

Eine Stürzform wird mit klarer friſcher Butter ausgeſtrichen und ganz mit Papier ausgelegt. Der Boden derſelben wird mit gleich großen, recht grünen jets-choux-Röschen im Kranze belegt, an dieſen ſchließt ſich ein zweiter von in gleicher Größe ausgeſtochenen, recht weiß und weich ge= bünſteten weißen Rüben, zu dieſen kömmt ein dritter ebenfalls von jets-choux-Röschen, dann ein vierter von hochrothen gelben Rüben in Form den weißen Rüben gleich; die Mitte ſchließt dann ein Blumenkohlröschen. Die Seiten der Stürzform werden ebenfalls mit weißen und gelben Rüben, ſäulenartig oder in Carreau=Form geſchmackvoll ausgarnirt und recht glatt und kleinfingerdick mit Kalbfleiſch=Farce ausgeſtrichen. Unterdeſſen hat man vier Feldhühner mit vier Stück Wirſingkraut weich und kurz gebünſtet, mit welchen der innere Raum, die Feldhühner ſchön verſchnitten, bis fingerdick vom Rande in zwei Lagen gefüllt wird; darüber kommt eine Decke von Farce, welche genau an den Rand gemacht und ebenſo recht glatt ge= ſtrichen wird. Darüber wird nun eine mit Butter beſtrichene Papierſcheibe gelegt und die Chartreuſe eine Stunde vor dem Anrichten in Waſſer gekocht. Beim Anrichten wird ſie ausgehoben, abgetrocknet, in eine Entrée= Schüſſel geſtürzt, die Form nach einer Minute abgehoben, das Papier ab= genommen, die obere Seite der Chartreuſe ſchön glacirt und unten herum mit recht grünen jets-choux-Röschen eine Borbure gelegt. Eine braune Sauce, mit Wurzel=Eſſenz zubereitet, wird extra beigegeben.

Auf dieſe Art zubereitet erſcheinen dieſe Chartreuſen als:

1490. Große Chartreuse mit Kalbs- oder Hammel-Filet. Chartreuse de légumes au filets de veau ou de mouton.

1491. Große Chartreuse von jungen Enten. Chartreuse de légumes aux cannetons.

1492. Große Chartreuse von Kalbsbrieschen. Chartreuse de légumes aux ris de veau.

Der Kohl muß jedes Mal recht weich, kurz und mit gutem Fond gedünstet und in zwei Lagen mit den bezeichneten, recht weich gedünsteten Tendrons (Bruststückchen) oder den gedämpften ris de veau eingerichtet werden.

1493. Gestürzte Gemüse-Bordure mit Wachteln. Bordure de légumes aux cailles.

Man wählt hierzu eine glatte, fingerhohe Bordure-Form; diese wird mit Butter ausgestrichen, mit Papier ausgelegt und wieder mit Butter überstrichen. Ferner hat man von gelben und weißen Rüben mit dem Colonne-Ausstecher halbfingerlange und wie ein Groschenstück dicke runde Stückchen ausgestochen, worauf dann jede Sorte für sich in gleich dicke Scheibchen getheilt, blanchirt und weich gedünstet wird. Mit diesen weißen und gelben Rübenblättchen wird nun die Form ausgelegt; von den gelben Rübchen wird hart am Rande des Bodens ein Kranz in der Art eingelegt, daß diese über sich selbst zu liegen kommen, an diese reiht sich wieder ein weißer und am inneren Rand wieder ein gelber Kranz. Ebenso verhält es sich mit der äußeren Seite, welche ebenso aufgesetzt wird, nämlich jedesmal ein weißer und ein gelber Kranz; innen werden die Rübchen mit Eiklar bestrichen und messerrückendick mit Farce belegt, welches mit Vorsicht ge- schehen muß, daß sich die Rübchen nicht verrücken. Der leere Raum wird alsdann mit gekochtem dickem Spinat, unter welchen man fünf rohe Gelbeier gerührt hat, gefüllt und, nachdem man die Bordure mit einem mit Butter bestrichenen Papierkranz gedeckt hat, wird sie eine halbe Stunde vor dem Anrichten im Dunst gesotten. Ebenso hat man eine Macedoine von grünen Bohnen, Spargelspitzen, Erbsen mit einer Beschamel-Sauce bereitet und au bain-marie warm gestellt, wie auch acht Stück Kopfsalat ganz gedünstet. Beim Anrichten wird nun die Bordure in eine Entrée-Schale gestürzt, nach einer Minute ausgehoben, die Macedoine in den leeren Raum gefüllt, darüber acht Stück schön gebratene Wachteln und zwischen jedes ein Salat=häuptchen dressirt und, nachdem dieses nochmals schön glacirt ist, mit Be=gleitung einer braunen Sauce espagnole zur Tafel gegeben.

1494. Gestürzte Gemüse=Bordüre mit Erbsen und Kalbsmilchner.
Bordure de légumes aux ris de veau et petits pois.

Die Bordüre wird der vorhergehenden ganz gleich ausgelegt, gekocht und gestürzt. In ihre Mitte kommen beim Anrichten grüne Erbsen à l'anglaise, außen herum wird ein Kranz von glacirten Kalbsbrieschen und zwischen jedes ein Hahnenkamm, aus Ochsenzunge geschnitten, garnirt.

1495. Gestürzte Gemüse=Bordüre mit Chicoree und Escalopes.
Bordure de légumes aux filets de volaille à la chicorée.

Diese Bordüre wird wie die vorige bereitet. Beim Anrichten wird sie in eine Entrée=Schüssel gestürzt, in der Mitte ganz dick gekochte Chicoree gegeben, außen herum werden sautirte Hühnerbrüstchen und ebenso ge=schnittene Zungenstückchen abwechselnd im Kranze gelegt und, nachdem alles schön glacirt ist, wird eine Sauce suprème extra nachservirt.

1496. Gestürzte Gemüse=Bordüre mit Tauben=Brüstchen. Bordure de légumes aux filets de pigeons à la Chantilly.

Diese Bordüre wird ebenso bereitet, nur mit dem Unterschiede, daß die innere Seite auch mit Farce belegt werden muß und dadurch in der

42 *

Bordure ſelbſt ein leerer Raum entſteht, welcher ſtatt des Spinats mit einem dick bereiteten Salpicon von Gänſelebern und Champignons gefüllt wird; darüber kommt ein mit Butter beſtrichener Papierkranz. Sie wird eine halbe Stunde vor dem Anrichten au bain-marie gekocht, in eine Entrée-Schüſſel geſtürzt, der leere Raum mit gedünſtetem Wirſingkraut oder jet-choux an= gefüllt und darüber ein Kranz von ſautirten Taubenbrüſtchen und in gleicher Form und Größe geſchnittenen Schinkenſchnitten gelegt, alles nochmals ſchön glacirt und mit einer Sauce espagnole zur Tafel gegeben.

---

69. Abſchnitt. 25. Abtheilung.
Von den großen Bohnen, Saubohnen, Sumpfbohnen. Des Féves de Marais.

Von dieſer in verſchiedenen Varietäten bei der Kochkunſt vorkommenden Gemüſe=Art werden nicht die großen Schoten, ſondern die faſt runden, zuſammengedrückten Samenkörner oder Bohnen zur Speiſe benützt, von welchen die große Windſor= und die kleine portugieſiſche Bohne die beſten ſind; doch ſind alle nur in noch jungem Zuſtande bereitet wohlſchmeckend und zart, daher nicht ſo lange gewartet werden darf, bis die Bohne ganz ausgebildet und demzufolge der grüne Kern ſchon von einer dicken Hülſe umgeben iſt, in welchem Falle die Bohnen gebrüht und die Hülſe abgezogen werden muß, aber dadurch ſowohl am Geſchmacke verlieren als auch ein bedeutendes Bedarfsquantum nöthig machen. Die beſte Zeit zum Gebrauche iſt Ende Juli oder Anfangs Auguſt. In ihrer Bereitungsart gleichen ſie den grünen Erbſen, weßhalb ich darauf hinweiſe.

---

69. Abſchnitt. 26. Abtheilung.
Von den Kartoffeln. Des Pommes de terre.

Von allen Gemüſearten ſind die Kartoffeln, nächſt dem Getreide, wohl das wohlthätigſte Geſchenk, welches der Schöpfer dem Menſchen gegeben hat. Sie ſind im 16. Jahrhundert aus Amerika nach England gebracht worden und haben ſich über ganz Europa verbreitet. Durch ihre ſo aus= gedehnte Kultur ſind eine Menge Abarten entſtanden, welche in den Ge= genden, wo ſie gebaut werden, verſchiedene Namen erhalten haben. Sie erſcheinen auf den Tafeln der Kaiſer und Könige, wie auch in der Hütte des Bettlers und die Kochkunſt hat dafür geſorgt, daß ſie zu einer reichen Auswahl von Speiſen dem Menſchen dienen.

Eine Abweichung hiervon machen die Topinamburs; sie sind gewöhnlich von der Größe einer welschen Nuß, bisweilen auch nochmal so groß; ihr Geschmack ist weichlich und wässerig und sie sind deßhalb nicht besonders geachtet. Sie sollen im vorigen Jahrhundert aus Brasilien zu uns gebracht worden, jedoch durch die Kartoffeln nach und nach verdrängt worden sein. - In Frankreich sind sie jedoch noch ein beliebtes Wintergemüse. In ihrer Bereitung kommen sie mehrentheils den Kartoffeln gleich.

1497. Kartoffeln auf englische Art. Pommes de terre à l'Anglaise.

Kleine runde Kartoffeln werden roh abgeschält, wo möglich im Dampfkessel gar gemacht, dann mit heißer Butter geschwungen, mit Salz bestäubt und angerichtet. Sie dienen besonders zur Garnirung der gebratenen Fleischstücke, Fische re.

1498. Kartoffeln auf englische Art. Pommes de terre à l'Anglaise.
Potatoes-soup.

Die Kartoffeln werden roh geschält, mit Fleischbrühe, Salz und einer Messerspitze voll Pfeffer dick gekocht, dann gut zu einem Brei verrührt. Eine runde Stürzform wird stark mit Butter ausgestrichen, mit geriebenem Brote ausgesäet, die Kartoffeln eingefüllt, Brot darüber gestreut, dies mit Butter begossen, im Ofen gebacken, dann in eine Schüssel gestürzt. Wird den gebratenen Fleischstücken beigegeben.

1499. Kartoffeln auf Küchenmeister-Art. Pommes de terre
à la maître d'hôtel.

Die Kartoffeln werden roh geschält, dann in messerrückendicke Scheibchen geschnitten und mit Salz, etwas Pfeffer und Fleischbrühe gekocht. Beim Anrichten wird ein Stück beurre maître d'hôtel und etwas Kalbsjüs dazu gethan, über dem Feuer geschwungen und angerichtet.

1500. Kartoffel-Püree à la Jakson. Pommes de terre à la Jakson.

Die Kartoffeln werden in der Asche gebraten, abgeschält, durch ein Sieb passirt, mit einem Stück Butter gut verarbeitet, mit Fleischbrühe und Rindfleischjüs zu einem dicken Püree angerührt, dann gesalzen, mit etwas Pfeffer gewürzt, mit einem Stück frischer Butter gut verrührt, erhaben angerichtet und würfelich geschnittene Sardellen darüber gestreut.

1501. Kartoffel-Püree mit süßem Rahm. Purée de pommes
de terre à la crême.

Die Kartoffeln werden im Dunste gesotten, abgeschält, sogleich eine um die andere durch ein feines Haarsieb passirt, mit Butter über dem Feuer gut verrührt, mit heißem, süßem Rahm zu einem dicken Püree angerührt, gesalzen, mit Muskatnuß gewürzt und nachdem man kurz zuvor noch ein Stück sehr frische Butter untergerührt hat, wird es erhaben angerichtet und zu Tisch gegeben.

1502. Kartoffeln auf Berchtesgadener Art. Pommes de terre
à la Berchtesgaden.

Die Kartoffeln, wo möglich lange, werden roh abgeschält, gewaschen,
in Scheiben geschnitten, in eine Casserolle gethan, mit süßem Rahm übergossen, gesalzen und so langsam, daß sie nicht zerfallen, gekocht. Unterdessen
hat man ein viertel Pfund Butter mit einer ganzen Zwiebel und zwei
Eßlöffeln voll Mehl etwas geröstet, dann wird der Rahm abgeseiht, das
geröstete Mehl damit angerührt, der noch nöthige Rahm dazu gegossen,
dies über dem Feuer zu einer etwas dickfließenden Sauce angekocht, gehörig gesalzen, über die Kartoffeln passirt, noch ein Stück sehr frische Butter
dazu gethan, zusammen über dem Feuer geschwungen und heiß angerichtet.
Diese Kartoffeln erfordern zu ihrer gelungenen Zubereitung vorzüglich frische
Butter und sehr guten Rahm, welcher in so vorzüglicher Güte von den
Hochalpen Berchtesgadens gebracht wird, daher man ihnen auch diese Benennung gegeben hat.

1503. Kartoffelknödel auf bürgerliche Art. Quenelles de pommes
de terre à la bourgeoise.

Zwölf große Kartoffeln werden in der Asche gebraten, heiß abgeschält,
durchpassirt, mit einem Stück Butter und sechs ganzen Eiern gut verrührt,
gesalzen, mit Muskatnuß gewürzt, zwei in kleine Würfel geschnittene und
in Butter gelb geröstete Mundbrote dazu gethan, zusammen genau untermengt und hiervon Knödel in beliebiger Größe geformt; sie werden kurz
vor dem Gebrauche in gesalzenem Wasser langsam gesotten und zur Suppe
in kräftiger Fleischbrühe oder auch zum boeuf à la mode, zu Wildpret-
Ragout u. dergl. gegeben.

1504. Kartoffeln mit Häringen. Pommes de terre aux filets
de harengs.

Ein Mäßchen lange Kartoffeln wird abgekocht, geschält und zugedeckt
warm gestellt. Ebenso werden drei Häringe gewaschen, jeder der Länge
nach in zwei Theile getheilt, rein aus Haut und Gräten gelöst, in fingerbreite Stücke geschnitten und in Milch gelegt. Ferner werden drei schöne,
weiße Zwiebeln abgeschält, feinblätterig geschnitten, in Butter weiß gedünstet, mit zwei Eßlöffeln voll Mehl verrührt, mit diesem noch einige
Minuten geröstet, dann mit süßem Rahm, gutem Kalbfleischfond nebst Salz,
Pfeffer und etwas Muskatnuß zu einer dicken Sauce über dem Feuer
gekocht, welche sodann sammt den Zwiebeln durch ein Haarsieb gestrichen
und warm gestellt wird. Sodann wird eine silberne oder porzellanene
Schale mit Butter ausgestrichen und am Boden mit Kartoffelscheibchen
belegt, diese leicht gesalzen, dann wird etwas von der Sauce darüber gestrichen und darüber Häringsstückchen gelegt, dann wieder Kartoffeln, Sauce
und Häringe; zuletzt kömmt eine Lage Kartoffeln, welche gesalzen, mit der
Sauce gedeckt, mit fein gestoßener Mundbrotrinde besäet, mit Butter beträufelt, eine viertel Stunde gebacken werden und dann zu Tisch gegeben.

1505. Kartoffeln nach Karlsruher Art. Pommes de terre à la Karlsruhe.

Die Kartoffeln werden, ganz den vorhergehenden gleich, zubereitet, nur daß statt der Häringe hier in Scheiben geschnittene schweinerne Bratwürste und geräucherte Zungenstückchen gelegt werden.

1506. Kartoffeln mit Sardellen im Ofen. Pommes de terre aux anchois au four.

Ein Mäßchen lange Kartoffeln wird abgesotten, geschält, in Scheiben geschnitten und zugedeckt warm gestellt. Ein halbes Pfund Häringe wird gewaschen, halbirt, von den feinen Gräten befreit und jede Hälfte in zwei Theile getheilt. Dann werden sechs Eier hart gesotten, abgeschält und jedes in vier Theile geschnitten. Eine tiefe Schale wird stark mit Butter aus= gestrichen, mit Kartoffeln am Boden belegt, diese gesalzen, darüber saurer Rahm gestrichen, über diesen Eier und Sardellen gelegt, dann wieder Kartoffeln, saurer Rahm, Sardellen und Eier, zuletzt Kartoffeln, welche gesalzen und mit saurem Rahm überstrichen werden, sodann wird braunes Brot darüber gesäet. Sie werden noch eine viertel Stunde im Ofen ge= braten und sogleich zu Tisch gegeben.

1507. Kartoffel=Beignets. Beignets de pommes de terre.

Ein Suppenteller voll durchgetriebene Kartoffeln wird mit einem viertel Pfund frischer Butter, welche schaumig gerührt und mit dem Gelben von sechs Eiern untermengt wurde, nebst Salz und Muskatnuß gut verrührt, daß man eine teigartige Masse hat, welche über dem Backtisch mit Mehl fingerdick ausgerollt und davon runde Stücke in der Größe eines Wein= glases ausgestochen werden. Sie werden in eine Plât à sauté mit geklärter, frischer Butter eingerichtet, auf beiden Seiten lichtbraun geröstet, dann angerichtet und den gebratenen Fleischstücken beigegeben.

1508. Gebratene Kartoffeln. Pommes de terre frits.

Die Kartoffeln werden entweder ausgestochen oder mit dem Messer recht egal und in jeder beliebigen Form geschnitten, dann gewaschen, auf einem Tuche abgetrocknet und in geklärter, heißer, frischer Butter in einer Plât à sauté geröstet und zwar so, daß sie eine schöne lichtbraune Farbe haben, sowie weich und croquant sind; sie werden in der Regel zu ge= bratenen Fleischstücken als Garnitur verwendet.

1509. Aus dem Schmalz gebackene Kartoffeln. Pommes de terre frits à la Française.

Die Kartoffeln werden nach dem Abschälen in kleine Schnitzchen ge= theilt, gewaschen, abgetrocknet, kurz vor dem Anrichten aus heißem Schmalz gebacken, dann auf ein Tuch ausgehoben, gesalzen und als Garnitur zu Beefsteaks gegeben.

1510. Kartoffeln auf italienische Art. Pommes de terre à l'Italienne.

Die Kartoffeln werden zu Scheibchen geschnitten, statt in der Butter in heißem Oel gebacken, dann mit einer Fines herbes, welche aus Petersilie und Schalotten, in Oel gedünstet, besteht, untermengt, mit kurzgekochter Jüs begossen, gesalzen, mit Pfeffer gewürzt, über dem Feuer geschwungen und heiß angerichtet.

1511. Kartoffeln auf deutsche Art. Pommes de terre à l'Allemande.

Die roh abgeschälten, in kleine Schnitzchen getheilten Kartoffeln werden in Fleischbrühe mit Salz abgekocht, dann angerichtet und mit in frischer Butter lichtbraun geröstetem, feinen Brot bestreut. Statt des Brotes können auch geröstete Zwiebeln genommen werden.

1512. Kartoffeln mit Häringen im Ofen. Gateau de pommes de terre au four.

Man bereitet von zwölf Stück gebratenen Kartoffeln ein dickes Püree, welche gesalzen, mit Muskatnuß gewürzt, mit dem Gelben von acht Eiern und zwei in kleine Würfel geschnittenen Häringen untermengt, und dieses in eine mit Butter ausgestrichene und mit Brot ausgesäete Sturzform gefüllt wird. Oben wird zerlassene Butter darüber gethan und dies im Ofen gebacken. Beim Anrichten wird es in eine Schüssel gestürzt, die Form nach einigen Minuten abgehoben und nachdem man etwas Jüs darunter gegossen hat, zu Tisch gegeben.

1513. Kartoffeln mit Senf-Sauce auf Frankfurter Art. Pommes de terre à la Francfort.

Ein Mäßchen lange gute Kartoffeln wird gesotten, abgeschält und zugedeckt warm gestellt. Unterdessen wird ein viertel Pfund roher Schinken und einige Zwiebeln in Würfel geschnitten, mit einem viertel Pfund frischer Butter gelb gedünstet und mit zwei Eßlöffeln voll Mehl noch etwas geröstet. Sodann gießt man die nöthige Bouillon und etwas kräftige Jüs dazu, würzt diese mit einem Lorbeerblatt, einigen Pfefferkörnern, etwas Zitronenschale und Thymian, gießt ein halbes Weingläschen voll guten Burgunder-Essig hinzu und kocht hiervon eine kräftige Sauce. Die Kartoffeln werden in Scheiben geschnitten, die Sauce darüber passirt, das nöthige Salz dazu gethan und zusammen noch einige Minuten mit fünf Eßlöffeln voll französischem Senf gekocht. Beim Anrichten werden sie mit auf dem Roste gebratenen Schweins-Coteletten bekränzt.

1514. Kartoffeln im Ofen auf italienische Art. Pommes de terre au four à l'Italienne.

Zwei Eßlöffel voll feingeschnittene Zwiebeln werden mit einem viertel Pfund frischer Butter und mit drei Eßlöffeln voll Mehl gelb geröstet, dann gießt man eine halbe Maß süßen Rahm nach und nach dazu und kocht hiervon eine dickliche Rahm-Sauce. Unter diese wird ein halbes Pfund gekochter, magerer und feingeschnittener Schinken, ein viertel Pfund geriebener Parmesankäse, ein viertel Pfund feingeschnittene Sardellenfilets und acht gehackte Eierdotter gemengt. Eine passende Schale wird stark mit Butter ausgestrichen, mit Kartoffelscheibchen belegt, diese gesalzen, mit der Sauce überstrichen und mit Salamiwurstscheibchen belegt, über diese kommen wieder Kartoffeln, Sauce und Wurstblättchen; die obere Lage müssen Kartoffeln sein, welche genau mit der Sauce überstrichen sein müssen, darüber wird Brot gestreut und über dieses kleine Stückchen Butter gelegt. Eine Stunde vor dem Anrichten werden sie im mittelheißen Ofen langsam gebacken.

Die Bereitung der Kartoffel-Mehlspeisen folgt an der betreffenden Stelle.

---

69. Abschnitt. 27. Abtheilung.

Vom indischen Kürbis, Wasserkürbis. Du Giromon Potiron indien.

Wächst in Indien, Egypten und Unteritalien, wird wegen seines saftreichen, kühlenden Fleisches besonders in Frankreich kultivirt; er kommt in zweierlei Gestalten vor: der keulenförmige Flaschenkürbis und der runde Melonenkürbis. Er wird sowohl als Gemüse bereitet und als Zwischenspeise gegeben, als auch in Essig und Salz wie die Gurken angemacht.

1515. Indischer Kürbis nach französischer Art. Giromon à la Française.

Seine Vorbereitung schließt sich an die der Gurken an; ein großer oder zwei kleinere Kürbisse werden in ovale, zwei Zoll große Stücke geschnitten, das Fleisch von der Schale und den wässerigen Theilen gesondert, in Wasser und Salz blanchirt, dann abgegossen und gut abgetropft, hierauf in einem Stückchen frischer Butter mit gehackter Petersilie, Schnittlauch, Estragon und etwas gestoßenem Pfeffer weich gedünstet, mit sechs Eßlöffeln voll weißer Sauce und Zitronensaft langsam überschwungen, heiß angerichtet und mit gebackenen Brotschnitten bekränzt heiß zu Tisch gegeben.

1516. Indischer Kürbis mit Rahm-Sauce. Giromon à la crême.

An die vorher beschriebene Bereitungsart schließt sich die Anfertigung einer guten Sauce béchamel (siehe Nr. 162), mit welcher der mit etwas fein gehackter Petersilie weich gedünstete indische Kürbis, jedoch ohne Zitronensaft, leicht untermengt wird. NB. Das Beschamel kann auch mit einigen Eierdottern legirt werden.

69. Abſchnitt. 28. Abtheilung.

Vom Pomeranzen-Kürbis. De l'Aubergine, Melongène.

Dieſer wird beſonders im ſüblichen Frankreich, namentlich in der Provence, kultivirt. Einige ſind rund und gleichen ſo ziemlich den großen Pomeranzen; andere ſind länglich und haben mehr oder weniger Aehn= lichkeit mit den kleinen Gurken, und wieder andere haben die Geſtalt eines Eies. Ebenſo verſchieden ſind ſie auch in Farbe; es gibt weiße, violette und rothe. Sie werden in Paris vielſeitig als Gemüſe bereitet und als Zwiſchenſpeiſe gegeben und kommen vor als:

1517. Melogenen nach Viard. Aubergines à la Viard.

Man ſchneidet ſechs bis acht Stück dergleichen Früchte in der Mitte von einander, nimmt einen Theil des inneren Markes heraus und ſalzt die Melogenen etwas. Inbeß wird das herausgenommene Mark gehackt und mit etwas fein geſchnittener Peterſilie, Champignons, Schnittlauch, Salz und geſtoßenem Pfeffer in Butter geſchwitzt und hierauf mit etwas geriebener Semmel und Sardellenbutter, etwas Oel und Butter gut durch= einander gemengt. Mit dieſer Fülle werden die Früchte gefüllt, glatt und feſt geebnet, ſonach mit Ei beſtrichen, mit geriebenen Semmeln beſtreut, mit Butter beträufelt und eine halbe Stunde vor dem Anrichten im Ofen auf einem mit etwas fetter Brühe belegten Plafond gebraten und ſonach ſchön angerichtet.

---

69. Abſchnitt. 29. Abtheilung.

Von den Gurken, gemeine Kukumer. Des Concombres.

Durch die Kultur ſind mehrere Abarten entſtanden, welche ſich in Farbe und Größe der Früchte unterſcheiden. Einige ſind glatt und hell= grün, andere rauh, warzig und von dunklerer Farbe, und wieder andere ſehr lang, etwas gebogen und rauh, wie die Schlangengurke. Dieſes Gewächs wird nur im unreifen Zuſtande zur Speiſe benützt; ſelten kom= men ſie als Gemüſe bereitet vor, werden dann gewöhnlich bei gemiſchten Gemüſen und ſeltener als ein für ſich allein beſtehendes Gemüſe gegeben. Außerdem werden die Gurken auf verſchiedene Art eingemacht, wozu be= ſonders die letztgenannte Schlangenart als Azia bereitet wird. Von den in Miſtbeeten gezogenen erſcheinen die Erſtlinge ſchon ſehr zeitig als ein ſehr ſeltener, theurer Salat; der von der Größe der Gurken bedingte in zwölf bis fünfzehn Stücken beſtehende Gemüſebedarf wird in ökonomiſcher Rückſicht natürlich von den ſpäteren oder Landgurken genommen.

1518. Gurken mit Rahm-Sauce. Concombres à la crème.

Nachdem man vier bis fünf schöne frische Gurken abgeschält und in kleine viereckige Stücke geschnitten hat, werden sie abblanchirt, abgegossen, mit frischem Wasser abgekühlt und dann über ein reines Tuch zum Ab-tropfen gelegt. Ebenso bereitet man die nöthige Sauce béchamel nach Nr. 162, mit welcher die Gurkenstückchen in einer Casserolle heiß über-gossen, leicht durchschwungen und ebenso heiß in eine Entremets-Schale angerichtet werden.

1519. Gefüllte Gurken. Concombres farcis.

Drei bis vier Stück gleich große frische Gurken werden abgeschält, oben ein Stück abgeschnitten, dann mit einem Apfelbohrer vorsichtig aus-gehöhlt; es muß aber mit Sorgfalt geschehen, damit sie nirgends beschädigt werden. Diese so ausgehöhlten Gurken werden nun mit einer nach Nr. 289 bereiteten Farce gefüllt, das abgeschnittene Stück wieder darüber gelegt und dann in weißes mit Butter bestrichenes Papier eingewickelt. Sodann wird eine passende Casserolle am Boden mit Speckscheiben belegt, darüber einige Tranchen Kalbfleisch, einige Carotten und Zwiebeln, ein Lorbeerblatt und ein wenig Thymian gethan; über dieses legt man die Gurken und übergießt sie mit fetter gesalzener Fleischbrühe. Sie werden nun eine halbe Stunde langsam über Kohlenfeuer gedünstet, sodann ausgehoben, rein entfettet, in eine Schüssel angerichtet und mit einer sehr kräftigen braunen Sauce espagnole heiß übergossen zu Tisch gegeben.

1520. Gurken auf spanische Art. Concombres à l'Espagnole.

Vier bis fünf schöne frische Gurken werden in der Mitte durch- und dann jede Hälfte wieder in vier gleiche Theile geschnitten; diese werden dann abgeschält, in gleiche ovale Stücke zugeschnitten, abblanchirt, abge-gossen und über ein Tuch zum Abtropfen gelegt. Sodann läßt man ein Quart gute Sauce espagnole (gute braune Sauce) aufkochen, gibt die Gurkenstücke dazu und läßt sie eine halbe Stunde langsam kochen, bis sie sich bei einem leichten Drucke des Fingers weich fühlen lassen. Sie werden sonach mit dem Schaumlöffel ausgehoben und in eine andere Casserolle gelegt; die Sauce wird dann noch etwas eingekocht, gehörig assaisonnirt, durch ein Haarsieb darüber geseiht und heiß in eine Schale angerichtet.

69. Abschnitt. 30. Abtheilung.

Von den Trüffeln. Des Truffes.

Die Trüffel ist für die höhere Küche unentbehrlich geworden; denn jedes Gericht, welches mit Trüffeln bereitet ist, wird st-ts mit dem besten Erfolge aufgenommen.

Der Ursprung der Trüffel ist unbekannt; man findet sie, aber man weiß nicht, woher sie kommen, noch wie sie wachsen. Die geschicktesten Leute haben sich damit beschäftigt; man glaubte ihre Samen zu kennen und versprach, sie nach Willkür zu säen. Allein es waren unnütze An=strengungen, der Aussaat folgte niemals eine Ernte, und das ist kein großes Unglück; denn könnte man sie wie die Kartoffeln anbauen, so würden sie wie alles in der Welt ihren Werth verlieren. Die Trüffeln waren im Jahre 1780 in Paris selten; man fand nur wenige im Hotel der Amerikaner und der Provence und ein Indian mit Trüffeln gefüllt war ein Luxusgegenstand, den man nur auf der Tafel der größten Herr=schaften fand.

Die besten französischen Trüffeln kommen aus Perigord und der Provence; die möglichste Vollkommenheit erreichen sie im Monat Januar. Die Trüffeln aus Burgund und der Dauphinée sind von geringer Qualität, es fehlt ihnen das feine Aroma. Man findet auch in Piemont weiße Trüffeln, die sehr geschätzt werden; sie haben einen leichten Geschmack nach Knoblauch, der aber ihrer Vollkommenheit beßwillen keinen Eintrag thut.

Die Trüffeln sind ein leicht kaubares Nahrungsmittel von geringem Gewicht, das an und für sich nichts Ledernes noch Hartes hat, aber sie sind nicht leicht verdaulich; jedoch mit Mäßigkeit genossen schaden sie durch=aus nicht.

1521. Trüffeln in Champagner=Wein gekocht. Truffes à la Serviette au vin de champagne.

Hierzu wählt man je nach der Personenzahl die schönsten Exemplare; sie sollen nämlich groß, schön rund, fest und schwarz sein. Diese werden rein abgewaschen, dann rein abgebürstet, die zwischen der Schale sich fest eingedrängte Erde wird mit einem spitzigen Messerchen sorgfältig heraus=genommen, so zwar, daß auch nicht das geringste Unreine daran bleibt. Sie werden sonach aus dem reinen Wasser zum Abtropfen auf ein Tuch gelegt und dann in eine mit Speckbarden ausgefütterte gut schließende Dunst=Casserolle eingelegt, wobei zu bemerken ist, daß die größeren unten liegen müssen. Dann wird ein Pfund magerer roher Schinken, ein Pfund Kalbfleisch und ein halb Pfund weißer Speck würfelig geschnitten und in eine Casserolle gethan; dazu gibt man ferner ein Stück frische Butter, eine in Scheiben geschnittene gelbe Rübe, eine Zwiebel, grüne Petersilie, etwas wenig Thymian, ein Lorbeerblatt, etwas Basilikum, ein wenig Knoblauch, zwei Gewürznelken und ein wenig geriebene Muskatnuß. Dieses wird zusammen leicht geröstet, dann gießt man zwei Bouteillen nicht moussiren= den Champagner=Wein dazu und läßt diese Marinade zwei Stunden langsam dünsten. Eine Stunde vor dem Anrichten wird dieselbe über die Trüffeln geseiht, gut ausgepreßt, dann diese gut verschlossen noch eine Stunde gekocht. Beim Anrichten werden sie im letzten Augenblicke herausgenommen, über eine schön gebrochene Serviette auf einer runden Schüssel angerichtet und sogleich zu Tisch gegeben.

NB. Statt des Champagners kann man auch Sauterne, vin de graves oder guten Burgunder= oder Bordeaux=Wein nehmen.

1522. Trüffeln à la Maréchal. Truffes sautés à la Maréchal.

Nachdem man das nöthige Quantum schöner frischer Trüffeln rein gebürstet und abgeschält hat, werden sie rund geschnitten und dann in messerrückendicke egale Scheiben getheilt. Dann läßt man in einer flachen gut verzinnten Casserolle ein viertel Pfund sehr frische Butter mit einem eigroßen Geflügels=Glace zergehen, gibt ein Gläschen Madeira wie auch die sehr fein gewiegte Parure von den Trüffeln dazu und läßt es zu= sammen ein wenig einbünsten. Dann schüttet man die Trüffeln dazu und sautirt dieselben zehn bis zwölf Minuten lang, bis sie sich schön glacirt haben. Kurz vor dem Anrichten werden noch vier Loth sehr frische Butter, ein wenig Zitronensaft und zwei Eßlöffel voll in Butter gelb geröstetes, feingeriebenes Brot darunter gethan, gut durchmelirt und erhaben in eine passende Assiette angerichtet.

1523. Trüffeln auf italienische Art. Truffes à l'Italienne.

Das nöthige Quantum Trüffeln, ungefähr zwei Pfund, werden rein gebürstet, gewaschen, dünn abgeschält und dann in Blättchen geschnitten. Acht Minuten vor dem Anrichten wird ein Kaffeelöffel voll fein geschnittener Schalotten im feinsten Provencer=Oel in einer Plät à sauté gelb geröstet, dann gibt man die Trüffeln dazu, salzt sie leicht und sautirt sie über hellem Feuer, wobei man sie immer umwenden muß. Wenn diese nun gar sind, gießt man ein Gläschen Madeira und eine kleine Obertasse voll dickgekochte gute Sauce espagnole darüber, würzt diese mit etwas wenig mit Salz verriebenem Knoblauch nebst etwas Pfeffer, läßt die Flüssigkeit bis zur Hälfte einkochen, gibt dann noch zwei Eßlöffel voll Sardellen= butter und einen Kaffeelöffel voll fein geschnittene, blanchirte Petersilie dazu, melirt diese leicht darunter, richtet sie heiß an und bekränzt sie mit kleinen in Butter gelb gebackenen Brotherzchen.

1524. Warme Trüffel=Pastete. Timbale de truffes à la Talleyrand.

Nachdem man zwei Pfund gute Perigord=Trüffeln sehr dünn abgeschält hat, werden sie wie welsche Nüsse zugeschnitten und zugedeckt bei Seite gestellt. Sonach schneidet man ein Pfund rohen Schinken in kleine Würfel; diese

werden mit Trüffel=Parure, etwas Thymian, Lorbeerblatt, grüner Petersilie
und einem Stück frischer Butter langsam geröstet, dann gießt man ein
Quart guten Fond und etwas Geflügel=Braise dazu und läßt es zusammen
eine Stunde dünsten. Während dieser Zeit wird eine passende Pasteten=
Form mit mürbem Teig ausgefüttert und ganz mit dünnen Speckbarden
ausgelegt. Die Braise wird nun durch ein Sieb über die Trüffeln geseiht,
gut ausgepreßt und zugedeckt fünfzehn Minuten gekocht. Dann wird die
Essenz von den Trüffeln abgeseiht, sehr rein entfettet, ein Glas Madeira
und ebenso viel gute Sauce financière dazu gethan, zusammen dick einge=
rührt, sonach über die Trüffeln gegossen und gut untermengt. Die so
bereiteten Trüffeln werden nun in die Pastete eingefüllt, dann mit einem
Teigdeckel gut geschlossen und drei viertel Stunden vor der Tafelstunde
langsam gebacken. Beim Anrichten wird die Pastete in eine passende
Schüssel gestürzt und, ohne sie aufzuschneiden, zu Tisch gegeben. Das
Aufschneiden selbst hat daher erst im Augenblicke des Servirens zu ge=
schehen, damit der feine aromatische Dunst, welcher sich überall verbreitet,
nicht zu schnell verfliegt, was dieser köstlichen Pastete sehr schaden würde.

**1525. Trüffeln auf piemontesische Art. Truffes blanc
à la Piemontaise.**

Zwei Pfund solche Trüffeln werden, nachdem sie rein gewaschen, ge=
bürstet und ebenso rein abgeschält sind, ganz fein in dünne Scheiben ge=
schnitten, dann wird eine Silber= oder Porzellan=Casserolle mit frischer
Butter ausgestrichen, in welcher man sonach einige Löffel voll dicke Sauce
espagnole, mit Sardellenbutter und einem Stück Glace gut verrührt, aus=
einanderstreicht; über diese werden nun Trüffeln gestreut, über diese wieder
Sauce, dann Trüffeln, und so werden diese in mehreren Schichten schön
eingerichtet. Oben darüber wird der Rest der Sauce gestrichen, welche
man ganz mit fein geriebenem Parmesankäs überstreut und das Ganze
zehn bis zwölf Minuten langsam bäckt und dann sogleich servirt.

---

70. Abschnitt.
Von den Salaten.　Des Salades.

Unter Salat versteht man alle Pflanzen, welche roh oder vorher ab=
gekocht, mit Essig, Oel, Pfeffer und Salz angemacht, kalt genossen werden.
Sie erscheinen als einfach zubereitete oder auch unter verschiedenen For=
men als aufgesetzte oder gestürzte Salate.

1526. Blumenkohl=Salat. Salade de choux-fleurs.

Von vier Rosen schönem Blumenkohl werden die äußern grünen
Blätter abgelöst, der Stiel zur Hälfte abgeschnitten, alle grünen Blättchen

zwischen den Blümchen herausgenommen und in gesalzenem, kochenden Wasser mit einem Stück frischer Butter so weich gekocht, daß die Blumen schön ganz bleiben. Wenn sie kalt geworden sind, legt man sie zum Abtropfen auf ein reines Tuch, richtet sie dann in Form einer Blume in eine Salatschale und gießt nachstehende Sauce darüber: Von sechs hartgesottenen Eiern wird das Gelbe durch ein feines Haarsieb passirt, mit feinem Provencer-Oel abgerührt, mit gutem weißen Essig angenehm gesäuert, gesalzen, zwei Eßlöffel voll blanchirte grüne Petersilie, ein Eßlöffel voll Pimpernelle und Estragon dazu gethan, damit der Blumenkohl übergossen und dem Braten beigegeben, servirt.

1527. Bohnen-Salat. Salade de haricots verts.

Einige Teller voll grüne zarte Bohnen werden unten und oben abgeschnitten, der Faden abgezogen, jede der Länge nach in zwei Theile getheilt, recht grün blanchirt, mit frischem Wasser abgekühlt und zum Abtropfen auf ein reines Tuch gelegt. Sie werden dann mit feinstem Oel, gutem Essig, Salz und etwas Pfeffer angemacht, mit etwas fein geschnittener Petersilie, Schalotten und Estragonblättchen, alles recht fein geschnitten und blanchirt, untermengt, gehäuft in einer Salatschale angerichtet und außen herum mit kleinen, abgekochten Blumenkohl-Rößchen garnirt.

1528. Spargel-Salat. Salade d'asperges.

Mehrere Hundert recht grüner Suppenspargel werden von den feinen Blättchen befreit, bann, so weit sie weich und grün sind, in halbzolllange Stückchen geschnitten, in gesalzenem kochenden Wasser recht grün und weich blanchirt, abgeseiht, mit kaltem Wasser abgekühlt und auf ein Tuch zum Abtropfen gelegt. Sie werden mit dem feinsten Oel, gutem Essig, etwas Pfeffer und Salz, nach dem Geschmack des Tischherrn, angemacht, mit fein geschnittener Petersilie, wenig Schalotten, Estragon und Pimpernelle, alles zusammen fein geschnitten und blanchirt, untermengt und gehäuft in einer Salabière angerichtet. Kleine Blumenkohlröschen können, mit Essig und Oel angemacht, nach Belieben unten herumgarnirt werden.

1529. Schwarzwurzel-Salat. Salade de salsifis.

Nicht zu dicke, gute Schwarzwurzeln werden wie zum Gemüse zubereitet, geputzt, in gesalzenem kochenden Wasser, mit etwas Essig untermengt, weich gekocht, abgeseiht und auf ein Tuch zum Entwässern gelegt; dann passirt man das Gelbe von sechs hartgekochten Eiern durch ein feines Haarsieb, gibt das nöthige Salz, einen halben Kaffeelöffel voll feinen Zucker und ebenso viel Pfeffer dazu und rührt dies mit dem nöthigen Oel, gutem Essig und einem Eßlöffel voll blanchirter, feingeschnittener Petersilie recht fein ab, daß daraus eine dickfließende Sauce entsteht. In diese werden die Wurzeln gethan, zusammen gut untermengt und gehäuft in einer Salabière angerichtet. Unten herum können ganz kleine, feste Röschen recht grün blanchirter Jets-choux, wie zum Salat angemacht, garnirt werden.

1530. Gurken=Salat. Salade de concombres.

Die Gurken werden als Salat sehr häufig und allgemein genossen. In ihrer Zubereitung als Salat aber werden sie gewöhnlich ganz verfehlt und der Gesundheit nachtheilig angemacht. Die Meisten salzen sie nämlich ein und lassen sie in diesem Zustande eine Stunde und noch länger stehen, drücken sie dann aus und haben sodann nichts mehr als lederartige, ganz von ihrem eigenthümlichen Geschmack beraubte Stückchen, die dann sehr schwer zu verdauen und dadurch, besonders bei häufigem Genuß, der Gesundheit des Menschen sehr nachtheilig werden. Die Gurken müssen beßhalb im letzten Augenblicke dünn abgeschält, feinblätterig geschnitten, mit gutem Oel, Essig, Salz und Pfeffer angemacht, gut untermengt und sogleich genossen werden.

1531. Kartoffel=Salat, bürgerlich. Salade de pommes de terre à la bourgeoise.

Gute, wenn möglich lange Kartoffeln werden rein gewaschen, mit Salz abgekocht, sogleich abgeschält, feinblätterig geschnitten und auf einen Suppenteller voll solcher, acht Eßlöffel voll Oel, ebenso viel starker Essig, Pfeffer und Salz wie auch etwas feingeschnittene Zwiebeln genommen, zusammen gut untermengt und gehäuft angerichtet.

1532. Grüner Salat. Salade verte.

Der erste Salat, den uns das Frühjahr bietet, ist der sogenannte Feldsalat, auch Nissel oder Schafmäulchen genannt, und der gesäete Salat; diese werden rein durchsucht, besonders sehr rein mehrmals gewaschen und im letzten Augenblicke vier Eßlöffel voll gutes Oel, zwei Eßlöffel voll starker guter Essig und das nöthige Salz auf einen Teller voll genommen, untermengt und sogleich zu Tisch gegeben. Bei allen grünen Salaten ist besonders darauf zu achten, daß man hierzu nur das beste Oel und nicht sparsam, die Hälfte soviel guten, starken Essig und wenig Salz nehme.

1533. Kopfsalat. Laitue pomée.

Von dem Kopfsalat werden die äußern grünen Blätter weggethan, die gelben Blätter in Stückchen von den Rippen gelöst und die Herzchen in vier Theile getheilt, jedes für sich rein gewaschen, in eine Serviette gethan, die vier Enden zusammengenommen und gut ausgeschleudert, damit das Wasser genau davon kömmt. Er wird dem vorhergehenden gleich angemacht, gehäuft in einer Salabière angerichtet und die Herzchen, ebenfalls gut angemacht, darüber gelegt. Sollte es der Geschmack des Tischherrn erlauben, so kann mit gutem Erfolge rein gewaschener, feingeschnittener Estragon und Pimpernelle untergemengt werden.

1534. Italienischer Salat. Salade à l'Italienne.

Derselbe wird auf folgende Weise bereitet: Für zwölf Personen werden genommen: Ein halbes Pfund Anguilotti, ein halbes Pfund Bricken, zwei Häringe, ein halbes Pfund Sardellen, vier Loth Pistazien, vier Loth Pignolen, vier Eßlöffel voll Kapern, ein kleines Glas gefüllte Oliven, vier Reinette=Aepfel, sechs Stück Kartoffeln, vier Stück hartgekochte Eier, zwei Stück gekochten Sellerie; sollte man gebratenes Geflügel vom Tage vorher haben, so kann das Brustfleisch davon mit dazu genommen werden. Dieses alles wird rein geputzt und klein würfelig geschnitten, mit Ausnahme der gefüllten Oliven. Sodann wird ein flacher Teller von weißem Blech, der genau in die zum Anrichten bestimmte flache Schüssel paßt, über gestoßenes Eis gestellt und zweimesserrückendick mit ganz weißem guter Fleischsulz (Aspic) begossen und diese stocken gelassen; über diese wird dann eine schöne Garnitur von Oliven, Krebsschwänzchen, den Gelben von Eiern, aufgerollten Sardellen, Kapern, etwas Pistazien 2c. eingelegt, leicht mit Fleischsulz begossen und wieder stocken gelassen. Alles Uebrige gibt man zusammen in eine Schale und macht es mit gutem feinen Provencer=Oel, gutem Essig, dem nöthigen Salz und Pfeffer angenehm gesäuert zu einem Salat an, welcher aber nicht brühig, sondern dicklich gehalten sein muß. Dieser wird nun in den Blechteller gefüllt, glatt gestrichen und, mit einem Papier bedeckt, stehen gelassen. Kurz vor dem Anrichten wird das Papier abgenommen, die Platte darüber gelegt und der Blechteller in dieselbe gestürzt. Dann taucht man ein Tuch in's heiße Wasser, legt dies eine Minute über den Blechteller, wodurch sich die Fleischsulz von demselben ablöst; er wird dann behutsam abgenommen und der Salat sonach servirt.

1535. Gemischter Salat. Salade à la Macédoine.

Man nimmt hierzu eine Obertasse voll recht grün blanchirte Pflückerbsen, ebenso viel blanchirte und spitzweckartig geschnittene grüne Bohnen, einen halben Teller voll feinblätterig geschnittene Kartoffeln, eine Obertasse voll weich gekochte, trockene, weiße Bohnen, zwölf Salatherzchen, sechs hartgekochte

43

Eier, zwei Häringe und eine Untertasse voll rothe Rübenblättchen. Alles hier Genannte wird in kleine Häufchen, jedes für sich, in eine Salatschale geordnet, dazwischen kommen die Häringsstückchen und die in vier Theile ge= schnittenen Eier. Kurz vor dem Anrichten werden acht Eßlöffel voll Oel mit sechs Eßlöffeln voll starkem Essig, etwas Salz und Pfeffer gut abgerührt, mit feingeschnittener Pimpernelle und Estragon, von jedem ein Eßlöffel voll, untermengt und mit einem Eßlöffel über den dressirten Salat gegossen.

1536. Gestürzter Kartoffel=Salat. Salade de pommes de terre en chartreuse.

Man siedet zwanzig große runde Kartoffeln ab, doch so, daß sie ganz bleiben, aber gehörig weich sind. Diese werden in zolllange Stückchen ge= schnitten und mit dem Colonne=Ausstecher in der Größe eines Kreuzerstücks ausgestochen. Von den übrig gebliebenen Kartoffeln wird ein Suppenteller voll würfelich geschnitten und beide Sorten zugedeckt bei Seite gestellt. So= dann wird eine runde oder ovale Stürzform in gestoßenes Eis gegraben und federkielbick mit klarer weißer Aspik begossen; wenn diese nun gestockt ist, werden die ausgestochenen Kartoffeln, jede in Aspik getaucht und in auf= rechtstehender Ordnung, eine an die andere eingestellt, bis eine Reihe ganz voll ist. Ueber diese werden federkielbick und ebenso dick wie die Kartoffeln ausgestochene rothe Rübenblättchen, ebenfalls in Aspik getaucht, eingestellt, dann kömmt wieder eine Reihe Kartoffeln und über diese ebenso geschnittene rothe Rüben. Wenn dies recht schön und egal vollendet ist, wird am Boden eine schöne Garnitur von dem Weißen hartgekochter Eier, in Scheiben geschnittenen Trüffeln, gekochter Ochsenzunge und Kapern eingelegt und diese wieder mit Aspik übergossen und stocken gelassen. Unterdessen bereitet man eine Sauce mayonnaise mit Aspik, unter welche die würfelich geschnittenen Kartoffeln nebst einem halben Pfunde rein gewaschene, aus den Gräten gelöste und würfelich geschnittene Sardellen kommen, mit diesem wird die Form messerrückenbick vom Rande angefüllt und ganz mit Aspik über= gossen. Beim Anrichten hält man die Form einen Augenblick in nicht zu heißes Wasser, trocknet sie schnell ab, stürzt sie in eine flache Kryſtall= oder flache Salatschale um, hebt sie langsam ab, hält über die Oberfläche ein glühendes Eisen, damit die Aspik leicht schmilzt und einen glatten Spiegel bekömmt und gibt den Salat zur Tafel.

1537. Schwarzwurzel=Salat mit Mayonnaise. Salade de salsifis à la mayonnaise.

Wird ganz dem vorhergehenden gleich zubereitet.

1538. Gestürzter Salat auf Gärtnerin=Art. Salade dressée à la jardinière.

Hierzu wird eine dreifingerhohe, glatte Borbureform genommen, in's Eis gegraben und wie der Kartoffel=Salat mit gelben und weißen Rübchen, welche ebenso geschnitten, weich gekocht und in Essig und Oel marinirt wurden, zierlich ausgelegt. Der Boden derselben wird mit Brüsselerkohl= Röschen, welche recht grün blanchirt sind, belegt und mit Aspik begossen. Sobann wird eine Mayonnaise bereitet, unter diese werden weich gekochte, weiße Bohnen oder Blumenkohl=Röschen gethan und damit angefüllt, dann Aspik darüber gegossen und stocken lassen. Unterdessen werden feine Pflück= erbsen, würfelich geschnittene grüne Bohnen und Spargelspitzen, von jedem ein Desserttellerchen voll, zusammen in gesalzenem, kochenden Wasser blanchirt, abgeseiht, mit Wasser abgekühlt und zum Abtropfen auf ein Tuch gelegt, welche dann in eine Porzellanschale gethan und mit sechs Eßlöffeln voll Estragon=Essig, sechs Eßlöffeln voll feinstem Provencer=Oel und dem nöthigen Salze leicht geschwungen werden. Die Borbure wird sodann in's warme Wasser getaucht, abgetrocknet, in eine flache Kryſtall=Schale gestürzt und der Salat erhaben in der Mitte der Borbure angerichtet.

1539. Gestürzter Salat von weißen trockenen Bohnen. Salade d'haricots blancs à la mayonnaise.

Zwei Pfund gute weiße Bohnen werden gekocht und in ihrem Sude erkalten lassen, dann auf ein Sieb abgeschüttet. Eine runde Stürzform

wird in's Eis gegraben, mit Aspik federkielbick begossen und stocken gelassen. Wenn dies erreicht ist, wird eine Bohne um die andere an eine Spicknadel gesteckt, in dickfließende, halbgestockte Aspik getaucht und an der Seite des Models in der Art eingelegt, daß eine Bohne über der andern zur Hälfte zu liegen kommt; über diese kommt eine zweite Reihe in entgegenlaufender Richtung über die erstere zu liegen und so muß fortgefahren werden, bis die Form ganz voll und gleichmäßig ausgelegt ist. Sodann wird eine Mayonnaise-Sauce mit Aspik bereitet, die nöthigen Bohnen untergemengt, etwas blanchirte Petersilie dazu gethan und die Form zweifingerhoch vom Rande angefüllt. Darüber wird Aspik gegossen, welche man auch an die Seite einlaufen läßt. Wenn der Salat recht kalt geworden, wird er in eine flache Salatschale gestürzt, darüber ein glühendes Eisen gehalten und sogleich zur Tafel gegeben.

1540. Artischockenböden als Salat. Fonds d'artichauts en salade.

Zwölf bis fünfzehn schöne gleichgroße Artischockenböden werden sehr rein und in gleicher Größe zugeschnitten, dann mit Zitronensaft, einem

Stück Butter, Salz und Wasser gehörig weich gedünstet und sodann kalt gestellt. Unterdessen gießt man die Vertiefung einer flachen Schale mit Aspik aus und stellt sie zum Stocken auf's Eis. Die Artischockenböden werden aus dem Sude genommen, rein abgewischt und eine halbe Stunde in Essig und Oel gelegt (marinirt). Ferner wird ein schönes Stück Blumen=kohl abgekocht und in kleine Rößchen getheilt; ebenso werden Pflückerbsen, ungefähr eine Maß, blanchirt, mit Wasser abgekühlt und zum Salat an=gemacht. Die Artischocken werden dann mit den Pflückerbsen erhaben gefüllt, in der Salatschale über der Aspik aufgerichtet und unten herum mit den Blumenkohl=Rößchen garnirt und nachdem man noch etwas Essig und Oel über das Ganze geträufelt hat, wird dieser Salat zu Tisch gegeben.

1541. Warmer Kraut=Salat. Salade de choux blancs chaude.

Die schönen Blätter von zwei Weißkrautköpfen werden aus den Rippen gelöst, sodann fein nudelartig geschnitten und in's kalte Wasser gelegt. Hierauf wird ein halbes Pfund weißer Speck feinwürfelich geschnitten und mit zwei Eßlöffeln voll feingeschnittenen Zwiebeln über dem Feuer gelb geröstet, dann wird ein Quart guter Essig dazu gegossen, das Kraut aus dem Wasser genommen, ausgedrückt, dazu gethan, gehörig gesalzen, zugedeckt und über dem hellbrennenden Windofen schnell eingedünstet, was nur eine viertel Stunde dauern darf. Er wird warm in einer Salatschale ange=richtet und gewöhnlich einer gebratenen Gans beigegeben.

1542. Chikorien= und Endivien=Salat. Salade de chicorée.

Diese Salate kommen häufig vor und werden gerne gespeist, letzterer besonders mit Kartoffeln melirt. Sie werden feinblätterig geschnitten, mit gutem Oele, der Hälfte soviel starkem Essig und Salz angemacht. Auch gibt es Viele, die an diesen Salaten den Knoblauch=Geruch lieben; man zerdrückt in diesem Falle ein kleines Stückchen Knoblauch, zerreibt es mit Salz und verrührt es so mit dem Oel und Essig.

---

71. Abschnitt.

Von den Eierspeisen. Des Oeufs.

1543. Gefüllte Eier. Oeufs farcis.

Achtzehn Stück Eier werden hart gekocht, in kaltem Wasser abgekühlt, geschält, jedes in der Mitte der Länge nach durchschnitten, das Gelbe heraus=genommen, in einen Teller gethan und das Weiße in's kalte Wasser gelegt. Sodann werden zwei Mundbrote abgerieben, diese in kalter Milch einge=weicht, fest ausgedrückt, zu den Oelbeiern gethan und dann mit ebenso viel frischer Butter, als die Eier betragen, nebst dem nöthigen Salz, etwas wenig Pfeffer und Muskatnuß fein gestoßen; hierauf werden noch zwei ganze und das Gelbe von drei rohen Eiern dazu gerieben und durch ein feines Haarsieb gestrichen. Die Weißeier werden auf ein Tuch gelegt, hoch mit der Masse gefüllt, diese glatt gestrichen, jedes mit Butter bestrichen und mit fein gestoßener Brotrinde bestreut. Der Rest der Fülle wird mit etwas saurem Rahm verrührt, in eine flache Porzellanschale gegossen, die gefüllten Eier darüber eingesetzt, die Schale über Salz auf ein Tortenblech gestellt und im mittelheißen Ofen langsam gebacken.

1544. Gefüllte Eier mit kalter Senf-Sauce. Oeufs farcis à la rémolade froide.

Zwölf Eier werden hart gesotten, geschält, in der Mitte durchge-schnitten, das Gelbe herausgenommen, auf einen Teller gethan und das Weiße gewaschen auf ein Tuch gelegt. Ein viertel Pfund Sardellen wird gereinigt, die Filets abgezogen, diese von den feinen Gräten befreit, klein-würfelich geschnitten, mit ebenso viel feinen Kapern und würfelich geschnit-tenem, geräucherten Rheinsalm in einen Teller gethan. Die Eidotter werden durch ein feines Haarsieb gestrichen, mit vier Eßlöffeln voll Senf, ebenso viel feinem Provencer-Oel, einem Eßlöffel voll fein geschnittener, blanchirter Petersilie, etwas Estragon, Pimpernelle und dem nöthigen Salz gut ver-rührt und mit etwas Zitronensaft angenehm gesäuert. Von dieser Sauce kommen einige Eßlöffel voll unter die Sardellen, mit welchen dann die Eier schön gefüllt werden. Der Rest der Sauce wird in eine flache Schale gethan, glatt gestrichen, die Eier darüber geordnet, dazwischen mit fein gehacktem Aspik (Fleischsulz) garnirt und zur Tafel gegeben.

1545. Eier mit Krebs und geräuchertem Lachs. Oeufs à la gourmand.

Zwölf Eier werden hart gesotten, abgeschält und ganz in's kalte Wasser gelegt. Ferner wird von einem viertel Pfund Krebsbutter, zwei Eßlöffeln voll Mehl und ein und einer halben Maß süßem Rahm eine Krebs-Bechamel dickfließend gekocht, welche gehörig gesalzen, durch ein Haartuch in eine Casserolle gepreßt und au bain-marie warm gestellt wird. Eine halbe Stunde vor dem Anrichten werden die Eier auf ein Tuch gelegt, eine flache Porzellanschale oder silberne Casserolle mit Krebsbutter ausgestrichen, etwas Krebs-Sauce eingegossen, darüber runde messerrückendick geschnittene Scheibchen Eier gelegt, über diese ebenso geschnittene Stückchen von ge-räuchertem Rheinsalm, dann wieder Sauce, Eier und Lachsstücke; zuletzt Sauce, welche über das Ganze glatt gestrichen und mit fünfzig Krebs-schweifchen zierlich überlegt wird. Die Schale wird auf einen Plafond ge-stellt, zugedeckt und in einem mäßig heißen Ofen durch und durch erwärmt, jedoch muß darauf aufmerksam gemacht werden, daß diese Speise ja nicht kocht. Aus dem Ofen wird sie sogleich zu Tisch gegeben.

1546. Geperlte Eier. Oeufs perlés.

Diese werden den vorhergehenden in der Art gleich zubereitet, daß sie, statt mit einer Krebs-, mit einer guten süßen Rahm-Bechamel eingerichtet und oben mit derselben überstrichen werden. Man nimmt sodann acht hartgekochte Eidotter, zerdrückt diese mit etwas Salz, Muskatnuß und einem Stückchen Butter, gibt dieses auf ein grobes Drahtsieb, stellt die Schale unter dasselbe und streicht die Eidotter durch, daß sie perlenartig und gleich dick darüber fallen. Sie werden in den Ofen gestellt, langsam wieder erwärmt und, wenn die Eier eine lichtbraune Farbe haben, zu Tisch gegeben.

1547. Eier mit Rahm. Oeufs à la crème.

Zwölf bis fünfzehn Stück ganz frische Eier werden in kochendes Wasser, in welches man etwas Essig und Salz gethan hat, geschlagen, nach einer Minute aber, wenn sich das Ei zusammengezogen hat, der Dotter aber in demselben sich noch weich anfühlen läßt, ausgehoben und in's kalte Wasser gelegt. Sodann läßt man ein viertel Pfund sehr frische Butter heiß werden, rührt drei Eßlöffel voll Mehl dazu, röstet dies eine Minute ganz weiß, gießt sodann ein und eine halbe Maß guten süßen Rahm nach und nach dazu und rührt dieses auf dem Feuer mit einer Messerspitze Salz und vier Loth Zucker zu einer dickfließenden Rahm-Sauce ein, welche sodann durch ein Haartuch in eine Bain-marie-Casserolle gepreßt und warm gestellt wird. Kurz vor dem Anrichten wird die Hälfte der kochendheißen Sauce in eine flache Porzellanschale gegossen, die Eier ausgehoben, rein zugeschnitten, eingelegt, über jedes mit einem Eßlöffel noch etwas Sauce gegossen, dann fein gestoßene Mundbrotrinde darüber gesäet, noch eine Minute in einen heißen Backofen gestellt und sodann gleich zu Tisch gegeben.

1548. Verlorene Eier mit Jüs. Oeufs pochés au jus.

Es werden die nöthigen ganz frischen Eier in kochendes, mit Salz und Essig gesäuertes Wasser geschlagen, weich pochirt, mit dem Schaumlöffel in's kalte Wasser gelegt, einzeln mit der Hand ausgehoben, in derselben rein zugeschnitten und wieder in ein anderes kaltes Wasser gelegt. Kurz vor dem Anrichten werden sie langsam erwärmt, dann eines neben dem andern in eine flache Schale gelegt, über jedes etwas Pfeffer und Salz gestreut, in die Mitte etwas recht kräftige klare Jüs gegossen und sogleich zu Tisch gegeben.

1549. Verlorene Eier mit Sauerampfer-Püree. Oeufs pochés à la purée d'osseille.

Man bereitet ein gutes Sauerampfer-Püree (siehe Abschnitt von dem Püree), welches heiß in eine flache Schüssel angerichtet, mit den vorhergehend pochirten Eiern bekränzt, diese mit Geflügels-Glace glacirt, zwischen jedes ein in Butter geröstetes Brotherzchen gelegt und so zur Tafel gegeben wird.

1550. Eingerührte Eier. Oeufs brouillés.

Zwölf bis vierzehn Stück ganz frische Eier werden mit einer halben Obertasse voll süßem Doppel-Rahm, dem nöthigen Salz, einer Messerspitze weißen Pfeffer und etwas geriebener Muskatnuß gut abgeschlagen, dann ein halbes Pfund klein gebröckelte, sehr frische Butter dazu gethan und auf dem Feuer so lange gerührt, bis die Eier zusammengegangen sind und daraus sich eine crèmeartige, leichte, lockere Masse gebildet hat, welche man in eine Schale sogleich anrichtet und zu Tisch gibt. Nach Belieben können gebackene Semmelschnitten herum gelegt werden. Alle gerührten Eier dürfen erst einige Minuten vor dem Gebrauch abgerührt und müssen gleich gespeist werden.

1551. Eingerührte Eier mit Schinken. Oeufs brouillés au jambon.

Ein halbes Pfund magerer, gekochter Schinken wird ganz klein würfelich geschnitten, mit den vorhergehend beschriebenen Eiern abgerührt, angerichtet und etwas Demi-Glace darüber gegossen.

1552. Eingerührte Eier mit geräuchertem Rheinlachs. Oeufs brouillés au saumon du Rhin fumé.

Statt des Schinkens wird ein halbes Pfund klein würfelich geschnittener Rheinsalm unter die gut abgeschlagenen Eier gethan und mit diesen abgerührt.

1553. Eingerührte Eier mit Trüffeln. Oeufs brouillés aux truffes.

Ein halbes Pfund in Madeira-Wein abgekochte, geschälte Trüffeln werden kleinwürfelich oder en filets geschnitten, den abgeschlagenen Eiern beigegeben und mit diesen den vorhergehenden gleich beendet. Darüber kömmt etwas Demi-Glace mit der Trüffel-Essenz. Viele Köche lassen die Trüffeln ganz fein zu Hachis schneiden und geben sie so unter die Eier; allein diese bekommen dadurch ein nicht empfehlendes Ansehen, ja ich möchte sagen, sie sehen sogar unappetitlich aus.

1554. Eingerührte Eier mit Spargelspitzen. Oeufs brouillés aux pointes d'asperges.

Die Eier werden den vorhergehenden gleich zubereitet, nur daß statt der Trüffeln drei Obertassen voll recht grün blanchirte Spargelspitzen kommen.

1555. Eingerührte Eier mit Sardellen. Oeufs brouillés aux anchois.

Statt der Spargelspitzen werden hier ein halbes Pfund rein gewaschene, entgrätete und in kleine Filets geschnittene Sardellen beigegeben; dabei ist besonders auf das Salzen der Eier zu achten.

1556. Eingerührte Eier auf Schweizer Art. Oeufs brouillés à la Suisse.

Die Eier werden mit einem viertel Pfund in kleine Würfel geschnittenen, guten Emmenthalerkäse abgerührt, angerichtet und darüber etwas fein geriebener Parmesankäse gestreut.

1557. Omelette. Omelette.

Es werden zehn bis zwölf Eier mit dem nöthigen Salz, etwas weißem Pfeffer, Muskatnuß, nebst einem halben Eßlöffel voll fein geschnittener Petersilie und vier Eßlöffeln voll süßem Rahm gut abgesprudelt. Kurz vor dem Gebrauche läßt man ein viertel Pfund geklärte, frische Butter in einer Omelette=Pfanne bis zum Rauchen heiß werden, gießt die Eier dazu, rüttelt die Omelette leicht über dem Feuer, bringt die zuerst festwerdenden oder stockenden Eier mit der Messerklinge unter die andern, gießt, wenn nichts Flüssiges mehr vorhanden ist, noch etwas klare Butter unter die Omelette und läßt sie schöne Farbe nehmen; hierauf stürzt man eine flache Schüssel über die Omelette, wendet die Pfanne schnell um, biegt den Rand der Omelette mit dem Messer etwas ein und gießt etwas wenig Jüs darüber. Die Omelette muß in der Art gebacken sein, daß die Oberfläche eine schöne lichtbraune Farbe hat, das Innere derselben aber muß weich und crêmeartig sein.

1558. Omelette mit Kalbsnieren. Omelette aux rognons de veau.

Vier aus ihrem Fett gelöste frische Kalbsnieren werden rein gewaschen, in feine Scheibchen geschnitten, mit einem Stückchen Butter und etwas Fines herbes geröstet, gesalzen, leicht mit Mehl bestäubt, mit etwas Madeira=Wein und aufgelöster Glace begossen, einmal aufgekocht und in eine kleine Casserolle eingeleert. Die Omelette wird den vorhergehenden gleich gebacken, angerichtet, außenherum mit den Nierchen bekränzt und in der Mitte schön glacirt.

Ferner erscheinen die Omeletten noch als:

1559. Omelette mit Trüffeln. Omelette aux truffes.

1560. Omelette mit Schinken. Omelette au jambon.

1561. Omelette mit geräuchertem Lachs. Omelette au saumon fumé.

1562. Omelette mit Spargeln. Omelette aux pointes d'asperges.

1563. Omelette mit Sauerampfer. Omelette à la purée d'osseille.

1564. Omelette mit Spinat. Omelette aux épinards.

1565. Omelette mit feinen Kräutern. Omelette aux fines herbes.

Bei allen·diesen wird die Omelette schön gebacken, die fein emincirten gekochten Trüffeln, der fein geschnittene Schinken, der würfelich geschnittene Lachs, die abgekochten Spargelspitzen, das Sauerampfer=Püree, der Spinat, wie auch die Fines herbes in die Mitte gethan, die Omelette außen herum übergebogen, in eine flache Schale gestürzt und mit einigen Eßlöffeln voll Demi=Glace übergossen zur Tafel gegeben.

1566. Eier in Bechamel. Oeufs à la tripe.

Zehn bis zwölf Eier werden hart gekocht, geschält, jedes in vier Theile der Länge nach durchgeschnitten, in eine Casserolle gethan, mit Salz und etwas Pfeffer gewürzt, mit fein geschnittener blanchirter Peterfilie bestreut, mit der nöthigen heißen Bechamel-Sauce übergossen, ein Eßlöffel voll Senf dazu gethan, gut durcheinander geschwungen, erhaben in eine flache Schale angerichtet und bis zum Gebrauch au bain-marie warm gestellt. Ehe man sie zur Tafel gibt, werden sie mit einem bis zwei Eßlöffeln voll guter Essenz begossen und mit in klarer Butter gelb gerösteten Brotherzchen umlegt.

1567. Eier in der Pfanne. Oeufs à l'oeil de boeuf.

Man läßt in einer Omelette-Pfanne sechs Loth frische Butter heiß werden, schlägt zwölf ganz frische Eier eins neben dem andern ein, bestäubt diese mit feinem Salz und weißem Pfeffer und setzt die Pfanne auf Kohlenfeuer, bis die Eier halb angezogen haben, sodann wird eine glühende Kohlenschaufel darüber gehalten, damit sie auch von oben anziehen. Sie werden sodann auf eine Schüssel abgerutscht, mit Zitronensaft bespritzt und sogleich zu Tisch gegeben. Zu diesen Eiern hat man in jeder besseren Küche eine Pfanne von Kupfer, in welche Vertiefungen in der Größe eines Eies eingeschlagen sind; diese werden mit Butter ausgestrichen, mit Salz bestäubt und das Ei eingeschlagen; darüber streut man wieder etwas feines Salz und Pfeffer und setzt die Pfanne, welche vier Füßchen hat, so lange über ein Beet glühender Kohlen, bis die Eier von unten gar sind, dann hält man eine glühende Schaufel darüber und läßt sie auch von oben anziehen. Sie werden mit einem blechernen Eßlöffel herausgenommen, in eine flache Schüssel im Kranze angerichtet und in die Mitte etwas gute Jus gegossen.

1568. Eier mit schwarzer Butter. Oeufs au beurre noir.

Man läßt ungefähr sechs Loth frische Butter in einer Pfanne bis zum Rauchen und bis sie ihren Schaum verliert, schwarz brennen, sodann schlägt man die nöthigen Eier ein, bestäubt sie mit feinem Salz und weißem Pfeffer und hält sie so lange über Kohlenfeuer, bis sie halb gar sind; man läßt sie dann aus der Pfanne in eine flache Schüssel überglitschen, macht wieder ein Stück frische Butter bis zu derselben Hitze heiß, gießt ungefähr zwei Eßlöffel voll starken Essig dazu, läßt es aufkochen und schüttet es über die Eier; man stellt sie noch eine Minute in den Bratofen, damit sie auch von oben anziehen und gibt sie dann zu Tisch.

1569. Eier im Becher. Oeufs à la maréchal.

Zwölf Crême-Becher werden mit Sardellenbutter ausgestrichen, in jeden ein ganzes und das Gelbe von einem Ei geschlagen, mit feinem Salz und weißem Pfeffer bestreut und au bain-marie in der Art gar gemacht, daß die Dotter ganz weich bleiben.

1570. Weichgekochte Eier. Oeufs à la coque.

Die nöthigen ganz frischen Eier werden in der Hand mit Salz und Wasser gewaschen und dann in's kalte Wasser gelegt. Drei Minuten vor dem Gebrauch legt man sie mit einem Löffel langsam in's kochende Wasser und stellt sie zugedeckt zur Seite; sie werden dann ausgehoben, in eine zierlich zusammengelegte Serviette gethan und nebst fingerlang und ebenso dick geschnittenem, auf dem Rost geröstetem Mundbrote zu Tisch gegeben.

1571. Halbweiche Eier. Oeufs mollets.

Die zu einer Speise als Garnitur bestimmten frischen Eier werden vier Minuten lang in's kochende Wasser langsam eingelegt, zugedeckt, an die Seite des Feuers gestellt und in's kalte Wasser gelegt. Nach einer halben Stunde werden in der Hand, mit dem Messerhefte, die Schalen zerschlagen, abgeschält, wieder in's kalte Wasser gelegt und vor dem An= richten langsam erwärmt. Diese Eier müssen unbeschädigt und rein ab= geschält und die Dotter beinahe noch weich sein.

1572. Eier mit Crême. Oeufs à la crême.

Zwölf bis fünfzehn ganz frische Eier werden weich pochirt und in's kalte Wasser gelegt. Sodann werden vier Loth feines Mehl in eine Casserolle gethan und mit kaltem Rahm ganz fein abgerührt, zehn Gelbeier dazu ge= schlagen und wieder gut verrührt. Ferner setzt man eine halbe Maß guten süßen Rahm auf's Feuer; wenn derselbe kocht, gibt man ein Loth Zucker, etwas Salz und vier Loth frische Butter dazu, gießt den Rahm nach und nach zu dem Mehl und rührt es auf Kohlenfeuer langsam, bis es auflochen will, ab; sodann wird die Masse in eine andere Schüssel umgeleert, eine viertel Stunde lang gerührt und mit dem Schnee von sieben Eiern untermengt. Eine Compoteschale wird auf ein Tortenblech über Salz gestellt, die Hälfte der Masse hineingethan und in einem abgekühlten Ofen langsam gebacken; sodann werden die Eier gut abgetropft, eins neben dem andern darüber gelegt, über jedes etwas Salz gestreut und mit einem Löffel über jedes Ei von der Masse gethan, so daß die Eier genau überdeckt sind. Sie werden dann wieder in den Backofen gestellt und schnell, damit sie nicht hart werden, in schöner Farbe gebacken und aus dem Ofen sogleich zu Tisch gegeben. Es muß bemerkt werden, daß das Backen schnell vor sich gehen muß, so daß das Ganze in einer viertel Stunde beendigt ist.

1573. Croquetten von Eiern. Oeufs en croquettes.

Zwölf Eier werden hart gekocht, abgeschält, auf ein Tuch gelegt, jedes der Länge nach in vier Theile und diese feinblätterig geschnitten. Sie werden dann in eine Schüssel gethan, mit einem Quart guter heißer, dick eingekochter Bechamel= Sauce nebst dem nöthigen Salz, einem halben Eßlöffel voll feiner blanchirter, grüner Petersilie und etwas Pfeffer untermengt und dann kalt gestellt. Wenn sie nun ganz kalt und fest geworden sind, werden hievon Croquetten geformt, diese in geriebenem Brot umgekehrt, dann in abgeschlagene Eier getaucht und nochmals mit Brot besäet. Kurz vor dem Anrichten werden sie aus dem Schmalz goldgelb gebacken, über eine zusammengelegte Serviette auf eine Schüssel erhaben angerichtet und darüber recht grün gebackene Petersilie gethan.

1574. Gebackene Eier. Oeufs frits.

Das Ei wird in einem Löffel aufgeschlagen, etwas Salz und Mehl darüber gestreut und im Schmalz mit einem Schaumlöffel zusammen ge=zogen, daß der Dotter in der Mitte bleibt und die Eier eine schöne licht=braune Farbe nehmen. Wenn man nun die nöthige Zahl solcher Eier eins nach dem andern gebacken hat, werden sie nochmals leicht gesalzen, angerichtet und etwas gute Jüs darunter gegossen.

---

72. Abschnitt.
Von den Aufsätzen von Fett. Des Socles.

Unter Aufsätze von Fett versteht man solche, welche niemals für sich allein erscheinen, sondern nur als Untersätze dienen, um gestürzte, große Aspiks, kalte Schinken, Wildschweinsköpfe, Fleischpains, ganze, kalte Fische u. dgl. m. zu tragen und diesen noch größeres Ansehen und Eleganz zu geben. Sie erfordern deßhalb in ihrer Zubereitung längere Uebung und Kenntniß und sollen daher mit dem größten Fleiße, in schöner Zeichnung und besonders in ihrer Ausstattung (Verzierung) im feinsten Geschmacke ausgeführt sein. Die Sockel älterer Manier werden in ihrer Form denen von Stein ähnlich aus=geführt; die neuerer Art sind jedoch bei weitem zierlicher, indem sie in Vasen=Form, in Schalen durch Amors getragen und zwar mit großer Eleganz, ganz dem Alabaster ähnlich, dargestellt werden. Die Anwendung solcher Aufsätze findet jedoch nur bei besonderen Gelegenheiten statt, wie z. B. bei Bällen, wo Buffets üblich sind und bei großen Diners; bei letzteren aber werden sie in kleinerer Form gehalten, da sie die kalten Entrées tragen und mit diesen zugleich präsentirt werden können. Die Bereitungsart derselben ist folgende: Sechs Pfund Schaf= und ebenso viel Schweinefett werden von der Hand fein geschnitten, rein gewaschen und in ein passendes, mit dickem Boden ver=sehenes Geschirr gethan, mit vier Maß Wasser übergossen, halb zugedeckt auf's Feuer gestellt und bei öfterem Umrühren langsam gekocht. Wenn das Wasser ganz verdampft und das Fett ganz weiß ausgelassen ist, wird es durch eine reine Serviette oder Haartuch in eine irdene, starke Schüssel geseiht und an einen kalten, staublosen Ort gestellt. Ist das Fett gänzlich ausgekühlt und fängt zu stocken an, so wird es mit einer großen Holzspachtel wie zu einer Pomade schneeweiß und schaumig gerührt, wo nach und nach der Saft von drei Zitronen dazu kömmt. Unterdessen wird auf ein rundes oder ovales ganz nach der Schüsselgröße geschnittenes Brettchen, aus einem schwarzen Brotleib ein Skelet geschnitten, welches über das Brettchen gesetzt und mit Fett befestigt wird. Um dieses Skelet wird das Fett zwei= bis dreifingerdick glatt herum und fingerdick darüber gestrichen und so bis zum gänzlichen Stocken an einen kalten Ort gestellt. Wenn das Fett ganz fest geworden ist, so wird mit einem aus starkem Kupferblech oder auch aus hartem Holz geschnittenen Sockelprofil, welches man in's heiße Wasser taucht, in gleichen und sichern Zügen herum gefahren, bis das Profil sich nach und nach ganz in das Fett eindrückt und der Sockel in schönster, reiner Form erscheint; dies Verfahren erfordert jedoch längere Uebung und Ge= schicklichkeit. Der Sockel wird dann an seinen vorstehenden Contouren ge= schmackvoll mit gefärbtem Fett, den Torten ähnlich, mit Arabesken, Rosetten wie auch bordureartig in reiner Zeichnung bespritzt oder auch mit Pastillage, der in Holz geschnittene Models gedrückt wird oder auch mit lebenden oder gemachten Blümchen garnirt. Wenn derselbe auf irgend eine hier benannte Art geschmackvoll garnirt ist, wird das Brettchen über eine Casserolle, mit kochendem Wasser gefüllt, einige Minuten, damit sich der Sockel ablöst, gestellt, dann abgehoben, der Sockel auf die bestimmte Schüssel gestellt, oben mit ganz feinem, weißen Papier belegt und bis zum Gebrauche an einen kalten, trockenen Ort, zugedeckt, gestellt.

73. Abschnitt.
Von den Schüssel-Einfassungen und Borduren. Des Bordures de plâts.

Der größte Theil der feinen Ragouts wird in der Regel in etwas tiefe Schüsseln angerichtet, deßhalb erfordern die Schüsseln am innern Rand, damit die Sauce nicht über den Rand läuft, eine Einfassung, welche man Bordure nennt.

Diese müssen, damit sie auch das Auge befriedigen, zierlich und in schöner Zeichnung erscheinen und erfordern Mühe und Zeit.

Für warme Speisen werden sie sowohl von gebackenen Brotschnitten, sowie auch aus Nudelteig oder Tragantteig aufgesetzt.

Seit neuerer Zeit hat man derartige Borduren in großen Häusern von Silber, welche genau auf die Entrée=Schüssel passen und die man ab= nehmen und reinigen kann, eingeführt, welche noch die guten Eigenschaften haben, daß sie viel geschmackvoller und eleganter aussehen und viel Zeit und Mühe ersparen.

Für die kalten Speisen, z. B. für Mayonnaisen von Geflügel und Fischen, hat man Borduren von hartgesottenen Eiern, abwechselnd mit Salatherzchen aufgesetzt und mit Sardellen, Kapern und Hummarbeiern garnirt. Für kalte Fricassés, chaud-froids, werden gewöhnlich die elegan= testen Borduren aus der krystallreinen Fleischsulz (Aspik) gewählt.

Die Einfassungen von gefärbter kalter Butter bei kalten Speisen sind nicht zu empfehlen, weil sie nicht genossen werden, mehr für das Auge sind und dabei den Nachtheil haben, daß sie beim Herausnehmen geniren.

74. Abschnitt.

Von den Mehlspeisen im Allgemeinen. De la Farinage en général. Mets de farine.

Die größte Anzahl der Mehlspeisen zerfällt ihrer Bereitung nach in sechserlei Methoden, nämlich:

1) aus den verschiedensten Aufläufen, im Ofen gebacken;
2) aus Pfannenmehlspeisen;
3) aus Mehlspeisen, die aus dem Schmalz gebacken werden;
4) aus den Dunstspeisen;
5) aus den Puddings in der Serviette, in Wasser gekocht;
6) aus den verschiedensten Milchspeisen.

Ich habe es mir daher zur Aufgabe gemacht, um jede Unordnung und Weitläufigkeit zu vermeiden und das Ganze anschaulicher zu geben, diese in systematischer Ordnung zu beschreiben und jede Gattung derselben in Abtheilungen folgen zu lassen.

Ebenso finde ich mich veranlaßt, besonders bemerken zu müssen, daß zur Bereitung oben gesagter Mehlspeisen nur Materialien erster Qualität, also: das feinste, beste Mehl; sehr frische Butter; zu den gebackenen frisch ausgelassenes Schmalz von guter Butter; gute Milch und Rahm; gute Eier und gute Hefe die ersten Bedingungen sind, wodurch man im Stande ist, etwas Vollkommenes zu Tische zu geben und selbst die einfachste Mehlspeise zu einer guten Schüssel zuzubereiten. Ferner ist es nöthig, daß bei allen Aufläufen die Ofenhitze, bei denen aus Schmalz gebackenen die Schmalzhitze genau geregelt, das Maß und Gewicht gehörig eingehalten, überhaupt jede derartige Speise mit Fleiß und Sachkenntniß zubereitet werden muß.

---

74. Abschnitt. I. Abtheilung.

Von den Aufläufen. Des Soufflés.

Die Aufläufe gehören, und zwar mit Recht, zu den feinsten Mehlspeisen. Es ist aber nicht so leicht, dieselben gehörig zuzubereiten und in ihrer ganzen Schönheit zu Tisch zu bringen. Aus diesem Grunde finde ich mich veranlaßt, einiges anzudeuten, welches für deren vollständiges Gelingen von wesentlichem Einflusse ist.

Die erste Bedingung ist die richtige Bereitung und hauptsächlich ein sehr fest geschlagener, nicht geronnener Eier-Schnee, der mit vieler Vorsicht unter die Masse nur leicht gezogen werden darf.

Zweitens nicht zu tiefe, sondern mehr flache Schalen, damit die Ofenhitze gleichmäßig einwirken kann.

Drittens die genau geregelte Ofenhitze und Kenntniß des Ofens selbst.

Viertens nicht zu weite Entfernung der Küche vom Speisesaal.

Fünftens die genau berechnete Zeit, bis wann der Auflauf servirt werden soll, denn derselbe muß aus dem Ofen sogleich zu Tisch kommen, weßhalb fünf Minuten mehr oder weniger hinreichend sind, denselben zu verderben und all seiner Schönheit zu berauben.

Alle nachfolgenden Auflaufe können sowohl in Schalen als in Teig= krusten, sowie auch in kleinen Papierküstchen gebacken werden.

1575. Auflauf von Reismehl. Soufflé de fécule de riz.

Für zwölf Personen werden acht Eßlöffel voll Reismehl mit einem viertel Pfund gestoßenem Zucker untermengt, mit einer Maß süßem Rahm fein abgerührt und über Kohlenfeuer bei beständigem Rühren zu einem dicken Mus angekocht, welches sodann in eine irdene Schüssel gethan, mit einem Eßlöffel voll abgeriebenem Zitronenzucker, dem Gelben von vierzehn Eiern und vier Loth frischer Butter genau untermengt und eine halbe Stunde schaumig gerührt wird. Drei viertel Stunden vor dem Anrichten wird das Weiße von zehn Eiern zu einem festen Schnee geschlagen, lang= sam unter die Masse gezogen, diese dann in eine Silber= oder Porzellan= Schale gethan, oben glatt gestrichen, mit feinem Zucker bestäubt, die Schale über ein Tortenblech auf Salz gestellt und in einem mäßig heißen Ofen langsam, bis der Auflauf dreifingerdick über den Rand der Schale gestiegen und dabei von schöner lichtbrauner Farbe ist, gut ausgebacken. Sodann wird derselbe über eine gebrochene Serviette auf eine Schüssel gestellt und sogleich aus dem Ofen zur Tafel gegeben.

1576. Auflauf von Kartoffelmehl. Soufflé de fécule de pommes de terre.

Bleibt in seiner Zubereitung dem Vorhergehenden gleich, nur daß hier Kartoffelmehl genommen wird.

1577. Vanille=Auflauf. Soufflé à la vanille.

Ein und eine halbe Maß Rahm läßt man mit zwei Stängchen in kleine Stückchen geschnittener guter Vanille bis zu einer Maß einkochen, welche man sodann durch ein reines Haarsieb in eine Casserolle passirt. Hierauf werden zwölf Loth feinstes Mehl mit zwölf Loth gestoßenem Zucker untermengt, mit dem unterdessen kalt gewordenen Vanille=Rahm fein ab= gerührt und bei beständigem Rühren über dem Kohlenfeuer zu einem dicken Mus angekocht, welches sodann in eine irdene Schüssel gethan und mit dem Gelben von sechzehn Eiern und vier Loth guter süßer Butter eine halbe Stunde schaumig gerührt wird. Eine halbe Stunde vor dem An= richten wird das Weiße von zehn Eiern zu einem festen Schnee geschlagen, langsam unter die Masse gezogen, diese in eine Auflauf=Schale gefüllt, über ein Tortenblech auf Salz gestellt, oben mit Zucker bestäubt und in einem abgekühlten Ofen langsam lichtbraun gebacken. Beim Anrichten wird die Schale rein abgewischt, über eine gebrochene Serviette auf eine Schüssel gestellt und sogleich zu Tisch gegeben.

1578. Auflauf von frischen Orangenblüthen.   Soufflé aux fleurs d'oranges nouvelles.

Ein und eine viertel Maß kochender Rahm wird in eine Porzellan-Terrine über vier Loth frisch gepflückter Orangeblüthen gegossen, worauf man sie zugedeckt kalt werden läßt. Sodann werden zwölf Loth feinstes Mehl mit zwölf Loth Zucker untermengt, dieses dann mit durchpassirtem Rahm fein abgerührt, dann über Kohlenfeuer zu einem dicken Mus angekocht und ganz wie der vorhergehende beendet und gebacken.

1579. Auflauf von gerösteten Orangeblüthen.   Soufflé aux fleurs d'oranges pralinées.

Dieser wird ganz dem vorhergehenden gleich zubereitet und beendet, nur mit dem Unterschiede, daß hier sechs Loth geröstete Orangenblüthen in den kochenden Rahm gethan werden.

1580. Auflauf von Thee.   Soufflé au thé Heyven-Skine.

Ueber ein Loth Heyven-Skine-Thee werden ein und eine viertel Maß kochender Rahm in eine Porzellan-Terrine gegossen und diese gut zugedeckt. Zwölf Loth feinstes Mehl werden sodann mit ebenso viel feinem Zucker und dem unterdeß kalt gewordenen Thee-Rahm fein abgerührt, dann ganz dem vorhergehenden gleich beendet und langsam in schönster Farbe gebacken.

1581. Auflauf von Mandeln.   Soufflé aux amandes.

Ein halbes Pfund süße und zwei Loth bittere Mandeln werden gebrüht, abgezogen, mit Milch sehr fein gerieben, mit ein und einer halben Maß kochendem Rahm in einer Porzellan-Terrine gut verrührt und zugedeckt eine viertel Stunde stehen gelassen. Nach dieser Zeit werden sie durch eine geruchlose, gut ausgewässerte Serviette gepreßt, so daß man eine starke Mandel-milch erhält. Sodann werden zwölf Loth feinstes Mehl, vier Loth fein gestoßene, gesiebte Macaronen, zwölf Loth gesiebter Zucker mit der Mandel-milch fein abgerührt und über Kohlenfeuer zu einem dicken Mus angekocht, welches in eine irdene Schüssel gethan, mit vier Loth sehr frischer Butter, dem Gelben von sechzehn Eiern untermengt und eine halbe Stunde gerührt wird. Eine halbe Stunde vor dem Anrichten wird das Weiße von vierzehn Eiern zu einem festen Schnee geschlagen, langsam unter die Masse gezogen, diese in eine Auflauf-Schale gefüllt, oben mit feinem Zucker bestäubt, die Schale, wenn diese von Porzellan ist, über Salz auf ein Tortenblech gestellt und eine halbe Stunde sehr langsam und in schönster Farbe gebacken. Alle derartigen Aufläufe müssen während des Backens dreifingerdick über den Rand der Schale steigen, gut ausgebacken, von Innen locker und luftig und dabei von dem angenehmsten Geschmack sein.

1582. Auflauf von Mokka-Kaffee.   Soufflé au café Mocca.

Zwanzig Loth Mokka-Kaffee werden lichtbraun gebrannt, dann aus der Brennmaschine in ein und einer halben Maß kochenden Rahm gethan und, damit das Aroma nicht verfliegt, gut zugedeckt. Mit dieser Kaffee=Milch wird ein halbes Pfund Mehl mit ebenso viel gestoßenem Zucker und etwas Vanille fein abgerührt und der Auflauf ganz dem vorhergehenden gleich vollendet und gebacken.

1583. Auflauf von Chokolade. Soufflé au chocolat.

Ein halbes Pfund Vanille=Chokolade wird mit einem Stängelchen Vanille und einer und einer halben Maß Rahm aufgelöst und zusammen eine viertel Stunde gekocht. Mit dieser ausgekühlten, durchgeseihten Chokolade werden acht Loth feines Reismehl, ein halbes Pfund feiner Zucker glatt abgerührt und hiervon über Kohlenfeuer ein dickes Mus gekocht, welches sodann in einer irdenen Schüssel mit vier Loth frischer Butter und dem Gelben von achtzehn Eiern eine halbe Stunde gerührt wird. Eine halbe Stunde vor dem Anrichten wird das Weiße von vierzehn Eiern zu einem steifen Schnee geschlagen, sehr langsam unter die schaumig gerührte Masse gezogen und langsam, ganz dem vorhergehenden gleich, schön gebacken.

1584. Auflauf von gebranntem Zucker mit Orangenblüth=Geruch. Soufflé au caramel aux fleurs d'orange praliné.

Ein viertel Pfund gestoßener Zucker wird in einer Casserolle lichtbraun gebrannt, sodann werden zwei Loth geröstete Orangenblüthen darunter melirt und bei Seite gestellt. Wenn der Zucker kalt geworden, so wird eine viertel Maß kochende Milch darüber gegoßen und über Kohlenfeuer langsam aufgelöst; dieser Caramelsyrup wird dann geseiht und hiermit nebst einer Maß Rahm und zwölf Loth Reismehl mit zwölf Loth Zucker untermengt, fein abgerührt und auch dieser Auflauf ganz dem vorhergehenden gleich beendet und gebacken.

1585. Auflauf von Haselnuß=Makaronen. Soufflé aux macarons d'avelines.

Ein halbes Pfund Haselnuß=Makaronen werden mit dem Rollholz über dem Backtisch gut zerdrückt, dann in eine Casserolle gethan, mit ein und einer halben Maß kochendem Rahm übergoßen und zugedeckt kalt gestellt. Nach einer halben Stunde wird dieser Rahm, der Mandelmilch gleich, durch eine sehr reine, gut ausgewässerte, geruchlose Serviette gepreßt. Zwölf Loth Reismehl oder auch anderes feines Mehl, mit ebenso viel feinem Zucker untermengt, werden mit dem Rahm fein abgerührt, über Kohlenfeuer zu einem dicken Mus angekocht, dieses dann in eine irdene Schüssel eingeleert und mit zwei Loth frischer Butter und dem Gelben von achtzehn Eiern eine halbe Stunde gerührt. Das Weiße von vierzehn Eiern wird unterdeß zu einem festen Schnee geschlagen, sehr langsam unter die Masse gezogen und dann ganz dem vorhergehenden gleich gebacken.

1586. Auflauf von gerösteten Hasel= oder Bartnüssen. Soufflé aux avelines grillées.

Zwei Pfund Hasel= oder Bartnüsse werden aus ihrer Schale ge= nommen, in eine Caramel=Pfanne gethan und mit einem halben Pfund gestoßenem Zucker lichtbraun wie die Mandeln abgeröstet. Diese Nüsse werden dann mit Milch fein gerieben, in eine Porzellan=Terrine gethan, mit ein und einer halben Maß kochendem Rahm übergossen und zugedeckt kalt werden gelassen. Sie werden sodann wie die Mandelmilch durchgepreßt und der Auflauf ganz genau dem von Mandeln gleich beendet und gebacken.

1587. Auflauf von Pistazien. Soufflé aux pistaches.

Zwölf Loth recht grüne gute Pistazien werden gebrüht, abgezogen und dann mit vier Loth eingemachtem Cedrat (Zitronat) und einigen bitteren Mandeln nebst etwas Milch fein gestoßen, sodann in eine und eine halbe Maß kochenden Rahm gethan und verrührt kalt werden gelassen. Zwölf Loth Reis= mehl werden mit einem halben Pfund Zucker untermengt, mit der durchge= preßten Pistazienmilch fein abgerührt, dann zu einem dicken Mus angekocht, dieses in einer irdenen Schüssel mit zwei Loth sehr frischer Butter und achtzehn Gelbeiern schaumig gerührt, dann etwas Spinatgrün darunter melirt, damit das Ganze wieder eine schöne, dem Pistaziengrün ähnliche Farbe erhält. Hierauf wird der Schnee von vierzehn Eiern darunter gezogen und der Auflauf dem vorhergehenden gleich im schönsten Ansehen gebacken.

1588. Auflauf von Orangen. Soufflé à l'orange.

Zwei bis drei Orangen werden auf Zucker abgerieben, dieses dann vom Zucker abgeschabt und zusammen in eine und eine halbe Maß heißen Rahm gethan und zugedeckt kalt gestellt. Die weitere Behandlung schließt sich ganz dem Mandelauflauf gleich an, wie auch die Vollendung desselben.

1589. Griesauflauf. Soufflé à la semoule.

Man läßt eine und eine halbe Maß Rahm oder gute Milch mit sechs Loth sehr frischer Butter und zwölf Loth Zucker aufkochen und unter beständigem Rühren ein halbes Pfund feines Griesmehl hineinlaufen, rührt dies so lange, bis es wieder kocht und setzt sodann die Masse, bis sie völlig ausgekocht ist, auf ein schwaches Kohlenfeuer. Hierauf wird dieselbe in eine irdene Schüssel gethan, mit zwei Eßlöffeln voll Zitronen=Zucker und einem Körnchen Salz gewürzt, mit einem Stückchen frischer Butter und dem Gelben von achtzehn Eiern genau in Verbindung gebracht und zu= sammen eine halbe Stunde gerührt. Eine halbe Stunde vor dem Anrichten wird das Weiße von sechzehn Eiern zu einem sehr festen Schnee geschlagen, langsam unter die Masse gerührt, diese in eine Auflauf=Schale gethan, reichlich mit Zucker bestreut und in schönster Farbe gebacken.

1590. Auflauf von Reis auf bürgerliche Art. Soufflé an riz à la bourgeoise.

Ein halbes Pfund rein belesener und gewaschener Carolinen= oder guter Mailänder Reis wird in ein und einer halben Maß guter Milch oder in gewöhnlichem Rahm mit einem Stück Zimmt, Vanille oder auch mit einem Stückchen Zitronengelb recht weich und dick gekocht, dann in eine irdene

Schüssel gethan, mit einem viertel Pfund Butter, dem Gelben von achtzehn Eiern und zwölf Loth Zucker genau in Verbindung gebracht und zusammen eine halbe Stunde gerührt. Eine halbe Stunde vor dem Anrichten wird das Weiße von vierzehn Eiern zu einem sehr festen Schnee geschlagen, dieser sehr langsam unter die Masse gezogen, sobann in eine Auflauf-Schale gefüllt, oben·mit Zucker bestäubt und so langsam und schön gebacken.

Auf dieselbe Weise werden

1591. Auflauf von Sago. Soufflé au sagoût.

1592. Auflauf von türkischem Gries. Soufflé au polenta.

bereitet, nur ist zu bemerken, daß hiezu der Geschmack von abgeriebenen Zitronen oder Orangen der geeignetste ist.

1593. Auflauf von Kastanien. Soufflé de marrons.

Nachbem zwei Pfund Kastanien rein geschält, in's kochende Wasser gelegt und nochmals abgezogen sind, werden sie mit einer Maß kochender Milch übergossen, mit einem halben Pfund Zucker und einer in Stücke geschnittenen Schote Vanille belegt und so auf Kohlenfeuer, gut zugedeckt, langsam weich und kurz gekocht. Sobann werden sie verrührt und zu einem Püree durch ein feines Haarsieb gestrichen, welches mit einem viertel Pfund sehr frischer Butter, einigen Körnchen Salz, dem Gelben von sechs= zehn Eiern und sechs Eßlöffeln voll Maraoquino eine halbe Stunde gerührt wird. Hierauf wird das Weiße der Eier zu einem sehr festen Schnee geschlagen, dieser langsam unter die Masse gezogen, sonach in eine Auflauf= Schale gefüllt, gut mit Zucker bestäubt und eine halbe Stunde vor dem Anrichten langsam in schöner Farbe gebacken, dann aus dem Ofen heraus sogleich zu Tisch gegeben.

1594. Auflauf von Milchbroten auf bürgerliche Art. Soufflé de petits pains au lait à la bourgeoise.

Sechs bis acht Milchbrötchen vom Tage vorher werden, nachdem der Boden abgeschnitten, in sechs Theile getheilt, in kalter Milch eingeweicht, dann ausgedrückt und mit einem viertel Pfund sehr frischer Butter in einer Casserolle auf Kohlenfeuer leicht abgetrocknet. Die Masse wird sobann in eine irdene Schüssel gethan, mit gestoßenem Zucker gehörig gesüßt, mit einem Kaffeelöffel voll gestoßenem Zimmt gewürzt, mit dem Gelben von zwölf Eiern gut abgerührt, wobei man immer etwas kalten Rahm dazu gießt, bis man eine crêmeartige leichte Masse erhält. Das Weiße der Eier wird zum festen Schnee geschlagen, langsam unter die Masse gezogen und der Auflauf dem vorhergehenden gleich schön gebacken.

1595. Auflauf von schwarzem Brot. Soufflé de pain bis.

Zwölf Loth fein geriebenes Schwarzbrot wird mit ebenso viel ge= stoßenem Zucker, einem viertel Pfund sehr frischer Butter und einem

44*

Quart süßen Rahm auf Kohlenfeuer zu einem dicken Mus gekocht, welches in eine irdene Schüssel gethan und nach einigem Auskühlen mit dem Gelben von zehn bis zwölf Eiern und einem Eßlöffel voll Vanille-Zucker gut abgerührt wird. Sollte die Masse noch zu dick sein, so wird etwas kalter Rahm dazu gegossen. Das Weiße der zwölf Eier wird zum festen Schnee geschlagen, langsam darunter gerührt, die Masse in eine Teigkruste gethan, mit Zucker bestäubt und eine Stunde langsam gebacken.

1596. Auflauf von Kindsmus oder Schmankerl-Auflauf. Soufflé de bouillie.

Zwölf Loth feinstes Mehl werden mit ebenso viel gestoßenem Zucker, einem Körnchen Salz und einer und einer halben Maß gutem süßen Rahm fein angerührt, auf dem Windofen unter beständigem Rühren zu einem Mus angekocht, welches man sodann auf ein schwaches Kohlenfeuer setzt und langsam, halb zugedeckt, gut auskochen läßt, wobei man von Zeit zu Zeit mit einem Schäufelchen die sich am Boden ansetzende Kruste lossticht, so zwar, daß das Mus ein gelbliches Ansehen erhält, denn je mehr die Muskruste kocht, desto wohlschmeckender wird der Auflauf werden. Dasselbe wird nun in eine Schüssel gethan, mit dem Gelben von zwölf Eiern gut abgerührt, der fest geschlagene Schnee darunter gezogen und langsam schön gebacken.

1597. Auflauf von Punsch. Soufflé au ponche.

Man bereitet einen Thee-Auflauf, nur mit dem Unterschiede, daß hierzu sechzehn Loth Reismehl genommen und derselbe etwas dicker gehalten wird. Zu dieser Masse wird der Saft einer Orange und eine Obertasse voll Rum gegossen, zusammen gut verrührt, mit dem sehr fest geschlagenen Schnee genau untermengt und wie die vorhergehenden Aufläufe in eine Schale oder in Papierkästchen gefüllt, gut mit Zucker bestäubt und schön gebacken.

1598. Auflauf von Marasquino. Soufflé au marasquin.

Man bereitet von sechzehn Loth Mehl, einer und einer halben Maß süßem Rahm und zwölf Loth Zucker ein dickes, gut ausgekochtes, ganz weißes Kindsmus, welches mit sechs Loth frischer Butter und dem Gelben von sechzehn Eiern eine halbe Stunde gut gerührt wird. Diese Masse wird sodann mit einer halben Obertasse voll Marasquino di Zara im Geschmack angenehm gehoben, der fest geschlagene Schnee von zwölf Eiern darunter gezogen, in Papierkästchen oder eine Schale gefüllt, gut mit Zucker bestäubt und schön gebacken.

Auf dieselbe Weise kann jeder beliebige Liqueur dazu genommen werden, nur daß dann der Auflauf den Namen des dazu gewählten Liqueurs annimmt.

74. Abschnitt. 2. Abtheilung.

Von den Auflaufen mit Früchten.   Des Soufflés de fruits.

Eine Abweichung in der Bereitung der vorhergehenden Auflaufe sind die Auflaufe von Früchten; sie werden ohne Mehl und Gelbeier angefertigt und bestehen daher nur aus Früchten, Zucker und geschlagenem Eiweiß.

Im Backen müssen dieselben mit viel Vorsicht behandelt werden, denn sie sollen eine schwache, aber gleichmäßige Ofenhitze haben und so schnell als möglich zu Tisch gebracht werden.

Wie alle Auflaufe so gehören auch diese der uralten deutschen Küche an und nur ihre Kostspieligkeit verursacht, daß sie nicht so allgemein bekannt sind.

Sie werden wie die vorhergehenden in flachen Porzellan= oder Silber= Schalen, in Teigkrusten, in großen und kleinen Papierkästchen oder auch auf flachen Schüsseln erhaben aufdressirt gebacken; letztere Methode gibt den= selben eine Eigenthümlichkeit, welche die übrigen Auflaufe nicht haben. Ich habe es daher für gut erachtet, deßhalb eine Zeichnung anzugeben.

1599. Auflauf von Aprikosen.   Soufflé aux abricots.

Vierzig Stück ganz schöne reife Aprikosen werden halbirt und davon mit sechzehn Loth Zucker eine sehr dicke Marmelade gekocht, welche durch ein feines Haarsieb gestrichen und in einer Schüssel mit noch zwölf Loth feinem Staubzucker etwas gerührt wird. Eine Stunde vor dem Anrichten wird das Weiße von achtzehn Eiern zu einem sehr steifen Schnee ge= schlagen, der vierte Theil davon unter die Marmelade gezogen und so nach und nach der Schnee untergemengt, welches mit Vorsicht geschehen muß, damit die Masse ganz steif bleibt; sie wird sodann in eine Schale gefüllt, oben glatt gestrichen, mit feinem Zucker bestäubt und eine Stunde sehr langsam gebacken.

1600. Auflauf von Pfirsichen in Papierkästchen.   Soufflé de pêches en petites caisses.

Von dreißig Stück ganz reifen Pfirsichen werden die Steine heraus= genommen und mit einem halben Pfund Zucker eine feste Marmelade bereitet, welche durchgestrichen, in eine Schüssel gethan und mit etwas

Cochenille=Farbe blaßroth gefärbt wird. Sodann wird der fest geschlagene Schnee von sechzehn Eiern mit zwanzig Loth Staubzucker untermengt, dieser nach und nach darunter gezogen, die Masse in kleine runde Papierkästchen gefüllt, oben glatt gestrichen, mit Staubzucker bestäubt und langsam acht bis zehn Minuten gebacken. Sie werden aus dem Ofen pyramidenartig über eine schön zusammengelegte Serviette auf eine Schüssel angerichtet und sogleich zur Tafel gegeben.

1601. Auflauf von Calville=Aepfeln in einer Papierkapsel. Soufflé aux pommes de Calville en caisse.

Von zwanzig Stück sehr reifen Calville=Aepfeln wird mit vierzehn Loth Zucker eine feste Marmelade gekocht, welche durch ein feines Haarsieb gestrichen und mit fein geschnittenem Zitronengelb gewürzt wird. Das Weiße von achtzehn Eiern wird zu einem festen Schnee geschlagen, mit sechzehn Loth Staubzucker untermengt und sonach löffelweise unter die Marmelade gezogen. Die Masse wird in eine große Papier=Caisse gefüllt, glatt gestrichen, mit feinem Zucker bestäubt und achtundvierzig Minuten lang langsam gebacken.

1602. Auflauf von Erdbeeren in einer Kruste. Soufflé aux fraises en croustade.

Vier Maß frische Wald=Erdbeeren werden durch ein Haarsieb gestrichen, in eine Schüssel gethan, das Weiße von achtzehn Eiern zu einem

feſten Schnee geſchlagen und darunter vierzig Loth Staubzucker melirt.
Dieſer wird nun nach und nach unter das Erdbeer-Mark gezogen, die
Maſſe in eine zuvor ſehr blaß gebackene Teigkruſte gefüllt, oben mit Zucker
beſtäubt, die Kruſte ſelbſt aber mit Papier umbunden, damit die Hitze
nicht zu ſehr einwirken kann, und ſo eine Stunde ſehr langſam ſchön gebacken. Beim Anrichten wird die Kruſte über eine gebrochene Serviette
auf eine Schüſſel geſtellt und ſogleich zu Tiſch gegeben.

1603. Auflauf von Johannisbeeren. Soufflé à la gelée de groseilles.

Man bereitet von zwei Maß friſch gepflückten Johannisbeeren mit
einem Pfund Zucker ein Gelée, unter welches der feſt geſchlagene mit einem
Pfund Staubzucker untermengte Eierſchnee langſam gezogen und die Maſſe
turbanartig in einer flachen Schüſſel aufdreſſirt wird; das Ganze muß
reichlich mit Zucker beſtäubt und fünfzig Minuten ſehr langſam gebacken
werden, wobei man, ſobald der Auflauf nur etwas Farbe annimmt, ihn
mit Papier decken muß. Beim Untermengen des Schnees muß das Gelée
noch fließend ſein, damit ſich derſelbe genau verbinden kann.

Auf die gleiche Art können alle Früchten-Auflaufe von jeder beliebigen Gattung bereitet werden; nur iſt zu bemerken, daß die Marmelade
recht trocken und nicht zu ſüß in Zucker gehalten werde.

74. Abschnitt. 3. Abtheilung.

Von den Omeletten-Auflaufen.   Des Omelettes soufflées.

Eine weitere Gattung von Auflaufen, ebenfalls der deutschen Küche angehörend, sind die zuerst in der Omelette-Pfanne gebackenen, übereinander gelegten und im Backofen wieder aufgezogenen Omeletten-Auflaufe, Omolettos soufflées. Sie weichen in ihrer Bereitung von den andern ganz ab und ich will auch diese hier folgen lassen.

1604. Omeletten-Auflauf mit Vanille.   Omelettes soufflées à la vanille.

Es werden zwölf Eierdotter mit achtzehn Loth Zucker und acht Loth fein gestoßenem Bisquit und dem Samen aus einer Stange Vanille unter-mengt, zusammen eine viertel Stunde gut gerührt und sodann mit dem fest geschlagenen Schnee der zwölf Eier leicht untermengt. Nun wird in eine flache Omelette-Pfanne ein Eßlöffel voll klare, frisch ausgelassene Butter gegossen, der vierte Theil der Masse hineingethan und über dem Feuer leicht bewegt, bis die Omelette die gehörige Farbe erhält, welches für beide Seiten zwei Minuten dauern kann. Die Omelette wird sodann auf eine flache Schüssel geglitscht und mit Zucker stark bestäubt. Ueber diese kömmt eine zweite ebenso gebackene Omelette wieder mit Zucker bestäubt und so werden vier übereinander gelegt. Das Ganze wird mit Zucker bestäubt und in einem abgekühlten Ofen fünfzehn bis zwanzig Minuten langsam gebacken. Diese Art Omeletten steigen zu einer bedeutenden Höhe; ehe man sie zur Tafel gibt, werden sie nochmals mit Zucker bestäubt und mit einer glühenden Schaufel glacirt, die ganze Operation muß jedoch im Ofen vor sich gehen, weil diese Art Auflaufe so leicht sind, daß sie, wie sie aus dem Ofen kommen, zu sinken anfangen, weßhalb der Speisesaal recht nahe sein muß.

1605. Omeletten-Auflauf auf Wiener Art.   Omelettes soufflées à la Viennaise.

Es wird das Gelbe von sechzehn Eiern mit zwanzig Loth Zucker, achtzehn Stück bittern, fein gestoßenen Makaronen und zwei Loth gerösteten Orangenblüthen eine halbe Stunde gut abgerührt, dann mit dem sehr fest geschlagenen Schnee von den sechzehn Eiern untermengt und die Omeletten wie die vorhergehenden gebacken und beendet.

1606. Omeletten-Auflauf mit Chokolade.   Omelettes soufflées de chocolat.

Man bereitet hierzu die Masse von den Omeletten mit Vanille-Geruch; beim Backen jedoch wird zwischen jede Omelette zwei Loth feingeriebene Cho-kolade gestreut. Das Backen haben diese ganz mit den vorhergehenden gemein.

1607. Omeletten-Auflauf auf schwedische Art.   Omelettes soufflées à la Suedoise.

Man rührt ein viertel Pfund sehr frische Butter schaumig; dazu kommt nach und nach das Gelbe von fünfzehn Eiern, sechs Kochlöffel voll Mehl und ein Körnchen Salz; diese Masse wird mit einer halben Maß lauwarmem Doppelrahm nach und nach verdünnt und mit dem Weißen der fünfzehn Eier, welches zu einem festen Schnee geschlagen wurde, langsam untermengt. Von dieser Masse werden Omeletten, aber nur auf einer Seite, gebacken, welche mit Vanillezucker jedesmal bestäubt und so sechs Stück übereinander aufgesetzt werden. Sie werden den vorhergehenden gleich schön gebacken und beim Anrichten etwas heiße Aprikosenmarmelade-Sauce darüber gegossen.

1608. Omeletten-Auflauf mit Hagenbutten-Mark. Omelettes soufflées aux Chynhorrondons.

Diese Omeletten werden wie die vorhergehenden zubereitet, nur mit dem Unterschiede, daß sie auf beiden Seiten gebacken, jedesmal mit Hagenbuttenmark überstrichen und so sechs Stück Omeletten übereinander gelegt werden,, welche zwanzig Minuten vor dem Gebrauche in einen sehr mäßig heißen Ofen gestellt und langsam in die Höhe getrieben werden. Beim Anrichten selbst wird eine heiße Hagenbutten-Marmelade als Sauce dicklich-fließend darüber maskirt und sogleich zur Tafel gegeben.

1609. Omeletten-Auflauf mit Marasquino. Omelettes soufflées au marasquin.

Man rührt das Gelbe von sechzehn Eiern mit ebenso viel fein gestoßenen Makaronen und sechzehn Loth feinem Zucker eine Zeitlang schaumig, gießt vier Eßlöffel voll Marasquino dazu, schlägt das Weiße der Eier zu einem festen Schnee, zieht denselben langsam unter die Masse, bäckt hiervon sechs Stück gleich dicke, schöne Omeletten, legt diese, jedesmal mit Zucker bestreut und mit Marasquino beträufelt, übereinander und bäckt dieselben zwanzig Minuten vor dem Anrichten sehr langsam. Ehe man sie zur Tafel gibt, wird eine dicklichfließende Rahm-Crème-Sauce, angenehm mit Marasquino nuancirt, darüber gegossen.

1610. Omeletten-Auflauf mit Orangen-Blüthen. Omelettes soufflées aux fleurs d'orange.

Achtzehn Eidotter werden mit zehn Loth Zucker, welcher mit zwei Loth gerösteten Orangenblüthen fein gestoßen wurde, nebst einem Körnchen Salz eine halbe Stunde gerührt und dann mit dem zu einem festen Schnee geschlagenen Weißen der achtzehn Eier genau untermengt. Hiervon werden in einer Omeletten-Pfanne mit klarer, frischer Butter vier Stück Omeletten auf beiden Seiten gebacken, die, sobald eine fertig ist, auf eine flache Schüssel geschoben, reichlich mit Zucker bestäubt und mit etwas Zitronensaft beträufelt werden; darüber kommen die übrigen, welche ebenso wie die erste behandelt werden. Zwanzig Minuten vorher werden sie bei sehr mäßiger Ofenhitze gebacken. Es versteht sich von selbst, daß die Zeit des Backens genau nach der Tafelzeit berechnet, die Ofenhitze gehörig geregelt und dieser Auflauf mit einer schönen, gelbbraunen Farbe und hoch aufgelaufen servirt werden muß.

74. Abſchnitt. 4. Abtheilung.

Von den Pannequets-Auflaufen. Des Pannequets soufflées.

Zu den Auflaufen gehören ebenfalls die Pannequets soufflées; ſie weichen von den vorhergehenden dadurch ab, daß die ganz dünnen Eier=kuchen in der Omelette=Pfanne gebacken, dann erſt mit der Auflauf=Maſſe gefüllt, zuſammengerollt, in eine flache Schale gelegt und dann erſt ge=backen werden. Zum Füllen dieſer Pannequets kann jede beliebige Maſſe der 1. Abtheilung angewendet werden.

1611. Pannequets=Auflauf mit Chokolade. Pannequets soufflées au chocolat.

Acht Loth feines Mehl wird mit guter Milch fein abgerührt, dann kommen vier ganze und vier Eidotter, etwas wenig Salz, das abgeriebene Gelbe einer Zitrone und ein Eßlöffel voll Zucker dazu, welches zuſammen gut verrührt, mit Milch verdünnt und durchgeſeiht wird. Von dieſer Maſſe werden in einer flachen Pfanne mit klarer, friſcher Butter ganz dünne Pannequets auf einer Seite gebacken, welche auf einer Serviette ausgebreitet werden, jedoch ſo, daß die blaſſe Seite nach oben kömmt. Sie werden dann fingerdick mit der Chokolade=Auflauf=Maſſe beſtrichen, zuſammengerollt, jedes in drei gleiche Theile geſchnitten und ſo im Kranze über ſich laufend erhaben angerichtet. Oben werden ſie mit Zucker beſtäubt, die Schale über Salz auf ein Tortenblech geſtellt und zwanzig Minuten vor dem Anrichten in einem mäßig heißen Ofen langſam gebacken. Auf dieſe Art werden alle Pannequets=Auflaufe bereitet und, wie ſchon erwähnt, können alle Auflauf=Maſſen, die in der 1. Abtheilung angegeben ſind, hierzu angewendet werden.

1612. Pannequets auf Pariſer Art. Pannequets à la Parisienne.

Acht Loth feinſtes Mehl wird mit ſechs Loth geſtoßenem Zucker unter=mengt und mit einem Quart kalten, ſüßen Rahm zu einer feinen, glatten Maſſe angerührt, welche dann mit ſechs ganzen Eiern und zwölf Eidottern genau verbunden, mit zwölf Loth fein geſtoßenen, geſiebten, bittern Ma=karonen und etwas auf Zucker abgeriebener Orange oder ſtatt dieſer mit vier Eßlöffeln voll Orangen=Eſſenz vermiſcht und dann mit ein und einem halben Quart Rahm zu einer dünnflüſſigen Maſſe verrührt wird. Von dieſer werden eine halbe Stunde vor dem Anrichten in zwei gut gereinigten Omeletten=Pfannen mit ſehr friſcher, geklärter Butter ganz dünne Pan=nequets auf einer Seite lichtbraun gebacken, welche dann auf eine mit einem umgelegten Teller verſehene Schüſſel geſtürzt und auf der braunen Seite jedesmal mit Zucker beſtäubt werden. Die ganze Maſſe wird auf dieſe Art verbraucht, ſo daß von den Pannequets über der Schüſſel ein Berg entſteht, über welchen nochmals Zucker geſtreut und dieſer dann mit einer ſtark glühenden Schaufel leicht geſchmolzen oder glacirt wird.

1613. Französische Pannequets' mit Aprikosen-Mark. Bombe de pannequets à la marmelade d'abricots:

Sie werden wie die vorhergehenden zubereitet und gebacken, dann jedes mit Aprikosenmarmelade überstrichen, übereinander gelegt, eingebogen und wie eine Kugel dressirt, dann oben dick mit Zucker bestreut, mit einer glühenden Schaufel glacirt und warm zu Tisch gegeben.

1614. Pannequets mit Vanille-Crême. Pannequets à la crême de vanille.

Man bereitet von der vorhergehenden Masse zwölf Stück auf einer Seite gebackene, recht dünne Pannequets, welche auf einer Serviette auseinander gebreitet werden, so zwar, daß die weiße Seite oben zu liegen kömmt. Ferner werden zwölf Eidotter mit drei bis vier Kaffeelöffeln voll Mehl und zwölf Loth gestoßenem Zucker fein abgerührt, dann mit zwei Quart mit einer in kleine Stücke geschnittenen Schote Vanille aufgekochten süßen Rahm nach und nach verdünnt und sodann über Kohlenfeuer zu einem dicklichen Vanille-Crême angekocht, mit welchem die Pannequets überstrichen, aufgerollt, zu halbfingerlangen Stücken geschnitten und in eine flache Porzellan-Schale über sich laufend im Kranze gelegt werden. Sie werden mit Zucker und gestoßenen, süßen Makaronen bestreut und im abgekühlten Ofen langsam erwärmt. Beim Anrichten wird eine Vanille-Sauce extra beigegeben.

1615. Pannequets mit Chokolade-Crême. Pannequets à la crême au chocolat.

Man bereitet von zwölf Loth Vanille-Chokolade, zwei Kaffeelöffeln voll Mehl, zwölf Loth Zucker, zwölf Eidottern und einer halben Maß Rahm eine Crême. Die Chokolade wird mit etwas warmer Milch aufgelöst, glatt gerührt, mit dem Mehl, Zucker und den Eidottern genau untermengt, mit dem Rahm nach und nach verdünnt und sodann über Kohlenfeuer zu einer dicklichen, feinen Crême angekocht, welche heiß in die Pannequets gestrichen und wie die vorhergehenden beendet wird. Auf dieselbe Art kann jede beliebige Crême zu diesen Pannequets angewendet werden.

1616. Wiener Pannequets. Pannequets à la Viennoise.

Acht Loth feines Mehl werden mit einer Prise Salz, etwas abgeriebenen Orangen und zwei Loth gestoßenem Zucker nebst dem nöthigen süßen Rahm fein abgerührt, mit vier ganzen und acht Eidottern genau untermengt, mit dem nöthigen süßen Rahm zu einer dünnflüssigen Masse verdünnt und hiervon Pannequets auf folgende Weise gebacken. Zwei gut gereinigte Omeletten-Pfannen werden auf Kohlenfeuer heiß gemacht, mit dem Pinsel, der in geklärte frische Butter getaucht ist, gut bestrichen, dann vier Eßlöffel voll von der Masse hineingegossen, so daß sie den Boden der Pfanne ganz überdeckt. Wenn die Pannequets unten eine schöne lichtbraune Farbe haben, werden darüber gut gereinigte, kleine Corinthen gestreut, die Pannequets in der Pfanne sogleich zusammengerollt und dann auf ein reines Tuch oder weißes

Papier gelegt. Wenn die ganze Masse auf diese Weise verbacken ist, wird eine Cylinder- oder sogenannte schleifsteinartige Form mit sehr frischer Butter ausgestrichen, die Pannequets rundlaufend hineingelegt und zwischen jede Lage gestoßener Zucker gestreut. Wenn die Form mit diesen Pannequets gefüllt ist, wird sie in einen ausgekühlten Ofen gestellt, die Pannequets durch und durch wieder erwärmt, dann in eine flache Mehlspeiseschale ge-stürzt, oben stark mit Zucker bestäubt und mit der glühenden Schaufel glacirt. Eine Rahm-Sauce mit Orangen-Geruch wird extra beigegeben.

1617. Pannequets mit Aprikosen-Marmelade. Pannequets à la marmelade d'abricots.

Hierzu wird die zuerst beschriebene Masse auf französische Art bereitet und hiervon sehr dünne Pannequets gebacken, welche messerrückendick mit Aprikosenmarmelade überstrichen, aufgerollt, in fingerlange Stückchen ge-schnitten, in einer Mehlspeißschale im Kranze erhaben aufgerichtet, mit Zucker überstreut, im Ofen wieder erwärmt und, ehe man sie zu Tische gibt, mit der glühenden Schaufel schön glacirt werden. Auf diese Weise kann jede beliebige Marmelade angewendet werden.

1618. Pannequets auf englische Art. Pannequets à l'Anglaise.

Ein halbes Pfund frische Butter wird gut schaumig gerührt, dann kommen nach und nach sechzehn Eidotter dazu, ebenso viel Staubzucker, zwölf Loth Mehl, das abgeriebene Gelbe einer Zitrone und eine Prise Salz; dies alles wird gut verrührt, mit einer viertel Maß gutem, süßen Rahm verdünnt und mit dem fest geschlagenen Schnee von neun Eiern untermengt. Von dieser Masse werden mit geklärter, frischer Butter auf beiden Seiten dünne Pannequets gebacken, welche mit einer Marasquin-Crême messerrückendick bestrichen, übereinander gelegt und im Ofen durch und durch erwärmt werden, wodurch sie dann wieder etwas aufgehen. Kurz vor dem Anrichten werden sie stark mit Zucker bestäubt, mit der glühenden Schaufel schön glacirt und sogleich zu Tisch gegeben.

Marasquino-Crême: Zwei Eßlöffel voll Mehl werden mit kaltem Rahm fein abgerührt, dann kommen zwölf Eidotter und zehn Loth ge-stoßener Zucker dazu, welches zusammen gut verrührt, mit einem starken Quart süßem Rahm verdünnt und sodann über Kohlenfeuer zu einer zarten Crême abgerührt wird. Wenn dieselbe vom Feuer kömmt, wird sie mit gutem Marasquino di Zara angenehm im Geschmack gehoben und, wie be-reits angegeben ist, zu den Pannequets angewendet.

1619. Französische Eierkuchen, Pannequets. Pannequets à la Célestine.

Man bereitet von der zuerst beschriebenen Pannequetsmasse zehn bis zwölf Stück feine Pannequets, welche auf eine reine Serviette gelegt, die Hälfte davon mit Orangen-Crême, die andere mit Aprikosen-Marmelade stark messerrückendick überstrichen, zusammengerollt, abwechselnd in eine flache Porzellanschale gelegt, oben mit Zucker bestäubt und eine halbe Stunde vor dem Anrichten in einen abgekühlten Ofen gestellt werden. Ehe man sie zur Tafel gibt, werden sie mit der glühenden Schaufel glacirt.

Orangen=Crème: Zwölf Eidotter werden mit zwei Eßlöffeln voll Mehl und kaltem Rahm recht fein abgerührt, dann mit dem auf einem Stück Zucker leicht abgeriebenen und abgeschabten Gelben einer oder zwei Orangen nebst acht Loth gestoßenem Zucker untermengt, mit einem Quart gutem süßen Rahm verdünnt und auf Kohlenfeuer zu einer Crème abge= rührt, mit welcher die Pannequets bestrichen werden.

1620. Cölestiner=Omeletten auf andere Art. Omelettes à la Célestine.

Sie unterscheiden sich dadurch, daß sie ohne Beigabe von Mehl und dick gebacken werden. Es werden nämlich fünfzehn bis achtzehn sehr frische Eier in einer Casserolle aufgeschlagen, mit zwölf Eßlöffeln voll süßem Rahm nebst einer Prise Salz gut abgeschlagen und durch ein Haarsieb geseiht. Kurz vor dem Anrichten werden hiervon mit klarer, frischer Butter vier gleich dicke Omeletten gebacken, welche jedesmal auf einen Bogen weißes Papier geschoben, mit der vorher beschriebenen, aber etwas dicker ge= haltenen Orangen=Crème stark bestrichen, sogleich aufgerollt und so, ohne sie zu zerschneiden, über einander in eine flache Mehlspeiseschale gelegt, gut mit Zucker bestäubt, mit der glühenden Schaufel glacirt und sogleich recht warm zur Tafel gegeben werden. Diese Omeletten müssen im letzten Augenblicke recht fein gebacken, sogleich mit der heißen Crème bestrichen und vollendet werden, denn zu langes Stehen und Warmhalten würde denselben all ihre Güte nehmen.

1621. Omeletten mit eingemachten Weichseln. Omelettes à la neige aux cerises.

Man rührt zwölf Eidotter mit dem abgeriebenen Gelben einer Zitrone und acht Loth Zucker schaumig, schlägt das Weiße der zwölf Eier zu einem steifen Schnee und zieht diesen langsam unter die Masse. Von dieser werden mit klarer, frischer Butter vier gleich dicke Omeletten auf beiden Seiten in schöner Farbe gebacken, mit eingemachten Weichseln gefüllt, zu= sammengerollt, über einander auf eine flache Mehlspeiseschale gelegt, mit Zucker bestäubt, mit etwas Zitronensaft beträufelt, ungefähr achtzehn bis zwanzig Minuten in einen schwach heißen Ofen gestellt und, ehe man sie zur Tafel gibt, mit der glühenden Schaufel glacirt.

1622. Pannequets mit Kirschen auf Flamänder Art. Pannequets aux cerises à la Flamande.

Ein halbes Pfund feines Mehl wird mit einem Quart kaltem, süßem Rahm nebst einer Prise Salz fein abgerührt, dann sechs Eier und sechs Eidotter dazu geschlagen, mit dem auf Zucker abgeriebenen Gelben einer Orange gewürzt, mit dem noch fehlenden Rahm zu einer flüssigen Masse verdünnt und sodann durch ein Haarsieb geseiht. Von dieser Masse werden auf beiden Seiten dünne Pannequets gebacken und auf einer flachen Schüssel

warm gestellt. Ferner werden drei Pfund frische Kirschen von ihren Stielen
befreit, ausgekernt und hiervon ein Compote gekocht, von welchem jedoch
der Syrup abgeseiht wird. Mit diesen Kirschen werden die Pannequets,
jedes einzeln, bestreut, zusammengerollt und in eine tiefe Mehlspeiseschale
im Kranze gelegt. Sodann werden sechs Loth süße Makaronen und sechs
Loth Biscuit mit dem Rollholze zerdrückt, durch ein grobes Sieb passirt,
dann in eine Schüssel gethan, mit acht Loth Zucker und etwas gestoßenem
Zimmt untermengt, mit dem Gelben von zehn Eiern gut abgerührt und
dann wird der abgetropfte Saft der Kirschen und etwas süßer Rahm dazu
gegeben und gut verrührt. Die Crême-Masse wird über die Pannequets
gegossen, daß dieselbe gut einbringt, und die Schale über Salz auf einem
Blech eine halbe Stunde vor dem Anrichten in einen mäßig heißen Ofen
gestellt, damit die Crême durch und durch stockt und etwas in die Höhe
geht. Ehe man sie zu Tisch gibt, wird die Oberfläche mit Zucker bestäubt
und mit der glühenden Schaufel glacirt.

**1623. Pannequets mit Marasquin-Crême. Pannequets à la crême
au marasquin.**

Man bäckt aus der zuerst beschriebenen Masse zehn bis zwölf ganz
dünne Pannequets, welche mit Aprikosen-Marmelade überstrichen, zusammengerollt, in zolllange Stückchen geschnitten und in eine mit frischer Butter
ausgestrichene, flache Schale, ein Stückchen an das andere, aufrechtstehend,
gesetzt werden. Die Schale wird dann über Salz auf ein Blech gestellt
und die Pannequets mit nachstehender Crême überfüllt. Zehn Eidotter
werden mit acht Loth gestoßenem Zucker gut verrührt, mit einem Quart
Doppelrahm genau verbunden, mit gutem Marasquino di Zara angenehm
im Geschmack gehoben und sodann durch ein Haarsieb über die Pannequets
gegossen. Eine halbe Stunde vor dem Gebrauche wird die Schale in
einen schwach heißen Backofen gestellt, wo man die Crême fein stocken und
etwas aufgehen läßt. Ehe man sie zur Tafel gibt, werden sie mit Zucker
bestäubt und mit der glühenden Schaufel glacirt.

1624. Pannequets mit Meringué. Pannequets à la royale.

Es werden von der Masse (Pannequets à la Parisienne) zwölf dünne
Pannequets gebacken, welche mit einer feinen Chokolade-Crême überstrichen
und so übereinander in eine flache Schüssel gelegt werden; die oberste
Seite wird nicht mit Crême überstrichen, sie wird zweimesserrückendick mit
Meringué überstrichen und mit feinem Zucker bestäubt. Sie werden sodann
in einen abgekühlten Ofen gestellt, bis sich die Meringué lichtgelb gefärbt
und eine harte Kruste gebildet hat, welche noch warm zur Tafel gegeben
wird. — Hierzu kann jeder beliebige, auf dem Feuer abgerührte Crême
angewendet werden.

1625. Schweizer Omeletten. Omelettes à la Suisse.

Eine halbe Maß guter, dicker saurer Rahm wird mit dem Gelben
von zwölf Eiern, einer Prise Salz und sechs Loth gestoßenem Zucker mit

bem Schneebesen gut abgeschlagen, bann acht Loth Kartoffelmehl barunter
gerührt, mit bem festgeschlagenen Schnee ber zwölf Eier langsam unter=
mengt unb hiervon mit klarer, frischer Butter in einer Omeletten=Pfanne
dünne Omeletten gebacken, welche jebesmal mit Zucker bestäubt, übereinander
gelegt unb so eine viertel Stunde vor bem Anrichten in einem mäßig
heißen Ofen gebacken werben.

1626. Pfannkuchen, Eierkuchen. Omelettes bourgeoises à l'Allemande.

Ein viertel Pfunb ober auch vier Kochlöffel voll Mehl wirb nebst
einer Prise Salz mit kalter, guter Milch fein abgerührt, bann mit acht
Eiern genau verrührt, mit ber noch nöthigen Milch bickfließenb verbünnt
unb hiervon mit frischer Butter vier Pfannkuchen auf beiben Seiten schön
lichtbraun gebacken, übereinander gelegt unb mit Zucker bestäubt zu Tisch
gegeben.

1627. Aepfelpfannkuchen. Omelettes aux pommes à l'Allemande.

In bie vorher beschriebene, aber etwas bicker gehaltene Masse werben
fünf bis sechs rein geschälte unb zu ganz feinen Scheibchen geschnittene
mürbe Aepfel gethan unb hiervon brei gleichbicke Pfannkuchen auf Kohlen=
feuer in ber Art schön lichtbraun gebacken, baß bie Pfanne genau zugebeckt
unb bie Aepfelscheibchen währenb bes Backens bünsten unb baburch weich
werben können. Beim Anrichten werben sie mit Zucker unb Zimmt be=
stäubt, übereinander gelegt unb recht warm zu Tisch gegeben.

1628. Mehlschmarn. Omelettes rissolées.

Zwölf Loth ober auch sechs Kochlöffel voll feines Mehl unb ein
halber Kaffeelöffel voll Salz wirb mit kalter Milch fein abgerührt, bann
zehn Eier bazu geschlagen unb mit guter Milch zu einer bickfließenben
Masse verbünnt. Sobann läßt man in einer Pfanne ein viertel Pfunb
frisch ausgelassenes Schmalz bis zum Rauchen heiß werben, rührt bie
Masse nochmals gehörig burcheinander, gießt sie in bas heiße Schmalz,
stellt bie Pfanne über Kohlenfeuer, beckt sie zu unb läßt ben Schmarn
schön lichtbraun Farbe nehmen, bann wirb berselbe in Stücke geschnitten,
mit einem eisernen Schäufelchen umgekehrt, noch etwas heißes Schmalz
bazu gegossen, wo man benselben ebenfalls wieber schön Farbe nehmen
läßt. Hierauf wirb ber Schmarn mit bem Schäufelchen klein zerstochen,
noch einige Zeit geröstet, sobann erhaben in einer Mehlspeise=Schale an=
gerichtet unb mit Zucker bestäubt zu Tisch gegeben. Ein Compot von
frischem ober getrocknetem Obste kann, extra angerichtet, beigegeben werben.

1629. Pfannkuchen mit Zwiebel=Sauce. Omelette à la Robert.

Man bereitet einen Pfannkuchen, wie berselbe im vorhergehenben
Rezepte angegeben ist unb bäckt benselben in schöner lichtbrauner Farbe.
Hierzu bereitet man folgenbe Sauce: man schneibet zwei weiße Zwiebeln

und ein Stück mageren Speck, von jedem gleiche Theile, in kleine Würfel, passirt sie mit klarer, frischer Butter auf dem Feuer bis sie zu schäumen anfangen, gibt dann zwei Eßlöffel voll Mehl dazu und röstet es zusammen noch einige Minuten. Sodann wird die Sauce mit kräftiger, entfetteter Rindfleischjüs angerührt, das nöthige Salz, etwas Weineffig und rother Wein dazu gethan, zusammen gut ausgekocht, sodann rein entfettet, mit etwas gutem Senf und einem Kaffeelöffel voll Zucker angenehm im Geschmack gehoben, in eine Saucière gegossen und den Pfannkuchen beigegeben.

1630. Kartoffelpfannkuchen. Omelettes de pommes de terre.

Zwölf Loth vorher abgekochte, erkaltete und auf dem Reibeisen geriebene gute Kartoffeln werden mit acht Loth frischer Butter, vier Loth fein geriebenen Mandeln, vier Loth Zucker, einer Prise Salz und dem Gelben von zwölf Eiern gut abgerührt, dann wird ein fest geschlagene Schnee nebst vier Loth rein belesenen und gewaschenen kleinen Resinen darunter gezogen und hiervon auf Kohlenfeuer mit klarer Butter drei Omeletten auf beiden Seiten lichtbraun gebacken, welche mit Zucker bestäubt, aufeinander gelegt und warm servirt werden.

1631. Reisschmarn. Omelettes au riz risolées.

Ein halbes Pfund rein belesener und gewaschener Karolinen- oder guter Mailänder Reis wird mit einer Maß guten Milch, einem viertel Pfund Zucker, einem Stückchen ganzem Zimmt und einer Prise Salz auf Kohlenfeuer langsam weich und dick gekocht, dann in eine Schüssel umgeleert und wenn derselbe halb ausgekühlt ist, wird ein Stück frische Butter und acht Eidotter dazu gethan und zusammen gut verrührt. Eine halbe Stunde vor dem Anrichten wird das Weiße der acht Eier zu einem festen Schnee geschlagen, dieser langsam darunter gerührt und wie der vorhergehende Mehlschmarn vollendet. Auf dieselbe Weise wird auch der Griesschmarn bereitet.

1632. Zucker-Omeletten. Omelettes au four.

Sechs Eßlöffel voll Zucker und ebenso viel Mehl werden zusammen in eine Casserolle gethan und mit zwölf Eiern und etwas wenig Salz gut abgerührt; dann wird eine Maß sehr guter, süßer Rahm dazu gegossen, mit etwas Vanille gewürzt und zusammengeseiht. Hierauf wird ein flaches Geschirr gut mit frischer Butter ausgestrichen, am Boden mit Zucker bestäubt, die Masse hineingegossen, in einen nicht heißen Ofen gestellt und langsam lichtbraun gebacken. Beim Anrichten werden sie im Geschirr in zweifingerbreite Streifen geschnitten und mit einem Schäufelchen zusammengerollt, in eine Mehlspeise-Schale gelegt, mit Vanillezucker bestäubt und warm zu Tisch gegeben.

74. Abschnitt. 5. Abtheilung.

Von den aus dem Schmalz gebackenen Mehlspeisen.
Des Beignets.

Unter dieser Benennung versteht man alle Arten kalte Crême, Früchte u. dgl., welche in die weiter unten beschriebene Masse getaucht oder auch mit geriebenem Brote panirt aus heißem Schmalze gebacken werden.

1633. Backteig. Pâte à frire à la Française.

Ein halbes Pfund feines, gesiebtes Mehl wird mit weißem Wein und fünf bis sechs Eßlöffeln voll feinstem Oliven=Oel zu einem zarten, etwas dickflüssigen Teige abgerührt, der leicht gesalzen und mit dem fest ge= schlagenen Schnee von vier bis fünf Eiern untermengt wird. Es muß aber bemerkt werden, daß dieser Teig erst kurz, ehe man denselben braucht, an= gemacht werden darf, denn langes Stehen würde ihn verderben. Ebenso ist sehr darauf zu sehen, daß er die gehörige Dicke hat und die Beimischung des Oels genau sein muß, denn ein Löffel voll Oel zuviel macht ihn fett, und zu wenig macht denselben nach dem Backen wieder weich und zähe.

1634. Backteig auf deutsche Art. Pâte à frire à l'Allemande.

Ein halbes Pfund feines, gesiebtes Mehl, drei Eidotter, zwei Eßlöffel voll gute Hefe und sechs Eßlöffel voll klare frische Butter wird mit lau= warmer Milch nebst einem Eßlöffel voll Zucker und einer Prise Salz zu einer flüssigen Masse angerührt, fein abgeschlagen und zum Gehen an einen warmen Ort gestellt.

1635. Backteig auf andere deutsche Art. Pâte à frire à l'Allemande d'une autre manière.

Man läßt eine halbe Maß gute Milch mit einer Prise Salz, einem Stückchen ganzen Zimmt, etwas Zitronenschale, sechs Loth Butter und sechs Loth Zucker einige Minuten kochen, nimmt dann den Zimmt und die Zitrone heraus, rührt so viel feines, durchgesiebtes Mehl in die kochende Milch, als sie in sich aufnimmt, und arbeitet den Teig, bis er sich vom Löffel loslöst, auf dem Feuer ab. Hierauf wird derselbe in eine andere Casserolle gethan und mit der Hälfte ganzer und der Hälfte Eidotter zu einem dickfließenden Teig verdünnt, welchen man zu den später bezeichneten Beignets verwendet.

1636. Beignets von Aprikosen oder gebackene Aprikosen. Beignets d'abricots.

Zwölf bis fünfzehn große reife Aprikosen werden von einander geschnit= ten, der Kern herausgenommen, die Haut abgezogen und mit gestoßenem Zucker gut bestreut eine Stunde stehen gelassen. Kurz vor dem Anrichten

45

werden die Aprikosen in den Backteig getaucht, so daß sie ganz eingehüllt sind und aus heißem Schmalz lichtbraun gebacken, dann zum Entfetten auf Löschpapier gelegt, stark mit Zucker bestäubt und mit der glühenden Schaufel glacirt. Sie werden auf einer flachen Schüssel über eine schön zusammengelegte Serviette erhaben angerichtet und warm zu Tisch gegeben.

1637. Gebackene Aprikosen mit Pistazien. Beignets d'abricots glacés aux pistaches.

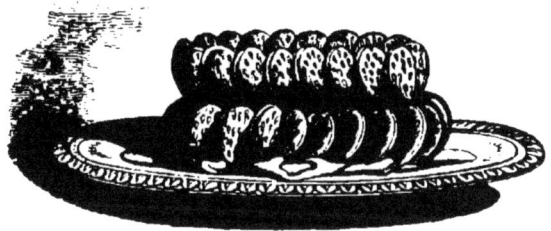

Die Aprikosen werden, den vorhergehenden gleich, zubereitet, aus demselben Teig lichtbraun gebacken, jedes Stückchen an eine Gabel gesteckt, auf der schönen Seite in zum Bruch gekochtem Zucker getaucht und mit fein geschnittenen, recht grünen Pistazien bestreut, welches den Beignets ein sehr liebliches Ansehen und croquanten Geschmack gibt. Sie werden auf einer flachen Schüssel über eine zierlich zusammengelegte Serviette im Kranze erhaben angerichtet und sogleich servirt.

1638. Gebackene Pfirsichen. Beignets de pêches.

1639. Gebackene Reineclauden. Beignets de reineclaudes.

1640. Gebackene Zwetschken. Beignets de prunes.

Ihre Bereitungsart ist ganz dieselbe wie bei den Aprikosen, nur muß bemerkt werden, daß hierzu die beste Gattung und reife Früchte gewählt werden müssen.

1641. Gebackene Apfelringe, Apfelküchen. Beignets de pommes.

Aus zehn bis zwölf schönen, mürben Aepfeln werden die Kerne ausgestochen, dann geschält und in federkieldicke Scheiben geschnitten. Diese Aepfelscheiben werden in eine Porzellanschale gethan, gut mit Zucker bestäubt, ein Liqueur-Gläschen voll Arac, Kirschenwasser oder Maraschino dazu gegossen, zugedeckt und eine Stunde marinirt. Kurz vor dem Anrichten werden sie in Backteig getaucht, aus heißem Schmalz lichtbraun gebacken, auf einen flachen Deckel gelegt, stark mit Zucker bestäubt, mit der glühenden Schaufel glacirt, im Kranze angerichtet und sogleich zu Tisch gegeben.

Man kann hierzu den Backteig Nr. 1633 oder 1634 anwenden.

1642. Beignets von Aepfeln à la Princesse. Beignets de pommes à la Princesse.

Hierzu nimmt man acht bis zehn Stück Reinetten=Aepfel; jeder Apfel wird quer durch in drei Scheiben geschnitten, diese dann mit einem kleinen Ausstecher in der Mitte ausgestochen und hierauf egal rund geschält. Darnach werden sie in geläutertem Zucker kernig weich gekocht und dann in ihrem kurzen Safte erkalten gelassen. Eine halbe Stunde vor dem Anrichten werden sie auf beiden Seiten mit dicker Aprikosen=Marmelade, unter welche man den Aepfelsaft mit gerührt hat, bestrichen, dann in fein gestoßenen süßen Macaronen umgekehrt, in Backteig eingetaucht und licht= gelb croquant gebacken. Wenn alle Beignets fertig sind, werden sie auf einer Seite in Zitronenwasser=Glacur getaucht, über ein Blech gelegt, ge= trocknet und dann erhaben über eine gebrochene Serviette angerichtet.

1643. Gebackene Apfelschnitten mit Weichseln gefüllt. Beignets de pommes aux cerises.

Man wählt hierzu die besten Reinetten oder Borsdorfer Aepfel; aus diesen werden mit einem langen Ausstecher die Kerne ausgestochen, die Aepfel in Scheiben getheilt, nochmals egal zugeschnitten, so daß sie gleiche Größe haben, und wie die vorhergehenden marinirt. Unterdessen werden die nöthigen Oblaten in der Größe der Aepfel rund geschnitten, so daß auf eine Apfelscheibe zwei Oblaten kommen. Kurze Zeit vor dem An= richten wird auf jedes Stückchen Oblate eine Apfelscheibe gelegt, in der Mitte mit eingemachten Weichseln gefüllt, wieder mit einem Oblatenstück= chen gedeckt und in den Backteig Nr. 1633 getaucht, und so jedesmal sechs bis acht Stück auf einmal lichtbraun gebacken. Sie werden auf ein reines Tuch zum Entfetten gelegt, dann an eine Gabel gesteckt, die schönere Seite in zum Bruch gekochten Zucker getaucht und mit fein= geschnittenen Pistazien bestreut. Wenn die nöthige Anzahl solcher Apfel= schnitten gebacken und auf die angegebene Weise glacirt sind, werden sie auf einer flachen Schüssel über eine gebrochene Serviette im Kranze erhaben angerichtet und sogleich zu Tisch gegeben.

1644. Erdbeeren=Beignets. Beignets de fraises.

Es wird eine Maß reine, gut reife Walderdbeeren mit zwölf Loth gestoßenem Zucker untermengt und hiervon mit einem Kaffeelöffel kleine Häufchen in länglicher Form in Oblaten eingehüllt. Diese werden in den Backteig Nr. 1633 getaucht, schnell lichtbraun gebacken, auf ein Tuch zum Entfetten gelegt, gut mit Zucker bestäubt, gehäuft angerichtet und sogleich frisch gebacken zu Tisch gegeben.

1645. Gebackene Orangenschnitten. Beignets d'orange.

Sechs schöne, saftige Orangen werden rein abgeschält, die innere, weiße Haut sorgfältig abgenommen, so daß nichts von dieser daran bleibt; dann wird jede Orange in acht Theile geschnitten, die Kerne heraus=

genommen und zuſammen eine Stunde im heißen, dicken Zucker-Syrup marinirt. Kurz vor dem Anrichten werden ſie auf ein Sieb zum Abtropfen gelegt, in den Backteig Nr. 1633 getaucht und wie die Aprikoſen-Beignets gebacken und vollendet.

1646. Beignets von Birnen. Beignets de poires à la Duchesse.

Dreißig Stück kleine Muskateller-Birnen werden rein abgeſchält, die Stiele etwas abgeſtutzt, die Kerne mittelſt eines Apfelbohrers ausgehöhlt und dann mit Zucker-Syrup und etwas Vanille kernig weich gekocht. Dieſe Birnen läßt man in ihrem Safte, welcher mit den Birnen dick eingekocht ſein muß, kalt werden und darnach zum Abtropfen auf ein reines Tuch legen; hierauf werden ſie mit dicker Aprikoſen-Marmelade gefüllt und mit rundausgeſtochenen Oblatenblättchen zugemacht. Kurz vor dem Anrichten werden die Birnen in einen nach Nr. 260 bereiteten Backteig getaucht und lichtgelb gebacken, darauf werden dieſelben an eine ſpitzige Gabel geſteckt, ſtark mit Zucker beſtäubt, über der Flamme bis zum Schmelzen des Zuckers glacirt und dann mit feingewiegten grünen Piſtazien geziert. Sie werden entweder pyramidenartig über eine Serviette oder in einem ſchön dreſſirten, aus Pâte d'office bereiteten Körbchen zierlich angerichtet.

1647. Erdbeeren-Beignets auf deutſche Art. Beignets de fraises à l'Allemande.

Man bereitet auf dem Backbrett von einem Pfund feinem Mehl, einem halben Pfund Butter, vier Eidottern, einer Meſſerſpitze Salz, zwei Loth Zucker und einer Obertaſſe voll gutem, ſauern Rahm einen zarten Teig, welchen man eine halbe Stunde zugedeckt ruhen läßt. Dann wird derſelbe meſſerrückendick ausgerollt, zweifingerbreit der Länge nach mit abgeſchlagenen Eiern beſtrichen, die untere Seite gerad geſchnitten, die Erdbeeren mit Zucker untermengt und mit einem Eßlöffel kleine Häufchen, zweifingerbreit auseinander, darüber geſetzt; der Teig darüber geſchlagen, mit dem untern, ſtumpfen Theil eines runden Ausſtechers leicht angedrückt und mit einem Krapfenrädchen in halbrunder Form abgeſchnitten. Sie werden auf eine mit Mehl beſtäubte Serviette gelegt, zugedeckt und kalt geſtellt. Kurz vor dem Anrichten werden ſie aus dem Schmalz gebacken,

stark gezuckert und auf einer flachen Schüssel, über eine zierlich zusammengelegte Serviette aufgethürmt, angerichtet.

**1648. Erdbeeren-Beignets auf bürgerliche Art. Beignets de fraises
à la bourgeoise.**

Acht frischgebackene Milchbrote werden abgerieben, zu messerrückendicken
Scheibchen geschnitten und jedesmal zwei davon fingerdick mit guten, reifen
und mit Zucker untermengten Walderdbeeren gefüllt. Wenn die gehörige
Zahl solcher zubereitet sind, werden sie schnell durch kalte Milch gezogen
und auf ein Sieb gelegt. Eine viertel Stunde vor dem Anrichten werden
sie in gut abgeschlagene Eier getaucht, aus dem Schmalz gebacken, mit
Zucker bestäubt und warm zu Tisch gegeben.

Auf dieselbe Art werden sie auch von Himbeeren bereitet.

1649. Kirschen-Beignets. Beignets de cerises.

Zwei Pfund gute, reife Kirschen werden ausgekernt, zu kleinen Häufchen in Oblaten gut eingewickelt, dann in den Backteig Nr. 1633 getaucht und in schöner Farbe gebacken. Gut mit Zucker bestäubt und gehäuft angerichtet werden sie warm zur Tafel gegeben.

---

74. Abschnitt. 6. Abtheilung.

Von den Beignets von Crême. Des Beignets à la crême.

An die Beignets von Früchten reihen sich die von Crême an, welche
theils in Backteig getaucht oder mit Brot panirt gebacken werden.

**1650. Beignets von Crême mit Vanille. Beignets de crême
à la vanille.**

Eine halbe Maß guten süßen Rahm läßt man mit einer Stange
der Länge nach aufgelöster und in kleine Stückchen geschnittener Vanille

nebst einem viertel Pfund Zucker aufkochen und dann erkalten. Unterdessen werden zwei Eier und sechs Eidotter mit der Schneeruthe gut abgeschlagen, dann mit dem Vanille-Rahm durch öfteres Hin- und Hergießen genau in Verbindung gebracht und nochmals durch ein Haarsieb geseiht. Hierauf werden kleine runde Becher mit geklärter, frischer Butter ausgestrichen, mit der Masse angefüllt, bis zur Hälfte in kochendes Wasser auf Kohlengluth gestellt, zugedeckt, etwas wenig Kohlengluth auf den Deckel gethan und so der Crème im Dunste stocken oder steif werden lassen. Wenn dies erreicht ist, wird er auf eine flache Schüssel gestürzt und nachdem er kalt geworden ist, in den Backteig Nr. 1633 getaucht oder in abgeschlagenen Eiern umgewendet, mit geriebenem Brote panirt, sodann aus heißem Schmalz gebacken, mit Zucker bestäubt, mit der glühenden Schaufel glacirt und wie die vorhergehenden Beignets erhaben angerichtet.

Auf diese Weise kann jeder Crème mit jedem beliebigen Geschmack zubereitet und ebenso vollendet werden.

Eine Abweichung in ihrer Zubereitung machen die abgerührten und in Oblaten oder dünne Pannequets eingehüllten Crème-Beignets, französische Beignets, wie aus nachstehenden Rezepten zu sehen.

1651. Französische Beignets.   Beignets à la Française.

Zwei Eßlöffel voll Mehl werden mit kaltem Rahm fein abgerührt, dann werden zwölf Eidotter und zwölf Loth Orangen-Zucker dazu gethan, mit dem nöthigen süßen Rahm (ungefähr ein und ein halbes Quart) genau verbunden und dann auf Kohlenfeuer zu einem feinen, geschmackvollen, dickfließenden Crème abgerührt, welchen man unter beständigem Rühren, damit er keine Haut zieht, kalt rührt. Unterdessen werden sechs ganz feine Pannequets recht blaß gebacken, auf einer Serviette ausgebreitet, messerrückendick mit dem Crème bestrichen, zusammengerollt, in zweizoll-lange Stückchen geschnitten und bis zum Gebrauche auf einem Torten-bleche zugedeckt kalt gestellt. Kurz vor dem Anrichten werden sie in den Backteig. Nr. 1633 getaucht oder in abgeschlagenen Eiern gewendet, mit

geriebenem Brote panirt, aus heißem Schmalz gebacken, stark mit Zucker
bestäubt, glacirt, zierlich angerichtet und warm zur Tafel gegeben.

1652. Französische Beignets von Chokolade. Beignets au chocolat
à la Française.

Sechs Tafeln oder zwölf Loth gute Vanille-Chokolade wird mit einem
Quart kochendem Rahm auf dem Feuer fein abgerührt; dann, wenn derselbe ausgekühlt ist, wird das Gelbe von zwölf Eiern und acht Loth gestoßener Zucker dazu gethan, mit noch einem Quart Rahm genau verbunden und diese Masse auf Kohlenfeuer zu einem feinen Köchel abgerührt,
welches kalt messerrückendick in feine Pannequets gestrichen und wie die
vorhergehenden gebacken wird.

1653. Französische Beignets mit Mandeln. Beignets aux
amandes à la Française.

Vierundzwanzig Loth Mandeln werden gebrüht, abgezogen, mit einem
Eiweiß fein gestoßen, dann mit einem halben Pfund feinem Zucker und
einem zweiten Eiklar untermengt und auf Kohlenfeuer abgeröstet, bis sich
die Masse vom Löffel löst. Nach dem Erkalten wird die Masse in eine
mit einem Stern versehene blecherne Sprize gefüllt, zu einem langen
Streifen auf ein mit Zucker bestäubtes Blech gedrückt, dieser sobann in
fingerlange Stückchen geschnitten, jedes in den Backteig Nr. 1633 getaucht,
und aus heißem Schmalz schön gebacken. Wenn alle gebacken sind, werden sie stark mit Zucker bestäubt, mit der glühenden Schaufel glacirt und
zierlich angerichtet.

1654. Beignets von Mandeln auf englische Art. Beignets aux
amandes à l'Anglaise.

Von einem halben Pfund süßen und zwei Loth bittern Mandeln wird
mit einer Maß Rahm eine Mandelmilch bereitet, welche mit sechs Loth
Reismehl, zwölf Loth Zucker und etwas Fleurs d'orange zu einem feinen,
zarten Köchel auf dem Feuer abgerührt wird. Dieses Köchel wird sobann
auf ein mit Butter bestrichenes Tortenblech fingerdick aufgestrichen, nach
dem Erkalten in kleine Vierecke geschnitten, dann wird das Blech erwärmt,
damit sich diese mit dem Messer leicht abnehmen lassen. Sie werden sodann in den Backteig Nr. 1633 getaucht, schön aus heißem Schmalz gebacken, mit Zucker bestäubt, mit der glühenden Schaufel glacirt und zierlich
auf einer flachen Schüssel über eine Serviette angerichtet.

1655. Beignets von Kastanien. Beignets de marrons à l'Espagnole.

Zwei Pfund große, gute Kastanien werden abgeschält, einige Minuten
in's kochende Wasser gelegt (gebrüht), damit sich auch die zweite Schale
mit einem Tuch abstreifen läßt; sobann werden sie in einem flachen Ge-
schirre geordnet, mit einem halben Pfund gestoßenem Zucker bestreut, mit
einer halben Bouteille Malaga-Wein begossen und zugedeckt auf Kohlenfeuer

weich und kurz gedünstet. Wenn dieses erreicht ist, werden von diesen achtzehn ganz gebliebene Kastanien ausgesucht und auf einem Teller zu= gedeckt, kalt gestellt; die übrigen werden im Mörser fein gestoßen, mit sechs Loth frischer Butter, einer Prise Salz und sechs Eßlöffeln voll Doppelrahm untermengt und durch ein feines Haarsieb gestrichen. Mit diesem Kastanien=Püree werden nun die ganzen Kastanien, an die man an jede einige abgetropfte eingemachte Weichseln angedrückt hat, eingehüllt, welche wieder in feucht gemachte Oblaten gewickelt und etwas plattrund gedrückt werden. Diese Beignets können sowohl in den Backteig Nr. 1633 oder auch panirt aus heißem Schmalz gebacken werden. Sie werden so= dann mit Zucker bestäubt, mit der stark glühenden Schaufel glacirt und wie die vorhergehenden zierlich angerichtet.

1656. Beignets auf englische Art. Beignets Anglo-Françaises.

Gewöhnlich werden zu dieser Art Beignets die vom Tage vorher in Rest gebliebenen Puddings, welche in Scheibchen geschnitten und in den Backteig Nr. 1635 getaucht werden, verwendet. Diese hier folgenden Beignets übertreffen an Güte und Wohlgeschmack bei weitem die andern, und können mit Recht an jeder feinen Tafel als eine angenehme Schüssel gegeben werden. Man hat hierzu von weißem Blech zwei acht Zoll lange, drei Zoll breite und zwei Zoll hohe glatte Formen; diese werden mit klarer Butter ausgestrichen, mit weißem Papier ganz ausgefüttert und dies wieder mit Butter überstrichen. In diese werden nun feine Tafel= Bisquits eines an das andere quer eingelegt, mit in Zucker abgekochten Sultan=Rosinen und eingemachten Weichseln überstreut und darüber wieder Bisquits aber der Länge nach gelegt; darüber streut man wieder Rosinen und Weichseln, und zuletzt wird das Ganze mit Bisquits gedeckt. Sodann werden zwei ganze Eier und zehn Eidotter mit drei Quart süßem Rahm und zwölf Loth gestoßenem Zucker genau in Verbindung gebracht, zu die= sem eine Obertasse voll Maraschino bi Zara gegossen, und das Ganze durch ein Haarsieb geseiht. Dieser Crème wird nun über die Bisquits nach und nach, bis diese denselben ganz eingesogen haben, gegossen, dann wird über jede Form ein mit Butter bestrichenes Papier gelegt, welche man dann au bain-marie stocken läßt. Nach diesen werden sie heraus= genommen, das obere Papier abgezogen, auf Tortenbleche gestürzt und an einen kühlen Ort gestellt. Kurz vor dem Anrichten werden sie in gleich= große, längliche Stückchen geschnitten, in den Backteig Nr. 1633 getaucht, lichtbraun aus heißem Schmalz gebacken, in gestoßenem Zucker umgelehrt, jedes an eine Gabel gesteckt und bei heller Flamme glacirt. Zierlich an= gerichtet werden sie warm zu Tisch gegeben.

1657. Beignets von Reis. Beignets de riz.

Ein halbes Pfund Karolinen=Reis wird rein belesen, sorgfältig im lauwarmen Wasser mehrmals gewaschen, mit kochendem Wasser einmal aufgekocht und sodann auf ein Sieb geschüttet. Dieser blanchirte Reis wird in ein und einer halben Maß kochendem Rahm mit zwölf Loth Zucker nebst einer Stange Vanille auf Kohlenfeuer sehr weich und dick gekocht, sodann auf ein mit Butter bestrichenes Tortenblech fingerdick egal aufgestrichen und kalt gestellt. Hierauf wird derselbe mit einem Aus= stecher in der Runde eines Weinglases ausgestochen, oder auch spitzweck= artig geschnitten, das Blech leicht erwärmt, damit sich die Stückchen ab= lösen lassen, welche sonach in abgeschlagene Eier getaucht und mit fein geriebenem Brote gut panirt werden. Kurz vor dem Anrichten werden sie lichtbraun aus heißem Schmalz langsam gebacken, auf ein Tuch zum Entfetten gelegt, stark mit Zucker bestäubt, glacirt, wie die vorhergehenden angerichtet und recht warm zu Tisch gegeben. — Statt dem Vanille=Geruch kann der Reis auch in guter Mandelmilch weich gekocht werden.

1658. Beignets von Reis mit Kaffeegeruch. Beignets de riz au café.

Unter ein halbes Pfund mit Zucker und Rahm weich und dick ge= kochten Reis gießt man zwei Obertassen voll starken, schwarzen Kaffee, mit welchem man den Reis noch einige Minuten dünsten läßt. Im Uebri= gen werden sie ganz den vorhergehenden Reis=Beignets gleich vollendet.

1659. Beignets von Reis mit Chokolade. Beignets de riz au chocolat.

Unter den weich und dick gekochten Reis wird ein viertel Pfund geriebene Chokolade gemengt, aufgestrichen und den vorhergehenden gleich panirt und gebacken. Sie werden in geriebener Chokolade, mit Zucker untermengt, gehäuft angerichtet.

1660. Beignets von Gries. Beignets de semoule.

Eine Maß gute Milch läßt man mit einem viertel Pfund Zucker, einem Stückchen ganzen Zimmt, vier Loth Butter und einer Prise Salz aufkochen und bei beständigem Rühren ein halbes Pfund schönen Gries einlaufen und gut auskochen. Sodann wird derselbe fingerdick aufgestrichen, nach dem Erkalten geschnitten, panirt, lichtbraun gebacken, in mit gestoßenem Zimmt untermengten Zucker umgekehrt, gehäuft angerichtet und warm zu Tisch gegeben.

1661. Beignets von Nudeln. Beignets de nouilles.

Man bereitet von vier Eidottern und einem ganzen Ei, dem nöthigen feinen Mehl und einer Prise Salz feingeschnittene Nudeln. Man kocht sie in ein und einer halben Maß gutem Rahm mit zwölf Loth Zucker, einem Stück Vanille oder auch einem Stückchen Zimmt auf Kohlenfeuer gut aus, schüttet sie auf ein mit Butter bestrichenes Tortenblech, streicht sie mit dem Messer fingerdick und gleichmäßig auseinander, überdeckt sie mit Butter bestrichenem Papier und läßt sie so erkalten. Sodann werden sie in längliche oder eckige Stückchen geschnitten, in abgeschlagene Eier getaucht, panirt, in lichtbrauner Farbe aus dem Schmalz gebacken, mit Zucker bestreut, glacirt und zierlich angerichtet warm zu Tisch gegeben.

1662. Gefüllte Nudel-Beignets. Beignets de nouilles à la marmelade d'abricots.

Die vorhergehend in Rahm und Zucker gut ausgekochten feinen Nudeln werden auf ein mit Butter bestrichenes Blech gethan, halbfingerdick gleichmäßig glatt gestrichen, wie Thalerstücke rund ausgestochen, mit Aprikosen-Marmelade bestrichen und zu zwei zusammengesetzt. Sie werden wie die vorhergehenden panirt, gebacken, mit Zucker bestäubt, schön glacirt und zierlich gehäuft angerichtet.

1663. Sächsische Beignets. Beignets à la Saxonne.

Zwölf Loth Reismehl werden mit zehn Loth feinem Zucker, sechs Loth fein gestoßenen süßen Macaronen, einer Prise Salz nebst dem nöthigen süßen Rahm fein abgerührt und auf Kohlenfeuer zu einem dicken Brei gut ausgekocht. Diese Masse wird sodann in eine Schüssel gethan, mit vier Loth sehr frischer Butter und zwölf Eidottern gut verrührt, sodann in runde, mit Butter ausgestrichene Becher-Förmchen gefüllt, und diese au bain-marie, bis sie gestockt sind, langsam gekocht. Hierauf werden sie gestürzt, mit einem runden Ausstecher eine Oeffnung eingestochen, etwas ausgehöhlt, mit etwas Aprikosen-Marmelade gefüllt und wieder gedeckt. Sie werden in abgeschlagene Eier getaucht, mit gestoßenen Macaronen panirt und kurz vor dem Gebrauche aus dem Schmalz in schöner Farbe gebacken. Mit Zucker bestäubt werden sie erhaben zierlich angerichtet.

1664. Beignets auf bürgerliche Art. (Oblaten-Kücheln.) Beignets à l'Allemande.

Man schneidet aus großen Stücken Oblaten zweizollgroße, viereckige Stückchen, welche in der Mitte in der Größe eines Sechskreuzerstücks mit Hagebutten-Mark mittelst eines Eßlöffels belegt werden und dann ein an= deres Stückchen wieder darauf gelegt wird, so daß von allen Seiten eine kleine Oeffnung zwischen den Oblaten bleibt. Wenn nun jedesmal sechs Stück so vorbereitet sind, werden sie auf allen vier Seiten in den Backteig Nr. 1635 leicht eingetaucht, daß sich die vier Seiten genauer schließen und beim Backen ein lichtbrauner Rand, die Oblaten aber gelblich gefärbt und die Marmelade roth zu sehen ist. Wenn nun wenigstens vierund= zwanzig Stück solcher Beignets gebacken, im Ofen erwärmt und mit Zucker bestäubt sind, werden sie gehäuft angerichtet und warm zu Tisch gegeben.

1665. Beignets von Aepfeln auf spanische Art. Beignets de pommes à l'Espagnole.

Acht Stück schöne Borsdorfer, Calville= oder Reinette=Aepfel werden rein geschält, jeder in vier Theile getheilt, die Kerne rein herausgeschnitten, sobann ein Stück an das andere in ein flaches Geschirr über ein viertel Pfund gut gereinigte, getrocknete Malaga=Trauben gelegt, mit zwölf Loth gestoßenem Zucker bestreut, mit einer Obertasse voll Weichselsaft und ebenso viel Malaga=Wein genäßt und gut zugedeckt auf Kohlenfeuer sorgfältig, daß die Trauben nicht anbrennen, weich und kurz gedünstet. Unterdessen wird von zwölf eben solchen Aepfeln eine Marmelade mit dem nöthigen Zucker und einem Gläschen Malaga=Wein bereitet, welche man in einer Schüssel mit acht Loth fein gestoßenen süßen Macaronen, sechs Loth zer= lassener, sehr frischer Butter und dem Gelben von acht Eiern gut abrührt. Sobann werden aus großen Oblaten in der Größe eines Weinglases die nöthigen runden Stücke ausgestochen, wovon jedesmal eines messerrückendick mit der Marmelade überstrichen, mit einem Aepfelstück und zwei Rosinen belegt, diese mit derselben Marmelade genau überstrichen und dann mit einem Oblat=Blättchen wieder gedeckt wird. Wenn nun alle Aepfelstücke auf diese Weise zwischen Oblaten eingehüllt sind, werden sie in der Runde mit gestoßenen Macaronen bestreut, dann in abgeschlagene ganze Eier ge= taucht und gut mit fein geriebenem, recht weißen Mundbrote panirt, über ein mit Brot bestreutes Tortenblech gelegt und mit Papier zugedeckt kalt gestellt. Eine viertel Stunde vor dem Anrichten werden sie aus heißem Schmalz lichtbraun gebacken, gut mit Zucker bestäubt, auf einer Seite mit der glühenden Schaufel glacirt und wie die vorhergehenden über eine ge= brochene Serviette zierlich angerichtet.

1666. Beignets auf Berliner Art. Beignets à la Berlinoise.

Eine halbe Maß süßen Rahm läßt man mit acht Loth sehr frischer Butter, einer Prise Salz, vier Loth Zucker nebst einem Stückchen Zimmt aufkochen, nimmt dann den Zimmt heraus, gibt unter beständigem Rühren so viel gesiebtes feines Mehl dazu, daß daraus ein zarter, feiner Brand= teig entsteht, welchen man, bis sich derselbe vom Löffel löst, über Kohlen= feuer fein abarbeitet. Wenn nun derselbe kalt geworden ist, rührt man vier ganze Eier und sechs Eidotter dazu. Vor dem Anrichten gibt man die Hälfte davon auf ein Teigbrett, macht davon mit der Hand, nachdem man gestoßene Macaronen darunterstreut, fingerdicke Streifen, schneidet diese zu gleichgroße, dreizollange Stückchen und bäckt diese licht= braun aus heißem Schmalz. Sie werden mit Zucker bestäubt, schön an= gerichtet und ein guter Wein, Chaud d'eau, extra beigegeben.

1667. Wiener Krapfen. Beignets à la Viennoise à la levure.

Diese Krapfen, welche als Faschingkrapfen in Wien bekannt sind, gehören wie das Backhuhn (Backhähnel) zu jenen Speisen, welche man in Wien so außerordentlich gut bekömmt, und welche Nationalgerichte der Wiener geworden sind.

Ein Pfund erwärmtes feinstes Mehl wird gesiebt, in eine Schüssel gethan und in der Mitte eine Grube gemacht; in diese kommen vier Eß= löffel voll gute Hefe, drei Eßlöffel voll Zucker, ein viertel Pfund zer= lassene Butter, etwas Salz und acht bis neun Eidotter. Das Ganze wird nun mit einer halben Maß gutem, lauwarm erwärmten süßen Rahm, der nach und nach dazu gegossen wird, untermengt und das Ganze zu einem leichten, feinen, glänzenden Teig abgeschlagen, mit Mehl bestäubt, mit einer Serviette zugedeckt und an einen warmen Ort zum Aufgehen gestellt. Wenn die Hefe gut ist, wird nach Verlauf einer halben Stunde der Teig nochmal so hoch geworden sein, als sein erstes Volumen war. Man gibt alsdann den dritten Theil davon auf ein erwärmtes Teig= oder Nudelbrett, drückt denselben mit der flachen Hand federkieldick auseinander,

jedoch ist sehr darauf zu achten, daß auf der obern Seite kein Mehl ge=
stäubt wird. Es werden dann mit einem Ausstecher, der im Durchmesser
zwei Zoll hat, runde Blättchen ausgestochen, wovon die Hälfte in der
Mitte mit einem Kaffeelöffel voll Aprikosen=Marmelade belegt, rund herum
mit abgeschlagenen Eiern ganz wenig bestrichen, die andere Hälfte der
Blättchen aber auf der oberen Seite darüber gelegt, rund herum leicht
angedrückt und mit einem etwas kleinern Ausstecher nochmals ausgestochen
werden, welches beide Theile genau schließt. Sie werden dann über ein
mit Mehl stark bestäubtes Tuch, die obere Seite nach unten gelegt und
jedesmal mit einem erwärmten Tuch gedeckt, ebenso wird mit dem andern
Teig verfahren, bis aller verarbeitet ist. Wenn nun diese Krapfen an
einem warmen Orte gehörig, das heißt noch einmal so hoch aufgegangen
sind, werden die zuerst gemachten (jedesmal acht Stück davon) in drei
Pfund des besten heißen Schmalzes, die obere Seite nach unten, eingelegt
und zugedeckt. Nach einer Minute muß sich die untere Seite lichtbraun
gefärbt haben, und der Krapfen aufgelaufen sein; sie werden dann mit
einem hölzernen Spießchen umgewendet, die Pfanne nicht mehr zugedeckt
und backen gelassen, bis sie auch von unten dieselbe Farbe haben. Sie
werden dann mit einem Schaumlöffel auf ein Tuch gelegt, heiß mit Zucker
bestäubt und bis alle so ausgebacken sind, warm gehalten. Wenn nun
alle so fertig sind, werden sie auf eine flache Schüssel über eine gebrochene
Serviette zierlich angerichtet und warm zu Tisch gegeben.

Als Kennzeichen ihrer Vollkommenheit müssen diese Krapfen, wenn
sie gebacken sind, beinahe rund sein und in der Mitte ihrer Höhe ein
weißes Ränstchen haben, welches sie besonders charakterisirt.

**1668. Aufgelaufene Beignets, Brandnudeln. Beignets soufflés
à la vanille.**

Man schneidet eine Stange Vanille in kleine Stückchen, kocht diese in
einer halben Maß guter Milch aus, passirt diese in eine andere Casserolle,
gibt dann sechs Loth sehr frische Butter dazu und rührt, wenn die Milch
wieder kocht, so viel feines gesiebtes Mehl hinein, daß man einen zarten
Teig erhält, welchen man noch einige Minuten über dem Feuer abrührt,
bis sich derselbe von dem Löffel und der Casserolle loslöst. Dieser Teig
wird sodann in eine andere Casserolle gethan, mit sechs Loth gestoßenem
Zucker, ein wenig Salz und acht Eierbottern gut verrührt, sodann mit dem
festgeschlagenen Schnee von drei Eiern und einen Löffel voll geschlagenem
Rahm untermengt und zugedeckt kalt gestellt. Eine halbe Stunde
vor dem Anrichten wird der Teig auf den mit Mehl bestäubten Backtisch
gethan, mit der Hand lang ausgerollt, in nußgroße Stücke geschnitten,
diese in der Hand rund gemacht und dann aus heißem Schmalz langsam
bis sie gut aufgelaufen sind, in schöner lichtbrauner Farbe gebacken. Sie
werden sodann mit dem Schaumlöffel ausgehoben, über Löschpapier auf ein
Tuch gelegt, mit Zucker bestäubt, gehäuft angerichtet und warm servirt.

1669. Brandnudeln auf bürgerliche Art. Beignets soufflés à la bourgeoise.

Eine halbe Maß Milch läßt man mit vier Loth Butter, zwei Loth Zucker, etwas Salz und einem Stückchen Zimmt aufkochen, nimmt sodann den Zimmt heraus und rührt so viel gesiebtes feines Mehl in die kochende Milch, daß man einen compacten Brandteig erhält, den man einige Minuten über dem Feuer abröstet. Wenn derselbe nun kalt geworden ist, werden drei ganze Eier und vier Eierdotter gut darunter gerührt, daß man einen feinen zarten Teig erhält. Eine halbe Stunde vor dem Anrichten wird nun ein und ein halbes Pfund gutes Schmalz heiß gemacht, der Teig mit einem Blechlöffel ausgestochen, mit dem Finger von dem Löffel in runder Form abgestreift, in's heiße Schmalz gelegt und so lange fortgefahren, bis die gehörigen Nudeln eingelegt sind, welche dann unter leichtem Rütteln der Pfanne über dem Feuer langsam lichtbraun gebacken werden. Sie müssen gut aufgelaufen, sehr leicht und gut ausgebacken sein. Mit Zucker bestäubt, werden sie gehäuft angerichtet und warm zu Tisch gegeben.

1670. Brandstrauben. Grands Beignets soufflés et seringués.

Man bereitet hierzu eine der vorhergehend beschriebenen Massen, füllt davon einen Theil in eine unten mit einem Stern eingelegten Spritze, drückt diese in der Runde in heißes, rauchendes Schmalz, zieht die Pfanne vom Feuer an die Ecke des Windofens und bäckt diese Strauben bei immerwährendem leichten Schütteln der Pfanne, bis sie eine lichtbraune Farbe haben. Sie werden sodann umgewendet und ebenso gebacken, dann auf Löschpapier über ein Tuch zum Entfetten gelegt, gut mit Zucker bestreut, drei übereinander liegend angerichtet und warm zu Tisch gegeben.

1671. Gefüllte Beignets auf deutsche Art. Beignets farcis à l'Allemande.

Es werden von gewöhnlichem Hefenteig thalergroße Brötchen auf ein mit Mehl bestäubtes Backblech gesetzt, zum Aufgehen an einen warmen Ort gestellt, dann jedes mit einer Gabel mehrmals durchstochen und lichtgelb aus dem mittelheißen Ofen gebacken. Wenn diese Brötchen kalt geworden sind, werden sie überall fein abgerieben, in der Mitte ein Deckelchen abgeschnitten, dann ausgehöhlt und mit Chokolade, Orangen, Vanille oder Crème patissière kalt gefüllt, die Deckelchen darüber gelegt, jedes Brötchen in kalten Rahm getaucht, in eine gut mit frischer Butter ausgestrichene Plât à sauté gesetzt und zugedeckt kalt gestellt. Eine halbe Stunde vor dem Anrichten werden sie mit lauwarmer Butter bestrichen, gut mit Zucker bestäubt, etwas heißer Rahm darunter gegossen, in einen warmen Backofen oder Backrohr gestellt und, bis die Brötchen eine schöne Farbe haben, gebacken. Sie werden erhaben angerichtet, etwas heißer süßer Rahm darunter gegossen und warm zu Tisch gegeben.

1672. Englische Beignets. Beignets à l'Anglaise.

Man läßt eine Maß Rahm mit einer in kleine Stückchen geschnittenen Stange Vanille nebst zwölf Loth Zucker aufkochen und zugedeckt kalt stellen. Unterdessen werden zwölf Eidotter in eine Casserolle gethan, mit dem kalt gewordenen Vanille-Rahm in genaue Verbindung gebracht, durchgeseiht, der Crême in mit Butter ausgestrichene glatte Becherförmchen gefüllt und sodann im Dunste stocken gelassen. Wenn der Crême nun kalt geworden ist, wird derselbe gestürzt, in der Mitte durchgeschnitten, jedes Stückchen in abgeschlagene ganze Eier getaucht und mit fein geriebenem weißen Brote panirt. Kurz vor dem Anrichten werden die Beignets aus heißem Schmalz lichtgelb gebacken, stark mit feinem Zucker bestäubt und mit der glühenden Schaufel schön glacirt. Sie werden sodann über eine zierlich zusammengelegte Serviette auf einer flachen Schüssel angerichtet und warm servirt. Auf diese Weise kann dem Crême jeder beliebige Geschmack gegeben werden.

1673. Deutsche Chokolade-Beignets. Beignets au chocolat à l'Allemande.

Acht Loth feine Vanille-Chokolade wird gerieben und mit acht Loth Zucker und einem Quart Rahm einige Minuten gekocht und kalt gestellt. Unterdessen werden zwei Loth Reismehl mit kaltem Rahm fein abgerührt, zehn Eidotter dazu gethan, mit der Chokolade untermengt und auf Kohlenfeuer zu einem Köchel abgerührt, welches in eine Schale durchpassirt wird. Dieser kalt gewordene Chokolade-Crême wird in Oblaten-Stückchen in der Art eingewickelt, daß daraus fingerlange und ebenso dicke Beignets entstehen, welche von allen Seiten mit Eiern bestrichen werden und gut eingeschlossen sind, so daß der Crême beim Backen nicht ausrinnen kann. Wenn alle beendet sind, werden sie in abgeschlagene ganze Eier getaucht und im geriebenen weißen Brote gut umgekehrt. Kurz vor dem Gebrauche werden sie aus heißem Schmalz gebacken, in fein gestoßenem Zucker umgekehrt, wie die vorhergehenden angerichtet und warm servirt.

1674. Papagei-Brot. Pain à la perroquet.

Sechs Stück weiße Mundbrote werden abgerieben, in federkielbicke Scheiben geschnitten und dieselben wieder in Herzform gebracht. Sie wer- den dann in einer flachen Schüssel nebeneinander gelegt, mit fünf Eiern, welche mit einer viertel Maß Rahm gut verrührt worden, übergossen, und so zum Durchweichen zugedeckt bei Seite gestellt. Sie werden aus heißem Schmalz lichtgelb gebacken, zum Entfetten auf ein Tuch gelegt, in einer runden, glatten Form eingerichtet und mit einem halben Pfund gut gereinigter Corinthen und zwölf Loth türkischen Rosinen im Kranze ab- wechselnd bestreut. Eine halbe Stunde vor dem Anrichten läßt man eine Bouteille Burgunder mit einem Stückchen Zimmt, etwas Orangen-Schale, nebst einem halben Pfund Zucker aufsieden, gießt denselben über die ge- backenen Brotherzchen, stellt die Form auf ein Tortenblech, deckt sie gut zu und läßt sie in einem mittelheißen Ofen langsam, bis das Brot den Wein eingesogen hat, dünsten. Die Form wird sodann in eine Schale gestürzt, abgehoben und das Brot, welches einen Kuchen bilden muß, mit einem in eine Saucière gegossenen Glühwein, warm zu Tisch gegeben.

---

74. Abschnitt. 7. Abtheilung.
Von den Cannellons. Des Cannellons.

Diese unterscheiden sich von den Beignets dadurch, daß sie in langer Form aus Butterteig gemacht und weder panirt noch in einen Teig ge- taucht, aus dem Schmalz gebacken werden.

1675. Gebackene Cannellons mit Aprikosen-Marmelade. Cannellons frits à la marmelade d'abricots.

Von einem Pfunde Butter und gut bereitetem viermal zusammenge- legten Butterteige werden zwei gleich große, langviereckige, messerrückendicke Platten ausgewalkt, welche außen herum gerade zugeschnitten und in drei Zoll breite Streifen der Länge nach egal geschnitten werden. Diese Streifen

werden nun mit abgeschlagenen Eiern bestrichen und mit dicker Aprikosen= Marmelade, welche in eine Papierbüte gefüllt wurde, quer in der Dicke eines starken Federkiels, bespritzt. Der Teig wird jedesmal mit dem Messer über die Marmelade gebogen, einmal umschlagen, dann an beiden Enden gut angedrückt, so daß diese in den Teig gut eingeschlossen ist und man egal dicke und dreizolllange Stängchen erhält, welche über ein mit Mehl bestäubtes Blech gelegt, mit Papier zugedeckt und kalt gestellt werden. Kurz vor dem Gebrauche werden sie aus heißem Schmalze langsam, damit der Teig durchbäckt, gebacken, dann auf ein Tuch zum Entfetten gelegt, sodann unten und oben in Bruchzucker getaucht und dieser mit fein geschnittenen Pistazien oder fein geschnittenen, roth gefärbten Mandeln bestreut. Sie werden pyramidenartig über eine gebrochene Serviette angerichtet und warm zu Tisch gegeben.

Um alle Wiederholungen zu vermeiden, bemerke ich, daß jede beliebige Marmelade dazu verwendet werden kann, nur muß sie dick eingekocht sein.

1676. Gebackene Cannellons mit Erdbeeren. Cannellons frits aux fraises.

Eine Maß schöne reife Erdbeeren werden mit einem viertel Pfund gestoßenem Zucker untermengt, wie die Marmelade in den Butterteig zu langen Streifen eingewickelt, dann gebacken und ebenso angerichtet.

1677. Gebackene Cannellons mit Himbeeren. Cannellons frits aux framboises.

Werden wie die von Erdbeeren bereitet.

1678. Gebackene Cannellons mit Kirschen. Cannellons frits aux cerises.

Zwei Pfund schöne Kirschen werden ausgekernt, mit Zucker. einigemal aufgekocht, dann in ein Sieb geschüttet und gut abgetropft. Diese Kirschen werden mit dick eingekochtem Safte ebenso in den Butterteig gelegt, gut eingewickelt, gebacken, mit Zucker bestäubt und ebenso angerichtet.

Der Syrup der Kirschen wird eingekocht, die Kirschen wieder darunter melirt und als dicke kalte Substanz in den Teig eingewickelt.

1679. Gebackene Cannellons mit Mandel-Crême. Cannellons frits à la crême de Pithiviers.

Ein viertel Pfund süße und acht Stück bittere Mandeln werden ab=
gezogen und mit etwas Milch sehr fein gerieben, hierauf in eine Schüssel
gethan, mit acht Loth gestoßenem Zucker, auf dem man eine Zitrone ab=
gerieben hat, nebst vier Loth Butter, vier Eidottern, drei Löffeln voll
Schlagrahm, etwas gestoßener Fleurs d'orange und einem Körnchen Salz
gut abgerührt. Diese crêmeartige Masse wird nun, wie es bei den vor=
hergehenden Cannellons angegeben ist, in Butterteig eingeschlagen, lichtgelb
aus dem Schmalz gebacken, mit Zucker bestreut, schön angerichtet und
warm zu Tisch gegeben.

1680. Gebackene Cannellons mit Haselnuß-Crême. Cannellons frits à la crême d'avelines.

Ein halbes Pfund Hasel= oder Bartnüsse werden mit etwas Milch
fein gerieben, in eine Casserolle gethan, mit einer halben Maß kochendem
Rahm übergossen, gut durcheinander gerührt und zugedeckt kalt gestellt.
Sodann wird dieser Rahm durch eine Serviette gepreßt und hiervon mit
einem viertel Pfund Zucker, dem Gelben von acht Eiern, nebst einem Eß=
löffel voll Mehl ein Crême auf Kohlenfeuer abgerührt, den man zum
Erkalten auf einen Teller gießt. Mit diesem Crême werden nun die
Cannellons wie die vorhergehenden gefüllt, ebenso gebacken, mit Zucker
bestreut und über eine gebrochene Serviette erhaben angerichtet.

1681. Gebackene Cannellons mit Chokolade-Crême. Cannellons frits à la crême au chocolat.

Zwölf Loth gute Vanille=Chokolade löst man mit einer Obertasse voll
Rahm auf, rührt denselben recht fein ab, gibt zwei Eßlöffel voll Mehl,
vier Eßlöffel voll gestoßenen Zucker und sechs Eidotter dazu, gießt noch den
nöthigen kalten Rahm dazu und rührt dieses zu einem dickflüssigen Crême
ab, den man zum Erkalten in einen Teller gießt. Wenn derselbe nun
kalt geworden ist, werden diese Cannellons wie die vorhergehenden zube=
reitet, ebenso gebacken, mit Zucker bestreut und warm zu Tisch gegeben.

1682. Gebackene Cannellons mit Pistazien. Cannellons frits à la pâte de pistaches.

Acht Loth. gebrühte und abgezogene Pistazien werden mit etwas
Eiweiß sehr fein gerieben, in einer Schüssel mit zwölf Loth Staubzucker
untermengt und hiervon auf weißem Papier mit Staubzucker gleich lange
kleine Würstchen geformt, welche in Backteig getaucht und aus dem besten
Schmalz gebacken werden. Weiß mit Zucker bestäubt werden sie zierlich
über eine Serviette angerichtet und warm zu Tisch gegeben.

Zu bemerken ist noch, daß alle Gattungen dick gekochter Marmelade,
alle Gattungen auf dem Feuer abgerührter Crêmes (feine Köchel) statt in

Butterteig in ganz dünn gebackene Pannequets eingehüllt werden können, welchen man dieselbe längliche Form gibt, allein sie müssen dann in abge=schlagene Eier getaucht und mit fein geriebenem Brote panirt werden.

1683. Croquetten von Aepfeln à la Saint-Simon. Croquettes de pommes à la Saint-Simon.

Man bereitet von guten Aepfeln eine dicke Marmelade, unter welche man zwei Eßlöffel voll Vanille=Zucker und zwei Eßlöffel voll feingewiegte Pistazien rührt; mit dieser werden dünne Pannequets messerrückendick be=strichen, dieselben zusammengerollt und daraus Croquetten geformt, welche man unten und oben mit kleinen Stückchen von den Abfällen der Panne=quets bedeckt. Sie werden dann in abgeschlagene Eier getaucht, panirt, hiernach lichtgelb gebacken, gut mit Zucker bestäubt und über einer Ser=viette erhaben angerichtet. Eine dünne Aepfel=Gelée, mit etwas Vanille=Liqueur im Geschmack angenehm gehoben, wird in einer Saucière extra beigegeben.

———

74. Abschnitt. 8. Abtheilung.
Von verschiedenen andern aus dem Schmalz gebackenen Mehlspeisen.
Des Beignets divers.

1684. Schneeballen. Balles de neige.

Ein halbes Pfund feines, gesiebtes Mehl wird auf den Backtisch gethan, dazu kommen acht Loth kleingebröckelte frische Butter, vier Eßlöffel voll guter saurer Rahm, das Gelbe von vier Eiern, ein halber Löffel voll Zucker, eine Messerspitze voll Salz. Dies Alles wird zu einem Teig zusammengemacht und eine viertel Stunde zugedeckt ruhen gelassen; nach Verlauf dieser Zeit gibt man dem Teig, wie beim Butterteig später ge=zeigt werden wird, drei Touren und läßt denselben an einem kalten Orte stehen. Dieser Teig wird sodann zu einer messerrückendicken Platte aus=gewalkt, aus dieser runde, im Durchmesser drei Zoll breite Blättchen aus=gestochen, welche mit einem Krapfenrädchen federkieldick in der Art von einander durchgerädelt werden, daß der Rand der Blättchen nicht verletzt wird. Diese Blättchen, die nun durch den unverletzten Rand zusammen=halten, werden so durcheinander geflochten und gezogen, daß sie einen zu=sammengeschobenen Ballen bilden. Sie werden sodann in der Pfanne mit zwei Pfund heißem Schmalz, jedesmal zu acht Stück gelegt, schnell, bis sie eine schöne lichtgelbe Farbe haben, gebacken. Aus dem Schmalz werden sie auf Löschpapier über ein reines Tuch gelegt, jedes einzeln stark mit Staubzucker bestreut, daß sie ganz weiß erscheinen, und gehäuft über eine gebrochene Serviette angerichtet.

1685. Zuckerstrauben. Grappes de pâte filets.

Fünfzehn Loth Mehl, das Weiße von zehn Eiern, acht Loth gestoßener Zucker und etwas wenig Salz werden mit weißem Wein fein abgerührt, sodann in der Art genau verdünnt, daß derselbe wie zu einer Einlaufsuppe dicklich fließend vom Löffel läuft. Dieser Teig wird hierauf in eine Papiertüte gefüllt und durch dieselbe in ein kleines, mit heißem Schmalz gefülltes Pfännchen durcheinander einlaufen gelassen, so zwar, daß die Oberfläche gedeckt ist. Man läßt diese Strauben lichtgelb auf beiden Seiten backen, legt sie dann aus dem Schmalz schnell über ein rundes Holz, hält sie, bis sie kalt geworden sind, darüber, nimmt sie dann ab und bepudert sie mit feinem Staubzucker. Wenn alle so beendet sind, werden sie schön angerichtet, warm zu Tisch gegeben und ein Wein-Chaudeau extra mitservirt.

1686. Gebackene Bratschnitten mit Burgunder. Pains frits au vin de Bourgogne.

Sechs Stück frische Mundbrote werden leicht abgerieben, in fingerdicke Scheiben geschnitten und diese in gleiche Stücke oval oder in Herzform zugeschnitten. Sie werden dann in eine flache Schüssel nebeneinander gelegt, mit Burgunder Wein übergossen und so, bis sie ganz durchweicht sind, zugedeckt bei Seite gestellt. Eine viertel Stunde vor dem Anrichten wird jedes Stück einzeln in Mehl umgekehrt und so sechs Stück auf einmal in zwei Pfund heißes, beinahe rauchendes Schmalz gethan und in schöner Farbe auf beiden Seiten gebacken. Diese Schnitten werden dann zum Entfetten über Löschpapier gelegt, an eine dünne, langzackige Gabel gesteckt, stark mit feingestoßenem Zucker bestreut und über dem hellbrennenden Windofen, bis der Zucker zu schmelzen anfängt, in schöner Farbe glacirt. Wenn nun alle auf diese Weise gebacken und glacirt sind, werden sie im abgekühlten Backofen leicht erwärmt, auf eine flache Schüssel über eine gebrochene Serviette im Kranze angerichtet und lauwarm servirt.

1687. Kleine Brotkrusten mit Ananas. Croûtes à l'ananas à la Reine.

Man schneibet aus einem mittelgroßen Brioche (beffen Bereitung im Abschn. 78, Abth. 14 angegeben ist), welcher aber Tags zuvor gebacken sein muß, federkieldicke Tranchen, sticht diese mit einem runden Ausstecher in der Größe eines kleinen Weinglases aus, so daß man ungefähr dreißig bis sechsundbreißig solche Stücke erhält. Dieselben werden auf beiden Seiten mit Zucker bestäubt und über ein Blech im heißen Ofen, bis sie eine schöne, lichtgelbe Farbe erhalten haben, geröstet. Ferner werden die Scheiben von einem Glas voll eingemachter Ananas zum Abtropfen über ein Sieb geschüttet und dann kleinwürfelich geschnitten, in eine Casserolle gethan und mit ihrem abgelaufenen, mit dem Safte einer Orange ver= setzten Syrup übergossen, zugedeckt und warm gestellt. Vor dem Anrichten wird in eine Porzellan-Schale eine fingerdicke Schicht Aepfel-Marmelade gestrichen und die ebenfalls mit Marmelade bestrichenen Briochestückchen im Kranze darüber gelegt, so daß ein doppelter Kranz solcher Stücke auf= gerichtet werden kann. Diese werden nun zehn Minuten in's warme Backrohr gestellt, dann mit dem heißen Ananas=Syrup übergossen und die Ananas selbst in die Mitte gethan.

1688. Kleine Brotkrusten auf spanische Art. Croûtes à l'Espagnole.

Man gibt in eine Casserolle ein halbes Pfund schöne, rothe, ein= gemachte, abgetropfte Kirschen, ein halbes Pfund entkernte, trockene Malaga= Rosinen, zwölf Stück würfelich geschnittene grüne Mandeln und acht Loth abgezogene grüne Pistazien. Dann löst man ein viertel Pfund Aepfel= Gelée mit einem Glas Madeira auf, gibt eine aufgeschlitzte Stange Va= nille dazu, schüttet dies über die bezeichneten Früchte und läßt das Ganze eine halbe Stunde sehr langsam sieden. Unterdessen hat man die gleiche Anzahl Briochekrusten wie die vorhergehenden bereitet, welche man mit Zucker bestäubt und über der Flamme glacirt. Sie werden au miroton angerichtet, mit dem Syrup von den Früchten übergossen und nachdem man die Früchte selbst in ihre Mitte gethan hat, sogleich servirt.

1689. Brotkrusten auf italienische Art. Croûtes à l'Italienne.

Man schneidet aus frischem, sehr weißen Mundbrote gleichgroße, ovale Schnitten, welche man in kalten, mit Zucker gesüßten Wein ein= taucht und gut durchweichen läßt. Sie werden dann in abgeschlagene Eier getaucht, mit feingestoßenen, süßen Macaronen garnirt und darauf in geklärter, sehr frischer Butter auf beiden Seiten lichtgelb gebacken. Hier= nach werden sie zum Entfetten über ein Tuch gelegt, auf einer Seite mit aufgelöstem Johannisbeer=Gelée leicht überstrichen, au miroton eingerichtet und in der Mitte ein Macedoine von Früchten, welches aus Kirschen, Aepfeln, Birnen, dünner Aprikosen=Marmelade und etwas Malaga=Wein bereitet ist, heiß angerichtet.

1690. Kleine Brotkrusten auf französische Art. Croutes à la Française.

Man verfertigt aus Pâte d'office (siehe Abschn. 78, Abth. 8) eine Base, welche man schön garnirt und über die zum Anrichten bestimmte Schüssel mit Mehl und Eiweiß befestigt. — Aus einem Savarin oder Brioche werden achtzehn kleine, egale Tranchen geschnitten, diese rund ausgestochen, mit Zucker bestäubt und über ein Blech im Ofen lichtgelb geröstet. Sobann werden sie in eine Plât à sauté gelegt, mit etwas Zucker-Syrup, welcher mit Madeira angenehm im Geschmack gehoben ist, leicht übergossen und jede derselben mit Aprikosen-Marmelade bestrichen. Nachdem dies geschehen, stellt man die Plât à sauté in den Ofen, um die Schnitten wieder zu erwärmen. Ebenso hat man eine Maceboine von Früchten bereitet, welche aus eingemachten Aprikosen, Reineclauben, Pfirsichen, Mirabellen und Kirschen besteht, untermengt mit einer Aprikosen-Sauce mit Madeira-Wein. Beim Anrichten wird ein Theil dieser Maceboine in die ganz harte Teig-Base heiß gethan, dann die Brotkrusten aus dem Ofen genommen und im Kranze geschmackvoll darüber angerichtet. Der Rest der Früchte wird in der Mitte erhaben angerichtet und mit dem Syrup leicht übergossen.

1691. Gebackene Brötchen. Pains frits à la Piemontaise.

Man läßt sich vom Bäcker vierundzwanzig Stück runde Milchbrötchen in der Größe eines Thalers backen, reibt diese auf dem Reibeisen leicht ab, macht mit einem kleinen, scharfen Messer, ohne die Brötchen auseinander zu schneiben, rings um dieselben einen schneckenartigen Einschnitt und füllt in denselben mittelst der Papierbüte Aprikosen-Marmelade. Wenn nun die Brötchen auf diese Weise vorbereitet sind, werden sie in Malaga oder in irgend einen südlichen süßen Wein getaucht und zugedeckt bei Seite gestellt. Unterdessen wird ein viertel Pfund Mehl mit der nöthigen kalten Milch, zwei Eßlöffel voll Zucker, zwei ganze Eier und vier Eidotter nebst etwas Salz zu einem dickflüssigen Teig abgerührt, in welchen die Brötchen kurze Zeit vor dem Gebrauche getaucht, in's heiße Schmalz gelegt und lichtbraun gebacken werden. Aus dem Schmalz werden sie auf ein Tuch zum Entfetten gelegt, an eine lange, bünnzackige Gabel gesteckt, gut mit Zucker bestäubt und über dem hellbrennenden Windofen glacirt. Sie werden erhaben angerichtet und mit einer heißen Aprikosen-Marmelade-Sauce, die extra nachservirt wird, zu Tisch gegeben.

1692. Gebackene Brotschnitten. Pains frits à la bonne mère.

Aus sechs abgeriebenen, frischen Mundbroten werden federkieldicke Schnitten geschnitten, diese in Rahm mit ganzen Eiern untermengt, eingeweicht und nach einigen Minuten aus heißem Schmalz lichtgelb gebacken. Diese gebackenen Brotschnitten werden sobann mit Himbeer-Marmelade, jedesmal zwei zusammengesetzt, in den vorhergehend beschriebenen Teig ge-

taucht und aus dem Schmalz gebacken. Mit Zimmt und Zucker gut be=
stäubt, werden sie im Kranze angerichtet und warm zu Tisch gegeben.

1693. Gebackene Brotschnitten mit Mandeln. Pains frits aux amandes.

Ein halbes Pfund abgezogene Mandeln wird mit süßem Rahm fein
gerieben, in eine Schüssel gethan und mit einem viertel Pfund gestoßenem
Zucker, etwas fein geschnittener Orangenschale und vier Loth zerlassener
Butter gut abgerührt. Sobann schneidet man aus frischem Mundbrote
Herzchen, setzt jedesmal zwei derselben mit dieser Masse bestrichen zusammen,
taucht sie in gut abgeschlagene ganze Eier und bäckt sie lichtbraun aus
heißem Schmalz. Sie werden hierauf in eine flache Casserolle neben=
einander gelegt, mit Zucker bestreut, mit einer Bouteille rothem Wein, in
welchem ein Stückchen Zimmt und etwas Orangenschale aufgekocht, über=
gossen, zugedeckt und auf Kohlenfeuer langsam, bis die Schnitten den Wein
gänzlich in sich eingesogen haben, gekocht. Sie werden sodann im Kranze,
in eine Mehlspeisschale angerichtet, der zurückgebliebene Saft in ihre Mitte
gegossen und warm zur Tafel gegeben.

1694. Gebackene Aepfel mit rothem Wein. Pommes frits au vin rouge.

Es werden mit einem langen Ausstecher aus achtzehn Stück gleich=
großen, schönen Borsdorfer Aepfeln die Kerne ausgestochen, rein geschält,
in Mehl umgekehrt, in abgeschlagene Eier eingetaucht und mit geriebenem
weißen Brote gut bestreut. Diese Aepfel werden auf dreimal lichtbraun
aus dem besten frischen Schmalze gebacken, zum Abtropfen auf ein reines
Tuch gelegt, mit eingemachten Weichseln gefüllt und einer neben den an=
dern in eine flache Casserolle gesetzt, mit einem halben Pfunde gestoßenen
Zucker bestreut, ein wenig Zimmt und Orangen=Schale dazu gethan, mit
einer Bouteille gutem rothen Wein übergossen und gut zugedeckt auf Koh=
lenfeuer weich und kurz gedünstet. Sie werden in eine flache Porzellan=
Schale angerichtet, der zurückgebliebene Saft darüber gegossen und warm
zu Tisch gegeben.

1695. Englische Schnitten. Petites coupes à l'Anglaise.

Ein halbes Pfund feines, trockenes Mehl wird mit einer Messerspitze
voll Salz, vier Eßlöffeln voll Zucker und etwas kaltem Rahm fein ab=
gerührt; sodann werden sechs ganze Eier und fünf Eidotter dazu geschla=
gen, mit dem Gelben einer auf Zucker leicht abgeriebenen Orange gewürzt,
zusammen gut verrührt, mit dem noch nöthigen kalten Rahm zu einer
dickfließenden Eierkuchenmasse verdünnt und durchgeseiht. Diese Masse
wird in ein mit Butter ausgestrichenes blechernes Carré gefüllt und an
bain-marie gar gemacht. Wenn dies erreicht ist, wird der Kuchen auf
ein flaches Blech gestürzt und nach dessen Auskühlen in zweifingerbreite,
viereckige Stückchen geschnitten, in deren Mitte mit einem kleinen, runden
Ausstecher eine Oeffnung gestochen und in der Mitte der vier Kanten ein
leichter Einschnitt gemacht wird. Kurz vor dem Anrichten werden sie

langsam aus heißem Schmalz lichtbraun gebacken, zum Entfetten auf ein reines Tuch gelegt, in die runde Oeffnung etwas Marmelade gefüllt, mit Zucker bestäubt, erhaben angerichtet und warm zu Tisch gegeben. Diese kleinen Kuchen müssen stark aufgehen, ein schönes Ansehen bekommen und dabei von angenehmem Geschmack sein.

1696. Kirschenbrot auf Mannheimer Art. Pains frits aux cerises à la Mannheim.

Von einem Pfund Mehl, acht Loth Butter, vier Eidottern, einem Eßlöffel voll Zucker, etwas Salz und vier Eßlöffeln voll Hefe wird ein Teig gemacht, der mit der Hand auf dem Backtisch fein abgearbeitet, mit einem warmen Tuche bedeckt und eine halbe Stunde an einen warmen Ort zum Aufgehen gestellt wird. Aus diesem Teig werden kleine, runde Brötchen geformt, welche man auf ein Backblech zollbreit auseinander setzt und zugedeckt nochmals aufgehen läßt. Sie werden sodann lichtbraun gebacken, wenn sie kalt geworden, auf dem Reibeisen abgerieben und sodann in Milch, mit einigen Eiern untermengt, eingeweicht. Nachdem sie gut durchweicht sind, werden sie auf ein Sieb zum Abtropfen gelegt und aus heißem, frischen Schmalz langsam lichtbraun gebacken. Ebenso werden zwei Pfund frische schwarze Kirschen, nachdem sie von ihren Stielen befreit sind, in dem Mörser gestoßen, in eine Casserolle gethan, mit einem Stückchen Zimmt und Zitronenschale belegt, mit einer Maß Wasser übergossen, ein viertel Pfund Bisquit-Brötchen darunter gerührt und langsam auf Kohlenfeuer, bis die Kirschen weich sind, gekocht. Diese Kirschen-Sauce wird sodann durch ein feines Haartuch gestrichen, in eine andere Casserolle gethan, mit einer halben Bouteille rothen Wein verdünnt und langsam gekocht. Hiernach werden die Brötchen in einer Mehlspeise-Schale erhaben angerichtet, mit zwei Theilen der angenehm gesüßten, wohlschmeckenden Kirschen-Sauce übergossen und mit dem in eine Sauciere gegossenen Rest der Sauce zu Tisch gegeben.

1697. Gebackene Igel. Hérissons frits.

Es werden aus dem vorher beschriebenen Hefenteige ebensolche kleine Brötchen gebacken, welche abgerieben, in mit ganzen Eiern untermengten Rahm geweicht und auf ein Sieb gelegt werden; hierauf werden sie in

abgeschlagene Eier getaucht und mit feingeriebenem Brote panirt. Unter=
dessen wird ein halbes Pfund Mandeln abgezogen, halbirt und dann wie=
der en filets geschnitten; mit diesen geschnittenen Mandeln wird nun die
ganze obere Seite der Brötchen in der Runde reichlich besteckt, daß sie
wie Igel aussehen. Kurz vor dem Gebrauche werden sie aus heißem,
sehr frischen Schmalze langsam, bis die Mandeln eine hellgelbe Farbe an=
genommen haben, gebacken, zum Entfetten auf ein Tuch gelegt, erhaben
in eine Mehlspeise=Schale angerichtet und, mit einer warmen Himbeer=
Sauce übergossen, zur Tafel gegeben. — Die Bereitungsart der Himbeer=
Sauce ist folgende: Eine Maß frische Wald=Himbeeren werden mit ebenso
viel abgepflückten Johannisbeeren zerdrückt, in eine Casserolle gethan, mit
einer halben Maß Wasser übergossen und eine viertel Stunde gekocht; so=
dann wird dieser Saft filtrirt und mit drei viertel Pfund Zucker gekocht,
wobei man den auffsteigenden Schaum rein abnehmen muß. Wenn dieser
Saft nun zu geliren anfangen will, wird er vom Feuer genommen und
bis zum Gebrauche warm gestellt.

1698. Gebackene Zöpfe auf deutsche Art. Tresses frites à l'Allemande.

Ein Pfund des besten feinsten Mehls wird in eine irdene Schüssel
gesiebt, in der Mitte eine Grube gemacht und mit vier Eßlöffeln voll
Hefe, etwas lauwarmer Milch und etwas Mehl ein Dampfel angemacht,
welches man mit Mehl bestäubt, zudeckt und an einen warmen Ort zum
Aufgehen stellt. Unterdessen läßt man eine viertel Maß süßen Rahm
lauwarm werden, gibt dazu ein viertel Pfund frische Butter, zwei Eßlöffel
voll Zucker, einen halben Theelöffel voll Salz und vier Eidotter; dieses
wird zusammen gut verrührt, der Teig damit angemacht und recht glatt und
feinblasig abgeschlagen. Sollte der Rahm zum Anmachen des Teiges nicht
hinreichen, so müßte man noch etwas lauwarmen Rahm nachgießen. Ist
nun derselbe recht gut abgearbeitet, so wird er in der Schüssel zusammen
gemacht, zugedeckt und nochmals zum Aufgehen warm gestellt. Aus die=
sem Teig werden nun über dem erwärmten und mit Mehl bestäubten
Nudelbret kleinfingerdicke Streifen mit der flachen Hand ausgerollt, aus
diesen fingerlange, breifach geflochtene Zöpfe gemacht, welche man auf ein
Blech über eine mit Mehl bestäubte Serviette legt und zugedeckt wieder
gehen läßt. Sind dieselben nun gehörig aufgegangen, so werden sie, jedes=
mal sechs bis acht Stück, aus zwei Pfund heißem Schmalze lichtbraun
gebacken, dann zum Entfetten auf Löschpapier gelegt, gut mit Zucker be=
stäubt und angerichtet. Eine Compote von Kirschen, Prünellen, Zwetschken
und Birnen wird extra beigegeben.

1699. Bayerische Kirchweih=Nudeln.

Ein und ein halbes Pfund des besten Mehles wird in eine irdene
Schüssel gesiebt, in der Mitte eine Grube gemacht und mit fünf Eßlöffeln
voll Hefe und einem Quart lauwarmer Milch ein Dampfel gemacht,
welches man zum Aufgehen warm stellt. Unterdessen wird eine viertel

Maß süßer und ebenso viel guter saurer Rahm zusammen mit zwölf Loth frischer Butter, zwei Eßlöffeln voll Zucker und einem Theelöffel voll Salz über dem Feuer, bis die Butter zergangen ist, warm gerührt, sodann werden sechs Eidotter dazu geschlagen und mit diesen, wie das Vorhergehende, zu einem glatten feinen Teig angemacht und feinblasig abgeschlagen. Ist nun dieses erreicht, so werden ein viertel Pfund gut gereinigte Sultan-Rosinen und ebenso viel Corinthen darunter gerührt, der Teig mit einem Tuche bedeckt und zum Aufgehen warm gestellt. Wenn nun derselbe beinahe nochmal so hoch aufgegangen ist, so werden mit einem Blechlöffel in der Größe eines Eies von demselben Stücke abgestochen, welche man mit den Fingerspitzen, die in lauwarme Butter getaucht werden, unten eindreht und zugleich rund formt. Sie werden wie die vorhergehenden auf ein Blech über eine mit Mehl bestäubte Serviette, die eingedrehte Seite nach unten gelegt, mit einem warmen Tuch bedeckt und zum Aufgehen warm gestellt. Das Ausbacken dieser Nudeln geschieht über flammendem Holzfeuer auf folgende Weise:

Man läßt in einem flachen, mit einem gut schließenden Deckel versehenen Geschirr zwei Pfund Schmalz warm werden, gießt in dasselbe eine viertel Maß Wasser, setzt das Geschirr auf's Feuer und wenn das Schmalz zu kochen anfängt, werden die gut aufgegangenen Nudeln in der Art eingelegt, daß die eingedrehte Seite derselben nach unten kömmt, wobei darauf gesehen werden muß, daß nicht zu viel eingelegt werden, indem sie beim Backen noch aufgehen und sodann keinen Platz haben würden; hierauf werden sie schnell zugedeckt, das Holzfeuer verdoppelt und, so zu sagen, gekocht. Nach Verlauf einiger Zeit, wenn das Wasser zu verdampfen anfängt, welches man dadurch wahrnimmt, daß es immer ruhiger wird, dann wird das Geschirr aufgedeckt, die Nudeln mit der Gabel umgedreht, wieder zugedeckt und noch einige Minuten auf's Feuer gestellt, bis sie auch von unten eine schöne lichtbraune Farbe haben, worauf man sie zum Entfetten auf ein Tuch über Löschpapier legt. Das Schmalz läßt man sodann kalt werden, nimmt mit einem Schaumlöffel die ausgefallenen Rosinen heraus, gibt wieder ein Stück frisches Schmalz dazu, sowie auch ein Quart Wasser, und verfährt dann wie das erste Mal. Wenn nun alle Nudeln auf diese Weise so gebacken sind, werden sie mit Zucker bestäubt und warm zu Tisch gegeben. Sie werden auch noch auf eine andere hier folgende Art bereitet:

Von derselben vorher beschriebenen Masse werden runde Nudeln ganz glatt geformt und diese, zum Aufgehen zugedeckt, an einen warmen Ort gestellt. Beim Backen werden sie mit der Gabel einigemal durchstochen, die obere Seite nach unten in's heiße Schmalz gelegt, lichtbraun aus dem Schmalz gebacken und mit Zucker bestreut warm zu Tisch gegeben.

1700. Ochsengurgeln.

Ein halbes Pfund feines Mehl, acht Loth Butter, vier bis fünf Eßlöffel voll sauerer Rahm, vier Eidotter, ein Kaffeelöffel voll Zucker und eine Messerspitze Salz geben die Masse zu den in Altbayern so beliebten bürgerlichen Schmalzkrapfen. Das Mehl wird auf das Backbrett gethan, die Butter darüber gebröckelt und mit den übrigen Ingredienzen zu einem Teig angemacht, welchem man, wie dem Butterteig, drei bis vier Touren gibt. Das Backen geschieht auf folgende Art:

Man hat hierzu vier Zoll lange, oben ein und einen halben, unten ein und einen viertels Zoll im Durchmesser haltende blecherne, glatte Röhrchen, welche an einen schuhlangen starken, mit einem hölzernen Hand= griff versehenen Draht angelöthet sind, an dessen Ende man einen ellen= langen Bindfaden anbindet. Der Teig wird nun federkieldick zu einer großen Scheibe ausgewalkt, sodann schneidet man von Papier ein Modell, welches gerade die äußere Seite des Models überdeckt; dieses Papier legt man nun auf die Teigplatte und schneidet daraus ebensolche Stücke. Nun wird ein Stück auf die Form gelegt, mit dem Bindfaden leicht umbunden, so daß es einer Ochsengurgel gleicht, die Form in's heiße Schmalz gehalten und leicht bewegt; der Teig läuft über dem Bindfaden auf und bildet ein gurgelartiges Ansehen. Wenn sie nun eine lichtbraune Farbe erhalten und gut ausgebacken sind, wird der Bindfaden behutsam abgenommen, der Krapfen abgezogen, in gestoßenem Zucker, mit Zimmt untermengt, umge= wendet und lauwarm zu Tisch gegeben. Wenn es die Umstände erlauben, können sie auch innen mit Johannisbeer=Gelée ausgestrichen werden.

1701. Pavesen.

Auch diese Speise gehört der altbayerischen bürgerlichen Küche an und wird stets noch als Lieblingsgericht zu Tisch gebracht. Es werden fünf bis sechs Mundbrote, vom Tage vorher, auf dem Reibeisen abgerieben, in federkieldicke Scheiben geschnitten und, jedesmal zwei zusammengelegt, zugedeckt bei Seite gestellt. Ferner werden zwei Pfund getrocknete Zwetschken rein gewaschen und mit einem Stückchen Zucker, etwas Zitronenschale und einem Stückchen Zimmt weich und kurz eingekocht und auf ein Sieb zum Abtropfen geschüttet. Wenn nun diese kalt sind, werden die Kerne heraus= genommen und die Zwetschken fein gewiegt; sodann melirt man etwas fein geschnittene Zitronenschale, wie auch den zurückgebliebenen Saft und etwas Zucker darunter, füllt damit eine Brotschnitte und legt die andere wieder darauf. Wenn alle so gefüllt sind, werden sie in kalte Milch getaucht und eine halbe Stunde so stehen gelassen. Kurz vor dem Gebrauche werden sie in gut abgeschlagene Eier getaucht und lichtbraun aus heißem Schmalz gebacken. Mit Zucker und Zimmt bestreut werden sie warm zu Tisch gegeben.

1702. Gebackene Topfen=Nudeln.

Ein Pfund schönes Mehl wird in eine irdene Schüssel gesiebt, in der Mitte ein Dampfel mit vier Eßlöffeln voll guter Hefe und etwas lauer Milch angemacht und so zum Aufgehen warm gestellt. Unterdessen wird ein halbes Pfund süßer Topfen (frischer Käse) durch ein Sieb passirt und

nebst einem Kaffeelöffel voll Salz, zwei Eßlöffeln voll Zucker, vier Eibottern und sechs Loth zerlassener Butter zu dem Mehl gethan und nebst
der nöthigen warmen Milch zu einem dicken feinen Teig abgeschlagen, in
welchen man noch ein viertel Pfund gut gereinigte Corinthen mengt.
Diesen Teig deckt man nun zu und stellt ihn zum Aufgehen warm. Wenn
dies erreicht ist, wird er auf ein erwärmtes, mit Mehl bestäubtes Nudelbrett gethan, zu langen, dreifingerbreiten Stücken mit der flachen Hand ausgerollt, in fingerdicke Stücke geschnitten, über ein mit Mehl bestäubtes
warmes Blech gelegt und zugedeckt nochmals zum Aufgehen warm gestellt.
Wenn sie gehörig gegangen sind, werden sie langsam aus heißem Schmalz
gebacken, mit Zucker bestäubt und warm zu Tisch gegeben.

74. Abschnitt.   9. Abtheilung.
Von den Dunstmehlspeisen, gestürzten Dunst-Puddings.
Des Poudings au Bain-marie.

Diese Art Puddings, der deutschen Küche angehörend, unterscheiden sich
von den englischen, welche in der Serviette gekocht werden, dadurch, daß
ihre Masse nicht so compact zubereitet wird. Sie werden in Stürzformen
im Dunste gekocht, wo sie auflaufen und sich stürzen lassen. An zartem,
feinem Geschmack übertreffen sie bei weitem die englischen Puddings und man
könnte sie mit Recht auch gestürzte Auflaufe (soufflés moulés) nennen.

Ehe ich jedoch zur Bereitung dieser Gattung von Pubbings gehe, finde ich es zweckmäßig, die verschiedenen Saucen, welche zu diesen gegeben werden, nach der Reihenfolge zu beschreiben.

1703. Rahm-Sauce mit Banille. Sauce à la crême de vanille.

Man läßt eine Maß süßen Rahm mit zwölf Loth Zucker und einer in kleine Stückchen geschnittenen Stange Banille aufkochen und stellt sie dann zugedeckt bei Seite. Sobann wird ein Eßlöffel voll Mehl mit acht Eidottern und etwas kaltem Rahm fein abgerührt, dann der Banille-Rahm nach und nach dazu gegossen und über Kohlenfeuer langsam, bis die Sauce beinahe aufkochen will, abgerührt. Hierauf wird sie durch ein Haarsiebchen geseiht und bis zum Gebrauche au bain-marie warm gestellt.

1704. Rahm-Sauce mit Zimmt-Geruch. Sauce à la crême de canelle.

Ein Stückchen feiner Ceylon-Zimmt wird mit zwölf Loth Zucker und einer Maß Rahm eine Minute gekocht und dann wie die vorhergehende Banille-Sauce beendet.

1705. Rahm-Sauce mit gebranntem Zucker. Sauce à la crême au caramel.

Man gibt acht Loth feinen Zucker mit zwei Eßlöffeln voll Wasser in eine Casserolle, stellt diese auf Kohlenfeuer und läßt den Zucker so lange über demselben, bis er eine lichtbraune, dem Zimmt ähnliche Farbe angenommen hat. Ist dies erreicht, so gießt man eine Obertasse voll vorher abgekochten Rahm dazu und löst den Zucker über schwachem Feuer langsam auf. Sobann wird ein Eßlöffel voll Mehl mit acht Loth gestoßenem Zucker, acht Eidottern und etwas kaltem Rahm fein abgerührt, dann der gebrannte Zucker, wie auch drei Quart süßer, vorher abgekochter Rahm dazu gegossen und sobann über schwachem Feuer langsam, bis die Sauce zum Kochen kommen will, abgerührt. Sie wird dann geseiht und au bain-marie warm gestellt.

1706. Rahm-Sauce mit gebranntem Zucker und Orangenblüthen. Sauce à la crême au caramel aux fleurs d'orange pralinées.

Sie wird wie die vorhergehenden zubereitet, nur daß beim Abrühren derselben ein Kaffeelöffel voll Orangenblüthen mit beigegeben wird, welche der Sauce einen äußerst angenehmen Geschmack gibt.

1707. Rahm-Sauce mit Chokolade. Sauce à la crême au chocolat.

Zwölf Loth feine Banille-Chokolade wird mit einer Obertasse voll heißer Milch auf Kohlenfeuer gestellt, zugedeckt und so langsam aufgelöst; hierauf wird dieselbe fein abgerührt, mit zwei Kaffeelöffeln voll Reismehl und acht Loth gestoßenem Zucker untermengt, sobann drei Quart heißer Rahm nach und nach dazu gegossen und über Kohlenfeuer abgerührt. Man läßt die Sauce einige Minuten kochen, seiht sie durch ein Haarsieb und stellt sie bis zum Gebrauche au bain-marie warm.

1708. Rahm-Sauce mit Kaffee. Sauce à la crême au café.

Man brennt zwölf Loth guten Mokka-Kaffee lichtbraun, schüttet ihn aus der Pfanne sogleich in eine Maß kochenden Rahm und deckt ihn zu. Dann werden zwölf Loth gestoßener Zucker mit acht Eidottern und einem Eßlöffel voll Mehl fein abgerührt, dann der durchgeseihte Kaffee-Rahm nach und nach dazu gegossen und über Kohlenfeuer, bis die Sauce zu kochen anfangen will, langsam abgerührt. Sie wird geseiht und ebenso wie die vorhergehenden warm gestellt.

1709. Rahm-Sauce mit Orangen. Sauce à la crême d'orange.

Man schneidet mit einem sehr scharfen, kleinen Messerchen das Gelbe von einer Orange ab, ohne daß nur das Geringste von der weißen Schale daran bleibt, thut dasselbe in eine Casserolle, gießt drei Quart kochenden Rahm darüber und stellt es zugedeckt bei Seite. Unterdessen rührt man einen Eßlöffel voll Mehl mit acht Eidottern und etwas Rahm fein ab, gießt den Orangen-Rahm nach und nach dazu, süßt denselben mit zwölf Loth Zucker und rührt die Sauce auf Kohlenfeuer, bis sie zu kochen anfangen will, ab. Sie wird dann geseiht und au bain-marie warm gestellt.

1710. Rahm-Sauce mit Zitronen. Sauce à la crême au citron.

Wird auf dieselbe Art wie die Orangen-Crême-Sauce bereitet.

1711. Wein-Sauce. Sauce au vin blanc.

Es wird in einer Casserolle ein Eßlöffel voll Mehl mit etwas Rheinwein fein abgerührt, dann gibt man das Gelbe von acht Eiern, ein Stückchen Zimmt, das fein abgeschnittene Gelbe von einer halben Orange, wie auch etwas Zitronenschale dazu, gießt eine Bouteille guten Rheinwein daran, süßt die Sauce mit einem halben Pfund Zucker und rührt dieselbe auf Kohlenfeuer langsam, bis sie zu kochen anfangen will, ab. Sie wird dann durch ein feines Haarsieb geseiht und bis zum Gebrauche au bain-marie warm gestellt. Sollte die Sauce nicht gehörig süß sein, da dies größtentheils von der Güte des Weins abhängt, so müßte man noch mit etwas Zucker nachhelfen.

1712. Wein-Schaum-Sauce. Chaudeau.

Man schlägt in eine tiefe Casserolle vier Eier und das Gelbe von acht Eiern, gibt ein halbes Pfund gestoßenen Zucker, etwas fein abgeschnittene Zitronen- und Orangen-Schale und ein Stückchen Zimmt und Vanille dazu, gießt eine Bouteille guten Rheinwein nach und nach daran und schlägt es mit der Schneeruthe auf schwachem Kohlenfeuer, bis der Chaudeau kochendheiß geworden ist, recht schaumig ab. Derselbe wird dann nochmals durch ein Haarsieb geseiht und sogleich zu Tisch gegeben. Es ist zu bemerken, daß alle Wein-Schaum-Saucen ganz kurz vor ihrem Gebrauche abgeschlagen werden müssen, daher die Zeit ganz genau berechnet sein muß.

Auf dieſelbe Art werden von allen Weinen die Chaudeaux bereitet, nur mit dem Unterſchiede, daß bei ſüßen oder Deſſert-Weinen, wie z. B. Malaga, Xeres, Segeſtano ꝛc. die Zugabe des Zuckers gemäßigt werden muß.

1713. Rahm-Sauce mit Marasquino. Sauce à la crême au marasquin.

Es wird ein Eßlöffel voll Mehl mit kaltem Rahm fein abgerührt, dann wird das Gelbe von acht Eiern und zwölf Loth geſtoßener Zucker dazu gethan, ſobann drei Quart Rahm beigegoſſen und auf Kohlenfeuer, bis die Sauce zu kochen anfangen will, langſam abgerührt. Sie wird dann geſeiht, mit einigen Eßlöffeln voll Marasquino bi Zara bis zum angenehmſten Geſchmack gehoben und au bain-marie warm geſtellt. Auf dieſelbe Art können-auch die Liqueurs, wie z. B. Eau de noyaux, Vanille, Parfait d'amour angewendet werden, die Zuthat derſelben bleibt dem guten Geſchmack des Zubereiters überlaſſen.

1714. Sago-Sauce mit Burgunder Wein. Sauce au vin de Bourgogne au sagoût.

Eine halbe Obertaſſe voll brauner Sago wird lauwarm rein ge= waſchen und in eine Caſſerolle gethan; dann wird ein Stückchen Zimmt, etwas Orangen= und Zitronen-Schale mit Faden zuſammengebunden und dazu gelegt, eine Bouteille Burgunder Wein hineingegoſſen, mit einem halben Pfund Zucker geſüßt und ſo auf ſchwachem Kohlenfeuer eine viertel Stunde zugedeckt langſam gekocht. Beim Gebrauche wird mit einem Eßlöffel der obere Schaum rein abgenommen, die Sauce, wenn ſie zu dick ſein ſollte, noch mit etwas heißem, rothen Wein verdünnt und ſo zu den ſpäter be= zeichneten Puddings gegeben.

1715. Aprikoſen-Sauce. Sauce aux abricots.

Ein Pfund Aprikoſen-Marmelade wird in einer Caſſerolle mit einer Bouteille weißem Wein nach und nach verdünnt, dann ein Stückchen Zimmt und etwas Zitronenſchale, mit Faden zuſammengebunden, dazu gethan und ſo auf dem Feuer kochendheiß gerührt; ſie wird dann geſeiht, mit dem noch fehlenden geſtoßenen Zucker angenehm geſüßt und dann zugedeckt warm geſtellt. — Auf dieſelbe Art wird auch die Sauce von Hagenbutten= und Pfirſich-Marmelade bereitet.

1716. Weichſel= oder Kirſchen-Sauce. Sauce aux griottes ou de cerises.

Ein Pfund eingemachte Weichſeln werden mit einer viertel Maß von ihrem Safte, einer halben Bouteille rothem Wein, einem viertel Pfund Zucker und einem Stückchen Zimmt aufgekocht, der obere Schaum rein ab= genommen und die Sauce bis zum Gebrauche warm geſtellt.

1717. Engliſche Rum-Sauce. Sauce à l'Anglaise au Rum.

Man läßt auf Kohlenfeuer vier Loth friſche Butter heiß werden, gibt ebenſo viel feines Mehl dazu und röſtet es einige Minuten, gießt ſobann nach und nach eine halbe Bouteille weißen Wein und ein Quart Rum dazu, süßt die Sauce mit einem halben Pfund Zucker und läßt sie vier Minuten kochen, dann wird der Saft einer Zitrone dazu gepreßt, geseiht und au bain-marie warm gestellt.

1718. Spanischer Pudding. Pouding à l'Espagnole.

Ein halbes Pfund Butter wird mit ebenso viel gestoßenem Zucker und dem Gelben von achtzehn Eiern schaumig gerührt, dann werden acht Loth Aprikosen-Marmelade und ebenso viel feingestoßene süße Macaroni darunter melirt, zusammen gut verrührt und der sehr steifgeschlagene Schnee von acht Eiern langsam darunter gezogen. Sodann streicht man eine runde, glatte Cylinder-Form mit geklärter, frischer Butter aus, bestreut diese mit feingestoßenen Macaronen und legt hierauf die ganze Form mit aufrecht-stehenden, langen Bisquits, welche man auf einer Seite in Malaga-Wein getaucht hat, aus. Die Masse wird sodann bis fingerdick vom Rande ein-gefüllt und der Pudding drei viertel Stunde vor dem Anrichten langsam au bain-marie gekocht. Beim Anrichten wird die Form rein abgetrocknet, über eine flache Mehlspeise-Schale gestürzt, nach einer Minute langsam ab-gehoben und der Pudding mit einer Weinschaum-Sauce von Malaga gegeben.

1719. Weichsel-Pudding auf deutsche Art. Pouding aux griottes à l'Allemande.

Ein halbes Pfund Butter wird mit ebenso viel gestoßenem Zucker und fünfzehn Eidottern schaumig gerührt; dann werden zwölf Loth fein-geriebenes Schwarzbrot, etwas gestoßener Zimmt und eine Messerspitze voll gestoßene Nelken, wie auch ein halbes Pfund gut abgetropfte, eingemachte Weichseln darunter melirt und hierauf der steifgeschlagene Schnee von zehn Eiern langsam darunter gezogen. Eine schleifsteinartige Pudding-Form wird mit klarer, frischer Butter reichlich ausgestrichen, mit gestoßenen Macaronen ausgesäet, die Masse eingefüllt und drei viertel Stunde vor dem Anrichten langsam im Dunste gesotten. Beim Anrichten wird eine Kirschen-Sauce darüber gegossen und ein Theil davon in einer Saucière extra beigegeben.

1720. Bisquit-Pudding mit Rum auf deutsche Art. Pouding de biscuit au rum à l'Allemande.

Es werden acht Loth frische Butter mit zwölf Loth gestoßenem Zucker und zwölf Eidottern schaumig gerührt, dann kommen acht Loth mit Milch fein geriebene Mandeln und das durchstrichene Gelbe von acht hartgekochten Eiern darunter, was zusammen noch eine halbe Stunde gerührt wird. Sobann wird das Weiße von acht Eiern zu einem festen Schnee geschlagen, der langsam unter die Masse gezogen wird. Hierauf wird eine Pudding-Form mit Butter gut ausgestrichen, mit geriebenem Brote ausgesäet, zweifingerdick von der Masse eingefüllt und über diese in Stücke geschnittene und in Rum getauchte Bisquits gelegt, über diese wieder etwas von der Masse eingefüllt und über diese wieder Bisquits gelegt; das Ganze wird mit der Masse gedeckt und der Pudding, wie die vorhergehenden, im Dunste gekocht. Beim Anrichten wird der Pudding in eine Mehlspeise-Schale gestürzt, oben mit eingemachten Weichseln garnirt und eine Weinschaum-Sauce mit Rum extra nachservirt.

1721. Aprikosen-Pudding auf Wiener Art. Pouding aux abricots à la Viennaise.

Zwölf Loth abgezogene Mandeln werden mit den Dottern von zehn hartgekochten Eiern nebst etwas Milch fein gerieben, dann in einer Schüssel mit einem halben Pfunde Aprikosen-Marmelade, zehn Loth frischer Butter, ebenso viel feingestoßenen, süßen Macaronen, zehn bis zwölf Loth feingestoßenem Zucker und dem Gelben von zwölf frischen Eiern eine halbe Stunde gerührt und dann mit dem festgeschlagenen Schnee von acht Eiern untermengt. Man füllt die Masse in eine mit Butter gut ausgestrichene Pudding-Form und kocht denselben, wie die vorhergehenden, im Dunste. Beim Anrichten wird eine Aprikosen-Sauce extra beigegeben.

1722. Krebs-Pudding. Pouding d'ecrevisses.

Vier Zwei-Kreuzer-Mundbrote werden abgerieben, in Stücke geschnitten, eine viertel Stunde in kalter Milch geweicht, dann ausgebrückt, mit einem Stück Butter in einer Casserolle auf Kohlenfeuer abgetrocknet und dann durch ein Haarsieb gestrichen. Dann wird dieser Brotteig in einer irdenen Schüssel mit zwölf Loth lauwarmer Krebsbutter, die nach und nach dazu gegossen wird, nebst einem halben Pfunde gestoßenem Zucker, vierzehn Eidottern und sechs Eßlöffeln voll Schlagrahm eine halbe Stunde gut verrührt, dann die kleinwürfelich geschnittenen Schwänzchen von sechs-unddreißig Krebsen, wie auch der festgeschlagene Schnee von zehn Eiern darunter gerührt. Diese Masse wird in eine mit Krebsbutter gut ausgestrichene Pudding-Form gefüllt und, wie die vorhergehenden Puddings, drei viertel Stunden vor dem Anrichten im Dunste gekocht. Eine Rahm-Sauce mit Zitronengeschmack wird beim Anrichten extra beigegeben.

47

1723. Mandel-Pudding mit Orangen. Pouding aux amandes à l'orange.

Ein halbes Pfund mit Rahm feingeriebene Mandeln werden in einer irdenen Schüssel mit einem halben Pfunde gestoßenem Zucker, zehn Loth lauwarmer, sehr frischer Butter, zwölf Loth gestoßenen, süßen Macaronen, acht Loth gestoßenem Bisquit, dem auf Zucker abgeriebenen Gelben von zwei Orangen, nebst sechzehn Eibottern eine halbe Stunde gerührt und diese Masse sodann mit dem festgeschlagenen Schnee von zehn Eiern lang-sam untermengt. Hierauf wird eine Pudding-Form mit klarer Butter gut ausgestrichen, dreiviertelvoll angefüllt und, wie die vorhergehenden, im Dunste gekocht. Beim Anrichten wird der Pudding in eine flache Schale gestürzt, oben mit Orangen-Schnitten garnirt und mit einer Orangen-Crême-Sauce, welche in eine Saucière gegossen wird, zu Tisch gegeben.

1724. Pudding von gebranntem Zucker. Pouding au caramel.

Zwölf Loth Zucker werden auf Kohlenfeuer lichtbräunlich gebrannt, dann mit einer Obertasse voll Wasser aufgekocht und zugedeckt bei Seite gestellt. Sodann läßt man zwölf Loth Butter heiß werden, gibt soviel feines Mehl dazu, als die Butter in sich aufnimmt und röstet es einige Minuten; hierauf gießt man eine halbe Maß süßen Rahm, wie auch den gebrannten Zucker nach und nach dazu und kocht hiervon auf Kohlenfeuer nebst acht Loth gestoßenem Zucker ein dickes Mus. Dieses wird sodann in eine Schüssel gethan, mit dem Gelben von vierzehn Eiern eine halbe Stunde gut gerührt, dann mit dem festgeschlagenen Schnee von zehn Eiern leicht untermengt und die Masse in eine gut ausgestrichene Pudding-Form dreiviertelvoll gefüllt. Eine halbe Stunde vor dem Anrichten wird der Pudding im Dunste gekocht, dann in eine flache Schale gestürzt und mit einer Rahm-Sauce von gebranntem Zucker zu Tisch gegeben.

1725. Chokolade-Pudding. Pouding au chocolat.

Zwölf Loth frische Butter läßt man in einer Casserolle heiß werden, rührt zwölf Loth feines Mehl dazu und röstet dies einige Minuten. So-dann werden zwölf Loth geriebene Chokolade und ebenso viel gestoßener Zucker dazu gethan, zusammen gut verrührt und mit einer halben Maß süßen Rahm zu einem dicken Brei gekocht, der dann durch ein feines Haar-sieb gestrichen wird. Diese Masse wird sodann in eine irdene Schüssel ge-than, mit vierzehn Eibottern eine halbe Stunde gerührt und mit dem festgeschlagenen Schnee von zehn Eiern leicht untermengt. Diese Masse wird in eine gut ausgestrichene Pudding-Form gefüllt, wie die übrigen im Dunste gesotten und mit einer Chokolade-Sauce zu Tisch gegeben.

1726. Chokolade-Pudding mit Mandeln. Pouding au chocolat aux amandes.

Zwölf Loth geriebene Mandeln, zwölf Loth Zucker, sechzehn Eier, zwölf Loth geriebene Chokolade, zwölf Loth Butter, acht Loth Zitronat und acht Loth Orangen-Schalen bilden die Masse. Die feingeriebenen Mandeln werden mit dem gestoßenen Zucker untermengt und mit dem Gelben der Eier verrührt, dann wird die Chokolade aufgelöst, mit der Butter gut verrührt, zu der Masse gethan und zusammen eine halbe Stunde gerührt; hierauf wird der Schnee von zehn Eiern nebst dem kleinwürfelich geschnittenen Zitronat und Orangen-Schale langsam darunter gezogen, die Masse in eine gut mit Butter ausgestrichene Pudding-Form gefüllt und im Dunste gesotten. Eine Chokolade-Sauce wird extra beigegeben.

1727. Kabinets-Pudding. Pouding de cabinet.

Eine runde, glatte Stürzform von fünf Zoll im Durchmesser und vier Zoll Höhe wird mit Butter ausgestrichen, mit weißem Papier ausgelegt und dieses nochmals mit Butter überstrichen. Ferner wird ein halbes Pfund türkische Rosinen und ein viertel Pfund Korinthen rein ausgesucht, gewaschen und mit einem Stückchen Zucker, einer Obertasse voll Wasser und etwas Marasquino auf Kohlenfeuer zugedeckt langsam kurzgekocht und bei Seite gestellt. Ebenso wird ein halbes Pfund eingemachte Weichseln mit etwas kaltem Wasser übergossen und zum Abtropfen auf ein Sieb geschüttet. Unterdessen hat man von zwölf Loth Zucker, zwölf Eiern, zwölf Loth Mehl und dem abgeriebenen Gelben einer Zitrone eine Bisquit-Masse bereitet, aus welcher man auf Papier vier runde, fingerdicke Blätter lichtgelb und croquant bäckt, welche messerrückendick kleiner, als die innere Runde der Form beträgt, zugeschnitten werden. Ferner werden zwei Eier und acht Eidotter verrührt, dann mit einer halben Maß gutem süßen Rahm, zwölf Loth Zucker und einer Obertasse voll Marasquino bi Zara genau untermengt und durch ein Haarsieb geseiht. Wenn Alles so vorbereitet ist, wird von den Rosinen in den Model gestreut, darüber ein Bisquit-Blatt gelegt und über dieses einige Eßlöffel voll von dem Crême gegossen, dann werden wieder Rosinen und der dritte Theil der Weichseln gestreut; darüber wird das zweite Blatt gelegt und ebenso verfahren, dann das dritte Blatt mit Crême übergossen und mit dem Rest der Rosinen und Weichseln bestreut, endlich folgt das vierte Blatt, welches mit dem Rest der Crême begossen wird. Hierauf wird ein rundes Papier geschnit-

47*

ten, dieses mit Butter bestrichen und über den Pudding gelegt. Eine Stunde vor dem Anrichten wird derselbe im Dunste gekocht, dann in eine flache Mehlspeise-Schale gestürzt, das allenfalls noch anklebende Papier wird sorgfältig abgenommen und der Pudding mit einer Marasquino-Rahm-Sauce zu Tisch gegeben.

1728. Reis-Pudding mit Chokolade. Pouding de riz au chocolat.

Ein halbes Pfund Mailänder Reis wird, nachdem derselbe rein gewaschen ist, mit einer Maß Rahm, einem Stückchen Vanille und einem viertel Pfund Zucker auf Kohlenfeuer weich und dick gekocht, dann in eine Schüssel gethan und, wenn er halb ausgekühlt ist, mit einem viertel Pfund Butter und dem Gelben von vierzehn Eiern eine halbe Stunde gerührt. Hierauf wird das Weiße von sechs Eiern zu einem festen Schnee geschlagen, langsam unter die Masse gerührt und diese bis zweifingerdick vom Rande in eine schleiffsteinartige Stürzform gefüllt und der Pudding eine halbe Stunde vor dem Anrichten im Dunste gekocht. Beim Anrichten wird eine Rahm-Sauce mit Chokolade extra beigegeben.

1729. Kartoffel-Pudding. Pouding de pommes de terre.

Es werden zwölf gute, schöne Kartoffeln in der Asche gebraten oder im Dunste gesotten, sodann heiß abgeschält und jede sogleich durch ein feines Haarsieb gestrichen. Dieses Kartoffelmehl wird sodann mit einem viertel Pfund Butter in einer Casserolle auf dem Feuer abgetrocknet, sodann mit einem Quart Doppelrahm nach und nach verrührt, mit dem abgeriebenen Gelben einer Orange, zwölf Loth Zucker und einer Messerspitze Salz angenehm gewürzt, dann mit vierzehn Eidottern, welche nach und nach dazu geschlagen werden, eine halbe Stunde gerührt. Dann wird der sehr fest geschlagene Schnee von acht Eiern darunter gezogen, die Masse in eine mit frischer Butter ausgestrichene Pudding-Form gefüllt, eine halbe Stunde vor dem Anrichten im Dunste gesotten und mit einer Rahm-Sauce mit Orangen zu Tisch gegeben.

1730. Schwedischer Pudding. Pouding à la Suédoise.

Ein halbes Pfund geriebenes Schwarzbrot, acht Loth Ochsenmark, zwölf Loth Butter, zwölf Eier, ein halbes Pfund türkische Rosinen, acht Loth Korinthen, acht Loth Zitronat, sechs Loth Orangenschalen, ein Kaffeelöffel voll Zimmt, eine Messerspitze gestoßene Nelken und ein Weingläschen Rum geben die Masse, welche auf folgende Weise zusammengesetzt wird. Die Butter wird gut schaumig gerührt, dann werden die Eidotter nach und nach dazu gegeben, dann kömmt der Zucker und das Gewürz, sowie die Rosinen, Zitronat und die Orangenschalen, dann das kleinwürfelich geschnittene Mark hinzu, welches alles zusammen mit dem Rum und dem geriebenen Brote leicht untermengt wird. Das Weiße von zehn Eiern wird sodann zu einem festen Schnee geschlagen, dieser langsam darunter gerührt, die Masse in eine gut ausgestrichene Pudding-Form gefüllt und eine Stunde langsam im Dunste gekocht. Beim Anrichten wird eine Sago-Sauce in einer Saucière extra beigegeben.

1731. Banille-Pudding. Pouding à la vanille.

Man läßt acht Loth frische Butter auf Kohlenfeuer heiß werden, gibt vier Loth gestoßenen Zucker und acht Loth feines Mehl dazu und röstet es zusammen einige Minuten, aber langsam, damit das Mehl keine Farbe annimmt. Hierauf wird eine Stange Vanille in Stückchen geschnitten, mit einer halben Maß süßem Rahm aufgekocht und nach und nach dazu ge-gossen und hiervon ein ganz dickes Mus gekocht, welches in eine irdene Schüssel durchpassirt wird. Zu diesem werden nach und nach zwölf Ei-botter und ebenso viel gestoßener Zucker gegeben und zusammen eine halbe Stunde schaumig gerührt. Hierauf wird der Schnee von acht Eiern lang-sam darunter gezogen, die Masse in eine mit Butter ausgestrichene Pudding-Form gefüllt, der Pudding eine halbe Stunde vor dem Anrichten langsam im Dunste gekocht, dann angerichtet, mit einem Theil einer Vanille-Sauce übergossen und der Rest davon in einer Saucière extra beigegeben.

1732. Berliner Pudding. Pouding à la Berlinaise.

Man bäckt fünf ganz dünne Pannequets; dann läßt man eine viertel Maß Rahm mit etwas Vanille-Zucker, etwas Salz und sechs Loth frischer Butter aufkochen, schüttet dann zwölf Loth feines, gesiebtes Mehl dazu und rührt dieses auf dem Kohlenfeuer so lange ab, bis sich der Teig ganz loslöst und ein zartes, feines Ansehen hat. Er wird in eine andere Casserolle gethan, nach und nach mit vier ganzen Eiern und vier Eidottern gut verrührt und dann mit dem festen Schnee von vier Eiern untermengt. Hierauf wird eine runde Stürzform mit klarer, frischer Butter ausgestrichen, am Boden mit einer Papierscheibe belegt, diese wieder mit Butter über-strichen und darüber gut abgetropfte, eingemachte Früchte, z. B. Aprikosen, Reineclauden, Amarellen u. dgl. in schöner Zeichnung gelegt, hierüber gibt man den vierten Theil der Masse und streicht diese ganz eben; darüber

wird ein Pannequet, nach der Größe rund geſchnitten, gelegt und über
dieſes Fleckchen wieder Früchte, und ſo wird fortgefahren, bis die fünf
Fleckchen eingelegt ſind, wovon jedoch der fünfte den Schluß macht. Dieſer
Pubbing wird eine bis ein und eine halbe Stunde im Dunſte gekocht,
dann beim Anrichten ausgehoben, die Form abgetrocknet, auf eine Mehl=
ſpeiſe=Schale geſtürzt, nach einigen Minuten vorſichtig abgehoben und mit
einer Aprikoſen=Sauce zu Tiſch gegeben.

1733. Diplomaten=Pubbing. Pouding à la diplomatie.

Hierzu wählt man ebenfalls eine runde, glatte Stürzform, eine Maß
haltend; dieſe wird gut mit Butter ausgeſtrichen, mit Papier ausgelegt
und dieſes nochmals mit Butter überſtrichen. Der Boden wird geſchmack=
voll mit abgetrockneten, eingemachten Früchten ausgelegt, über dieſe wird
eine fingerdicke Lage von langem Tafel=Bisquit gelegt, darüber wieder ein=
gemachte Früchte, dann Bisquit, und ſo wird fortgefahren, bis die Form
angefüllt iſt; das Oberſte müſſen aber Bisquits ſein. Hierauf werden
drei Eier und acht Eidotter mit ein und einem halben Quart gutem
ſüßen Rahm nebſt zwölf Loth Zucker und etwas Maraoquino gut ver=
rührt, dann durchgeſeiht und ſodann über den Pubbing nach und nach ge=
goſſen, bis die Bisquits alles eingeſaugt haben. Der Pubbing wird hier=
auf eine Stunde vor dem Anrichten im Dunſte geſotten, ſodann in eine
Mehlſpeiſe=Schale geſtürzt, nach einigen Minuten die Form abgehoben und
der Pubbing mit einer Rahm=Sauce mit Maraoquino zu Tiſch gegeben.

1734. Melonen=Pubbing. Pouding en forme de melon.

Man wählt hierzu eine melonenartige Form von Kupfer oder von
gebrannter Erde, die erſte gut verzinnt, die zweite von innen glacirt,
welche ungefähr ein und eine halbe Maß hält, und bereitet den Pubbing
auf folgende Weiſe: Man rührt ein halbes Pfund geſiebtes Mehl mit
einer Maß ſüßen Rahm und einem viertel Pfund Zucker nach und nach
fein ab und kocht hiervon auf Kohlenfeuer ein ganz dickes, ausgekochtes
Mus, welches mit einem viertel Pfund zu Caramel gebranntem und mit
Waſſer zu einem dicken Syrup aufgelöſten Zucker untermengt und hierauf
in eine irbene Schüſſel gegoſſen wird. Dieſe Maſſe wird ſodann mit dem

Gelben von vierzehn Eiern und einem viertel Pfund zerlassener, sehr frischer Butter eine halbe Stunde gut gerührt und sobann mit dem fest= geschlagenen Schnee von fünf Eiern untermengt und an einen kalten Ort gestellt. Unterdessen hat man von einem ganzen Ei und zwei Eidottern mit dem nöthigen Mehl einen feinen Nudelfleck ausgewalgt, von dem man Nudeln schneidet und sie lichtgelb aus dem Schmalze bäckt. Hierauf löst man mit etwas heißem Wasser zwölf Loth feine Vanille=Chokolade auf und kocht hiervon eine dickliche Sauce; die Form wird sobann mit klarer, frischer Butter ausgestrichen, mit feingestoßenen, süßen Macaronen ausge= säet und dann mit der Masse fingerdick ausgestrichen, so daß dieselbe gleichdick überall belegt ist; dann wird die Form halb mit den gebackenen Nudeln angefüllt, welche mit der Hälfte der Chokolade=Sauce übergossen und mit etwas würfelich geschnittenen Orangenschalen und Zitronat be= streut werden; dann wird die Form mit gebackenen Nudeln beinahe voll angefüllt, der Rest der Chokolade darüber gegossen, wieder mit Zitronat und Orangenschalen überstreut und dann ganz mit der Masse überstrichen, so daß die Nudeln mit der Chokolade ganz eingehüllt sind und die Form oben ganz gleich überstrichen ist. Ein und eine halbe Stunde vor dem Anrichten wird der Pudding im Dunste gekocht, dann auf eine passende, ovale Schüssel gestürzt, nach einigen Minuten die Form abgehoben, der Pudding mit etwas Zucker bestreut und mit einer Chokolade=Sauce so= gleich zu Tisch gegeben.

1735. Wiener Schmankerl-Pudding. Ponding à la Viennaise.

Hierzu bereitet man ganz dieselbe Pudding=Masse, wie sie beim Vanille= Pudding angegeben ist, und bäckt hierzu folgende Schmankerln oder Rameln. Man bereitet von ganz ordinärer Milch ein Kindsmus. Dann läßt man eine ganz flache Omelette=Pfanne oder auch einen Plafond heiß werden, streicht diesen mit Butter aus, schüttet einen Theil des Kindsmus hinein, so daß dasselbe den ganzen Boden bedeckt, stellt den Plafond auf ein gleich= mäßiges Kohlenfeuer und röstet dieses Mus so lange, bis sich am Boden eine Kruste gebildet hat; das übrige Mus wird dann mit einem eisernen Schäufelchen abgestreift und der Plafond wieder auf das Kohlenfeuer gestellt, bis die Kruste unten eine lichtbraune Farbe angenommen hat, darnach wird zerlassene Butter darüber gestrichen, zu zweifingerbreiten, viereckigen Stückchen geschnitten, eins nach dem andern mit dem Messer abgelöst und davon Dütchen gedreht; die übrigen Stückchen, die zurückbleiben, werden ebenfalls abgenommen und klein zerdrückt. Das Backen wird auf diese Weise drei = bis viermal wiederholt und die Dütchen auf einem Teller warm gestellt. Die Pudding=Form wird mit Butter gut ausgestrichen, der dritte Theil davon mit der Masse angefüllt, darüber von den kleinzerdrückten Schmankerln gestreut; dann kömmt wieder von der Masse, darüber wieder zerdrückte Schmankerln und zuletzt Masse darauf. Der Pudding wird eine halbe Stunde vor dem Anrichten im Dunste gekocht, dann in eine flache Mehlspeise=Schale gestürzt, die Form nach einer Minute abgehoben, der Pudding dann von allen Seiten mit den Dütchen zierlich besteckt und mit einer Rahm = Sauce mit Vanille sogleich zu Tisch gegeben.

1736. Nudel=Pudding. Pouding aux nouilles à la Palfy.

Man macht von sechs Eidottern und dem nöthigen feinen Mehl mit einer Messerspitze Salz einen festen, fein abgearbeiteten Nudelteig, welchen man in zwei Flecken recht dünn ausrollt und hiervon, wenn dieselben trocken geworden sind, fingerlange, feine Nudeln schneidet. Diese Nudeln werden in zwei Theile getheilt; die eine Hälfte wird lichtbraun aus heißem Schmalz gebacken, die andere Hälfte mit Rahm, Zucker und etwas Vanille dick eingekocht und sodann in eine Schüssel umgeleert. Ferner werden zwölf Loth frische Butter mit dem Gelben von zwölf Eiern und ebenso viel Zucker schaumig gerührt, dann mit dem festgeschlagenen Schnee der zwölf Eier leicht untermengt und jedesmal die Hälfte dieser Masse unter jede Sorte von den Nudeln gerührt. Hierauf wird eine runde Pudding=Form, welche in der Mitte einen Cylinder hat, mit klarer Butter gut ausgestrichen, am Boden ein Papier eingeschnitten, dieses wieder mit Butter überstrichen und die Nudeln schichtenweise, zwischen denen jedesmal gut-gereinigte und blanchirte türkische Rosinen gestreut werden, angefüllt. Der Pudding wird, dem vorhergehenden gleich, im Dunste gekocht, ebenso angerichtet und mit einer Wein= oder Aprikosen=Sauce zu Tisch gegeben.

1737. Pudding von Griesmehl in mehreren Farben. Pouding de semoule à la harlequin.

Man läßt in einer Casserolle ein und eine halbe Maß süßen Rahm mit einem halben Pfund Zucker, einem viertel Pfund Butter nebst einem Stückchen Zimmt einige Minuten kochen, nimmt sodann den Zimmt heraus und kocht hierauf ein halbes Pfund feinen Gries unter beständigem Rühren ein, welchen man auf Kohlenfeuer setzt und langsam dick einkochen läßt. Der Gries wird hierauf in eine irdene Schüssel umgeleert und wenn der= selbe halb ausgekühlt ist, werden achtzehn Eidotter dazu geschlagen und mit diesen eine halbe Stunde gerührt. Die Masse wird in vier gleiche Theile getheilt, der eine wird mit drei Tafeln weich gemachter Chokolade schwarz, ein Theil mit Spinattopfen grün, der dritte mit Krebsbutter roth gemacht und der vierte Theil bleibt gelb. Sobann wird das Weiße von zwölf Eiern zu einem festen Schnee geschlagen und unter jeden Theil das gleiche Quantum von demselben gerührt. Hierauf streicht man eine Cylinder= Form mit klarer Butter gut aus, schneidet am Boden ein passendes Papier ein, überstreicht dieses mit Butter und füllt die viererlei Farben mit einem Eßlöffel harlequinartig, das heißt eine Farbe neben der andern, ein. Wenn die Form auf diese Art gefüllt ist, wird der Pudding eine Stunde vor dem Anrichten im Dunste gesotten, dann wie die vorhergehenden angerichtet und mit einer Rahm=Sauce mit Maraschino zu Tisch gegeben.

74. Abschnitt. 10. Abtheilung.

Von den englischen Pubbings.   Des Poudings à l'Anglaise.

Die englischen Pubbings weichen in ihrer Behandlungsweise haupt=
sächlich dadurch ab, daß ihre Zusammensetzung bisweilen viel gemischter ist
und auch mehr Fetttheile enthält. Ebenso verhält es sich mit der Art
ihres Garmachens, indem sie nicht im Dunste, sondern nur in eine Ser=
viette gebunden in vielem Wasser gekocht oder auch in blechernen oder ver=
zinnten kupfernen, mit gut schließendem Deckel versehenen Formen, die eben=
falls in Servietten gebunden sind, in Wasser gesotten werden. Ebenso
verhält es sich auch mit den Saucen, welche stets von starken, kräftigen
Weinen, Rum ꝛc. bereitet werden.

1738. Plumpubbing. Plumpouding, Plumpudding.

Dieses englische Nationalgericht besteht aus folgenden Ingredienzen:
Ein Pfund Kernnierenfett, ein halbes Pfund Ochsenmark, ein Pfund
türkische Rosinen, ein halbes Pfund Corinthen, ein viertel Pfund Zitronat
und ebenso viel eingemachte Orangenschalen, acht Aepfel, ein Loth ge=
stoßener Zimmt, etwas geriebene Muskatnuß, das auf Zucker abgeriebene
Gelbe einer Zitrone, ein halbes Pfund gestoßener Zucker, ein Pfund ge=
riebene Semmeln, sechs Loth Mehl, ein halbes Quart Arak oder Cognac,
etwas wenig Salz und zehn Eier.

Das Nierenfett wird aus Haut und Sehnen gelöst und fein gewiegt
nebst dem geriebenen Brote in eine irdene Schüssel gethan; sodann gibt
man die gut gereinigten Rosinen, die würfelich geschnittenen Aepfel, das
ebenso geschnittene Mark, das fein geschnittenen Zitronat und die Orangen=
Schalen dazu, dann das Gewürz, Salz, Zucker und das abgeriebene Zi=
tronengelb. Alles dies wird durcheinander gemacht, dann mit dem Arak,
den Eiern und dem Mehl gut untermengt und zugedeckt eine Stunde stehen
gelassen. Hierauf wird eine Serviette gut mit Butter bestrichen, mit ge=
riebenen Semmeln überstreut, die ganze Masse in die Mitte der Serviette
gethan, dieselbe in Falten zusammengenommen und fingerbick über, der Masse
festgebunden. Dieser Pubbing wird in ein großes Gefäß mit vielem kochen=
den Wasser, daß derselbe schwimmen kann, gelegt und zwei und eine halbe
Stunde ununterbrochen zugedeckt gekocht, wobei man öfters siedendes Wasser
nachgießen muß. Beim Anrichten wird der Pubbing ausgehoben, auf ein
Drahtsieb gelegt, der Bindfaden aufgeschnitten, die Serviette von allen Seiten
losgemacht und der Pubbing aus der Serviette in eine Schüssel gestürzt,
dann mit einer Rum=Sauce übergossen und der Rest davon in einer
Sauciere extra beigegeben.

1739. Pubbing Chipolata. Pouding à la chipolata.

Dieses aus so verschiedenen Ingredienzen zusammengesetzte, man kann
mit Recht sagen verkünstelte Amalgama, besteht aus ein und einem halben

Pfund schönen Kastanien, zwölf Loth italienischen Macaroni, zwanzig Loth Kernnierenfett, vierzehn Loth geriebenem Mundbrote, sechzehn Loth türkischen Rosinen und ebenso viel Corinthen, sechs Loth Zitronat und ebenso viel Orangenschalen, einem halben Pfund gekochten, mageren Schinken, einem Glase Cognac, ebenso viel Madeira und zwölf ganzen Eiern. Die Ka= stanien werden in der Trommel geröstet und sammt der inneren, braunen Schale abgeschält, sodann mit einem Stückchen Butter fein gestoßen und durch ein Haarsieb passirt. Dieses Kastanien=Püree wird in eine irdene Schüssel gethan, dazu kömmt das aus den Sehnen und den feinen Häutchen gelöste und sehr fein gewiegte Nierenfett, das geriebene Brot und der fein geschnittene Schinken, die in Wasser halb weichgekochten und federkielbick geschnittenen Macaroni, sodann die kleinwürfelich geschnittenen Orangen und der ebenso geschnittene Zitronat, die Rosinen, die sechs Eier und sechs Eidotter. Darüber wird der Rum und der Madeira gegossen, alles genau untermengt und zuletzt der festgeschlagene Schnee darunter melirt. Diese Masse wird in eine gut ausgestrichene, mit geriebenem Brote ausgesäete, runde Kugelform gefüllt, genau zugedeckt, diese in eine Serviette gebunden und der Pudding, wie der vorhergehende, in vielem Wasser zwei und eine halbe Stunde ununterbrochen gekocht. Beim Anrichten wird derselbe aus der Serviette genommen, der Pudding in eine Schale gestürzt, die Form nach einigen Minuten abgehoben, mit einem Theil eines Madeira=Chaubeau übergossen und der Rest der Sauce in einer Saucière extra beigegeben.

1740. Englischer Pudding. Pouding à l'Anglaise.

Es werden vier Mundbrote vom Tage vorher abgerieben, in Stücke geschnitten, in kalter Milch eine viertel Stunde geweicht, dann in einer Serviette fest ausgedrückt und auf einen Teller gethan. Sodann wird ein halbes Pfund frische Butter schaumig gerührt, vier Eier und acht Eidotter nach und nach dazu gethan und mit dem geweichten Brote nebst einem halben Pfund türkischer Rosinen, einem viertel Pfund Corinthen, vier Loth Orangenschalen und ebenso viel Zitronat, alles kleinwürfelich geschnitten, nebst sechs Loth Zucker genau untermengt. Diese Masse wird in eine mit Butter bestrichene und mit geriebenem Brote besäete Serviette gethan, fingerdick über der Masse fest zusammengebunden und zwei Stunden im kochenden Wasser gesotten. Derselbe wird wie die vorhergehenden angerichtet, mit einer Wein=Sauce übergossen und der Rest derselben in eine Saucière gethan und extra beigegeben.

1741. Englischer Pudding auf deutsche Art. Pouding à l'Anglaise à la manière Allemande.

Derselbe wird wie der vorhergehende zubereitet, nur mit dem Unter= schiede, daß von sechs Eierklar der festgeschlagene Schnee und ein viertel Pfund feingeschnittene Mandeln darunter gerührt wird. Ferner wird der= selbe beim Anrichten ganz mit in Stiften geschnittenen Mandeln besteckt und mit einer Weinschaum=Sauce zu Tisch gegeben.

1742. Pudding nach Rodney. Pouding à la Rodney.

Man läßt eine halbe Maß süßen Rahm mit zwölf Loth sehr frischer Butter, sechs Loth Zucker und ein wenig Salz aufkochen, schüttet sogleich ein halbes Pfund feines gesiebtes Mehl dazu und rührt die Masse so lange auf Kohlenfeuer, bis sich der Teig vom Löffel und der Casserolle löst und ein glattes, feines Ansehen hat. Wenn derselbe etwas abgekühlt ist, wird das auf Zucker leicht abgeriebene Gelbe einer Orange nebst sechs Loth Zucker dazu gethan und mit dem Gelben von vierzehn Eiern nach und nach gut verarbeitet; sodann wird das Weiße von acht Eiern zu einem festen Schnee geschlagen, dieser langsam darunter-gerührt, die Masse in eine mit Butter bestrichene Serviette gethan, dreifingerdick oder derselben fest zusammengebunden und eine Stunde lang gekocht.

1743. Englischer Apfel=Pudding. Pouding de pommes à l'Anglaise.

Man bereitet von einem Pfund Mehl, drei Eiern und vier Eidottern, einem viertel Pfund Zucker, einem halben Pfund rein ausgesehntem und recht fein geschnittenem Nierenfett, etwas Salz und einem halben Quart süßem Rahm einen Teig. Dieser wird, nachdem er eine halbe Stunde an einem kühlen Ort gelegen war, federkieldick ausgerollt und damit eine tiefe irdene oder porzellanene Schüssel, die mit Butter ausgestrichen ist, ausgelegt; am Rande der Schüssel wird der Teig gerade abgeschnitten und mit nachstehender Aepfelmasse eingefüllt. Vierundzwanzig gute Borsdorfer= Aepfel werden rein geschält, halbirt, die Kerne herausgenommen und die Aepfel in Scheibchen geschnitten, dann in einer Casserolle mit einem viertel Pfund Butter, acht Loth Corinthen, acht Loth türkischen Rosinen, vier Loth fein geschnittenen Orangenschalen und ebenso viel Zitronat, nebst zwölf Loth Zucker und einem Gläschen Rum auf starkem Kohlenfeuer einige Minuten gedünstet. Mit diesen Aepfeln wird die Schüssel sodann eingefüllt, der Rand mit einem abgeschlagenen Ei bestrichen, von dem übrigen Teig eine Platte ausgerollt und damit die Aepfel überlegt, der Teig an den andern gut angedrückt und fest geschlossen. Wenn dies geschehen ist, bindet man die Schüssel in eine Serviette, stellt sie in eine Casserolle, schüttet so viel Wasser hinein, daß dasselbe bis zur Hälfte heraufreicht, deckt die Casserolle gut zu und kocht so den Pudding eine Stunde lang. Beim Anrichten wird die Schüssel aus der Serviette genommen, in eine Schale gestürzt, die Schüssel nach einigen Minuten abgenommen, der Pud= bing mit Zucker bestäubt und zu Tisch gegeben.

1744. Brennender Pudding. Pouding en tranches ou à l'enfer.

Der englische Pudding oder Plumpudding wird nach dessen Garkochen aus der Serviette auf ein reines, geruchloses Brettchen gelegt, dann in schöne Stücke geschnitten und diese im Kranze über sich laufend in eine silberne oder porzellanene Casserolle gelegt; in der Mitte wird sich dann eine runde Oeffnung bilden, in die man ein viertel Pfund gestoßenen Zucker und über diesen den vierten Theil einer Bouteille Rum gießt, welchen man mit einem brennenden Papierfibibus anzündet und sogleich zu Tisch gibt. Eine englische Pubbing-Sauce wird extra nachservirt.

1745. Englischer Reis-Pubbing. Ponding de riz à l'Anglaise.

Vierundzwanzig Loth rein gewaschener, abblanchirter und mit frischem Wasser wieder abgekühlter Reis wird auf ein Sieb zum Abtropfen geschüttet und sobann in einer Maß kochendem Rahm weich und dick gekocht. Der Reis wird hierauf in eine irdene Schüssel gethan, dann mit acht Loth Butter, sechzehn Loth Zucker, dem auf Zucker abgeriebenen Gelben von zwei Zitronen und einer Messerspitze Salz eine viertel Stunde gerührt. Dann werden acht Loth Sultaninen, acht Loth Corinthen, ebenso viel kleinwürfelich geschnittene, eingemachte Orangenschalen, zwölf Loth zerdrückte süße Macaronen, acht Loth würfelich geschnittenes Ochsenmark, vier Eßlöffel voll Rum, sechs Eier und sechs Eidotter dazu gerührt und zusammen genau untermengt. Diese Masse wird sobann in eine gut mit Butter bestrichene und, soweit der Pubbing reicht, mit Brot bestreute Serviette gefüllt, fingerdick über der Masse zusammengebunden und zwei Stunden ununterbrochen langsam gekocht. Eine Weinschaum-Sauce mit einem Quart Rum abgeschlagen, oder auch eine englische Rum-Sauce wird zur Hälfte beim Anrichten darüber und die übrige in eine Saucière gegossen und mit zu Tisch gegeben.

1746. Englischer Kastanien-Pubbing. Ponding aux marrons à l'Anglaise.

Man röstet in einer Trommel zwei Pfund schöne Kastanien über leichtem Flammenfeuer so lange, bis die äußere Schale, die man zuvor leicht eingeschnitten hat, auffspringt und sich sammt dem innern braunen Häutchen leicht abschälen läßt; die Hälfte davon, nämlich die schönen ganzen, werden auf einen Teller gethan, die übrigen aber werden mit zwölf Loth Butter fein gestoßen und durch ein Sieb getrieben. Dieses Kastanienmehl wird dann in einer irdenen Schüssel mit vierundzwanzig Loth sehr fein geschnittenem Kernnierenfett, einem halben Pfund Zucker, zwölf Loth ausgekernten Malaga-Rosinen, zwölf Loth gestoßenen Macaronen, den in vier Theile geschnittenen Kastanien, etwas geriebener Muskatnuß, vier Eiern und sechs Eidottern, einer achtel Bouteille Rum, ebenso viel Rahm und sechs Loth Mehl gut untermengt. Dieser Pubbing wird, wie die vorhergehenden, zwei Stunden langsam gesotten, bann angerichtet, mit einer englischen Rum-Sauce maskirt und der Rest davon in einer Saucière extra beigegeben.

74. Abschnitt. II. Abtheilung.

Von den kalten Puddings.   Des Poudings froids.

Diese gehören, obschon sie in ihrer Bereitung gänzlich von den vorhergehenden abweichen, doch zu der Kategorie der Puddings und sie nehmen bei größeren Tafeln, welche mehr Anspruch auf Feinheit machen, deren Stelle ein. Ihre Zusammensetzung gehört der neuesten Methode an und ihr Geschmack kann so angenehm modifizirt werden, daß sie als solche auf dem höchsten Grad der Lieblichkeit stehen. Doch zerfällt ihre Zubereitung auch wieder in zweierlei Methoden, nämlich in die eine: mit Hausenblase zubereitete, und die zweite als gefrorne kalte Puddings. Man hat zu diesen runde kuppel- oder puddingartige Formen, welche unten fünf Zoll im Durchmesser und eine Tiefe von vier und einem halben Zoll haben. In diese kömmt wieder eine zweite von vier Zoll im Durchmesser und drei und einem halben Zoll Tiefe, welche mit drei gleichmäßig vertheilten überbogenen Läppchen über die ersteren eingehängt wird und der Rand derselben halbfingerdick vorsteht. In diese kann nun eine dritte, von gleicher Entfernung der zweiten zu der ersten, eingehängt werden.

1747. Kalter Kastanien-Pudding auf deutsche Art. Pouding froid de marrons à l'Allemande.

Es werden zwei Pfund schöne Kastanien abgeschält, einige Minuten in kochendes Wasser, damit sich auch die innere Schale mit einem Tuche abstreifen läßt, gelegt, alle an denselben befindlichen Fleckchen ausgeschnitten, die Kastanien gewaschen und auf ein Tuch gelegt. Hierauf werden sie eine nach der andern in ein passendes flaches Geschirr gelegt, mit einem halben Pfund gestoßenem Zucker bestreut, mit Wasser begossen und so zugedeckt auf Kohlenfeuer weich gedünstet. Sobann werden die besten, recht weichen, aber ganz gebliebenen davon ausgesucht und zugedeckt kalt gestellt. Die andern werden im Reibstein mit einer Obertasse voll süßem Rahm gestoßen und durch ein feines Haarsieb gestrichen. Dieses Kastanien-Püree wird hierauf in eine Schüssel gethan, mit einem halben Pfund zu Syrup gekochtem Zucker, in dem man eine Stange klein zerschnittene Vanille gut ausgekocht hat, nach und nach fein abgerührt, ein halbes Pfund von dem Syrup abgetropfte eingemachte Weichseln, ebenso viel gereinigte und mit Syrup kurz gekochte türkische Rosinen darunter melirt, sodann zwei Loth gut ausgekochte dicke Hausenblase heiß darunter gerührt und zuletzt drei Quart zum Schnee geschlagener Doppelrahm langsam darunter gezogen. Die oben beschriebene Kuppelform, ohne die andere eingehängte, wird allein in's gestoßene Eis gegraben, die Masse eingefüllt, zugedeckt und darüber Eis gethan. Unterdessen löst man zwölf Loth feine Vanille=Chokolade mit etwas Wasser auf Kohlenfeuer langsam auf, verrührt diese mit acht Loth Staubzucker recht gut, gießt noch etwas heißes Wasser dazu und läßt die Chokolade aufkochen; hierauf wird sie kalt gerührt und mit ge= schlagenem Rahm zu einer dicklich fließenden feinen Sauce verrührt. Beim Anrichten wird der Pudding eine Sekunde in's heiße Wasser gehalten, die Form abgehoben, mit den ganzen Kastanien bekränzt und mit der Chokolade=Sauce zu Tisch gegeben.

1748. Kalter Pudding mit Schnee=Eier. Pouding froid à la Reine Margot.

Das Weiße von sechs frischen Eiern wird zu einem festen Schnee geschlagen und mit einem halben Pfund fein gestoßenem Zucker leicht untermengt. Dann läßt man in einer flachen Casserolle ein und eine halbe Maß Rahm mit einer halben Stange aufgeschlitzter Vanille und zwölf Loth Zucker aufkochen, stellt die Casserolle an die Ecke des Wind= ofens, macht mittelst zweier Eßlöffel von der Masse kleine Eier, welche man in den siebenden Rahm einlegt, auf beiden Seiten gar werden und dann auf einem Sieb abtropfen und kalt werden läßt. Unterdessen läßt man eine Pudding=Form mit weißer süßer Gelée messerrückendick auslaufen und stellt sie dann in gestoßenes Eis. Von dem Rahm, worin die Schnee= Eier gesotten worden sind, rührt man mit acht Eidottern auf dem Feuer eine Crême ab, welche man sodann in eine andere Casserolle passirt und ebenfalls auf dem Eis zu einer dickfließenden Crême, mit etwas Hausen= blase versetzt, kalt rührt. Man legt nun eine Lage von den Schnee=Eiern in die Form, streut darüber en filet geschnittene grüne Pistazien, übergießt sie mit der Crême, dann kommen wieder Schnee=Eier, Pistazien und dann Crême, und so wird fortgefahren, bis die Form voll geworden ist. Zu bemerken ist, daß jedesmal eine Lage, ehe die andere darüber kommt, leicht gestockt sein muß. Kurz vor dem Anrichten wird die Pudding=Form in's heiße Wasser getaucht, schnell abgetrocknet, eine flache Schüssel darüber ge= legt, der Pudding in dieselbe gestürzt und die Form langsam abgehoben. Unten herum wird der Pudding mit kleinen Croutons aus roth gefärbter süßer Sulz schön garnirt.

1749. Kalter Pudding à la Pomaré. Pouding froid à la Pomaré.

Ein halbes Pfund Aprikosen=Marmelade wird über dem Feuer ver= rührt, mit zwei Loth aufgelöster Hausenblase versetzt und dann mit drei

Obertaſſen voll gut abgetropftem Schlagrahm leicht untermengt und ſtocken
gelaſſen. Ebenſo bereitet man eine viertel Maß ſtarke Mandelmilch; dieſe
wird ebenfalls mit zwei Loth ausgekochter Hauſenblaſe untermengt, über
dem Eis, bis ſie ſich zu verdicken anfängt, gerührt und dann, mit zwei
Obertaſſen voll Schlagrahm untermengt, ſtocken gelaſſen. Ferner wird
eine Obertaſſe voll eingemachte rothe Kirſchen über ein Sieb geſchüttet
und gut abgetropft. Wenn nun dies Alles ſo vorbereitet iſt, läßt man
eine runde Pudding=Form mit ſehr weißer, waſſerklarer Maraſquino=Sulz
über dem Eis auslaufen, bis ſich eine meſſerrückendicke Decke gebildet hat,
worauf man die Form ganz in's Eis eingräbt. Man ſticht nun mit
einem Eßlöffel kleine Stückchen von der weißen und gelben Crême ab,
legt davon eine Lage abwechſelnd in die Form und dann an der Seite
hie und da eine ſchöne rothe Kirſche; über die erſte Lage gibt man nun
mit einem Kaffeelöffel etwas von der klaren Sulz, aber nur ſo viel, daß
dieſe Stückchen leicht befeuchtet ſind. Dann legt man eine zweite Lage
ebenſo, dazwiſchen hinein wieder Kirſchen, und ſo wird fortgefahren, bis
die ganze Form geſtrichen voll iſt, worüber man zuletzt etwas Sulz gießt
und das Ganze ſtocken läßt. Beim Anrichten wird der Pudding den vor=
hergehenden gleich geſtürzt und unten herum mit kleinen runden Bisquits
weiß und roth bekränzt und mit Maraſquino=Glace glacirt.

1750. Pudding von Kaſtanien nach Neſſelrode. Pouding de marrons à la Nesselrode.

Man bereitet von ein und einem halben Pfunde Kaſtanien ein
Püree nach Nr. 1747; dieſes wird mit vierundzwanzig Loth mit einer
klein geſchnittenen Stange Vanille zu Syrup gekochtem Zucker nach und
nach verrührt und mit einer Obertaſſe voll Maraſquino di Zara im
Geſchmack gehoben. Dieſes Kaſtanien=Püree wird nun in die in's Eis
geſetzte Gefrierbüchſe gethan und zu einem feinen, zarten Gefrornen ab=
gearbeitet. Unterdeſſen wird ein halbes Pfund türkiſche Roſinen und ebenſo
viel Corinthen gereinigt, gewaſchen, dieſe mit einem Stück Zucker, etwas
Waſſer und Maraſquino auf Kohlenfeuer weich und kurz gedünſtet, welche
man, wenn ſie kalt geworden ſind, mit zwölf Loth abgetropften eingemachten
Amarellen und ſechs Loth in Filets geſchnittenen Piſtazien untermengt.
Das unterdeſſen recht zart abgearbeitete feſte Gefrorne wird nun mit einer
halben Maß zum Schnee abgeſchlagenen Doppelrahm untermengt; ſodann
werden die Früchte darunter melirt, die Maſſe in die zuvor gut in's geſalzene
Eis gegrabene Puddingform gefüllt, darüber ein Papier gelegt, mit dem
Deckel genau geſchloſſen, darüber wieder geſtoßenes Eis gethan und ſo drei
Stunden ſtehen gelaſſen. Unterdeſſen werden zehn Eidotter mit zwölf Loth
geſtoßenem Zucker gut abgerührt, mit einem Quart ſüßem Rahm auf
Kohlenfeuer abgeſchlagen, mit einer halben Obertaſſe voll Maraſquino di
Zara untermengt, geſeiht und dann auf dem Eis kalt gerührt. Dieſer
Crême wird ſodann mit geſchlagenem Rahm zu einer dickfließenden Sauce
verrührt und, in eine Sauciere gegoſſen, kalt geſtellt. Beim Anrichten

wird der Pudding aus dem Eis genommen, die Form mit dem Tuch ab=
gewischt, einen Augenblick in's warme Wasser getaucht, der Deckel und
das Papier abgenommen, der Pudding in eine Schale gestürzt und die
Form abgehoben. Derselbe wird nun mit einem Theil der Sauce über=
gossen und jene in der Saucière mit zur Tafel gegeben.

1751. Kalter Pudding mit Früchten. Pouding de fruits à la Bahlen.

Ein halbes Pfund gutes Pfirsich=Püree wird mit Vanille=Syrup gut
verrührt und kalt gestellt. Ferner bereitet man eine Macedoine von Früchten,
welche in gleichem Quantum aus eingemachten Pfirsichen, Aprikosen und
Ananas besteht. Diese Früchte werden würfelich geschnitten, in eine Por=
zellanschale gethan und mit vier bis sechs Eßlöffeln voll Marasquino di
Zara begossen, zugedeckt, eine Stunde stehen gelassen. Unterdessen hat man
vier Stück kleine Mandel=Bisquitblätter gebacken, welche man nach dem
innern Raum der Pudding=Form egal rund zuschneidet. Eine Stunde
vor der Tafelzeit wird diese Form in gestoßenes, gesalzenes Eis gut ein=
gegraben, am Boden eine weiße Papierscheibe eingelegt und darüber ein
Bisquitblatt gethan; über dieses legt man nun den vierten Theil der
Früchte und überstreicht dieselben mit einem Theil der Pfirsich=Marmelade,
dann legt man wieder ein Bisquitblatt ein und fährt so fort, bis die
vier Blätter mit den Früchten ganz so eingerichtet sind. Ueber das Ganze
gießt man nun eine Obertasse voll Zuckersyrup, mit etwas Marasquino unter=
mischt, deckt den Pudding zuerst mit Papier, dann mit seinem Deckel zu
und legt oben darüber ebenfalls ·gestoßenes Eis. Beim Anrichten wird die
Form aus dem Eis genommen, in's kalte Wasser getaucht, abgetrocknet und
in die zum Anrichten bestimmte Schüssel gestürzt. Der Pudding wird
zuletzt mit einer sehr kalten Pfirsich=Sauce übergossen und sogleich servirt.

1752. Kalter Erdbeer=Pudding. Pouding froid de fraises à la printanière.

Man läßt eine kugelartige Pudding=Form mit sehr heller Orangen=
Sulz so lange über Eis auslaufen, bis sich ein messerrückendicker Ueberzug
gebildet hat, und gräbt dann die Form in's Eis. Ferner bereitet man
von frischen Walderdbeeren ein Püree, welches man mit Staubzucker gut
versüßt und dann mit vier Loth gut ausgekochter Hausenblase versetzt.
Dieses so bereitete Püree wird nun über dem Eis gerührt, bis es sich zu
verdicken anfängt. Auch hat man zehn bis zwölf lange Dessert=Bisquits
in Stückchen zu schneiden. Man gibt nun eine Lage von dem Erdbeer=
Mus in die Form, über diese legt man bie in Marasquino getauchten
Bisquits, dann wieder Crême und abermals Bisquits, bis die Form voll
ist; hiernach gießt man etwas Gelée darüber, ·damit der ganze Pudding
sich gut bindet. Kurz vor dem Anrichten wird derselbe ·in's heiße Wasser
getaucht, die Form schnell abgetrocknet, in eine flache Krystall= oder Por=
zellan=Platte gestürzt und langsam abgehoben. Um den Pudding wird

unten herum ein Kranz von großen, in dicken Syrup getauchten Ananas-Erdbeeren zierlich geordnet und ein Erdbeer-Syrup in einer Porzellan-Saucière extra beigegeben.

1753. Kalter Pubbing à la Palerme. Pouding froid à la Palerme.

Man bereitet von einem halben Pfund feinem Mehl, acht Loth frischer Butter, vier Loth Zucker, einer Messerspitze gestoßenen Zimmt, einem Körnchen Salz und vier Eidottern einen Teig. Mit diesem Teig wird eine passende, mit frischer Butter ausgestrichene Croustade-Form messerrückendick ausgefüttert, dann wird dieselbe mit Butter bestrichenen Papierstreifen ausgelegt, mit Mehl voll gefüllt, über ein Blech gestellt und so der Teig langsam lichtgelb gebacken. Wenn dies erreicht ist, wird das Mehl und die Papierstreifen herausgenommen, die Kruste über ein Blech gestellt, von innen mit Zucker bestäubt und leicht getrocknet, so daß man eine mürbe, croquante Kruste erhält. Zu der weiteren Bereitung muß man noch eine größere Form haben, in welche man die Teigkruste in der Weise einsetzen kann, daß noch ein kleinfingerdicker Rand frei bleibt. Diese zweite größere Form wird nun in feingestoßenes Eis gegraben und der Boden derselben stark federkieldick mit ganz weißer, sehr klarer Zitronen-Gelée (süßer Sulz) begossen und letztere stocken gelassen. Hiernach wird die Teigkruste von außen mit Aprikosen-Marmelade bestrichen und mit halbirten weißen Mandeln und grünen Pistazien zierlich und geschmackvoll garnirt. Ist diese Croustade nun fertig, so wird sie in die größere Form gestellt, etwas von dem Zitronen-Gelée eingegossen und dieses wieder ansulzen gelassen. Der äußere leere Raum der ganzen Form wird alsdann mit Gelée angefüllt und zugedeckt stocken gelassen. Kurz vor dem Anrichten wird der innere leere Raum mit einem festen Vanille-, Orangen- oder weißen Maraskino-Gefrornen gefüllt und glatt gestrichen; die Form schnell in's heiße Wasser getaucht, abgetrocknet, in die darüber gelegte, zum Anrichten bestimmte Schüssel gestürzt und langsam abgehoben und der Pubbing sogleich servirt.

1754. Kalter Reis-Pubbing mit Ananas. Pouding de riz froid à l'ananas.

Ein halbes Pfund rein gewaschener und blanchirter Reis wird mit einer Maß süßem Rahm und zwölf Loth Zucker weich und dick eingekocht, in eine Schüssel geschüttet, mit einer Obertasse voll Ananas-Syrup, zwei Loth dick gekochter Hausenblase bis zum Stocken kalt gerührt und mit einer halben Maß zum festen Schnee geschlagenen Doppelrahm untermengt. Die Pubbing-Form, die man zuvor schon in's gestampfte Eis gegraben hat, wird nun zur Hälfte mit der Masse gefüllt, die zweite Kuppelform in den Reis gedrückt, so daß derselbe bis an den Rand heraufsteigt; in die Vertiefung der zweiten Form wird nun ebenfalls gestoßenes Eis gefüllt und so zugedeckt kalt gestellt. Der Rest von dem Reis wird dann mit etwas Cochenille rosa gefärbt und mit sechs Scheibchen in kleine Würfel geschnittener Ananas untermengt. Wenn nun der eingedrückte Reis gestockt ist, wird

das Eis aus der zweiten Form genommen, diese mit heißem Wasser gefüllt und augenblicklich wieder entleert. Die Form wird sich nun durch
ein leichtes Drehen herausnehmen lassen, und der dadurch entstandene leere
Raum wird nun mit dem mit Ananas untermengten Rosa=Reis angefüllt.
Der Pudding wird alsdann genau zugedeckt, gestoßenes Eis darüber gethan und kalt gestellt. Unterdessen bereitet man dieselbe Sauce nach
Nr. 1750, nur mit dem Unterschiede, daß zu derselben statt des Marasquino Ananas=Syrup genommen wird. Beim Anrichten wird der Pudding
in's lauwarme Wasser getaucht, in eine flache Schüssel gestürzt, unten
herum mit kleinen Meringues, mit Amarellen gefüllt, garnirt; die Sauce
in eine Sauciere gegossen und extra mitservirt.

**1755. Kalter Ananas=Pudding auf königliche Art. Pouding
d'ananas à la royale.**

Von einer großen oder zwei kleinen, frischen, gut zeitigen Ananas
werden die äußeren Punkte abgeschnitten, die Ananas sehr dünn geschält,
dann in Scheiben geschnitten, die schönsten davon kleinwürfelich, mit einer
Obertasse voll Zucker=Syrup auf Kohlenfeuer, zugedeckt, langsam weich gedünstet und hierauf kalt gestellt. Alles Uebrige von der Ananas wird
gestoßen, in eine Maß kochenden Rahm gethan und zugedeckt bei Seite
gestellt. Unterdessen werden drei viertel Pfund gestoßener Zucker mit dem
Gelben von sechzehn Eiern gut gerührt, nach und nach mit dem Rahm
untermengt und auf dem Kohlenfeuer zu einem Crème abgerührt, welchen
man durch ein sehr feines Haarsieb streicht und den Ananas=Syrup dazu
rührt. Von diesem Crème wird der achte Theil in eine Porzellan=Schale
zurück gethan, der übrige in der Gefrierbüchse gefroren und recht fein und
zart abgearbeitet. Ist nun dieses erreicht, so wird ein Suppenteller voll
geschlagener Rahmschnee darunter gerührt und ein halbes Pfund gewaschene
und auf einer Serviette abgetrocknete Amarellen, acht Loth zu Filets geschnittene Pistazien, drei abgeschälte und würfelich geschnittene Birnen der
besten Gattung und die geschnittene Ananas darunter gemengt. Das
Ganze wird nun in die eine halbe Stunde zuvor in's Eis grabene
Pudding=Form ohne Einsatz gegossen, oben ganz glatt gestrichen, mit einem

48*

Papier überdeckt, mit dem Deckel gut geſchloſſen und auch ganz mit Eis überdeckt. Nach zwei Stunden wird die Form aus dem Eis genommen, einen Augenblick in's lauwarme Waſſer getaucht, ſchnell abgetrocknet, der Deckel und das Papier abgenommen und der Pudding über eine zierlich zuſammengelegte Serviette auf eine Schüſſel geſtürzt und ſogleich zu Tiſch gegeben. Der zurückgehaltene Crême wird mit geſchlagenem Rahm unter= mengt und als Sauce ertra beigegeben.

1756. Kalter Chokolade=Pudding auf Königin=Art. Pouding froid au chocolat à la reine.

Es werden zwölf Loth geriebene, feine Vanille=Chokolade mit einem Quart ſüßem Rahm und acht Loth Zucker auf Kohlenfeuer aufgekocht und fein abgerührt, ſodann werden acht Eidotter nebſt einem Quart Rahm dazu gethan und auf Kohlenfeuer zu einem Crême abgerührt, welchen man durch ein Haartuch preßt und kalt rührt. Hierauf werden zwei Loth dick= gekochte Hauſenblaſe dazu geſeiht und der Crême, bis er zu ſtocken anfängt, auf dem Eis geſchlagen; ſodann wird der von einer Maß Doppel=Rahm geſchlagene Schnee unter den Crême gerührt, damit die erſte Pudding= Form, welche zuvor in's Eis gegraben wurde, gut halbvoll angefüllt; hiernach wird ſogleich die zweite Form in den Crême eingedrückt, daß der= ſelbe bis zum Rande aufſteigt; ſollte dieſer nicht hinreichen, ſo müßte man noch etwas Crême nachgießen. In den innern Raum der zweiten Form wird nun geſtoßenes Eis gethan und der Pudding zugedeckt. Unterdeſſen werden ſechs Eidotter mit einem viertel Pfund Zucker und einer viertel Maß Vanille=Rahm auf dem Feuer abgerührt, dann geſeiht, ein und ein halbes Loth dickgekochte Hauſenblaſe durch ein Sieb dazu gegoſſen, auf dem Eiſe, bis er zu ſtocken anfängt, gerührt und ſodann mit einem Teller voll Rahm=Schnee untermengt. Iſt dies geſchehen, ſo wird das Eis aus der innern Form gethan, heißes Waſſer ſchnell eingeſchüttet, dieſes augen= blicklich wieder ausgegoſſen, die Form leicht gedreht und herausgenommen, welches alles ſchnell vor ſich gehen muß. Dieſer innere Raum wird nun mit dem Vanille=Crême halb gefüllt und dann der zweite Model einge= drückt, ſo daß der Crême wieder bis zum Rande aufſteigt; in den leeren

Raum wird wieder gestoßenes Eis gethan und der Pudding zugedeckt. Hierauf werden vier Loth abgezogene Pistazien mit Rahm fein gerieben, mit sechs Loth gestoßenem Zucker verrührt, ein Loth Hausenblase dazu geseiht, mit dem nöthigen Schlagrahm untermengt und sodann mit einer halben Obertasse voll ganz kleinen, in der Größe eines Kreuzer=Stückes, recht croquant gebackenen Busserln und ebenso viel abgetrockneten Weichseln melirt und der innerste Raum des Puddings, nachdem man, wie schon gezeigt wurde, die Form herausgenommen hat, gefüllt, recht glatt gestrichen und zugedeckt kalt gestellt. Beim Anrichten wird die Form aus dem Eis genommen, in's heiße Wasser gestoßen, abgetrocknet, über eine flache Schale gestürzt, abgehoben und der Pudding recht geschmackvoll mit festem Rahm= Schnee bespritzt. Unten herum werden kleine Bisquits, mit Chokolade glacirt, gelegt und der Pudding mit einer kalten Vanille=Sauce zu Tisch gegeben.

1757. Kalter Aepfel=Pudding. Pouding de pommes glacées.

Es werden vierundzwanzig Stück Reinette= oder schöne Calville=Aepfel geschält, in vier Theile geschnitten, mit etwas Wasser und einem Stück Zucker auf Kohlenfeuer gestellt, zugedeckt und weich gedünstet. Hierauf werden sie gut verrührt und zu einer Marmelade durch ein feines Haar= sieb gestrichen. Diese wird sodann in eine Schüssel gethan, mit einem halben Pfunde Aprikosen=Marmelade genau verrührt, mit dem Gelben einer auf Zucker abgeriebenen Orange gewürzt und mit noch zwölf Loth Staubzucker untermengt; sodann wird eine Gefrierbüchse in's Eis gegraben und von der Marmelade ein festes, feines Gefrornes bereitet. Unterdessen wird ein halbes Pfund eingemachte Amarellen gewaschen und auf einer Serviette abgetrocknet, acht Loth türkische Rosinen gereinigt und mit einem Stückchen Zucker aufgekocht, ebenso sechs Loth Pistazien gebrüht, abgezogen und zu Filets geschnitten; dieses alles wird hierauf mit einem Gläschen Curaçao und ebenso viel Maraaquino di Zara mit dem Gefrornen unter= mengt und noch eine Zeit lang, bis dasselbe wieder fester geworden, fort= gedreht. Sodann werden zwei Teller voll geschlagener Rahm=Schnee darunter melirt, die Masse in die Pudding=Form gestrichen, voll gefüllt, mit Papier überdeckt, mit dem Deckel genau geschlossen und die Form in gestoßenes, gut gesalzenes Eis zwei und eine halbe Stunde gegraben. Beim Anrichten wird der Pudding über eine zierlich zusammengelegte Serviette auf eine Entremets=Schüssel gestürzt und mit nachstehender kalter Sauce zu Tisch gegeben. Man rührt acht Eidotter mit acht Loth Zucker nebst einem Quart Rahm auf Kohlenfeuer ab, passirt dieses durch ein Haartuch in eine Porzellan=Schale und schlägt dies auf dem Eis kalt; sodann wird eine halbe Obertasse voll Ananas=Syrup und ebenso viel Maraaquino di Zara beigegossen und sodann mit etwas geschlagenem Rahm=Schnee nach und nach untermengt, so daß man eine dickfließende, äußerst angenehm schmeckende Sauce erhält, welche in einer Saucière dem Pudding beigegeben wird.

1758. Kalter Kabinets-Pudding. Pouding de cabinet froid.

Es wird von zwölf Eidottern, zwölf Loth Zucker, einer halben Maß Rahm über Kohlenfeuer ein Crème abgerührt, den man durch ein Haartuch in eine Porzellan-Schüssel preßt und zugedeckt kalt stellt. Ebenso wird ein halbes Pfund türkische Rosinen, ebenso viel Corinthen gereinigt, gewaschen und mit einem Stück Zucker, etwas Wasser und Marasquino aufgekocht und ebenfalls kalt gestellt. Ferner wird eine Maß Doppel-Rahm zum Schnee geschlagen und zum Abtropfen in ein Haarsieb gegossen, sodann ein viertel Pfund feines Dessert-Biscuit, jedes in drei Stückchen geschnitten und in einen Teller gelegt. Die Pudding-Form wird hierauf in's gestoßene Eis gegraben und auf folgende Weise voll angefüllt: Von dem abgerührten Crème wird der vierte Theil zur Sauce, in einer Schale zugedeckt, kalt gestellt, in den andern aber werden zwei und ein halbes Loth dickeingekochte heiße Hausenblase durch ein Haartuch gepreßt und mit derselben, bis sie zu stocken anfängt, über dem Eise gerührt; dann werden drei Theile des geschlagenen Rahmes nebst einer Obertasse voll Marasquino bi Zara untermengt und zweifingerdick davon in die Pudding-Form gegossen; wenn dies gestockt ist, wird eine Lage von den Biscuits, wovon man jedes Stückchen in dünnen, mit Marasquino untermengten Zucker-Syrup getaucht hat, im Kranze eingelegt, darüber dann ein Theil der Rosinen mit einigen eingemachten Weichseln gestreut, über diese wieder Crème fingerdick gegossen und wenn dieser gestockt ist, wird eine zweite Lage eingelegt, und so wird fortgefahren, bis die Form voll ist, welche man genau deckt und gestoßenes Eis darüber gibt. Beim Anrichten wird der Pudding in eine flache Schale gestürzt, unter den zurückbehaltenen Crème wird der Rest des geschlagenen Rahmes nebst etwas Marasquino und Ananas-Syrup gerührt, dieses in eine Saucière gegossen und so mit dem Pudding zu Tisch gegeben.

1759. Kalter Pistazien-Pudding auf deutsche Art. Pouding anx pistaches froid à l'Allemande.

Sechzehn Loth schöne grüne Pistazien werden in's kochende Wasser gethan, dann abgezogen, in's kalte Wasser gelegt, darnach auf ein Sieb geschüttet und mit einer Obertasse voll Rahm sehr fein gestoßen und sodann durch ein feines Haarsieb gestrichen. Dieses Pistazien-Purée wird sodann in einer Schale mit einem halbem Pfunde zu dickem Syrup gekochten Zuckers und zwei Loth dickeingekochte Hausenblase verrührt und mit einem Teller voll geschlagenen Rahm-Schnee leicht untermengt. Dieser Crème wird nun zwischen zwei in einander hängende Pudding-Formen gegossen und in die innere Vertiefung ebenfalls Eis gethan. Wenn nun der Crème gestockt ist, wird das Eis aus der innern Form geschüttet, statt dieses heißes Wasser schnell eingegossen und ebenso schnell wieder ausgeschüttet, damit sich die Form leicht herausnehmen läßt. In den innern Raum wird nun eine Vanille-Crème, die mit Hausenblase und Schlag-Rahm bereitet ist, abwechselnd mit ganz kleinen, recht croquant

gebackenen Meringuen und abgetrockneten, eingemachten Weichseln gefüllt, der Pudding genau zugedeckt und Eis darüber gethan. Beim Anrichten wird der Pudding in eine flache passende Schüssel gestürzt, unten herum mit kleinen, mit Weichseln gefüllten, und diese mit zu Filets geschnittenen, mit Pistazien bestreuten, runden Meringuen bekränzt und der Pudding mit einer kalten Vanille=Rahm=Sauce zu Tisch gegeben.

1760. Kalter Reis=Pudding. Pouding de riz à la Palerme.

Ein halbes Pfund guter Reis wird, nachdem derselbe rein gewaschen, blanchirt und mit frischem Wasser abgekühlt ist, mit Zucker, Orangensaft und weißem Wein auf Kohlenfeuer weich gedünstet, so daß sich der Reis leicht zerdrücken läßt. Dieser wird sodann in eine Schale gethan, zwei

Loth dickgekochte Hausenblase dazu gepreßt und bis zum Stocken kalt ge=
rührt. Unterdessen werden vier eingemachte Ananas=Scheiben klein zu
Würfeln geschnitten, ebenso zwölf Loth eingemachte, abgetrocknete Amarellen
und ebenso viel gereinigte und in Syrup gekochte türkische Rosinen zu=
bereitet, diese nebst zwei Tellern voll Schlag=Rahm und einem viertel
Pfund dünner Aprikosen=Marmelade unter den Reis genau gerührt und
damit die in's Eis gegrabene Pudding=Form angefüllt, genau gedeckt und
mit gestoßenem Eis überschüttet. Beim Anrichten wird der Pudding aus
dem Eis genommen, in's heiße Wasser getaucht, abgetrocknet, in eine flache
Schüssel gestürzt und außen herum mit eingemachten halben Aprikosen
garnirt und nachstehendes Gefrornes in die Mitte gefüllt. Von zwei
Orangen wird das Gelbe sehr fein abgeschnitten und in vierundzwanzig
Loth zu einem Syrup mit kaltem Wasser aufgelösten Zuckers gethan,
welcher noch mit dem Safte von vier Orangen, einem Quart Himbeer=
safte und kaltem Wasser untermengt wird. Dieses läßt man eine Stunde
stehen, preßt sodann den Saft durch eine reine Serviette und bereitet
hiervon ein festes Gefrornes, welches man im letzten Augenblicke erhaben
in die Mitte des gestürzten Puddings füllt.

1761. Reis=Pudding nach Trautmannsdorf. Pouding de riz
à la Trautmannsdorf.

Ein halbes Pfund rein gewaschener und blanchirter Reis wird mit
sechzehn Loth Zucker, einer Stange Vanille nebst einer Maß Rahm auf
Kohlenfeuer langsam weich und dick gekocht, vom Feuer genommen, in eine
Casserolle umgeleert, zwei Loth gut ausgekochte Hausenblase dazu geseiht
und zusammen kalt gerührt. Hierauf werden zwei Teller voll Rahm=
Schnee und eine Obertasse voll Maraschino di Zara langsam darunter
melirt, die Masse in eine Pudding=Form gefüllt und diese in's Eis ge=
graben. Unterdessen wird eine Maß frische Himbeeren durch ein Sieb
passirt, mit vierundzwanzig Loth Staubzucker gut abgerührt, mit kaltem
Wasser zu einer dicklich fließenden Sauce verdünnt und dann zum Kalt=
werden auf's Eis gestellt. Der Reis=Pudding wird beim Anrichten in
eine flache Schüssel gestürzt, die Himbeer=Sauce in eine Saucière gegossen
und mit demselben zu Tisch gegeben.

1762. Reis=Pudding nach Rochow. Pouding de riz à la Rochow.

Der Reis=Pudding wird ganz wie der vorhergehende bereitet, nur mit
dem Unterschied, daß statt des Maraschino hier der Vanille=Geruch allein
beigegeben und statt der Himbeer=Sauce eine kalte Erdbeer=Sauce, welche
ebenso wie die vorhergehende bereitet, beigegeben wird.

1763. Reis=Pudding auf schwedische Art. Pouding de riz
à la Suédoise.

Dieser Reis=Pudding wird wie der vorhergehende zubereitet, nur mit
dem Unterschiede, daß bei diesem zwölf Reinette=Aepfel, jeder in vier Theile

geschnitten, rein geschält und in Zucker und weißem Wein weich und kurz
gedünstet und in drei Lagen, jedesmal eine Schicht Reis, wenn dieser
gestockt ist, eine Lage Aepfel, dann wieder Reis und so fort, bis die
Form voll ist, eingefüllt werden. Beim Anrichten wird der Reis auf eine
flache Schüssel gestürzt, der Rand geschmackvoll mit eingemachten Früchten
garnirt und in den mittleren Raum Schlagrahm, mit Aprikosen-Mark
untermengt, gefüllt.

1764. Reis-Pudding auf Malteser-Art. Pouding de riz à la Malte.

Ein halbes Pfund schöner, großkörniger Reis wird rein gewaschen
und in vielem Wasser, doch so, daß die Körnchen ganz bleiben, blanchirt
und dann zum Abtropfen auf ein Sieb geschüttet. Unterdessen läßt man
ein Pfund Zucker mit dem Saft von zwei Orangen und einer halben
Bouteille weißen Wein zu einem dicken Syrup kochen, gibt sodann den
Reis dazu, läßt ihn mit demselben nochmals aufkochen und stellt ihn zum
Kaltwerden in's Eis. Beim Anrichten gießt man eine Obertasse voll
Marasquino di Zara dazu, mengt ihn langsam darunter und dressirt den
Reis puddingartig in eine Porzellanschale. Derselbe wird nun mit Orangen-
Schnitzen und sonstigen eingemachten Früchten im schönsten Farbenspiel
überlegt und recht kalt zur Tafel gegeben.

---

74. Abschnitt. 12. Abtheilung.
Von den Milchspeisen. Des Entremets de lait.

Diese größtentheils sehr beliebten Speisen gehören mehr der bürgerlichen Küche an, doch erscheinen sie zuweilen auch auf den Tafeln der Vornehmen. Sie werden sehr häufig bei Soupers als Zwischengerichte gegeben.

1765. Reis in der Milch. Riz an lait.

Drei viertel Pfund schöner Mailänder Reis wird mehrmals lauwarm gewaschen, dann mit kaltem Wasser übergossen, einmal aufgekocht, auf ein Sieb gegossen und mit frischem Wasser wieder abgekühlt. Sodann läßt man ein und eine halbe Maß gute Milch mit einem halben Pfund Zucker, einem Stückchen Zimmt und einer Messerspitze Salz aufkochen und schüttet diese über den in einer flachen Casserolle mit einem Stück Butter einige Minuten gerösteten Reis, welchen man auf einen Dreifuß über ein gleiches Kohlenfeuer setzt und halb zugedeckt langsam kochen läßt. Wenn der Reis weich geworden und sich am Boden eine lichtbraune dünne Kruste (Ramel) angesetzt hat, wird über den Reis, ohne darin zu rühren, etwas heißer Rahm gegossen und derselbe gut zugedeckt bei Seite gestellt. Beim An= richten wird der Reis langsam, ohne ganz an den Boden zu kommen, auf= gerührt, mit einem Stückchen sehr frischer Butter und dem noch nöthigen heißen Rahm dickflüssig verdünnt, in einer tiefen Mehlspeiseschale angerichtet, die Rameln mit einem Nudelschäufelchen in kleine Stückchen ausgestochen, schön darüber gelegt, mit Zucker bestäubt und zu Tisch gegeben.

1766. Nudeln in der Milch. Nouilles à la crême.

Es werden von vier Eidottern und einem ganzen Ei feine Nudeln gemacht, welche in ein und eine halbe Maß kochende Milch, in welcher ein viertel Pfund sehr frische Butter, ein Stängelchen Vanille oder Zimmt und zwölf Loth Zucker gekocht, locker eingestreut werden; dann wird die Casserolle über Kohlenfeuer auf einen Dreifuß gestellt und die Nudeln langsam so lange gekocht, bis sich am Boden der Casserolle eine lichtbraune Kruste angesetzt hat. Die Nudeln werden dann mit Milch übergossen, das Feuer unten weggethan, zugedeckt und zehn Minuten zu stehen gelassen. Beim Anrichten werden sie langsam durcheinander gerührt, mit etwas kochendem Rahm und einem Körnchen Salz locker durcheinander gemacht, in einer Schale angerichtet, die Rameln in kleinen Stückchen ausgestochen, die Nudeln oben damit ganz überlegt, leicht mit Zucker bestäubt und recht warm zu Tisch gegeben.

1767. Geriebene Gerste in der Milch. Orge hachée à la crême.

Von fünf bis sechs Eidottern wird mit dem nöthigen feinen Mehl und etwas Salz ein sehr fester gelber Teig abgeknetet, der die Trockne hat, daß er sich auf dem Reibeisen zu kleinen, gerstenartigen Körnchen reiben läßt, die man auseinander macht und einige Minuten trocknen läßt. Im Uebrigen werden sie in der Milch wie die Nudeln eingekocht und ebenso beendet. Ich verweise deßhalb auf das vorhergehende Rezept.

1768. Cascha. Cascha.

Man läßt in einer flachen Casserolle acht Loth frische Butter heiß werden, gibt ebenso viel gestoßenen Zucker dazu und läßt diesen mit ein und einer halben Maß guten Milch aufkochen. Hierauf wird unter be=

ständigem Rühren ein halbes Pfund guter Gries eingekocht, den man über Kohlenfeuer stellt und gratiniren läßt. Unterdessen wird eine Maß süßer Rahm in einer Casserolle in einen stark erhitzten Backofen gestellt und sobald sich oben eine braune Haut gebildet hat, wird dieselbe abgenommen, auf einen Teller gethan, und so wird fortgefahren, so lange es der Rahm erlaubt und man einen guten Theil solcher Häutchen gewonnen hat. Der Gries wird dann kurz vor dem Anrichten mit dem nöthigen, mit Vanille gut ausgekochten Rahm zu einer crèmeartigen, dicklich fließenden Masse verdünnt, die Häutchen langsam darunter gemengt, welche demselben einen feinen, guten Geschmack geben. Dann wird der Gries in einer flachen Schale angerichtet, stark mit Zucker bestäubt und dieser mit einer glühenden Schaufel glacirt.

1769. Reis in der Milch mit Chokolade. Riz à la crème au chocolat.

Ein halbes Pfund rein gewaschener und blanchirter Reis wird in ein und einer halben Maß kochendem Rahm mit einer aufgeschlitzten Stange Vanille und zwölf Loth Zucker weich und dick gekocht, dann in einer tiefen Schale oder in einer Teig-Kruste angerichtet, oben glatt gestrichen und mit acht Loth mit Zucker und Wasser dicklichfließend gekochter Chokolade übergossen und zu Tisch gegeben.

Auf dieselbe Weise wird dieser gekochte Reis statt der Chokolade mit einer Orangen-, Zitronen-, Kaffee-, Haselnuß-, Caramel- oder Macaronen-Crème übergossen.

1770. Einfaches Kindsmus. Bouillie simple.

Es werden acht Loth feines gesiebtes Mehl mit einer Maß guter Milch nach und nach fein abgerührt, mit acht Loth gestoßenem Zucker gewürzt und unter immerwährendem Rühren über dem Windofen aufgekocht, dann auf einen Dreifuß über Kohlenfeuer gestellt und eine viertel Stunde langsam gekocht. Es wird in einer flachen Schale angerichtet, mit seinen eigenen Rameln belegt und mit Zucker bestäubt heiß zu Tisch gegeben.

1771. Schmankerl-Mus. Bouillie à la crème.

Man bereitet einen Teller voll Schmankerln, wie diese bei dem Schmankerl-Pudding im vorhergehenden Abschnitt genau angegeben sind und stellt sie an einen warmen Ort. Eine Stunde vor dem Anrichten werden zwölf Loth feines gesiebtes Mehl mit ein und einer halben Maß süßem guten Rahm nach und nach gut verrührt, nochmals durchgeseiht, mit einem halben Pfund Zucker und etwas wenig Salz auf dem Windofen, bis es kocht, ununterbrochen gerührt und dann auf glühender Asche eine halbe Stunde sehr langsam gekocht. Nach dieser Zeit wird der Mehlgeschmack vergangen sein; dann wird das Mus mit einem halben Teller voll Schlagrahm genau verrührt, in eine tiefe Mehlspeise-Schale gegossen, oben ganz mit den Schmankerln besteckt, leicht mit Zucker bestäubt und sogleich zu Tisch gegeben.

1772. Salep. Salep.

Dieses in einem mehligen Bestandtheil vorkommende Küchenprodukt ist besonders in Griechenland und der Türkei sehr geachtet und das Volk ge- nießt es häufig zum Frühstück, meinend, daß dasselbe alle Kräfte wecke und die Sehkraft schärfe. Dem sei jedoch wie ihm wolle, so ist er doch be- sonders kranken, schwächlichen Personen als eine nahrhafte, leicht verdauliche Speise zu empfehlen. Er wächst auf dem Hochgebirge um Brussa, dem Olympos, Ainegal, Sichan, dem Ararat in Asien und auf den Alpen der Herzegowina. Vermöge seiner eigenschaftlichen Bestandtheile übersteigt der Salep beim Kochen wohl acht bis zehn Mal sein Volumen im rohen Zu- stande, weßhalb man beim Einkochen sehr vorsichtig sein muß.

1773. Salepmus. Bouillie de salep.

Man läßt eine Maß gute Milch oder nach Umständen Rahm mit etwas Zimmt oder Vanille und einem viertel Pfund Zucker aufkochen und wieder erkalten. Mit diesem werden acht Loth Salep in genaue Verbindung gebracht und dann über dem Feuer, bis sich der Salep verdickt, abgerührt. Ist dieß erreicht, so wird nach Geschmack noch der nöthige gestoßene Zucker, etwas wenig frische Butter und ein Körnchen Salz dazu gethan und nach fünf Minuten des Kochens, im Falle er zu dick wäre, mit dem nöthigen kochen- den Rahm zu einer breiigen Substanz verdünnt und sofort angerichtet.

1774. Salep auf türkische Art. Chunssoz salep.

Man setzt eine Maß Wasser mit einem halben Pfund Honig auf's Feuer, schäumt es, wenn es zu kochen anfängt, ab, rührt dann zehn Loth Salep mit etwas kaltem Wasser fein ab und rührt denselben unter immer- währendem Schlagen zu dem kochenden Honigwasser. Sobald das Mus anfängt aufzuwallen, wird es nochmals abgeschäumt und sogleich angerichtet.

1775. Türkisches Reismus. Bouillie à la Turc.

Es werden zwölf Loth Reismehl mit kalter Milch fein abgerührt, dann eine Maß kochende Milch nach und nach daruntergerührt und über Kohlenfeuer zu einem dicklichen Mus gekocht. Dasselbe wird kalt gerührt, mit zwölf Loth Zucker, zu Syrup gekocht, nach und nach verdünnt, kalt in eine Schale gegossen und so zu Tisch gegeben.

1776. Nudeln in der Milch mit Krebsbutter. Nouilles au lait au beurre d'ecrevisses.

Man bereitet von zwanzig schönen Krebsen und einem halben Pfund Butter eine schöne hochrothe Krebsbutter, welche in kaltes Wasser gepreßt wird. Die Schalen der Krebse werden mit einer Maß Milch aufgekocht, diese durchgeseiht, dann noch eine Maß kochender Rahm dazu gegossen, mit einem Stück Krebsbutter, einem halben Pfund Zucker und einem Körnchen Salz aufgekocht und die Nudeln eingesäet. Im Uebrigen werden sie wie die Nudeln in der Milch vollendet, nur daß die Vanille wegbleibt; auch können sie in einer Teigkruste angerichtet werden.

1777. Reis in der Milch nach norddeutscher Art. Riz au lait à la marmelade de pommes.

Man bereitet von achtzehn Borsdorfer Aepfeln mit einem halben Pfund Zucker eine etwas dicke Aepfelmarmelade, welche man heiß in eine flache Schale gießt, glatt streicht und mit einem viertel Pfund Reis, den man in Zucker=Rahm und etwas Vanille weich und dicklich gekocht hat, behutsam überdeckt, glatt streicht und mit sechs Loth zerbrückten süßen Macaronen bestreut zu Tisch gibt.

1778. Nudeln auf Wiener Art. Nouilles à la Viennaise.

Es werden von fünf Eidottern mit dem nöthigen Mehl mittelfeine lange Nudeln gemacht, diese lichtgelb aus dem Schmalz gebacken und zum Entfetten auf ein Tuch gelegt. Ferner wird von acht Loth Mehl, einer Maß süßem Rahm, zwölf Loth Zucker und etwas Vanille ein dünnes Kindsmus bereitet, dieses gut ausgekocht, dann der dritte Theil in eine mit Butter bestrichene Silber= oder Porzellanschale gefüllt, ein Theil der Nudeln darüber gestreut, diese mit Zucker stark bestäubt, darüber kömmt wieder Mus, dann Nudeln mit Zucker bestäubt und zuletzt wird nochmals Mus darüber gegossen. Ueber das Ganze werden nun einige Eßlöffel voll frische Butter gegossen, die Casserolle in den Ofen gestellt und so lange gebacken, bis das Mus lichtbraune Farbe genommen hat; sobann wird Zucker darüber gestäubt, noch einige Nudeln darüber gestreut und zur Tafel gegeben.

1779. Badener Nocken. Noques à la Bade.

Ein halbes Pfund sehr frische, von süßem Rahm ausgerührte Butter wird eine halbe Stunde lang schaumig gerührt, das Gelbe von zwölf Eiern abwechselnd, jedesmal ein Ei mit einem halben Eßlöffel voll feinem gesiebten Mehl, untergerührt, eine Messerspitze voll Salz und zuletzt der Schnee von acht Eiern untergemengt, so daß man eine sehr zarte feine Masse erhält. Eine halbe Stunde vor dem Anrichten läßt man eine Maß gute Milch oder Rahm in einer flachen Casserolle mit acht Loth Zucker und vier Loth Butter aufkochen, stellt dieselbe auf einem Dreifuß über Kohlenfeuer, legt die Nocken, eine neben der andern, mit einem Eßlöffel ein, gibt den Deckel mit Gluth belegt darauf und läßt so die Nocken unten und oben lichtbraun Farbe nehmen. Beim Anrichten werden sie mit dem Schäufelchen ausge=stochen, erhaben in eine Mehlspeisschale gelegt, mit etwas Vanille=Zucker bestäubt und mit einer Vanille=Rahm=Sauce, wie sie im Abschnitt bei den warmen Puddings beschrieben ist, zu Tisch gegeben.

1780. Butternocken in der Milch. Noques au beurre à la crême.

Diese Masse besteht aus einem halben Pfund Butter, zwölf Eiern, zehn Loth Mehl, einem Körnchen Salz und vier Loth Zucker. Die Butter wird flaumig abgetrieben, jedesmal ein Ei und ein Eßlöffel voll Mehl dazu gerührt und so fortgefahren, bis das Mehl und die Eier eingerührt sind; zuletzt kommt das Salz und der Zucker. Sie werden wie die vorhergehenden vollendet, angerichtet und mit einer dünnen Rahm-Sauce zu Tisch gegeben.

1781. Schmankerl-Crême.

Acht Loth süße Macaronen, acht Loth Bisquit und acht Loth Zucker werden, nachdem Alles fein gestoßen, zusammen in einer Casserolle mit zehn Eidottern gerührt, dann mit einer halben Maß süßem Rahm, in dem man ein Stückchen Vanille ausgekocht, gethan und über Kohlenfeuer, bei beständigem Rühren, zu einem Crême abgerührt, welchen man durchpassirt und au bain-marie warm stellt. Beim Anrichten wird eine Lage gerollte Schmankerln eingelegt, darüber Crême gegossen, hierauf wieder Schmankerln gelegt, zuletzt Crême mit Schmankerln überlegt und mit Zucker bestäubt zu Tisch gegeben.

1782. Käsnocken. Noques au parmesan.

Ein Pfund feines durchgesiebtes Mehl, zwei Loth Zucker, etwas Zitronensaft, acht Eidotter, eine Messerspitze voll Salz und drei Quart Rahm werden, nachdem das Mehl mit dem Rahm gut abgerührt, die Eier, Zucker, Zitronensaft, Salz und der Rest Rahm dazu gegossen worden, über Kohlenfeuer zu einer dicken Masse gekocht. Sodann wird eine Plât à sautô stark mit Butter ausgestrichen, die Masse hineingegossen, glatt gestrichen und kalt gestellt. Wenn nun dieselbe recht kalt geworden ist, wird sie in große Würfel geschnitten und davon eine Lage in eine mit Butter ausgestrichene tiefe Schale gelegt, welche dick mit geriebenem Parmesan-Käse überstreut wird. Darüber kömmt nun eine zweite Lage, welche wieder mit Käs überstreut wird. Oben darauf wird zerlassene Butter gegossen und die Schale auf Salz in ein Tortenblech gestellt und so langsam lichtgelb geacken.

1783. Griesnocken in der Milch. Noques de semoule gratinées.

Man kocht in einer Maß guter Milch acht Loth Zucker, ein Stückchen Zimmt und etwas wenig Salz auf, läßt unter beständigem Rühren zwanzig Loth guten Gries einlaufen und rührt denselben auf dem Feuer fort, bis er ganz dick geworden und ausgekocht ist. Derselbe wird nun in eine Schüssel gethan und mit sechs Loth Butter, vier ganzen und dem Gelben von acht Eiern gut abgerührt. Hierauf läßt man eine Maß süßen Rahm mit acht Loth Zucker und acht Loth Butter in einer sehr flachen Casserolle aufkochen, legt mit einem Eßlöffel die Nocken, eine neben der andern, hinein, stellt die Casserolle auf einem Dreifuß über Kohlenfeuer, deckt die Nocken gut zu, gibt etwas Gluth auf den Deckel und läßt sie so lichtbraun gratiniren. Beim Anrichten werden sie mit einem Schäufelchen ausgestochen, in eine flache Mehlspeisenschale gelegt und mit einer Vanille-Rahm-Sauce oder Zimmt-Sauce (siehe den vorhergehenden Abschnitt) recht warm zu Tisch gegeben.

1784. Griesnocken mit Chokolade. Noques de semoule au chocolat.

Diese werden ganz wie die vorhergehenden bereitet, nur daß sie, wenn sie angerichtet sind, mit geriebener Chokolade übersäet werden. Eine Rahm=Sauce mit Chokolade wird extra beigegeben.

1785. Salzburger Nocken. Noques de Salzbourg.

Man läßt in einer Casserolle eine halbe Maß gute Milch mit sechs Loth sehr guter Butter, vier Loth Zucker und einem Stückchen Vanille einige Minuten kochen, nimmt sobann die Vanille heraus und rührt sogleich ein halbes Pfund feinstes gesiebtes Mehl schnell hinein, welches man auf Kohlen= feuer so lange fortrührt, bis sich der Teig vom Löffel und der Casserolle löst und derselbe ein zartes feines Ansehen hat. Dieser wird hierauf in eine andere Casserolle gethan und wenn er halb ausgekühlt ist, werden drei ganze Eier und sechs Eibotter nach und nach dazu gerührt und zugedeckt kalt gestellt. Unterdessen wird ein Teller voll Schmankerln bereitet (siehe vorhergehenden Abschnitt, Schmankerl=Pudding), welche man an einen warmen Ort stellt, damit sie croquant bleiben. Eine halbe Stunde vor dem Anrichten läßt man ein und eine halbe Maß Rahm mit zwölf Loth Zucker und einem aufgeschlitzten Stängchen Vanille aufkochen, füllt von dem Teige eine blecherne Spritze, an der vorne ein blechernes Röhrchen eingesteckt ist, und schneidet den Teig vom Röhrchen, während des Ein= drückens in die siedende Milch, in fingerdicke Stückchen ab. Wenn nun der Teig auf diese Weise so eingebrückt ist, läßt man die Nocken langsam aufkochen, legirt sie dann mit einer Liaison von fünf Eiern und richtet sie mit den Schmankerln in einer Mehlspeisenschale an.

1786. Rahmnocken in der Milch. Noques à la béchamel.

Zwölf Loth feines Mehl wird mit einer Maß kaltem Rahm, einem Körnchen Salz, vier Loth Butter und acht Loth gestoßenem Zucker auf dem Feuer abgerührt und über Kohlenfeuer zu einem dicken Mus gut ausgekocht. Dieses wird sobann in eine irdene Schüssel gethan und mit zwölf Eibottern kalt und schaumig gerührt. Hierauf wird eine blecherne Quarrée=Form mit geklärter frischer Butter ausgestrichen, am Boden mit Papier ausgelegt, dieses wieder mit Butter bestrichen, die Masse einge= gossen und im Dunste langsam gesotten. Wenn nun dieselbe durch und durch gestockt ist, wird die Form ausgehoben, über einen Bogen Papier auf ein Tortenblech gestürzt und an einen kalten Ort gestellt. Die Masse wird sobann in beliebige eckige oder rund ausgestochene Nocken getheilt, sobann in ein flaches, mit Butter ausgestrichenes Geschirr, mit Zucker bestäubt, gesetzt, etwas kochende Milch darüber gegossen, zugedeckt, und so langsam auf Kohlenfeuer, bis die Nocken auf zwei Seiten schöne lichtgelbe Krüstchen haben, geröstet. Sie werden mit dem Schäufelchen ausgehoben, erhaben in eine Schale angerichtet und mit einer Vanille=Rahm=Sauce recht warm zu Tisch gegeben.

1787. Wiener Milchscheberl.

Ein halbes Pfund sehr frische Butter wird eine halbe Stunde gerührt, sodann werden sechs ganze Eier, vier Loth Zucker und acht Loth fein ge= siebtes Mehl untermengt, die Masse in eine mit Butter ausgestrichene Stürz=Form bis zur Hälfte gefüllt und in einem mittelheißen Backofen langsam fertig gebacken. Man nimmt hierauf das Scheberl aus dem Ofen, sticht mit einem kleinen Messer mehrere Oeffnungen hinein und füllt ein Quart kalte Milch darauf. Nach einiger Zeit, wenn die Milch ein= gedrungen ist, wird das Auffüllen mit ebenso viel warmer, mit Vanille und Zucker angenehm gesüßter Milch wiederholt und diejenige, die nicht mehr eindringt, wird abgeseiht. Beim Anrichten wird das Scheberl in eine Schale gestürzt, etwas heiße Vanille=Milch darunter gegossen und so zu Tisch gegeben.

1788. Berliner Mehlspeise.

Man bereitet hierzu denselben Brandteig, wie zu den Salzburger Nocken, nur mit dem Unterschiede, daß das Gelbe von vier Eiern und ein ganzes Ei mehr dazu kömmt. Dieser Teig wird auch ebenso in die kochende Milch gedrückt und dann auf Kohlenfeuer langsam eingekocht. Unterdessen werden fünf Stück dünne Omeletten gebacken, diese auf eine Serviette ausgebreitet und mit den unterdessen kalt gewordenen Nocken gefüllt, zusammengeschlagen und nebeneinander in eine flache Schale gelegt. Die Omeletten werden sodann mit einem dünnen Kindsmus überstrichen, dann mit gestoßenen süßen Macaronen bestreut, mit Zucker bestäubt und mit einem glühenden Vogelspießchen leicht aufgebrannt. Eine Stunde vor dem Anrichten wird die Schüssel in einen warmen Ofen langsam, bis die Nocken wieder recht warm geworden sind, gestellt, und so recht warm zu Tisch gegeben.

1789. Ausgedünstete oder abgetrocknete Nudeln. Nouilles gratinées.

Man gibt drei viertel Pfund feines Mehl auf ein Backbrett, macht in der Mitte eine Grube, schlägt vier ganze Eier hinein, thut etwas Salz daran und macht den Teig mit etwas lauwarmer Milch und vier Loth Butter zu einem Nudelteig an. Wenn dieser eine viertel Stunde geruht hat, wird er in vier Theile getheilt, diese ausgewalgt, und wenn die Flecken trocken geworden sind, werden daraus Spagat=Nudeln geschnitten und zuge= deckt bei Seite gestellt. Eine Stunde vor dem Anrichten läßt man in einer flachen Casserolle ein viertel Pfund frische Butter heiß werden, gießt eine Maß heiße Milch dazu und stellt die Casserolle auf einem Dreifuß über Kohlenfeuer. Wenn nun die Milch siedet, so gibt man ein Stück Zucker dazu und streut sodann die Nudeln bei immerwährendem Umrühren ein. Sie werden dann halb zugedeckt und langsam unter öfterm Umrühren dick eingekocht. Ist dies erreicht und haben die Nudeln am Boden lichtbraune Rameln, so werden sie mit dem Schäufelchen umgewendet und, ganz zuge= deckt, fort gedünstet, wobei man sie aber öfters umbrehen muß. Sind nun die Nudeln von allen Seiten gleich gelbbraun geröstet, so werden sie erhaben in eine flache Mehlspeisenschale angerichtet, mit Zucker bestäubt und mit einem Compote von Aepfeln, Zwetschken, Birnen ꝛc. zu Tisch gegeben.

1790. Dukatennudeln mit Krebsbutter.

Von vierundzwanzig Krebsen bereitet man mit einem halben Pfund frischer Butter eine schöne hochrothe Krebsbutter, die man durch eine Serviette in kaltes Wasser preßt. Die gestoßenen Krebse aber werden wieder in die Casserolle gethan, mit zwei Maß Milch übergossen, eine viertel Stunde gekocht, dann geseiht und bei Seite gestellt. Sodann gibt man in eine irdene Schüssel ein Pfund feines Königsmehl, macht mit dem Löffel in der Mitte eine Vertiefung, gibt vier Eßlöffel voll guter Hefe hinein und rührt mit einem halben Quart lauwarmer Krebsmilch ein leichtes Dampfel an, übersäet dieses mit Mehl, und stellt es zum Aufgehen an einen warmen Ort. Ist dieses nun aufgegangen, so gibt man etwas Salz, vier Loth Krebsbutter, zwei Loth Zucker und das Gelbe von vier Eiern dazu, rührt dies zusammen mit etwas lauer Milch zu einem Teig an, welchen man mit dem Holzlöffel so lange abschlägt, bis sich derselbe vom Löffel löst. Dieser Teig wird sodann wieder mit Mehl bestäubt und zum Aufgehen warm gestellt. Hierauf wird ein Backbrett mit Mehl bestäubt, der Teig aus der Schüssel darauf gethan und fingerdick ausgerollt; sodann werden mit einem Ausstecher dukatengroße Nudeln ausgestochen, worauf sie, eine neben der andern, in ein am Boden messerrückendick mit Krebsbutter ausgestrichenes und mit Zucker bestreutes Geschirr ganz voll eingelegt werden. Man deckt sie zu und stellt sie zum Gehen an einen warmen Ort. Sind die Nudeln nun gehörig gegangen, so wird eine halbe Maß siedende Krebsmilch darüber gegossen, das Geschirr schnell zugedeckt, über den Deckel Kohlen gelegt, und so über einem gleichmäßigen Kohlenfeuer ungefähr zehn bis zwölf Minuten, bis die Milch verdampft und die Nudeln schöne lichtbraune Krüstchen haben, eingekocht, welches man an dem aus dem Geschirr gehenden Dampfe genau riecht, was jedoch einige Uebung verlangt. Aufgedeckt soll keine Dampfnudel werden, so lange sie in der Milch kocht, denn der ausströmende Dampf würde verursachen, daß sie augenblicklich zusammensitzen und dann als gänzlich mißrathen zu betrachten sind. Haben nun diese schöne Krüstchen erhalten, so werden sie einige Minuten vom Feuer auf die Seite gestellt und dann erst der Deckel abgenommen. Sie werden hierauf mit dem eisernen Schäufelchen herausgestochen, erhaben in eine flache Porzellanschale angerichtet, etwas gesüßte Krebsmilch darüber gegossen und mit einer Krebssauce zu Tisch gegeben. Die Krebsschweifchen können zu einer anderen Speise verwendet werden.

1791. Gewöhnliche Dampfnudeln.

Ein und ein halbes Pfund feines trockenes Mehl wird mit vier Loth Butter, etwas Salz, zwei Löffeln voll Zucker, fünf Eßlöffeln voll guter Hefe, einer halben Maß lauwarmer Milch nebst vier Eidottern zu

einem feinen, etwas feſten Teig abgeſchlagen, dieſer dann mit Mehl be=
ſtäubt und zugedeckt an einen warmen Ort geſtellt. Wenn nun derſelbe
nochmals ſo hoch aufgegangen iſt, werden von demſelben mit einem Blech=
löffel Nudeln in der Größe eines Eies abgeſtochen, dieſe rund gedreht,
auf ein Brett über ein mit Mehl beſtäubtes Tuch gelegt und mit dem=
ſelben bedeckt, wieder zum Aufgehen warm geſtellt. Sind nun die Nudeln
wieder gegangen, ſo gießt man in ein Dampfnudel=Geſchirr eine halbe
Maß heiße Milch, ſtellt das Geſchirr über Kohlenfeuer, gibt noch ein viertel
Pfund Butter und vier Loth Zucker hinein und wenn die Milch zu ſieden
anfängt, werden die Nudeln eingelegt, gleich zugedeckt, glühende Kohlen
auf den Deckel gethan und die Nudeln ſchnell wieder zum Sieden gebracht.
Wenn nun dieſelben anfangen kurz zu werden, das heißt, wenn die Milch
eingekocht iſt und die Nudeln Farbe zu nehmen anfangen, was man
riechen und hören kann, ohne den Deckel wegzunehmen, ſo wird das untere
Kohlenfeuer etwas ausgeſchürt, damit die Nudeln langſam Kruſte nehmen
können. Sie werden wie die vorhergehenden angerichtet und mit einer
Vanille=Rahm=Sauce zu Tiſch gegeben.

1792. Rahmſtrudel auf Wiener=Art.

Der Strudelteig wird auf folgende Weiſe zubereitet: Man ſprudelt
ein Quart lauwarmes Waſſer mit einem ganzen Ei, etwas Salz und vier
Loth Butter gut ab, gibt recht trockenes geſiebtes Mehl auf ein Backbrett,
gießt das Waſſer nach und nach dazu und macht davon einen leichten
trockenen Teig, den man ſo fein abarbeitet, bis er ſich ziehen läßt und
Blaſen macht. Sodann wird er mit einer erwärmten Schüſſel zugedeckt
und eine halbe Stunde zur Ruhe geſtellt, hierauf in zwei Theile ge=
ſchnitten, meſſerrückendick ausgerollt, auf einen freiſtehenden Tiſch über ein
reines Tuch gelegt und ganz fein ausgezogen, ſo zwar, daß man Alles
genau durchſieht. Dieſer Nudelteig wird hierauf mit warmer Butter über=
ſtrichen, über dieſe guter ſauerer Rahm meſſerrückendick geſtrichen, mit fein
geriebenem, geröſteten Brote beſäet, mit gut gereinigten kleinen und großen
Corinthen überſtreut, gezuckert und der Strudel, indem man die eine Seite
des Tuches in die Höhe hebt, über ſich ablaufend zuſammengerollt; ebenſo
wird mit dem zweiten verfahren. Es wird ein flaches Geſchirr mit Butter
ausgeſtrichen, der Strudel ſchneckenartig eingelegt, mit Zucker überſtreut,
mit ſiedender Milch übergoſſen, zugedeckt und auf Kohlenfeuer, oder beſſer
noch in einem mittelheißen Backofen langſam eingekocht, ſo zwar, daß der
Strudel unten eine ſchöne lichtbraune Farbe hat. Derſelbe wird nun in
eine Porzellanſchale angerichtet und etwas heißer Rahm, mit Zucker unter=
mengt, darunter gegoſſen.

1793. Orangenſtrudel.

Man bäckt auf beiden Seiten ſechs bis acht Stück Pannequets und
breitet ſie über einer Serviette aus. Hierauf werden fünf Kochlöffel voll
Mehl mit einem viertel Pfund Zucker, etwas Salz nebſt dem nöthigen

Rahm fein abgerührt, sodann wird das Gelbe von zehn Eiern, das auf Zucker abgeriebene Gelbe von zwei Orangen dazu gethan, mit einer halben Maß Rahm über dem Feuer zu einem dicken Mus abgerührt, welches sodann in eine irdene Schüssel gegossen und mit einem viertel Pfund frischer Butter nebst noch sechs Eidottern eine Zeit lang gut gerührt wird. Hierauf wird der festgeschlagene Schnee von sechs Eiern, nebst zwölf Loth türkischen Rosinen unter die Masse gerührt und mit derselben die Pannequets gefüllt, diese einmal zusammengerollt, in eine mit Butter ausgestrichene flache Casserolle eingelegt, mit Zucker bestreut, etwas Rahm darüber gegossen und in einem mittelheißen Ofen langsam gebacken. Sie werden beim Anrichten mit dem Schäufelchen in Stücken ausgestochen, erhaben in eine Mehlspeise-Schale gelegt und mit einer Rahm-Sauce mit Orangengeruch zu Tisch gegeben.

1794. Aepfelstrudel.

Ein halbes Pfund Butter wird mit dem Gelben von zehn Eiern schaumig gerührt, mit acht Loth geriebenem Weißbrot, acht Loth Zucker, einem Theelöffel voll Zimmt, einer viertel Maß sauerem Rahm, nebst acht Stück feinblätterig geschnittenen Borsdorfer Aepfeln untermengt und damit sechs bis acht Stück feine Pannequets gefüllt, welche zusammengerollt in ein mit Butter ausgestrichenes flaches Geschirr gelegt werden. Eine halbe Stunde vor dem Anrichten wird eine halbe Maß kochender Rahm darüber gegossen, das Geschirr zugedeckt und der Strudel über Kohlenfeuer langsam kurz gekocht. Derselbe wird wie der vorhergehende angerichtet, mit Zucker bestäubt und recht warm zu Tisch gegeben.

1795. Reisstrudel.

Ein halbes Pfund Reis wird rein gewaschen und mit einer Maß süßem Rahm, einem Stück Zucker, einem Stückchen Zimmt, nebst einem Körnchen Salz weich und dick gekocht. Sodann wird ein viertel Pfund frische Butter mit dem Gelben von acht Eiern schaumig gerührt, diese mit dem unterdeß kalt gewordenen Reis nebst acht Loth kleinen und acht Loth türkischen Rosinen untermengt, mit dem auf Zucker abgeriebenen Gelben einer Orange im Geschmack gehoben und zuletzt der festgeschlagene Schnee von sechs Eiern darunter gerührt. Hierauf werden sechs bis acht Stück Pannequets auf ein Tuch ausgebreitet, die Masse hineingefüllt, zusammengeschlagen, wie die vorhergehenden eingerichtet, mit einem Quart Rahm kurz gekocht und ebenso angerichtet.

1796. Chokoladestrudel.

Zwölf Loth Chokolade werden mit einem Quart süßem Rahm über Kohlenfeuer genau verrührt, acht Loth Reismehl dazu gerührt, dieses mit dem nöthigen Rahm, Zucker und einem Stückchen Butter zu einem dicken Chokolade-Mus gekocht, welches durch ein Sieb passirt und in eine irdene Schüssel mit zwölf Eidottern gerührt wird. Unterdessen wird der Schnee von acht Eiern fest geschlagen und mit zwölf Loth türkischen Rosinen langsam unter die Masse gezogen. Dieselbe wird nun wie die andern in Pannequets gefüllt, diese sodann in eine mit Butter ausgestrichene flache Casserolle gelegt, ein Quart siedender Rahm darüber gegossen, langsam auf Kohlenfeuer eingekocht, wie die vorhergehenden angerichtet, hierauf mit einer Obertasse voll gesüßtem heißen Rahm übergossen und zu Tisch gegeben.

1797. Nudelkuchen im Ofen gebacken. Gateau de nouilles au four.

Es werden von zwei ganzen und vier Eibottern bindfadendicke Nudeln gemacht, welche in ein und einer halben Maß guter siedender Milch oder Rahm, mit einem viertel Pfund Zucker eingestreut, und auf Kohlenfeuer langsam dick eingekocht werden. Diese schüttet man hierauf in eine irdene Schüssel und rührt dieselben mit acht Loth frischer Butter, einem viertel Pfund gestoßenem Zucker, etwas abgeriebenem Orangen= oder Zitronengelb, einem Körnchen Salz und dem Gelben von sechzehn Eiern eine viertel Stunde lang. Unterdessen wird das Weiße von acht Eiern zu einem festen Schnee geschlagen und dieser mit acht Loth gut gereinigten Corinthen und ebenso viel türkischen Rosinen langsam unter die Nudelmasse gerührt. Hierauf wird eine passende Stürz=Casserolle messerrückendick mit klarer frischer Butter ausgestrichen, mit feingeriebenem Mundbrote ausgesäet und die Masse bis auf fingerdick vom Rande eingefüllt. Eine Stunde vor dem Anrichten wird der Kuchen in einem mäßig heißen Ofen gebacken, dann in eine flache Mehlspeisenschale gestürzt, nach einigen Minuten die Form abgehoben, der Kuchen gut mit Zucker bestäubt und mit einer heißen Himbeer=Sauce zu Tisch gegeben.

1798. Reiskuchen im Ofen gebacken. Gateau de riz au four.

Drei viertel Pfund schöner Reis wird mehrmals mit lauwarmem Wasser gewaschen, in ein und eine halbe Maß mit einem viertel Pfund Zucker gesüßte siedende Milch oder Rahm geschüttet und so auf Kohlenfeuer halb zugedeckt langsam weich und sehr dick eingekocht. Derselbe wird sodann in eine irdene Schüssel geschüttet, mit acht Loth frischer Butter, ebenso viel gestoßenem Zucker, einem Körnchen Salz, dem auf Zucker fein abgeriebenen Gelben einer Orange, wie auch mit sechzehn Eibottern, eine halbe Stunde gut gerührt. Sodann schlägt man das Weiße von zehn Eiern zu einem steifen Schnee und rührt diesen nebst acht gut gereinigten Corinthen und ebenso viel türkischen Rosinen langsam unter die Reismasse. Diese wird wie die vorhergehende in eine mit klarer Butter gut ausgestrichene und mit feinem weißen geriebenem Brote ausgesäete Stürzform gefüllt und ein und eine halbe Stunde vor dem Anrichten im Backofen langsam gebacken, gestürzt und mit einer heißen Aprikosen=Sauce zu Tisch gegeben.

1799. Aepfel mit Reis. Pommes au riz.

Ein halbes Pfund Reis wird rein gewaschen, abblanchirt und dann mit kochendem süßen Rahm weich und dick gekocht. Hierauf wird derselbe mit acht Loth sehr frischer Butter, zwölf Loth gestoßenem Zucker und dem auf Zucker abgeriebenen Gelben einer Zitrone gut verrührt und zuletzt mit vier Eidottern auf dem Feuer nochmals abgerührt. Dieser Reis wird so= dann in eine mit Butter ausgestrichene, glatte Vorbure=Form eingefüllt und warm gestellt. Zu bemerken ist, daß der Reis gut dick sein und in die Form eingedrückt werden muß. Unterdessen werden zehn Reinette= Aepfel, jeder in vier Theile geschnitten, rein abgeschält und in eine Plat à sauté eingerichtet, mit einem halben Pfund Aprikosen=Marmelade und einem Gläschen Eau de Noyaux übergossen und weich dünsten gelassen. Die Reis=Vorbure wird nun in eine passende, flache Schüssel gestürzt und die Aepfel in deren Mitte erhaben angerichtet. Der Saft oder vielmehr die Aprikosen=Marmelade wird noch etwas dickfließend eingekocht und über die Aepfel gegossen. Der obere Rand der Vorbure wird zierlich mit ganzen eingemachten Amarellen und mit kleinen, aus Angelique geschnittenen Blätt= chen zierlich garnirt, so daß das Ganze eine schöne Schüssel bildet.

1800. Aepfel mit Reis meringues. Pommes au riz meringues.

Der Reis wird ganz dem vorhergehenden gleich bereitet und die Aepfel ebenso erhaben in der Mitte aufgerichtet, nur mit dem Unterschiede, daß man zwischen die Aepfel eingemachte Kirschen gibt. Dann werden die Aepfel mit einer Meringue=Masse messerrückendick überstrichen und dann über diese mit kleinen Perlen, eine an die andere, besprizt, der obere Rand der Reisborbure wird mit größeren Perlen besetzt, so daß das Ganze ein hübsches Ansehen bekömmt. Dasselbe wird nun mit feinem Staubzucker bestäubt, die Schüssel über Salz auf ein Blech gestellt und sehr langsam, bis die Meringue eine lichtgelbe Farbe hat, gebacken. Ehe man die Speise zu Tisch gibt, werden noch zwischen den Perlen Stiftchen, aus recht grünen Pistazien geschnitten, eingesteckt und unten herum eingemachte Früchte garnirt. Eine warme Aprikosen=Sauce, mit etwas Marasquino im Geschmack gehoben, wird in einer Saucière extra beigegeben.

1801. Timbale von Reis mit Kastanien. Timbale de riz à la Castiglione.

Vierundzwanzig Loth Reis werden mit süßem Rahm und einer halben Stange Vanille weich und dick gekocht, dann mit zwölf Loth sehr frischer Butter und einem halben Pfund gestoßenem Zucker gut verrührt, dann auf dem Feuer wieder dick eingetrocknet und zuletzt mit sechs Eidottern zu einer compacten Masse abgerührt. Unterdessen wird eine Sturzform=Casserolle gut mit frischer Butter ausgestrichen, dann mit grüner Angelique ge= schmackvoll ausgelegt und zuletzt fingerdick mit dem kalten Reis ausgemacht, wobei man aber Acht haben muß, daß man die Garnitur nicht verschiebt. Wenn nun dies ausgeführt ist, wird der innere Raum mit eingemachten Kastanien, welche mit Aprikosen=Marmelade gebunden und mit etwas Marasquino im Geschmack gehoben sind, kalt eingefüllt, dann mit kaltem Reis gedeckt und zuletzt drei viertel Stunden au bain-marie gekocht. Beim

Anrichten wird der Timbale aus dem Wasser genommen, abgetrocknet, die Form in eine flache Schüssel gestürzt, nach zehn Minuten dieselbe abgehoben und nachdem man den ganzen Reis mit einem dünnen Aepfel-Gelée übergossen hat, wird derselbe gleich zu Tisch gegeben.

1802. Gestürzter Reis à la Seville.   Pain de riz à la Seville.

Der Reis wird den vorhergehenden gleich zubereitet, aber ohne Eier und statt der Vanille mit Orangengeruch. Ebenso werden sechs Reinette-Aepfel, jeder in vier Theile getheilt, schön geschält und mit Zuckersyrup weich gebünstet. Ferner werden sechs schöne Birnen, jede in vier Theile getheilt, geschält, in eine Casserolle gethan, mit Zuckersyrup übergossen, mit etwas Cochenille roth gefärbt und ebenfalls weich und kurz gebünstet. Ferner werden aus zwölf Stück schönen grünen eingemachten Reineclauben die Kerne herausgenommen. Kurz vor dem Anrichten wird nun eine hohe schleiffsteinartige Form mit Butter ausgestrichen, eine fingerdicke Lage von dem dicken heißen Reis recht egal in die Form gethan, über diese wird ein Kranz von den weißen Aepfeln gelegt, über diese wieder eine fingerdicke Schicht Reis, dann eine Lage von den grünen Reineclauben, dann wieder Reis, dann die rothen Birnen und zuletzt nochmals Reis. Man stößt nun die Form einigemal über einem vierfach zusammengelegten Tuche leicht auf, damit sich die Lagen mehr schließen, stürzt die Form in eine passende flache Schüssel, hebt dieselbe nach fünf Minuten langsam ab und übergießt zuletzt den Reis mit einem dicklichfließenden heißen Aepfel-Syrup mit Orangengeruch.

Es ist zu bemerken, daß der Reis recht weiß gekocht, weich und weder zu dick noch zu dünn sein darf, so daß derselbe beim Stürzen nicht auseinander geht, aber auch so fein sein muß, daß derselbe die Früchte mit sich bindet.

1803. Nudelkruste à la Reine.   Timbale de nouilles à la Reine.

Man bereitet eine schöne Nudelkruste, Nudel-Gateau, ganz nach Nr. 1810. Unterdessen werden drei Pfund schöne frische Kirschen ausgekernt und daraus mit drei viertel Pfund Zucker ein etwas dickes Compote gekocht. Vor dem Anrichten wird nun die Nudelkruste in eine passende Schüssel gestürzt und in der Weise ausgehöhlt, daß ein fingerdicker Rand bleibt. Dann werden die Kirschen warm eingefüllt, oben der Deckel wieder passend darüber gelegt und zuletzt die ganze Kruste mit einer kalten dicken rothen Erdbeer-Sauce übergossen und sogleich zu Tisch gegeben.

1804. Reiskranz auf Herzogin-Art.   Bordure de riz à la Duchesse.

Zwanzig Loth Karolinen-Reis wird rein gewaschen, abblanchirt, mit frischem Wasser abgegossen und zum Abtropfen in ein Sieb geschüttet. Unterdessen läßt man ein und eine halbe Maß Rahm mit etwas Vanille aufkochen, gibt den Reis dazu und läßt denselben auf Kohlenfeuer weich und dick kochen. Ist dies geschehen, so wird derselbe in eine Schüssel umgeleert und acht Loth sehr frische Butter, ein halbes Pfund gestoßener Zucker, wie auch zwei frische Eidotter darunter gerührt. Sodann wird eine runde blecherne Kranzform von drei Zoll Höhe, welche oben abgerundet getrieben ist, mit frischer Butter gut ausgestrichen, der dicke Reis hinein= gefüllt, leicht eingedrückt und über ein Blech heiß gestellt. Dann werden zehn Stück Reinette=Aepfel jeder in vier Theile geschnitten, diese schön geschält, mit einem halben Pfund dünner Aprikosen=Marmelade und einem Gläschen Eau de Noyaux weich, aber daß dieselben ganz bleiben, ge= dünstet. Eine viertel Stunde vor dem Anrichten wird die Reisbordure in eine passende, schöne, flache Schüssel gestürzt, die Aepfel werden dann geschmackvoll erhaben in die Mitte eingerichtet, mit der Aprikosen=Mar= melade übergossen und der Reiskranz oben mit schönen rothen eingemachten Kirschen und grüner Angelique, in kleine Blättchen geschnitten, schön garnirt und dann zu Tisch gegeben.

1805. Grieskuchen im Ofen gebacken. Gateau de semoule au four.

Man läßt mit einem viertel Pfund Zucker und ganz wenig Salz ein und eine halbe Maß Rahm aufsieden und säet sodann unter beständigem Rühren zwanzig Loth feinen Gries ein, welchen man hierauf auf Kohlen= feuer langsam dick einkochen läßt. Derselbe wird sodann in eine Schüssel geschüttet und mit zwölf Loth frischer Butter, dem auf Zucker abgeriebenen Gelben einer Zitrone und acht Loth gestoßenem Zucker gut untermengt. Sodann werden noch sechzehn Eidotter nach und nach dazu geschlagen und zusammen eine halbe Stunde schaumig gerührt. Ein und eine halbe Stunde vor dem Anrichten schlägt man das Weiße von zehn Eiern zu einem festen Schnee, rührt denselben langsam unter die Griesmasse, füllt diese, wie es bei den vorhergehenden angegeben ist, in eine Stürzform und bäckt den Kuchen in schöner Farbe lichtbraun aus dem Ofen. Eine gut bereitete Wein=Sauce wird extra beigegeben.

Diese drei hier beschriebenen Massen werden auch in mit Butter ausgestrichene Plât à sauté fingerdick gefüllt, glatt gestrichen, gut mit Zucker bestäubt und in lichtbrauner Farbe langsam aus dem Ofen ge= backen. Beim Anrichten werden sie in der Runde eines Weinglases aus= gestochen, im Kranze erhaben in eine flache Schale angerichtet und mit der jedesmal bezeichneten Sauce warm zu Tisch gegeben. Ihre Benennung ist dann folgende:

1806. Kleine Nudelkuchen mit Himbeer=Sauce. Petits gateaux de nouilles à la sauce framboise.

1807. Kleine Reiskuchen mit Aprikosen=Sauce. Petits gateaux de riz à la sauce d'abricots.

1808. Kleine Grieskuchen mit Wein=Sauce. Petits gateaux de semoule à la sauce au vin blanc.

1809. Wiener Brotkuchen. Gateau à la Viennaise.

Ein Pfund abgeriebenes und feinblätterig geschnittenes Weißbrot wird in eine Schüssel gethan, mit einem Quart siedender Milch übergossen und zugedeckt bei Seite gestellt. Unterdessen werden zwölf Loth frische Butter mit ebenso viel mit Milch feingeriebenen Mandeln genau untermengt und mit dem Brote, nebst acht ganzen Eiern recht gut verrührt; sodann werden acht Loth Zucker, worauf eine Zitrone fein abgerieben wurde, fein gestoßen und zu der Masse gethan. Hierauf wird eine Sturz-Casserolle gut mit Butter ausgestrichen, am Boden derselben ein passendes rund geschnittenes Papier eingelegt, dieses wieder überstrichen und die Masse voll eingefüllt. Dieselbe wird nun eine Stunde in einem mäßig heißen Ofen in schönster Farbe gebacken. Unterdessen bereitet man folgende Sauce: Ein viertel Pfund abgezogene und in feine Stiftchen geschnittene Mandeln, ein viertel Pfund Corinthen und ebenso viel türkische Rosinen, sowie eine ganz fein abgelöste und en filets geschnittene Schale einer Orange werden in einer Casserolle mit einem halben Pfund Aprikosen-Marmelade nebst acht Loth Zucker und vier Gläschen weißem Wein aufgekocht und zugedeckt warm gestellt. Der Kuchen wird dann beim Anrichten aus dem Ofen genommen, in eine tiefe Mehlspeiseschale gestürzt, die ganze Sauce darüber gegossen und heiß zu Tisch gegeben.

1810. Reiskuchen auf polnische Art. Gateau de riz à la Polonaise.

Drei viertel Pfund guter Reis wird, nachdem derselbe rein gewaschen ist, mit ein und einer halben Maß Rahm, einem halben Pfund Zucker, nebst einem Stückchen Zimmt auf Kohlenfeuer weich und sehr dick eingekocht, sodann in eine Schüssel umgeleert, mit acht Loth frischer Butter und dem Gelben von zwölf Eiern eine viertel Stunde gut gerührt. Eine Stunde vor dem Anrichten wird das Weiße von vier Eiern zu Schnee geschlagen, langsam unter die Masse gezogen, diese dann in eine mit Butter gut ausgestrichene und mit feingeriebenem Brote ausgesäte Sturz-Casserolle gefüllt und in schönster Farbe gebacken. Unterdessen werden sechzehn schöne Borsdorfer Aepfel rein geschält, zu dünnen Scheibchen geschnitten, in eine Casserolle gethan und mit einem halben Pfund eingemachten Weichseln, zwölf Loth gestoßenem Zucker und einem Glas rothen Wein weich gedünstet. Der Reiskuchen wird sodann aus dem Backofen genommen, in eine flache Mehlspeise-Schale gestürzt, fingerdick vom Rande rundum eingeschnitten, der Deckel behutsam abgenommen und der Kuchen in gleicher Dicke ausgehöhlt; sodann wird derselbe mit den heißen Aepfeln voll angefüllt, der Deckel darüber gelegt, außen ganz mit Zucker überstäubt und mit einer Kirschensaft-Sauce zu Tisch gegeben.

1811. Aprikosen mit Reis nach Condé. Abricots à la Condé.

Vierundzwanzig schöne reife Aprikosen werden halbirt, eine an die andere in eine Plät à sauté eingerichtet, die Kerne aufgeschlagen, der innere herausgenommen, dieser in lange Stückchen (Filets) geschnitten, über die Aprikosen gestreut und dann drei viertel Pfund Zucker, zu einem dicken Syrup eingekocht, heiß darüber gegossen. Man stellt nun die Aprikosen in den Ofen und läßt sie weich dünsten. Ebenso werden drei viertel Pfund Reis in Rahm mit Vanille-Zucker weich und dick gekocht, unter welchen man sonach sechs Loth ganz frische Butter und vier Eidotter rührt. Mit diesem wird nun eine zweifingerdick hohe blecherne Reif= Form, welche gut mit Butter bestrichen wurde, angefüllt, leicht eingedrückt und heiß gestellt. Dieselbe wird nun vor dem Anrichten in eine flache Schüssel gestürzt, die halben Aprikosen werden nun, die schönen nach oben, erhaben in der Mitte der Reisborbure angerichtet (aufdressirt), darüber werden zerdrückte, mit Zucker untermengte Macaronen gestreut, über die eine rothglühende Schaufel gehalten wird, damit sich eine leichte Kruste bildet. Ueber den Reis wird eine dickliche Aprikosen-Sauce gestrichen, und dann fein gewiegte grüne Pistazien darüber gestreut. Auch kann man statt der Aprikosen-Marmelade über die Borbure kleine Croquetten, welche mit eingemachten Weichseln gefüllt sind, garniren.

1812. Borbure von Früchten à la Milanaise. Bordure de fruits à la Milanaise.

Eine glatte zwei Zoll hohe blecherne Reif=Form wird mit Butter ausgestrichen, am Boden derselben ein passender weißer Papierkranz ein= gelegt und dann die Form mit schönen eingemachten abgetrockneten Früchten, wie z. B. Aprikosen, Reineclauden, Amarellen zierlich ausgelegt. Ueber diese wird nun ganz dicke Aepfelmarmelade, mit etwas Marasquino unter= mengt, gestrichen, dann wird die Form mit dickem Kastanien = Pürée, welches mit Vanille-Zucker im Geschmack gehoben ist, angefüllt, oben mit einem mit Butter bestrichenen Papierkranz gedeckt und die Form in's heiße Wasser, ohne sie kochen zu lassen, gestellt. Beim Anrichten wird die Form in eine passende flache Schüssel gestürzt, nach fünf Minuten ab= gehoben und in ihrer Mitte pyramidenartig fünfzehn kleine Brotherzchen, wie diese bei der Croute à l'Italienno genau angegeben sind, angerichtet und diese nochmals mit einer dünnen Aprikosen=Sauce leicht übergossen.

75. Abschnitt. 1. Abtheilung.
Von den Charlotten. Des Charlottes.

Die Charlotten werden größtentheils aus frischem Obst bereitet und ihre Zusammensetzung mit Butter, Zucker und croquant gebackenem Brote gibt diesen Gerichten etwas so Angenehmes, daß sie überall sehr wohl= wollend aufgenommen werden. Ebenso verhält es sich mit den kalten

Charlotten, welche aus gesaumter Milch und aus verschiedenen Crêmes bereitet und mit dem feinsten Backwerke von außen besetzt werden, so daß sie mit vollem Rechte einen der ersten Plätze in der modernen Küche ein= genommen haben und bei den größten Tafeln viel Aufsehen erregen.

1813. Aepfel=Charlotte.   Charlotte de pommes.

Es versteht sich von selbst, daß zu diesen Charlotten nur die besten Obstgattungen gewählt werden dürfen. Es werden daher zu einer Char= lotte für zwölf Personen sechsunddreißig schöne Calville= oder Borsdorfer= Aepfel rein geschält, halbirt, die Kerne oder vielmehr das Kerngehäuse ausgestochen und sodann in messerrückendicke Blättchen geschnitten, welche in eine Casserolle gethan und mit acht Loth sehr frischer Butter, zwölf bis sechzehn Loth Zucker, einem halben Pfund Aprikosen=Marmelade und ebenso viel gut gereinigten türkischen Rosinen auf Kohlenfeuer langsam weich und kurz gedünstet werden. Ist dies erreicht, so werden sie in eine Schale umgeleert und kalt gestellt. Unterdessen wird eine passende Sturz= Casserolle gut mit geklärter Butter ausgestrichen und in die Mitte des Bodens ein messerrückendick geschnittenes, thalergroß ausgestochenes, weißes Brotstückchen eingelegt. Ferner werden ebenso dick geschnittene Brotherzchen ausgestochen und über dem Boden in der Art damit ausgelegt, daß die Spitzchen derselben über dem runden Stückchen über sich laufend eingelegt, zuvor aber jedes derselben noch in klare Butter eingetaucht werden muß. Auf gleiche Weise wird auch die ganze Wand des Models mit zweifingerbreit geschnittenen, in Butter getauchten Brotschnittchen, eins über das andere aufgestellt, ausgefüttert und genau angedrückt. Wenn dies auf die best= möglichste Art ausgeführt ist, so wird die Form mit den Aepfeln ganz voll angefüllt, oben mit Brotscheibchen gedeckt, die Charlotte auf ein Back= blech gestellt und eine halbe Stunde in einem gut heißen Backofen in schönster rothgelber Farbe gebacken. Beim Anrichten wird sie in eine flache Mehlspeiseschale gestürzt und zu Tisch gegeben.

1814. Charlotte auf polnische Art.   Charlotte à la Polonaise.

Man bäckt in einer Schleifstein=Form einen Bisquitkuchen, welchen man zum Auskühlen über ein Sieb stürzt. Ferner bereitet man von acht Loth Chokolade, einem Eßlöffel voll Mehl, sechs Loth Zucker und ein und einem halben Quart gutem Rahm einen etwas dicken Crême, ebenso von einem Eßlöffel voll Mehl, acht Eidottern, acht Loth Zucker und dem nöthigen Vanille=Rahm einen Vanille=Crême; beide Crêmes werden über dem Feuer abgerührt, so daß diese einem dicklichen Mus gleichen. Das Bisquit wird nun der Quere durch in fingerdicke gleiche Kränze geschnitten und dann der letzte derselben in eine flache Schüssel gelegt. Dieser wird nun federkieldick mit Chokolade=Crême bestrichen, über diesen wird nun der darauffolgende Kranz gelegt, über diesen streicht man dann Vanille=Crême und so wird fortgefahren, bis der ganze Kuchen wieder aufgesetzt ist.

Unterdessen hat man von dem festgeschlagenen Schnee von fünf Eiern und einem halben Pfund Staubzucker eine Meringue-Schaum-Masse bereitet. Die ganze Charlotte wird nun außen messerrückendick mit dieser Masse bestrichen und zum Trocknen in ein Stube gestellt. Ist dieses erreicht, so wird nun über diese erste Kruste mittelst einer Papierspritze die Charlotte mit der zweiten Hälfte der Schaum-Masse geschmackvoll und in schöner Zeichnung bespritzt, dann mit Zucker bestäubt wieder warm gestellt, bis die ganze Charlotte durchaus warm ist und die Meringue eine schöne lichtgelbe Farbe hat. Kurz vor dem Anrichten werden über die Charlotte im Kranze wieder Biscuits, wovon jedesmal eins roth, das andere mit Chokolade schwarz glacirt ist, gelegt, in die Mitte ein Vanille-Crème gegossen und sogleich warm servirt.

1815. Aprikosen-Charlotte. Charlotte d'abricots.

Man wählt hierzu fünfzig Stück schöne, nicht zu reife Aprikosen; sie werden halbirt, die Kerne herausgenommen, sehr fein abgeschält und dann in einer Casserolle mit zwanzig Loth gestoßenem Zucker und sechs Loth Butter über Kohlenfeuer, bis die Butter geschmolzen ist und sich mit dem Zucker an die Aprikosen genau angehängt hat, langsam geschwungen. Sie werden, wenn sie wieder kalt geworden sind, in die mit Brotscheibchen zierlich ausgelegte Stürz-Form gefüllt und in einem heißen Backofen schnell gebacken. Beim Anrichten wird die Charlotte mit recht heller, dünner Aprikosen-Marmelade bestrichen und warm servirt.

1816. Birn-Charlotte. Charlotte de poires.

Diese wird wie die Aepfel-Charlotte bereitet, nur daß die Birnen in leichtem Syrup weich und kurz gedünstet werden.

1817. Pfirsich-Charlotte. Charlotte de pêches.

Die nöthige Zahl guter Pfirsiche werden halbirt, in's heiße Wasser gethan, nach einer Minute herausgenommen und die Haut abgezogen. Dann wird jede Hälfte in zwei Theile geschnitten und zusammen in eine Casserolle mit einem halben Pfund gestoßenem Zucker und sechs Loth sehr frischer Butter über dem Windofen wie die Aprikosen geschwungen und dann in die mit Brotschnittchen zierlich ausgefütterte Stürz-Form voll angefüllt und schnell gebacken. Beim Anrichten wird die Charlotte in eine Schale gestürzt und mit Aprikosen-Marmelade dünn bestrichen warm zu Tisch gegeben.

1818. Zwetschken-Charlotte. Charlotte de prunes.

Das nöthige Quantum reifer, süßer Zwetschken wird in's siedendheiße Wasser gelegt, nach einigen Minuten die Haut davon abgezogen, die Kerne herausgenommen, zusammen in eine Casserolle gethan und mit zwanzig Loth gestoßenem Zucker, einem halben Loth gestoßenem, feinen Ceylon-Zimmt und sechs Loth sehr frischer Butter über dem Feuer, bis sich die Butter mit dem Zucker an die Zwetschken anhängt, geschwungen. Die dazu bestimmte Stürz-Form wird reichlich mit klarer Butter ausgestrichen, dann recht egal mit den in klare Butter getauchten Brotschnitten ausgelegt und mit den Zwetschken gehäuft angefüllt, mit Brotschnitten gedeckt und so in einem heißen Backofen in schöner rothgelber Farbe gebacken. Nachdem sie gestürzt ist, wird sie mit Johannisbeeren-Geléc bestrichen und warm gestellt.

1819. Charlotte von Aepfeln auf Pommerische Art. Charlotte de pommes à la Poméranie.

Man bereitet von vierundzwanzig Stück Borsdorfer- oder Calville-Aepfeln eine süße, dick eingekochte Apfel-Marmelade. Ferner wird ein Suppenteller voll geriebenes Schwarzbrot mit zwölf Loth gestoßenem Zucker und einem Kaffeelöffel voll feinem Zimmt untermengt, mit der Hand gut durcheinander gemacht und auf einem Tortenblech, bis das Brot lichtgelb geröstet ist, in einen mittelheißen Ofen gestellt, wo man dasselbe aber öfters durcheinander machen muß. Wenn das Brot geröstet ist, wird es in eine Schale gethan, mit acht Loth Zitronat und ebenso viel Orangenschalen, Alles fein geschnitten, untermengt und mit einer viertel Maß Burgunder-Wein wieder angefeuchtet. Sodann wird eine runde, glatte Form reichlich mit Butter ausgestrichen, mit geriebenem schwarzen Brote ausgesäet und der vierte Theil des Brotes in gleicher Dicke in den Model eingedrückt; darüber wird ebenso viel Marmelade gethan, dann wieder Brot, dann Marmelade und zuletzt Brot; über das Ganze werden kleine Stückchen Butter gepflückt und eine halbe Stunde langsam gebacken. Beim Anrichten macht man die Charlotte mit einem dünnen Messer von der Form los, stürzt dieselbe in eine Schale, gießt etwas Weichselsaft darüber und gibt sie warm zu Tisch.

1820. Aepfel mit Butter gedünstet. Pommes au beurre à la Comtesse.

Man schneidet fünfzehn Reinette- oder Calville-Aepfel in vier Theile, schält diese rein ab und richtet sie in eine Plât à sauté ein. Darüber gibt man zwölf Loth zerlassene frische Butter von der besten Gattung, zwanzig Loth gestoßenen Zucker und eine aufgeschlitzte Stange Vanille. Sodann stellt man die Plât à sauté zugedeckt in einen heißen Ofen und läßt die Aepfel weich dünsten, aber mit Vorsicht, daß diese schön ganz bleiben. Ebenso bereitet man aus feinem Hefenteig zwölf bis fünfzehn Stück kleine Croustaden, welche man, nachdem sie schön gebacken und halb ausgekühlt sind, aushöhlt. Diese Croustaden werden dann in gestoßenem Zucker, mit Vanille untermengt, umgekehrt, so daß sie ganz weiß werden. Sie werden sodann über ein Blech gestellt, mit eingemachten Amarellen gefüllt und warm gestellt. Die Aepfel werden nun pyramidenartig in eine flache Schüssel aufdressirt; zu dem zurückgebliebenen Safte der Aepfel gibt man ein Gläschen voll Aepfel-Gelée und läßt dies zusammen aufkochen. Dieses wird nun über die Aepfel gestrichen, die kleinen Croustaden werden dann unten herum gesetzt und die Speise sonach gleich servirt.

1821. Timbale von Birnen nach Kaunitz. Timbale de poires à la Kauniz.

Man füttert mit Zuckerteig federkieldick eine mit Butter gut ausge= strichene Kuppelform aus, nach diesem wird dieselbe mit weißem Papier, welches mit Butter bestrichen ist, ausgelegt und mit dürren Erbsen an= gefüllt; der obere Rand wird dann mit Ei bestrichen und ein Teigdeckel darüber gemacht. Die Form wird dann über zwei Hände voll Salz auf ein Blech gestellt und lichtbraun schön gebacken. Unterdessen werden zwölf schöne Birnen, jede in vier Theile geschnitten, geschält, dann in eine Plât à sauté geordnet, mit Zucker überstreut, mit einem Glas Wein be= gossen und so langsam weich und kurz gedünstet. Ist dies geschehen, so löst man ein halbes Pfund Pfirsich=Marmelade mit etwas Marasquino auf, gießt diese über die Birnen, streut vier Loth abgezogene und en filet geschnittene Pistazien darüber und läßt dies zusammen nochmals aufkochen. Die Kruste selbst wird nun auf der runden Seite aufgeschnitten, der Deckel abgenommen, die Erbsen wie das Papier sorgsam herausgenommen, diese in eine passende Schüssel gestellt, dann mit den Birnen gefüllt, der Deckel genau darüber gelegt, mit einer dicken Aprikosen=Sauce übergossen (maskirt) und zuletzt, mit ebensolchen Pistazien überstreut, sogleich servirt. Den Teig zur Kruste findet man im 78. Abschnitt 7. Abtheilung Nr. 1968.

1822. Timbale auf Pariser Art. Timbale à la Parisienne.

Die Teigmasse wird ganz den vorhergehenden gleich bereitet und die Ringe ebenso gebacken und ausgestochen, nur mit dem Unterschiede, daß diese mit Aprikosen=Marmelade zusammengesetzt werden. Derselbe wird nun in die zum Anrichten bestimmte Schüssel geschoben und warm gestellt. Unterdessen wird ein halbes Pfund Reis in süßem Rahm mit Vanille und einem viertel Pfund Zucker weich und dick gekocht, unter welchen man kurz vor dem Anrichten einen Teller voll Rahm=Schnee rührt und diesen sogleich in der Mitte der Timbale erhaben einfüllt und den obern Rand mit schönen eingesottenen Früchten zierlich belegt.

1823. Timbale auf Neapolitaner Art. Timbale à la Napolitaine.

Man bereitet eine Teigmasse nach Nr. 1973. Von dieser werden acht bis zehn bessertellergroße und federkieldicke egal runde Platten über reine Backbleche aufgestrichen und diese lichtgelb gebacken. Diese Platten werden aber noch ganz heiß auf dem Blech mit einem bessertellergroßen passenden Ausstecher ausgestochen und dann gleich wieder mit einem kleinern in der Mitte ausgestochen, so daß man runde Kränze erhält, welche einen Zoll breit sind. Die Hälfte der Abfälle von diesen werden mit dem

Rollholz klein zerdrückt und in eine Casserolle gethan; zu diesen gibt man ferner ein viertel Pfund mit Milch fein geriebene Mandeln, sechs Eidotter, ein ganzes Ei und verrührt Alles gut mit süßem Rahm, so daß man eine dicke Masse erhält. Ueber diese gibt man alsdann zwölf Loth klein würfelich geschnittene eingemachte Früchte, eine Messerspitze fein gestoßenen Ceylon-Zimmt und ein Liqueurgläschen voll Alkermes. Nun wird ein Teigring egal federkieldick mit der Masse bestrichen, ein zweiter gelegt, dieser ebenso bestrichen, und so wird fortgefahren, bis alle so aufgesetzt sind; der obere wird nicht bestrichen. Außen herum wird die Masse rein abgestrichen und ganz mit Merinques zierlich bespritzt, welches aber auf ge= schmackvolle Weise ausgeführt werden muß. Der Timbale wird nun mit Zucker bestäubt und langsam, bis die Merinques eine schöne Farbe haben, mehr getrocknet als gebacken. Es versteht sich von selbst, daß die untere Teigplatte nicht ausgestochen sein darf, damit der Timbale einen Boden hat. Beim Anrichten wird der Timbale in eine flache Schüssel geschoben, oben schön mit eingemachten Früchten belegt und in die Mitte ein Sam= bayon (dicker Chaubeau), recht schaumig geschlagen, gegossen.

1824. Timbale nach Pompadour.   Timbale à la Pompadour.

Man bäckt aus der Teigmasse Nr. 2112, aber nur aus der Hälfte derselben, in einer runden Stürzform eine Croustade, welche man, nach= dem dieselbe lichtbraun gebacken ist, über ein Sieb zum Auskühlen stürzt. Ferner werden acht Reinette-Aepfel und acht schöne Birnen, alle in vier Theile geschnitten, rein geschält, jede Sorte für sich in eine Casserolle gethan, mit Zucker-Syrup übergossen, zu den Birnen etwas Cochenille-Farbe gethan und dann treffend weich, aber daß die Schnitze schön ganz bleiben, gedünstet. Unterdessen läßt man ein halbes Pfund Aprikosen-Marmelade mit einem Gläschen weißen Wein und etwas Kirschwasser aufkochen, gibt dann die Aepfel und Birnen, wie auch eine Obertasse voll eingemachte Kirschen dazu, schwingt es leicht durcheinander und stellt dies bis zum Gebrauche au bain-marie warm. Kurz vor dem Anrichten wird nun aus dem obern Theile der Kruste der Deckel abgeschnitten, diese, daß eine fingerdicke Kruste bleibt, ausgehöhlt, die Kruste selbst wieder in die vorher rein ausgetrocknete Form gethan, dann mit den Früchten gefüllt, der Deckel wieder genau darüber leicht angedrückt und eine viertel Stunde in das Backrohr gestellt. Sodann wird dieselbe in eine flache passende Schüssel gestürzt, außen herum mit einer Zitronen-Glasur überstrichen und dann zu Tisch gegeben.

---

75. Abschnitt. 2. Abtheilung.

Von den kalten Charlotten. Des Charlottes froids.

1825. Charlotte von Pistazien auf Königin=Art. Charlotte aux pistaches à la reine.

Zwölf Loth schöne grüne Pistazien werden, den Mandeln gleich, ge=brüht, abgezogen, mit Rahm sehr fein gerieben, dann durch ein feines Haarsieb passirt. Ferner wird eine Maß Doppelrahm zu einem Schnee geschlagen und dieser zum Abtropfen auf ein Sieb gethan. Ebenso werden drei Loth Hausenblase in kleine Stückchen geschnitten, gewaschen und mit einem Quart frischem Wasser zum Feuer gestellt, langsam gut ausgekocht und dann durch ein Haartuch in eine Schale geseiht. Die Pistazien werden sobann mit vierzehn Loth ganz fein gestoßenem Zucker, der warmen Hausen=blase und einer Obertasse voll Rahm in genaue Verbindung gebracht und über dem Eise, bis der Crème zu sulzen anfängt, gerührt, dann wird der geschlagene Rahm nach und nach barunter gezogen und der Crème sogleich in eine zuvor in Eis gegrabene, glatte Stürzform gegossen, ganz voll gefüllt, glatt gestrichen und zugedeckt an einen kalten Ort bei Seite gestellt. Unterdessen werden achtzehn bis zwanzig Dessert=Biscuits, je nachdem sie um die Charlotte aufgestellt werden können, fingerbreit und nach der Höhe der Form ganz egal zugeschnitten, mit einer kalten Conserve=Glasur, zu der man etwas Maraschino di Zara gegeben hat, auf der äußeren Seite schön glacirt und mit feingeschnittenen Pistazien bestreut, dann auf Papier gelegt und zum Trockenwerden warm gestellt. Kurz vor dem An=richten wird die Form in's heiße Wasser getaucht, abgetrocknet, in die dazu bestimmte, ganz flache Schüssel oder besser Kristall=Platte gestürzt und die Form abgehoben. Die glacirten Biscuits werden auf der nicht glacirten Seite mit Aprikosen=Marmelade bestrichen, eins neben dem andern um den Crème aufgestellt und leicht angedrückt. Die obere Seite wird geschmackvoll mit eingemachten Früchten belegt und eine schön gesponnene Sultane (siehe Abschnitt vom gesponnenen Zucker) darüber gestellt.

1826. Russische Charlotte. Charlotte à la Russe.

Ein halbes Pfund Zucker wird mit vier Eiern und zwölf Eibottern gut gerührt, dann das fein abgeschnittene Gelbe einer Orange und ein Stückchen ganzer Zimmt dazu gethan und mit einer halben Bouteille gutem weißen Wein und einem Glas Rum über Kohlenfeuer so lange abgeschlagen, bis der Chaubeau aufkochen will. Hierauf werden drei Loth gut ausge=kochte, dicklich fließende Hausenblase dazu gethan und zusammen durch ein Haartuch in eine Porzellanschale geseiht und kalt gerührt. Wenn derselbe zu sulzen anfängt, so wird der vierte Theil davon in eine zuvor in's Eis gestellte Stürzform gegossen und wenn der Crème in der Form gestockt ist, so werden in kaltem Punsch eingetauchte kleine Stückchen Biscuits darüber gelegt und diese wieder mit abgetrockneten, eingemachten Weichseln überstreut.

Ueber diese wird sodann wieder ein Theil von dem Crême gegossen und
wenn derselbe wieder gestockt ist, eingetauchte Bisquits und Kirschen darüber
gelegt und so wird fortgefahren, bis die Form ganz voll ist, welche man
sodann zudeckt und kalt stellt. Unterdessen wird die nöthige Anzahl Dessert=
Bisquits genau nach der Höhe der Form in fingerbreite, ganz gleiche Stückchen
geschnitten, diese in drei Theile getheilt, wovon ein Theil mit Chokolade=
Glace schwarz, ein Theil mit Zucker=Glace und Cochenille roth gefärbt
wird und einer davon weiß bleibt. Ferner wird ein ganz dünn auf Papier
aufgestrichenes und lichtgelb gebackenes Bisquit=Blatt einen Finger breiter
als die Runde der Form ist, schön egal rund geschnitten und dieses Blatt
wieder in zwölf gleiche Theile getheilt, wovon dann vier schwarz, vier roth
und vier weiß glacirt werden. Sind diese Bisquit=Stückchen gut trocken
geworden, so wird die Form aus dem Eis genommen, in's heiße Wasser
getaucht, abgetrocknet und der Crême in eine ganz flache Schüssel gestürzt.
Hierauf werden die langen Bisquit=Stückchen mit Aprikosen=Marmelade
bestrichen und jedesmal ein schwarzes, ein rothes und ein weißes um die
Charlotte recht egal aufgestellt und leicht angedrückt; ist dieses beendet, so
wird die runde Platte ebenso abwechselnd in der Farbe darüber gelegt und
so zu Tisch gegeben. Größtentheils werden bei diesen Charlotten die glacirten
Bisquits in die Form eingerichtet, der Crême eingegossen und so zum
Sulzen in's Eis gestellt; allein längere Praxis überzeugte mich, daß diese
ältere Methode nicht die beste sei, indem der Crême zuweilen durch die
kleinen Oeffnungen drang und so nicht nur allein die Zucker=Glace auflöste,
sondern die Bisquits so erweichte, daß sie all das croquante verloren und
dadurch die Charlotte einen großen Theil ihres Werthes einbüßte. Aus
diesem Grunde bereitete ich alle meine Charlotten auf die vorher angegebene
Weise und das Resultat war auch immer das günstigste, so zwar, daß
ich jedem jungen Koche anrathe, sich genau an das Gesagte zu halten.

1827. Palermer Charlotte. Charlotte à la Palerme.

Es werden zwölf Eidotter mit zwölf Loth Zucker, worauf man eine
Orange abgerieben hat, eine viertel Stunde gerührt, dann wird ein und ein

halbes Quart Rahm nach und nach dazu gegossen und sodann auf Kohlenfeuer zu einem Crême abgerührt, in welchen man drei Loth gut ausgekochte
Hausenblase gießt und die Masse durch ein feines Haarsiebchen passirt.
Ferner wird eine Maß Doppelrahm zu Schnee geschlagen und zum Abtropfen über ein Haarsieb gegossen. Hierauf wird eine runde, glatte Form
von vier Zoll Höhe, welche in der Mitte einen Cylinder hat (Schleifsteinform), in's gestoßene Eis gegraben, dann wird der Crême auf dem Eis
bis er zu stocken anfängt, gerührt, alsbann zwei Theile von dem Rahm-
Schnee nach und nach untergemengt und der vierte Theil davon in die
Form gegossen. Wenn derselbe wieder gestockt ist, so werden kleine in
Orangen-Syrup eingetauchte Desert-Bisquits im Kranze darüber gelegt,
diese mit abgetrockneten, eingemachten Weichseln bestreut, dann kömmt
wieder Crême, Bisquit und Weichseln und so wird fortgefahren, bis die
Form voll geworden ist, welche man zudeckt und an einen kalten Ort
stellt. Unterdessen werden vierundzwanzig bis dreißig thalergroße runde
Bisquits von ganz gleicher Größe auf Papier dressirt, langsam lichtgelb
gebacken und, wenn sie kalt sind, vom Papier gelöst. Diese Bisquits
werden sodann mit einem passenden, runden Ausstecher, damit sie alle
gleich groß sind, nochmals ausgestochen, die obere Seite rein zugeschnitten
und außenherum mit kleinen Perlen von Meringue-Masse bespritzt, so
zwar, daß diese ein rundes Kränzchen bilden; wenn diese Bisquits so
beendet sind, werden die Perlen mit feinem, rothen Hagelzucker ganz wenig
bestreut und zum Trocknen an einen warmen Ort gestellt. Sind sodann
die Perlen hart und haben sie dabei aber nichts an ihrer Farbe verloren,

so wird in deren Mitte etwas aufgelöstes, fließendes Johannisbeer = Gelée gespritzt, welches auseinander fließt und den innern Raum bedeckt. Kurz vor dem Anrichten wird die Form in's heiße Wasser getaucht, abgetrocknet, der Crème in eine flache, passende Schüssel gestürzt, die Bisquits innen mit dünner Aprikosen=Marmelade bestrichen, in schönster Ordnung um den Crème bis zum Rande aufgesetzt und leicht angedrückt. Die obere Seite der Charlotte wird zierlich mit eingemachten, abgetrockneten Früchten belegt und in den innern Raum der Rest des geschlagenen Rahmes, der mit feinem Zucker bestäubt wurde, erhaben gefüllt.

1828. Charlotte mit Macaronen.   Charlotte aux macarons.

Es wird eine Maß Doppelrahm zu Schnee geschlagen, mit zwei Loth ausgekochter Hausenblase und zwölf Loth Vanille=Zucker leicht untermengt, der Crème in eine Schleifstein=Form gefüllt und in's Eis gegraben. Beim Anrichten wird derselbe in eine flache Schüssel gestürzt, die äußere Seite ganz mit Macaronen, welche von innen mit Aprikosen=Marmelade bestrichen sind, bis zum Rande ganz belegt und leicht angedrückt. Oben wird die Char= lotte mit eingemachten, abgetrockneten Amarellen belegt und der innere Raum mit Schlagrahm, unter welchen man etwas Erdbeeremmark gerührt hat, gefüllt.

1829. Erdbeer=Charlotte auf römische Art.   Charlotte aux fraises à la Romaine.

Ein und eine halbe Maß frische Walderdbeeren werden durch ein feines Haarsieb in eine Porzellan = Schale passirt, dann mit einem halben Pfunde fein gestoßenem Zucker untermengt und mit drei Loth gut aus= gekochter, geseihter Hausenblase kalt gerührt. Wenn die Masse zu stocken anfängt, so werden drei Teller voll Rahmschnee langsam darunter gezogen, die Masse in eine Schleifstein=Form gefüllt und diese in's Eis gestellt. Hierauf wird ein viertel Pfund gestoßener Zucker mit dem Gelben von fünf Eiern, etwas gestoßenem Zimmt und abgeriebener Zitrone gut abge= schlagen, dann wird ein viertel Pfund Mehl mit ebensoviel geklärter, lau= warmer Butter nach und nach darunter gerührt und mit dem festgeschla= genen Schnee von vier Eiern untermengt. Die Masse wird hierauf messer= rückendick auf ein reines Blech gestrichen und lichtgelb langsam gebacken, daraus werden sodann zollbreite und so hoch als die Form ist, ganz gleiche Schnitten geschnitten, welche warm vom Blech genommen und auf einen Bogen Papier gelegt werden. Zwanzig solcher Schnitten, soviel nämlich um die Charlotte aufgestellt werden können, werden in der Mitte der Länge nach mit Perlen aus Meringue=Masse eine an die andere besprizt und, nachdem sie mit rothem Hagelzucker ganz fein bestreut sind, werden sie zum Trocknen warm gestellt. Sind diese Perlen hart geworden, so werden die Schnitten auf beiden Seiten der Perlen mit recht heller Apri= kosen = Marmelade bestrichen und sodann mit in vier Theile geschnittenen, recht grünen Pistazienfilets besteckt, welches der Charlotte, wenn sie mit denselben schön garnirt wird, ein sehr hübsches Ansehen giebt.

Ferner werden von Meringue=Masse zwölf Stück nußgroße Meringues auf Papier von gleicher Größe gespritzt, welche auf ein Brettchen gelegt und sehr langsam gebacken werden. Ist nun dieses erfolgt, so löst man dieselben vom Papier, höhlt sie vorsichtig mit einem Kaffeelöffel aus und stellt sie nochmals, damit sie auch von innen trocknen können, warm. Beim Anrichten wird der Crème aus dem Eis genommen, die Form in's heiße Wasser getaucht, abgetrocknet und der Crème in eine flache, schöne Schüssel gestürzt. Die Schnitten werden dann eine um die andere mit Aprikosen=Marmelade bestrichen, an der Charlotte aufgestellt und leicht an= gedrückt. Ist die ganze Charlotte mit diesen Schnitten genau umstellt, so werden die runden, ausgehöhlten Meringues jedes mit einigen Erdbeeren gefüllt und über die Charlotte aufgestellt, welches derselben ein sehr schönes Ansehen gibt. In der Mitte des leeren Raumes wird geschlagener Rahm erhaben gefüllt und so die Charlotte zur Tafel gegeben.

1830. Charlotte auf deutsche Art. Charlotte à l'Allemande.

Zwölf Loth feine Vanille=Chokolade werden mit etwas Wasser auf Kohlenfeuer aufgelöst, dann fein abgerührt, mit zwölf Loth gestoßenem Zucker und dem Gelben von acht Eiern untermengt und sodann mit einem Quart Rahm auf Kohlenfeuer abgeschlagen. Wenn dieser Chokolade=Crème halb ausgekühlt ist, werden drei Loth gut ausgekochte Hausenblase dazu gethan, zusammen durch ein Haarsieb in eine Porzellan=Schale geseiht und kalt gerührt. Wenn sodann der Crème zu stocken anfängt, werden drei Teller voll geschlagener Rahm mit zwei Obertassen voll ganz kleinen, recht

50*

croquant gebackenen Meringues darunter melirt und die Masse in eine
zuvor in's Eis gegrabene Schleifstein=Form gefüllt und zugedeckt kalt
gestellt.

Unterdessen läßt man ein Quart Wasser mit sechs Loth Butter,
vier Loth Zucker und einer Messerspitze voll Salz aufkochen, schüttet sodann
zwölf Loth gesiebtes, feines Mehl hinein und rührt dieses schnell auf
Kohlenfeuer zu einem zarten, feinen Teig ab, bis er sich vom Löffel und
von der Casserolle loslöst. Derselbe wird sodann in eine Casserolle gethan,
etwas Orangen = Zucker untermengt und mit zwei ganzen Eiern und sechs
Eidottern gut abgerührt. Dieser Teig wird sodann auf ein mit Mehl
bestäubtes Backbrett gethan und hiervon nach der Höhe des Models klein=
fingerdicke Stängchen ausgerollt und abgeschnitten. Sie werden dann auf
ein Backblech gelegt, mit Ei bestrichen und langsam, bei mittlerer Ofen=
hitze, gebacken. Wenn diese Cannellons kalt geworden sind, werden sie
auf einer Seite aufgeschnitten, mit Johannisbeergelée gefüllt, dann die
eine Hälfte davon weiß und die andere roth glacirt, wovon dann wieder
die weißen mit feingeschnittenen rothgefärbten Mandeln und die rothen
mit feingeschnittenen grünen Pistazien bestreut werden. Die Charlotte
wird vor dem Anrichten gestürzt, die Cannellons rückwärts mit Aprikosen=
Mark bestrichen, dann ein weißes und ein rothes um die Charlotte auf=
gestellt, oben mit Früchten garnirt und in der Mitte geschlagener Rahm
erhaben angerichtet.

76. Abschnitt. 1. Abtheilung.
Von den englischen Crêmes. (Dunst-Crêmes.)
Des Crêmes à l'Anglaise.

Die englischen Crêmes, oder sogenannten Milchbecher, werden größtentheils in Bechertassen aufgetischt und erscheinen nur bei Soupers, weil sie
kühlen und sehr leicht verdaulich sind.

Durch die Idee, gute kräftige Brühe (Consommé) mit Eiern im
Dunste stocken zu machen, entstanden die sogenannten Kaiser-Eier (Oeufs
à l'empereur) und eben durch diese Erfindung kam man auch auf den
Versuch, Milch mit Eiern stocken zu lassen und diesem irgend einen angenehmen Geschmack beizubringen und so erhielt man die Dunst-Crêmes.

1831. Milchbecher mit Kaffee. Petits pots de crême au café.

Es werden zwölf Loth Mokka-Kaffee lichtbraun gebrannt, aus der
Trommel in eine Maß kochend heißen Rahm gethan und genau bedeckt,
kalt gestellt. Wenn nun der Rahm kalt geworden und den Geschmack des
Kaffees ganz in sich aufgenommen hat, wird derselbe durchgeseiht, mit zehn
bis zwölf Eiergelb und zwölf Loth gestoßenem Zucker gut abgesprudelt
und nochmals durch ein feines Haarsieb geseiht. Sodann werden die
Crêmebecher mit demselben angefüllt und in einer Casserolle bis zur Hälfte
in's kochendheiße Wasser gestellt, die Casserolle über ein Beet von leichtem
Kohlenfeuer gestellt, zugedeckt, auf den Deckel etwas Kohlengluth gethan

und so eine halbe Stunde sehr langsam, bis der Crême zitternd, einer Sulz ähnlich, gestockt ist, gedämpft. Hierauf werden sie herausgenommen, rein abgewischt, über eine schön gebrochene Serviette auf einer flachen Schüssel angerichtet und bis zum Gebrauche kalt gestellt. Zu bemerken ist noch, daß das Dunstbad niemals den Siedegrad erreichen darf, denn sie würden sonst gerinnen, unten Wasser ziehen und auch oft mit kleinen Bläschen durchlöchert sein, welches sie als mißrathen bezeichnen würde.

1832. Milchbecher mit Chokolade.   Petits pots au chocolat..

Zwölf Loth gute Vanille-Chokolade wird gerieben, in eine Casserolle gethan, mit zwölf Loth Zucker und einer Obertasse voll heißem Wasser auf Kohlenfeuer so lange gerührt, bis die Chokolade ganz fein geworden ist. Hierauf werden zwölf Eidotter mit einer Maß gutem Rahm unter die Chokolade gegossen, zusammen recht gut gerührt, mehrmals durch ein feines Haarsieb hin und her in eine Casserolle passirt, bis alles sehr genau verbunden ist. Im Uebrigen wird er dem Kaffee-Crême gleich im Dunste behandelt und ebenso angerichtet.

1833. Milchbecher mit Vanille.   Petits pots à la vanille.

Eine Maß Rahm wird einige Minuten mit einem in kleine Stück-chen geschnittenen Stängchen Vanille langsam gekocht und zum Auskühlen zugedeckt bei Seite gestellt. Unterdessen werden zehn Eidotter mit zwölf Loth gestoßenem Zucker abgerührt, der Rahm nach und nach dazu gegossen und öfters durchgeseiht. In Becher gefüllt wird derselbe den vorher-gehenden gleich behandelt.

1834. Milchbecher mit Thee.   Petits pots de crême au thé.

In eine Maß kochenden Rahm werden zwei bis drei Eßlöffel voll russischer Thee geworfen, sogleich zugedeckt und kalt gestellt. Unterdessen werden zehn Eidotter mit zwölf bis vierzehn Loth Zucker abgerührt, mit dem Thee-Rahm genau untermengt, mehrmals durch ein Haarsieb geseiht, in Becher gefüllt und wie die übrigen im Dunste behandelt.

1835. Milchbecher mit Cacao.   Petits pots de crême au cacao.

Ein halbes Pfund dem Kaffee gleich gebrannter Cacao wird grob gestoßen und sogleich in eine Maß kochenden Rahm, worin ein zerschnit-tenes Stängchen Vanille aufgekocht wurde, geworfen und genau gedeckt, kalt gestellt. Unterdessen werden zehn bis zwölf Eidotter mit vierzehn Loth Zucker abgerührt, mit dem Rahm genau untermengt, dieser mehrmals ge-seiht, wie der vorhergehende im Dunste beendigt und ebenso angerichtet.

1836. Milchbecher mit Vanille und gebranntem Zucker.   Petits pots au caramel à la vanille.

Acht Loth Zucker werden über Kohlenfeuer so lange geschmolzen, bis derselbe dem Zimmt gleich die Farbe angenommen hat; sodann gießt man eine Maß mit einem Stängchen Vanille aufgekochten Rahm dazu und läßt es mit noch sechs Loth Zucker so lange langsam sieden, bis sich der ge= brannte Zucker gänzlich aufgelöst und mit der Vanille einen sehr ange= nehmen Geschmack angenommen hat; er wird sodann zugedeckt und zum Auskühlen kalt gestellt. Hierauf wird derselbe mit zehn Eidottern gut un= termengt, mehrmals geseiht, in Becher gefüllt und wie die vorhergehenden im Dunste behandelt.

1837. Milchbecher mit Pistazien. Petits pots à la crême aux pistaches.

Acht Loth schöne Pistazien werden gebrüht, abgezogen, mit Milch sehr fein gerieben, unter eine Maß kochenden Rahm gerührt und zugedeckt kalt gestellt. Unterdessen werden vierzehn Loth Zucker mit zehn Eidottern abgerührt, die Pistazien=Milch durch eine reine Serviette gepreßt, mit den Eiern genau untermengt, mehrmals geseiht, sodann in Becher gefüllt und im Uebrigen den vorhergehenden gleich behandelt.

1838. Milchbecher mit gerösteten Bartnüssen. Petits pots à la crême aux noisettes pralinées.

Ein Pfund Bartnüsse werden aufgeschlagen, die Kerne herausgenom= men, langsam mit gestoßenem Zucker auf Kohlenfeuer lichtbraun geröstet und mit Milch sehr fein gerieben. Unterdessen läßt man ein und eine viertel Maß Rahm aufkochen, rührt die geriebenen Nüsse unter denselben und preßt den Rahm, wenn er kalt geworden und den Geschmack der Nüsse hinlänglich in sich aufgenommen hat,· durch eine gut ausgewässerte reine Serviette. Hierauf wird ein halbes Pfund Zucker mit zwölf Eiern ge= hörig abgerührt, der Rahm nach und nach dazu gegossen, mehrmals mit den Eiern durchgeseiht, der Crême in Becher gefüllt und den übrigen gleich im Dunste behandelt.

Auf dieselbe Weise kann der Milch jeder beliebige Geschmack gegeben werden, wie z. B.:

1839. Milchbecher mit Marasquinogeruch. Petits pots à la crême au marasquin.

1840. Milchbecher mit gerösteten Mandeln. Petits pots à la crême aux amandes pralinées.

1841. Milchbecher mit gebranntem Zucker und Anis. Petits pots au caramel anisé.

1842. Milchbecher mit gerösteten Orangenblüthen. Petits pots aux fleurs d'orange pralinées.

76. Abschnitt. 2. Abtheilung.
Von den abgeschlagenen Crêmes nach französischer Art.
Des Crêmes à la Française.

Die geschlagenen französischen Crêmes oder gesulzten Milch=Crêmes werden größtentheils in zierlich gearbeitete Formen gefüllt und zum Stocken in's Eis gegraben. Ihre Erfindung kam erst nach den gewöhnlichen Milch=bechern, indem man nicht nur darauf bedacht war, diesen Crêmes durch Einfüllen in genannte Formen ein gefälligeres Ansehen zu geben, sondern sie gewannen durch ihre Zubereitung auch einen angenehmen feinen Geschmack.

1843. Französischer Crême mit Chokolade. Crême française au chocolat.

Es werden zwölf Loth Vanille=Chokolade fein gerieben, mit einem Stängchen Vanille und einem Quart Rahm einige Minuten langsam ge= kocht, dann fein abgerührt. Nach Verlauf einer viertel Stunde werden zwölf Eibotter und ein halbes Pfund Zucker dazu gethan, mit drei Quart Rahm über Kohlenfeuer abgeschlagen, zwei Loth Hausenblase dazu gegossen und zusammen durch ein Haartuch gepreßt. Dieser Crême wird dann kalt geschlagen und in eine mit Mandel=Oel ausgestrichene Form, welche zuvor in's Eis gegraben wurde, gegossen, worauf man ihn stocken läßt. Beim Anrichten wird der Crême mit dem Finger etwas losgemacht, leicht hinein= geblasen, in einen flachen Porzellan= oder Kristall=Teller gestürzt und zu Tisch gegeben.

1844. Französischer Crême von Kaffee. Crême française au café à l'eau.

Nachdem zwölf Loth guter Mokka=Kaffee lichtbraun gebrannt sind, werden sie aus der Pfanne sogleich in ein Quart siedendes Wasser geschüttet und, gut zugedeckt, kalt gestellt. Unterdessen wird ein viertel Pfund Zucker zu Caramel gekocht, der Kaffee langsam abgeseiht, mit dem Zucker auf Kohlenfeuer gestellt und langsam aufgelöst. Hierauf werden zehn Eidotter mit acht Loth Zucker abgerührt, der Kaffee nach und nach dazu gegossen, mit einer halben Maß siedendem Rahm untermengt und auf Kohlenfeuer langsam, bis der Crème beinahe aufkochen will, abgeschlagen. Sodann gießt man zwei Loth gut ausgekochte Hausenblase dazu, passirt das Ganze durch ein Haartuch in eine Schale, rührt den Crème auf dem Eis so lange, bis er zu sulzen anfängt und gießt hierauf denselben sogleich in eine mit süßem Mandel-Oel ausgestrichene und zuvor in's Eis gegrabene Crème-Form. Derselbe wird dem vorhergehenden gleich beim Anrichten gestürzt und zu Tisch gegeben.

1845. Französischer Crème von Thee. Crème française au thé Heysven-Skine.

In eine Maß kochenden Rahm werden drei Loth vom besten Thee gethan und schnell zugedeckt kalt gestellt. Unterdessen werden zehn Eidotter mit sechzehn Loth feinem Zucker abgerührt, der Thee-Rahm nach und nach dazu gegossen und über Kohlenfeuer langsam abgeschlagen; hierauf werden zwei Loth gut ausgekochte Hausenblase beigegeben, der Crème durch ein Haartuch gepreßt, auf dem Eis, bis er zu stocken anfangen will, kalt ge= rührt, in die in's Eis gegrabene und mit Mandel-Oel ausgestrichene Form gefüllt und zugedeckt kalt gesetzt. Beim Anrichten wird der Crème auf die angegebene Weise gestürzt.

1846. Französischer Crème mit bittern Macaronen. Crème française aux macarons amers.

Acht Loth Macaronen, von bittern Mandeln gebacken, werden im Ofen getrocknet, wenn sie kalt sind, fein zerdrückt in eine Maß kochend= heißen Rahm geschüttet und zugedeckt bei Seite gestellt. Unterdessen werden zehn Eidotter mit zwölf Loth feinem Zucker und einem Körnchen Salz abgerührt, der Rahm nach und nach dazu gegossen und zusammen auf Kohlenfeuer langsam, bis er beinahe kochen will, abgerührt. Mit zwei Loth gut ausgekochter Hausenblase untermengt, wird derselbe durch ein Haarsieb passirt, kalt gerührt, in die mit Oel ausgestrichene und in's Eis gegrabene Form gefüllt und bis zum Anrichten an einen kalten Ort gestellt. Gestürzt wird er ganz dem vorhergehenden gleich.

1847. Französischer Vanille-Crème. Crème française à la vanille.

Ein Stängchen klein zerschnittene, sehr gute Vanille wird in eine Maß kochenden Rahm gethan, vier Minuten langsam gekocht, dann zu= gedeckt kalt gesetzt. Zehn Eidotter werden mit zwölf Loth Zucker gut ab= gerührt, der Rahm nach und nach dazu gegossen, zusammen auf Kohlen= feuer langsam abgerührt und mit zwei Loth gut ausgekochter Hausenblase untermengt burch ein Haartuch gepreßt und auf dem Eis kalt geschlagen. Wenn der Crême zu stocken anfangen will, wird er in die mit Oel ausgestrichene Crême=Form gegossen und bis zum Gebrauche zugedeckt kalt gestellt. Gestürzt wird derselbe wie die vorhergehenden.

1848. Französischer Aprikosen=Crême. Crême française aux abricots.

Zwölf Stück schöne, gut reife, rothe Aprikosen werden mit einem halben Pfund Zucker zu einer dicklichen Marmelade gekocht, welche durch ein feines Haarsieb in eine Schale passirt wird. Ferner werden zehn Eidotter mit zehn Loth Zucker und drei Quart Rahm zu einem Crême auf Kohlenfeuer abgerührt, unter welchen sodann drei Loth gut ausgekochte Hausenblase gegossen und zusammen ebenfalls durch ein Haartuch gepreßt werden. Dieser Crême wird dann nach und nach unter die Marmelade gerührt, und auf dem Eis so lange abgeschlagen, bis sich die Masse verdicken will. Das Einfüllen und Anrichten hat auch dieser Crême mit den vorhergehenden gleich.

1849. Französischer Himbeer=Crême. Crême française aux framboises.

Eine Maß sehr reifer Himbeeren werden mit zwölf Loth gestoßenem Zucker gut verrührt, zusammen durch ein feines Haarsieb gepreßt und zugedeckt bei Seite gestellt. Sodann werden zehn Eidotter mit zwölf Loth Zucker gut abgerührt, mit drei Quart Rahm nach und nach untermengt und auf dem Kohlenfeuer langsam, bis der Crême beinahe zu kochen anfängt, abgeschlagen. Hierauf gießt man drei Loth gut ausgekochte Hausenblase dazu, preßt das Ganze durch ein Haartuch und rührt den Crême auf dem Eise so lange, bis er sich verdicken will. Ist dies erreicht, so

wird die Himbeer-Marmelade darunter gerührt, die Maſſe in die mit ſüßem Mandel-Oel ausgeſtrichene und in's Eis gegrabene Form gegoſſen und bis zum Gebrauche zugedeckt kalt geſtellt. Beim Anrichten wird der Crème mit dem Finger von der Seite etwas losgemacht, in eine flache Schale geſtürzt, die Form langſam abgehoben und derſelbe zu Tiſch gegeben.

Auf gleiche Weiſe wird auch der franzöſiſche Erdbeeren-Crème bereitet, nur mit dem Unterſchied, daß unter den Rahm etwas Cochenille gegoſſen wird.

1850. Franzöſiſcher Crème mit Marasquins. Crème française au marasquin.

Zwölf Eidotter werden mit ſechzehn Loth Zucker gut abgerührt, eine Maß heißer Rahm nach und nach dazu gegoſſen und zuſammen langſam auf Kohlenfeuer zu einem Crème abgerührt. Unter diesen werden nun zwei bis drei Loth gut ausgekochte Hausenblase gerührt und zusammen durch ein Haartuch gepreßt. Dieser Crème wird sodann auf dem Eis kalt gerührt, mit dem nöthigen Marasquino di Zara bis zum angenehm= sten im Geschmacke gehoben, in die mit Mandel = Oel ausgestrichene und in's Eis gegrabene Form gegossen und bis zum Anrichten kalt gestellt.

Auf dieselbe Art erscheinen die französischen Crèmes, als:

1851. Französischer Crème mit Nuß=Liqueur. Crème française à l'eau de noyaux.

1852. Französischer Crème mit Vanille=Liqueur. Crème française à l'eau de vanille.

1853. Französischer Crème mit Orange. Crème française à l'orange.

Eine schöne große Orange wird ganz leicht, damit nichts von der weißen Schale, welche sich unter dem Gelben befindet, dazu kömmt, auf einem Stück Zucker von sechzehn Loth abgerieben, in eine Maß kochend heißen Rahm gethan und zugedeckt bei Seite gestellt. Ist nun derselbe beinahe kalt geworden, so wird er nach und nach unter zehn Eidotter ge= rührt, dies zusammen auf Kohlenfeuer zu einem Crème abgeschlagen, unter welchen drei Loth gut ausgekochte Hausenblase geschüttet und sodann zu= sammen durch ein Haartuch gepreßt werden. Dieser Crème wird ebenfalls bis zum Stocken auf dem Eise kalt gerührt, in die mit Mandel=Oel aus= gestrichene und in's Eis gegrabene Form gegossen und zugedeckt an einen kalten Ort gestellt. Gestürzt wird er dem vorhergehenden gleich.

1854. Französischer Crème von viererlei Geruch. Crème française aux quatre cestes.

Auf einem Stück Zucker von einem halben Pfunde wird die gelbe Schale, nämlich der vierte Theil einer Zitrone, die Hälfte einer Orange, der vierte Theil einer bitteren Pomeranze (bigarade) und etwas wenig von einem Cedrat sehr fein abgerieben, der Zucker in eine Maß kochend heißen Rahm gethan und gut zugedeckt kalt gestellt. Die fernere Bereit= ung hat dieser Crème mit dem Orangen=Crème gemein, und ich weise deß= halb auf den vorhergehenden zurück.

1855. Französischer Crème mit gebranntem Zucker und Anis=Geruch. Crème française au caramel anisé.

Acht Loth Zucker werden zu Caramel gekocht, sodann gibt man ein Loth grünen und ebenso viel Sternanis dazu, gießt hierauf ein Quart siedendes Wasser dazu, stellt dieses zugedeckt auf Kohlenfeuer, bis der Zucker ganz aufgelöst und derselbe den Geruch des Anis in sich aufge= nommen hat. Hierauf werden zehn Eidotter mit zehn Loth Zucker gut abgerührt, mit einer Maß heißen Rahm nach und nach untermengt, der aufgelöste Aniszucker dazu gegossen und zusammen auf Kohlenfeuer, bis

der Crême beinahe zu kochen anfangen will, abgeschlagen. Sodann wer=
den drei Loth gut ausgekochte Hausenblase beigegeben, der Crême durch
ein Haartuch gepreßt, kalt gerührt und wie die vorhergehenden beendet.

---

76. Abschnitt. 3. Abtheilung.
Vom geschlagenen Rahm-Schnee.   Des Crêmes fouettées.

Von sehr angenehmem Geschmack und zugleich sehr kühlend ist der
geschlagene Rahm=Schnee; derselbe ist geeignet, jeden beliebigen Geschmack
theils durch Früchte, theils durch feinen Geruch=Zucker in sich aufzunehmen
und wird deßhalb in der feinen Küche hoch geachtet. Zu seinem voll=
kommenen Gelingen ist die erste und einzige Bedingung, sehr guter, dicker
und süßer Rahm von einem Tage, der so dick abgenommen werden muß,
daß sich derselbe mit einer Ruthe, aus dünnen Reisern gebunden, zu einem
leichten Schaum schlagen läßt.

1856. Rahmschnee mit Himbeeren. Crême fouettée aux framboises.

Eine Maß dicker süßer Rahm wird eine Stunde vorher in eine tiefe
irdene Schüssel in's Eis gestellt, nach dieser Zeit zu einem leichten,

schaumigen Schnee geschlagen, der nach einigen Minuten mit einem Schaum=
löffel abgenommen und über ein Haarsieb gelegt wird. Der zurückgeblie=
bene Rahm wird nun wieder so geschlagen, nach einigen Minuten abge=
nommen und gehäuft zu dem andern gelegt und so lange fortgefahren,
bis der ganze Rahm zu Schaum geschlagen ist. Unterdessen wird ein
Teller voll gute reife Wald=Himbeeren durch ein feines Sieb in eine tiefe
Porzellan = Schale passirt, unter welche man sodann ein halbes Pfund
sehr fein gestoßenen Zucker rührt. Kurz vor dem Gebrauche wird nun
der Rahm = Schnee durch ein leichtes Rühren nach und nach untermengt,
erhaben in eine flache Schale angerichtet und mit Meringues oder kleinen
runden Bisquits bekränzt zu Tisch gegeben.

1857. Rahmschnee mit Erdbeeren. Crême fouettée aux fraises.

Statt der Himbeeren wird ein Teller voll ganz reife frische Wald=
Erdbeeren genommen.

1858. Rahmschnee mit Ananas. Crême fouettée à l'ananas.

Eine kleine, völlig reife Ananas wird in Stückchen geschnitten, mit
einem halben Pfund groben Zucker mit dem Reibstein fein gerieben, so=
dann zu einem Pürre durch ein feines Haarsieb in eine Schale passirt,
unter welches der geschlagene Rahm langsam gerührt wird.

1859. Rahmschnee mit Marasquins. Crême fouettée au marasquin.

Man rührt ein halbes Pfund fein gestoßenen Zucker in eine Schale
mit dem nöthigen Marasquino di Zara zu einer dicklich fließenden Masse
ab, amalgamirt sodann den Rahm=Schnee leicht darunter und richtet den=
selben wie den vorhergehenden erhaben mit kleinen Bisquits bekränzt an.

1860. Rahmschnee mit Kaffee. Crême fouettée à l'essence de café.

Man bereitet von einem viertel Pfund feinem Mokka = Kaffee einen
sehr starken schwarzen Kaffee, so daß man höchstens eine kleine Obertasse
voll erhält; mit diesem wird nun ein halbes Pfund fein gestoßener Zucker
gut abgerührt, unter welchen man hierauf ein und eine halbe Maß guten
Rahm=Schnee amalgamirt.

1861. Rahm=Schnee mit Chokolade. Crême fouettée au chocolat.

Ein viertel Pfund feine Vanille=Chokolade wird mit einer Obertasse
voll Wasser aufgelöst, mit zwölf Loth feinem Zucker zu einer feinen glatten
Masse abgerührt, unter welchen man den Schnee von ein und einer halben
Maß gut geschlagenen Rahm leicht untermengt.

1862. Rahmschnee mit Vanille. Crême fouettée à la vanille.

Ein halbes Pfund Zucker wird mit einer Stange guter Vanille ge=
stoßen, gesiebt und unter den geschlagenen Rahm leicht gerührt.

Diese hier angeführten Arten von Rahm = Schnee können zur Ab-
wechslung in Crême=Becher, mit Zucker, glacirten Butterteig=Krusten (vols
au vent) oder auch in Bisquit=Krusten gefüllt und, mit einer Sultane
bedeckt, zu Tische gegeben werden.

1863. Pain von Himbeeren à la Reine. Pain de framboises à la Reine.

Hierzu nimmt man die Hälfte weiße und die Hälfte rothe Himbeeren,
welche reif, gleich groß und besonders frisch gepflückt sein müssen. Sobann
wird eine schleiffsteinartige hohe Form in gestoßenes Eis gegraben, jede
Himbeere einzeln an eine lange Nadel gesteckt, in Marasquino=Gelée eingetaucht und in die Form gelegt. Das Einlegen muß exakt und mit
Fleiß geschehen, und zwar in der Weise, daß jedesmal eine Tour rother
und eine Tour weißer Himbeeren kommen. Wenn nun die Form bis zum
britten Theil ihrer Höhe ausgelegt ist, so gießt man ebenso viel von dem
vorhergehenden Himbeer=Püree hinein. Sobann wird von Neuem das Auslegen auf gleiche Weise fortgesetzt und zwar bis wieder ein Theil der Form
eingelegt ist, worauf man von der Masse eingießt, und so wird fortgefahren, bis die Form voll geworden ist. Zu bemerken ist, daß die Masse
beim Eingießen nicht dick, sondern leicht fließend sein muß, damit sich dieselbe beim Stürzen des Pain nicht trennt. Sie wird gleich den vorhergehenden gestürzt, in ihrer Mitte mit geschlagenem Rahm=Schnee erhaben
und unten herum mit gehackter klarer Marasquino=Gelée bekränzt.

1864. Pain von Himbeeren. Pain de framboises à la gelée.

Dieses wird ganz jenen von Erdbeeren gleich bereitet. Unterdessen
läßt man eine Schleifstein=Form mit weißer Zitronen = Sulz messerrückendick über dem Eis auslaufen. Diese wird nun am Boden mit eingemachten Früchten in schönem Farbenspiel zierlich belegt, dann etwas von
der Gelée darüber gegossen und stocken gelassen. Die Himbeer=Marmelade
wird nun, bis sich diese zu verdicken anfangen will, über dem Eis gerührt,
dann sogleich in die Form gegossen und stocken gelassen. Beim Anrichten
wird diese in's heiße Wasser getaucht, den vorhergehenden gleich gestürzt,
und sogleich servirt.

1865. Pain von Aprikosen à la Princesse. Pain d'abricots à la Princesse.

Vierundzwanzig Stück völlig reife Aprikosen werden halbirt, die
Kerne aufgeschlagen, der innere herausgenommen, abgeschabt, dann halbirt
und mit Zucker = Syrup einmal aufgekocht. Die Aprikosen werden durch
ein feines sehr reines Haarsieb passirt, mit Staubzucker gut versüßt, dann
mit vier Loth gut ausgekochter Hausenblase untermengt, und über dem
Eis, bis sich das Aprikosen = Mus zu verdicken anfängt, gerührt. Unterdessen hat man die Form in's Eis gegraben, wo man sogleich, nachdem
man zuvor die Aprikosen = Kerne darunter gerührt hat, die Masse in die

Form einlaufen und dann stocken läßt. Beim Anrichten wird das Pain in eine passende Schüssel gestürzt, mit einer leicht gesulzten Mandelmilch schnell übergossen und sogleich servirt.

1866. Gestürzte Erdbeeren-Marmelade. Pain de fraises à la printanière.

Drei Maß frisch gepflückte Wald-Erdbeeren werden durch ein feines Haarsieb in eine Porzellan-Schüssel passirt, dann mit Staubzucker gut versüßt, mit vier Loth gut ausgekochter Hausenblase und dem Saft einer Zitrone untermengt und dann über dem Eis langsam gerührt, bis sich die Masse zu verdicken anfängt. Dieselbe wird nun in eine mit Mandel-Oel ausgestrichene passende Schleifsteinform, welche zuvor in gestoßenes Eis gegraben ist, schnell eingegossen und stocken gelassen. Kurz vor dem Anrichten wird die Form, ohne sie in's heiße Wasser zu tauchen, in eine schöne flache Schüssel gestürzt und sogleich zu Tisch gegeben.

1867. Pain von Ananas à la Romaine. Pain d'ananas à la Romaine.

Eine kleine reife Ananas wird geschält, in Stücke geschnitten, mit drei viertel Pfund Zucker gestoßen und dann durch ein feines Haarsieb gestrichen. Vier Loth Hausenblase werden mit einem Quart Wasser gut ausgekocht, passirt (geseiht) und dann nebst dem Saft von drei Orangen zu dem Ananas-Püree gethan. Dann läßt man eine Pain-Form über dem Eis mit Orangen-Gelée messerrückendick von allen Seiten auslaufen, gräbt die Form in fein gestoßenes Eis und besäet sie von innen mit en filet geschnittenen recht grünen Pistazien; hierauf wird das Ananas-Püree über dem Eis gerührt und wenn dasselbe zu stocken anfangen will, wird mit demselben noch fließend die Form voll angegossen. Die Form wird alsdann zugedeckt, Eis darüber gethan und bis zum Anrichten kalt gestellt.

1868. Pain von verschiedenen Früchten. Pain de fruits à la Marechal.

Zu diesem werden eingemachte halbe Aprikosen, grüne Reineclauden, schöne rothe Kirschen, grüne Trauben ꝛc. genommen. Die Früchte müssen über einem reinen Tuch gut abgetrocknet sein. Dann läßt man eine kuppelartige Form mit sehr heller Zitronen-, Marasquino- oder Champagner-Sulz über dem Eis federkieldick auslaufen und gräbt dieselbe sonach gut in's gestoßene Eis. Hierauf steckt man eine halbirte eingemachte schwarze Nuß an eine Nadel, taucht sie in das Gelée und legt sie in die Mitte der Form; um diese herum kommen grüne Traubenbeeren, dann halbe Aprikosen, dann rothe Kirschen, dann halbirte grüne Reineclauden. Wenn nun die ganze Form geschmackvoll und exakt mit Früchten ausgelegt ist, so gießt man den innern leeren Raum mit einem Pain von Ananas voll an. Es wird nämlich eine Ananas rein abgeschält, in Stücke geschnitten und mit einem halben Pfund Zucker im Reibstein zu einem feinen Püree verrieben.

Dasselbe wird nun durchpassirt, mit drei Loth gut ausgekochter Hausenblase und einem Glas Champagner gut untermengt und dann kalt gerührt. Wenn dieses anfängt, sich verdicken zu wollen, so gießt man dasselbe sogleich ein, deckt die Form zu, gibt etwas Eis über den Deckel und läßt das Pain nun stocken. Kurz vor dem Anrichten wird dasselbe den vorhergehenden gleich gestürzt und sogleich zu Tisch gegeben.

Auf diese Art werden alle Pain von den verschiedensten Früchten bereitet, nur ist zu bemerken, daß die Marmelade nur von frischen Früchten bereitet sein soll, was den seinen Geschmack ungemein erhöht und besonders an heißen Sommertagen sehr angenehm ist. Ebenso soll bei der Bereitung derselben nicht zu viel Hausenblase beigegeben werden, denn sie soll sich durch einen reinen Fruchtgeschmack und ebenso durch Zartheit in Hinsicht ihrer Consistenz auszeichnen.

---

76. Abschnitt. 4. Abtheilung.
Von den gestürzten Rahm-Schnee-Crêmes. Des Fromages ou Crêmes Bavaroises.

Ihre Zusammensetzung scheint aus den beiden vorhergehenden, nämlich aus dem französischen Crême und dem geschlagenen Rahm=Schnee entstanden zu sein und diese Erfindung ist eine sehr glückliche zu nennen, denn diese Crêmes übertreffen an Lieblichkeit und zartem feinen Geschmack bei weitem die vorhergehenden und werden deßhalb bei jeder guten Tafel wohlwollend aufgenommen.

1869. Bayerischer Crême mit Vanille. Fromage Bavarois à la vanille.

Man schlägt eine halbe Maß guten Rahm zu Schnee und gibt denselben zum Abtropfen auf ein Haarsieb; sodann werden zwei Loth Hausenblase gut ausgekocht und durchgeseiht warm gestellt. Hierauf rührt man zwölf Loth gestoßenen Zucker mit dem Gelben von acht Eiern gut ab, läßt eine in kleine Stückchen geschnittene Stange Vanille mit einem Quart Rahm einige Minuten kochen, gießt diesen nach einigem Auskühlen nach und nach zu dem Zucker und rührt es zusammen auf Kohlenfeuer zu einem Crême ab, welchen man sodann durchseiht, mit der Hausenblase untermengt und über gestoßenes Eis, bis derselbe zu stocken oder sich zu verdicken anfangen will, kalt rührt. Ist dies erreicht, so wird er vom Eis genommen, der geschlagene Rahm leicht untergerührt, daß daraus eine feine luftige Masse entsteht, welche sogleich in einen mit Mandel=Oel ausgestrichenen Crême=Model gefüllt und dieser in's gestoßene Eis zum völligen Sulzen gestellt wird.

Es ist nöthig zu bemerken, daß das Amalgamiren des geschlagenen Rahmes mit dem Crême von einiger Schwierigkeit ist, denn gerade davon hängt das völlige Gelingen dieser Art Crême ab; wird der geschlagene

Rahm nicht in dem Augenblicke, wo der Crême sich zu verdicken anfängt, eingerührt, so bleibt der Crême als schwerer Körper am Boden, der Rahm = Schnee bleibt als leichter Körper oben und die Masse wird sich nicht mehr genau untermengen lassen. Im andern Falle wird, wenn der Rahm = Schnee zu früh in den Crême eingerührt wird und dieser noch nicht zu stocken anfängt oder noch lauwarm ist, sich der Rahm zu sehr verrühren, fließend werden, und der Crême wird sein leichtes luftiges Wesen ganz entbehren, folglich den größten Theil seines Werthes verlieren.

1870. Bayerischer Crême mit Orangenblüthe. Fromage Bavarois à la fleur d'orange.

Zwei Loth frisch gepflückte Orangenblüthen werden in ein Quart siedenden Rahm gethan und zugedeckt bei Seite gestellt, sodann eine halbe Maß Rahm zu Schnee geschlagen und zum Abtropfen auf ein Sieb ge= than. Hierauf werden zwölf Loth Zucker mit acht Eidottern gut verrührt, mit dem Orangenblüth=Rahm auf Kohlenfeuer zu einem Crême abgeschla= gen, unter welchen zwei Loth gut ausgekochte Hausenblase gegossen und zusammen durch ein Haarsieb geseiht werden. Dieser Crême wird nun auf dem Eis bis zum Verdicken kalt gerührt, mit dem geschlagenen Rahm leicht untermengt, sogleich in eine schöne, mit Mandel = Oel ausgestrichene Crême=Form gegossen und in's Eis gegraben. Beim Anrichten wird derselbe in einen flachen Porzellan= oder Kristall=Teller gestürzt und zu Tisch gegeben.

1871. Bayerischer Crême mit Haselnüssen. Fromage Bavarois aux avelines.

Ein viertel Pfund Haselnuß=Kerne werden mit Rahm fein gerieben, in eine halbe Maß kochendheißen Rahm gethan und zugedeckt kalt gestellt. Sodann werden zwölf Loth Zucker mit acht Eidottern und dem durchge= preßten Haselnuß=Rahm auf dem Feuer zu einem Crême abgerührt, unter welchen zwei Loth gut ausgekochte Hausenblase gegossen und zusammen durch ein Haarsieb geseiht werden. Dieser Crême wird sodann, bis er zu stocken anfangen will, kalt gerührt, mit einer halben Maß zu Schnee geschlagenem Rahm untermengt, in die mit Mandel = Oel ausgestrichene Crême=Form gegossen und zum Stocken in's Eis gegraben.

1872. Bayerischer Crême mit Chokolade. Fromage Bavarois au chocolat.

Zwölf Loth feine Chokolade werden mit einem Quart heißen Rahm aufgelöst, mit acht Eidottern und acht Loth gestoßenem Zucker fein abge= rührt, eine viertel Maß Rahm dazu gethan und zusammen auf Kohlen= feuer zu einem Crême abgeschlagen. Zu diesem werden zwei Loth gekochte Hausenblase gethan, und zusammen durch ein Haarsieb gestrichen. Dieser Crême wird, wie die vorhergehenden, kalt gerührt, mit dem geschlagenen Rahm untermengt, in eine schöne, mit Mandel=Oel ausgestrichene Crême= Form gefüllt und diese in's Eis gegraben.

1873. Bayerischer Crême mit Marasquin. Fromage Bavarois au marasquin.

Zwölf Loth gestoßener Zucker werden mit acht Eidottern und einem Quart Rahm auf Kohlenfeuer zu einem Crême abgerührt, unter welchen zwei Loth gekochte Hausenblase und der nöthige Marasquino gegossen und sodann durchgeseiht wird. Derselbe wird kalt gerührt, mit einer halben Maß zu Schnee geschlagenem Rahm untermengt und, wie die vorhergehenden, in eine Crême-Form gefüllt.

1874. Bayerischer Crême mit Himbeeren. Fromage Bavarois aux framboises.

Eine Maß gutreife Wald-Himbeeren werden, nachdem sie rein durchsucht sind, durch ein feines Haarsieb gestrichen, dann in einer Porzellan-Schale mit sechzehn Loth fein gestoßenem Zucker und zwei Loth gut ausgekochter, dicklichfließender Hausenblase untermengt und auf dem Eis bis zum leichten Verdicken kalt gerührt. Sodann wird der, aus drei Quart zu Schnee geschlagene Rahm leicht darunter melirt, sogleich in eine leicht mit Mandelöl ausgestrichene Crêmeform gefüllt und zum Stocken in's Eis gegraben.

1875. Bayerischer Crême mit Erdbeeren. Fromage Bavarois aux fraises.

Bleibt in seiner Bereitung ganz dem vorhergehenden gleich.

1876. Bayerischer Crême mit rothen Johannisbeeren. Fromage Bavarois aux grosseilles rouges.

Ein Pfund gutreife, rothe Johannisbeeren werden abgepflückt und dann mit einem viertel Pfund reifer Wald-Himbeeren durch ein feines Haar-

sieb passirt. Dieser Saft wird dann in einer Porzellan-Schale mit einem
halben Pfunde fein gestoßenem Zucker und zwei Loth Hausenblase bis zum
Geliren kalt gerührt, dann wird der von drei Quart zu Schnee geschlagene
Rahm leicht darunter amalgamirt, der Crême sogleich in eine leicht mit
Mandel-Oel ausgestrichene Form gegossen und zum Sulzen in's Eis gegraben.

1877. Bayerischer Crême mit viererlei Früchten. Fromage Bavarois aux quatre fruits.

Ein viertel Pfund rothe Johannisbeeren, ebenso viel Kirschen, Himbeeren und Erdbeeren werden zusammen durch ein feines Haarsieb in eine
Porzellan-Schale gepreßt und dieses Püree mit einem halben Pfunde fein
gestoßenem Zucker nebst zwei Loth gut ausgekochter Hausenblase auf dem
Eise bis zum Verdicken kalt gerührt. Die Vollendung hat dieser Crême
mit dem vorhergehenden gemein.

1878. Bayerischer Crême mit Veilchen-Geruch. Fromage Bavarois aux violettes.

Man entblättert vier bis fünf Büschelchen frisch gepflückte Märzen-
Veilchen, welche man in eine Porzellan-Schüssel gibt und mit einem halben
Pfunde zu Syrup gekochtem, heißen Zucker übergießt und gut zugedeckt bei
Seite stellt. Unterdessen werden zwei Loth Hausenblase klein zerschnitten
und mit einem Quart frischem Wasser auf Kohlenfeuer langsam gut ausgekocht. Wenn der Veilchen-Syrup kalt geworden, wird die Hausenblase
nebst etwas Cochenille-Farbe, damit derselbe eine schöne violette Farbe
erhält, dazu gethan und durch eine Serviette in eine andere Schale passirt.
Dieser Veilchen-Syrup wird hierauf, bis er sich zu verdicken anfängt, kalt
gerührt, dann wird der von einer Maß zu Schnee geschlagene Rahm darunter amalgamirt, der Crême sogleich in die leicht mit Mandel-Oel ausgestrichene Form eingegossen und diese zum völligen Stocken auf's Eis
gestellt.

1879. Bayerischer Crême mit Mokka=Kaffee. Fromage Bavarois
au café Mocca.

Nachdem zwölf Loth bester Mokka = Kaffee lichtbraun gebrannt sind,
wird derselbe aus der Pfanne sogleich in eine halbe Maß siedenden Rahm
geschüttet und zugedeckt bei Seite gestellt. Wenn dieser kalt geworden,
wird er durchgeseiht und mit acht Eidottern und zwölf Loth gestoßenem
Zucker zu einem Crême abgerührt, unter den man zwei Loth gut ausge=
kochte Hausenblase gießt und zusammen durch ein feines Haarsieb passirt.
Dieser Crême wird auf dem Eise, bis er sich zu verdicken anfängt, kalt
gerührt, dann mit dem geschlagenen Rahm leicht untermengt und, wie die
vorhergehenden, vollendet.

1880. Bayerischer Crême von gebranntem Zucker und Orangenblüthen.
Fromage Bavarois au caramel aux fleurs d'orange pralinées.

Von acht Loth Zucker wird ein Caramel gebrannt, zu welchem man
ein Quart siedende Milch gießt, nebst zwei Loth gerösteter Orangenblüthe
aufkochen läßt und dann zugedeckt bei Seite stellt. Sobann werden acht
Eidotter mit acht Loth gestoßenem Zucker nebst dem Rahm gut verrührt
und auf Kohlenfeuer zu einem Crême abgerührt, unter welchen man zwei
Loth ausgekochte Hausenblase gießt und zusammen durch ein feines Haar=
sieb passirt. Dieser Crême wird dann, bis er sich zu verdicken anfangen
will, kalt gerührt, hierauf wird der von einer halben Maß zu Schnee
geschlagene Rahm darunter gerührt, sogleich in die leicht mit Mandel=Oel
ausgestrichene Form gegossen und ·wie die vorhergehenden vollendet.

1881. Gestürzter Crême mit Früchten. Crême renversée à la
prince Pückler.

Hiezu bereitet man von einer kleinen, aber sehr reifen, guten Ananas
mit einem halben Pfunde gestoßenem Zucker ein Püree, welches durch ein

feines Haarſieb geſtrichen werden muß. Dieſes wird in eine tiefe Porzellan=
Schale gethan, mit etwas Zucker=Syrup und zwei Loth gut ausgekochter,
durchgeſeihter Hauſenblaſe verrührt und ſodann mit drei Quart zu einem
feſten Schnee geſchlagenen Rahm leicht untermengt. Von dieſem Crême
wird der vierte Theil in eine leicht mit Mandel=Oel ausgeſtrichene und
in's geſtoßene Eis gegrabene, paſſende Crême=Form gefüllt und dieſer ſtocken
gelaſſen; über dieſen wird eine Lage ausgekernte, gut abgetropfte und jede
in vier Theile geſchnittene, recht grüne, eingemachte Reineclauben gelegt
und wieder mit Crême übergoſſen. Wenn dieſer wieder geſtockt iſt, ſo
werden gut abgetrocknete, eingemachte Amarellen=Kirſchen gelegt und wieder
mit Crême überdeckt. Wenn auch dieſer wieder geſtockt iſt, ſo wird eine
dritte Lage von gut abgetrockneten und in Stücke geſchnittenen, einge=
machten Aprikoſen gelegt und über dieſe der Reſt des Crêmes gethan, ſo
daß die Form voll iſt. Dieſe wird überdeckt und an einen kalten Ort
geſtellt. Beim Anrichten wird der Crême in eine flache Schale geſtürzt,
unten herum mit kleinen, runden Bisquits garnirt und zu Tiſch gegeben.

**1882. Geſtürzter Crême von mehreren Farben. Crême panachée
ou rubanée.**

Die geſtürzten panachirten Crêmes werden größtentheils aus drei
Farben bereitet, nämlich von Vanille=Crême weiß, von Chokolade=Crême
ſchwarz und von Himbeer= oder Erdbeer=Crême roth. Die Bereitung
dieſer Crêmes iſt ganz den vorhergehenden gleich, jedoch kann man die ver=
ſchiedenen Geſchmacke auch nach Belieben ändern, nur muß denſelben die
geeignetſte Farbe beigefügt werden. Das Einfüllen dieſer Crêmes muß
aber mit der Vorſicht behandelt ſein, daß jedesmal nur ein Crême auf
einmal bereitet und eingefüllt wird. Iſt der erſte eingegoſſene Crême ge=
ſulzt, ſo bereitet man den zweiten und gießt denſelben fließend und in
gleicher Dicke über den andern, ſo daß dieſe Crêmes, nachdem ſie geſtürzt
ſind, wie verſchiedene farbige Bänder ausſehen.

76. Abschnitt. 5. Abtheilung.

Von den Mandel- oder Nuß-Sulzen. Des Blanc-mangers.

Unter die Kategorie der verschiedenen Crêmes gehören auch die Man=
delmilch= oder Nußmilch=Sulzen. Zu ihrem Gelingen ist besonders sehr
frische Milch, weißer Zucker und große Reinlichkeit nöthig. Sie unter=
scheiden sich von den übrigen Crêmes sowohl durch ihr liebliches, schnee=
weißes Ansehen als auch durch ihren angenehmen Geschmack und sind be=
sonders an heißen Sommertagen eine sehr kühlende angenehme Schüssel.

1883. Mandelsulz oder gesulzte Mandelmilch. Blanc-manger.

Ein halbes Pfund süße und einige bittere Mandeln werden gebrüht,
abgezogen, gut ausgewässert und mit Milch sehr fein gerieben. Diese sehr
fein und weiß geriebenen Mandeln werden in eine Maß kochendheißen
Rahm gerührt und zugedeckt eine halbe Stunde warm gestellt. Nach dieser
Zeit wird der Rahm den ganzen Mandelgeruch in sich aufgenommen haben
und derselbe wird durch ein rein ausgewässertes, geruchloses Haartuch
oder Serviette gepreßt, wo man immer noch ein Quart heißen Rahm über
die schon gepreßten Mandeln gießt und vollends auspreßt. Ferner werden
drei Loth Hausenblase in kleine Stückchen geschnitten, rein gewaschen und
mit einer viertel Maß Wasser langsam gut aus= und bis zur Hälfte ein=
gekocht. Die Hausenblase wird dann nebst einem halben Pfund feinge=
stoßenem Raffinade=Zucker und einem Eßlöffel voll Orangenblüthen=Wasser
unter die Mandelmilch gerührt und zu größerer Vorsicht nochmals durch
eine Serviette geseiht. Sobann wird eine schöne Crême=Form sehr rein
ausgewaschen, gut ausgetrocknet und mit Mandel=Oel leicht ausgestrichen.
Diese wird in feingestoßenes Eis gegraben, mit dem Blanc-manger an=
gefüllt, zugedeckt, etwas Eis auf den Deckel gethan und dann an einen
kalten Ort gestellt. Beim Anrichten wird die Form aus dem Eise ge=
nommen, rein abgetrocknet, mit dem Finger von der Seite etwas los ge=
macht und an dieser Stelle hineingeblasen, dann wird die Form in eine
passende Schüssel gestürzt, leicht gerüttelt, langsam abgehoben und das
Blanc-manger sogleich in seinem schönen, weißen Ansehen, fein elastisch
zitternd, zu Tisch gegeben.

1884. Gestreifte gebänderte Mandelsulz. Blanc-manger en rubans.

Das vorhergehend bereitete Blanc-manger wird in vier gleiche Theile
in Porzellanschalen getheilt, wovon der eine weiß, der zweite mit etwas
Cochenille und Parfait d'amour rosa, der dritte mit etwas Pistaziengeruch
und Spinat blaßgrün und der vierte mit acht Loth fein aufgelöster Chokolade
schwarz gefärbt wird. Sobann wird die mit Mandel=Oel leicht ausge=
strichene Form in feingestoßenes Eis gegraben, die Hälfte von dem weißen
Blanc-manger vorsichtig, damit nichts davon an die Seite der Form spritzt,
eingegossen und stocken gelassen. Ist dies erreicht, so wird die Hälfte der

Rosa-Farbe mit derselben Vorsicht darüber gegossen und wieder stocken gelassen, dann kömmt die Hälfte des grünen Blanc-manger und wenn auch
dieses wieder gesulzt ist, so wird die Hälfte der Chokolade-Masse mit derselben Vorsicht darauf gegossen, welche man auch wieder stocken läßt. Ist
dies erreicht, so wird das Aufgießen auf dieselbe Art und Weise wiederholt
und zwar die weiße Farbe zuerst, dann die rosa, die grüne und zuletzt die
schwarze; ist die Form ganz voll angefüllt, so deckt man das Blanc-manger
zu und stellt es an einen kalten Ort. Beim Anrichten wird das Blanc-
manger mit Vorsicht nach der schon früher angegebenen Weise in eine sehr
flache Kristall-Schüssel gestürzt und sogleich zu Tisch gegeben.

1885. Mandelsulz mit Pistazien. Blanc-manger aux pistaches.

Man bereitet von einem halben Pfund süßen und acht Stück bittern
Mandeln mit dem nöthigen feingestoßenen Zucker und Rahm nebst ein und
einem halben Loth Hausenblase eine halbe Maß sehr weiße Mandelsulz, die
man zugedeckt bei Seite stellt. Ebenso werden acht Loth recht grüne Pistazien gebrüht, abgezogen und mit einigen Eßlöffeln voll Milch in einem
reinen Marmormörser sehr fein gerieben. Dieselben werden hierauf in eine
halbe Maß kochendheißen Rahm eingerührt und nach einer viertel Stunde
mit einem Kaffeelöffel voll Spinatgrün verrührt und die Milch durch ein
feines Haartuch gepreßt, so daß man eine halbe Maß nach Pistazien fein-
schmeckende blaßgrüne Milch erhält. Hierauf wird ein und ein halbes Loth
gut ausgekochte Hausenblase und der nöthige feingestoßene Zucker dazu gerührt
und das Blanc-manger abwechselnd in fingerbreiten Streifen, dem vorhergehenden gleich, jedesmal ein weißes und ein grünes, in die mit Mandel-
Oel leicht ausgestrichene und in's gestoßene Eis gegrabene Form eingefüllt.

1886. Mandelsulz mit Chokolade. Blanc-manger au chocolat.

Zwölf Loth feine Vanille-Chokolade werden mit einem Glas kochenden
Wasser aufgelöst und mit dem nöthigen Zucker fein abgerührt. Ferner

wird von zwanzig Loth süßen und zehn Stück bittern Mandeln mit dem nöthigen Rahm eine Maß gute Mandelmilch bereitet, die man mit drei Loth gut ausgekochter und geseihter Hausenblase untermengt und in zwei gleiche Theile theilt, wovon der eine weiß bleibt, während unter den andern die dicklichfließende, feinabgerührte, lauwarme Chokolade gemengt wird. Das Einfüllen dieses Blanc-manger geschieht genau so, wie beim vorhergehenden.

1887. Mandelsulz mit Motta-Kaffee. Blanc-manger. au café Mocca.

Zwölf Loth Mokka-Kaffee werden lichtbraun gebrannt, gemahlen und hiervon ein Quart recht klarer, schwarzer Kaffee bereitet. Ferner werden drei Quart sehr gute Mandelmilch bereitet, wovon zwei Quart in eine Schale gegossen werden und ein Quart unter den Kaffee gemengt wird; beide Theile werden angenehm gesüßt und unter jeden ein und ein halbes Loth gut ausgekochte, dicklichfließende Hausenblase lauwarm gemengt. Das Einfüllen bleibt wie bei den vorhergehenden.

1888. Mandelsulz mit geschlagenem Rahm. Blanc-manger à la reine.

Unter eine halbe Maß recht weiß und angenehm süß bereitete Mandelmilch werden drei Loth Hausenblase und zwei Eßlöffel voll Rosenwasser gemengt, dann auf dem Eise, bis sie sich verdicken will, kalt gerührt; sodann wird sie vom Eise genommen und schnell der von einer halben Maß zu Schnee geschlagene Rahm darunter amalgamirt, sogleich ganz weiß in die Form eingegossen und zum Sulzen kalt gestellt.

1889. Mandelsulz mit parfait d'amour. Blanc-manger au parfait d'amour.

Eine Maß gut bereitete Mandelmilch wird mit drei Loth Hausenblase untermengt, mit etwas Cochenille rosa gefärbt und mit dem nöthigen Liqueur parfait d'amour angenehm im Geschmack gehoben und dann in die Form gefüllt.

1890. Mandelsulz mit Marasquino. Blanc-manger au marasquin di Zara.

Die Bereitung ist dieselbe, nur daß das Blanc-manger weiß bleibt, und der Liqueur nur fein vorschmecken darf.

1891. Mandelsulz mit Erdbeeren. Blanc-manger aux fraises.

Unter drei Quart Mandelmilch werden drei Loth gut ausgekochte, lauwarme Hausenblase, ein Quart von frischen Walderdbeeren bereiteter, klarer Erdbeersaft, sowie etwas Cochenille gemengt und, nachdem die Masse noch mit dem nöthigen, feingestoßenen Zucker angenehm gesüßt ist, wird sie, den vorhergehenden gleich, im Eise gesulzt.

1892. Mandelsulz mit Himbeeren. Blanc-manger aux framboises.

Die Bereitung ist dieselbe, nur daß hier ein Quart frischer Himbeersaft, mit etwas Johannisbeer untermengt, genommen wird.

76. Abschnitt. 6. Abtheilung.

Von den abgerührten Crêmes. Des Crêmes pâtissières.

Die abgerührten oder musartigen Crêmes (crêmes pâtissières) eignen sich vorzugsweise zu den Auflaufen wie auch zum Füllen verschiedener kleiner Backwerke. In der französischen Küche sind sie sehr geachtet, weil sie den kleinen Backwerken einen sehr angenehmen Geschmack geben.

1893. Abgerührter Crême mit Ochsenmark. Crême pâtissière à la moëlle.

Zwei bis drei Eßlöffel voll Mehl werden mit etwas kaltem Rahm und sechs Eidottern fein abgerührt, dann werden zwei Quart süßer Rahm mit sechs Loth gestoßenem Zucker dazu gethan und über Kohlenfeuer zu einem Mus angekocht; dazu kommen acht Loth frisch ausgelassenes und bis zum Rauchen stark erhitztes Ochsenmark, acht Loth fein gestoßene, süße Macaronen und vier Loth gut gereinigte und in Syrup aufgekochte, kleine Rosinen, welches alles genau untermengt, zugedeckt und bei Seite gestellt wird.

1894. Abgerührter Crême mit Pistazien. Crême pâtissière aux pistaches.

Acht Loth schöne Pistazien werden gebrüht, abgezogen, in frischem Wasser gewaschen, dann mit zwei Loth in Zucker gekochtem Cedrat und sechs Stück bittern Mandeln nebst etwas Rum fein gerieben. Sodann werden zwei Eßlöffel voll Mehl mit Rahm und dem Gelben von sechs Eiern fein abgerührt und mit zwei Quart Rahm und sechs Loth Zucker auf Kohlen= feuer zu einem Crême aufgekocht, unter welchen die geriebenen Pistazien, vier Loth bis zum Rauchen erhitzte, sehr frische Butter und vier Loth fein gestoßene, süße Macaronen gemengt werden; zuletzt wird noch etwas Spinat= grün dazu gethan und der Crême durch ein Haarsieb in eine Schale passirt.

1895. Abgerührter Crême mit gerösteten Mandeln. Crême pâtissière aux amandes pralinées.

Acht Loth schöne Mandeln werden mit ebenso viel Zucker abgeröstet, dann mit einer halben Obertasse voll Rahm fein gerieben. Ferner werden zwei Eßlöffel voll Mehl mit acht Eidottern und einer halben Maß Rahm fein abgerührt und über dem Feuer zu einem feinen Mus aufgekocht, mit welchem die fein geriebenen Mandeln, acht Loth Zucker und vier Loth bis zum Rauchen erhitzte Butter gemengt werden und das Ganze durch ein Haarsieb gestrichen wird.

1896. Abgerührter Crême mit Marasquino. Crême pâtissière au marasquin.

Man rührt drei Eßlöffel voll Mehl, acht Eidotter und eine halbe Maß süßen Rahm fein ab und läßt bles unter beständigem Rühren aufkochen.

Das Ganze wird in eine andere Casserolle umgeleert und mit acht Loth fein gestoßenem Zucker, vier Loth gelbroth erhitzter Butter, sechs Loth fein gestoßenen Macaronen genau untermengt und zuletzt mit einer halben Obertasse voll Marasquino bi Zara bis zum angenehmsten im Geschmack gehoben. Der Crême wird dann in eine Schale gethan und zugedeckt kalt gestellt.

1897. Abgerührter Crême mit Vanille. Crême pâtissière à la vanille.

Ein schönes, frisches Stängchen Vanille wird in kleine Stückchen geschnitten, in zwei Quart kochenden Rahm gethan und zugedeckt an die Seite des Windofens gestellt, damit der Rahm den Vanille=Geruch in sich aufnimmt. Unterdessen werden zwei Eßlöffel voll Mehl mit acht Eidottern und etwas Rahm glatt abgerührt, dann wird der Vanille=Rahm durch eine Serviette dazu gegossen und zusammen unter beständigem Rühren auf Kohlenfeuer zu einem Crême aufgekocht, der sobann in eine Schale umgeleert wird. Unter diesen werden acht Loth fein gestoßener Zucker, sechs Loth gestoßene, gesiebte Macaronen und sechs Loth bis zum Rothwerden erhitzte, sehr frische Butter und ein Körnchen Salz gethan. Das Ganze muß, bis die Masse kalt geworden, sehr oft gerührt werden.

1898. Abgerührter Crême mit Chokolade. Crême pâtissière au chocolat.

Unter die vorherbeschriebene Masse werden acht Loth fein geriebene Chokolade gethan und mit derselben genau verrührt.

1899. Abgerührter Crême mit Orangen=Geruch. Crême pâtissière à l'orange.

Zwei Eßlöffel voll Mehl werden mit acht Eidottern und zwei Quart süßem Rahm glatt abgerührt und auf Kohlenfeuer unter beständigem Rühren zu einem Crême aufgekocht, unter welchen das abgeriebene Gelbe einer Orange, sechs Loth lichtgelb erhitzte und abgeschäumte frische Butter, acht Loth fein gestoßene, süße Macaronen und zehn Loth gestoßener Zucker gerührt wird.

---

76. Abschnitt. 7. Abtheilung.
Von den gefrorenen Crêmes. Des Crêmes glacées à la plombière.

Die gefrornen Crêmes (crêmes à la plombière) sind nichts anders, als jene nach französischer Art zubereiteten (crêmes à la Française) nur mit dem Unterschiede, daß sie in der Büchse gefrieren und mit geschlagenem Rahm untermengt werden. Sie dienen zum Füllen verschiedener Entre=

mets (z. B. zu verschiedenen Krusten, zu Charlotten und zum Füllen mehrerer Torten). Auch werden sie erhaben (felsenartig) in tiefen Schalen aufgerichtet und mit recht klarer Aprikosen=Marmelade bespritzt oder mit Pistazien garnirt. Ferner werden sie auch in Crême=Becher gefüllt und so zu Tisch gegeben.

1900. Gefrorner Crême mit Mandeln. Crême à la plombière aux amandes.

Man bereitet von einem halben Pfunde süßen und zehn bittern Man= deln mit einer Maß Rahm eine gute Mandelmilch. Unterdessen werden vierzehn Eibotter mit sechzehn Loth fein gestoßenem Zucker gut abgeschlagen, dann wird die Mandelmilch und etwas fleurs d'orange dazu gethan und zusammen auf Kohlenfeuer unter beständigem Rühren, bis der Crême auf= stoßen will, abgerührt. Ist dies geschehen, so wird der Crême durch ein Haarsieb in eine irdene Schüssel geseiht und kalt geschlagen. Ein und eine halbe Stunde vor dem Gebrauche wird derselbe in der Büchse, wie jedes andere Gefrorene, fest gefroren, mit zwei Teller voll geschlagenem Rahm untermengt und fein abgearbeitet. Beim Anrichten wird derselbe erhaben in eine Gefrornenschale angerichtet, dazwischen mit schöner Aprikosen=Marme= lade bespritzt und mit feingeschnittenen Pistazien schön bestreut sogleich zu Tisch gegeben.

77. Abschnitt.
Von den klaren, süßen Sulzen. Des Gelées.

Die süßen Sulzen werden in fünf Abtheilungen eingetheilt, nämlich:
1) in süße Sulzen von verschiedenen, frischen Blüthen,
2) in süße Sulzen von frischen Säften,
3) in süße Sulzen von Wein und Liqueurs,
4) in süße Sulzen mit Früchten eingelegt,
5) in geschlagene süße Sulzen.

Die erste und nothwendigste Bedingung ist eine gute geblätterte Hausenblase, welche von der Art sein muß, daß dieselbe, wenn man sie gegen das Licht hält, durchsichtig sei und dabei einen violett bläulichen Schiller, jenem der Perlmutter gleich, habe. Eine weitere Bedingung ist schöner, weißer Zucker, wo möglich Raffinade. Und drittens erfordern dieselben sehr große Reinlichkeit, die gehörige Zeit und einen staub= und rauchlosen Ort. Denn jedes Gelée muß eine kristallreine Durchsichtigkeit und feinen Geschmack haben, nicht zu süß und von fein zitterndem Ansehen sein.

1901. Von dem Klären des Zuckers. De la clarification du sucre.

Der vierte Theil von dem Weißen eines Eies wird in einer unverzinnten Zucker=Casserolle bis er weiß wird, abgeschlagen, dann wird eine halbe Maß frisches Brunnenwasser dazu gegossen und ein Pfund in Stücke

geschlagener Raffinabezucker hineingethan. Das Ganze wird dann gut um=
gerührt und die Casserolle über einem Dreifuß auf den brennenden Wind=
ofen gesetzt. Wenn der Zucker anfängt zu kochen und aufzusteigen, gießt
man vier Eßlöffel voll kaltes Wasser hinein und so wird dreimal bei jedes=
maligem Aufsteigen des Zuckers frisches Wasser hineingegossen; hierauf wird
die Casserolle vom Feuer genommen und an die Ecke des Windofens ge=
stellt. Das Eiweiß hat während des Kochens alle unreinen Theile des
Zuckers in sich aufgenommen, welches mit einem Schaumlöffel rein abge=
nommen wird. Wenn der Zucker sich kristallrein geklärt hat, wird der=
selbe durch eine reinausgewaschene, geruchlose Serviette in eine Porzellan=
Terrine geseiht und halb zugedeckt an einen kalten, staublosen Ort gestellt.

**1902. Von der Klärung der Hausenblase. De la clarification de
la colle de poisson.**

Für ein Gelée zu zwölf Personen, wozu die Form eine Maß halten
darf, werden vier Loth im Sommer und drei Loth im Winter schöne Blät=
terhausenblase in kleine Stückchen geschnitten, gewaschen und mit einer hal=
ben Maß frischem Brunnenwasser nebst zwei Loth Zucker in's Kochen ge=
bracht. Wenn dieselbe kocht, wird sie an die Ecke des Windofens gestellt
und in der Art langsam gekocht, daß der aufsteigende Schaum auf der
Oberfläche nach hinten kömmt und von Zeit zu Zeit abgenommen werden
kann. Ist die Hausenblase ganz rein kristallhell und um die Hälfte einge=
kocht, so wird sie durch die Ecke einer ganz reinen, gut ausgewaschenen, feinen
Serviette in eine Porzellan=Schale geseiht und, halb zugedeckt, kalt gestellt.

---

77. Abschnitt. 1. Abtheilung.
Von den süßen Sulzen von verschiedenen frischen Blüthen.
Des Gelées aux fleurs nouvelles.

**1903. Süße Sulz von frischen Veilchen. Gelée de violettes
printanières.**

Zwei bis drei Büschelchen frisch gepflückte März=Veilchen werden ent=
blättert, in eine Porzellan=Terrine gethan und mit drei viertel Pfund ge=
klärtem Zucker=Syrup heiß übergossen und gut zugedeckt bei Seite gestellt.
Wenn der Syrup kalt geworden ist, wird er durch ein feines Seidensieb
in eine Schale geseiht, der leicht ausgedrückte Saft einer Zitrone, etwas gutes
Kirschenwasser, drei Loth schön klargekochte Hausenblase und etwas Cochenille=
Farbe dazu gethan, nochmals geseiht und in eine schöne, passende Gelée=
Form, welche zuvor in's gestoßene Eis eingegraben wurde, gefüllt. Die

Form wird mit einem Casserolledeckel zugedeckt, etwas Eis darüber gethan und bis zum völligen Sulzen an einen kalten Ort gestellt. Beim Anrichten wird die Form aus dem Eise genommen, in's lauwarme Wasser gestoßen, schnell abgetrocknet, ein Kristall=Teller darüber gelegt, die Form in denselben gestürzt, leicht gerüttelt und langsam abgehoben.

1904. Süße Sulz von frischen Rosen. Gelée printanière à la rose.

Man klärt auf die angegebene Weise vierundzwanzig Loth Raffinade= Zucker, schüttet denselben in eine Terrine über vierundzwanzig Stück schöne, entblätterte Rosen, färbt dies mit etwas Cochenille rosa und deckt den Zucker genau zu. Ist der Zucker beinahe kalt geworden, so seiht man denselben durch ein feines Seidensieb in eine andere Schale, gießt ein halbes

Glas destillirtes Rosenwasser und ebenso viel Kirschenwasser und den Saft einer Zitrone dazu, untermengt das Gelée noch mit drei Loth klarifizirter Hausenblase und gießt sie in den zuvor in's Eis gegrabenen Gelée-Model. Im Uebrigen wird sie ganz der vorhergehenden gleich behandelt.

1905. Süße Sulz von frischen Orangenblüthen. Gelée aux fleurs d'orange nouvelles.

Vier Loth frischgepflückte Orangenblüthen werden in eine Terrine gethan, mit drei viertel Pfund geklärtem Raffinade-Zucker übergossen und hermetisch geschlossen zum Erkalten bei Seite gestellt. Wenn der Zucker beinahe kalt geworden ist, wird er durch ein Seidensieb geseiht, dann der filtrirte Saft von zwei Orangen, drei Loth geklärte Hausenblase und etwas Kirschenwasser dazu gegossen, genau untermengt und das Gelée in den in's Eis gegrabenen Model gefüllt und im Uebrigen dem vorhergehenden gleich beendet.

1906. Süße Sulz von gerösteten Orangenblüthen. Gelée aux fleurs d'orange pralinées.

Man klärt vierundzwanzig Loth Zucker und passirt denselben durch ein Seidensieb. Die Hälfte davon wird auf Kohlenfeuer langsam, bis er gelb zu werden anfängt, eingekocht, dann werden zwei Loth frischgepflückte Orangenblüthen hineingeworfen, mit einem silbernen Löffel umgerührt und zum Kaltwerden zugedeckt bei Seite gestellt. Sodann werden zwei Quart siedendes Wasser darüber gegossen und zum Auflösen wieder auf Kohlenfeuer gestellt. Ist die Auflösung erfolgt, so seiht man den Syrup durch ein Seidensieb zu dem Rest Zucker nebst drei Loth geklärter Hausenblase, dem Saft einer Zitrone und acht Eßlöffeln voll Kirschenwasser und beendet das Gelée wie die vorhergehenden.

1907. Süße Sulz von Orangenblüthen mit Champagner. Gelée de fleurs d'orange au vin de champagne.

Man gibt zwei Loth frischgepflückte Orangenblüthen in eine Terrine und übergießt dieselben mit zwanzig Loth zu Syrup geklärtem, kochendheißen

Zuckers, den man ganz genau zubedt und kalt werden läßt. Ist der-selbe kalt geworden, so wird er durch ein Seidensieb in eine andere Schale geseiht, mit einer halben Bouteille rothem Champagner und drei Loth geklärter Hausenblase untermengt und in den in's Eis gegrabenen Model gefüllt.

---

77. Abschnitt. 2. Abtheilung.
Von den Saft-Sulzen aus frischen Früchten. Des Gelées de fruits.

1908. Erdbeer-Sulz. Gelée de fraises.

Ein Pfund frischgepflückte, gewaschene Walderdbeeren werden in einer Terrine leicht zerdrückt, mit acht Loth geklärtem Zucker heiß übergossen, genau zugedeckt und über Nacht stehen gelassen. Am andern Morgen wird dieser Saft filtrirt. Unterdessen werden sechzehn Loth Raffinade-Zucker geklärt und wenn derselbe beinahe klar ist, wird etwas schöne Cochenille-Farbe dazu gethan, damit der Syrup eine schöne rosa Farbe erhält; er wird durch ein Seidensieb geseiht und wenn er beinahe kalt ist, werden drei Loth geklärte Hausenblase, der filtrirte Erdbeersaft und ein Glas Moseler Wein dazu gegossen und durcheinander gerührt. Eine passende, schöne Gelée-Form wird in's gestoßene Eis gegraben, mit dem Gelée angefüllt, ein Deckel darüber gethan, dieser mit Eis überlegt und so einige Stunden an einen kalten Ort gestellt.

Auf dieselbe Weise wird das Gelée von frischen Himbeeren bereitet, nur daß die Hälfte soviel weiße Johannisbeeren dazu kömmt.

1909. Kirschen-Sulz. Gelée de cerises.

Zwei Pfund ausgekernte, gutreife, rothe Kirschen werden mit einem viertel Pfund ausgekernter, rother Johannisbeeren zerdrückt und der Saft durch ungeleimtes Seidenpapier filtrirt. Unterdessen werden vierundzwanzig Loth Zucker geklärt und wenn derselbe kalt ist, mit drei Loth geklärter Hausenblase, einem Glas weißen Wein, sowie dem Kirschensaft untermengt und dann wie die vorhergehenden eingefüllt und beendet.

1910. Sulz von Sauerbeeren. Gelée d'épine-vinettes.

Ein halbes Pfund ganz reife, große Sauerbeeren werden ausgekernt, mit zwölf Loth geklärtem, heißen Zucker-Syrup übergossen, über dem Feuer einmal aufgekocht und sodann recht hell filtrirt. Ist dies geschehen, so wird ein Quart weißer Wein, ebenso viel geklärter Zucker und drei Loth geklärte Hausenblase dazu gegossen, zusammen gut untermengt und in die in's Eis gegrabene Form gefüllt.

52

1911. Aprikosen-Sulz.   Gelée d'abricots.

Achtzehn bis vierundzwanzig ganz reife, schöne Aprikosen werden halbirt, ausgekernt und in ganz dünnem Syrup von einem halben Pfunde
Zucker langsam einigemal übersetzen und der Saft durch ein leichtes Drücken
durch eine Serviette gepreßt und dann filtrirt. Ist der Saft ganz klar
geworden, so werden unter denselben drei Loth geklärte Hausenblase, ein
Glas weißer Wein und ebenso viel geläuterter Zucker gerührt und das
Gelée in die in's Eis gegrabene Form gefüllt.

1912. Sulz von Ananas mit Champagner.   Gelée d'ananas au vin de Champagne.

Eine schöne, ganz reife Ananas wird rein abgeschält, der Länge nach
durchgeschnitten und jede Hälfte in messerrückendicke Blättchen geschnitten.
Hierauf werden zwanzig Loth Raffinade-Zucker geklärt, über die Ananas-
Scheibchen geseiht und zusammen fünf Minuten langsam auf Kohlenfeuer
gekocht. Sodann werden sie in ein Seidensieb gegossen, damit der Syrup
genau abfließt. Dazu werden drei Loth geklärte Hausenblase und eine halbe
Bouteille Champagner gegossen, durcheinander gerührt und der dritte Theil
davon in die in's Eis gegrabene Form gefüllt; wenn dieselbe gesulzt ist, so
wird der dritte Theil der Ananas-Scheibchen im Kranze darüber gelegt und
diese wieder mit einem Theil des Gelée übergossen und so wird fortgefahren, bis die Ananas in drei Schichten eingelegt und zuletzt mit Gelée
übergossen sind. Das Vollenden dieses Gelée ist ganz dem vorhergehenden gleich.

1913. Orangensulz von Maltheser-Orangen.   Gelée d'oranges de Malte.

Acht schöne, saftige Orangen werden in der Mitte durchgeschnitten, dann
nebst dem Saft von zwei Zitronen leicht gepreßt und dieser durch einen
Filzhut zu einer wasserklaren Flüssigkeit filtrirt, welches wohl am Abend
vorher geschehen müßte. Ferner werden drei viertel Pfund Zucker auf die
vorher beschriebene Art geläutert und wenn derselbe kalt ist mit drei Loth
geklärter Hausenblase und dem filtrirten Safte nebst etwas Cochenille-Farbe,
damit das Gelée einen röthlichen Schimmer erhält, gefärbt, genau untermengt und den vorhergehenden gleich in eine schöne Form gefüllt und gesulzt.

1914. Orangenkörbchen mit Orangensulz gefüllt.   Gelée d'oranges en petits paniers.

Zwölf ganz gleiche, mittelgroße Orangen von ganz reiner Schale werden in Körbchen-Form geschnitten, rein ausgehöhlt und die Kanten wie auch
der Henkel rein ausgezackt, welches mit einiger Mühe und Geschick geschehen
muß. Das Herausgenommene aus der Orange wird leicht gepreßt und
der Saft wie der vorhergehende durch einen Filzhut wasserklar filtrirt; die
Orangen selbst aber werden bis zum Gebrauche in's kalte Wasser gelegt.
Sodann werden vierundzwanzig Loth Raffinade-Zucker geklärt, mit etwas Cochenille rosa gefärbt, dann durch ein Seidensieb geseiht und wenn derselbe

beinahe kalt geworden ist, mit drei Loth geklärter Hausenblase und dem Orangen-Safte untermengt. Die Orangenkörbchen werden auf ein reines Tuch umgestürzt, die kleine Oeffnung, welche sich beim Aushöhlen unten ergeben hat, wird mit Butter überstrichen und sodann in fein gestoßenes Eis in einem großen Siebe eingegraben. Hierauf werden sie mit dem Gelée angefüllt, Papier darüber gedeckt und zum Sulzen an einen kalten Ort gestellt. Beim Anrichten werden dieselben über eine gebrochene Serviette auf einer runden Schüssel angerichtet, in jedes derselben ein frisches Orangenblatt gesteckt und sogleich zur Tafel gegeben. Als Aufsatz werden die Orangenkörbchen auch um ein weißes Blanc-manger über einem Aufsatz von Kristall nach obiger Zeichnung geordnet.

1915. Gestreifte oder bänderartige Orangensulz. Gelée d'orange en rubans.

Es wird in acht gleichgroße, schöne, hochrothe Orangen mit feiner Schale oben eine Oeffnung in der Größe eines Zwölfkreuzerstücks eingestochen und die ganze Orange mit der größten Vorsicht, damit die äußere Schale nirgends beschädigt wird, mittelst eines kleinen Aepfelbohrers ausgehöhlt und dann bis zum Gebrauche in's frische Wasser gelegt. Der Saft wird dem vorhergehenden gleich wasserklar filtrirt. Unterdessen werden zwanzig Loth Raffinade-Zucker klarifizirt und wenn derselbe kalt geworden ist, mit vier Loth rein geklärter Hausenblase, dem Orangen-Safte und etwas Moselwein untermengt und in zwei gleiche Theile geschieden, wovon der eine mit etwas Cochenille schön roth gefärbt wird. Ebenso wird ein und ein

52*

halbes Quart Blanc-manger, aber mit etwas mehr Hausenblase, bereitet, welches in drei gleiche Theile getheilt wird, wovon der eine weiß, der zweite mit etwas Cochenille rosa und der dritte mit zwei Loth Chokolade braun oder statt braun mit Spinatgrün blaßgrün gefärbt wird. Die Orangen werden dann über ein reines Tuch umgestürzt, wenn unten eine Oeffnung sein sollte, wird sie mit Butter überstrichen und die Orangen in's feingestoßene Eis in ein großes Sieb ganz eingegraben. Sodann wird der dritte Theil des innern Raums mit weißer dicklichfließender Sulz angefüllt und sulzen gelassen. Ueber diese kömmt ein halb so dickes Streifchen von rosa Blanc-manger, welches man wieder stocken läßt und dann kömmt ein Streifchen vom grünen oder braunen Blanc-manger, dann wenn dieses wieder gestockt ist, ein Streifchen von der weißen Farbe und auf diesem werden die Orangen mit der rothen Orangensulz aufgefüllt, bis sie ganz voll geworden sind. Das Einfüllen dieser Orangen forbert Geduld und Aufmerksamkeit, damit die Orangensulz zwei Theile und die drei Blanc-manger-Farben einen Theil des innern Raums der Orange in schmälern Streifen einnehmen. Vor dem Anrichten werden die Orangen abgetrocknet, die Butter abgeschabt und jede derselben in sechs ganz gleiche Theile mit einem sehr scharfen, dünnen Messer, welches in's heiße Wasser eingetaucht wird, geschnitten. Diese Orangentheile werden dann über einem staffelförmigen Aufsatz von hartem Zuckerteig oder in einem schön aus Tragant geflochtenen, runden oder ovalen Teigkörbchen oder auch in einer Vase aus weißem Mandelteig zierlich aufgerichtet, mit grünen Orangenblättern ausgarnirt und so im schönsten Aussehen zur Tafel gegeben.

1916. Zitronen-Sulz. Gelée de citrons.

Zehn bis zwölf gesunde, saftige Orangen werden rundum eingeschnitten, abgedreht, der Saft leicht ausgedrückt und durch einen Filzhut durch

mehrmaliges Aufgießen, bis derselbe wasserklar durchläuft, filtrirt. Unter=
dessen wird ein Pfund feiner Raffinade=Zucker mit dem Safte einer Zitrone
kristallhell geläutert und wenn derselbe beinahe kalt ist, mit drei Loth ge=
klärter Hausenblase und dem wasserklaren Zitronensaft untermengt und
diese ganz weiße, angenehm schmeckende Sulz in eine in's gestoßene Eis
gestellte Form gefüllt und gesulzt.

1917. Vanillesaft=Sulz. Gelée au suc de vanille.

Eine Stange bester Vanille wird in kleine Stückchen geschnitten, in
eine Terrine gethan und mit zwanzig Loth geklärtem Zucker, welchen man
mit etwas Cochenille rosa gefärbt hat, heiß übergossen und zugedeckt bei
Seite gestellt. Wenn derselbe beinahe kalt geworden ist, wird er durch ein
Seidensieb geseiht, mit dem Safte von zwei Zitronen, drei Loth geklärter
Hausenblase und etwas Kirschenwasser untermengt und in die dazu bestimmte
Gelée=Form, welche zuvor in's Eis gegraben wurde, gefüllt und gesulzt.

1918. Kaffee=Sulz. Gelée au café Mocca.

Zwölf Loth Mokka=Kaffee werden lichtbraun gebrannt, gemahlen und
hiervon mit einer halben Maß siedendem Wasser ein sehr heller, starker
Kaffee bereitet, der, nachdem er kalt geworden ist, mit zwanzig Loth ge=
klärtem Zucker, drei Loth hell und dick gekochter Hausenblase und etwas
Kirschenwasser untermengt und nochmals zusammen durch eine reine, gut
ausgewaschene Serviette geseiht wird. Er wird in kleine, in's Eis ge=
grabene Förmchen oder in Crème=Becher gefüllt und gesulzt; erstere wer=
den gestürzt, die Becher aber über eine gebrochene Serviette angerichtet
und zur Tafel gegeben.

---

77. Abschnitt. 3. Abtheilung.
Von den verschiedenen Wein- und Liqueurs-Sulzen.
Des Gelées de vin et de liqueurs.

Es ist nöthig darauf aufmerksam zu machen, daß alle Wein= und
Liqueurs=Sulzen in der Weise bereitet werden müssen, daß der Zucker und
die Hausenblase mit dem Weine oder Liqueurs nicht heiß untermengt wer=
den dürfen, weil dadurch nicht nur allein vieles von dem aromatischen
Geruche verloren geht, sondern auch die Sulzen nicht den Glanz erhalten
und der kristallhellen Durchsichtigkeit entbehren.

1919. Rothe Champagner=Wein=Sulz. Gelée au vin de Champagne rosé.

Es werden vierundzwanzig Loth weißer Raffinade=Zucker geklärt, mit
Cochenille rosa gefärbt und durch ein Seidensieb in eine Terrine geseiht.

Wenn dieser Syrup beinahe kalt geworden ist, wird über die Hälfte einer Bouteille guten Champagner=Weins, drei Loth Hausenblase und der Saft einer Zitrone dazu gegossen und zusammen nochmals geseiht. Das Ganze wird in die in's Eis gegrabene Form gefüllt und den vorhergehenden gleich gesulzt.

Auf dieselbe Weise wird dieses Gelée auch ohne es zu färben ganz weiß gelassen.

1920. Sulz mit Marasquino. Gelée au marasquin di Zara.

Vierundzwanzig Loth Zucker werden sehr weiß geklärt, in eine Terrine durch ein Seidensieb geseiht, drei Loth Hausenblase sehr rein und hell ge= kocht und nebst einem Quart Marasquino zu dem Zucker gegossen, sodann das Gelée in die in's Eis gegrabene Gelée=Form gegossen und gesulzt.

Auf dieselbe Weise werden alle Liqueurs=Sulzen bereitet, wie z. B.:

1921. Sulz von Erdbeer=Crême. Gelée au crême de fraises.

1922. Sulz von Barbados=Crême. Gelée au crême de Barbade.

1923. Sulz von Nuß=Liqueur. Gelée au crême à l'eau de noyaux.

1924. Sulz von Vanille=Liqueur. Gelée au crême de vanille de Vespetro.

1925. Sulz von Anis = Liqueur. Gelée d'anisette de Bordeaux.

1926. Punsch=Sulz. Gelée au ponche.

In drei viertel Pfund heißen, geklärten Zucker wird die fein abgelöste Schale von zwei Zitronen und ein Kaffeelöffel voll Thee geworfen, sodann zugedeckt bei Seite gestellt. Unterdessen wird der Saft von vier Zitronen und jener von vier Orangen leicht ausgepreßt und wasserklar filtrirt, der Zucker durch ein Seidensieb geseiht, mit dem Safte, nebst drei Loth ge= klärter Hausenblase und einem Quart guten Rum oder Arac untermengt, nochmals zusammengeseiht und den vorhergehenden gleich in die Form gegossen und gesulzt.

1927. Süße Sulz von weißem Wein. Gelée au vin blanc.

Am besten eignen sich zu diesen Geléеs nur gute Rhein- oder Frankenweine von guter Lage und Jahrgang. Wegen ihrer vorzüglichen Güte und ihrem kräftigen gewürzhaften Geschmack (Bouquet) sind von den Rheinweinen: Johannisberger, Steinberger, Hochheimer 2c., von den Frankenweinen besonders Stein und Leisten zu empfehlen. Ihre Bereitung bleibt immer dieselbe. Es werden nämlich drei viertel Pfund weißer Zucker rein und hell geklärt, geseiht, wenn derselbe noch lauwarm ist, mit drei Loth gut geklärter Hausenblase, nebst zwei Drittheilen einer Bouteille von obengenanntem Weine genau untermengt, in die in's Eis gegrabene Form gefüllt und den vorhergehenden gleich beendet.

Alle diese Wein-Sulzen werden auch sehr häufig mit frischen Wein-traubenbeeren von zweierlei Farbe eingelegt, welches dem Gelée ein sehr schönes Ansehen und guten Geschmack gibt.

1928. Süße Sulz von Danziger Goldwasser. Gelée à l'eau de Danzic.

Vier Loth grüne Pistazien werden gebrüht, abgezogen und in feine Stifte geschnitten. Ferner werden drei viertel Pfund Raffinade-Zucker ganz weiß und hell geklärt, durch ein Seidensieb geseiht und mit drei Loth klarer kurz gekochter Hausenblase, einem Quart Danziger Goldwasser und dem Safte einer Zitrone untermengt. Zu diesem Gelée werden noch einige Blättchen von gutem Golde, in kleine Stückchen gepflückt, die feingeschnittenen Pistazien beigegeben und zusammen auf gestoßenem Eis langsam bis sich das Gelée zu verdicken anfängt, gerührt. Es wird sogleich in die in's Eis gegrabene Form gefüllt, worauf man es stocken läßt. Durch das langsame Rühren auf dem Eis vertheilt sich das Gold und die Pistazien gleichmäßig und das Gelée wird dadurch beim Stürzen ein sehr schönes Ansehen erhalten.

---

77. Abschnitt. 4. Abtheilung.

Von den klaren Sulzen mit ganz eingelegten Früchten.
Des Gelées à la Macedoine de fruits.

Zu diesen Gelées hat man runde Kuppelformen, welche ungefähr ein und eine halbe Maß halten, in welche eine zweite, im Durchmesser um einen kleinfingerdick kleinere, mit drei Charnieren versehene, in die erste frei eingehängt werden kann. Diese Form wird nun in's fein gestoßene Eis gegraben und in den inneren leeren Raum der zweiten Form ebenfalls Eis gethan.

1929. Zitronensulz mit frischen Erdbeeren. Gelée de citrons aux fraises transparentes.

Man bereitet hierzu eine recht klare, weiße Zitronen-Sulz, wie diese vorher genau angegeben wurde. Diese wird nun in die in's Eis gegrabene Kuppelform gegossen, worin man sie gut sulzen läßt. Unterdessen werden nun schöne große Garten-Erdbeeren sammt den Stielchen rein ausgesucht und auf einen Teller gelegt; hierauf wird das Eis aus der inneren Form herausgenommen, diese schnell mit warmem Wasser angefüllt und sogleich herausgehoben. In den durch Herausnahme der zweiten Form entstandenen leeren Raum werden nun die Erdbeeren sammt ihren etwas kurz abgeschnittenen Stielchen in schönster Form eingelegt und angefüllt. Von der in Rest gebliebenen Zitronen-Sulz wird nun das Nöthige über die Erdbeeren gegossen, ganz voll angefüllt und ein Deckel darauf gethan, dieser sobann mit Eis überlegt und so bis zum völligen Sulzen stehen gelassen. Beim Anrichten wird die Form in's warme Wasser getaucht, schnell abgetrocknet, ein Kristall-Teller daraufgelegt, die Form schnell darüber gestürzt, abgehoben, und so die Sulz in ihrem schönsten Ansehen und vortrefflichen Geschmack zur Tafel gegeben.

1930. Ananas-Sulz mit gemischtem Obst. Gelée d'ananas à la Macedoine de fruits.

In die vorher in's Eis gegrabene Kuppelform wird eine sehr hell bereitete Ananas-Sulz gefüllt und stocken gelassen. Hierauf wird die innere Form, wie es bei den vorhergehenden gezeigt wurde, herausgenommen, der innere Raum in schönster Schattirung mit geschälten, recht reifen halben Aprikosen oder Pfirsichen, blauen und weißen Weintraubenbeeren

und ſchönen rothen getriebenen Erdbeeren gefüllt, mit Gelée übergoſſen und ſtocken gelaſſen. Sie wird den vorhergehenden gleich geſtürzt.

Zu dieſen Sulzen kann auch die weiße Champagner-Sulz, eine Sulz von weißen Johannisbeeren und jede beliebige Sulz von weißem Liqueur genommen werden, auch kann ein Gelée von Sauerbeeren ſehr hell bereitet und mit Orangenſchnitzen und blauen Weintrauben ausgelegt werden.

1931. Champagner-Sulz mit Früchten in kleinen Bechern. Gelée au vin de Champagne à la Macedoine de fruits en petits pots.

Erdbeeren, Himbeeren und weiße Johannisbeeren werden rein durch-geſehen, mit geſtoßenem Zucker ſtark beſtreut, leicht geſchwungen, mit etwas Ananas-Syrup übergoſſen und ſo die nöthige Zahl ſchöner Crême-Becher damit drei viertel angefüllt und dieſe in's geſtoßene Eis gegraben. Sodann wird das nöthige Quantum weiße Champagner-Sulz bereitet, mit welcher man die Becher voll füllt und hierauf ſtocken läßt. Beim Anrichten werden ſie über eine gebrochene Serviette auf eine flache Schüſſel geſtellt und ſo mit Kaffeelöffeln zu Tiſch gegeben.

1932. Geſtürzte Aepfel-Sulz. Suédoise de pommes à la gelée.

Hierzu wählt man eine runde canelirte Stürzform, welche in der Mitte ein Rohr hat. Es werden dreißig Stück ſchöne weiße Borsdorfer-Aepfel geſchält und mit einem runden Aepfelbohrer nach der Dicke der Röhrchen ausgebohrt. Die Hälfte davon wird in weißem Zucker-Syrup mit Zitronenſaft ſehr weiß und weich, ſo daß die Aepfel ganz bleiben, gekocht, die andere Hälfte derſelben aber wird mit Syrup und Cochenille untermengt und in ſchönſter Farbe ſchön roth und weich gekocht. Dieſe Aepfel werden, wenn ſie in ihrem Syrup kalt geworden ſind, zum Abtropfen

auf ein Sieb geschüttet. Die Form wird nun in's Eis gegraben und federkieldick mit recht weißer Sulz von Zitronen, weißem Rheinwein oder Marasquino begossen, worauf man sie stocken läßt. Die gut abgetropften Aepfel werden nun, einer nach dem andern, an eine Gabel oder Spicknadel gesteckt, in die schon etwas verdickte Sulz getaucht und so aufeinander, jedesmal ein Röhrchen mit weißen, sodann eines mit rothen Aepfelchen, die ganze Form ausgefüllt. In den innern leeren Raum wird nun der Rest der Aepfel, mit eingemachten Amarellen und Gelée untermengt, gefüllt, und so zum Stocken kalt gestellt. In's warme Wasser getaucht, wird sie den vorhergehenden gleich in eine Kristall=Vase gestürzt.

1933. Bordure von süßer Zitronensulz mit Früchten. Bordure de gelée à la Macedoine.

Man bereitet eine sehr weiße Zitronen=Sulz; mit dieser wird eine schöne Bordure=Form, welche man zuvor in gestoßenes Eis gegraben hat, federkieldick begossen, dann, wenn diese gestockt ist, werden schöne rothe Gartenerdbeeren im Kranze hineingelegt, leicht mit Gelée übergossen und ansulzen gelassen. Ueber diese kommen dann abwechselnd grüne eingemachte, gut abgetrocknete Reineclauden, Pfirsiche, Aprikosen, weiße in Vanille=Syrup gekochte Aepfel, Orangenschnitze 2c., welche in Lagen eingerichtet und mit Gelée übergossen werden. Wenn nun die Bordure=Form voll ist, wird dieselbe zugedeckt, Eis darüber gethan und kalt gestellt. Beim Anrichten wird die Form in's warme Wasser getaucht, abgetrocknet, in eine flache schöne Schüssel gestürzt, die Form langsam abgehoben und in der Mitte einen Fromage Plombière hoch aufdressirt, angerichtet. Siehe Fromage Plombière, 76. Abschnitt 4. Abtheilung.

1934. Bordure von Orangensulz auf Malteser Art. Bordure de gelée d'orange à la Maltaise.

Man gräbt eine schön façonirte Bordure=Form in gestoßenes Eis, gießt etwas sehr helle Orangensulz hinein und läßt diese stocken. Dann werden frische Orangenschnitze im Kranze hineingelegt, etwas Gelée darüber gegossen und stocken gelassen, dann kommen wieder Orangenstücke, und so wird fortgefahren, bis die Form voll ist. Unterdessen bereitet man einen Fromage Bavarois von Himbeeren und einen von Orangen, wie diese im 76. Abschnitt 4. Abtheilung angegeben sind, und läßt sie, jeden für sich, in einer einfachen Form stocken. Beim Anrichten wird nun die Form in eine flache Schüssel gestürzt, abgehoben und beide Crèmes mit Eßlöffeln aus der Form gestochen, in der Mitte der Orangen-Bordure hoch und in schönem Farbenspiel aufgerichtet.

1935. Borbure von Blanc-manger à la reine. Bordure de blanc-manger à la reine.

Nachdem man eine schöne Bordure-Form (moule à bordure) in fein gestoßenes Eis gegraben hat, wird diese mit ganz weißem Blanc-manger, nach Nr. 1883 bereitet, gefüllt und stocken gelassen. Unterdessen bereitet man einen Fromage Bavarois nach dem Rezepte Nr. 1874, aber von Erdbeeren, den man in eine tiefe blecherne pyramidenartige Form, welche unten genau in den mittleren Raum der Borbure einpaßt, füllt und stocken läßt. Beim Anrichten wird die Blanc-manger-Borbure in eine flache passende Schüssel gestürzt, die Form abgehoben und der Crème von Erd-beeren in die Mitte gestürzt.

1936. Borbure von Chololade-Blanc-manger. Bordure de blanc-manger au chocolat à la Duchesse.

Man bereitet einen Blanc-manger nach Nr. 1886 und füllt damit eine schöne Bordure-Form voll an und läßt diesen im gestoßenen Eis stocken. Ebenso bereitet man eine Bavarois à la vanille nach Nr. 1869, welche man ebenfalls in eine blecherne Form gießt und wie den vorher-gehenden stocken läßt. Beim Anrichten wird der Chololade-Blanc-manger in die passende flache Schüssel gestürzt, jener von Vanille in dessen Mitte gethan und zuletzt wird derselbe ganz mit kleinen, zuvor lichtgelb ge-backenen Merinques (Busserl) überlegt, so daß man von dem Vanille-Crème nichts mehr sieht, was dem Ganzen ein schönes Ansehen gibt und den Geschmack sehr erhöht.

---

77. Abschnitt. 5. Abtheilung.
Von den geschlagenen Sulzen. Des Gelées fouettées.

Es ist keine große Schwierigkeit, diese Art von Gelées zu bereiten, sie stehen in Hinsicht ihres Ansehens weit hinter den klaren Sulzen, denn es gibt wirklich in der Küche unter den vielen Speisen nichts schöneres, als ein wasserklares, kristallhelles Gelée, dessen Werth durch schöne Formen und kühlenden angenehmen Geschmack noch um Vieles erhöht wird.

1937. Geſchlagene Sulz von Champagner. Gelée fouettée au vin de champagne.

Der vierte Theil des weißen Champagner=Gelées, wie dieſes vorher genau angegeben iſt, wird mit Cochenille roſa gefärbt und in die in's Eis gegrabene Form gefüllt, worauf man ſie ſtocken läßt. Unterdeſſen wird der zweite Theil deſſelben in einem Schneekeſſel über dem Eis ſehr weiß geſchlagen und ſo lange dieſes noch fließend iſt, über das roſa=far=bene Gelée gegoſſen, wenn nun dieſer wieder geſulzt iſt, gießt man den dritten Theil roſa gefärbter heller Sulz darüber, die man wieder ſtocken läßt. Der vierte Theil wird nun wieder dem erſten gleich geſchlagen und damit die Form vollends angefüllt. Beim Anrichten dürfen dieſe Gelées nicht zu warm getaucht werden, damit die geſchlagene Sulz nicht über die helle herabrinnt.

Auf dieſe Art können alle Gelées in dieſer Abtheilung behandelt werden, wozu ſich am beſten die Liqueur=Gelées eignen. Man kann die=ſelben ganz weiß oder roſa gefärbt einfüllen, auch kann man die Form fingerdick mit roſa Gelée begießen und mit weißem geſchlagenem Gelée an=füllen, ebenſo kann man weiße helle Sulz in die Form gießen und über dieſe das roſa gefärbte geſchlagene Gelée füllen. Eine dritte Manier iſt noch: man läßt die ganze Form mit hellem, weißen Gelée meſſerrückendick auslaufen, das heißt anſulzen und füllt ſonach die roſa gefärbte, geſchlagene Sulz mit würfelich geſchnittenen eingemachten Früchten untermengt, in die Mitte. Noch weiter kann man die Form mit weißem Zitronen=Gelée meſſerrückendick anſulzen laſſen, ſodann mit verſchiedenen Früchten in ſchön=ſter Schattirung auslegen und die Form mit recht weiß geſchlagenem Gelée anfüllen, welch' letztere Manier demſelben größeren Werth gibt.

Somit iſt dieſer Abſchnitt in all ſeinen Abtheilungen genügend er=läutert und ich gehe nun zu den verſchiedenen Backwerken über.

———

78. Abschnitt.
Von dem Backwerke. De la Pâtisserie.

Wenn man eine Teigmasse in einen engen, mit concentrirter Hitze eingeschlossenen Raum stellt und darin gar macht, so wird dies mit dem technischen Worte backen bezeichnet; die aber von den verschiedenen Ingredienzen und aus dem künstlich zusammengesetzten Teige hervorgegangenen Sachen Backwerke, Backereien, Kuchen, und das damit beschäftigte Individuum Bäcker (boulanger) genannt.

Diese Arbeiten haben zwar ein und denselben Ursprung, allein durch ihre Fortschritte entstanden daraus Kunstbackwerke, welche große Geschicklichkeit und vorzüglichen Fleiß in Anspruch nehmen, daher der Name Backmeister (chef pâtissier).

Daß zu solchen Arbeiten, wenn die Sache im Großen betrieben wird, verschiedene Vorrichtungen nöthig sind, unterliegt keinem Zweifel.

Es ist daher vor Allem ein großes helles, mit einem Luftzuge und einem gut construirten Backofen versehenes Zimmer nöthig, in welchem sich zwei Wärmekästen (Etuves), zwei eingemauerte Windöfen unter einem Rauchmantel, ein tiefer Marmormörser zum Reiben der Mandeln, ein Mörser zum Zuckerstoßen, mehrere kleine Mörser zum Stoßen der verschiedenen Gewürze, ein großes Trommelsieb mit verschiedenen Einlagen für Staub-, Back- und Hagelzucker, mehrere andere Siebe zum Sieben der Gewürze, einige kleine Serpentin-Steinmörser zum Reiben verschiedener Farben, mehrere Caramel-Pfännchen, eine Auswahl kupferner, gut verzinnter Backbleche, sowohl in runder wie langer Form, und mehrere Casserollen verschiedener Größe sich befinden sollen. Zu diesen gehört noch eine Auswahl verschiedener Modelle und Formen von schöner Zeichnung, wie auch die verschiedenartigsten Ausstecher von weißem Blech.

In der Backkammer selbst müssen zwei Tische, unten mit Fächern und Schubladen versehen, stehen; in einem derselben muß in der Mitte der Tischplatte eine drei Schuh im Quadrat große Granitplatte, zum Verarbeiten verschiedener Teige eingepaßt, sich befinden.

Ganz in der Nähe der Backstube muß ein Behälter zum Aufbewahren des Eises angebracht sein, wo im Sommer Teige und verschiedenes Andere kalt gestellt werden können.

Der Backofen soll wo möglich hell gelegen, fünf bis sechs Schuh tief und vier Schuh breit sein; der Boden soll eben, mit gut gebrannten Steinen belegt, das Gewölbe nur gegen 18 Zoll hoch und der Backofen unten und oben gut bekleißt sein. Gleich vor dem Ofenthürchen soll sich eine ebenso breite Oeffnung befinden, wo die glühenden Kohlen, wenn der Backofen gereinigt wird, gleich durchfallen und zugedeckt ersticken, wodurch viel Staub und Schmutz vermieden wird.

In vielen Häusern bedient man sich der Backrohre von Eisenblech, wodurch allerdings Holz erspart wird, allein diese sind in der Regel schlecht construirt, wodurch die Backwerke nicht zu der vollkommenen Schönheit gelangen, wie in einem Backofen selbst.

Das Backen in einem Ofen selbst unterliegt aber auch mancher Schwierigkeit und erfordert längere Uebung, um jedesmal die zu den verschiedenen Backwerken erforderliche Hitze genau zu treffen, wodurch ihr Gelingen einerseits bedungen wird.

Der geübte Backmeister hält, nachdem der Backofen rein ausgekehrt und die dadurch entstandene feuchte Hitze verdampft ist, die Hand einen Augenblick in denselben, über der er den richtigen Hitzegrad empfindet, allein welche Uebung und Sicherheit gehört hierzu!

Aus diesen hier gesagten Gründen wird daher bei der Backkunst die Bedingung festgestellt, daß, wenn auch die mit dem größten Fleiße zusammengesetzte Masse nicht in die völlig richtige Ofenhitze kömmt, es doch ihr unvermeidliches Mißlingen zur Folge hat; im andern Falle aber, wenn die Teigmasse nicht mit Genauigkeit und Fleiß zusammengesetzt ist, so wird das Backwerk, selbst in der ihr ganz zusagenden gehörigen Ofenhitze gebacken, doch mißlungen erscheinen. Daraus geht nun hervor, daß man jede Teigmasse mit großem Fleiß zubereite und sich ebenso das Erkennen der richtigen Ofenhitze aneigne.

Ehe wir also zur Bereitung der verschiedenen Backwerke gehen, ist es nöthig, die in jeder guten Backkammer vorhandenen Farben, den gefärbten Hagel- oder Streuzucker, den verschiedenen Geruchzucker (sucre odoré) wie auch die verschiedenen Zuckergrade kennen zu lernen.

––––––

78. Abschnitt. I. Abtheilung.

Unschädliche Farben, welche größtentheils in der Küche angewendet werden.

1938. Veilchenblau. Veilchensaft.

Hierzu wählt man besonders Garten-Veilchen von dunkler Farbe und starkem Geruch. Die Blättchen von den Veilchen werden abgepflückt und während des Abpflückens immer zugedeckt, damit der aromatische Geruch nicht zu sehr verflüchtigt. Wenn man eine Maß solcher Blättchen abgepflückt hat, werden diese in eine zinnerne Büchse, welche mit einem doppelten Deckel versehen ist und wovon der innere genau aufgelegt werden kann, gethan. Die Blättchen werden sodann fest eingedrückt, der Saft einer Zitrone darüber gepreßt und mit einem Quart kochenden Wasser übergossen, genau zugedeckt, worauf man sie einen Tag stehen läßt. Nach dieser Zeit wird der Saft geseiht, die Blättchen fest ausgedrückt und derselbe mit einem halben Pfunde Raffinade-Zucker in einer gut verzinnten

Casserolle einmal aufgekocht. Wenn derselbe kalt ist, wird er in Glas=
fläschchen gefüllt, genau zugemacht und bis zum Gebrauche aufbewahrt.
Derselbe wird zum Glaciren seiner Backwerke, welche später bezeichnet
werden, angewendet.

1939. Altkermes=Saft.

Anfang Oktober werden diese Beeren gepflückt, in eine Schüssel ge=
than, zerdrückt und durch ein leinenes Tuch gepreßt. Der Saft wird nur
rein filtrirt, in eine gut verzinnte Casserolle gethan, mit einem halben
Pfunde Raffinade=Zucker bis zur Hälfte eingekocht, sodann in Glasfläsch=
chen gefüllt, gut zugepfropft und aufbewahrt.

1940. Spinatgrün.

Die jungen Blätter von Gartenspinat werden abgepflückt, fein ge=
stoßen und der Saft durch ein starkes leinenes Tuch gepreßt. Diese schöne
hellgrüne Farbe muß frisch verbraucht werden.

1941. Rosensaft.

Auf eine Maß frischgepflückte Rosenblätter drückt man den Saft einer
Zitrone, gießt ein Quart kochendes Wasser darüber und läßt dies in einer
zinnernen Büchse gut verschlossen zwei Tage stehen. Dieser Rosensaft
wird dann gut ausgepreßt, mit einem halben Pfund Raffinade=Zucker auf=
gekocht und den vorhergehenden gleich aufbewahrt. Diesen Saft benützt
man zur Glasur für Torten und kleinere Backwerke.

1942. Cochenille mit Zucker.

Diese unschädliche rothe Farbe, die aus der amerikanischen Cochenille
oder dem Scharlachwurm bereitet wird, ist die schönste rothe Farbe, die
uns den Scharlach, nämlich den Purpur, ersetzt. Die Cochenillen sind
von der Größe eines Hanfkorns, fast rund, mit einer weißlichen Wolle
bedeckt; sie leben auf dem drei Ellen hohen Cactus Opuntia, und werden
jetzt auch in Peru und den französischen Colonien Westindiens gezogen.
Die Bereitung ist folgende:

Ein Loth Cochenille wird sehr fein gestoßen und auf einen Bogen
Papier geschüttet. Hierauf wird ein Loth Pottasche, ein Loth gebrannter
Alaun ebenso fein gestoßen und mit zwei Loth Cremor tartari zu der
Cochenille gethan und mit derselben in einem Serpentin=Mörser nochmals
fein gerieben. Sodann wird ein Quart frisches Wasser in eine gut ver=
zinnte Casserolle gethan und auf Kohlenfeuer in's Kochen gebracht; wenn
nun dasselbe kocht, wird alles langsam hineingeschüttet und mit einem
ganz neuen Holzlöffel umgerührt, dann schnell vom Feuer genommen, weil
es sonst übersteigt. Sobann wird dieselbe durch ein reines Tuch in
eine Porzellanschale geseiht, leicht gepreßt, dann wieder in die unterdeß
gereinigte Casserolle gegossen. Hierauf werden zwölf Loth ganz fein ge=
stoßener Raffinade=Zucker dazu gethan, untereinander gerührt, zusammen

einmal aufgekocht, zurückgestellt, und nachdem die Farbe ausgekühlt ist, wird sie in eine gläserne Flasche gegossen, gut zugemacht und an einem kühlen Orte aufbewahrt.

1943. Safran-Gelb.

Ein halbes Loth indischer Safran, der sich durch eine rothgelbe glänzende Farbe und durch einen starken Geruch auszeichnen muß und nicht mit dem gewöhnlichen Saflor zu verwechseln ist, wird in eine kleine Casserolle gethan, eine Obertasse voll siedendes Wasser darauf gegossen und auf Kohlenfeuer bis zur Hälfte eingekocht. Dieses Decoct wird durch ein leinenes Stückchen Tuch gepreßt, sodann mit vier bis sechs Loth Raffinade-Zucker auf dem Feuer einmal aufgekocht und dem vorhergehenden gleich eingefüllt und aufbewahrt.

Diese hier angegebenen Farben sind die besten, welche in jeder guten Küche ohne den geringsten Schaden angewendet werden dürfen; es gibt zwar mehrere andere Farben, welche auf chemischem Wege zubereitet werden, allein diese sind allenthalben zum Färben der Crêmes, Gelées nicht gerne gesehen, ja sogar untersagt.

----

78. Abschnitt. 2. Abtheilung.
Vom Hagel- oder Streuzucker.   Du gros sucre cristallisé.

Derselbe soll in jeder guten Backkammer in verschiedenen Graden von der Größe eines Hanfkornes bis zum feinen Sande vorräthig sein.

1944. Weißer Hagelzucker.   Gros sucre cristallisé blanc.

Zwei bis drei Pfund fein kristallisirter Raffinade-Zucker wird in Stücke zerschlagen, jedes derselben mit dem Hammer zerdrückt und in ein Trommelsieb, worin wenigstens vier Einlagen von verschiedener Größe sind, gethan; derselbe wird nun gesiebt und jede Sorte für sich auf einen Bogen Schreibpapier gethan. Die groben Stückchen, welche zurückbleiben, werden nochmals zerdrückt, gesiebt und zu den ersteren gethan; hierauf wird jede Sorte für sich in blechernen Büchsen oder Gläsern aufbewahrt.

1945. Rother Hagelzucker.   Gros sucre cristallisé rouge.

Ein jeder Streuzucker kann mit irgend einer beliebigen Farbe, z. B. gelb, roth oder grün gefärbt werden. Der nöthige weiße Streuzucker wird in einen Porzellan-Teller gethan, mit einem feinen Haarpinsel, den man in die Cochenille-Farbe eintaucht, besprizt und leicht durcheinander gemacht, bis der Zucker eine gleichmäßige Farbe angenommen hat. Derselbe wird nun langsam getrocknet, wobei man ihn öfters durcheinander mengen muß.

Auf diese Weise kann nun der Hagelzucker mit Spinatfarbe grün, mit Safran gelb, mit Rosensaft und etwas Cochenille rosa, mit Veilchen=Saft blau, mit aufgelöster Chokolade braun und mit Safran und Cochenille orangengelb gefärbt werden.

78. Abschnitt. 3. Abtheilung.
Vom Geruchzucker. Du Sucre odoré.

Sowie man bei vielen Backwerken auf die Idee kam, denselben durch Bestreuen von Hagelzucker ein besseres Ansehen zu geben, ebenso nahe liegt es, durch seinen Geruchzucker denselben einen seinen Geschmack zu geben, deßhalb ist es nöthig, daß die Geruchzucker, jedoch gut verschlossen, vorräthig sind.

1946. Banille=Zucker. Sucre à la vanille.

Eine Stange Vanille bester Qualität wird in kleine Stückchen geschnitten, mit zwei Loth grobem Zucker gestoßen und fein gesiebt; zu dem Zurückgebliebenen werden wiederholt nochmals zwei Loth Zucker gethan, wieder gestoßen und nochmals gesiebt. Dieser sehr angenehm und fein riechende Zucker wird in einem genau verschlossenen Gläschen aufbewahrt.

1947. Orangen=Zucker. Sucre d'orange.

Das Gelbe von zwei Orangen wird leicht auf Zucker abgerieben, auf einem Teller abgeschabt, lauwarm an einem warmen Ort getrocknet, mit acht Loth Grobzucker fein gestoßen und gesiebt und sodann in einem Glase, welches man gut verpfropfen kann, gut aufbewahrt. Auf dieselbe Art wird er von Zitronen bereitet.

1948. Orangenblüthen=Zucker. Sucre aux fleurs d'orange.

Eine Obertasse voll frisch gepflückte Orangenblüthen werden auf einen Bogen Papier in einem Etuve lauwarm mit sechs bis acht Loth Zucker gestoßen, gesiebt und genau zugemacht in einem Glasfläschchen aufbewahrt.

1949. Kaffee=Zucker. Sucre au café.

Acht Loth Zucker werden mit vier Eßlöffeln voll starker Kaffee=Essenz genäßt, warm getrocknet, fein gestoßen, gesiebt und den vorhergehenden gleich in einem Glase gut verschlossen aufbewahrt.

1950. Rosen=Zucker. Sucre à la rose.

Man gießt acht Tropfen ächtes türkisches Rosenöl auf ein Stück Zucker zu vier Loth und trocknet denselben an einem lauwarmen Orte. Sodann wird er gestoßen, gesiebt und, gut zugemacht, aufbewahrt.

78. Abschnitt. 4. Abtheilung.
Vom Reinigen oder Läutern des Zuckers. De la Clarification du Sucre.

Der Zucker ist die Grundlage fast aller Backwerke, deßhalb ist es nöthig, hierüber einige Kenntniß zu erlangen. Der beste Zucker wird aus dem Zuckerrohr, welches bekanntlich in Ostindien und Australien wild wächst, gewonnen. Dasselbe ist eine Sumpfpflanze, der Stengel erreicht eine Höhe von zehn bis zwölf Fuß, aus der Wurzel treiben mehrere Stäbe mit Knoten besetzt; aus den Knoten gehen lange spitze, schilfartige Blätter von dunkelgrüner Farbe und oben mit einem Büschel weißer wolllichter Blumen hervor, welche den Samen enthalten. In dem Stengel zwischen den Knoten ist das Mark, welches ein weißgrau=bläuliches Ansehen hat, kleberig und von sehr süßem Geschmacke ist, und den Zucker liefert.

Beim Läutern des Zuckers kömmt es auf die Sorte an, die man läutert, denn der feinste Canaria, der durch dreimaliges Raffiniren gewonnen wird, hat fast gar keinen, der Melis mehr und der Lumpen am meisten Schmutz.

Ungefähr zwölf Pfund Zucker, welchen man in Stücke zerhauen, in einen Kessel gibt, übergießt man mit drei Maß frischem Wasser, in welches man das Weiße eines Eies gut abgeschlagen hat, und stellt den Kessel über einen hellbrennenden Windofen. Der Zucker wird nun mit dem Schaumlöffel mehrmals, bis er sich gänzlich aufgelöst hat, umgerührt und wenn er zu kochen beginnt und aufzusteigen anfängt, gießt man eine Obertasse voll kaltes Wasser hinein; der Zucker wird sich augenblicklich wieder setzen, aber in einer Minute wieder aufsteigen, worauf man wieder kaltes Wasser hineingießt, und wenn er zum drittenmal aufsteigt, so gießt man wieder kaltes Wasser dazu und stellt den Kessel vom Feuer. Das Eiweiß wird sich als zusammengezogener Schaum auf der Oberfläche des Zuckers zeigen und alle unreinen Theile desselben in sich aufgenommen haben, der Zucker aber, je nach der Feinheit desselben, wird ganz weiß oder gelblich, dabei aber kristallhell sein. Derselbe wird nun durch einen Filtrir=Sack in einen steinernen Topf geseiht und bis zum Gebrauche aufbewahrt.

---

78. Abschnitt. 5. Abtheilung.
Von den Graden beim Zuckerkochen.

Das weitere Kochen des Zuckers, dessen genaue Kenntniß sehr noth= wendig ist, wird in folgende Grade getheilt: 1) Zum Breitlaufen; 2) zur kleinen Perle oder zum kleinen Faden; 3) zur großen Perle oder zum großen Faden; 4) zum kleinen Flug oder zur kleinen Blase; 5) zum großen Flug oder zur großen Blase; 6) zum Bruche; 7) zum Caramel.

1951. Erster Grad. Breitlauf. Sucre à la nappe.

Das nöthige Quantum von dem vorhergehend geläuterten Zucker setzt man in einem Zuckerpfännchen auf den Windofen, läßt ihn kochen, taucht den Schaumlöffel hinein, nimmt denselben wieder heraus und hält ihn in die Höhe; läuft der Zucker in breiten Flocken davon, so hat er den ersten Grad, den Breitlauf.

1952. Zweiter Grad. Kleine Perle oder auch kleiner Faden. Sucre lisse.

Dieser stellt sich nach einigen Minuten längeren Kochens ein, näm= lich der Zucker fällt in kleinen Perlen, diese an einem feinen Faden hän= gend, vom Löffel, oder man taucht den Finger in den Zucker, hält diesen mit dem Daumen zusammen, entfernt diese wieder zollbreit; zieht sich da= zwischen ein kleiner Faden, der abreißt, so hat er den zweiten Grad.

1953. Dritter Grad. Große Perle oder großer Faden. Sucre perlée.

Dieser stellt sich wieder nach etwas längerem Kochen ein, hängt näm= lich die Perle an einem längeren Faden, oder zieht sich der Faden zwischen den Fingern länger und reißt nicht ab, so hat er den dritten Grad.

1954. Vierter Grad. Kleiner Flug oder kleine Blase. Sucre soufflée.

Gleich hierauf stellt sich der vierte Grad, der Flug oder die Blase ein. Bläßt man nämlich gegen den vorher eingetauchten Schaumlöffel, so fliegt der Zucker in kleinen Blasen auf und hat dann den vierten Grad.

1955. Fünfter Grad. Großer Flug oder große Blase. Sucre à la plume.

Wenn man den Schaumlöffel in den Zucker taucht, diesen in die Höhe hält, durch die Löcher bläst und größere Blasen abfliegen, so hat sich der fünfte Grad, die große Blase oder trockener Flug eingestellt.

1956. Sechster Grad. Der Bruch. Sucre au cassé.

Beim weiteren Kochen stellt sich sodann der Bruch ein. Taucht man ein naßgemachtes Hölzchen, ohne es wieder abzuwischen, schnell in den heißen Zucker und sogleich darauf in's kalte Wasser, so muß sich derselbe augen= blicklich härten und beim Abziehen krachend brechen; noch sicherer ist es, wenn sich derselbe beim Zerbeissen zwischen den Zähnen nicht mehr anhängt.

1957. Siebenter Grad. Caramel. Caramel.

Nach einer Minute längerem Kochen wird sich der Zucker lichtbraun färben und es hat sich der siebente Grad, der Caramel, eingestellt, worauf er anfängt, dunkel zu werden und endlich zu verbrennen.

Aller Zucker muß über Kohlenfeuer gekocht werden, indem derselbe durch den Rauch oder das Spritzen des Holzfeuers verunreinigt wird. Das Kochen muß schnell vor sich gehen, weil sodann der Zucker schön weiß bleibt und nicht so leicht abstirbt. Während des Kochens müssen die Ränder oder die feinen Sprißchen mit dem Schwamm öfters abgewaschen werden, weil sich diese leicht bräunen und so den andern dunkel machen oder gar verderben.

---

78. Abschnitt. 6. Abtheilung.

Von den Zucker-Glasuren.   Des Glaces de Sucre.

Unter Glasur versteht man eine Zuckermasse, welche zum Ueberziehen der verschiedenen Torten und Backwerke dient, damit diese ein schöneres Ansehen erhalten und zugleich auch an feinerem Geschmack gewinnen. Man hat von denselben dreierlei Arten, nämlich:

1) mit Eiweiß gerührte Zucker-Glasuren;
2) Conserv-Glasuren, mit kaltem Syrup und Staubzucker zubereitet;
3) heiße Conserv-Glasuren.

1958. Weiße, gerührte Glasur.   Glace royale blanche.

Ein halbes Pfund reiner Staubzucker, aus Raffinade-Zucker bereitet, wird in eine Porzellan-Schale gethan und mit dem Weißen von zwei Eiern eine viertel Stunde gut abgerührt; sollte das Eiweiß nicht hinreichen, so müßte man noch etwas dazu geben. Während des Rührens wird der Saft einer halben Zitrone, damit die Glasur recht weiß wird, dazu gedrückt. Die Glasur muß schneeweiß sein, und zum Ueberziehen (glasiren) dicklich vom Löffel fließen.

1959. Rothe Glasur.   Glace royale rosée.

Unter die vorherbeschriebene Glasur wird etwas Cochenille-Farbe gerührt, bis dieselbe eine schöne rosenrothe Farbe angenommen hat.

1960. Braune Glasur.   Glace royale au chocolat.

Unter die ganz weiß gerührte Glasur werden acht Loth vollständig erweichte feine Vanille-Chokolade eingerührt.

1961. Grüne Glasur.   Glace royale verte.

Unter die weiß gerührte Glasur wird, statt des Zitronensaftes mit etwas Zucker, feingeriebenes Spinatgrün gerührt, bis dieselbe eine schöne grüne Farbe angenommen hat.

1962. Gelbe Glasur.   Glace royale jaune.

Hier wird etwas Saffrangelb untermengt.

Alle diese bezeichneten Glasuren, die von Chokolade ausgenommen, können mit jedem beliebigen Geruchzucker bis zum angenehmsten im Geschmacke bereitet werden.

1963. Kalte Conserv-Glasur mit Marasquino. Glace au marasquin froide.

Dreiviertel Pfund Staubzucker werden mit einer kleinen Obertasse voll geläutertem Zucker nach und nach angerührt, zwei Eßlöffel voll Marasquino dazu gegossen und so zu einer dicklich fließenden zarten Masse angerührt, mit der die Torten messerrückendick überstrichen, einige Minuten lauwarm getrocknet und dann kalt gestellt werden. Diese Glasur muß sich durch eine schöne glänzende, mattweiße Farbe und feinen zarten Geschmack auszeichnen.

Auf dieselbe Weise werden alle derartigen Glasuren bereitet; man kann denselben sowohl durch die verschiedensten Liqueurs, wie auch durch jeden beliebigen Geruchzucker den Geschmack beigeben. Nur muß bemerkt werden, daß der Raffinade-Zucker zum feinsten Staube gestoßen und der geläuterte Zucker nicht zu wässerig, sondern kalt und dickfließend untergerührt werden muß.

Die dritte Art Glasuren sind die auf dem Feuer erwärmten Conserve-Glasuren, welche auf folgende Weise bereitet werden.

1964. Orangen-Glasur. Glace à l'orange.

Zu vierundzwanzig Loth gestoßenem Raffinade-Zucker, wird das abgeriebene Gelbe von zwei Orangen nebst dem Safte gethan und dies zu einer dicken Masse angerührt. Dieselbe wird in einem Zuckerpfännchen auf's Kohlenfeuer gestellt und unter beständigem Rühren so lange darauf stehen gelassen, bis die Masse wieder flüssig geworden ist. Mit dieser wird die dazu bestimmte Torte sogleich überzogen, einige Minuten lauwarm getrocknet und dann kalt gestellt.

In die oben beschriebene Orangen-Glasur wird ein Gläschen Arak gegossen und man hat eine Punsch-Glasur.

Auf dieselbe Weise werden alle diese Glasuren bereitet, wie z. B. mit frischem Erdbeeren-, Himbeeren- und Ananassaft. Ebenso kann man unter den Zucker etwas passenden Liqueur gießen, mit diesem den Zucker anrühren und ebenso vollenden.

1965. Chokolade-Glasur. Glace au chocolat.

Zwölf Loth feine Vanille-Chokolade wird mit etwas Wasser auf Kohlenfeuer aufgelöst, fein abgerührt und ebenso viel feiner Staubzucker mit einer kleinen Obertasse voll Wasser untergerührt. Diese Masse wird nun auf Kohlenfeuer unter beständigem Rühren so lange gekocht, bis dieselbe zwischen den Fingern durch Eintauchen derselben einen schwachen Faden zieht. Die Glasur wird dann vom Feuer genommen und so lange kalt gerührt, bis sich oben ein dünnes Häutchen zeigt, worauf sie sogleich ausgegossen, eine Minute lauwarm getrocknet und sodann kalt gestellt wird. Sie muß sich durch eine fein glänzende rothbraune Farbe auszeichnen, dabei trocken und spiegelglatt sein.

78. Abschnitt. 7. Abtheilung.

Von der Bereitung verschiedener Teige, woraus der größte Theil der verschiedenen Torten und kleinen Backwerke besteht oder zusammengesetzt wird.

1966. Mürber Teig zu den verschiedenen Obstkuchen.   Pâte brisé.

Ein Pfund feines Mehl wird durch ein Haarsieb auf den Backtisch geseiht, daraus ein Häufchen und in dessen Mitte eine Grube gemacht; in diese kommen zwanzig Loth kalte, gebröckelte, sehr frische Butter, sechs Eidotter, eine Obertasse voll kaltes Wasser, ein Eßlöffel voll gestoßener Zucker und eine Messerspitze voll Salz. Der Teig wird nun leicht zusammengemacht, mit den Ballen der Hände zweimal durchgerieben, in ein Tuch eingeschlagen, im Sommer auf's Eis und im Winter eine halbe Stunde kalt gelegt.

1967. Mürber Teig auf eine andere Art, auch Bröselteig genannt.
Pâte brisé d'une autre manière.

Derselbe besteht aus einem Pfunde feinem trockenen Mehl, vierundzwanzig Loth Butter, acht Eidottern, einem Kaffeelöffel gestoßenem Zimmt, vier Loth gestoßenem Zucker und einer Messerspitze voll Salz. Er wird dem vorhergehenden gleich zusammengearbeitet, in ein Tuch eingeschlagen, worauf man ihn bis zum Gebrauche eine Stunde ruhen läßt.

1968. Mürber Zuckerteig, feiner Bröselteig.   Pâte brisé au sucre.

Diese Masse besteht aus einem Pfunde Mehl, sechzehn Loth Zucker, vier ganzen Eiern, achtzehn Loth frischer Butter, etwas wenig Salz, einem Kaffeelöffel voll gestoßenem Zimmt und dem abgeriebenen Gelben einer Zitrone. Alles wird zusammen auf den Backtisch gethan, leicht durcheinander gemacht, mit den Händen einmal durchgerieben, der Teig in ein Tuch eingeschlagen und bis zum Gebrauche kalt gelegt.

1969. Linzertortenteig.   Pâte brisé aux amandes à l'Allemande.

Ein Pfund ausgesuchte Mandeln werden fein gestoßen, durch ein grobes Drahtsieb geseiht und auf den Backtisch mit achtundzwanzig Loth feinem Mehl, einem Pfunde frischer Butter, einem Pfunde gestoßenen Zuckers, sechs ganzen Eiern, einem Eßlöffel voll gestoßenem Zimmt, einer Messerspitze voll Nelken, ebenso viel Cardamomen oder Muskatblüthe, dem abgeriebenen Gelben einer Zitrone und ein Körnchen Salz gethan. Alles dies wird zusammen zu einem Teig angewirkt und bis zum Gebrauche auf's Eis gestellt.

1970. Butterteig, Blätterteig.   Feuilletage.

Man wasche ein Pfund sehr frische, feste Butter in kaltem Wasser gut aus, forme daraus eine runde, fingerdicke Scheibe und lege diese im

Sommer in kaltes Wasser, mit einem Stücke rein abgewaschenen Eises. Unterdessen wiegt man ein Pfund von feinstem Auszug, auch Blumen- oder Königsmehl genannt, und siebt dieses durch ein Haarsieb auf den Backtisch oder besser noch über einen Marmorstein, macht in demselben eine Grube, gibt eine Messerspitze voll Salz, zwei Loth Butter, ein Ei und ein Quart frisches Wasser hinein und wirkt es zusammen zu einem Teig, den man noch einige Minuten recht zart und fein abknetet. Dieser Teig darf nicht zu weich auch nicht zu fest sein, sondern er muß dieselbe Consistenz wie die Butter selbst haben, wo man sich sowohl im Winter wie im Sommer genau darnach zu richten hat. Hierauf wird derselbe genau mit einem Tuch zugedeckt und eine viertel Stunde stehen gelassen. Nach dieser Zeit wird die Butter herausgenommen und zwischen einer reinen Serviette fest abgetrocknet; der Teig wird zu einer nochmal so großen Scheibe als die Butter ausgerollt, die Butter in deren Mitte gelegt, leicht angedrückt und der Teig von allen Seiten gleichmäßig darüber geschlagen, so daß dieselbe genau eingehüllt ist. Hierauf bestäubt man den Backtisch leicht mit Mehl, rollt den Teig behutsam zu einer zwei Schuh langen und einer einen Schuh breiten Scheibe aus, kehrt auf der Oberfläche mit einem feinen Handbesen das Mehl ab und schlägt denselben gleichmäßig einmal zusammen, welches man im technischen Ausdruck die erste einfache Tour nennt; derselbe wird nun zwischen zwei Plafonds in Papier einge- legt und auf Eis oder in Ermangelung desselben in den Keller gestellt. Nach zehn Minuten des Ruhens wird der Teig wieder über den Backtisch gelegt und der entgegengesetzten Lage nach ebenso ausgerollt, wieder gleich- mäßig einfach zusammengelegt und wieder auf's Eis gestellt, welches man die zweite Tour nennt. Nach einem viertelstündigen Ruhen wird derselbe wieder der entgegengelegten Lage nach ebenso lang und breit ausgerollt, einfach bis beide Enden aneinanderstehen, zusammengelegt, genau abgekehrt und nochmals überschlagen, so daß er vierfach zusammengelegt ist, welches man die doppelte Tour nennt. Dieses Verfahren wird jedesmal nach einem Zwischenraum von acht Minuten noch zweimal wiederholt, so daß der Teig zwei einfache und drei doppelte Touren erhält. Der Butterteig muß hierauf noch einige Zeit, damit er wieder anzieht, kalt gestellt und dann erst verbraucht werden.

Es muß nochmals bemerkt werden, daß sowohl das Mehl wie die Butter von bester Qualität gewählt und beim Ausrollen ganz wenig Mehl angestäubt werde, damit er seine Durchsichtigkeit, die den Butterteig so schön macht, nicht verliert. Aller Blätterteig muß bei starker Hitze ge- backen und mit Ei bestrichen sein.

1971. Gerührter Mandelteig, Mandelmasse. Pâte aux amandes.

Man wiegt ein Pfund ausgesuchte gute Mandeln, brüht dieselben mit kochendem Wasser, zieht sie ab und reibt sie mit acht ganzen Eiern recht fein. Dieselben werden nun in eine Schüssel gethan, ein Pfund feiner Zucker dazu gewogen und zusammen gut verrührt; hierauf werden zweiunddreißig Eidotter nach und nach dazu geschlagen und zusammen eine halbe Stunde recht schaumig gerührt. Ist dies erfolgt, so wird das Weiße von vierundzwanzig Eiern zu einem sehr festen Schnee geschlagen und dieser mit sechs Loth feinem, gesiebten Mehl langsam unter die Masse gezogen. Die Anwendung derselben wird später genau bezeichnet werden.

1972. Bisquit=Masse zu Kuchen, Torten.   Pâte à biscuit pour les divers gateaux.

Ein Pfund feiner Zucker wird in einer irdenen Schüssel mit zweiund= dreißig Eidottern, dem auf Zucker abgeriebenen Gelben einer Zitrone, eine halbe Stunde gut gerührt, wobei bemerkt werden muß, daß die Eier nach und nach dazu geschlagen und jedesmal gut verrührt werden müssen, so zwar, daß diese Masse durch das Rühren um das Zweifache zunimmt, dabei schaumig und dickfließend wird und ein weißgelbes Ansehen erhält. Ist dies erreicht, so wird das Eiweiß zu einem sehr steifen Schnee ge= schlagen und mit einem Pfund feinsten Mehls langsam unter die Masse gezogen. — Beide Massen können auch von einem halben und einem viertel Pfund Zucker bereitet werden.

1973. Genueser Teig.   Pâte à la Genoise.

Man klärt ein Pfund sehr frische Butter, seiht diese durch ein Haar= siebchen in eine andere Casserolle und stellt sie lauwarm. Ferner wird ein Pfund feingestoßener Zucker mit dem abgeriebenen Gelben einer Zitrone untermengt, acht ganze und acht Eidotter nach und nach dazu geschlagen und eine halbe Stunde recht schaumig gerührt; ist dies erreicht, so wird ein Pfund feines gesiebtes Mehl dazu gegeben und mit der geklärten warmen Butter, die nach und nach dazu gegossen wird, genau unter die Masse gerührt, daß daraus ein zarter feiner Teig entsteht, unter welchen noch der festgeschlagene Schnee von zwölf Eierklar langsam gerührt wird.

1974. Portugieser Masse.   Pâte à la Portugaise.

Diese Masse ist zusammengesetzt aus einem Pfund Butter, zwanzig Loth Mehl, vierundzwanzig Loth Zucker, sechzehn Eiern, acht Loth fein geriebenen Mandeln und einem Eßlöffel voll Zitronen=Zucker. Die Be= reitung ist folgende: Die Butter wird eine halbe Stunde lang sehr schaumig gerührt, sodann kömmt der Zitronen=Zucker dazu, die Mandeln werden fein gerieben, mit dem Zucker untermengt und mit den sechzehn Eidottern schaumig gerührt; hierauf werden diese zu der Butter gethan, genau unter= einander gerührt und zuletzt der festgeschlagene Schnee von sechzehn Eiern mit dem Mehl langsam untermengt.

1975. Portugieser Masse anderer Art.   Pâte la Portugaise d'une autre manière.

Diese besteht aus einem Pfund Zucker, vierundzwanzig Loth Mehl, sechzehn Loth Butter, vierundzwanzig Eiern, acht Loth Corinthen, acht

Loth Sultaninen, vier Loth eingemachten Orangenschalen, vier Loth Zi=
tronat, einem Kaffeelöffel voll Zimmt, einer Messerspitze voll Nelken, dem
abgeriebenen Gelben einer Zitrone und einem Weingläschen voll Rum.
Dieselbe wird ganz wie die vorhergehenden zusammengesetzt; die Butter
wird schaumig gerührt und zwölf Eidotter nach und nach dazu gerührt;
ebenso wird der feingestoßene Zucker mit den andern zwölf Eidottern gerührt
und wenn beide Theile recht schaumig gerührt sind, werden sie zusammen=
gethan und mit den gut gereinigten Rosinen, den kleinwürfelich geschnittenen
Zitronat= und Orangenschalen, dem Gewürz untermengt und zuletzt mit
dem Mehl, Rum und dem festgeschlagenen Schnee von dem Weißen von
vierundzwanzig Eiern leicht untermengt.

1976. Englische Masse, Plumpkäke. Plumpkaeke.

Diese Masse ist zusammengesetzt aus einem Pfund Butter, einem
Pfund Mehl, vierundzwanzig Loth Zucker, vierzehn Eiern, vierundzwanzig
Loth kleinen Rosinen, vierundzwanzig Loth Sultaninen, vier Loth einge=
machten Orangenschalen, vier Loth Zitronat, einem Eßlöffel voll Zitronen=
Zucker und einem Gläschen Rum. Die fernere Zubereitung hat sie ganz
mit der vorhergehenden Portugiefer Masse gemein.

1977. Sandmasse. Pâte sablense.

Ein Pfund Zucker wird mit achtzehn Eidottern schaumig gerührt, das
Gelbe einer Zitrone, eine Messerspitze gestoßener Zimmt und Muskatblüthe
dazu gethan. Dann wird ein halbes Pfund geklärte frische Butter in
einer Schüssel gerührt und wenn sie schaumig ist, zu der Masse gegeben;
das Weiße von vierzehn Eiern wird zu einem festen Schnee geschlagen
und dieser mit acht Loth Kartoffelmehl, sowie acht Loth feinem Mehl zu=
gleich unter die Masse gemengt.

1978. Haselnußmasse. Pâte aux noisettes.

Man reibt sechzehn Loth ausgelöste und geröstete Hasel= oder Bartnuß=
Kerne mit vier ganzen Eiern sehr fein, gibt dieses in eine Schüssel, mengt
ebenso viel fein gestoßenen Zucker darunter und rührt dies mit achtzehn
Eidottern, welche nach und nach dazu geschlagen werden, eine halbe
Stunde recht schaumig; sodann wird das Weiße von zwölf Eiern zu
einem festen Schnee geschlagen und dieser nebst vier Loth Mehl langsam
unter die Masse gezogen.

1979. Wiener Chokoladenmasse. Pâte au chocolat à la Viennaise.

Man rührt acht Loth sehr frische Butter mit ebenso viel fein ge=
stoßenem Zucker und zwölf Eidottern recht schaumig, sodann werden acht
Loth sehr feingeriebene Mandeln mit acht Loth aufgelöster Vanille=Chokolade
gut verrührt und nach und nach genau unter die Masse gerührt, unter
die zuletzt der sehr fest geschlagene Schnee von den zwölf Eiern mit zwei
Loth Mehl langsam gezogen wird.

1980. Piſtazienmaſſe. Pâte aux pistaches.

Zwölf Loth abgezogene, recht grüne Piſtazien werden mit vier Loth abgezogenen Mandeln und vier ganzen Eiern fein gerieben, dann in eine irdene Schüſſel gethan, mit achtzehn Loth Zucker untermengt und mit ſechzehn Eidottern, die nach und nach dazu geſchlagen werden, eine halbe Stunde recht ſchaumig gerührt. Hierauf wird das Weiße von zehn Eiern zum feſten Schnee geſchlagen und mit vier Loth feinſtem Mehl langſam unter die Maſſe gezogen.

1981. Meringuemaſſe. Méringue.

Das Weiße von zehn Eiern wird zu einem ſehr feſten Schnee geſchlagen, ein Pfund Staubzucker nach und nach ſehr langſam, daß die Maſſe ſteif bleibt, darunter gezogen und, wie ſpäterhin bezeichnet wird, angewendet.

1982. Orangenmaſſe. Pâte à l'orange.

Ein halbes Pfund Mandeln wird mit drei ganzen Eiern ſehr fein gerieben. Ebenſo wird das Gelbe von vier Orangen mit einem ſcharfen Meſſerchen ſehr fein abgeſchnitten und mit einem halben Pfund geſtoßenem Zucker fein gewiegt. Die Mandeln und die Orangen werden in eine irdene Schüſſel gethan, gut untereinander gemacht und dann mit dem Gelben von achtzehn bis zwanzig Eiern ſehr ſchaumig gerührt (geſchlagen). Das Weiße der Eier wird zu einem ſteifen Schnee geſchlagen und langſam mit zwölf Loth Kartoffelmehl nebſt dem vorher ausgepreßten Orangenſafte unter die Maſſe gezogen.

1983. Harter Zuckerteig. Pâte d'office.

Zwei Pfund Mehl, ein und ein viertel Pfund geſtoßener, durch ein Seidenſieb geſiebter Zucker, das Weiße von zehn bis zwölf Eiern nebſt drei Loth Butter werden zu einem feſten Teig geknetet und dann derſelbe, in ein Tuch eingeſchlagen, an einen kühlen Ort gelegt. Dieſer Teig dient zu den verſchiedenen Unterſätzen der eßbaren Aufſätze aller Art. Derſelbe hat die Eigenſchaft, jedwede Geſtalt anzunehmen und, ſehr langſam ge= backen, ſich nicht zu verziehen.

1984. Tragant=Kitt. Colle pâtisserie.

Zwei Eßlöffel voll mit Waſſer aufgelöſter Tragant wird mit drei Eß= löffeln voll feingeſtoßenem Zucker und vier Eßlöffeln voll Stärkmehl in dem Reibſtein genau verrieben und dann in einem Glas, feſt mit Papier zugebunden, aufbewahrt. Derſelbe dient ſtatt des Leims zum Befeſtigen unſerer Aufſätze und erhält nach langſamem Trocknen eine erſtaunliche Feſte und Härte.

1985. Mandel=Teig. Pâte d'amandes.

Zwei Pfund Mandeln werden über Nacht in friſchem Waſſer geweicht und des andern Tages durch leichtes Preſſen zwiſchen den Fingern abge= zogen, dann nach öfterm Abwaſchen, damit ſie recht weiß werden, in kleinen Parthien mit etwas kaltem Wasser sehr fein gerieben, wo man von Zeit zu Zeit immer etwas Zitronensaft dazu preßt. Sodann werden sie in einen Tragéekessel gethan und mit einem Pfund ganz feingestoßenem Raffinade=Zucker über sehr schwachem Kohlenfeuer, bis sich die Masse von dem Kessel und dem Löffel löst, recht behutsam, damit sie sich ja nicht anlegt, abgeröstet. Hierauf wird dieselbe in einen sehr reinen Marmor=Mörser gethan und nach einigem Auskühlen werden während des Stoßens zwei Loth in frischem Wasser aufgelöster und durchgepreßter Gummi=Tragant und noch ein Pfund ganz feiner Zucker beigemischt, so daß daraus ein sehr weißer, feiner Teig entsteht, der jede Form gern annimmt und elastisch zusammenhält.

---

78. Abschnitt. 8. Abtheilung.
Von den Torten. Des Tourtes.

1986. Marasquino=Torte. Tourte au marasquin.

Man bereitet von dem Linzerteig (Nr. 1969) drei messerrückendicke Blätter, welche man auf Backbleche legt, die mit der Messerspitze überall durchstochen und langsam in schöner, lichtbrauner Farbe gebacken, dann jedes derselben auf Papier gelegt und kalt gestellt werden. Unterdessen bereitet man von guten Borsdorfer=Aepfeln ein Pfund dick eingekochte, süße Aepfel=Marmelade, welche mit einer Obertasse voll Marasquino di Zara genau untermengt wird.

Eins der obigen Blätter wird mit der Hälfte der Marmelade gleich=
mäßig überstrichen, ein zweites darüber gelegt, dies mit Marasquino etwas
bespritzt und dann mit dem Reste der Marmelade überstrichen, über diese
wird das dritte Blatt gelegt und dieses wieder mit Marasquino angefeuchtet.
Die Torte wird außen schön egal zugeschnitten, die Oberfläche mit Meringue=
Masse (Nr. 1981) dünn überstrichen und mit derselben Masse in schöner
Zeichnung bespritzt, dann außen herum mit Zitronen=Glace bestrichen, oben
mit Staubzucker bestäubt und zum Trocknen in einen kühlen Backofen
gestellt. Alle Torten werden über ein spitzenartiges Papier auf Torten=
bleche gelegt, diese auf eine Schüssel gestellt und so zu Tisch gegeben.

1987. Punsch=Torte. Tourte au ponche.

Von der Masse Nr. 1973 werden auf zwei Bleche vier gleich große
messerrückendicke Blätter aufgestrichen, welche in einem mittelheißen Ofen
lichtbraun gebacken, noch warm mit einem dünnen Messer losgemacht und
mit einem flachen Casserolle=Deckel abgenommen werden. Wenn sie kalt
geworden sind, werden sie mit guter Aepfel=Marmelade, unter welche etwas
Rum und auf Zucker abgeriebenes Orangengelb gerührt wurde, zusammen=
gesetzt. Die Torte wird außen herum schön zugeschnitten, mit einer Punsch=
Glasur schön überzogen, langsam getrocknet, schön mit eingemachten Früchten
garnirt und gespitzt.

1988. Brüsseler Torte. Tourte à la Bruxelles.

Aus dem vierten Theil der Masse Nr. 1968 wird ein Blatt feder=
kieldick zu zwölf Personen groß ausgerollt, rund geschnitten, in schönster

Farbe lichtbraun gebacken und auf ein Tortenblech gelegt. Von dem vierten Theil der Mandel=Masse Nr. 1971 wird eine zweifingerdicke Scheibe und um einen fingerdick kleiner im Umfange, als die erste, aufgestrichen und ebenfalls langsam lichtbraun ausgebacken, welche man, wenn sie aus dem Ofen kömmt, auf ein großes Haarsieb umgekehrt gelegt, kalt werden läßt. Das erste Blatt wird gut mit Aprikosen=Marmelade bestrichen und das mit kaltem Punsch angefeuchtete Mandel=Bisquitblatt darüber gelegt, welches fingerdick kleiner sein muß als das untere. Ist dies geschehen, so werden von der Meringue=Masse Nr. 1981 durch eine mit einem blechernen Röhrchen versehene Papierspritze Perlen herum gesetzt, welche über das Mandelblatt heraufreichen, diese werden mit rothem Hagelzucker bestreut und das Meringue langsam im Etuve getrocknet. Ist dies erreicht, so wird die Torte oben mit einer Himbeer=Glasur spiegelglatt glasirt und mit weißer Sprit=Glasur gespritzt.

1989. Englische Torte. Tourte à la Callinwood.

Man rollt zu zwölf Personen aus dem Teig Nr. 1967 eine feder= kieldicke Platte aus, legt sie auf einen Bogen Papier, schneidet sie egal rund zu und dressirt aus freier Hand einen zollhohen Rand auf. Der Boden der Torte wird mit Aprikosen=Marmelade bestrichen und über diese mit Dessert=Bisquit flach ausgelegt, über diese werden eingemachte Weichseln, in Stückchen geschnittene, eingemachte Aprikosen gestreut und über diese wieder Bisquit gelegt; das Ganze wird mit vier Loth ganz fein gehacktem Ochsenmark dünn überstreut; außen um den Rand wird ein Papierstreif fest herumgesetzt, genau mit Mehl=Kleister, damit er beim Backen nicht losgeht, zwischen dem Papier befestigt, der Kuchen auf ein Backblech ge= zogen und so bei mittlerer Ofenhitze, bis der äußere Teig halb ausgebacken ist, gebacken. Unterdessen werden sechs Eidotter mit acht Loth Zucker, einer halben Maß Doppelrahm nebst einer Obertasse voll Kirschwasser genau untermengt, und dieser Crème in die Torte, bis sich derselbe eingesaugt hat, gegossen, worauf man sie wieder in den Backofen stellt und vollends ausbacken läßt. Beim Anrichten wird sie behutsam mit einem flachen Deckel vom Papier gehoben, auf ein Tortenblech geschoben und lauwarm ja nicht ganz kalt zu Tisch gegeben.

1990. Herzogin=Torte. Tourte à la duchesse.

Man rollt aus der Teigmasse Nr. 1967 in der Größe für zwölf Personen, vier messerrückendicke ganz gleiche Platten aus, welche man auf Backbleche legt, mit der Gabel überall durchsticht und bei schwacher Ofen= hitze hellgelb ausbäckt. Diese Platten werden nun, wenn sie erkaltet sind, sorgfältig, damit sie nicht zerbrechen, mit Aprikosen=Marmelade und mit Malaga leicht angefeuchtet, übereinander gelegt und aufgerichtet; sodann wird die Torte rein zugeschnitten und mit einer Chokolade=Glasur spiegel= glatt glasirt.

1991. Genueser Torte. Tourte à la Genoise.

Aus der Genueser Masse Nr. 1973 werden vier gleichgroße messerrückendicke Platten auf sehr warm gemachte Backbleche in gleicher Dicke
aufgestrichen, diese langsam bei mittlerer Ofenhitze in schönster Farbe gebacken, warm mit einem dünnen langen Messer vom Blech gelöst und jedes
derselben mit einem flachen Casserolle-Deckel verkehrt auf Papierbögen gelegt.
Wenn diese nun kalt geworden sind, wird ein Blatt mit Johannisbeer-Gelée
überstrichen, das zweite darüber gelegt und dieses mit Aprikosen bestrichen;
sodann kömmt das dritte Blatt, welches mit Himbeer- oder Hagenbutten-
Mark überstrichen wird, und über dieses wird das vierte Blatt gelegt. Die
Torte wird nun rein zugeschnitten, mit einer Glace-Royale überzogen und
wenn diese getrocknet ist, so wird die Torte geschmackvoll mit Früchten belegt.

1992. Russische Torte. Tourte à la Russe.

Man streicht von der Masse Nr. 1972 auf zwei Bögen weißes
Papier für zwölf Personen zwei fingerdicke Platten recht egal auf und
bäckt diese bei schwacher Ofenhitze lichtbraun etwas croquant aus; wenn
diese aus dem Ofen kommen, werden sie verkehrt auf ein kaltes Blech gelegt. Unterdessen wird ein Viertelpfund eingemachte Orangenschalen kleinwürfelicht geschnitten und auf einen Teller gethan. Die beiden Platten
werden nun vom Papier gelöst, jedes derselben mit Weichselsaft getränkt,
eines davon mit feingeschnittenen eingemachten Weichseln gut überstrichen,
über diese die Orangen gestreut, das zweite Blatt darüber gelegt, leicht
angedrückt und die Torte außen herum recht egal rund zugeschnitten. Die

Oberfläche derselben wird nun mit der Meringue = Masse Nr. 1981 ge=
schmackvoll bespritzt, sodann wird durch ein Siebchen darüber Staubzucker
gesiebt und die Torte bis das Meringue croquant und die Spitzen sich
lichtgelb gefärbt haben, in einem schwachen Backofen langsam gebacken.
Wenn die Torte aus dem Ofen kömmt, wird sie außen herum mit Orangen=
Glace bestrichen, oben schön mit Früchten garnirt und so über ein Spitzen=
Papier auf ein Tortenblech gelegt zu Tisch gegeben.

1993. Portugiefer Torte. Tourte à la Portugaise.

Man bereitet hierzu die Masse Nr. 1974, welche auf nachstehende
Weise gebacken und garnirt wird. Hierzu hat man einen zwei Zoll hohen
Reif von weißem Blech; dieser wird innen mit Butter ausgestrichen, über
einen mit Butter bestrichenen Bogen Papier gesetzt und die Masse hinein=
gegeben; hierauf wird die Torte eine Stunde lang in einem schwachheißen
Ofen langsam gebacken und wenn sie oben nur wenig Farbe nimmt, so=
gleich mit Papier gedeckt. Wenn sie nun schön gebacken ist, wird sie aus
dem Ofen genommen und über ein großes Haarsieb, damit sie gleichmäßig
ausdämpfen kann, gelegt. Ist sie nun ganz ausgekühlt, so wird sie auf ein
Tortenblech gelegt und überall mit einer Orangen=Glasur glasirt und wenn
sie wieder trocken geworden ist, so wird sie geschmackvoll mit Früchten
belegt und schön gespritzt.

1994. Orangen=Crême=Torte. Tourte à la crême à l'orange.

Zu dieser Torte werden drei gleich große Blätter (für zwölf Per=
sonen) von der Genueser Masse Nr. 1973 in schönster Farbe gebacken
und zum Erkalten auf Papier gelegt. Unterdessen bereitet man einen
Crême pâtissière (siehe Crêmo pâtissière 76. Abschn. 6 Abth.). Ferner
werden sechs schöne Orangen aus ihrer Schale gelöst, die innere weiße
Haut sorgfältig abgenommen und die Orangen selbst, mit Beseitigung
ihrer Kerne, in feine Scheibchen geschnitten, welche man in eine Schale
legt und mit feinem Zucker überstreut. Sodann wird ein Blatt mit
Aprikosen = Marmelade und über diese von dem Crême gestrichen; über
diesen werden nun die Hälfte der Orangen = Scheibchen gelegt und das
Ganze mit dem zweiten Blatt gedeckt. Ueber dieses wird nun dasselbe
bestrichen mit der Marmelade, dem Crême wiederholt und die zweite Hälfte
der Orangenscheibchen darüber gelegt. Das Ganze schließt die dritte Teig=
platte. Die Torte wird nun sauber zugeschnitten, ganz mit einer Orangen=
Glasur schön überzogen und wenn diese trocken geworden ist, wird sie
schön bespritzt und geschmackvoll mit schönen eingemachten Früchten belegt.

1995. Maltefer Orangen = Torte. Tourte à l'orange à la Malte.

Man bäckt sehr langsam aus der Masse Nr. 1982 zwei gleichgroße
fingerdicke Blätter auf rundgeschnittene, mit einem Rande aufgebogene
Papierscheiben, welche, wenn sie kalt geworden sind, mit Aprikosen=Mar=
melade überstrichen, mit den aus vier Orangen dünn geschnittenen

Schnitzchen belegt und dann zusammengesetzt werden. Die Torte wird außen herum egal, rund, sauber mit einem scharfen Messer zugeschnitten, sodann mit einer Orangen = Glasur überzogen. Wenn sie trocken geworden ist, wird sie über ein Spitzenpapier auf das Tortenblech gelegt und oben mit Orangen=Schnitzen in Bruchzucker getaucht, nebst eingemachten Amarellen und grünen Mandeln schön garnirt.

1996. Sächsische Torte.   Tourte à la Saxonne.

Diese Torte ist zusammengesetzt aus zwei Blättern von der Masse Nr. 1979 und aus einem Blatt Nr. 1982, von welchen das Gelbe in die Mitte kömmt. Diese drei Blätter werden mit Aprikosen = Marmelade und Johannisbeer=Gelée zusammengesetzt, die Torte egal rund zugeschnitten und ganz weiß mit einer Maraschino=Glasur messerrückendick schön glänzend überzogen, sodann geschmackvoll mit eingemachten Früchten garnirt.

1997. Sand=Torte.   Tourte sableuse.

Hierzu wird die Masse Nr. 1977 bereitet, welche wie die Portugieser= Torte in einem Reif ein und eine halbe Stunde sehr langsam gebacken, nach dem Erkalten angerichtet und einfach mit Zucker bestäubt zu Tisch gegeben wird.

1998. Königin = Torte.   Tourte à la reine.

Von einem Pfund Butter wird ein Butterteig wie Nr. 1970 bereitet, aus demselben wird für zwölf Personen eine runde Scheibe viertel Zoll dick ausgerollt, diese rund zugeschnitten und in der Mitte ein, einen Zoll kleinerer Deckel gelegt, um welchen man rundum den Teig durchschneidet, so daß man eine kleinere Platte und einen einen Zoll breiten Rand erhält. Das Butterteig=Blatt wird nun in seiner ersten Größe nur etwas dünner ausgerollt, und über ein Papier auf ein Blech gelegt. Dieses wird hier= auf rundum mit abgeschlagenem Ei bestrichen, der Butterteigrand am Rande darüber gelegt, leicht angedrückt und oben mit Ei bestrichen. Unter= dessen hat man acht Loth Mandeln mit zwei ganzen Eiern sehr fein ge= rieben, welche sodann in einer Schüssel mit acht Loth Butter, acht Loth feinem Zucker untermengt und mit acht Eierdottern eine viertel Stunde gerührt werden. Diese Masse wird sodann in die Butterteig=Torte gegeben, auf dem Boden gleichmäßig dick auseinander gestrichen, die Torte in einen mäßig heißen Backofen gestellt und in schönster Farbe gut ausgebacken. Es ist jedoch zu bemerken, daß die innere Masse halb braun werden wird, welche während des Backens der Torte mit Papier bedeckt werden muß. Ist nun die Torte schön gebacken, der Rand mit Zucker schön glacirt, so wird die innere Mandelmasse mit Aprikosen=Marmelabe überstrichen und diese fingerdick ganz mit Meringue Nr. 1981 überdeckt, glatt gestrichen, mit gerösteten Orangenblüthen überstreut, mit Zucker bestäubt, wiederholt in den Ofen gestellt, bis die obere Masse sich gelblich gefärbt hat und croquant geworden ist. Sie wird lauwarm servirt.

1999. Kronprinz=Torte. Tourte au prince royal.

Es werden für zwölf Personen aus der Mandelmasse Nr. 1971 zwei fingerdicke Blätter lichtbraun und etwas croquant gebacken und bis sie kalt sind, umgekehrt auf ein Blech gelegt. Ebenso wird von der Merinque= Masse Nr. 1981 ein ebenso großes rundes Blatt auf ein mit Butter be=

strichenes Blech aufgestrichen, welches man mit Zucker bestäubt, in einem sehr schwachheißen Ofen croquant durchbackt und dies noch warm vom Blech ablöst. Ist nun das vollendet, so wird ein Mandelblatt gut mit Aprikosen-Marmelade überstrichen, das Meringue-Blatt darüber gelegt und dieses mit einem Malaga - Crême (Crême pâtissière au vin de Malaga) gut überstrichen und über diesen das zweite Mandelblatt gelegt. Die Torte wird in der Runde egal zugeschnitten, schön mit Zitronen - Glasur überzogen und wenn diese getrocknet ist, wird die Torte schön gespritzt, geschmackvoll mit eingemachten Früchten belegt und so in ihrem schönsten Ansehen und Güte zur Tafel gegeben.

2000. Alexander-Torte.   Tourte à l'Alexandre.

Von einem Theil des beschriebenen Linzer - Tortenteiges Nr. 1969 wird für zwölf Personen ein runder Boden ausgerollt, den man über Papier auf ein Blech legt und mit freier Hand einen fingerdicken Rand aufdressirt. Die Torte wird mit eingemachten Amarellen gefüllt, welche von der Meringue - Masse Nr. 1981 messerrückendick glatt überstrichen werden und worüber dann mit derselben Masse ein Gitter gespritzt wird. Das Ganze wird mit fein geschnittenen, recht grünen Pistazien bestreut und in einem sehr abgekühlten Ofen langsam blaßgelb gebacken.

2001. Kaiser-Torte.   Tourte à l'empereur.

Aus der Nußmasse Nr. 1978 werden über zwei Bögen Papier zwei gleichgroße fingerdicke Blätter in schönster Farbe gebacken und zum Kalt= werden umgekehrt auf ein kaltes Blech gelegt. Beide Blätter werden nun von innen dick mit Aprikosen-Marmelade bestrichen, über diese zwölf Loth eingemachte feingeschnittene Ananas - Scheibchen gestreut, das zweite Blatt darüber gelegt, in der Runde die Torte sauber zugeschnitten und dann mit einer Ananas-Conserv-Glasur ganz überzogen. Wenn nun dieselbe wieder getrocknet ist, wird sie geschmackvoll mit verschiedenen eingemachten Früchten garnirt, schön gespritzt und zur Tafel gegeben.

2002. Orlean-Torte.   Tourte à l'Orleans.

Man streicht ein rundes, mit einem zwei Zoll hohen Rande ver= sehenes Tortenblech mit Butter aus und überstreut es mit Mehl. In diese Form wird nun die Hälfte der Bisquit-Masse Nr. 1972 gefüllt und der Kuchen in schöner lichtbrauner Farbe in einem mäßig heißen Ofen gebacken und sodann über ein großes Haarsieb zum Erkalten gestürzt. Dieser Bisquit-Kuchen wird nun federkieldick vom Rande eingeschnitten, ganz ausgehöhlt und dann zum Trocknen in eine warme Stube gestellt. Mit diesem Kuchen hat man von derselben Masse auf Papier ein finger= dickes Bisquit - Blatt gebacken, welches man ebenfalls kalt werden läßt. Dasselbe wird nun, nach der innern Größe des Kuchens zugeschnitten, in einen Plafond gelegt und mit kaltem Glühwein (Burgunder - Wein mit Zucker) getränkt. Die ausgehöhlte Torte selbst aber wird mit Johannis= beer-Gelée ausgestrichen, am Boden mit eingemachten Weichseln bestreut,

das mit Glühwein getränkte Bisquit-Blatt auf einen flachen Deckel umgestürzt, in die Torte eingeschoben und mit einem croquant gebackenen
Merinque-Blatt überdeckt. Die Torte wird nun rein zugeschnitten, mit
Marasquino-Glace überzogen, diese getrocknet und ohne irgend eine Verzierung zu Tisch gegeben.

**2003. Bisquit-Torte mit Malaga-Crême. Tourte de biscuit à la
crême au vin de Malaga.**

Von der Hälfte der Bisquit-Masse Nr. 1972 wird in einem Plafond
für zwölf Personen ein zweifingerdicker Bisquitkuchen in schönster Farbe
gebacken, der dem vorhergehenden gleich ausgehöhlt und zum Trocknen in
ein Etuve gestellt wird. Unterdessen bereitet man folgenden Crême: Es
werden sechzehn Eidotter mit einem Eßlöffel voll Mehl und zwölf Loth
gestoßenem Zucker fein abgerührt, sodann eine halbe Bouteille Malaga dazu
gegossen und über Kohlenfeuer zu einem Crême abgerührt, welcher durch
ein Haartuch gepreßt, kalt gerührt wird. Ferner wird eine halbe Maß
Schlagrahm zu Schnee geschlagen und dieser zum Abtropfen auf ein Sieb
gethan. Die Bisquit-Torte wird ganz mit Aprikosen-Mark ausgestrichen
und mit eingemachten Weichseln bestreut. Der geschlagene Rahm wird nun
unter den Crême gerührt, dieser in die Torte gethan, ganz glatt gestrichen,
oben mit Schlagrahm gespritzt und außen herum kleine Merinque-Baisers gelegt.

2004. Wiener Chokolade-Torte. Tourte au chocolat à la Viennaise.

Aus der Masse Nr. 1979 werden in rund geschnittenen und einen
Zoll hoch aufgebogenen Papier-Scheiben zwei Blätter egal dick aufgestrichen

54 *

und bei schwacher Ofenhitze sehr langsam gebacken. Wenn sie kalt geworden sind, werden sie mit fein geschnittenen eingemachten Weichseln bestrichen, zusammengesetzt und rundum egal zugeschnitten. Diese Torte wird in der Mitte, so daß außen herum ein zweifingerdicker egal breiter Rand bleibt, schön mit Chokolade glacirt, ebenso außen herum mit einer weißen Zitronen- oder Marasquino-Glasur, und nachdem beide trocken geworden sind, wird die Torte geschmackvoll mit schön eingemachten Früchten garnirt.

2005. Mannheimer Zitronen-Torte. Tourte an citron à la Mannheim.

Ein halbes Pfund fein gestoßener Zucker, auf dem man drei Zitronen abgerieben hat, wird fein gestoßen und mit dem Gelben von zehn Eiern eine halbe Stunde gut gerührt; sodann wird von zehn Eierklar ein steifer fester Schnee geschlagen, den man mit dem Safte der Zitronen nebst zwei Loth Mehl langsam unter die schaumig gerührte Masse zieht. Unterdessen hat man ein glattes Tortenblech mit einem zweifingerhohen Raude mit Butter ausgestrichen und ganz mit messerrückendick ausgewalgtem Butterteig Nr. 1970 ausgelegt; die Masse wird nun hineingefüllt, eben gestrichen, außen herum schön mit ausgestochenem Butterteig garnirt, gut mit Zucker bestäubt und in einem mittelheißen Ofen langsam in schönster Farbe gebacken. Ehe man sie zu Tisch gibt, wird sie mit Zucker bestäubt.

2006. Französische Crême-Torte. Tourte à la Frangipane.

Man rührt vier Eßlöffel voll Mehl mit etwas kaltem Rahm fein ab, gibt das Gelbe von acht Eiern, acht Loth Zucker, vier Loth Butter und ein wenig Salz dazu und verdünnt das Ganze mit ein und einem halben Quart gutem süßen Rahm; diese Masse wird hierauf über Kohlenfeuer zu einem dicklichen Crême abgerührt und dann zum Auskühlen kalt gestellt. Hierauf werden acht Loth abgezogene Mandeln sehr fein gerieben, wie auch acht Loth süße Macaronen getrocknet und fein gestoßen; ferner werden zwei Loth in Zucker geröstete frische Orangenblüthen fein gestoßen, gesiebt und mit den Mandeln und Macaronen unter die obige Masse genau gerührt. Sodann wird vom Butterteig eine Torte, wie jene zur Tourte à la Reine, aufgesetzt, in der die obige Masse bis messerdick vom Rande glatt aufgestrichen und das Ganze mit Zucker bestreut wird. Dieselbe wird nun während einer halben Stunde, bis der Teig gut aufgegangen, und die Torte eine schöne hochgelbe Farbe hat, gebacken und dann warm zu Tisch gegeben.

2007. Schwarzbrot-Torte. Tourte an pain bis.

Man schneidet ein Stück schwarzes Brot in dünne Scheibchen, trocknet diese in einer Röhre dunkelbraun, worauf sie gestoßen und gesiebt werden. Sodann werden vierundzwanzig Loth abgeschälte und gelb geröstete Mandeln mit fünf ganzen Eiern fein gerieben, in eine irdene Schüssel gethan und mit einem Pfunde gestoßenem Zucker untermengt; hierauf wird das Gelbe von vierundzwanzig Eiern nach und nach dazu geschlagen und die Masse drei viertel Stunden lang schaumig gerührt. Unterdessen wird ein viertel Pfund eingemachte Orangenschalen, ebenso viel eingemachte Nüsse und acht Loth Zitronat fein gewiegt und mit sechs Loth gestoßenem und mit einem Gläschen Arak angefeuchtetem Schwarzbrot, einem halben Eßlöffel voll ge= stoßenem Zimmt, einer Messerspitze voll Nelken und ebenso viel Carbamomen unter die Masse gerührt. Hierauf wird das Weiße von sechzehn Eiern zu einem steifen Schnee geschlagen, welchen man mit zwei Loth Mehl langsam unter die Masse einrührt. Alsdann wird ein Tortenblech mit Butter aus= gestrichen, mit etwas von dem feingestoßenen Brote ausgestreut, die Masse eingefüllt und drei viertel Stunden in einem sehr mäßig heißen Ofen lang= sam gebacken. Wenn man die Torte aus dem Ofen nimmt, wird sie über ein großes Haarsieb langsam umgestürzt, worauf man sie kalt werden läßt. Dieselbe kann mit jeder beliebigen Glasur schön überzogen und nach Be= lieben auch mit Früchten geziert werden.

2008. Mandelkranz. Tourte aux amandes à l'Allemande.

Von der Linzermasse Nr. 1969 wird ein rundes, federkieldickes Blatt ausgerollt, dieses nach der Größe für zwölf Personen rund geschnitten und über einen Bogen Papier gelegt; am äußern Rande des Bodens wird ein zollhoher Rand aufgesetzt, der aus einem halben Pfunde feinstiftig ge= schnittenen Mandeln mit acht Loth gestoßenem Zucker, zwei Eierklar und vier Loth fein geschnittenem Zitronat untermengt,- besteht; der innere Boden wird mit eingemachten Weichseln bedeckt und der ganze innere Raum mit dem vierten Theile der Mandelmasse Nr. 1971 gefüllt. Außen herum wird ein Papierstreifen befestigt und die Torte eine Stunde lang bei sehr mäßiger Ofenhitze langsam gebacken. Wenn sie kalt ist, wird die Torte mit einer Orangen=Glasur glasirt und nach Belieben mit Früchten garnirt.

2009. Linzertorte. Tourte à la Linzoise.

Von dem Linzerteig Nr. 1969 wird eine federkieldicke Scheibe aus= gerollt, welche auf Papier gelegt und rund geschnitten wird. Dieser Teig= boden wird nun mit eingemachten Weichseln überlegt, außen herum mit Ei bestrichen und von demselben Teig ein Gitter darüber geflochten. Um die Torte wird ein Papierstreifen gemacht, dieser genau befestigt und sodann in einem gelind warmen Ofen drei viertel Stunden langsam gebacken. Ehe man sie zu Tisch gibt, wird die Torte mit Zucker bestäubt. Es ist zu bemerken, daß dieselbe immer einen Tag vorher gebacken werden sollte.

2010. Kärnthner Torte. Tourte à la Kärnthen.

Diese wird auf dieselbe Weise gemacht, nur daß hierzu der Teig Nr. 1968 genommen wird.

2011. Wilhelmsteiner=Torte. Tourte à la Wilhelmstein.

Hierzu wird eine ausgehöhlte Bisquit=Torte wie die zur Torte à l'Orleans gebacken, die man zum Trocknen in ein Etuve stellt. Unter=

dessen wird ein Crême von Vanille bereitet, der auf nachstehende Weise gemacht wird. Vier ganze Eier und sechs Eidotter werden mit acht Loth Zucker verrührt, zwei Quart kalter süßer Rahm, in welchem man eine Stange Vanille ausgekocht hat, dazu gegossen und sodann durchgeseiht. Hierauf wird ein Plafond, der die innere Größe der Torte hat, mit kalter Butter ausgestrichen, der Crême eingegossen und in einen abgekühlten Back= ofen gestellt, bis derselbe gestockt ist, worauf er sodann kalt gesetzt wird. Die Bisquit=Torte wird nun mit frischen Erd= oder Himbeeren, welche mit gestoßenem Zucker untermengt sind, halb angefüllt, der Crême über einen flachen Deckel gestürzt und in die Torte über die Beeren eingeschoben. Ueber das Ganze wird eine ganz dünn gebackene Butterteigscheibe gelegt, die Torte mit Orangen=Glasur überzogen und ohne sie weiter zu garniren zu Tisch gegeben.

2012. Nelson=Torte. Tourte à la Nelson.

Diese sehr feine, gute Torte ist aus viererlei Blättern zusammengesetzt, nämlich aus einem Blatt von einem Theil der Haselnuß=Masse Nr. 1978, aus einem Blatt der Chokolade=Masse Nr. 1979, aus einem Blatt von der Pistazien=Masse Nr. 1980 und aus einem Meringue=Blatt Nr. 1981, welche alle in gleicher Größe und fingerdick auf die schönste Art gebacken und kalt gestellt werden. Das Chokolade=Blatt wird über ein Torten= blech gelegt, mit Aprikosen=Marmelade gut bestrichen, darüber kömmt das Nußblatt, welches aber so gelegt wird, daß die untere Seite nach oben kömmt; dieses wird nun mit Marasquino di Zara leicht angefeuchtet und sodann mit Aepfel=Gelée überstrichen. Ueber dieses kömmt das Pistazien= Blatt ebenso gelegt und mit Ananassaft leicht getränkt, darüber wird Erd= beermark gestrichen und darüber das Meringueblatt als Schluß gelegt, welches mit Zitronen=Glasur ganz dünn überstrichen und mit fein geschnit= tenen Pistazien bestreut wird. Die Torte wird über Spitzenpapier auf ein Tortenblech gelegt und zur Tafel gegeben.

2013. Französische Chokolade=Torte. Tourte au chocolat à la Française.

Ein Pfund Mandeln wird mit vier ganzen Eiern sehr fein gerieben, mit achtundzwanzig Loth gestoßenem Zucker genau untermengt und mit dem Gelben von zwanzig Eiern eine halbe Stunde gut gerührt. Sobann wird der Schnee von sechzehn Eiern sehr steif geschlagen und nebst zwölf Loth fein geriebener Chokolade, einem Eßlöffel voll Vanille = Zucker und zwei Loth Mehl unter die Masse gezogen. Hierauf wird ein rundes, mit einem zwei Zoll hohen Rande versehenes Tortenblech mit Butter ausgestrichen, mit Mehl ausgestäubt, die Masse eingefüllt und eine Stunde in einem schwachheißen Ofen langsam gebacken. Wenn die Torte kalt ist, wird sie mit Chokolade=Glasur überzogen und mit fein geschnittenen Pistazien bestreut.

2014. Kastanien=Torte. Tourte aux marrons.

Man schält achtzehn Stück schöne, gebratene Kastanien, reibt diese, wenn sie kalt sind, auf einem Reibeisen und passirt sie durch ein Draht=

sieb. Sodann werden zwölf Loth frische Butter schaumig gerührt, sechs ganze Eier und vier Eidotter dazu gethan und mit einem viertel Pfund gestoßenen Mandeln, den Kastanien und acht Loth Zucker, etwas gestoßenem Zimmt und dem Gelben einer abgeriebenen Zitrone gut untermengt. Hierauf wird die Hälfte der Masse auf ein mit Butter bestrichenes Blech rund aufgestrichen, eingemachte Weichseln darauf gegeben und die übrige Masse darüber gestrichen. Nachdem die Oberfläche mit Eiern bestrichen, und gut mit Zucker bestreut wurde, wird die Torte bei mäßiger Ofenhitze gebacken.

---

78. Abschnitt.   9. Abtheilung.
Von den frischen Obstkuchen.   Des Flans aux Fruits.

2015. Einfacher Aepfelkuchen.   Flan aux pommes à la bourgeoise.

Vierundzwanzig gute Aepfel werden, jeder in sechs Theile geschnitten, rein geschält und in eine Schüssel gethan. Sodann wird von dem mürben Teig Nr. 1966 eine runde Scheibe ausgerollt, diese auf ein Papier gelegt, rund geschnitten und außen herum ein zollhoher Rand mit freier Hand aufdressirt. Die Aepfel werden nun in den Kuchen dick eingelegt, mit kleinen Stückchen sehr frischer Butter bestreut, und nachdem man außen herum ein Papierband befestigt hat, wird der Kuchen bei guter Hitze in schöner Farbe gebacken. Wenn derselbe aus dem Ofen kömmt, wird er gut mit Zucker und Zimmt bestreut und warm zu Tisch gegeben.

2016. Aepfelkuchen mit Gelée.   Flan aux pommes à la gelée.

Man bereitet von dem Bröselteig Nr. 1967 einen Flan, welchen man lichtbraun, ohne ihn mit Aepfeln zu belegen, ausbäckt. Unterdessen werden vierundzwanzig bis dreißig Borsdorfer Aepfel, jeder in sechs Theile geschnitten, rein geschält und in einem flachen Geschirr mit einem halben Pfund Zucker und dem Saft einer Zitrone langsam weich gekocht, worauf man sie in ihrem Safte kalt werden läßt. Hierauf werden sie auf ein Sieb zum Abtropfen gethan und sodann in den mit Aprikosenmark ausgestrichenen Kuchen in schönster Ordnung eingelegt. Der Aepfelsaft wird nun in eine Casserolle gegossen und mit noch einem Stück Zucker, bis der Saft einen Faden zieht, eingesotten, welcher ganz warm über die Aepfel gegossen und gleich dick darüber gestrichen wird.

2017. Mailänder Aepfelkuchen.   Flan aux pommes à la Milanaise.

Der Kuchen wird vom Linzer-Tortenteig Nr. 1969 bereitet und in schönster Farbe den vorhergehenden gleich ausgebacken. Ebenso werden vierundzwanzig Borsdorfer-Aepfel, jeder in sechs gleiche Theile geschnitten, rein geschält und dann mit sechzehn Loth Zucker, dem Safte einer Zitrone und dem nöthigen Wasser weich, jedoch so, daß sie ganz bleiben, gedünstet. Unterdessen wird ein halbes Pfund Mailänder Reis rein belesen, gewaschen, abblanchirt, mit frischem Wasser abgekühlt und dann mit ein und einer halben Maß süßem Rahm nebst acht Loth Zucker und etwas Vanille-Zucker weich und dick gekocht, welchen man sodann in eine irdene Schüssel schüttet und kalt rührt. Der Kuchen wird nun auf ein Tortenblech gelegt, innen ganz mit Aprikosen-Marmelade ausgestrichen, unter den Reis ein Gläschen Maraquino gegossen, dieser genau verrührt, in die Torte gethan und gleichmäßig auseinander gestrichen. Ueber denselben werden nun die Aepfel-schnitze in schöner Ordnung gelegt, der unterdeß zur Gelée eingekochte Aepfelsaft darüber gestrichen, über diesen der Flan mit eingemachten Amarellen garnirt und, nachdem man über die Oberfläche noch etwas Maraquino geträufelt hat, wird dieser sehr angenehm schmeckende und sehr beliebte Kuchen zu Tisch gegeben.

2018. Portugiesischer Aepfelkuchen. Flan aux pommes à la Portugaise.

Von dem Bröselteig Nr. 1967 wird ein Kuchen für zwölf Personen mit einem zollhohen Rande über einen Bogen Papier aufdressirt. Ferner werden vierundzwanzig Stück Borsdorfer- oder Calville-Aepfel, jeder in vier Theile geschnitten, rein geschält und mit acht Loth Zucker, einer halben Bouteille Malaga-Wein und einem Quart Weichselsaft weich und in ihrem Safte kurz gedünstet. Unterdessen werden zwölf Loth Mandeln fein gerieben und mit acht Loth gestoßenen Macaronen, acht Loth Zucker, vier Loth Orangenschalen, vier Loth Zitronat fein geschnitten, Alles untermengt, mit sechs Loth warmer Butter begossen und mit dem Gelben von zehn Eiern schaumig gerührt. Ist dies geschehen, so wird der Schnee von sechs Eiern darunter gerührt, die Masse in den Kuchen gefüllt, ein Papierstreif herum-gemacht und der Kuchen bei mittelheißer Ofenhitze langsam eine halbe Stunde gebacken. Wenn derselbe nun halb ausgekühlt ist, so werden die Aepfel in schöner Ordnung darüber gelegt, der Saft davon darüber ge-strichen und lauwarm zu Tisch gegeben.

2019. Mannheimer Aepfelkuchen. Flan aux pommes à la Mannheim.

Von dem Bröselteig Nr. 1967 wird für zwölf Personen auf Papier ein Kuchen mit einem zollhohen Rand aufdressirt und um denselben ein Papierstreifen befestigt. Sodann werden vierundzwanzig Borsdorfer-Aepfel, jeder in vier Theile geschnitten, rein geschält, der Kuchen damit ausgefüllt, mit Zucker bestreut und in einem mäßig heißen Ofen zur Hälfte aus-gebacken. Unterdessen werden acht Loth Macaronen fein gestoßen und mit acht Loth Zucker, dem Gelben von sechs Eiern eine viertel Stunde gerührt, sodann ein halbes Quart guter süßer Rahm darunter gerührt und der Crême über die Aepfel gegossen, so daß diese ganz überdeckt sind. Der Kuchen wird wieder in den Backofen gestellt, vollends gut ausgebacken und mit Zucker bestäubt warm zu Tisch gegeben.

2020. Zwetschkenkuchen. Flan aux prunes.

Hierzu wird der Teig Nr. 1966 angewendet, von demselben ein flacher Kuchen für zwölf Personen auf Papier aufdressirt, ein Papierstreifen herum gemacht und ganz voll mit halbirten guten Zwetschken ausgelegt, welche mit Zucker bestäubt werden. Der Kuchen wird sodann bei guter Ofenhitze in schöner Farbe ausgebacken, mit Zucker und Zimmt bestäubt und lauwarm zu Tisch gegeben.

2021. Erdbeerkuchen. Flan aux fraises.

Zwei Maß gute Walderdbeeren werden genau durchsucht, in ein Quart dicken Zucker-Syrup gethan, einmal geschwungen und wo möglich auf's Eis gestellt. Unterdessen wird ein flacher Kuchen von dem Teig Nr. 1967 bereitet, hellbraun gebacken und auf ein Tortenblech geschoben. Kurz vor dem Anrichten werden die Erdbeeren in den Kuchen gefüllt, gleichmäßig auseinander gestrichen und sogleich zu Tisch gegeben.

2022. Himbeerkuchen. Flan aux framboises.

Dieser wird den vorhergehenden gleich bereitet, nur mit dem Unterschied, daß die zwei Maß ausgesuchten Himbeeren mit einem Quart heißem Zucker-Syrup übergossen, sodann in's Eis gestellt und kurz vor dem Anrichten in den Flan gefüllt werden.

2023. Erdbeerkuchen mit Schaum. Flan aux fraises merinquées.

Von dem Bröselteig Nr. 1967 wird ein flacher Kuchen mit einem zollhohen Rande bereitet und lichtbraun gut gebacken. Unterdessen wird das Weiße von fünf Eiern fest geschlagen, sechszehn Loth Zucker untergerührt, zwei Maß ausgesuchte Walderdbeeren langsam darunter gerührt, die Masse in den Kuchen gefüllt, auseinander gestrichen, stark mit Zucker bestäubt und noch acht Minuten in den Ofen gestellt, bis das Ganze eine leichte Kruste gebildet und etwas Farbe angenommen hat.

2024. Erdbeerkuchen mit geschlagenem Rahm. Flan aux fraises à la Crême fouettée.

Dieser Erdbeerkuchen wird ganz dem vorhergehenden gleich bereitet; die Erdbeeren werden kurz vor dem Anrichten in den Kuchen gefüllt und der von einer Maß Rahm geschlagene und auf einem Sieb abgetropfte Rahm-Schnee wird zur Hälfte über den Kuchen recht glatt gestrichen, von der zweiten Hälfte durch eine Papierspritze ein Gitter darüber gespritzt und das Ganze mit Zucker stark bestäubt zu Tisch gegeben.

2025. Johannisbeerkuchen. Flan aux groseilles.

Derselbe wird ganz dem vorhergehenden Erdbeerkuchen gleich bereitet; nur daß hier acht Loth gestoßener Zucker mehr unter den Schnee gerührt werden.

2026. Kuchen mit gemischten Früchten. Flan à la Macedoine de fruits.

Der Kuchen wird ebenfalls aus dem Teige Nr. 1967 aufgesetzt und in schöner Farbe gebacken. Unterdessen wird ein Teller voll Erdbeeren, ein Teller voll Himbeeren, ein Teller voll weiße und ein Teller voll rothe Johannisbeeren rein durchsucht, abgepflückt, zusammen in eine Porzellan-Terrine gethan und mit ein und einem halben Quart heißem Zucker-Syrup übergossen, durcheinander geschwungen und einige Stunden in's Eis gestellt. Kurz vor dem Anrichten wird die Macedoine in den Kuchen gefüllt, egal auseinander gestrichen und zu Tisch gegeben.

2027. Aprikosenkuchen. Flan aux abricots.

Aus der Teigmasse Nr. 1966 wird für zwölf Personen ein flacher, mit einem zollhohen Rande versehener Kuchen aufdressirt, ein Papierband um benselben befestigt und ganz mit halbirten, recht reifen Aprikosen ausgelegt und in einem gut heißen Ofen gebacken; wenn derselbe aus dem Ofen kömmt, wird er stark mit Zucker bestreut und dann kalt zu Tisch gegeben.

2028. Pfirsichkuchen. Flan aux pêches.

2029. Reineclaudenkuchen. Flan aux reineclaudes.

2030. Mirabellenkuchen. Flan aux mirabelles.

Diese drei hier bezeichneten Kuchen werden ganz dem Aprikosenkuchen gleich bereitet, nur ist zu bemerken, daß bei den Pfirsichen die Haut ab-gezogen werden muß.

2031. Traubenkuchen. Flan aux raisins.

Von dem Teige Nr. 1967 wird ein flacher Kuchen ausgerollt, dieser egal rund geschnitten und außen herum ein zollhoher Rand aufdressirt, welcher mit einem Papierband umwunden und mit Kleister befestigt wird. Sodann werden gute Trauben abgepflückt, der Kuchen damit angefüllt, in den heißen Backofen gestellt, halb ausgebacken, mit einem Guß, wie beim Mannheimer Aepfelkuchen übergossen und vollends ausgebacken. Ehe man benselben zu Tisch gibt, wird er nochmals gut mit Zucker bestäubt und lauwarm servirt.

2032. Kirschkuchen. Flan aux cerises.

Es wird von dem Teige Nr. 1967 ein flacher Kuchen für zwölf Personen gemacht, dieser mit ausgekernten Kirschen oder Weichseln ange-füllt, diese stark mit Zucker bestreut und in einem gut heißen Ofen in schönster Farbe gebacken. Ehe man ihn zu Tisch gibt, wird er nochmals mit Zucker bestreut.

2033. Kirschkuchen auf eine andere Art. Gateau de cerises.

Vierundzwanzig Loth Zucker werden mit einem Eßlöffel voll Zimmt, einer Messerspitze voll Nelken und zwölf Eidottern eine halbe Stunde ge-rührt, der Schnee von sechs Eierklar nebst zwölf Loth geriebenem Brote barunter gerührt und zuletzt mit einem Pfund abgepflückten, guten saftigen Kirschen und einem Pfund Weichseln sammt den Steinen barunter melirt, die Masse in eine Kugelhupf-Form, welche mit Butter ausgestrichen und mit geriebenem Brot gut ausgesäet ist, gefüllt und in einem mäßig heißen Ofen ein und eine halbe Stunde in schöner lichtbrauner Farbe gebacken.

---

78. Abschnitt. 10. Abtheilung.
Von den kleinen Früchtenkuchen. Des Tartelettes.

Die kleinen Früchtenkuchen unterliegen genau derselben Bereitung wie die großen Obstkuchen. Dieselben werden wegen ihrer kleinen zum Speisen mehr zusagenden Form auch bei großen Tafeln servirt, und den großen vorgezogen. Diese kleinen Tarteletten werden über zierlich zusammengelegte feine Servietten pyramidenförmig zu zwanzig bis vierundzwanzig Stück angerichtet.

2034. Aprikosen-Tarteletten. Tartelettes aux abricots.

Von dem Bröselteig Nr. 1967 wird eine große, messerrückendicke Teigplatte ausgerollt und daraus mit einem runden Ausstecher · in der Runde eines gewöhnlichen Wasserglases, die nöthige Zahl solcher Scheiben ausgestochen. Diese werden außen herum halb Zoll hoch aufgebogen, so daß sie einen gleichhohen Rand erhalten, welches mit Genauigkeit, damit sie eine schöne Form erhalten, ausgeführt werden muß. Um jedes dieser Tarteletten wird ein Papierband von der gleichen Höhe des Randes gethan und dieses mit Kleister befestigt. Hierauf wird die nöthige Zahl gut reifer, großer Aprikosen, wo man auf jedes Tartelette ein Stück rechnet, von einander getheilt, in jedem zwei Hälften eingelegt, diese gut mit Zucker bestreut, alle über mit Butter bestrichenem Papier auf ein Backblech gelegt und so in einem ziemlich warmen Ofen eine starke viertel Stunde gebacken. Wenn sie aus dem Ofen kommen, wird das Papier abgelöst, nochmals mit Zucker bestreut, und wenn sie kalt geworden sind, wie oben bemerkt wurde, angerichtet.

Auf dieselbe Art werden die

2035. Kleine Obstkuchen von Pfirschen. Tartelettes aux pêches.

2036. Kleine Obstkuchen von Zwetschen. Tartelettes aux prunes.

2037. Kleine Obstkuchen mit Mirabellen. Tartelettes aux mirabelles.

2038. Kleine Obstkuchen mit Aepfeln. Tartelettes aux pommes.

2039. Kleine Obstkuchen von ausgekernten Kirschen. Tartelettes aux cerises égrenées.

bereitet und angerichtet.

2040. Kleine Erdbeerkuchen. Tartelettes aux fraises.

Die nöthige Zahl ebenso bereiteter Tarteletten werden auch von innen mit Papier ausgelegt, dann mit trockenen Erbsen angefüllt und so ausgebacken; wenn sie kalt geworden sind, werden die Erbsen herausgenommen, das Papier abgelöst und mit Erdbeeren gefüllt.

2041. Kleine Erdbeerkuchen auf Königin Art. Tartelettes aux fraises à la reine.

Sie werden den vorhergehenden gleich gebacken, nur mit dem Unterschiede, daß hier ein kaltes Erdbeermark, wozu die Erdbeeren durch ein Sieb passirt und mit Staubzucker verrührt werden, halbvoll eingefüllt wird; oben darüber werden schöne, große Gartenerdbeeren, mit Zucker bestäubt, gelegt.

2042. Kleine Erdbeerkuchen mit Meringuen. Tartelettes aux fraises merinquées.

2043. Kleine Erdbeerkuchen mit Rahmschnee. Tartelettes aux fraises à la crême fouettée.

siehe die Erdbeerkuchen unter gleicher Benennung in der vorigen Abtheilung.

Eine andere Art von Tarteletten sind die nach französischer Methode bereiteten, welche auf folgende Weise gemacht werden. Man streicht die nöthige Zahl kleiner Schüsselchen von weißem Blech, die zwei Zoll im Durchmesser haben und einen Zoll tief getrieben sind, mit Butter aus; sie werden dann mit messerrückendick ausgerolltem Butterteig ausgefüttert, rundum rein zugeschnitten und die Vertiefung mit irgend einer beliebigen, dickeingekochten Marmelade gefüllt; darüber wird aus ganz dünnausgerolltem Butterteig, der in feine Streifchen geschnitten ist, ein zierliches Gitter gelegt und über diesem außen herum ein ganz schmales Rändchen von ausgestochenem Butterteig, welches mit Ei bestrichen über den innern Rand leicht angedrückt wird, gelegt. Das Gitter wird schön mit Ei bestrichen, gut mit Zucker bestreut und diese Tarteletten im heißen Ofen schnell gebacken, welches in der Weise geschehen muß, daß die Marmelade nicht heiß wird, folglich Blasen mache und durch das Gitter bringe, sondern der ohnedies dünngehaltene Butterteig muß sich leicht bräunen, der Zucker schmelzen und so dieselben schön glasiren.

---

78. Abschnitt. 11. Abtheilung.
Von den Crême-Torten. Des Flans à la Crême.

Die Crême-Torten zerfallen wieder in zwei verschiedene Arten, nämlich in auf dem Feuer abgerührte Crêmes, sowohl von Rahm als Wein, und in geschlagene Rahm-Crême-Flans (Crêmes à la Chantilly).

2044. Crême-Torte. Flan à la crême.

Diese Flans werden sowohl von Bröselteig, von Bisquit-Masse, von Macaronen-Masse, von Meringue-Masse, wie auch von Butterteig gebacken, weßhalb hierüber nur der Geschmack des Tischherrn zu bestimmen hat. Man rollt also von dem Teige Nr. 1967 einen flachen Boden aus, den man in der Größe für zwölf Personen rund zuschneidet, über Papier auf ein Backblech legt und außen herum aus freier Hand einen zollhohen Rand aufdressirt, welcher recht egal und gleichmäßig hoch sein muß. Dieser wird außen herum mit einem Papierband umbunden, innen mit ganz mit Butter bestrichenem Papier ausgelegt, mit trockenen Erbsen angefüllt und im mäßigheißen Backofen in schönster Farbe gebacken. Wenn derselbe kalt ist, werden die Erbsen wie auch das Papier herausgenommen und der Flan noch einige Minuten in den Backofen gestellt, damit er auch von innen noch schwach braun werden kann.

2045. Flan von Butterteig bereitet. Flan de Feuilletage.

Der Butterteig Nr. 1969 wird recht kalt auf den Backtisch gelegt, zu einer runden, viertelzoll dicken Platte ausgerollt, ein passendes Torten-blech darüber gelegt und egal rund geschnitten; über diese runde Scheibe wird nun ein um ein Zoll kleineres Tortenblech gelegt und um dieses rundum der Teig durchgeschnitten, so daß man eine kleinere runde Scheibe und einen Kranz erhalten hat. Die Scheibe selbst wird wieder in ihrer frühern Größe ausgerollt, über einen Bogen Papier gelegt und nach der Größe des großen Tortenbleches wieder egal rund zugeschnitten, dann außen herum mit abgeschlagenem Ei bestrichen und darüber der Butter-teig-Kranz recht egal mit dem Boden darüber gelegt, leicht angedrückt, mit Ei bestrichen, mit Zucker bestäubt und so in schönster Farbe und luftig-leichtem Ansehen gut ausgebacken.

2046. Flan von Bisquit-Masse bereitet. Flan de biscuit.

Die Bisquit-Masse Nr. 1972 wird in einem mit Butter ausgestri-chenen und mit Mehl bestäubtem Plafond, der die Größe für zwölf Per-sonen hat, dreiviertelvoll angefüllt, dieser sehr langsam während einer Stunde gebacken, dann über ein großes Haarsieb gestürzt und so kalt werden gelassen, welches, wenn es die Umstände erlauben, immer am Abende vorher geschehen muß. Dieses Bisquit wird ein viertelzollbick vom Rande in der Runde eingeschnitten, ganz ausgehöhlt und zum leichten Trocknen in den Wärmekasten gestellt.

2047. Flan von Macaronen-Masse. Flan aux amandes.

Ein Pfund abgeschälte Mandeln werden mit dem Weißen von vier Eiern sehr fein gerieben, dann in eine Schüssel gethan, mit ein und einem halben Pfund feinem Staubzucker und einem Eßlöffel voll Zitronenzucker untermengt und dann verdünnt, daß die Masse weich und geschmeidig wird. Sodann werden vier Stück oder mehrere Oblaten, je nach der Größe, mit Wasser befeuchtet, zusammengemacht, diese über zwei zusammen-gelegte Bögen Papier gelegt und die Hälfte der Masse federkielbick in der Runde darüber gestrichen; von dem dritten Theil derselben wird ein zollbreiter Kranz ebenfalls auf Oblaten gebacken, der genau die Runde des Bodens hat, und von dem Rest der ganzen Masse werden kleine, runde Macaronen auf Papier dressirt und alles dies zusammen in einem sehr mäßig heißen Ofen mit Vorsicht lichtgelb gebacken. Wenn dies erreicht ist, so wird der Boden in der Runde mit Aprikosen-Marmelade bestrichen, der Kranz darüber gelegt und über diesem, nämlich am innern Rande werden die Macaronen in aufrechtstehender Ordnung in Caramel-Zucker leicht eingetaucht, herumgesetzt. Der Rand selbst aber wird mit Zitronen-Glace bestrichen, geschmackvoll mit Früchten belegt und der später bezeichnete Crême in die Mitte gefüllt.

2048. Flan von Meringue-Masse. Flan de meringues.

Von der Meringue-Masse Nr. 1981 wird auf einem sehr flachen runden Backblech, welches mit Butter bestrichen wurde, eine einen viertel Zoll dicke, runde Scheibe aufgestrichen, ebenso von derselben Masse auf einem zweiten mit Butter bestrichenen zwei gleichrunde, ebenso dicke, zoll-breite Kränze, wovon der eine auf beiden Seiten mit kleinen Perlen be-spritzt worden ist. Dies wird in einen sehr schwach warmen Ofen gestellt und in der Weise gebacken, bis das Ganze gut ausgebacken und glasspröde geworden ist. Der Boden wird über ein Tortenblech gelegt, außen herum mit Aprikosenmark bestrichen, der einfache Kranz darüber gelegt, dieser wieder mit Marmelade bestrichen und darüber der zweite Kranz gelegt. Zwischen die Perlen wird Zitronen-Glace gestrichen und über diese geschmack-voll kleine, eingemachte Früchte gelegt, welches dem Ganzen ein schönes Ansehen gibt. Um weitere Wiederholungen zu vermeiden, bemerke ich, daß aus den hier angegebenen fünferlei zu großen Flans angewendeten Teig-massen ebenso gut alle kleinen Tarteletten bereitet werden können.

2049. Chokolade-Crême-Torte. Flan à la crême au chocolat.

Ein halbes Pfund Vanille-Chokolade wird gerieben, mit zwölf Loth gestoßenem Zucker untermengt, vier ganze Eier und zwölf Eidotter dazu geschlagen, dann mit drei Quart süßem Rahm abgerührt und dann über Kohlenfeuer mit dem Schneebesen, bis der Crême aufstoßen will, abgeschla-gen, derselbe wird sogleich durchgeseiht und warm in den Flan gegossen.

2050. Vanille-Crême-Torte. Flan à la crême de vanille.

Eine Stange Vanille wird in Stückchen geschnitten und mit drei viertel Maß süßem Rahm einige Minuten gekocht. Unterdessen werden vier ganze und zwölf Eidotter mit zwölf Loth Zucker gut abgerührt, der unter-deß ausgekühlte Rahm dazu gegossen und über Kohlenfeuer, bis derselbe aufstoßen will, abgeschlagen, dann heiß geseiht und warm in den Flan gefüllt.

2051. Orange-Crême-Torte. Tourte à la crême d'oranges.

Das Gelbe von zwei Orangen wird auf Zucker leicht abgerieben, abge-schabt, dann mit zwölf Eidottern, vier ganzen Eiern und zwölf Loth Zucker gut abgerührt; dann werden drei viertel Maß süßer Rahm dazu gegossen, dem vorhergehenden gleich abgeschlagen, geseiht und in die Torte gefüllt.

2052. Zitronen-Crême-Torte. Flan à la crême au citron.

Wird ganz dem Orangen-Crême gleich zubereitet.

Auf dieselbe Weise erscheinen diese Crême-Torten noch als:

2053. Crême-Torte mit gebranntem Zucker. Flan à la crême de caramel.

2054. Crême-Torte mit Orangenblüthen. Flan à la crême de fleurs d'orange.

2055. Crême-Torte von Haselnüßen. Flan à la crême de noisettes.

2056. Crême-Torte von gerösteten Mandeln. Flan à la crême aux amandes pralinées.

2057. Crême-Torte mit Parfait d'amour. Flan à la crême au parfait d'amour.

2058. Crême-Torte mit Marasquino. Flan à la crême de marasquin.

2059. Wein-Crême-Torte. Flan à la crême de Malaga.

Ein halbes Pfund gestoßener Zucker wird mit fünf ganzen Eiern und zehn Eidottern gut verrührt, mit einer Bouteille Malaga-Wein genäßt und über dem Feuer zu einem Crême abgeschlagen, der geseiht und in einen beliebigen Flan gegossen wird. Auf dieselbe Art kann jeder beliebige weiße Wein genommen werden, bei dem Rheinwein aber muß man etwas Zitronengelb und Zimmt mit abschlagen.

2060. Rahm-Schnee-Torte mit Erdbeeren. Flan à la crême Chantilly aux fraises.

Zu dieser Art Crême-Torten ist besonders sehr guter Rahm nöthig, der sich ganz schlagen läßt. Ebenso müssen die Früchte völlig reif und im rohen Zustande durchgestrichen und mit Staubzucker angenehm versüßt zu einem Püree verrührt werden. Ihre Bereitung ist folgende: Zwei Maß reife Walderdbeeren werden durch ein Sieb gestrichen, in eine Porzellanschale gethan und mit zwanzig Loth Staubzucker gut verrührt, dann bis zum Gebrauche auf's Eis gestellt. Der unterdeß von einer Maß festgeschlagene und auf einem Sieb abgetropfte Schlagrahm wird bis auf den vierten Theil unter das Erdbeermark gerührt, in den dazu bestimmten Flan gegossen, eben gestrichen und von dem Rest des Schlagrahmes ein Gitter darüber gespritzt. Bei dem Erdbeermark kann etwas Cochenille dazu gegeben werden.

2061. Himbeer-Crême-Torte. Flan à la crême Chantilly aux framboises.

2062. Aprikosen-Crême-Torte. Flan à la crême Chantilly aux abricots.

2063. Pfirsich-Crême-Torte. Flan à la crême Chantilly aux pêches.
2064. Ananas-Crême-Torte. Flan à la crême Chantilly à l'ananas.

Dieselben werden den vorhergehenden gleich zubereitet, mit Ausnahme jener von Ananas, wozu eine gut reife Ananas rein geschält, in Scheiben geschnitten, mit grobem Zucker gestoßen und zu einem Püree durchgestrichen wird.

---

78. Abschnitt. 12. Abtheilung.
Vom Brandteig.   Du Pâte à Choux.

Diese allgemein beliebte Teigmasse verdient besonders unsere Aufmerk-samkeit, denn alle daraus hervorgegangenen Backwerke haben ein so lieb-liches feines Ansehen, daß man einige derselben mit dem Namen à la Reine und à la Duchesse beehrte.

2065. Brandteigkrapfen auf französische Art. Petits choux
à la d'Artois.

Man läßt in einer Casserolle zwei Quart Milch, acht Loth sehr frische Butter, zwei Loth Zucker und eine Messerspitze voll Salz aufkochen, nimmt die Casserolle vom Feuer und rührt sogleich sechzehn Loth seines, gesiebtes Mehl darunter, stellt die Casserolle wieder auf Kohlenfeuer und rührt so lange darin, bis sich der Teig von der Casserolle loslöst. Derselbe wird nun in eine andere Casserolle gethan und nach einigem Auskühlen werden vier ganze Eier und fünf Eidotter darunter gerührt und zuletzt mit dem auf einem Stück Zucker abgeriebenen Gelben einer Zitrone und einem Löffel voll Schlagrahm untermengt. Von dieser Masse werden mit dem Eßlöffel über ein mit Mehl bestäubtes Backblech kleine Kuchen in gleicher Entfernung gesetzt, mit Ei bestrichen und mit Grobzucker bestreut. Sie werden in einem mittelheißen Ofen während eines Zeitraums von zwanzig Minuten langsam gebacken, wo sie noch einmal so groß aufgegangen sein müssen. Wenn sie kalt sind, werden sie an der Seite aufgeschnitten, mit einem Kaffeelöffel voll Marmelade gefüllt und über eine Serviette auf eine Schüssel pyramidenartig angerichtet.

2066. Brandteigkrapfen. Petits choux à la St. Cloud.

In die vorhergehend beschriebene Masse wird Vanille-Geruch beigegeben; sie werden ebenso dressirt und gebacken und wenn sie aus dem Ofen kommen, sogleich angerichtet und warm zu Tisch gegeben.

2067. Herzoginbrötchen. Petits pains à la duchesse.

Man läßt zwei Quart Milch, vier Loth Butter, vier Loth Zucker und etwas Salz aufsieden, schüttet sechzehn Loth gesiebtes Mehl hinein und rührt den Teig über Kohlenfeuer gut ab. Wenn derselbe ausgekühlt ist, werden drei ganze Eier und fünf Eidotter nebst etwas fein geschnittenem Orangengelb dazu gerührt und hiervon auf einem mit Mehl bestäubten Backtisch fingerlange und ebenso dicke Würstchen gelegt, welche mit Ei bestrichen, mit Grobzucker bestreut und langsam lichtbraun gebacken werden. Sie werden den vorhergehenden gleich aufgeschnitten, etwas Aprikosen-Marmelade eingefüllt und über eine Serviette zierlich angerichtet.

2068. Königinbrot mit Pistazien. Petits pains à la reine.

Diese werden den vorhergehenden gleich zubereitet, nach dem Backen mit Aprikosen-Marmelade, unter welche fein geschnittene Pistazien melirt wurden, etwas gefüllt, sodann mit grüner Glace royale oben glasirt, mit rothem Hagelzucker bestreut und schön angerichtet.

2069. Herzoginbrot mit Chokolade. Pain à la duchesse au chocolat.

Von demselben Brandteig werden runde Kugeln auf's Blech dressirt, sehr langsam gebacken und wenn sie kalt sind, werden sie mit einem Crême pâtissière, mit Chokolade bereitet, gefüllt und mit Chokolade glasirt.

2070. Herzoginbrot mit Corinthen. Petits pains à la duchesse au raisins de Corinthe.

Diese werden in langer Form von demselben Teig dressirt und croquant gebacken; wenn sie kalt geworden sind, werden sie an der Seite aufgeschnitten, mit Aepfel-Gelée gefüllt, in Caramel-Zucker getaucht, mit gut gereinigten kleinen, schwarzen Corinthen bestreut und schön erhaben angerichtet.

2071. Brandteig-Ringe.   Gimblettes aux amandes grillées.

Von demselben Brandteige werden kleine eigroße Häufchen auf ein Blech, aber etwas weiter auseinander gesetzt, sodann taucht man ein rundes Hölzchen in geschlagene Eier, drückt dieses mitten in die Häufchen und schiebt den Teig zu kleinen egalen Ringchen auseinander. Diese werden mit Ei bestrichen, mit grobem Hagelzucker und grob geschnittenen Mandeln untermengt, bestreut und langsam in schöner Farbe gebacken. Wenn sie kalt sind, werden jedesmal zwei, auf der innern Seite mit Marmelade bestrichen, zusammengesetzt und erhaben zierlich angerichtet.

Diese Gimblettes können auch mit weißer Glace royale bestrichen, mit Pistazien grün und mit gefärbten Mandeln roth bestreut werden.

2072. Brandteig-Krapfen mit Käse.   Ramequins.

Eine halbe Maß Rahm läßt man mit vier Loth Butter aufkochen, schüttet sodann zwölf Loth feines, gesiebtes Mehl hinein und rührt dasselbe auf Kohlenfeuer zu einem feinen zarten Teig ab. Derselbe wird nun nochmals mit vier Loth Butter und sechs Loth fein geriebenem Parmesankäs gut verarbeitet und nach und nach mit vier ganzen Eiern, einem Kaffeelöffel Salz, ebenso viel Zucker, etwas weißem Pfeffer und acht Loth klein würfelich geschnittenem Emmenthaler- oder Schweizerkäs unter die Masse gemengt, sodann in kleine Häufchen, in der Größe eines kleinen Hühnereies, über ein Blech in gleicher Entfernung gesetzt und in einem mittelheißen Ofen dem vorhergehenden gleich gebacken. Sie müssen, aus dem Ofen genommen, sogleich angerichtet und warm zu Tisch gegeben werden.

2073. Gebrühte Kuchen.   Echaudés.

Ein Pfund feinstes gesiebtes Mehl wird über die Tafel zu einer Grube auseinander gestrichen, in die Vertiefung derselben acht Loth sehr frische Butter gethan, sieben ganze Eier hineingeschlagen, mit einer starken Messerspitze voll Salz und einem halben Eßlöffel voll Zucker gewürzt und sodann zu einem Teige angemacht; dieser wird so lange geknetet, mit dem Ballen der rechten Hand fein gestrichen, wieder stückweise abgerissen und gut über sich selbst geschlagen, bis derselbe fein glänzend sich ziehend und elastisch wird. Sobald wird derselbe an einen andern mit Mehl bestäubten Ort gethan, mit Mehl bestäubt, mit einer Serviette bedeckt und kalt gestellt. Nach einigen Stunden des Ruhens setzt man eine große Casserolle voll Wasser auf's Feuer, verarbeitet, während dieses warm wird, den Teig, macht baumenstarke Rollen daraus und theilt ihn in ebenso breite Stückchen, die man mit der geschnittenen Seite über ein mit Mehl bestäubtes Brett stellt, etwas leicht ausdrückt und endlich in's kochend heiße Wasser legt, worin man sie leicht bewegt, bis sie in die Höhe steigen. Sobald dies erreicht ist, werden sie aus dem heißen Wasser in eine große Schüssel, mit kaltem Wasser bis zur Hälfte angefüllt, gelegt und dann gegen vier Stunden liegen gelassen. Nach Verlauf dieser Zeit werden sie endlich über Blech zweifingerbreit auseinander gelegt und in einem ziemlich warmen Ofen gebacken.

Während des Backens soll der Ofen nicht oft geöffnet werden, indem dadurch die Wirkung der Hitze unterbrochen würde. Dieses Gebäck muß außerordentlich leicht und im Verhältniß auf seine erste Größe sehr groß aufgehen.

---

78. Abschnitt. 13. Abtheilung.

Vom Butterteig. Du Feuilletage.

Die Bereitung des Butterteiges ist im Anfange dieses Abschnittes und zwar bei den verschiedenen Teigarten Nr. 1970 genau beschrieben und ich weise deßhalb auf diese Nr. zurück.

2074. Butterteig=Pastete. Vol au vent.

Der fünfmal zusammen geschlagene oder mit fünf Touren verfertigte Butterteig wird noch einmal zusammen geschlagen, so daß derselbe in zehnfachen Blättern übereinander liegt. Er wird nun stark fingerdick ausgerollt, auf boppeltes Papier gelegt und ein flacher Speiseteller in der Mitte darauf gethan, um welchen mit einem kleinen scharfen Messer der Teig ringsum durchschnitten wird; der Teller wird hierauf abgenommen und die Oberfläche mit einem Ei, welches mit etwas Salz und Zucker abgeschlagen ist, mittelst eines feinen Haarpinsels in der Art überstrichen, daß auch nicht das geringste über den Rand abläuft; sobann wird, einen Zoll breit vom Rande, der Butterteig messerrückentief im Kranze eingeschnitten, welcher Schnitt den Deckel bildet. Der Deckel selbst aber wird mit der Rückseite der Messerspitze sternartig bezeichnet, wie auch am Rande selbst auf eben diese Weise kleine Verzierungen eingezeichnet. Die Butter=Pastete wird nun über ein dickes rundes Backblech gestellt und in einem mittelheißen Ofen beinahe eine Stunde gebacken, wo man sie, wenn die Oberfläche etwas Farbe annimmt, ohne sie aus dem Backofen zu nehmen, mit Papier decken muß. Wenn diese Pastete eine starke Hand hoch aufgelaufen, gut ausgebacken ist und eine schöne lichtbraune Farbe hat, so wird sie aus dem Ofen genommen, der Deckel behutsam abgenommen und der innere fette Teig mit einem Eßlöffel vorsichtig, daß kein Loch in dieselbe kömmt, herausgenommen.

Es wäre sehr zu wünschen, daß das Backen dieser Pastete genau nach der Tafelstunde berechnet wäre, damit sie nicht zu lange stehen darf, denn durch das Wiedererwärmen derselben verliert sie sehr an ihrem Geschmack.

Da bereits mehrmals, besonders bei den Entrees, von dieser Butterteig-Pastete gesagt und darauf hingewiesen wurde, ist es auch hier nöthig zu bemerken, daß dieselbe nicht nur allein bestimmt ist, die verschiedensten Ragouts in sich aufzunehmen, sondern sie dient auch dazu, geschlagenen Rahm-Schnee mit einer Sultane (Haube von gesponnenem Zucker) über-deckt, hinein zu geben, wo sie dann aber mit feinem Zucker bestäubt, schön glasirt sein muß.

Diese Pastete muß, wenn sie vollkommen gelungen ist, sich durch schöne natürliche Form und feinblätterig durchsichtiges Ansehen empfehlen.

2075. Kleine Butterteig-Pastetchen. Petits vols au vent.

Aus dem fünfmal zusammengeschlagenen Butterteige werden kleine Pastetchen gebacken, welche aber etwas mehr Ofenhitze fordern, indem binnen fünf bis sieben Minuten die dreifingerhoch bestrichene Oberfläche rothgelb und das Pastetchen selbst blaßgelb gebacken sein soll. Sie sind bestimmt, wie im Abschnitt bei den warmen hors d'oeuvres mehrmals bemerkt wurde, alle feinen Ragouts, nämlich die verschiedensten Salpicons, alle Sorten Hachis, alle kleinen Ragouts von geblättertem Fleische, Eminces, Austern u. dgl. in sich aufzunehmen, ebenso erscheinen sie als:

2076. Kleine Butterteig-Pastetchen mit geschlagenem Rahm. Petits vols au vent à la Chantilly.

2077. Kleine Butterteig-Pastetchen mit Erdbeeren. Petits vols au vent aux fraises.

2078. Kleine Butterteig-Pastetchen mit Aepfel-Sulz. Petits vols au vent à la gelée de pommes.

2079. Kleine Butterteig-Pastetchen mit Johannisbeer-Gelee. Petits vols au vent à la gelée de grosseilles.

2080. Kleine Butterteig-Pastetchen mit Marasquins-Crême. Petits vols au vent à la crême au marasquin.

2081. Kleine Butterteig-Pastetchen mit Crême pâtissière. Petits vols au vent à la crême pâtissière.

Alle diese hier angeführten Pastetchen werden aber nicht mit Zucker im Ofen glasirt, sondern es wird jedes einzeln, nämlich das obere roth-braune Rändchen, in weißen Bruchzucker leicht getaucht und entweder mit gehackten grünen Pistazien oder rothem groben Hagelzucker bestreut. Sie werden alle über zierlich zusammengelegte Damast-Servietten gelegt und auf flachen Schüsseln pyramidenartig angerichtet.

2082. Butterteigschnitten mit Aprikosenmark. Canapés à la marmelade d'abricots.

Aus dem viermal zusammengeschlagenen, sehr kalten Butterteig werden federkieldicke, zweifingerbreite und zweifingerlange Schnitten auf ein naß-

gemachtes Blech zollbreit auseinander gelegt, die man, ohne sie zu be=
streichen, im heißen Ofen bäckt. Nach vier Minuten müssen sie aufge=
laufen sein; sodann werden sie stark mit Staubzucker bestäubt und wieder
in den Ofen geschoben, wo man sie so lange stehen läßt, bis der Zucker
geschmolzen und die Schnitten schön glasirt sind. Sie werden sogleich
mit einem dünnen Messer vom Blech abgelöst, die untere Seite mit Apri=
kosenmarmelade, oder Aepfel= und Johannisbeer=Gelée bestrichen und jedes=
mal, zwei zusammengesetzt, schön über eine gebrochene Damast = Serviette
aufgerichtet.

2083. Gestürzte Butterteigkrapfen. Petits gateaux renversés.

Aus einer federkielbick ausgerollten großen Butterteig = Platte werden
mit einem dreifingerbreiten runden Ausstecher Scheiben ausgestochen, diese
oben leicht mit kaltem Wasser bestrichen, auf die Hälfte zusammengebogen,
über ein genäßtes reines Backblech zollbreit auseinander gelegt, leicht mit
Ei bestrichen und im heißen Ofen gebacken. Wenn sie schön aufgelaufen
und von der einen Seite umgestürzt sind, werden sie stark mit Staub=
zucker bestäubt, wieder in den Ofen geschoben und den vorhergehenden gleich
bis der Zucker geschmolzen ist, glasirt. Sie werden vom Blech gelöst,
über jedes ein schmaler Streifen von schöner Johannisbeer= oder Aepfel=
Gelée gelegt und sobann gehäuft angerichtet.

2084. Butterteigrosen mit Grob=Zucker. Petites rosasses au gros sucre.

Es werden aus fünfmal geschlagenem Butterteig, der zu einer feder=
kielbicken Platte ausgerollt ist, drei Zoll große runde Blättchen mit einem
Ausstecher ausgestochen; der im Rest gebliebene Teig wird über einander
gelegt, mit dem Rollholze zusammengeschlagen, sodann ebenfalls zu einer
Platte, aber nur messerrückenbick ausgerollt, aus welcher man mit einem
ein und einen halben Zoll breiten Ausstecher schmale Halbmonde aussticht.
Die runden Blättchen werden nun über ein naßgemachtes, reines Backblech
gelegt, leicht genäßt und über jedes Scheibchen fünf Mondscheinchen in der
Weise gelegt, daß in der Mitte die Spitzen zusammenstoßen und in gleicher
Entfernung vertheilt sind. Die Mondscheinchen werden sodann mit Zucker
gut bestäubt, in gut heißem Ofen schnell gebacken, vom Blech gelöst und
über ein Tortenblech gelegt. Der übrig gebliebene Teig wird dann noch=
mals zusammengeschlagen, messerrückenbick ausgestochen und daraus kleine
Ringchen ausgestochen, welche ebenso gebacken werden. Ist dies geschehen,
so werden die Rosen bildenden Mondscheinchen mit rosa gefärbter Glace
royale schön glasirt, in die Mitte ein Ringchen gelegt, dieses ebenfalls
glasirt, mit grünem Hagelzucker leicht bestreut und zum Trocknen in's
Stuve gestellt. Wenn sie nun trocken geworden sind, werden die leeren
Stellen zwischen den Mondscheinchen und die Mitte der Ringchen mit einem
schönen rothen Aepfel=Gelée reinlich gefüllt und dieses schöne Backwerk ge=
häuft recht geschmackvoll angerichtet.

2085. Liebes-Grübchen.   Petits puits d'amour.

Es wird von viermal geschlagenem Butterteig eine federkielbicke, lang-viereckige Platte ausgerollt, welche in zweifingerbreite und fingerlange Schnitten getheilt und diese über ein genäßtes Blech in gleicher, zollbreiter Entfernung gereiht werden. Der Abfall des Teiges wird nochmals zu einer Platte ausgetrieben und daraus mit einem zollgroßen Ausstecher kleine Ringchen ausgestochen; die Ringchen werden nun mit dem Pinsel leicht genäßt und unten und oben eins über die Schnitten gelegt. Wenn nun alle so beendet sind, werden sie mit Zucker bestäubt und im heißen Ofen schnell gebacken. Nachdem sie kalt geworden, wird ein Grübchen mit weißer Aepfel-, das andere mit Johannisbeer-Gelée reinlich gefüllt und den vorhergehenden gleich zierlich angerichtet.

2086. Kleine gratinirte Kuchen.   Petits gateaux pralinés.

Aus einer federkielbicken, von viermal geschlagenem Butterteig aus-gerollten Teigplatte werden zweifingerbreite und fingerlange Spitzweckchen geschnitten, welche in gleicher zollbreiter Entfernung über ein genäßtes Blech gelegt, stark mit Zucker bestäubt und in vier bis fünf Minuten im heißen Ofen gebacken werden. Sobann werden sie vom Blech gelöst, dünn mit Aprikosen-Marmelade bestrichen, die Hälfte von jedem mit fein ge-hackten grünen Pistazien und die andere Hälfte mit rosa gefärbten Mandeln bestreut. Sie werden gehäuft geschmackvoll angerichtet.

2087. Fanchonetten mit Vanille.   Fanchonettes à la vanille.

Man läßt in zwei Quart Rahm eine in kleine Stückchen zer-schnittene Stange Vanille gut aufkochen und stellt diese zugedeckt bei Seite. Unterdessen werden vier Eidotter, sechs Loth Zucker, zwei Loth Mehl und ein Körnchen Salz in einer Casserolle mit etwas kaltem Rahm gut ver-rührt, der Vanille-Rahm nach und nach dazu gegossen und der Crème bei immerwährendem Rühren auf Kohlenfeuer bis zum Aufkochen abge-rührt, sobann durch ein Haarsieb gestrichen. Hierauf wird aus viermal geschlagenem Butterteig eine messerrückenbicke Platte ausgerollt, aus der-selben mit einem runden Ausstecher dünne Blättchen ausgestochen und mit diesen die mit Butter bestrichenen Tarteletten-Förmchen ausgefüttert. Die Förmchen werden nun mit dem Crème vollgefüllt und in einem mittel-heißen Ofen, bis der äußere Teig eine schöne Farbe hat, langsam gebacken. Sobann wird der Crème mit einer dünnen Merinque-Masse dünn über-strichen und von einer festen Merinque durch eine Papier-Düte ein feines Gitter darüber gespritzt. Wenn nun alle so beendet sind, werden sie mit Zucker bestäubt und in einem ausgekühlten Ofen, bis die Fanchonetten eine lichtgelbe Farbe angenommen haben, gebacken. Sie werden gehäuft angerichtet und warm servirt.

Auf diese Weise werden die nachstehenden Fanchonetten bereitet:

2088. Fanchonetten mit Mandel=Crême. Fanchonettes an lait d'amandes.

2089. Fanchonetten mit Chokolade=Crême. Fanchonettes au chocolat.

2090. Fanchonetten mit Pistazien=Crême. Fanchonettes aux pistaches.

2091. Fanchonetten mit Haselnuß=Crême. Fanchonettes aux avelines.

2092. Fanchonetten mit Aprikosen. Fanchonettes aux abricots.

2093. Mirlitons von Haselnüssen. Mirlitons aux avelines.

Acht Loth abgeröstete Haselnußkerne werden mit etwas Eiklar sehr fein gerieben, in ein Schüsselchen gethan, mit zwölf Loth Zucker, vier ganzen Eiern und einem Körnchen Salz gut verrührt. Sobann werden messerrückendicke Teigböden zwei Zoll rund aus Butterteig ausgestochen und mit diesen ganz kleine blecherne Tarteletten = Förmchen ausgefüttert; diese werden mit der Masse angefüllt, gut mit Zucker bestreut und im mittel= heißen Ofen in schönster Farbe gebacken.

2094. Mirlitons mit Pistazien. Mirlitons aux pistaches.

Acht Loth abgezogene grüne Pistazien werden mit zwei Loth Zebra gestoßen, mit zehn Loth Zucker, vier ganzen Eiern, vier Loth Butter und etwas Salz gut verrührt und den vorhergehenden gleich beendet.

2095. Mirlitons mit Aprikosen. Mirlitons aux abricots.

Die nöthige Aprikosen=Marmelade wird in die mit Butterteig ausge= fütterten Förmchen gefüllt, oben mit feingehackten Mandeln, unter welche grob gestoßener Zucker melirt wurde, bestreut und den vorhergehenden gleich beendet.

2096. Darioles. Darioles.

Es werden achtzehn Stück kleine blecherne Förmchen (Schüsselchen) mit dünn ausgerolltem Butterteig ausgefüttert und mit folgender Masse gefüllt. Zwei Loth feines Mehl werden mit einem ganzen Ei fein abge= rührt, sechs Eidotter, acht Loth Zucker, zwölf Loth gestoßene Macaronen und noch ein ganzes Ei dazu gerührt und in genauere Verbindung ge= bracht. Ist dies geschehen, so werden zehn Förmchen voll guter süßer Rahm und etwas gestoßene Orangenblüthe dazu gegeben, und zusammen nochmals gut verrührt. Hierauf wird in jedes Förmchen ein haselnuß= großes Stückchen sehr frische Butter gelegt, mit dem Crême angefüllt, über ein Blech gestellt, in einen mittelmäßig heißen Ofen gethan und langsam in schönster Farbe gebacken. Sie müssen aus dem Ofen über eine Serviette erhaben gelegt und sogleich zu Tisch gegeben werden.

2097. Darioles mit Kaffee. Darioles au café Mocca.

Man füllt ein kleines Dariole=Förmchen achtzehnmal mit gutem süßen Rahm voll an, gibt denselben in eine Casserolle und läßt ihn aufsieden; in diesen werden sechs Loth lichtbraun gebrannter heißer Mokka=Kaffee ge= schüttet, sogleich zugedeckt und kalt gestellt. Unterdessen werden zwei Loth

Mehl mit einem Ei gut gerührt, sechs Eidotter, acht Loth Zucker, zwölf Loth gestoßene Macaronen, ein Körnchen Salz und noch ein ganzes Ei darunter gemengt und zuletzt der durchgeseihte Kaffee=Rahm dazu gegossen. Diese Masse wird wie die vorhergehende eingefüllt, gut mit Zucker be= stäubt, ebenso gebacken und warm zu Tisch gegeben. Ebenso erscheinen diese Dariolen als:

2098. Dariolen mit Vanille. Darioles à la vanille.

Vier Loth Reismehl, vier Loth sehr frische Butter, acht Loth Zucker und zwei Quart süßer Rahm, in welchen man eine Stange Vanille aus= gekocht hat, werden zusammen genau verrührt und auf Kohlenfeuer zu einem Crême abgerührt. Wenn derselbe halb ausgekühlt ist, werden sechs Eidotter und vier Eßlöffel voll Schlagrahm untergemengt und zuletzt der steif geschlagene Schnee von vier Eiern darunter gerührt. Zu diesen Dariolen werden achtzehn Kruftade=Förmchen mit Butterteig ausgefüttert, die Masse eingefüllt, mit Zucker bestäubt, den vorhergehenden gleich gebacken, erhaben angerichtet und warm servirt.

2099. Talmuses. Talmouses.

Ein Quart süßen Rahm läßt man mit vier Loth Butter aufkochen, und rührt soviel feines gesiebtes Mehl hinein, daß daraus ein zarter feiner Teig entsteht, den man auf Kohlenfeuer fein abarbeitet. Dieser wird nun in eine andere Casserolle umgeleert und mit zwölf Loth fein geriebenem Par= mesankäs, vier Loth Zucker, vier Eßlöffeln voll geschlagenem Rahm und ein wenig Salz gut verrührt, sobann werden drei bis vier Eidotter darunter melirt und der Teig zugedeckt kalt gestellt. Hierauf werden aus messer= rückendick ausgerolltem Butterteige runde, drei Zoll große Blättchen ausge= stochen, welche über ein reines Backblech in zollbreiter Entfernung gelegt werden; in die Mitte eines jeden solchen Blättchens wird nun ein Kaffee= löffel voll von der Masse gelegt, über welche das Blättchen im Dreieck darüber zusammengedrückt wird, so daß die Masse ganz in der Mitte ist. Wenn nun alle auf diese Weise so beendet sind, werden sie mit geschlagenem Ei bestrichen und in mäßiger Hitze in schönster Farbe gebacken. Beim An= richten werden sie mit Zucker bestäubt, gehäuft angerichtet und warm servirt.

2100. Kleine Butterteigkörbchen. Petits panniers au gros sucre.

Hierzu hat man einen ovalen Rippen=Ausstecher von drei Zoll in der Länge und zwei Zoll Breite. Mit diesem werden aus viermal geschlagenem und einen viertel Zoll dick ausgerolltem Butterteige ovale Platten ausge= stochen, die man über einen naß gemachten Plafond reiht, mit Ei bestreicht und mit feinem Zucker bestäubt. Sobann wird mit einem kleinen spitzen scharfen Messer quer an den beiden Enden von einem Ende zum andern und zwar halb fingerbreit vom Rande ein leichter Einschnitt gemacht und messerrückenbreit von diesem noch einer, welcher den Henkel bildet; von diesem Einschnitte des Henkels wird der Schnitt zwei messerrückendick vom Rande auf beiden Seiten fortgeführt. Sie werden sodann in einem mäßig heißen Ofen langsam gebacken. Durch den innern Schnitt entsteht eine Oeffnung, die man leicht niederdrückt. Der Rand und der Henkel wird mit weißer Glace royale bestrichen, mit Hagelzucker bestreut und zum Trocknen warm gestellt. Der innere Raum wird mit Aepfel=Gelée und mit Pistazien bestreut ausgefüllt und sodann zierlich angerichtet.

2101. Butterteigringchen mit Mandeln. Gimblettes aux amandes.

Ein halbes Pfund Mandeln wird abgezogen, getrocknet, kleinen Haußkörnern gleich klein gehackt und mit der Hälfte Hagelzucker untermengt. Hierauf wird aus viermal geschlagenem Butterteige eine große zweimesserrückendicke Platte ausgerollt, aus welcher mit einem zweizollgroßen runden Aussstecher Blättchen ausgestochen werden, welche in der Mitte mit einem kleineren nochmals ausgestochen werden, so daß daraus Kränze entstehen; diese Ringchen werden mit Ei bestrichen, in die Mandeln getaucht und leicht niedergebrückt, damit sie gleichmäßig ankleben. Sobann werden sie über ein genäßtes Blech gelegt, mit Staubzucker bestäubt und im abgekühlten Ofen langsam gebacken.

Auf gleiche Weise kann man aus dem Butterteige fingerlange Schnitten schneiden und ebenso in Mandeln tauchen.

2102. Butterteigringchen mit Eingefattenem. Couronnes de feuilletages aux confitures.

Von fünfmal geschlagenem Butterteige wird eine zweimesserrückendicke Platte ausgestochen, aus welcher man runde, zweizollgroße Blättchen aussticht. Die Hälfte davon wird über ein genäßtes Blech gelegt, die zweite Hälfte derselben aber wird zu Ringchen ausgestochen, mit Ei bestrichen und wie die vorhergehenden in Mandeln und Zucker getaucht und über die naßgemachten Blättchen recht gleichmäßig gelegt. Sie werden sodann mit Zucker bestäubt, langsam gebacken, vom Blech genommen, über ein Tortenblech gelegt und in der Mitte reinlich mit Aepfel= Gelée gefüllt.

Auf dieselbe Art werden auch diese Ringchen, ohne sie in Mandeln zu tauchen, ganz weiß gebacken, das Ringchen mit weißer Glace royale bestrichen und mit grünen gehackten Pistazien besäet; man bestreicht sie auch mit rother Glace royale und bestreut sie mit weißem Hagelzucker. Die Mitte wird immer mit Gelée reichlich gefüllt.

2103. Butterkuchen mit Mandeln. Gateau de Pithivier aux amandes.

Ein halbes Pfund abgeschälte Mandeln werden mit zwei bitteren Mandeln und drei Eiern fein gerieben, mit zwölf Loth Zucker, acht Loth Butter und vier Eidottern zu einem ziemlich festen Teig abgearbeitet, der zwischen zwei Blätter Butterteig auf folgende Weise gefüllt wird: Man rollt ein Blatt von acht Zoll im Durchmesser aus, legt dieses auf ein Papier, gibt die Fülle hinein und streicht diese flach bis fingerdick vom

Rande aus; außen herum wird der Rand mit Ei bestrichen und die zweite Platte von neun Zoll im Durchmesser darüber gelegt. Die Oberfläche wird mit Ei bestrichen und mit der Spitze eines scharfen Messers zierliche Einschnitte gemacht. Das Ganze wird mit feinem Zucker bestäubt und langsam drei viertel Stunden lang gebacken; hierauf wird der Kuchen nochmals mit Zucker bestäubt und mit der glühenden Schaufel schön glasirt.

2104. Aprikosen-Schnitten. Petits gateaux fourrés de marmelade d'abricots.

Man rollt von fünfmal geschlagenem Butterteig eine messerrückendicke Platte Butterteig aus, überstreicht diese mit Aprikosen-Marmelade, den äußern Rand mit Ei und legt eine zweite Platte über die Marmelade, welche mittelst des Rollholzes darüber gerollt wird. Oben wird diese mit Ei bestrichen und gleichmäßige Einschnitte eingemacht, worauf nach dem Backen die Schnitten getheilt werden. Ueber das Ganze wird nun feiner Hagelzucker gestreut und der Kuchen eine halbe Stunde langsam und gut ausgebacken; hierauf wird er vom Blech genommen, nach den Einschnitten in Stücke getheilt und diese schön angerichtet.

2105. Geflochtene Aepfelschnitten. Petits gateaux de pommes à la d'Artois.

Aus fünfmal geschlagenem Butterteig wird eine zweimesserrückendicke Platte ausgerollt, diese mit Aprikosen-Marmelade bestrichen und bindfaden-dünne, sehr gleich gerollte Fäden von demselben Teig darüber gelegt, so daß daraus ein feines Gitter entsteht; dieses wird stark mit Zucker bestäubt und in einem gut heißen Ofen gebacken. Sodann wird der Kuchen vom Blech genommen und, wenn er kalt ist, in beliebige Stücke geschnitten.

2106. Prügelkrapfen. Cannellons.

Man hat zu diesem Gebäcke aus hartem Holze gedrehte Hölzchen von sechs Zoll Länge und einem halben Zoll Dicke. Diese Hölzchen werden mit Butter bestrichen, von fünfmal geschlagenem Butterteig eine messerrückendicke Platte ausgerollt und diese der Länge nach in fingerbreite Streifen (Bändchen) geschnitten. Diese Bändchen werden schneckenartig über die Hölzchen aufgewunden, mit feinem Zucker bestäubt, etwas auseinander über ein naßgemachtes Blech gelegt und langsam gebacken. Wenn sie gut ausgebacken sind, werden sie von den Hölzchen genommen, innen mit einer Marmelade gefüllt und erhaben über eine Serviette auf eine Schüssel angerichtet.

78. Abschnitt. 14. Abtheilung.
Vom Hesenteig. Du Pâte à levure.

2107. Feiner abgetriebener Kugelhupf. Kugelhupf à l'Allemande.

Die Kugelhupfe gehören wie der Baumkuchen den älteren Zeiten an. Der Name Kugelhupf hat zweierlei Bedeutung, indem die erste Sylbe auf die kugelartige Form deutet und die zweite Sylbe das durch die Hefe in die Höhe getriebene Aufgehen bezeichnet.

Die Zubereitung zerfällt in drei Abtheilungen, nämlich:

  Abgetriebene, die feinste Art,
  abgeschlagene, die mittelfeine,
  abgeknetete, die gewöhnlichste.

Der feinabgetriebene Kugelhupf wird folgendermaßen bereitet: Man läßt in einer irdenen, glasirten Schüssel ein Pfund etwas erwärmte, sehr frische Butter zergehen und rührt diese mit einem Kochlöffel eine halbe Stunde recht schaumig, bis dieselbe das doppelte Volumen einnimmt; ist dies erreicht, so werden achtzehn Eidotter, vierundzwanzig Loth lauwarm getrocknetes und gesiebtes Mehl nach und nach, und zwar jedesmal ein Eidotter und ein Kochlöffel voll Mehl eingerührt, dann mit zwei Eßlöffeln voll Zucker und einem Kaffeelöffel voll Salz gewürzt, mit vier bis fünf Eßlöffeln voll guter Hefe verrührt und zuletzt mit dem Schnee von sechs Eiklar langsam untermengt. Diese Masse wird in den mit geklärter, frischer Butter gut ausgestrichenen und mit Mehl ausgestäubten Kugelhupf-Model gefüllt, leicht mit Mehl überstäubt und zugedeckt zum Aufgehen an einen warmen Ort gestellt. Wenn der Teig bis fingerbreit vom Rande aufgegangen, so wird die Form über ein Backblech gestellt und in einem mäßig heißen Ofen eine Stunde langsam in schönster Farbe gebacken. Während des Backens darf die Form nicht hin und her geschoben werden, sondern sie muß ruhig stehen bleiben, damit der Kugelhupf keine hohlen Stellen bekömmt. Ist derselbe in schönster, lichtbrauner Farbe gebacken, so wird er aus dem Ofen genommen, langsam über ein Sieb gestürzt und so lange er noch heiß ist, stark mit Vanille-Zucker bestäubt, so daß derselbe eine Kruste bildet, welches ihm einen sehr angenehmen Geschmack gibt.

2108. Feines Butterlaibl (Kugelhupf). Kugelhupf à l'Allemande.

Ein halbes Pfund sehr frische Butter wird eine halbe Stunde sehr schaumig gerührt, dann werden (im Winter) zwanzig Eier in lauwarmes Wasser gelegt und diese nach und nach mit zwanzig Loth Mehl untergerührt, welches jedesmal mit einem Ei und einem Eßlöffel voll Mehl geschieht; sodann wird ein Kaffeelöffel voll Salz, ein Eßlöffel voll Zitronen-Zucker nebst vier Eßlöffeln voll dicke, gute Hefe untergerührt, die Masse in eine mit Butter ausgestrichene und mit Mehl ausgestäubte Kugelhupf-Form gut halbvoll gefüllt, dann an einen warmen Ort zum Aufgehen gestellt und wenn die Form beinahe voll ist, so wird das Butterlaibl im

Zeiträume von vierzig Minuten langsam lichtbraun gebacken, dann über ein Sieb gestürzt und gut mit Zucker bestäubt.

2109. Abgeschlagener Kugelhupf. Kugelhupf à l'Allemande.

Sechzehn Loth frische Butter werden schaumig gerührt, dann werden zehn Eier mit einem Kaffeelöffel voll Salz und einem Eßlöffel voll Zucker darunter gerührt und mit vierundzwanzig Loth Mehl und einer Obertasse lauwarmer Milch gut, bis der Teig Blasen macht, fein und zart abgeschlagen. Ist dies erreicht, so werden vier Eßlöffel voll Hefe, acht Loth kleine und acht Loth große Rosinen noch darunter geschlagen, der Teig in eine gut ausgestrichene, mit Mehl ausgestäubte Form halbvoll angefüllt, gehen gelassen und den vorhergehenden gleich in schönster Farbe gebacken.

2110. Abgekneteter Kugelhupf. Kugelhupf à l'Allemande.

Ein Pfund feines Mehl wird in eine Schüssel gesiebt, in der Mitte eine Grube gemacht, sodann werden vier Eßlöffel voll gute Hefe mit einer Obertasse voll warmer Milch verrührt, durch ein Sieb in die Grube geseiht und mit Mehl zu einem Dampfel angemacht, dann zugedeckt und gehen gelassen. Hierauf werden zwei Eßlöffel voll Zucker, ein Kaffeelöffel voll Salz nebst vier ganzen Eiern dazu gethan und mit zwölf Loth zerlassener Butter, sowie einem Quart warmer Milch zu einem Teig angemacht, welchen man fein abknetet, eine Hand voll Rosinen darunter gibt, in die ausgestrichene Form halbvoll füllt, dann gut aufgehen läßt und drei viertel Stunden langsam lichtbraun bäckt, dann auf ein Sieb stürzt, mit Zucker bestäubt und auf eine flache Schüssel anrichtet. Dieser Kuchen wird in Bürgershäusern mit gekochtem Obste gegeben.

2111. Kugelhupf auf polnische Art. Baba Polonaise.

In Frankreich wird dieser Kugelhupf in zwölf bis achtzehn Zoll hohen Formen, wie obige Zeichnung darstellt, gebacken. Diese Form wird mit geklärter, frischer Butter überall gleich und stark ausgestrichen, mit Mehl ausgestäubt und über einen Plafond gestürzt. Die Masse besteht aus zwei Pfund Mehl, sechs Eßlöffeln dicker, weißer Bierhefe, einem Loth Salz, drei Loth Zucker, sechzehn Eiern, fünf viertel Pfund Butter, acht Loth kleinen Corinthen, acht Loth ausgekernten Muskattrauben-Rosinen, zwei Loth Zitronat, einer Messerspitze indischem Safran, einem Weinglase süßem Rahm und einer Obertasse Madeira-Wein. Das Mehl wird eine halbe Stunde warm gestellt, dann durch ein Haarsieb in eine irdene Schüssel geseiht, ein halbes Pfund davon wird in eine kleine Schüssel gethan, in einer Grube auseinander gemacht, die Hefe mit etwas lauwarmem Wasser verrührt, durch ein Sieb in das Mehl passirt und hiervon ein Dampfel angemacht, welches man zudeckt und gehen läßt. Der Rest des Mehles wird auf den Backtisch gethan, in einer Grube auseinander gemacht, dann werden in die Mitte das Salz, der Zucker, der kalte Rahm und die ganzen Eier gethan. Dieser Teig wird zusammen gut verarbeitet und abgeschlagen; ist dies erfolgt, so wird er auseinander gemacht und in die Mitte gießt man den Wein, den aufgelösten Safran, die rein gewaschenen und blanchirten Corinthen, die ausgekernten halbirten Muskattrauben und die zu Filets geschnittene Zebra. Die ganze Masse wird nochmals durcheinander gemacht, gut abgeschlagen, bis die Rosinen gleichmäßig vertheilt sind. Dieser Teig wird in die Form gefüllt, so daß diese bis zur Hälfte voll ist, sie wird dann zugedeckt und an einen warmen Ort zum Gehen gestellt. Wenn der Teig bis zweifingerbreit vom Rande gehörig aufgegangen ist, wird die Form über ein Tortenblech gestellt und der Kuchen in einem mittelheißen Ofen ein und eine halbe Stunde behutsam, daß derselbe weder verrückt noch daß daran gestoßen wird, gebacken. Nach dem Backen wird der Kuchen auf ein Sieb ge-stürzt, die Form abgehoben und der Kuchen stark mit Staubzucker bestäubt. Auch kann man denselben mit einer Conserveglasur von Orangen schön glasiren. Es ist nöthig zu bemerken, daß das Backen stets Abends vorher geschieht.

2112. Französischer Kugelhupf. Baba à la Française.

Ein Pfund feinstes Mehl wird lauwarm erwärmt, dann durch ein Sieb auf den Backtisch gesiebt, zusammengenommen und in der Mitte eine Grube gemacht. In diese kommen zwanzig Loth gebröckelte Butter, sechs Eibotter und zwei ganze Eier, eine Obertasse voll Rahm, ein Kaffeelöffel voll Salz, zwei Löffel voll Orangenzucker und drei bis vier Löffel voll gute Hefe. Diese Masse wird untereinander gemengt, gut abgearbeitet und bis der Teig Blasen macht, abgeschlagen. Unter diesen Teig werden zehn Loth reingewaschene Rosinen gethan und nebst sechs Eßlöffeln voll Madeira unter den Teig gemengt. Diese Masse wird dann in die mit klarer Butter aus-gestrichene und mit Mehl ausgestäubte Form halbvoll gefüllt, zum Gehen an einen warmen Ort gestellt, eine Stunde langsam gebacken, dann der Kuchen über ein Sieb gestürzt, gut mit Zucker bestäubt und kalt servirt.

2113. Französischer Kuchen. Gateau Savarin.

Die Masse besteht aus einem Pfund Mehl, drei viertel Pfund Butter, neun ganzen Eiern, zwei Löffeln voll Zucker, einem Löffel voll Orangen-Zucker, zwei Messerspitzen Salz, vier Eßlöffeln voll Hefe und einer viertel

Maß geschlagenem Rahm. Von dem dritten Theil des gesiebten Mehls wird mit der Hefe nebst etwas lauer Milch ein Dampfel gemacht, welches zum Gehen warm gestellt wird. Sobann kömmt das andere gesiebte Mehl, die kleingebröckelte Butter, die Eier, Zucker, Salz und ber geschlagene Rahm hinzu, welches alles zusammen zu einem zarten, feinblasigen Teig abgearbeitet wird. Derselbe wird in eine flache, vierfingerhohe und sechs= zollbreite Cylinder= Form halbvoll gefüllt, zum Gehen warm gestellt und wenn die Form beinahe voll ist, wird sie über ein Backblech gestellt und drei viertel Stunden lang langsam in schönster Farbe gebacken. Ist der Kuchen gut ausgebacken, so wird derselbe in der Form gelassen, nach einigen Minuten zweimesserrückenbick die obere Rinde, bis biese ganz weg ist, ab= geschnitten; hierauf gießt man ein Quart guten Marasquino bi Zara, ber mit etwas Zucker=Syrup und einer Obertasse voll kaltem Wasser unter= mengt wurde, nach und nach hinein, so daß der ganze Kuchen gut ange= feuchtet ist. Derselbe wird gestürzt und lauwarm zu Tisch gegeben.

2114. Französischer Kuchen auf eine andere Art. Gateau à la Mazarin.

Dieser wird ganz wie der vorhergehende zubereitet, nur baß derselbe statt mit Marasquino auf folgende Weise gefüllt wird. Nämlich wenn der Kuchen gebacken und kalt geworden ist, wird berselbe im Durchmesser in drei gleiche Theile geschnitten und der untere Theil desselben wieder in die Form gelegt, barüber werden eingemachte, kleinwürfelicht geschnittene Ananas gestreut, biese mit Ananas=Syrup begossen, barüber kömmt ber zweite Theil des Kuchens, ebenso bestreut und begossen, barüber ber britte Theil, welchen man ebenfalls mit Syrup tränkt. Beim Anrichten wird ber Kuchen gestürzt und zu Tisch gegeben. Beide Kuchen sind von äußerst angenehmem Geschmacke und gehören unter die Zahl der guten Backwerke.

2115. Leipziger Kuchen. Gateau à la Leipzig.

Drei viertel Pfund Butter werden eine halbe Stunde schaumig abge= rührt und dann vierzehn Eibotter nach und nach bazu gerührt. Ebenso werden vierundzwanzig Loth abgezogene Mandeln fein gerieben und mit sechzehn Loth Zucker und sechs ganzen Eiern gut abgerührt; beide Massen werden dann zusammengethan und mit vier Eßlöffeln voll dicker Hefe, etwas Muskatblüthe, Salz, einem Glas Madeira und dem abgeriebenen Gelben einer Orange gut verrührt. Diese Masse wird hierauf in eine passende, gut mit Butter ausgestrichene und mit Mehl ausgestäubte Form halbvoll gegossen, zum Gehen warm gestellt, eine Stunde langsam in schönster Farbe gebacken, dann über ein Sieb gestürzt und gut mit Orangen=Zucker bestäubt.

2116. Sächsischer Kuchen. Gateau à la Saxonne.

Ein Pfund frische Butter wird eine halbe Stunde schaumig gerührt, bann werden sechzehn Eier nach und nach bazu geschlagen und mit sechs Loth gestoßenem Zucker, einem halben Quart süßem Rahm, ein wenig Muskatblüthe und Salz untermengt. Hierauf werden ein und ein viertel Pfund feines trockenes Mehl, sechs Loth feingeschnittene Mandeln, ebenso viel geschnittener Zitronat, vier Eßlöffel voll dicke Hefe darunter gerührt und zuletzt mit dem festgeschlagenen Schnee von zehn Eiern untermengt. Diese Masse wird wie die vorhergehende in eine gut mit Butter ausgestrichene, mit Mehl bestäubte Form halbvoll gefüllt, gehen gelassen und eine Stunde in schönster Farbe gebacken. Der Kuchen wird nach dem Backen auf ein Sieb gestürzt und wenn er kalt ist, mit einer Zitronen-Glasur glasirt.

2117. Kaiserkuchen. Gateau à l'empereur ou à la Compiegne.

Man rührt in einer glasirten, irdenen Schüssel ein Pfund sehr frische süße Butter eine halbe Stunde schaumig, dann werden vierzehn Eidotter, vierundzwanzig Loth feines, gesiebtes Mehl nebst sechs Loth gestoßenem Zucker, ein Loth Salz und vier Eßlöffel voll dicke Hefe barunter gerührt und fein abgeschlagen. Sobann wird eine tiefe Form gut mit klarer Butter ausgestrichen, mit Mehl ausgestäubt, die Masse eingefüllt und bann zum Gehen zugedeckt warm gestellt. Ist berselbe nun gehörig aufgegangen, so wird der Kuchen ein und eine halbe Stunde langsam gebacken. Hierauf wird er über ein Sieb gestürzt, die Form abgehoben und der Kuchen mit Zucker bestäubt.

2118. Apostelkuchen. Briosch. Brioche.

Es werden zwei Pfund feinstes, trockenes Mehl gesiebt und der vierte Theil davon in eine Schüssel gethan, mit fünf bis sechs Eßlöffeln voll dicker wo möglich weißer Bierhefe und ebenso viel lauwarmem Wasser zu einem leichten Teig (Dampfel) angemacht, welchen man mit Mehl bestäubt und warm stellt. Dieses Dampfel läßt man nochmals so hoch aufgehen und dann bis zur Hälfte wieder zusammensinken. Die drei Theile Mehl werden auf den Backtisch gethan und zu einem Kranz auseinander gestrichen, in die Mitte gibt man ein und ein viertel Pfund sehr frische und über dem Tisch feinabgearbeitete Butter (welches aber nur im Winter nothwendig ist), sechzehn Eier, zwei Kaffeelöffel voll Salz, zwei Eßlöffel feinen Zucker und ein halbes Quart guten süßen Rahm. Diese Masse wird bann zusammengemacht und zu einem Teig abgearbeitet. Unterbessen wird das Dampfel nochmals so hoch in die Höhe gestiegen und wieder in sich selbst zur Hälfte zusammengefallen sein, welches man hierauf über den Teig gibt, denselben bann abreißt, über das Dampfel wirft und sobann den Teig mit den Ballen der Hände über dem Backtisch fein abarbeitet, bis berselbe seine Blasen macht, sich von den Häuden und der Tafel ablöst und ein feines, zartes Ansehen hat. Dieser Teig wird bann zu einem Ballen zusammengenommen, in eine gut mit Mehl ausgestäubte Serviette gethan, diese über demselben zusammengeschlagen, in eine Schüssel gelegt, zugedeckt und über Nacht recht kalt gestellt. Am andern Morgen, wenn die Briosch gebacken werden soll, wird der Teig aus der Serviette über den mit Mehl bestäubten Backtisch gethan, etwas flach gedrückt und dann wieder zu einem runden Ballen abgetrieben, wieder in die Schüssel gelegt, mit Mehl bestäubt und genau bebeckt. Der unterdessen geheizte Ofen wird, nachdem er völlig ausgebrannt ist, rein ausgekehrt und überall gut zugemacht. Der Teig wird hierauf über den Backtisch gethan, nicht ganz der dritte Theil davon abgeschnitten, das große Stück zu einem runden Laib gedreht, dieser auf einen mit Butter bestrichenen Bogen Papier gelegt und in die Mitte eine Vertiefung eingedrückt, welche man mit abgeschlagenem Ei ausstreicht. Der abgeschnittene Theil des Teiges wird dann in der Hand länglichrund gedreht, in die Vertiefung eingesetzt und angedrückt. Die Briosch wird sobann mit abgeschlagenem Ei überstrichen und rund herum in gleicher, zweifingerbreiter Entfernung schräge, messerrückentiefe Einschnitte gemacht, der Kuchen sogleich in den Backofen gestellt, wo sehr darauf zu achten ist, daß während die Briosch in die Höhe treibt, der Ofen nicht geöffnet wird, weil dadurch die gleichmäßige Hitze unterbrochen würde. Zum völligen Ausbacken sind fünf viertel Stunden nöthig, während welcher Zeit der Kuchen zweimal sein erstes Volumen vergrößern und dabei eine gleiche, glänzend lichtbraune Farbe und croquante Kruste haben muß. Aus dem Ofen wird derselbe über ein Haarsieb zum Kaltwerden gelegt. Gemäß seiner Größe muß die Briosch sich durch eine auffallende Leichtigkeit, von innen feinblätteriges Ansehen und besonders guten Geschmack auszeichnen.

2119. Kleine Apostelkuchen. Petits Brioches.

Diese werden von derselben Masse bereitet, aber gewöhnlich in kleinen, blechernen Förmchen gebacken. Bei Gabelfrühstücken und Thee = Parthieen sind sie stets willkommen; es muß jedoch bemerkt werden, daß sie stets lauwarm servirt werden müssen.

2120. Wespennester auf deutsche Art. Gateaux à l'Allemande. Nids de guèpes.

Ein und ein halbes Pfund feinstes, sehr trockenes, gesiebtes Mehl wird in eine irdene Schüssel gethan und in der Mitte eine Grube gemacht, in diese gibt man vier Eßlöffel voll dicke Bierhefe; diese wird mit einer Obertasse voll lauwarmer Milch nebst etwas Mehl zu einem feinen Hefenstück (Dampfel) angerührt, mit Mehl bestäubt und zum Aufgehen an einen warmen Ort gestellt. Unterdessen läßt man zwölf bis sechszehn Loth sehr frische Butter in zwei Quart lauwarmer Milch zergehen, schlägt dann ein ganzes und vier Eidotter dazu und verrührt es mit einem Kaffeelöffel voll Salz und zwei Eßlöffeln voll Zucker. Ist das Hefenstück aufgegangen, so schüttet man die Milch nach und nach unter das Mehl und bereitet hiervon mittelst guten Abschlagens einen feinen, zarten Teig, bis sich derselbe von der Schüssel und dem Löffel löst und feine Blasen macht. Derselbe wird zusammengemacht, mit Mehl bestäubt, zugedeckt und wieder zum Aufgehen warm gestellt. Unterdessen streicht man eine runde, vierfingerhohe, passende Form gut mit geklärter, frischer Butter aus. Der nochmals so hoch aufgegangene Teig wird dann auf das Backbrett gethan, leicht abgearbeitet und mit dem Rollholz zu einer federkieldicken Platte ausgerollt, die man in zweifingerbreite Streifen schneidet, mit Butter bestreicht und mit

gut gereinigten Weinbeeren bestreut. Diese Streifen werden sodann in zweifingerlange Stücke geschnitten und schneckenartig zusammengerollt. Sind alle
so aufgerollt, so werden sie aufrechtstehend in der Weise in die Form gestellt,
daß jedesmal eine Schnecke an der Seite mit zerlassener Butter bestrichen
werden muß, welches bezweckt, daß sie nach dem Backen leicht auseinander-
fallen. Ist die ganze Form so mit diesen Schnecken gefüllt, so werden sie
zugedeckt und zum Gehen wieder an einen warmen Ort gestellt. Sind sie
hoch aufgegangen, daß die Form beinahe voll geworden ist, so werden sie
in schöner lichtbrauner Farbe eine Stunde langsam gebacken, dann über ein
Sieb gestürzt, gut mit Zucker bestäubt und lauwarm zu Tisch gegeben. Ein
Compotte von gedörrten Zwetschken oder Prünellen wird extra beigegeben.

2121. Schlesischer Kuchen. Gateau à la Silesie.

Ein Pfund feinstes Mehl, zehn Loth Butter, fünf Eidotter, zwei Loth
gestoßene Mandeln, vier Loth Zucker, drei Löffel voll Hefe, etwas Salz und
ein und ein halbes Quart Rahm geben die Masse. Die Hefe wird mit
etwas lauwarmer Milch fein abgerührt, dann kommen acht Loth Mehl
dazu, welches mit noch etwas lauer Milch zu einem Dampfel angerührt
wird, was man mit Mehl bestäubt und gehen läßt. Unter dieser Zeit
rührt man die Butter mit den fünf Eidottern, dem Zucker und Salz fein
ab, gibt nach und nach das Mehl und den Rahm dazu und rührt hiervon
einen Teig an. Ist dies erreicht, so wird das aufgegangene Hefenstück
(Dampfel) dazu gethan und zusammen zu einem feinen, zarten Teig abgeschlagen, welchen man zusammen macht, mit Mehl bestäubt und wieder
gehen läßt. Ist nun derselbe gehörig aufgegangen, so wird er auf dem
Backtisch leicht geknetet, fingerdick rund ausgerollt, über ein mit Mehl bestäubtes Backblech gethan, schön rund zusammengemacht und außen herum
ein kleiner Rand eingekniffen, sodann der Kuchen zugedeckt und nochmals
zum Gehen warm gestellt. Unterdessen werden acht Loth Butter mit vier
Loth Mehl, acht Loth fein geschnittenen Mandeln, und ebenso viel gestoßenem
Zucker zu einer Masse angerührt, welche federkieldick über den unterdeß aufgegangenen Kuchen gestrichen, mit einem Holzspeilchen durchstochen (gestupft)
und so in schönster Farbe eine halbe Stunde gebacken wird. Aus dem Ofen
wird er über ein Kuchenblech gelegt und gut mit Zucker und Zimmt bestäubt.

2122. Braunschweiger Kuchen. Gateau à la Brunswic.

Hierzu wird der vorhergehende Teig bereitet, unter welchen man noch
vier Loth gut gereinigte Corinthen, ebenso viel Sultaninen, etwas auf Zucker
abgeriebene Zitronenschale und vier Loth fein hachirte Mandeln mengt. Dieser
so bereitete Teig wird stark fingerdick ausgerollt, zum Aufgehen zugedeckt
warm gestellt, gestupft, mit zerlassener Butter bestrichen, gut mit Zucker
bestäubt und sodann in schönster Farbe eine halbe Stunde lang gebacken.

2123. Englische Bretzeln. Craquelins à l'Anglaise.

Eine viertel Maß süßer Rahm wird mit einem Loth Ceylon-Zimmt und
dem sehr fein abgeschälten Gelben einer halben Zitrone, die auf ein halbes

Quart eingekocht und in eine Casserolle über zehn Loth sehr frischer Butter passirt. Sobann siebt man vierundzwanzig Loth feines, trockenes Mehl in eine Schüssel, gibt sechs Loth gestoßenen Zucker und etwas Salz dazu, verarbeitet dies mit dem durchgeseiheten Rahm und drei Loth dicker Hefe nebst noch etwas anderem Rahm zu einem zarten, feinen Teig ab, welchen man mit Mehl bestäubt und zugedeckt zum Aufgehen warm stellt. Ist der Teig nun aufgegangen, so wird ein Theil davon auf den Backtisch gethan, zu einem langen Stück mit der Hand ausgerollt, in gleiche Stücke geschnitten und von diesen kleine federkieldicke Bretzeln über ein mit Butter bestrichenes Blech dressirt, die man sobann zum Gehen warm stellt. Sie werden, ohne sie zu bestreichen, langsam croquant gebacken, hierauf, wenn sie kalt sind, mit Glace Royale bestrichen, getrocknet und schön erhaben angerichtet.

2124. Zimmtstangen.

Von der vorhergehend beschriebenen Teigmasse werden zweifingerlange und fingerdicke Stängchen auf ein mit Mehl bestäubtes Blech gelegt, zum Gehen warm gestellt, leicht mit Ei bestrichen und lichtbraun gebacken.

2125. Wiener Kipfeln.

Ein Pfund sehr trockenes, feines Mehl wird in eine irdene Schüssel gesiebt, in der Mitte eine Grube gemacht, in diese vier ganze Eier, zwölf Loth zerlassene Butter und ein und ein halbes Quart lauwarme Milch gegossen, genau durcheinander gemengt und zu einem zarten feinen Teig mit drei Eßlöffeln voll dicker Hefe, einem halben Kaffeelöffel voll Salz und vier Eßlöffeln voll gestoßenem Zucker abgeschlagen, sobann der Teig zusammengemacht, mit Mehl bestäubt und zugedeckt warm gestellt. Wenn nun der Teig um die Hälfte seines Volumens höher geworden ist, so wird die Hälfte davon auf den mit Mehl bestäubten Backtisch gethan und zu einer federkieldicken Platte ausgerollt; diese wird sobann auf vierfingerbreite Streifen geschnitten, auf lang verschobene Dreiecke getheilt und diese mit abgeschlagenem Ei bestrichen. In die Mitte dieser Dreiecke wird ein kleines Häufchen Eingesottenes gethan, über dieses der mittlere Spitz übergebogen leicht zusammengerollt, halbrund gebogen und über ein Blech gelegt; auf diese Art wird fortgefahren, bis der Teig verarbeitet ist. Sind sie nun fertig, so werden sie mit einem feinen Tuch zugedeckt und zum gehörigen Aufgehen warm gestellt. Ist dies erreicht, so werden einige Eier mit einem Eßlöffel voll Zucker abgeschlagen, die Kipfeln damit bestrichen und in einem mäßig heißen Ofen in schöner lichtbrauner Farbe gebacken. Aus dem Ofen werden sie über ein Sieb gelegt und schön angerichtet.

2126. Kolatschen.

Aus dem vorhergehenden Kipfelteig werden eigroße, runde Kuchen gedreht, auf ein mit Mehl bestäubtes Backblech gesetzt und zugedeckt zum Aufgehen warm gestellt. Hierauf werden sie mit Ei bestrichen, mit Grobzucker bestreut und in schöner lichtbrauner Farbe gebacken.

2127. Böhmische Kolatschen.

Diese werden den vorhergehenden ganz gleich zubereitet; wenn sie ge=
gangen sind, wird mit einem Ei in der Mitte eine Vertiefung eingedrückt,
in diese einige abgetropfte eingemachte Weichseln gefüllt, diese mit abge=
schlagenen Eiern, mit Zucker untermengt, gedeckt, mit feinblätterig ge=
schnittenen Mandeln überstreut, außen herum mit Ei bestrichen und so in
schönster Farbe gebacken.

2128. Hefenteig=Bretzeln.

Man siebt ein Pfund seines trockenes Mehl in eine irdene Schüssel
und macht in der Mitte eine Vertiefung; in diese gibt man vier Eßlöffel
voll dicke Hefe und ein halbes Quart lauwarme Milch, aus welchen man
mit etwas von dem Mehl ein Hefenstück anrührt; dieses wird sodann mit
Mehl bestäubt und zugedeckt zum Gehen warm gestellt. Ist dies erfolgt,
so wird noch der nöthige kalte Rahm, ein Kaffeelöffel voll Salz, ein Eß=
löffel voll Zucker dazu gethan und daraus ein etwas fester Teig gemacht,
welchen man über den Backtisch gibt, auseinander drückt und mit zwölf
Loth fester, sehr frischer Butter belegt und zusammen zu einem zarten feinen
Teig abknetet, bis sich derselbe von den Händen und dem Backtisch löst.
Dieser wird nun zu einem runden Stück zusammengearbeitet, mit einem
erwärmten Tuche überdeckt und eine viertel Stunde stehen gelassen. Sodann
werden aus demselben Bretzeln von beliebiger Größe geformt, über einem
erwärmten und mit Mehl bestäubten Backblech geordnet und dann zugedeckt
warm gestellt. Sind sie gehörig gegangen, so werden sie mit abgeschlagenem
Ei bestrichen und aus einem ziemlich heißen Ofen in schöner lichtbrauner
Farbe gebacken. Diese Art Bretzeln eignen sich vorzüglich zum Kaffee.

2129. Theestangen.

Aus dem eben beschriebenen Teig werden sechs Zoll lange, federkiel=
dicke Stängchen mit der Hand gerollt, auf ein Blech gelegt, langsam gehen
gelassen, mit Ei bestrichen und langsam recht croquant gebacken.

2130. Sächsischer Stollen. Gateau à la Saxonne.

Diese Masse besteht aus einem Pfunde Mehl, drei Eßlöffeln voll
Hefe, drei Eidottern, vier Loth Zucker, einem halben Loth Muskatblumen,
etwas Zimmt, einem Loth fein geriebenen Mandeln, etwas abgeriebenem
Zitronengelb, ein wenig Salz, zwölf Loth Butter, acht Loth Corinthen
und einer halben Maß süßem Rahm. Das Mehl wird in eine Schüssel
gesiebt und mit der Hefe, dem Rahm, Eiern, Gewürz, Salz und Zucker,
nebst dem nöthigen Rahm zu einem feinen Teig abgeschlagen, unter welchen
man auch die zerlassene Butter nach und nach einrührt und feinblasig ab=
schlägt; zuletzt kommen noch die Rosinen und die feingeschnittenen Mandeln
darunter. Dieser Teig wird hierauf zugedeckt und zum Gehen warm ge=
stellt. Sodann wird dieser Teig auf den mit Mehl bestäubten Backtisch
gethan und daraus eine lange Stolle in der Art geformt, daß sie an

beiden Enden spitzig zuläuft. Diese wird nun über ein mit Mehl bestäubtes Blech gelegt und der ganzen Länge nach in der Mitte mit dem Stiel eines Holzlöffels bis zur Hälfte des Kuchens niedergedrückt und die beiden hohen Enden wieder zusammengeschlagen; dieselbe wird nun zugedeckt und nochmals gehen gelassen. Ist dies erreicht, so wird sie mit geklärter Butter bestrichen und während einer halben Stunde langsam bei mäßiger Ofenhitze in schöner Farbe gebacken und dann sogleich nochmals mit Butter bestrichen.

2131. Englische Kuchen. Mince Pies.

Diese Masse besteht aus einem halben Pfunde Corinthen, einem halben Pfunde Sultaninen, zwölf guten Reinette-Aepfeln kleinwürfelich geschnitten, einem halben Pfunde aus der Haut gelöstem und fein hachirtem Nierenfett, dem abgeriebenen Gelben von zwei Zitronen, acht Loth fein geschnittenen Orangenschalen, zwölf Loth fein geschnittenen Mandeln, zwanzig Loth gebratenem und nach dem Erkalten fein geschnittenem Ochsenfilet, zwölf Loth fein geschnittener, geräucherter Ochsenzunge, einem Quart altem Kirschenwasser, einem Quart Sherry oder Madeira und der Hälfte einer Muskatnuß fein gerieben. Diese Ingredienzen werden alle zusammen in eine Porzellan-Schüssel gethan, mit dem Kirschwasser und dem Sherry genäßt, genau durcheinander gemengt und mit einer Papierscheibe überlegt, worauf man sie, genau zugedeckt, über Nacht stehen läßt. Eine Stunde vor dem Anrichten wird die nöthige Anzahl großer Tarteletten-Förmchen mit Butter ausgestrichen und mit messerrückendick ausgewalgtem Butterteig ausgefüttert, sodann wird ein Eßlöffel voll von der Masse eingefüllt und mit einem Deckel von demselben Teige genau geschlossen und in der Mitte eine Oeffnung in der Größe eines sechs Kreuzer Stückes ausgestochen. Sie werden nun in einem ziemlich heißen Ofen in schönster Farbe gebacken, über eine gebrochene Serviette auf einer Schüssel erhaben angerichtet und warm zu Tisch gegeben. Ehe sie servirt werden, gießt man in jedes Pastetchen etwas Cognac, zündet diesen an, damit er aus demselben herausbrennt und präsentirt sie. Diese Pastetchen werden in ganz England in den guten Häusern am heiligen Weihnachtstage zu Tisch gegeben.

---

78. Abschnitt. 15. Abtheilung.
Von der flüssigen Masse.   De la Pâte liquide.

Die flüssigen Teigmassen unterscheiden sich von allen vorhergehenden dadurch, daß sie mit Rahm oder Milch flüssig gemacht und sodann in Waffel- oder Hohlhippeneisen in verschiedenen Formen gebacken werden. Diese Eisen bestehen aus drei Gattungen, 1) tiefe würfelartige Waffeleisen; 2) feine carrirte, sogenannte Portugieser-Eisen, und 3) sogenannte, mit verschiedenen Figuren eingravirte ganz flache Hohlhippeneisen.

Die Eisen werden jedesmal vor dem Gebrauche trocken ausgewischt, sodann auf beiden Seiten über Kohlenfeuer gehörig durchwärmt (erhitzt) und mit einem Stückchen weißen Speck ausgestrichen. Waffeln werden immer über hellbrennendem Feuer gebacken, Hohlhippen aber stets über Kohlenfeuer.

2132. Holländer Rahmwaffeln. Gaufres à la Hollandaise.

Ein halbes Pfund sehr frische Butter wird schaumig abgerührt, das Gelbe von zwölf Eiern nach und nach mit einer Messerspitze voll Salz und einem Eßlöffel voll Zucker dazu gethan und sodann mit einer halben Maß süßem Doppelrahm genau verrührt. Hierauf wird das Weiße der zwölf Eier zu einem steifen Schnee geschlagen und dieser langsam unter die Masse gezogen.

2133. Holländer Rahmwaffeln auf eine andere Art. Gaufres à la Hollandaise.

Unter zwanzig Loth flaumig abgerührte frische Butter werden fünf= zehn Eidotter nach und nach eingerührt, sodann kommen achtundzwanzig Loth feines gesiebtes Mehl, etwas Salz und ein Eßlöffel voll Zucker dazu, welches mit einer halben Maß süßem und einer halben Maß gutem sauren Rahm genau verrührt und zuletzt nochmals mit dem festgeschlagenen Schnee der fünfzehn Eier verrührt wird.

2134. Bärmwaffeln. Gaufres à la Flamande.

Ein Pfund feines gesiebtes Mehl, drei ganze und das Gelbe von vier Eiern, vier Eßlöffeln voll dicke Bierhefe, sechzehn Loth geklärte frische Butter, zwei Loth Zucker, ein und ein halbes Quart Rahm, ein Gläschen Franz= branntwein, das abgeriebene Gelbe einer Zitrone und eine Messerspitze voll Salz werden zusammen untermengt und mit dem Rahm und der Hefe zu einer dickflüssigen Masse gerührt, welche sodann fein abgeschlagen wird. Die Masse wird mit Mehl bestäubt und zum Gehen warm gestellt.

2135. Flamänder Waffeln. Gaufres à la Flamande.

Ein halbes Pfund zergangene Butter wird mit ebenso viel feinstem Mehle, neun Eidottern, sammt einem Quart süßem und ebenso viel sauren Rahm, nebst etwas Salz, drei Eßlöffeln voll gestoßenem Zucker, etwas fein geschnittenem Zitronengelb gut verrührt, zuletzt mit dem steif geschlagenen Schnee der neun Eier untermengt und auf die angezeigte Weise gebacken.

2136. Wiener Hippen.

Zwölf Loth feinstes Mehl, sechs Loth geschälte und mit einem Ei fein geriebene Mandeln, sechs Loth gestoßener Zucker, das abgeriebene Gelbe und der Saft einer Zitrone werden zusammen mit sechs Eiern und sechs Eßlöffeln voll saurem Rahm gut verrührt, mit etwas Milch verdünnt und zuletzt sechs Loth zergangene, sehr frische Butter darunter gerührt. Sie werden in dem Hippeneisen gebacken, warm über ein rundes Holz aufge= rollt und mit geschlagenem Rahm zu Tisch gegeben.

2137. Portugieser Waffeln. Gaufres à la Portugaise.

Ein halbes Pfund frische Butter wird mit ebenso viel gestoßenem Zucker, dem Gelben von neun Eiern, einem Loth fein gestoßenem Ceylon=Zimmt und etwas abgeriebener Zitrone eine viertel Stunde gut gerührt; sodann kömmt ein halbes Pfund feines Mehl, sowie der von den neun Eiern steif ge=schlagene Schnee dazu. Sie werden in einem Portugieser=Eisen gebacken.

2138. Portugieser Waffeln. Gaufres à la Portugaise aux amandes.

Unter die vorher beschriebene Masse wird noch ein halbes Pfund mit Eiern fein geriebene Mandeln mitgerührt.

2139. Hohlhippen. Oublies. Gaufres d'office.

Acht Loth feinstes gesiebtes Mehl, ein halbes Loth gestoßener Zimmt, vier Loth zergangene frische Butter, ein Quart Milch, vier Loth Zucker und ein ganzes Ei werden dazu genommen. Das Mehl wird mit der Hälfte der Milch fein abgerührt, sodann kömmt die Butter, der Zimmt, der Zucker und das Ei nebst einem Körnchen Salz dazu; das Ganze wird zuerst zusammen und sodann mit dem Rest der Milch, bis es die gehörige Dicke hat, verrührt. Sie werden in dem Hohlhippen=Eisen gebacken und sodann über ein rundes Hölzchen aus dem Eisen schnell aufgerollt.

2140. Hohlhippen mit Malaga=Wein. Gaufres d'office au vin de Malaga.

Der Unterschied ist der, daß statt der Milch hier Malaga=Wein ge=nommen wird.

2141. Sächsische Hohlhippen. Gaufres d'office à la Saxonne.

Diese Masse besteht aus einem Pfund feinstem Mehle, sechzehn Loth gestoßenem Zucker, ebenso viel geklärter frischer Butter, zwei ganzen Eiern und fünf Eidottern, etwas abgeriebenem Zitronenzucker, etwas gestoßenem Zimmt und einem Körnchen Salz. Diese Masse wird nicht flüssig gemacht, sondern bleibt teigartig. Es werden davon kleine Häufchen in das gehörig erhitzte Hohlhippen=Eisen gelegt und wie vorhergehend in schöner licht=brauner Farbe gebacken. Sie werden sowohl aufgerollt, als auch flach mit Zucker und Zimmt bestäubt, über eine gebrochene Serviette angerichtet und mit geschlagenem Rahm zu Tisch gegeben.

2142. Mandelbögen.

Ein halbes Pfund abgezogene Mandeln wird mit vier bis fünf Eiweiß sehr fein gerieben, in einer Schüssel mit eben so viel fein gestoßenem Zucker genau verrührt und sodann mit etwas Eiweiß, bis sich die Masse dünn aufstreichen läßt, verdünnt. Diese wird nun über ein sehr reines Blech messerrückendick aufgestrichen, in einem mäßig heißen Ofen lichtgelb gebacken, in fingerlange und dreifingerbreite egale Stücke geschnitten, mit einem dünnen Messer abgelöst und sogleich über ein rundes Holz gebogen. Sie werden wie die Hohlhippen über eine zierlich zusammengelegte Serviette angerichtet und mit geschlagenem Rahm, mit Vanille=Zucker gesüßt, zu Tisch gegeben.

2143. Mandelkippen. Gaufres d'office aux amandes.

Ein halbes Pfund abgezogene und en filets geschnittene Mandeln, ein halbes Pfund Zucker, vier Loth Mehl, etwas fein gehacktes Zitronengelb werden untermengt und der von sechs Eiweiß festgeschlagene Schnee langsam darunter gemengt. Hierauf wird ein Blech erwärmt, mit Wachs bestrichen, kleine oval runde Plätzchen darauf dressirt, diese mit Zucker bestäubt und nach einigen Minuten in einem mäßig heißen Ofen lichtbraun gebacken, dann vom Blech gelöst und schnell über ein Holz gebogen. Sie werden zierlich über eine Damast-Serviette auf eine Schüssel angerichtet und zum Thee oder Gouter servirt.

2144. Vanille-Spähne.

Vierzehn Loth mit Eiweiß fein geriebene Mandeln, achtundzwanzig Loth zerstoßener Zucker und zwölf Loth Mehl werden alles zusammen genau untermengt und mit Eiweiß und Orangenblüth-Wasser verdünnt, sodann mit etwas Vanille-Zucker gewürzt. Hierauf wird ein Blech erwärmt, mit Wachs leicht bestrichen, die Masse in einen Trichter gefüllt und davon zweifingerlange und einfingerbreite Streifen dressirt. Diese werden licht- gelb gebacken, schnell vom Blech gezogen und über einen Holzlöffel-Stiel wie Hobelspähne gewunden.

---

78. Abschnitt. 16. Abtheilung.

Von den größen Stücken der Kunstbäckerei. Des Pièces montées.

2145. Baumkuchen. Gateau arbreux à la broche.

Dieser ausgezeichnete, merkwürdige Kuchen erfordert in seiner Bereitung vielen Fleiß und Sachkenntniß. Die Masse ist auf folgende Weise zusam- mengesetzt: Zwei Pfund Butter, zwei Pfund Mehl, sieben viertel Pfund feingestoßener Zucker, zweiundvierzig Eier, ein halbes Loth gestoßener Zimmt, ein halbes Loth Cardamomen, ein Kaffeelöffel voll gestoßene Nelken, das abgeriebene Gelbe einer Zitrone, ganz wenig Salz und ein Quart guter Rahm. Der Zucker wird in einer irdenen Schüssel mit dem Gelben der zweiundvierzig Eier eine Stunde gerührt, dann mit der geklärten und wieder abgekühlten Butter unter fortwährendem Schlagen verrührt, dann kommen die gewürzhaften Ingredienzen dazu, dann das Mehl mit dem nöthigen Rahm und zuletzt der festgeschlagene Schnee von den zweiundvierzig Eiern, der langsam darunter gezogen wird. An diese hier genau angegebene Bereitung der Teigmasse schließt sich die von allem Backwerke äußerst ab- weichende, merkwürdige Backmethode des Kuchens. Hierzu gehört nämlich ein zwanzig bis vierundzwanzig Zoll langer, unten sechs und oben vier Zoll im Durchmesser breiter, ganz runder, gedrechselter Baum von Linden-, Weißbuchen- oder Ahornholz, in dessen Mitte der Länge nach eine Oeffnung

gebohrt und durch welche ein starker, sich nicht biegender, eiserner Drehspieß gut eingepaßt und befestigt wird. Dieser recht glatt abgedrehte Baum wird mit einigen Bögen weißem Schreibpapier umhüllt und dieses mit gefettetem Bindfaden über dem ganzen Baum netzartig überschnürt und dann nochmals mit Butter überstrichen. Unterdessen hat man unter einem Rauchmantel von gut getrocknetem, feingespaltenen Buchenholz ein Feuer angemacht, wo sodann der Spieß in zwei Feuerböcke eingelegt und in der Entfernung von ein und einem halben Schuh vom Feuer so lange gedreht wird, bis der Baum stark genug gehitzt und das Papier sich etwas gebräunt hat. Hierauf wird der erste Guß aufgetragen und folgender Weise begonnen: Es wird in eine Plât à sauté etwas von der Masse gethan, welche mittelst eines langen Anrichtlöffels auf den Baum unter fortwährendem, gleichlangsamen Drehen in der Weise gegossen wird, daß man den Löffel handbreit über dem Kuchen hält und, von der untern Seite des Baumes angefangen, denselben nach oben gleich dick übergießt, so daß der Baum gleichsam band= artig gedeckt wird. Ist dies auf die gehörige Weise ausgeführt, so wird der Kuchen etwas stärker gedreht, das Feuer etwas verringert, bis die erste Teigmasse eine lichtbraune Farbe erhalten hat. Das Feuer wird dann wieder verstärkt und man beginnt von unten nach oben den zweiten Aufguß auf dieselbe Weise und wenn der Baum wieder ganz überdeckt ist, so wird der Spieß etwas stärker gedreht, damit durch das Abtropfen der Masse Erhöhungen entstehen, welche sich durch das weitere Aufgießen zu Zacken oder Spitzen ausbilden und dem Kuchen seine eigenthümliche Schönheit geben. Auf gleiche Weise geschieht der dritte, vierte und fünfte Aufguß; die bei jedem Aufguß abtropfende Masse wird mit etwas Milch verdünnt und wieder mit aufgegossen. Ist die ganze Teigmasse verwendet und haben sich schöne lange Zacken gebildet, welche nicht mehr abtropfen, so wird der Kuchen nur bei Kohlenfeuer langsam vollends ausgebacken, so daß derselbe eine gleiche, lichtbraune Farbe erhalten hat. Hierauf wird der Spieß vom Feuer genommen, der Kuchen mit einer Zitronen= oder Orangen=Glace mittelst eines Pinsels überall gleich glasirt und dann noch einige Minuten am Feuer gedreht, bis die Glasur trocken geworden ist. Der Kuchen wird unten und oben recht egal rund fingerbreit vom Rande abgeschnitten und nach einer halben Stunde, wenn er etwas verkühlt ist, durch ein leichtes Anstoßen mit dem Baum an einen Tisch von der Form getrennt, langsam abgezogen, das Papier aus der Mitte gezogen und der Kuchen über eine gebrochene Serviette auf einer flachen, passenden Schüssel auf= gestellt. Viele versuchen diesen Kuchen auf irgend eine Weise mit Back= werken zu verzieren, allein ich habe stets gefunden, daß jedwede Garnitur diesen ohnehin eigenthümlich schönen Kuchen nur verunstaltet und in seiner Schönheit beeinträchtigt. Das Einzige, was ich angemessen finde, ist, daß man denselben bei großen Buffets über einen passenden Sockel von Nougat oder Pâte d'office aufstellt und sowohl den Kuchen unten herum, wie auch den Sockel selbst, mit schönem Backwerke umstellt. Beigegebene Zeichnung soll dem Ganzen nähere Aufklärung geben.

2146. Mandelkruste (Nougat). Nougat.

Es werden zwei Pfund Mandeln gebrüht, abgeschält, nochmals rein gewaschen und über ein reines Tuch ausgebreitet, gelegt; sie werden sobann halbirt und dann wieder en filets geschnitten. Nachdem werden sie in eine große Plât à sauté gethan und in einen schon ausgekühlten Backofen gestellt, wo man sie bei sehr oft wiederholtem Durcheinandermengen recht egal golbgelb röstet. Ist dieses erreicht, so läßt man ein und ein viertel Pfund feingestoßenen Raffinadezucker in einem flachen, kupfernen Kesselchen über schwachem Kohlenfeuer langsam schmelzen, wo bemerkt werden muß, daß derselbe aber nur eine blaßgelbe Farbe annehmen darf. Während des Schmelzens muß mit einem neuen Kochlöffel immer der zuerst geschmolzene aufgerührt werden, damit auch der übrige nach und nach zerfließt; wenn derſelbe nun ganz dünnflüſſig geworden iſt, ſo ſchüttet man die warmen Mandeln ſogleich hinein, mengt ſie mit dem Kochlöffel leicht durcheinander und ſtellt den Keſſel über heißer Aſche warm. Es wird dann ſogleich ein Theil davon über ein ſehr reines, erwärmtes und mit Mandelöl beſtrichenes Backblech gethan, mit einem ſilbernen Löffel federkielbick recht flach aus= einander gedrückt und ſogleich in die dazu beſtimmte mit Mandel=Oel aus= geſtrichene Form eingedrückt, welches mit Hilfe einer feſten Zitrone am leichteſten geſchieht; dann wird wieder ein Theil von der Maſſe genommen, ebenſo verfahren und recht ſchnell, daß der erſte Theil noch warm iſt, an denſelben angedrückt und ſo wird fortgefahren, bis die ganze Form recht gleichmäßig ausgefüttert iſt. Zu dieſer Arbeit ſind ſtets zwei geübte Per= ſonen, wovon die eine die Mandeln auf dem erwärmten Blech ausbreitet und die andere dieſelben in die Form eindrückt, nöthig; überhaupt muß dieſe Arbeit ſehr ſchnell und geſchickt vor ſich gehen, damit die Platten noch warm in die Form kommen und man keine leeren Stellen wahrnimmt. Iſt die Form ſehr geſchickt ausgelegt, ſo wird ſie, nachdem die Maſſe ganz kalt geworden iſt, behutſam umgeſtürzt und über eine aus hartem Zuckerteig gebackene Teigplatte, die mit grünem Hagelzucker beſtreut iſt, geſtellt und unten herum mit kleinem Backwerke ſchön garnirt, auf eine flache, paſſende Schüſſel geſtellt und ſo zu Tiſch gegeben. Dieſe Maſſe kann in jede beliebige Form eingedrückt werden und es werden aus der= ſelben Aufſätze von großer Mannigfaltigkeit und Schönheit angefertigt, wie z. B. Lyren, Vaſen, Helme, Körbchen u. dgl. Dieſe Formen können alle in zwei Theile gelegt werden und ſind mit Charnieren verſehen, ſo daß die Gegenſtände, nachdem ſie kalt geworden, auf die leichteſte Art heraus= genommen werden können. Nachfolgende Zeichnungen ſtellen einige Auf= ſätze von Nougat bereitet, dar.

2147. Vaſe von geröſteten Mandeln mit verſchiedenem Backwerke belegt. Vase en nougat garnie de diverses pâtisseries.

Hierzu wählt man eine ſchöne Vaſen = Form, welche aus weißem, ſtarken Blech getrieben iſt, ſich in zwei gleiche Theile theilt und mit Char= nieren an beiden Seiten verſehen iſt. Dieſe wird mit Mandelöl ausge= ſtrichen und über die Tafel geſtellt. Je nach der Größe derſelben werden zwei, drei bis vier Pfund Mandeln genommen und damit eine Nougat= Maſſe bereitet, wie ſie bereits angegeben iſt. Mit dieſer wird dieſelbe auf das ſchönſte in lichtgelber Farbe ausgedrückt und dann in der Form zum Auskühlen zur Seite geſtellt.

An dieſe Arbeit ſchließt ſich die Bereitung eines Sockels aus hartem Zuckerteig (ſiehe harter Zuckerteig) an, welcher in genauem Verhältniſſe zu obiger Vaſe ſteht. Dieſer Sockel wird mit einer halbgerührten, dünnen Glace royale angeſtrichen und mit rothem, grünem oder weißem Hagelzucker beſtreut und zum Trocknen an einen ſtaubloſen Ort geſtellt. Ferner wird eine federkieldicke, runde Platte aus demſelben Teig ausgerollt und nach der Schüſſel, über welche der Aufſatz zu ſtehen kommt, rund geſchnitten,

über ein Blech mit Mehl bestäubt, gelegt, mit einer spitzigen Gabel überall durchstochen, dann sehr langsam blaßgelb gebacken, vom Blech gelöst, auf einen kalten Deckel geschoben und mit einer Casserolle leicht beschwert. Der Sockel wird unten mit Tragant=Kitt bestrichen, in der Mitte der runden Platte aufgestellt, leicht angedrückt und der äußere Raum der Platte ebenfalls mit Glace bestrichen und mit Hagelzucker bestreut. Ueber dem Sockel wird eine gleiche Platte, aus demselben Teige gebacken, welche einige Linien vorsteht, mit Kitt befestigt und über diese die Vase mit Caramel=Zucker befestigt, aufgestellt. Die leere Fläche wird dann ebenfalls wieder mit Hagel=zucker bestreut und die vorstehende Kante mit einer kleinen Teiggarnitur, aus weißem Traganttteig ausgestochen, geschmackvoll geziert. Unten um den Sockel herum werden kleine, runde, mit Schlagrahm gefüllte, halb roth und halb mit Chokolade schwarz glasirte Bisquits geordnet und die Vase selbst wird erhaben mit Schlagrahm gefüllt und dieser mit großen, frischgepflückten Garten-Erdbeeren zierlich belegt.

2148. Füllhorn von gerösteten Mandeln mit caramelirten Früchten.
Corne d'abondance garnie de fruits glacés.

Die nach beigegebener Zeichnung gewählte Füllhorn = Form wird mit Mandel=Oel ausgestrichen und mit gerösteten Mandeln, Neugat, federkiel= dick ausgedrückt und dann zum Auskühlen bei Seite gelegt.

Dann wählt man hierzu eine ovalrunde, passende Schüssel, in deren Vertiefung ein zwei bis drei Zoll hoher Sockel aus hartem Zuckerteig, nach oben etwas ausgeschweift, in einer Blech = Form gebacken und dann mit grünem Hagelzucker überall gut überstreut wird. Die äußere Kante des Sockels wird mit einer schönen Garnitur nach beigegebener Zeichnung garnirt und in der Mitte das Füllhorn mit Caramel = Zucker befestigt, aufgestellt. Dann werden eingemachte, recht grüne Reineclauben, kleine Aprikosen, Orangenschnitten, Amarellen, Kirschen, Datteln und Mirabellen in einem Trockenschrank gut getrocknet, dann in zum Bruch gekochten Zucker getaucht. Mit diesen Früchten wird das Füllhorn nach nachstehender Zeichnung in der Art geschmackvoll ausgarnirt, daß die glasirten Früchte jedesmal an einer Stelle in Bruchzucker leicht eingetaucht und so eine an die andere befestigt wird, welches mit einiger Sorgfalt zu geschehen hat. Unten herum werden kleine, runde Meringues gebacken, diese ausgehöhlt, mit Schlagrahm gefüllt und mit recht grünen, halbirten Pistazien besteckt.

2149. Antiker Helm von gerösteten Mandeln über einem Sockel.
Casque antique sur socle en pâte d'office.

Hierzu hat man von weißem oder gelbem Blech eine Form von zwölf Zoll Höhe, welche sich in zwei gleiche Theile zerlegen läßt und mit Charnieren versehen ist; die Form zum Kamm des Helmes muß extra sein, weil derselbe auch über dem Helme eigens angesetzt wird. Der Helmbusch ist aus sehr weißem, gesponnenen Zucker bereitet. Der Helm steht über einem antiken Schild nebst Schwert und Gürtel, alles aus Tragantteig schön gearbeitet; der Sockel ist aus hartem Zuckerteig in drei Abtheilungen, jede mit kleinem Backwerk belegt, z. B. kleine Meringue-Becher, mit Schlagrahm gefüllt, runde Chokolade-Bisquits und kleine Herzogbrödchen. Mit Geschmack und Fleiß gearbeitet, gehört diese Piece zu den schönsten der modernen Backwerke.

2150. Lyra von gerösteten Mandeln. Lyre en nougat.

Die Form der Lyra ist ebenfalls aus weißem Blech getrieben und besteht aus zwei ganz gleichen Theilen. Sie werden ebenfalls mit Mandelöl ausgestrichen und dann mit Nougat ausgedrückt, wenn sie kalt sind, aus den Formen genommen und mit recht blaß gekochtem Bruchzucker zusammengesetzt. Der Sockel, worauf die Lyra zu stehen kömmt, ist ebenfalls aus hartem Zuckerteig von neun Zoll Höhe, mit dünn gerührtem Eiweiß-Glace bestrichen und mit weißem Hagelzucker bestreut. Dieser wird in eine passende Schüssel mit Tragantkitt befestigt; über diesem, wenn er recht trocken geworden ist und fest über der Schüssel hält, wird die Lyra mit Caramel-Zucker gerade aufrechtstehend befestigt und die fünf Saiten, wie die über denselben angebrachte Verzierung wird aus recht blaß zu Bruch gekochtem Zucker gemacht und mit ebensolchem Zucker an die Lyra befestigt. Die obere Kante des Sockels wird mit einer schönen Verzierung aus rosa-gefärbtem Tragantteig geschmackvoll garnirt und unten herum kleine, runde Nougats, in Krustadenbecher geformt, welche noch mit geschlagenem Rahm erhaben gefüllt und mit Erdbeeren belegt sind, garnirt.

2151. Englischer Hochzeitkuchen. A Bride Cake.

Vier Pfund feinstes, trockenes Mehl, vier Pfund sehr frische Butter, zwei und ein halbes Pfund fein gestoßener Zucker, sechsunddreißig Eier, ein Kaffeelöffel voll Muskatblüthe, ebenso viel Cardamomen, ein halber Kaffeelöffel voll feingestoßene Nelken, ein Kaffeelöffel voll Zimmt, drei Pfund gut gereinigte Weinbeeren, ein Pfund geschälte und fein en filets geschnittene Mandeln, vierundzwanzig Loth abgezogene und ebenso geschnittene Pistazien, ein Pfund candirte Orangenschalen und ebenso viel Zitronat, alles feinwürfelich geschnitten, nebst einem Quart Rum und etwas Salz geben die Masse. Diese wird nun auf folgende Weise zusammengesetzt. Die Butter wird eine Stunde lang sehr flaumig abgerührt, dann kömmt der Zucker dazu, mit welchem sie noch eine Weile gerührt wird, dann wird das Weiße der Eier zu einem festen Schnee geschlagen und dieser langsam darunter gezogen; unterdessen hat man das Gelbe der Eier eine halbe Stunde lang gut abgerührt, welches sodann mit dem Mehl, den Mandeln und den übrigen Jngredienzen nebst dem Rum genau darunter amalgamirt wird. Das Backen geschieht auf folgende Weise: Es wird eine sechzehn bis achtzehn Zoll hohe starke Kruste von weißem Papier gemacht, welche mit Butter gut ausgestrichen und über ein dickes Blech gestellt wird. In diese Kruste gibt man den dritten Theil der Masse, welche mit einem Eßlöffel glatt gestrichen und dann mit gut abgetropften halben Aprikosen belegt wird. Ueber diese füllt man die zweite Hälfte der Masse, über die ausgelernte, halbe Reineclauden gelegt werden, und dann füllt man den Rest der Masse darüber, welcher ebenfalls glatt gestrichen wird. Das Blech wird noch auf ein zweites gestellt und der Kuchen wenigstens drei Stunden sehr langsam gebacken, welches mit der größten Vorsicht und genauer Kenntniß des Ofens geschehen muß. Wenn der Kuchen in schönster, lichtbrauner Farbe gut ausgebacken und halb ausgekühlt ist, wird das Papier abgelöst und der ganze Kuchen mit einer Punsch = Glasur glasirt, mit Pistazien bestreut, dann über eine gebrochene Serviette auf einer flachen Schüssel angerichtet und so servirt. Dieser Kuchen kann auf die mannigfaltigste Weise dekorirt werden, was lediglich dem guten Geschmacke des geübten Backmeisters anheimfällt. Ju der Londoner illustrirten Zeitung wurde vor einigen Jahren eines solchen Hochzeitkuchens erwähnt; derselbe wurde von Herrn Hayward, Backmeister beim Herzog von Norfolk, ausgeführt. Dieser schöne Kuchen war auf nachstehende Weise geziert. Die obere Figur stellt die Göttin der Ernte mit Fahnen umgeben vor, der Kuchen ist mit weißen Rosen und Orangenblüthen aus Zucker bereitet, umkränzt und die Basis sind sinnbildliche Figuren, welche Füllhörner und Fahnen tragen. Den ganzen Kuchen tragen drei Löwen und drei Talbotsche Hunde von Gold, welche auf einem Brett mit hochrothem Sammt bedeckt, ruhen. Beigegebene Zeichnung ist ganz getreu aus der Londoner illustrirten Zeitung entnommen.

2152. Vase von hartem Zuckerteig mit Merinquen gefüllt. Vase en pâte d'office, garnie de merinques à la Chantilly.

Hierzu wählt man eine kupferne Form ganz nach nachstehender Zeichnung; sie wird mit Butter ausgestrichen und mit hartem Zuckerteig ausgedrückt, dann mit der Gabel überall durchstochen, mit trockenen Erbsen gefüllt, über ein Backblech gestellt und langsam gebacken. Wenn die Vase gut gebacken und kalt geworden ist, werden die Erbsen herausgenommen, beide Theile mit Tragantkitt verbunden und durch die ganze Vase ein Hölzchen zur Sicherheit gemacht; über diese wird eine runde Platte aus

demselben Teige federkielbick ausgerollt, einen halben Zoll größer als der
Durchmesser der Vase beträgt, rund geschnitten, blaß gebacken und mit
Tragantkitt über die Vase befestigt. Wenn alles gut trocken geworden ist,
wird die Vase mit weißer dünner Glace royale bestrichen, mit blaßrothem
Hagelzucker bestreut und langsam getrocknet; unterdessen bereitet man im
Verhältniß zu der Vase einen stufenartigen Sockel aus hartem Zuckerteig,
welcher aber weiß glasirt und mit weißem Hagelzucker bestreut wird. Dieser
Sockel wird mit Tragantkitt über eine passende, flache Schüssel befestigt
und die Vase, unten mit Kitt bestrichen, darüber aufgestellt. Untenherum
werden kleine Tarteletten von Haselnuß=Bisquit=Masse mit Aprikosen=Mar=
melade gefüllt und mit Orangen = Glace glasirt, welche noch mit einge=
machten Früchten schön garnirt sind, gelegt; die zweite Bäckerei sind kleine
Nougats, mit Schlagrahm und Erdbeeren gefüllt, die dritte aber besteht

57

aus Herzogbröbchen. Ueber der Vase werden kleine, rund dressirte, mit feingeschnittenen Pistazien bestreute, ganz weißgebackene, mit Schlagrahm gefüllte Meringuen erhaben aufgerichtet.

2153. Croquant von Gensise.   Croquant de Genoise.

Man bereitet aus einem Pfund Zucker eine Genoise-Masse; diese wird messerrückendick auf ein oder zwei Bleche gestrichen und lichtgelb gebacken; aus dieser werden Ringchen in der Größe eines Guldens ausgestochen, welche mit Glace royale halb weiß halb roth glasirt und dann langsam getrocknet werden. Sodann wird eine glatte Form von vierzehn Zoll Höhe und unten acht und oben neun Zoll Breite zur Hand genommen und diese Ringchen leicht in Bruchzucker eingetaucht, jedesmal ein weißes, dann ein rothes in die Form aufgestellt und genau zusammenbefestigt. In dieser Weise wird die ganze Form ausgarnirt, wie es beigegebene Zeichnung darstellt. Dieses Croquant wird behutsam umgestürzt, über eine Vase aufgestellt und in jedes Ringchen eine eingemachte Weichsel gesteckt. Der Sockel der Vase ist mit kleinen, runden, mit Meringues-Perlen bespritzten und mit Johannisbeer-Gelée gefüllten Bisquiten garnirt. Die zweite Garnitur sind Punschschnitten mit Glace royale bespritzt; oben darüber wird eine Sultane von gesponnenem Zucker aufgestellt.

2154. Croquant von eingemachten grünen Mandeln. Croquembouche des amandes vertes.

Fünfzig bis sechzig gleich große eingemachte grüne Mandeln werden halbirt, abgetrocknet, innen mit etwas Johannisbeer-Gelée bestrichen; dann eine halbirte trockene weiße Mandel eingelegt und jede Mandel an ein Holzspeilchen angesteckt. Diese Mandeln werden sodann in Bruchzucker (siehe Abschnitt 78, 5 Abtheilung Nr. 1956) eingetaucht, worauf man sie kalt werden läßt, das heißt man steckt die Hölzchen aufrecht in ein großes Drahtsieb. Sodann wird eine passende runde Stürzform leicht mit Mandelöl ausgestrichen, und ein Kranz in schiefer Lage von diesen Mandeln eingesetzt, wo jede derselben zuvor etwas in Bruchzucker eingetaucht werden muß. Ist nun die erste Lage eingesetzt, so wird die zweite in entgegengesetzter Lage eingesetzt, und so wird fortgefahren bis die Form voll ist. Zuletzt wird der Boden ebenso ausgelegt; das Auslegen erfordert Geduld und eine richtige Behandlung, damit das Ganze rein und elegant aussieht. Ist nun dieser Croquembouche völlig kalt geworden, so wird derselbe über einen schön dekorirten Sockel aus hartem Zuckerteig bereitet gestürzt, außen herum mit kleinen, mit fein geschnittenen grünen Pistazien bestreuten Meringues garnirt, und darüber eine schöne Sultane aus gesponnenem Zucker gestellt, welches dem Ganzen ein schönes Ansehen gibt.

2155. Croquant von Profiterolen über einem Sockel. Croquembouche à la reine sur socle.

Man bereitet aus gebranntem Teige kleine, runde Kugeln, welche, nachdem sie langsam gebacken sind, noch getrocknet werden. Sodann läßt man ein Pfund feingestoßenen Raffinade-Zucker wie zu einem Nougat auf Kohlenfeuer langsam schmelzen, schüttet in diesen die warmen Kugeln und macht sie leicht durcheinander, damit sie der Zucker von allen Seiten gleich glasirt; sie werden dann in derselben hohen Form in kleinen Parthien ein-

gelegt (was sehr schnell geschehen muß) und die ganze Form damit aus=
gelegt. Nach einer halben Stunde wird der Croquembouche gestürzt,
über nach obiger Zeichnung angegebenen Sockel gestellt und ebenfalls eine
Sultane darüber gesetzt. Beide kleine Backwerke, womit der Sockel unten
herum garnirt ist, sind kleine in Krustaden=Förmchen gebackene und mit
Punsch glasirte Plumpcakes, die zweite Garnitur sind kleine Butterteig=
körbchen, petits paniers au gros sucre, die dritte sind kleine Mandel=
krustaden, mit Schlagrahm gefüllt.

Die Ausführung dieser großen Stücke der Kunstbäckerei erfordert
schon längere Uebung und Sachkenntniß, um sie mit der ihnen gehörigen
Eleganz richtig zu vollenden. So z. B. kann der geschickte Backmeister
immer neue Kunstbackwerke erfinden und sie in schönster Form ausführen.

Alle noch aus Caremes Zeiten abstammenden Aufsätze, z. B. seine Tempel, Ruinen, Eremitagen und mehrere andere sind veraltet und erscheinen weder in Frankreich noch bei uns mehr; deßhalb habe ich sie auch ganz umgangen.

2156. Croquant von Datteln. Croquembouche des dattes.

Hierzu wird das nöthige Quantum gleich großer, reifer Datteln von hellgelber Farbe genommen; diese werden auf einer Seite aufgeschnitten, die Kerne herausgenommen, dann an deren Stelle ein Stückchen Mandelteig, welcher die Größe wie die Kerne haben, eingelegt, so daß die Datteln wieder ihre natürliche Form erhalten. Der Mandelteig wird auf folgende Art bereitet: Ein halbes Pfund Mandeln wird abgezogen, dann werden diese mit ein wenig Rosenwasser fein gerieben und durchpassirt, so daß man einen feinen zarten Mandelteig erhält. Diesen gibt man nun in einen Zuckerkessel und röstet denselben mit zehn Loth Staubzucker über Kohlenfeuer bei immerwährendem Rühren, bis er sich vom Löffel ablöst, ab. Aus diesem Teig werden nun die Kerne geformt, welche in die Datteln eingelegt werden. Das Carmeliren derselben, wie auch das Einsetzen in die Form hat dieser Croquembouche ganz mit den vorhergehenden gemein, und ich weise deßhalb auf Nr. 2154 zurück. Dieser wird ebenso angerichtet, unten herum mit Orangenschnitten nach Nr. 1915 bereitet bekränzt, und darüber eine schöne Sultane aus gesponnenem Zucker bereitet gesetzt.

2157. Croquant von halben Aprikosen. Croquembouche à la Richelieu.

Hierzu werden eingemachte kleine halbe Aprikosen genommen, welche aber über einem Sieb über Nacht im Wärmekasten gestanden haben. An die Stelle, wo der Kern war, wird etwas Aprikosen-Marmelade gethan, und über diesen kleine Kerne, aus dem vorherbeschriebenen Mandelteig natürlich geformt, angedrückt. Auch bei diesem Croquembouche gilt alles vorhergesagte sowohl beim Carmeliren der Aprikosen, wie auch beim Einsetzen der Früchte und das Anrichten selbst. Garnirt wird dieser mit kleinen runden Bisquits, welche weiß glasirt und mit Pistazien bestreut sind.

2158. Croquant von Mandeln. Croquembouche aux amandes à la Royale.

Aus einem größeren Quantum Mandeln werden die nöthigen gleichgroßen ausgesucht, gebrüht, abgezogen, dann leicht getrocknet und zuletzt halbirt. Ferner werden sechzehn Loth grüne Pistazien mit etwas Maraschino fein gerieben, durch ein feines Haarsieb passirt, und dann mit Staubzucker angenehm versüßt, so daß man ein dickes Püree erhält. Mit diesem Pistazienteig werden nun die Mandeln gefüllt und zwei zusammengesetzt. Diese werden nun an Holzspieße gesteckt, carmelirt und wie die vorhergehenden Croquembouches aufgesetzt; das Aufsetzen muß wie bei allen exakt und fleißig ausgeführt werden, denn nur dadurch gewinnen diese Entremets ungemein an ihrem brillanten Aussehen. Beim Anrichten selbst aber wird bei diesen ein crême plombière nach Nr. 1900 eingefüllt, glatt gestrichen, sogleich in eine Schüssel gestürzt und zu Tisch gegeben.

2159. Große Bisquit=Torte auf französische Art. Biscuit de Savoie.

Dieser ausgezeichnete Kuchen der Kunstbäckerei erfordert viel Aufmerk=samkeit und ebenso die strengste Genauigkeit in der Behandlung selbst. Es ist daher nöthig, daß man hierzu den feinsten, trockenen Zucker, ebenso das beste, trockene, feingesiebte Mehl, sehr gute, frische Eier, dann aber einen guten Backofen, der die Hitze gleich und lange andauernd hält, hat. Als großes Stück behauptet eine solche Torte immer den ersten Rang, nur muß dieselbe in ziemlicher Größe bereitet werden. Die Masse hierzu ist folgende: Es werden drei Pfund Zucker mit dem Gelben von 48 Eiern eine Stunde recht schaumig gerührt, dann wird das Weiße von den Eiern zu einem sehr steifen Schnee geschlagen und dieser mit 54 Loth Mehl und sechs Eßlöffeln voll Orangen=Zucker langsam unter die Masse gezogen. Unterdessen hat man eine hohe Bisquit=Form mit geklärter, sehr frischer Butter ausgestrichen, und dann mit Staubzucker überall gleich ausgepudert. Die Masse wird bis dreifingerbreit vom Rande eingefüllt und, nachdem man noch einen Papierstreif mit Butter bestrichen und vierfingerbreit über dem Rande stehend herum befestigt hat, wird die Form über ein Torten=blech gestellt und zwei, auch zwei und eine halbe Stunde mit der Vorsicht gebacken, daß der Kuchen beim Umstürzen eine lichtbraune, glänzende Kruste erhalten hat. Das Garbacken wird dadurch erprobt, daß, wenn man mit den Fingern die Torte oben berührt, die Kruste gesprungen, trocken und fest sein muß. Sie wird sofort über ein großes Haarsieb gestürzt und die Form langsam auf= und darüber weggehoben. Nach dem völligen Erkalten wird sie über einem passenden Sockel aus hartem Zuckerteig be=reitet, aufgestellt und darüber ein Busch aus feingesponnenem Zucker, mit Caramel befestigt, gesetzt. Diesen Bisquitkuchen kann man auch mit Vanille= statt Orangenzucker bis zum angenehmsten im Geschmack heben.

2160. Turban von Bisquit mit gesponnenem Zucker. Turban en biscuit orné de sucre filé.

Hierzu muß man eine sechs Zoll hohe, unten vier und einen halben Zoll im Durchmesser breite, oben abgerundete starke blecherne Form haben, ebenso eine viereckige von sechs bis sieben Zoll im Durchmesser breite. Beide Formen werden mit Butter ausgestrichen, mit Mehl ausgestäubt und mit einer Bisquitmasse, nach Nr. 1972 bereitet, zwei Drittel voll angefüllt, über ein Blech gestellt und sehr langsam gebacken. Wenn diese gebacken sind, werden sie über ein großes Haarsieb gestürzt, worauf man sie gänzlich kalt werden läßt. Sehr gut ist es, wenn man sie Beide den Abend vorher bäckt. Dann wird von dem runden Bisquit mit einem dünnen scharfen Messer oben der runde Kopf abgeschnitten, daß man eine Oeffnung wie ein kleines Weinglas erhält. Das Bisquit wird nun aus=gehöhlt, der abgeschnittene Deckel wieder passend darüber gelegt, dann mit

Aprikosen=Marmelade dünn überstrichen und mit einer rothen Zucker=Glasur mit Marasquino, welche die gehörige Dicke haben muß, übergossen, so daß dieselbe langsam abläuft und das Ganze gleichmäßig überzieht, glasirt, worauf dasselbe langsam getrocknet wird. Das viereckige Bisquit wird nun in schöner Form wie ein natürliches Kissen zugeschnitten, so daß dasselbe im richtigen Verhältniß zu dem obern runden Kopf steht. Dies wird nun mit Glace royale (siehe Nr. 1959) rosa gefärbt und ebenfalls getrocknet. Wenn nun Beide so beendet sind, wird der runde Kopf, welcher unten mit etwas Aprikosen=Marmelade bestrichen wurde, darüber gesetzt; dann wird Zucker fein gesponnen, aus welchem man den Turban zierlich formt und um den Kopf natürlich herumsetzt; ebenso bereitet man aus demselben Zucker den Reiherbusch, wie auch die vier Quasten, welche an den vier Ecken des Kissens eingesteckt werden und herabhängen müssen. Der runde Kopf wird nun geschmackvoll mit Perlen aus weißer Glasur besprizt und ebenso mit weißem Aepfel=Gelée schön ausgarnirt. Der Turban selbst aber wird mit Chokolade=Silberperlen besetzt, welches so ausgeführt werden muß, als wenn diese herumgewunden wären. Wenn nun das Ganze so ausgeführt ist, wird der Turban über eine schön gebrochene Damast= Serviette auf einer passenden Schüssel angerichtet, der Deckel abgenommen, der Turban mit einem Crême à la Chantilly mit Vanille gefüllt, der Deckel wieder darüber gelegt und dann servirt. Zu bemerken ist, daß zur Bisquit= masse einige Loth Mehl mehr und sechs Eiweiß weniger zum Schnee ge= nommen werden müssen, damit beide Theile, wie die Form selbst, nach dem Backen aus derselben kommen.

2161. Croquant von Merinques mit Chokolade. Mousse en mérinques au chocolat.

Von dem Weißen von sechs frischen Eiern wird ein sehr fester Schnee geschlagen und dieser mit einem Pfund Staubzucker langsam untermengt, so daß man eine sehr steife Masse erhält. Von dieser werden über halbe Bögen mit Butter bestrichenem weißen Papier ein federkieldicker Boden und fünf gleich große Ringe, im Durchmesser wie ein Dessertteller, gespritzt, welche, mit weißem Hagelzucker bestreut, über Backbleche gelegt und so langsam hart aber blaßgelb gebacken werden. Wenn nun dieselben schön gebacken sind, werden sie behutsam vom Papier genommen, über ein Blech gelegt und erkalten gelassen. Unterdessen hat man von drei viertel Pfund Zucker eine Parthie silberweißen Zucker fein gesponnen, aus welchem man ebenso große und gleich dicke Kränze formt. Das Aufsetzen geschieht auf folgende Weise: Der Boden wird mit Aprikosen=Marmelade bestrichen, über diesen wird ein Kranz von Merinque gesetzt, dieser wird wieder mit Marmelade bestrichen, dann kömmt ein Kranz von gesponnenem Zucker, dann wieder einer von Merinque und so wird fortgefahren, bis das Ganze aufgesetzt ist. Der obere Reif muß Merinque sein, welcher zierlich mit eingemachten Früchten garnirt wird. Man richtet diese Croquante über eine Serviette auf einer flachen Schüssel an, füllt kurz vor dem Anrichten gut abge=

tropften, mit Vanille-Zucker und fein geriebener Chokolade untermengten Schlagrahm erhaben an und stellt über diesen eine halbrunde Kuppel aus Zucker gesponnen, welches dem Ganzen ein elegantes Ansehen gibt.

2162. Aufgesetzte Merinquen. Grosse merinque montée.

Man bereitet von dem Weißen von zwanzig Eiern und zwei Pfund Staubzucker eine gute Merinque-Masse, aus welcher runde Ringe auf weißem Papier durch eine blecherne Spritze in der Weise dressirt werden, daß immer ein Ring kleiner als der andere ist, so zwar, daß der letzte die Größe eines Quart-Glases hat. Diese Ringe werden mit feinem Staubzucker nochmals bestäubt und in einem ausgekühlten Ofen über Back-bleche in der Art gebacken, daß sie glasspröde sind und eine blaßgelbe Farbe haben. Ist dies erreicht, so werden sie über eine Platte aus hartem

Zuckerteig übereinander mit Merinque=Masse bestrichen, pyramidenartig auf=
gesetzt und dann in den Trockenschrank gestellt. Zu gleicher Zeit hat man
aus derselben Masse runde Merinquen über ein mit Butter bestrichenes
Blech dressirt, welche nach der Größe der Ringe nach oben zu immer
kleiner werden; diese werden mit recht grünen Pistazien bestedt und bei=
nahe ganz weiß recht spröde gebaden. Sie werden sodann mit Merinque=
Masse bestrichen, eins an das andere an die Ringe nach beigegebener Zeich=
nung angesetzt und bis sie wieder fest angetrocknet sind, in das Etuve ge=
stellt. Diese Piece wird bei besondern Gelegenheiten über eine Schale oder
sonst passenden Sockel nach beigegebener Zeichnung aufgestellt, oben darauf
mit einer Sultane aus gesponnenem Zucker bestedt und, nachdem der Sockel
noch mit Merinques, welche mit Vanille=Schlagrahm gefüllt sind, garnirt
ist, wird diese schöne Piece aufgesetzt.

2163. Neapolitanisches Gateau. Gateau Napolitaine.

Man bereitet von einem Pfunde Zucker eine Genoise = Masse; aus dieser werden über reine Backbleche runde, messerrückendicke Ringe aufge= strichen, welche im Durchmesser sechs Finger breit und zwei Finger schmal sind; sie werden blaßgelb gebacken, vom Blech gelöst und wenn sie kalt sind, mit Aprikosen = Marmelade bestrichen, übereinandergesetzt und außen= herum mit einem scharfen Messer ganz egal und rein zugeschnitten. Dieses Gateau wird nun außen herum ganz dünn mit aufgelöster, recht heller Aprikosen=Marmelade bestrichen und dann mit ganz weiß gebackenem Butter= teig, zu welchem die Abfälle angewendet werden, garnirt und in die Ver= tiefung recht helle Johannisbeer=Gelée gespritzt. Dieses Gateau wird dann über einem Sockel, welcher aus hartem Zuckerteig bereitet und mit rosa Hagelzucker bestreut ist, aufgestellt, innen wird Schlagrahm, mit Erdbeeren garnirt, gefüllt, dann eine schön gesponnene Sultane, nach der bemerkten Zeichnung, darüber gesetzt und, nachdem das Gateau noch mit kleinen ge= stürzten Butterkrapfen und der Sockel mit glasirten Chokolade = Bisquits garnirt ist, wird diese Piece aufgestellt. Die obere Verzierung um das Gateau ist aus Spritz=Glasur ausgeführt.

------

79. Abschnitt. 1. Abtheilung.
Von dem Rahm-Gefrornen. De la Glace à la crème.

2164. Vanille=Gefrornes. Glace de crême à la vanille.

Man läßt eine Stange gute Vanille, in kleine Stückchen geschnitten, mit ein und einer halben Maß gutem, süßen Rahm acht Minuten kochen und dann wieder erkalten. Unterdessen werden achtzehn Eidotter mit zwan= zig Loth feingestoßenem Zucker eine viertel Stunde in einer Casserolle gut verrührt, dann wird der Vanille=Rahm nach und nach dazu gegossen und sodann über Kohlenfeuer, bis sich die Eier verdicken oder die Masse bei= nahe aufkochen will, sorgfältig abgerührt, vom Feuer genommen, durch ein Seidensieb in eine Schüssel geseiht und sodann ganz kalt gerührt. Diese Masse wird sodann in die Gefrierbüchse gegossen, gut zugedeckt, fest ge= froren, feinsalbig, der Butter ähnlich, abgearbeitet und hierauf servirt.

2165. Chokolade=Gefrornes. Glace de crême au chocolat.

Ein halbes Pfund gute Vanille=Chokolade löst man mit einem Quart heißer Milch auf Kohlenfeuer langsam auf und rührt dieselbe sodann fein ab; dann gießt man noch eine Maß abgekochten, heißen Rahm dazu, läßt es zusammen eine viertel Stunde langsam kochen und stellt sodann die Cho= kolade kalt. Unterdessen gibt man ein halbes Pfund gestoßenen Zucker in eine Casserolle und rührt denselben mit zwölf Eidottern schaumig ab, gießt sodann die unterdeß ausgekühlte Chokolade nach und nach dazu und rührt es zusammen auf schwachem Kohlenfeuer, bis es beinahe aufstoßen will, vorsichtig, daß die Chokolade ja nicht kocht, langsam ab. Dieselbe wird sodann durch ein feines Haarsiebchen in eine Porzellan-Schüssel geseiht und kalt geschlagen. Eine Stunde vor dem Gebrauche wird die ganz erkaltete Chokolade in die vorher in's Eis gegrabene Gefrierbüchse gegossen, gut gefroren, sodann sehr fein abgearbeitet und in Gefrornen-Tassen servirt.

2166. Chokolade-Gefrornes auf italienische Art. Glace de chocolat à l'Italienne.

Ein Pfund feine Vanille-Chokolade wird mit einem Quart Wasser über Kohlenfeuer langsam aufgelöst, sodann fein abgerührt. Ferner werden achtzehn Eidotter mit einem halben Pfund fein gestoßenem Zucker gut abgerührt, die Chokolade dazu gethan, noch eine Maß frisches Wasser dazu gegossen und zusammen mit Vorsicht über Kohlenfeuer, beinahe zum Aufstoßen abgerührt; es wird sodann in eine Schüssel geseiht und kalt geschlagen. Eine Stunde vor dem Gebrauche wird diese Wasser-Chokolade halb gefroren, sodann gut abgearbeitet und in Gefrornen-Gläsern servirt.

2167. Kaffee-Gefrornes. Glace de crême au café Mocca.

Vierundzwanzig Loth feiner Mokka-Kaffee wird langsam lichtbraun gebrannt und sogleich aus der Trommel in ein und eine viertel Maß kochend heißen guten süßen Rahm geschüttet und gut zugedeckt zum Auskühlen bei Seite gestellt. Unterdessen werden vierundzwanzig Loth fein gestoßener Zucker mit sechzehn Eidottern gut abgerührt, der durchgeseihte Kaffee-Rahm nach und nach dazu gegossen und sodann über Kohlenfeuer den vorhergehenden gleich abgerührt, geseiht, kalt geschlagen und sodann recht zart butterweich gefroren.

2168. Rahm-Gefrornes mit gebranntem Zucker und Orangenblüthen. Glace de crêmes au caramel aux fleurs d'orange.

Acht Loth gestoßener Zucker werden in einem Zuckerlöffel zu Caramel gebrannt, sodann gießt man ein Weinglas voll Wasser dazu und läßt den Zucker aufkochen, daß er einem dicken Syrup gleich ist. Ferner werden vierundzwanzig Loth Zucker mit sechzehn Eidottern, nebst zwei Loth gerösteten Orangenblüthen gut abgerührt, der Caramel, wie auch ein und eine viertel Maß guter süßer Rahm dazu gegossen, dieser Crême mit Vorsicht den vorhergehenden gleich abgerührt, geseiht, kalt geschlagen und ebenso gut gefroren und recht fein abgearbeitet.

2169. Rahm-Gefrornes mit Orangen-Geruch. Glace de crême à l'orange.

Das Gelbe einer Orange wird sehr fein mit einem scharfen Messerchen mit der Vorsicht abgelöst, daß auch nicht das Mindeste von der weißen Schale daran bleibt. Dieses wird nun in ein und eine viertel Maß kochendheißen Rahm geworfen, dieser gut zugedeckt und zum Auskühlen bei Seite gestellt. Unterdessen werden vierundzwanzig Loth gestoßener Zucker

mit sechzehn Eidottern gut abgerührt, der Rahm sammt den Orangen=
schalen dazu gegossen, und hierauf den vorhergehenden gleich abgerührt,
geseiht, kalt geschlagen, fest gefroren und recht zart und fein abgearbeitet.

2170. Rahm=Gefrornes mit Zitronen=Geruch. Glace de crême au citron.

Bleibt in seiner Behandlung dem vorhergehenden gleich.

2171. Schmankerl=Gefrornes auf Wiener Art. Glace de crême à la Viennaise.

Man bereitet ein recht feines Vanille = Gefrornes, sobann werden
Schmankerl wie zu einem Schmankerl=Mus bereitet, die sogleich heiß in
der Größe ausgestochen werden, wie die Rundung der Crêmebecher ist, in
welchen das Gefrorne servirt wird.   Die Abfälle der Schmankerl werden
klein zerdrückt und nebst den runden ausgestochenen Blättchen in einen
Trockenschrank warm gestellt.   Kurz vor dem Serviren wird unter das
Vanille=Gefrorne ein Suppenteller voll gut abgetropften Schlagrahms ge=
arbeitet, die klein zerdrückten Schmankerl langsam barunter melirt, das
Gefrorne in die zuvor in's Eis gestellten Crême=Becher gefüllt, diese mit
einem Schmankerl=Blättchen gedeckt und so über eine zierlich gebrochene
Serviette auf eine Schüssel gestellt, dazwischen mit derselben Anzahl silberner
oder goldener Kaffeelöffel belegt und so präsentirt.   Flache Porzellanteller
müssen früher schon aufgesetzt sein.

2172. Rahm=Gefrornes mit Zimmt=Geruch. Glace de crême à la cannelle.

Zwei Loth feinsten Ceylon=Zimmt läßt man in ein und einer viertel
Maß gutem Rahm zwei Minuten kochen und stellt denselben zugedeckt kalt.
Unterdessen werden vierundzwanzig Loth gestoßener Zucker mit sechzehn
Eidottern gut abgerührt, man gießt bann den Zimmt = Rahm nach und
nach dazu und rührt den Crême über schwachem Kohlenfeuer, bis er auf=
stoßen will, vorsichtig ab; sobann wird derselbe durch ein feines Haarsieb
in eine Schüssel geseiht, kalt geschlagen, dem vorhergehenden gleich gefroren,
recht fein abgearbeitet und in Gefrornen=Tassen, hoch aufbressirt, servirt.

2173. Rahm=Gefrornes mit Malaga=Wein. Glace de crême au vin de Malaga.

Vierundzwanzig Loth gestoßener Zucker wird mit achtzehn Eidottern
gut abgerührt, eine Maß guter süßer Rahm dazu gegossen und sobann
dieser Crême auf die schon gesagte Weise vorsichtig auf schwachem Kohlen=
feuer abgerührt; derselbe wird nun in eine Schüssel geseiht, mit gutem
alten Malaga=Wein bis zum angenehmsten Geschmack versetzt und sobann
kalt geschlagen.   Das Gefrieren und das feine Abarbeiten hat dieses auch
mit den anderen Rahm=Gefrornen gemein.

2174. Rahm-Gefrornes mit bittern Macaronen. Glace de crême aux macarons amers.

Zwölf Loth bittere Macaronen werden mit dem Rollholz über einem reinen Tisch zerdrückt, in ein und eine viertel Maß kochenden Rahm gethan und noch acht Minuten langsam gekocht. Unterdessen werden zwanzig Loth gestoßener Zucker mit vierzehn Eidottern gut abgerührt, dann wird der unterdeß kalt gewordene Rahm mit den Macaronen dazu gegossen und über schwachem Kohlenfeuer vorsichtig, bis der Crême aufstoßen will, abgerührt. Derselbe wird durch ein sehr reines gut ausgewaschenes neues Haartuch gestrichen und dann kalt geschlagen. Eine Stunde vor dem Serviren wird der Crême gut gefroren, fein abgearbeitet und sodann ein Suppenteller voll gut abgetropfter Schlagrahm darunter gearbeitet. Dies Gefrorne wird häufig in Crême-Becher hoch aufdressirt und wie das Schmankerl-Gefrorne angerichtet zu Tisch gegeben.

2175. Haselnuß-Gefrornes. Glace de crême aux noisettes.

Zwölf Loth Hasel-, Bart- oder welsche Nußkerne werden mit Milch sehr fein gerieben, in eine Casserolle gethan, mit ein und einer viertel Maß gutem süßen Rahm verrührt, über dem Feuer kochendheiß gerührt und zugedeckt bei Seite gestellt. Sobann werden sechzehn Eidotter mit vierundzwanzig Loth gestoßenem Zucker gut verrührt, der Rahm fest durch eine geruchlose feine Serviette gepreßt, zu den Eiern gegossen und über schwachem Kohlenfeuer, dem übrigen Rahm-Gefrornen gleich, abgerührt. Hierauf wird der Crême geseiht, kalt geschlagen, wie die Uebrigen gefroren, sehr fein abgearbeitet und servirt.

2176. Mandel-Gefrornes. Glace de crême aux amandes.

Dieses wird ganz dem vorhergehenden gleich bereitet.

2177. Gefrornes von gerösteten Mandeln. Glace de crême aux amandes pralinées.

Ein halbes Pfund abgezogene Mandelkerne werden in eine Caramel-Pfanne mit acht Loth Zucker gelb abgeröstet, mit etwas Milch fein gerieben und mit ein und einer viertel Maß süßem Rahm bis zum Kochen heiß gemacht und nach dem Erkalten durchgepreßt. Die fernere Bereitung schließt sich den vorhergehenden an, nur mit dem Unterschiede, daß hier nur ein halbes Pfund Zucker mit den Eiern abgerührt wird.

2178. Rahm-Gefrornes mit Marasquino di Zara. Glace de crême au marasquin.

Man rührt von vierundzwanzig Loth Zucker, sechzehn Eidottern und ein und einer viertel Maß Rahm einen Crême, welchen man in eine Schüssel passirt und mit ächtem Marasquino di Zara bis zum angenehmsten Geschmack erhöht. Die Vollendung dieser Gefrornen bleibt immer dieselbe.

Auf dieselbe Art werden auch die nachstehenden Gefrornen bereitet:

2179. **Rahm-Gefrornes** mit Parfait d'amour. Glace de crême au parfait d'amour.

2180. **Rahm-Gefrornes** mit Kirschenwasser. Glace de crême à l'eau de cerises.

2181. **Rahm-Gefrornes** mit Eau de noyaux. Glace de crême à l'eau de noyaux.

2182. **Rahm-Gefrornes** mit Vanille-Liqueur. Glace à la crême de vanille.

Dieses muß mit etwas Cochenille, nachdem es abgerührt ist, rosa ge= färbt und mit Vanille-Crême-Liqueur angenehm versetzt sein.

Diese Liqueur-Gefrornen können auch, nachdem sie fest gefroren und fein gearbeitet sind, mit einem Suppenteller voll abgetropftem guten Schlag= Rahm untermengt, in Crême-Bechern servirt werden.

2183. **Rahm-Gefrornes** mit frischen Erdbeeren. Glace de crême aux fraises.

Es werden drei viertel Pfund Zucker mit sechzehn Eidottern gut ab= gerührt, sodann gießt man eine Maß süßen Rahm dazu und rührt diesen Crême über Kohlenfeuer vorsichtig ab; derselbe wird nun geseiht, kalt ge= schlagen, sodann fest gefroren und fein abgearbeitet. Ist dies erreicht, so arbeitet man ein Quart frisches Walderdbeeren = Püree darunter, welches demselben einen äußerst angenehmen Geschmack gibt.

2184. **Rahm-Gefrornes** mit frischen Himbeeren. Glace de crême aux framboises.

Dieses unterliegt derselben Behandlungsweise.

2185. **Rahm-Gefrornes** mit frischem Aprikosen-Püree. Glace de crême à la purée d'abricots.

2186. **Rahm-Gefrornes** mit Pfirsich-Püree. Glace de crême à la purée de pêches.

2187. **Rahm-Gefrornes** mit Ananas-Pürre. Glace de crême à la purée d'ananas.

Diese zuletzt angegebenen Rahm = Gefrornen mit frischen Früchten= Pürees versetzt, haben besonders das angenehme, daß sie nicht so sehr ab= kühlen; sie werden stets in Gläser gefüllt und mit einem Eßlöffel voll von dem jedesmal bezeichneten Früchten-Püree, welches mit feingestoßenem Zucker verrührt ist, begossen und so servirt.

2188. Rahm=Gefrornes mit Orangenblüthen. Glace de crème aux fleurs d'orange.

Man wirft drei Loth geröſtete Orangenblüthen in ein und eine viertel Maß kochenden Rahm und ſtellt dieſen zugedeckt bei Seite. Sobann werden vierundzwanzig Loth geſtoßener Zucker mit achtzehn Eidottern gut abgerührt, der Rahm nach und nach dazu gegoſſen und über dem Feuer, daß der Crème nicht gerinnt, vorſichtig abgerührt; ſobann wird er geſeiht, kalt geſchlagen, feſt gefroren, recht zart abgearbeitet und erhaben in Ge= frornen=Taſſen ſervirt.

2189. Thee=Gefrornes. Glace de crème au thé.

In ein und eine viertel Maß kochendheißen Rahm werden zwei Loth Thee geworfen, gut zugedeckt und erkalten gelaſſen. Unterbeſſen werden vier= undzwanzig Loth geſtoßener Zucker mit dem Gelben von ſechzehn Eiern gut abgerührt, der durchgeſeihte Rahm nach und nach dazu gegoſſen und der Crème über dem Kohlenfeuer langſam, bis derſelbe aufſtoßen will, vorſichtig abgerührt; hierauf wird derſelbe geſeiht, kalt geſchlagen und dem vorhergehenden gleich gefroren.

----

79. Abschnitt. 2. Abtheilung.

Von dem Gefrornen von friſchen Früchten. De la Glace de fruits frais.

Ehe ich zur Bereitung der Saft=Gefrornen ſelbſt ſchreite, iſt es nöthig, zu bemerken, daß der Zucker nicht zu einem Syrup gekocht wird, welcher Gebrauch allenthalben beſteht, ſondern daß derſelbe in kleine Stückchen zerſchlagen, mit friſchem Waſſer übergoſſen und ſo im kalten Zuſtande zu einem dicken Syrup aufgelöſt werden muß. Dadurch gewinnen alle Früchte= Gefrornen bei weitem einen reineren Frucht=Geſchmack, der durch Bei= miſchung des gekochten Syrups mehr oder weniger immer verliert.

2190. Erdbeer=Gefrornes. Glace aux fraises.

Zwölf Maß friſchgepflückte Walderdbeeren werden durch ein feines Haarſieb in eine Schüſſel mit einem Holzlöffel paſſirt; man mengt dann ein Pfund kalt aufgelöſten Zuckerſyrup, den Saft von zwei Zitronen und das noch nöthige kalte Waſſer darunter und paſſirt das Ganze nochmals durch ein Seidenſieb oder ein reines Haartuch. Dieſer Erdbeerſaft wird nun nach neuerer Manier in der Zucker=Wage bis zu zweiundzwanzig Grad gewogen; erreicht der Saft dieſe Grade nicht, ſo müßte noch etwas Zucker nachgegoſſen werden; überſteigt er jedoch dieſen Grad, ſo muß noch etwas kaltes Wasser beigefügt werden. Auch bemerke ich, daß die Saft=Gefrornen beim Gefrieren mehr Salz erfordern und die Büchse immer eine halbe Stunde zuvor eingegraben sein muß.

2191. Himbeer-Gefrornes. Glace aux framboises.

Wird ebenso wie das Erdbeer=Gefrorne bereitet.

2192. Pfirsich=Gefrornes Glace aux pêches.

Zwanzig bis vierundzwanzig völlig reife Pfirsiche werden halbirt, die Kerne herausgenommen und die Pfirsiche durch ein Haarsieb in eine Schüssel gestrichen; zu diesen gießt man den von einem Pfund Zucker kalt aufgelösten Zucker=Syrup, den Saft von zwei bis drei Zitronen, ein Quart kaltes Wasser und etwas wenig Cochenille, damit der Saft ein blaßrothes Ansehen bekömmt. Derselbe wird nun nochmals geseiht, bis zu zweiund=zwanzig Grad gewogen, sodann fest gefroren und recht fein und fest ab=gearbeitet.

2193. Aprikosen=Gefrornes. Glace aux abricots.

Vierundzwanzig bis dreißig völlig reife Aprikosen werden halbirt, durch ein Haarsieb gestrichen und der von einem Pfund Zucker aufgelöste Zucker=Syrup nebst einem Quart frischem Wasser dazu gegossen. Die Kerne der Aprikosen werden leicht zerstoßen, zu dem Safte gethan, genau umgerührt und so eine Stunde stehen gelassen. Hierauf wird dasselbe nochmals rein geseiht, etwas Zitronensaft dazu gedrückt, dem vorhergehenden gleich gefroren und recht fein und fest, bis es sich zieht, abgearbeitet.

2194. Orangen=Gefrornes. Glace aux oranges.

Acht Stück schöne Orangen werden halbirt und der Saft in den aus ein und einem viertel Pfund Zucker kalt aufgelösten Zucker=Syrup gepreßt, mit einem Quart frischem Wasser verdünnt und, nachdem man noch das von zwei bis drei Orangen sehr fein abgeschnittene Gelbe dazu gethan hat, wird der Saft zugedeckt und eine Stunde stehen gelassen. Sodann wird derselbe nochmals geseiht, bis zu zweiundzwanzig Grad ge=wogen und recht fein und fest gefroren.

2195. Zitronen=Gefrornes. Glace aux citrons.

Wird ganz dem Orangen=Gefrornen gleich bereitet.

2196. Ananas=Gefrornes. Glace à l'ananas.

Die äußere rauhe Schale einer völlig reifen Ananas wird ringsum abgeschnitten, die Ananas selbst in Scheiben geschnitten und im Reibstein mit einem halben Pfund Grobzucker fein gerieben. Dieses Pürée wird so=dann noch mit dem aus drei viertel Pfund Zucker kalt aufgelösten Zucker=Syrup verrührt, der Saft von zwei Zitronen dazu gepreßt, mit kaltem

Waffer verdünnt, bis zu zweiundzwanzig Grad gewogen, nochmals geseiht und den vorhergehenden gleich gefroren.

2197. Ananas=Gefrornes in Gläsern. Glace à l'ananas en verres.

Unter das sehr fest und fein gefrorene Ananas = Gefrorne wird der fest geschlagene und mit etwas Zucker=Syrup untermengte Eiweiß = Schnee von fünf Eiern darunter gearbeitet, dieses in Crément = Gläser angerichtet und mit ganz aufgerollten Hohlhippen, welche über eine Serviette auf einer flachen Schüssel erhaben angerichtet sind, zu Tisch gegeben.

2198. Heidelbeeren=Gefrornes. Glace aux mirtilles.

Ein und eine halbe Maß frisch gepflückte Heidelbeeren werden durch ein Haarsieb gepreßt, in eine Schüssel gethan, mit dem aus einem Pfunde Zucker kalt aufgelösten Zucker=Syrup und einem Quart Waffer untermengt und sobann nochmals abgeseiht. Hierauf wird dieser Saft bis zu zwei= undzwanzig Grad gewogen, der Saft einer Zitrone dazu gepreßt, den vor= hergehenden gleich gefroren und recht fein abgearbeitet.

2199. Heidelbeer = Gefrornes mit Bordeaux = Wein. Glace aux mirtilles au vin de Bordeaux.

Das Heidelbeer=Gefrorne wird dem vorhergehenden gleich bereitet, fest gefroren und fein abgearbeitet. Kurz vor dem Gebrauche wird eine halbe Bouteille Bordeaux = Wein darunter gearbeitet, in Gläser gefüllt und mit ganz dünn aufgerollten Hohlhippen zu Tisch gegeben.

2200. Weichsel=Gefrornes. Glace aux griottes.

Eine Maß ausgekernte, gute Weichseln werden mit dem vierten Theil ihrer Kerne gestoßen, in eine Schüssel gethan, mit einem Pfunde kalt auf= gelösten Zucker = Syrup und einem Quart Waffer untermengt und so eine Stunde stehen gelassen. Sobann wird dasselbe durch ein feines Haarsieb gepreßt, bis zu zweiundzwanzig Grad gewogen, sehr fest gefroren und fein abgearbeitet.

2201. Weichsel=Gefrornes mit Bordeaux=Wein. Glace aux griottes au vin de Bordeaux.

Es wird ganz dem vorhergehenden gleich bereitet, nur vor dem Ge= brauche mit einer halben Bouteille Bordeaux=Wein untermengt, in Gläsern servirt und Hohlhippen extra beigegeben.

2202. Johannisbeer=Gefrornes. Glace aux grosseilles.

Ein und eine halbe Maß frisch gepflückte weiße oder rothe Johannis= beeren werden von den Stielen befreit, zerdrückt und der Saft in eine Schüssel passirt. Sobann gibt man den von einem Pfunde Zucker kalt aufgelösten Zucker = Syrup und zwei Quart Waffer dazu und färbt die rothen Johannisbeeren noch. mit etwas Cochenille blaßroth. Das Ge=

frorne wird bis zu zwanzig Grad gewogen, geseiht, sehr fest gefroren und fein und zart abgearbeitet.

2203. Aepfel=Gefrornes. Glace aux pommes.

Hierzu wählt man, wenn es die Umstände erlauben, stets Calville= Aepfel. Ohngefähr zwölf Stück werden rein geschält und mit einem hal= ben Pfunde groben gestoßenen Zucker sehr fein gerieben, sodann in eine Schüssel gethan, mit zwei Quart Wasser, dem von drei viertel Pfund Zucker kalt aufgelösten Zucker=Syrup, nebst dem Safte von zwei Zitronen untermengt und so eine Stunde stehen gelassen. Sodann wird der Aepfel= saft genau geseiht, bis zu zweiundzwanzig Grad gewogen, fest gefroren, gut abgearbeitet und erhaben in Gefrornen=Tassen aufbressirt zu Tisch gegeben.

2204. Birn=Gefrornes. Glace aux poires.

Zwölf bis fünfzehn gute Bergamotte=, Zitronen= oder Muskateller= Birnen werden rein geschält, mit einem halben Pfunde Grobzucker und dem Safte einer Zitrone fein gerieben, sodann in eine Schüssel gethan, mit zwei Quart frischem Wasser, dem Safte einer Zitrone, und mit dem aus einem halben Pfunde kalt aufgelösten dicken Zucker=Syrup gut unter= mengt, und sodann nach einer halben Stunde nochmals rein geseiht. Es wird sodann bis zu zweiundzwanzig Grad gewogen, sehr fest gefroren und recht fein abgearbeitet.

2205. Vanillesaft=Gefrornes auf Wiener Art. Glace de vanille à la Viennaise.

Zwei Stangen von der besten Vanille werden aufgeschlitzt, in kleine Stückchen geschnitten, in eine kleine Terrine gethan, etwas warmer geläu= terter Zucker darüber gegossen und so gut zugedeckt über Nacht stehen ge= lassen. Des andern Tags werden noch zwei Quart Wasser und der nöthige Zucker=Syrup dazu gegossen, mit Zitronensaft angenehm gesäuert, mit etwas Cochenille rosa gefärbt, auf zweiundzwanzig Grad gewogen, fest gefroren und recht fein abgearbeitet.

2206. Gefrornes mit mehreren Früchten. Glace à la Tutti frutti.

Hierzu wird ein Zitronen=, Orangen= oder Ananas=Gefrornes, wie es bereits angegeben ist, bereitet; dasselbe wird fest gefroren und fein ab= gearbeitet. Unterdessen schneidet man in kleine Würfel acht Stück recht grün eingemachte Reineclauden, ebenso viel eingemachte halbe Aprikosen, sechs Stück eingemachte Nüsse, ein viertel Pfund abgetrocknete Amarellen; dies alles wird langsam unter das Gefrorne gemengt und dieses erhaben in Gefrornen=Tassen aufbressirt. Dasselbe kann auch in Körbchen, aus frischen Orangen geschnitten, erhaben eingefüllt, mit einem grünen frischen Orangen=Blatt an der Seite besteckt und so die Körbchen über eine ge= brochene Serviette auf eine flache Schüssel gestellt, zur Tafel gegeben werden.

2207. Aprikosen-Gefrornes mit Muskat-Wein. Glace aux abricots au vin de Muscat.

Man bereitet auf die angegebene Weise ein recht feines, gutes Apri=kosen=Gefrornes, welches man, ehe man es servirt, mit einem Quart Muskat Lunel untermengt und in Gläsern servirt.

2208. Himbeer-Gefrornes mit Marasquino. Glace aux framboises au marasquin.

Unter ein recht gutes, fein abgearbeitetes, frisches Himbeeren=Gefrornes arbeitet man eine Obertasse voll ächten Marasquino di Zara und servirt dasselbe in Gläsern.

2209. Orangen-Gefrornes mit Weichseln. Glace à l'orange aux cerises.

Man bereitet ein recht gutes Gefrornes von Orangen, füllt dasselbe in Crêment=Gläser und garnirt oben herum ein Kränzchen von in Dunst eingemachten Belzweichseln.

2210. Himbeer-Gefrornes mit Ananas. Glace aux framboises à l'ananas.

Man bereitet ein gutes Himbeer=Gefrornes, wie es vorher genau an=gegeben ist. Dieses wird kurz vor dem Gebrauche in Bordeaur=Gläser gefüllt und darüber sehr dünngeschnittene und in Syrup einmal aufgekochte Ananas=Scheibchen gelegt.

2211. Aepfel-Gefrornes mit Arak. Glace aux pommes à l'Arac.

Das vorher beschriebene Aepfel=Gefrorne wird, nachdem es fein ab=gearbeitet ist, mit einem Gläschen Arak im Geschmack gehoben, mit etwas Eierschnee, welcher mit einigen Löffeln voll Syrup untermengt ist, genau verarbeitet, dann in passende Gläser gefüllt und mit in Dunst eingemachten halben Aprikosen belegt.

2212. Gefrorner Punsch. Ponche à la glace.

Man bereitet ein sehr gutes Orangen=Gefrornes wie dieses im Laufe dieses Abschnittes genau angegeben ist. Dasselbe wird sehr fest gefroren, dann mit einem Quart Arak und ebenso viel Champagner=Wein durchge=arbeitet und dickfließend in Crêment=Gläsern servirt.

2213. Gefrorner Punsch auf römische Art. Ponche à la Romaine.

Man bereitet, wie bei dem vorhergehenden, ein festes, sehr fein ab=gearbeitetes Orangen=Gefrornes. Unterdessen wird das Weiße von sechs frischen Eiern zu einem festen Schnee geschlagen und dieser mit einer Ober=tasse voll Zucker=Syrup untermengt; dieser Eierschnee wird genau unter das Orangen-Gefrorne gearbeitet, dann wird ein Quart Arak, ebenso viel Champagner und eine Obertasse voll Ananas-Syrup darunter gerührt und dieser kalte Punsch in Gläsern servirt.

2214. Granit von Orangen.   Granit à l'orange.

Man bereitet für zwölf Couverts zwei Maß Orangen-Gefrornes und wiegt dieses bis zu zweiundzwanzig Grad. Dasselbe wird eine halbe Stunde vor dem Gebrauche halbfest gefroren in Gläsern servirt.

Auf dieselbe Art werden alle Granit-Gefrornen von frischen Früchten bereitet.

2215. Sorbet von Ananas mit Champagner.   Sorbet d'ananas au vin de Champagne.

Man bereitet ein und eine halbe Maß Ananas-Gefrornes. Dasselbe wird auf die bekannte Weise fest gefroren und kurz vor dem Serviren mit einer halben Flasche gutem Champagner untermengt und ebenfalls in Gläsern servirt.

Auf dieselbe Weise erscheinen diese Gefrornen als:

2216. Sorbet von Weichseln mit Bordeaux.   Sorbet aux cerises au vin de Bordeaux.

2217. Sorbet von Johannisbeeren mit Hochheimer.   Sorbet aux grosseilles au vin de Hochheim.

2218. Sorbet von Himbeeren mit Burgunder.   Sorbet aux framboises au vin de Bourgogne.

2219. Sorbet von Erdbeeren mit Steinwein.   Sorbet aux fraises au vin de Stein.

Diese Art Gefrornen werden bei größeren Tafeln in der Regel vor dem Braten in Gläsern servirt.

---

79. Abschnitt. 3. Abtheilung.
Von den eingeschlagenen Gefrornen.   Des Glaces moulées.

Alle vorhergehenden Gefrornen, ausgenommen jene, welche in Gläsern servirt werden, können in irgend einer beliebigen Form, welche genau schließt und in Stücke oder in zwei Theile auseinander gelegt werden kann, gefüllt werden. Doch ist zu bemerken, daß die Saft-Gefrornen nur bis zu zwanzig Grad wiegen, folglich weniger Zucker haben dürfen.

Die gewöhnlichen Formen bestehen in Blumen-, Frucht- und Obst-Gegenständen in natürlicher Größe, in Formen von Vögeln und andern Thieren, z. B. Löwen, Hirsche, Panther, Papageien, Schwanen, Täubchen u. dgl. Alle diese Formen werden genau nach der Natur modellirt, dann hiervon Abgüsse aus Zinn gemacht, welche sehr genau schließen müssen, damit auch nicht die geringste Nässe eindringen kann. Zu Gegenständen, welche Früchte vorstellen, wählt man jedesmal das zu der Frucht gehörige Obst, diese werden sehr fest gefroren, in die Formen genau eingedrückt, diese dann in naßgemachtes Papier eingewickelt und so zwischen gesalzenes Eis eingegraben, welches bei den kleinen Gegenständen eine und bei den größern auch drei Stunden andauern muß. Nimmt man die Gefrornen aus den Formen, so wird das Papier abgenommen, die Form in kaltes Wasser getaucht, schnell geöffnet, der Gegenstand mit einer Gabel vorsichtig herausgenommen und in einem in's Eis gegrabenen Conservir-Schaff über Papier gelegt. Alle Gegenstände werden mit unschädlicher, chemisch bereiteter Farbe ganz leicht bemalt. Von vorzüglicher Schönheit sind die Fruchtkörbe, welche reichlich mit verschiedenen Früchten aus Gefrornem bereitet, gefüllt sind, wie auch die Vasen mit den verschiedensten Blumen belegt. Die hier folgenden Zeichnungen dienen als Muster, wie sie ausgeführt werden sollen.

2220. Korb mit Früchten.   Corbeille aux fruits.

Der Korb ist aus Gefrornem von Vanille bereitet, die Früchte, mit denen der Korb erhaben belegt ist, sind Formen aus Zinn, welche ebenfalls mit einem Charnier versehen sind und sich von der einen Seite öffnen lassen. Sie bestehen aus Orangen, Zitronen, Aprikosen, Pfirsichen, Feigen, Aepfeln, Birnen, Zwetschken, Pflaumen und großen Kirschen. Jede Frucht wird mit dem ihr zusagenden sehr festen Gefrornen gefüllt, dann in naß= gemachtes Papier eingewickelt und über ein Beet von gestoßenem Eise, gut mit Salz überstreut, gelegt, dann wird wieder handhoch gestoßenes Eis darübergeschüttet, gut gesalzen und so eine Stunde stehen gelassen. Unter= dessen hat man einen kupfernen Kessel von sechzehn Zoll Höhe in ein Schaffel mit Eis und Salz eingegraben. Der unterdeß fest gefrorene Korb von Vanille=Gefrornem wird in's kalte Wasser getaucht, schnell ab= getrocknet, unten eine Gabel in das Gefrorne gesteckt, so herausgenommen und über eine gebrochene Serviette auf eine passende Platte gestellt. Dann werden die Früchte ebenfalls aus den Formen genommen, leicht nach der Natur gemalt und recht geschmackvoll über dem Korb aufgerichtet und da= zwischen mit Orangenblättern besteckt. Hierauf wird das Gefrorne in das Conservir=Schaff gestellt, zugedeckt, gestoßenes Eis darüber gethan und bis zum Gebrauche stehen gelassen.

2221. Vase mit verschiedenen Blumen aus Gefrornem. Vase, garnie de fleurs en glace.

Die nach obiger Zeichnung mit Vanille= und Chokolade=Gefrornem marmorirt eingefüllte Vase wird genau zugemacht, in naßgemachtes Papier eingehüllt und drei Stunden in feingestoßenes, gut gesalzenes Eis gegraben. Die Blumen, bestehend aus Lilien, weißen und rothen Rosen, Narzissen, Tulpen u. dgl. werden ebenfalls eingefüllt, eine Stunde in's Eis gegraben und das Gefrorne dem vorhergehenden gleich beendet.

**2222. Täubchen über einem Neste von gesponnenem Zucker.
Pigeons sur un nid en sucre filet.**

Hierzu gehören zwei Tauben-Formen, die etwa die Größe von Turtel-
tauben haben und genau nach der Natur gegossen sind. Diese werden mit
Vanille-Gefrornem gefüllt und sodann zwei Stunden in's Eis gegraben.
Ferner hat man zwölf Tauben-Eier-Formen; diese werden mit Ananas-
Gefrornem gefüllt und ebenfalls eingegraben. Unterdessen bereitet man
aus einem Pfund zu Caramel gekochtem Raffinade-Zucker ein gesponnenes
Nest, welches etwas kleiner als die Schüssel ist, auf welcher man das
Gefrorne serviren soll. Dieses Nest wird über eine gebrochene Serviette
auf die Schüssel gestellt, die Eier aus den Formen genommen, in das
Nest gelegt und die beiden Täubchen, nachdem die Augen, der Schnabel
und die Füßchen roth bemalt sind, darüber gesetzt.

2223. Schwan von Vanille-Gefrornem. Cygne au glace de vanille.

Die Form wird ganz der vorhergehenden gleich mit Vanille-Gefrornem
gefüllt und drei Stunden in's Eis gegraben. Ferner werden zwölf bis
vierzehn kleine Schwanen-Förmchen ebenfalls mit Marasquino- oder Zi-
tronen-Gefrornem gefüllt, welches bis zu sechzehn Grad gewogen ist und
ebenso eine Stunde in's gestoßene Eis gegraben.

Vor dem Gebrauche wird eine ovale, passende, flache Schüssel auf's
Eis gestellt, der große Schwan aus dem Eis genommen, in's kalte Wasser
getaucht, das Papier abgelöst, die Form behutsam, damit nichts an dem
Halse geschieht, geöffnet, der Schwan vorsichtig herausgenommen, in die

erkaltete Platte gestürzt, der Schnabel und die Augen leicht gemalt und
die kleinen Schwänchen herumgesetzt.

2224. Bachantin auf einem Sockel.

Die ganze Sockel-Form muß sich in vier Theile zerlegen lassen, mit
Charnieren und unten wie oben mit zwei flachen Deckeln, welche ganz
genau schließen und sich abnehmen lassen, versehen sein. Ebenso verhält
es sich mit der Figur, welche mit ihrem Untersatze, worauf sie ruht, aus
einer Form, die sich wieder in mehrere Stücke zerlegen läßt, gemacht sein
muß. Der Amor ist eine Form für sich allein. Der Fuß der vasen-
artigen Sockel-Form wird mit festem Chokolade-Gefrornen egal eingefüllt,
die Vase oder der obere Theil des Sockels wird mit Vanille-Gefrornen
gefüllt. Die beiden Figuren können mit recht blaßroth gehaltenem Jo-
hannisbeer-Gefrornen gefüllt werden, jene Stellen aber, worauf sie ruhen,
sind Pistazien-Gefrornes. Das Einfüllen muß bei allen diesen Gefrornen
drei Stunden vorher geschehen, wobei bemerkt werden muß, daß die Gefrornen nur zwischen achtzehn bis neunzehn Grad wiegen dürfen und sehr
fest gefroren sein müssen. Die eingefüllten Formen werden alsdann mit
genäßtem Papier eingehüllt, dieses fest an die Form angedrückt, damit kein
Wasser eindringen kann und dann in sein gestoßenes gut gesalzenes Eis
eingegraben und so zwei bis drei Stunden, je nach der Größe der Form,
an einem kalten Orte stehen gelassen. Eine kleine halbe Stunde vor dem
Serviren wird der Sockel aus dem Eise genommen, das Papier abgelöst,

die Form schnell in's kalte Wasser getaucht, abgetrocknet, die Charniere aufgelöst, die Form über eine Kristall=Schüssel gestellt und die vier Formenstücke behutsam abgenommen. Die große Figur wird ebenso aus der Form genommen, darüber gesetzt und der kleine Amor, nach obiger Zeichnung, darübergelegt. Die einzelnen Blümchen, ein kleines Bäumchen, wie es die Zeichnung darstellt, sind natürliche, frische Blümchen, welche dem Ganzen ein ungemein schönes Ansehen geben. Die Gesichtchen sind leicht gemalt, wie auch das Gewand der großen Figur mit Cochenille= Farbe etwas dunkler bestrichen. Ist das Ganze auf die geschickteste Weise aufgesetzt, so wird die Kristall=Schale auf eine passende silberne Schüssel gestellt und sogleich präsentirt. Beim Einfüllen der Formen muß ich noch bemerken, daß in den freistehenden Aermchen dünne Drähte nach der Form mit eingelegt und an den Körpern eingesteckt werden müssen, welche zuvor, ehe die Form gefüllt wird, in Ordnung sein müssen; ebenso verhält es sich mit dem Fuße an dem Sockel, in welchem ein Draht mit vier zwei= zolllangen Zacken, welche nach auswärts gebogen sein müssen, eingesteckt werden muß, welcher dem Ganzen mehr Halt gibt. Alle diese aufgesetzten Gefrornen, wenn sie mit der ihnen eigenen Eleganz ausgeführt werden sollen, erfordern viel Geschicklichkeit und lange Uebung in der Bereitung der Gefrornen selbst. Dieses Gefrorne kann auch ohne Sockel in eine Kristall-Schale gesetzt werden.

2225. Gefrornes von Chokolade. Glace au chocolat à l'Orleans.

Hierzu gehört eine Kugelform, welche unten mit einem gutschließenden Deckel von Zinn versehen ist und ungefähr ein und eine halbe Maß hält. Diese Form wird fingerdick mit festgefrornem Chokolade-Gefrornen mittelst eines silbernen Löffels ausgedrückt, dann in der Mitte mit einem Vanille-Gefrornen, abwechselnd mit ganz kleinen Vanille-Meringues bestreut, gefüllt, darüber ein genäßtes Papier gelegt, der Deckel fest darauf gethan und gegen zwei Stunden in's Eis gegraben. Unterdessen löst man zwölf Loth gute, feine Chokolade mit etwas Wasser auf und kocht hiervon mit noch sechs Loth fein gestoßenem Zucker und etwas Wasser einen dick-fließenden, guten Chokolade-Guß, welchen man kalt stellt. Beim Anrichten wird die Form aus dem Eise genommen, in's kalte Wasser getaucht, der Deckel abgenommen, unten eine Gabel eingesteckt, das Gefrorne heraus-gehoben, in eine Porzellan-Schüssel gesetzt und die Chokolade-Sauce oben darüber gegossen. Dieselbe muß so dick gehalten sein, daß sie ganz langsam läuft und die Kugel gleichsam schwarz überzieht oder maskirt.

2226. Gefrornes in Backstein-Formen.

Hierzu hat man von weißem Blech backsteinartige Formen, welche unten und oben Deckel zum Abnehmen haben. Man stellt nämlich die Form, auf einer Seite geöffnet, über den Tisch und füllt sie mit verschie-denen Gefrornen marmorartig, nämlich Vanille mit Erdbeer, Kaffee mit Chokolade, Ananas mit Himbeer, Aprikosen mit rothen Johannisbeeren u. dgl., streicht sodann das Gefrorne recht glatt, legt ein Papier darüber und gibt den Deckel, genau schließend, darüber; dann wird sie mit Bind-faden umbunden und zwei bis drei Stunden in's Eis gegraben. Beim Gebrauche wird die Form aus dem Eise genommen, in's kalte Wasser getaucht, abgetrocknet, die Form aufrechtstehend gestellt, beide Deckel abge-nommen und dann über einem Bogen Papier auf ein sehr kaltes Blech gestürzt. Es wird sodann in fingerdicke Stücke geschnitten, diese über eine Serviette schön angerichtet und sogleich servirt.

80. Abschnitt.

Von den Compoten. Des Compotes.

2227. Compote von Erdbeeren. Compote de fraises.

Zwei Maß frisch gepflückte Walderdbeeren werden über ein Tuch gelegt, auseinander gethan und rein durchsucht. Unterdessen läßt man zwanzig Loth Zucker mit einer halben Obertasse voll Wasser aufkochen, sodann werden, wenn derselbe kalt geworden ist, die Erdbeeren dazu gethan, leicht geschwungen und zugedeckt bei Seite gestellt. Sie werden in eine Compoteschale erhaben angerichtet und der Saft darüber gegossen.

2228. Compote von Himbeeren. Compote de framboises.

Zwei Maß frisch gepflückte Himbeeren werden rein durchsucht, sodann in's kalte Wasser geworfen und einige Minuten stehen gelassen. Hierauf werden sie abgeseiht und über ein reines Tuch zum Abtropfen gelegt. Unterdessen läßt man zwanzig Loth Zucker mit einem Quart Wasser aufkochen, schäumt denselben rein ab, gibt die Himbeeren dazu und läßt es zusammen einmal über dem hellbrennenden Windofen aufkochen; sodann werden sie vom Feuer genommen, in eine irdene Schüssel geleert und ein Bogen Löschpapier darüber gelegt. Beim Anrichten wird das Papier abgenommen, die Himbeeren erhaben angerichtet und mit ihrem Syrup übergossen.

2229. Johannisbeer-Compote.   Compote de grosseilles.

Zwei Maß rein abgepflückte reife Johannisbeeren werden mit kaltem Wasser übergossen und sodann zum Abtropfen über ein Haarsieb geschüttet. Sodann werden sie in eine Casserolle gethan, mit zwanzig Loth gestoßenem Zucker bestreut, eine Obertasse voll kaltes Wasser darüber gegossen und so über dem Windofen eine Minute gekocht. Sie werden dann vom Feuer gethan, der aufgestiegene Schaum wird rein abgenommen und so erhaben mit ihrem Safte in eine Compotière angerichtet.

2230. Heidelbeer-Compote.   Compote de mirtilles.

Zwei Maß rein abgepflückte und genau durchsuchte Heidelbeeren werden mehrmals rein gewaschen und zum Abtropfen über ein Sieb geschüttet. Unterdessen läßt man ein halbes Pfund Zucker mit einem Quart kalten Wasser aufkochen, schüttet die Heidelbeeren hinein, gibt etwas ganzen Zimmt und Zitronenschale zusammengebunden dazu und läßt sie so eine viertel Stunde über Kohlenfeuer halb zugedeckt kochen. Nach dem Erkalten werden sie sammt ihrem Safte in eine Compotière erhaben angerichtet und mit aus weißem Mundbrote messerrückendick geschnittenen und mit Zucker im Ofen glasirten Brotherzchen bekränzt zu Tisch gegeben.

2231. Compote von Brombeeren.   Compote de ronces.

Diese werden den Heidelbeeren gleich zubereitet.

2232. Aprikosen-Compote.   Compote d'abricots.

Vierundzwanzig Stück schöne nicht zu reife Aprikosen werden halbirt, die Kerne herausgenommen, nebeneinander in eine Plât à sauté gelegt, mit zwanzig Loth gestoßenem Zucker überstreut, mit einer Obertasse voll frischem Wasser übergossen und zugedeckt in einen ziemlich heißen Ofen gestellt. Wenn sie weich geworden sind, werden sie zum Auskühlen, mit einem Bogen Löschpapier überdeckt, bei Seite gestellt. Sie werden sodann mit einer Gabel aus ihrem Safte genommen, in eine Compote-Schale erhaben angerichtet und mit ihrem durchgeseihten Syrup übergossen.

2233. Pfirsich-Compote.   Compote de pêches.

Achtzehn Stück schöne reife Pfirsiche werden halbirt, die Kerne herausgenommen und eine Minute in siebendheißes Wasser gethan; sodann wird jede einzeln mit dem Schaumlöffel ausgehoben, die äußere dicke Haut abgezogen und auf ein Tuch gelegt. Wenn nun alle so abgezogen sind, werden sie in eine passende Plât à sauté gelegt, mit einem halben Pfund gestoßenem Zucker überstreut, mit etwas Wasser begossen und so den Aprikosen gleich zugedeckt und bis zum völligen Weichsein in den Backofen gestellt. Sie werden wie die Aprikosen angerichtet.

2234. Compote von frischen Kirschen. Compote de cerises.

Zwei Pfund frisch gepflückte Kirschen werden von den Stielen befreit, rein gewaschen, in eine Casserolle gethan, mit einem Stückchen Zimmt und Zitronenschale zusammengebunden, gewürzt, mit einem halben Pfund Zucker belegt, mit einem Quart kaltem Wasser begossen und eine halbe Stunde auf Kohlenfeuer zugedeckt gekocht. Sie werden kalt in eine Compotière angerichtet und mit ihrem Syrup übergossen.

2235. Kirschen-Compote auf Flamänder Art. Compote de cerises à la Flamande.

Eine und eine halbe Maß ausgekernte gute Kirschen werden mit einem halben Pfund Zucker, einer halben Bouteille Burgunder Wein, etwas Zimmt und Orangen = Schale auf Kohlenfeuer eine halbe Stunde gekocht, erhaben angerichtet und mit Brotherzchen, wie beim Heidelbeer = Compote, bekränzt; sobann wird die Schale über Salz auf ein Tortenblech gestellt und in einem abgekühlten Ofen eine halbe Stunde langsam gratinirt, wobei man die Brotherzchen öfters mit dem Kirschensafte begießen muß. Dieses Compote wird warm zu Tisch gegeben.

2236. Mirabellen-Compote. Compote de mirabelles.

Aus einigen hundert völlig reifen Mirabellen werden die Steine gelöst, in einer Plät à sauté eine neben die andere geordnet, mit einer Obertasse voll Wasser begossen und mit zwanzig Loth gestoßenem Zucker überstreut. Sie werden sobann zugedeckt und in einem mäßig heißen Ofen eine halbe Stunde gedünstet. Wenn sie nun kalt geworden sind, werden sie zierlich in eine Compote = Schale erhaben angerichtet und mit ihrem Safte übergossen.

2237. Zwetschen-Compote. Compote de prunes.

Hundert Stück völlig reife Zwetschken werden halbirt, die Steine herausgenommen und wie die Mirabellen in einer Plät à sauté eine neben die andere aufgestellt, mit einem halben Pfunde gestoßenem Zucker bestreut, mit einer Obertasse voll kaltem Wasser genäßt, und wie die Mirabellen im Ofen gedünstet und ebenso angerichtet.

2238. Zwetschken = Compote auf eine andere Art. Compote de prunes.

Die gleiche Zahl völlig reife, gute Zwetschken werden wie die Pfirsiche in siedendheißes Wasser gelegt; nach einer Minute wird die Haut aufspringen, sobann werden sie mit dem Schaumlöffel ausgehoben, rein abgeschält und nochmals in's kalte Wasser gelegt. Wenn nun alle so beendet sind, werden sie auf ein Tuch gelegt, eine neben die andere in eine Plät à sauté eingelegt, mit einem halben Pfund gestoßenem Zucker bestreut, mit einer Obertasse voll Wasser begossen und so den vorhergehenden gleich zugedeckt im Ofen weich gedünstet. Das Anrichten haben sie mit den andern Compotes gleich.

2239. Aepfel-Compote. Compote de pommes au naturel.

Zwölf Stück schöne Borsdorfer Aepfel werden halbirt, schön glatt abgeschält, mit Zitronensaft eingerieben und in eine Maß kaltes Wasser gelegt. Sodann gibt man ein halbes Pfund Zucker und den Saft einer Zitrone dazu und kocht die Aepfel auf Kohlenfeuer langsam weich. Wenn diese nun in ihrem Syrup kalt geworden sind, werden sie in einer Compote-Schale erhaben angerichtet, der Saft über dem Windofen bis auf ein Quart eingekocht und darüber geseiht.

Dieses Aepfel-Compote kann auch mit eingemachten Früchten, wie z. B. mit Amarellen, Weichseln, halbirten, recht grünen Reineclauben, hal-birten Aprikosen u. dgl. auf das Geschmackvollste garnirt werden.

2240. Aepfel-Compote mit Gelée. Compote de pommes à la gelée.

Zwölf bis vierzehn Stück große Borsdorfer Aepfel werden mit einem runden Ausstecher in der Größe eines Sechskreuzer-Stückes durchstochen, so-dann recht fein und glatt abgeschält (gedreht), mit Zitronensaft abgerieben und in einen dünnen kalten Zucker-Syrup, mit etwas Zitronensaft unter-mengt, gelegt. Wenn nun die Aepfel alle rein geschält und nebeneinander in den Syrup eingelegt sind, werden dieselben auf schwachem Feuer, ohne sie zuzudecken, langsam weich gekocht, wo man sie einigemal behutsam um-drehen muß. Sind sie nun ganz weich, jedoch aber in ihrer Form ganz geblieben, so werden sie zurückgestellt und zugedeckt. Ferner werden noch andere zwölf Borsdorfer- oder Calville-Aepfel ohne sie zu schälen, jeder in acht Theile geschnitten, in eine Casserolle gethan, mit einer halben Maß frischem Wasser übergossen und über dem Windofen weich gekocht; ist dies erreicht, so werden die Aepfel abgeseiht und das Wasser durch eine feine Serviette geseiht. Die unterdeß kalt gewordenen Aepfel werden nun auf ein Haarsieb gelegt und mit einem in Syrup eingetauchten Bogen weißem Papier bedeckt; der zurückgebliebene Syrup wird alsdann ebenso durch die Serviette zu dem Aepfelwasser geseiht und sobann mit vierund= zwanzig Loth Zucker in einem kupfernen Zucker=Kesselchen über den hell= brennenden Windofen gestellt und schnell bis zur Perle unter öfterem Ab= schäumen eingekocht, hierauf vom Feuer genommen und kalt gestellt. Der mittlere Raum der Aepfel wird nun mit abgetropften eingemachten Weich= seln gefüllt, diese sobann in einer Compotière von Kristall in schöner Ordnung erhaben angerichtet und mit dem noch fließenden Aepfel=Gelée maskirt. Zur größeren Zierbe können diese Aepfel noch mit grünen, in kleine Blättchen geschnittenen eingemachten Bohnen, nebst zierlich geschnit= tenen eingemachten schwarzen Nüssen geschmackvoll garnirt werden.

2241. Birn=Compote. Compote de poires.

Hierzu wählt man in der Regel die beste Gattung schöner großer Birnen; sie werden rein abgeschält, der Stiel bis zur Hälfte abgestutzt und unten mit einem Aepfelbohrer die Kerne ausgebohrt. Sie werden sobann in eine Casserolle gelegt, ein halbes Pfund Zucker dazu gethan, mit Wasser übergossen, mit etwas Zimmt oder Zitronenschale zusammengebunden, belegt, und so weich gekocht. Nach dem Erkalten werden sie aufrechtstehend in eine Compotière angerichtet, der Syrup, im Falle er noch zu dünn sein sollte, schnell eingekocht und sobann über die Birnen geseiht.

2242. Gebratene Aepfel. Compote de pommes glacés.

Zwölf bis sechzehn schöne große Borsdorfer=, Calville= oder Reinette= Aepfel werden mit einem Aepfelbohrer ausgebohrt und, ohne sie zu schälen, rein gewaschen; der innere Raum wird mit fein gestoßenem Candiszucker angefüllt; sobann werden sie, einer neben den andern in eine flache Cas= serolle gestellt, mit noch einem viertel Pfund weißen fein gestoßenem Candis bestreut, mit vier Loth zerlassener sehr frischer Schalenbutter über= gossen, mit einem Eßlöffel voll fein en filots geschnittener Orangen=Schale bestreut, mit einem Quart frischen Wasser genäßt und so halb zugedeckt auf Kohlenfeuer, jedoch daß die Aepfel schön ganz bleiben und bis sie auf der untern Seite eine schöne lichtbraune Farbe angenommen haben, weich gedünstet, welches mit einiger Vorsicht geschehen muß. Ist dieses erreicht, so gießt man eine halbe Obertasse voll heißes sehr reines Wasser darüber und stellt sie, bis sich der Zucker wieder aufgelöst hat, warm. Sie werden dann, die untere Seite nach oben, in eine Compote= Schale angerichtet, mit dem Syrup übergossen und so lauwarm zu Tisch gegeben.

2243. Gebratene Aepfel auf eine andere Art. Pommes au four.

Aus zwölf bis sechzehn Stück großen Borsdorfer Aepfeln werden die Kerne ausgebohrt, rein geschält und in der Mitte mit Aprikosen=Marmelade gefüllt; sodann werden sie in eine Compote=Schale, die mit Butter aus= gestrichen ist, gesetzt, stark mit Zucker und etwas Zimmt bestäubt und mit einem Glas weißen Wein begossen. Die Schale wird sodann über Salz auf ein Blech gestellt und die Aepfel im Ofen, bis sie weich aber ganz geblieben sind, langsam bei öfterm Uebergießen gebraten, hierauf lauwarm zu Tisch gegeben.

2244. Aepfel=Compote mit Weichselsaft. Compote de pommes
au syrup de griottes.

Zwölf Stück große Borsdorfer Aepfel werden in fingerdicke Scheiben geschnitten, sodann in der Mitte die Kerne ausgestochen und rein geschält. Hierauf werden sie in eine Plât à sauté gethan, mit einer halben Maß Weichselsaft und einem Glas Burgunder=Wein begossen, mit einem Stückchen Zimmt und etwas Orangenschale gewürzt und so langsam über Kohlenfeuer, jedoch daß sie schön ganz bleiben, weich gedünstet. Sie werden, wenn sie halb ausgekühlt sind, au miroton in eine Compote= Schale angerichtet, der Saft, im Falle er zu dünn sein sollte, noch etwas eingekocht und dann über die Aepfel gegossen.

2245. Aepfel=Marmelade. Marmelade de pommes.

Zwanzig bis vierundzwanzig Borsdorfer Aepfel werden, jeder in acht Theile geschnitten, in eine Casserolle gethan, mit einer Obertasse voll Wasser begossen und so zugedeckt auf Kohlenfeuer weich gedünstet. So= dann werden sie über ein feines Haarsieb geschüttet und durchpassirt. Diese Aepfel=Marmelade wird sodann wieder in eine Casserolle gethan, das auf Zucker abgeriebene Gelbe einer Zitrone dazu geschabt und nebst einem halben Pfund gestoßenem Zucker unter beständigem Rühren nochmals auf= gekocht. Hierauf wird diese Marmelade in eine Compote=Schale gethan, mit dem Messer eben gestrichen, stark mit Zucker gestäubt und mit einem glühenden Kolben aufgebrannt.

2246. Portugieser Aepfel=Compote. Compote de pommes
à la Portugaise.

Aus zwölf Stück großen Borsdorfer Aepfeln werden die Kerne aus= gebohrt, die Aepfel rein geschält, auf eine flache Schüssel gestellt und in der Mitte mit vorher gekochten Malaga=Trauben=Rosinen gefüllt. Sodann bereitet man eine Aepfel=Marmelade, wie sie oben angegeben ist; unter diese werden nun acht Loth gestoßene und gesiebte süße Macaronen gerührt und die Hälfte davon fingerdick in eine Compote=Schale gestrichen. Darüber werden nun die Aepfel aufgestellt, gut mit Zucker bestäubt und sodann mit dem Rest der Marmelade überstrichen, so zwar, daß die Aepfel ganz eingehüllt sind. Oben darauf werden sodann wieder gestoßene Macaronen

gestreut, mit Zucker bestäubt, etwas zerlassene frische Butter darüber ge=
träufelt und so die Schale über Salz auf ein Tortenblech in einen mäßig
heißen Ofen gestellt und die Aepfel langsam in der Art weich gebraten,
daß sie oben eine schöne lichtbraune Kruste haben. Sie werden lauwarm
zu Tisch gegeben.

2247. Kastanien=Compote. Compote de marrons.

Vierzig bis fünfzig ganz schöne große Kastanien werden geschält, in's
kochendheiße Wasser geworfen, nach einigen Minuten mit dem Schaumlöffel
ausgehoben, mit einem Tuch auch die zweite Haut abgestreift und dann
wieder in's kalte Wasser gelegt. Sobann läßt man ein halbes Pfund
Zucker mit einer in kleine Stückchen geschnittenen Stange Vanille nebst
einer viertel Maß Wasser aufkochen; die Kastanien werden auf ein Tuch
gelegt, eine neben der andern in einer Plât à sauté geordnet, der Syrup
darüber geseiht, zugedeckt und so im Back= oder Bratofen langsam weich
gedünstet. Hierauf werden sie zurückgestellt, wenn sie kalt sind, schön in
eine Compote=Schale erhaben gelegt und der Syrup darüber geseiht.

2248. Orangen=Compote. Compote à l'orange.

Acht Stück schöne Orangen werden rein abgeschält, in federkieldicke
Scheiben geschnitten, die Kerne herausgemacht und in eine Compote=Schale
erhaben zierlich angerichtet. Sobann läßt man zwanzig Loth Zucker mit
etwas fein abgeschälter Orangenschale und einer Obertasse voll Wasser
aufkochen, nimmt den wenigen Schaum rein ab und gießt diesen halb
ausgekühlten Syrup durch ein feines Siebchen über die Orangenscheiben.

2249. Orangen=Compote auf Malteser Art. Compote d'oranges à la Malte.

Von acht Stück gleich großen, schönen Orangen wird jedesmal ein
Deckel abgeschnitten, die Orangen mit Vorsicht ausgehöhlt, die Schalen

selbst fein ausgezackt und der Saft von dem Herausgenommenen leicht ausgepreßt. Ferner wird von acht andern Orangen die Schale abgezogen, das feine, weiße Häutchen sorgsam abgelöst, die Kerne herausgenommen und die Orangen selbst in kleine Stücke verschnitten; diese werden in eine Schale gethan und ebenso viel geschnittene, eingemachte Ananasscheiben mit ebenso viel gut abgetropften, eingemachten Amarellen untermengt. Der Saft der Orangen wird mit einem halben Pfund feingestoßenem Zucker untermengt, über das Ganze gegossen, zugedeckt und in's Eis gestellt. Kurz vor dem Anrichten werden die Orangen gefüllt, die Deckel darüber gelegt und, wie es die Zeichnung gibt, in eine Kristallschale geordnet und dazwischen mit frischen Orangenblättern geschmackvoll garnirt.

---

81. Abschnitt. 1. Abtheilung.
Von den warmen Getränken.   Des Boissons chaudes.

2250. Warmer Punsch. Ponche chaud.

Es wird das Gelbe von zwei schönen Orangen mit einem scharfen Messerchen in der Art sorgfältig abgelöst, daß auch nicht das mindeste von der innern weißen Schale daran zu bemerken ist. Dasselbe wird in eine Terrine gethan, mit einem Quart kochendheißem Syrup übergossen und zugedeckt bei Seite gestellt. Ferner läßt man ein und ein halbes Pfund Zucker mit zwei und einer halben Maß Wasser aufsieden, schäumt den Syrup rein ab, preßt sodann den Saft von sechs bis acht Orangen und jenen von vier Zitronen dazu, gießt dann eine Bouteille ächten Rum de Jamaica oder eine Bouteille guten Arak dazu, wie auch den Orangen=Syrup und eine Obertasse voll angebrühtes Thee=Wasser. Dieses alles zusammen wird gut mit einem reinen Löffel über Kohlenfeuer heiß gerührt, durch eine reine, gut ausgewässerte, feine Serviette in die Punsch=Bowle geseiht und dann servirt.

2251. Burgunder=Punsch. Ponche au vin de Bourgogne.

Von zwei Orangen wird das Gelbe, dem vorhergehenden gleich, ab=geschnitten, in ein Terrinchen gethan und mit einem Quart heißen Syrup übergossen, zugedeckt bei Seite gestellt. Sobann wird ein und ein halbes Pfund Zucker mit drei Quart Wasser geklärt; dann wird eine reine, gut ausgewässerte Serviette über eine Casserolle gethan, der Syrup hinein=gegossen und dieser nebst dem Safte von sechs Orangen und dem Orangen=Syrup durchgeseiht. Hierauf gießt man zwei Bouteillen Burgunder und eine halbe Bouteille guten Arak dazu und macht diesen Punsch gut warm; derselbe wird in eine Bowle gegossen und sogleich servirt.

2252. Englischer Punsch. Ponche à l'Anglaise.

Zwei Pfund Zucker werden mit einer Maß Wasser, dem sehr fein=abgeschnittnen Gelben von zwei Zitronen und jenem von zwei Orangen zu einem Syrup gekocht und dann mit einer Bouteille Rum, einer Bou=teille Rheinwein und einer Bouteille Burgunder untermengt, dann der Saft von vier Zitronen und vier Orangen dazu gepreßt und gut zugedeckt eine Stunde auf heiße Asche zum Ziehen gestellt. Sobann wird derselbe in eine Terrine geseiht und heiß servirt.

2253. Champagner Punsch. Ponche au vin de Champagne.

Ein und ein halbes Pfund Zucker läßt man mit einer Maß Wasser aufsieden, gibt dann den Saft von fünf Zitronen dazu, gießt eine halbe Bouteille Arak und eine Bouteille Champagner dazu, macht es zusammen heiß, gießt den Punsch durch eine reine Serviette in eine Bowle und servirt ihn sogleich.

2254. Glühwein. Vin brulé.

Man läßt zwei Bouteillen Burgunder mit einem Pfund Zucker, dem sehr fein abgeschnittenen Gelben einer Orange und Zitrone, einem Stück=chen Zimmt und acht Nelken auf dem Feuer heiß werden, gießt den Glüh=wein sodann durch ein feines Haarsiebchen und servirt ihn gut warm.

2255. Bischof. Bischof.

Unter den vorhergehenden Glühwein gießt man noch einen Eßlöffel voll bittere Orangen-Essenz.

2256. Bischof auf russische Art. Bischof à la Russe.

Die Schale von vier bittern Orangen wird sehr fein abgeschält, in einer Terrine mit drei Bouteillen Muskat Lunel übergossen, gut zugedeckt und eine Stunde stehen gelassen. Sodann wird der Bischof geseiht, wieder in Bouteillen gefüllt, in's Eis gegraben und kalt servirt.

2257. Weinschaum. Chaudeau.

Derselbe wird von gutem Rhein=, Champagner=, Burgunder= oder Malaga=Wein bereitet. Es werden nämlich sechs ganze Eier und zehn Eidotter in ein kleines Kesselchen geschlagen, dann wird das feinabgeschnittene Gelbe einer Orange, ein Stückchen Zimmt, wie auch vierundzwanzig Loth gestoßener Zucker darunter gerührt, mit einer Bouteille von obengesagten Weinen genäßt, über Kohlenfeuer langsam bis zum Siebegrad schaumig abgeschlagen, durch ein Siebchen in eine andere Casserolle geschlagen und dann noch etwas von demselben Wein nachgegossen, damit daraus eine mehr dünnflüssige Substanz entsteht.

2258. Negus (Nigus). Négus.

Dieser wird ganz dem vorhergehenden Chaudeau gleich bereitet, nur daß hierzu Bordeaur=Wein genommen wird.

2259. Savoyon. Savoyon.

Dieser wird nur allein von altem, guten Malaga=Wein, aber nicht zu süß und etwas dünnflüssig, wie der Chaudeau bereitet.

2260. Grog. Grog.

Eine Maß kochendes Wasser, zwei Drittheile einer Bouteille guten Arak und drei viertel Pfund Zucker läßt man zusammen heiß werden; wenn er zu stark ist, wird noch etwas Wasser nachgegossen.

2261. Warme Limonade. Limonade chaude.

In eine halbe Maß heißes Wasser drückt man den Saft von zwei bis drei Zitronen und ein halbes Pfund Zucker und gießt dieses durch ein reines Tuch.

2262. Polnischer Thee. Thé à la Polonaise.

Auf eine Maß gutes Weißbier nimmt man eine viertel Maß weißen Wein, ein halbes Pfund Zucker, etwas ganzen Zimmt und Zitronenschale, eine halbe Obertasse voll Marasquino und sechs Eidotter. Wenn das Bier mit dem Zimmt, der Zitronenschale und dem Zucker aufgekocht hat, gießt man den Rheinwein dazu und legirt es mit den Eidottern, welche mit etwas Rahm verrührt wurden, dann preßt man den Saft einer Zitrone dazu und zuletzt den Marasquino, welches zusammen über Kohlenfeuer noch etwas schaumig geschlagen wird. Dieses Getränk wird in Tassen servirt.

---

81. Abschnitt. 2. Abtheilung.

Von den kalten Getränken.   Des Boissons froides.

2263. Königs=Punsch.   Ponche royal.

Hierzu nimmt man eine Bouteille Bordeaux=Lafitte, eine Bouteille Johannisberger, eine Bouteille Champagner, eine halbe Bouteille Arak, ein halbes Flacon Marasquino di Zara, drei Pfund Zucker, vier Orangen, vier Zitronen, eine reife Ananas und verfährt damit wie folgt: die Schale der Ananas reibt man auf dem Zucker ab, preßt dann sowohl ihren Saft, als den der Zitronen und Orangen aus, schlägt den Zucker in Stücke, legt denselben in eine Terrine, übergießt ihn mit einem Quart Wasser und gießt, sobald er geschmolzen ist, die übrigen Sachen dazu. Diesen Punsch füllt man sodann in Bouteillen und stellt dieselben in klein ge= schlagenes Eis, damit er recht kalt servirt werden kann.

2264. Eierpunsch.   Ponche aux oeufs.

Eine halbe Bouteille Rheinwein, eine halbe Bouteille Arak, ein und ein halbes Pfund Zucker, der Saft von zwei Orangen und jener von zwei Zitronen, das fein abgeschnittene Gelbe einer Orange, achtzehn Eier und zwei Quart Wasser, sechs ganze Eier und von zwölf das Gelbe wird in ein tiefes Kesselchen gethan und mit dem gestoßenen Zucker zusammen wohl verrührt, alsdann mit dem Wein und dem Wasser genau verbunden und sodann mit der Schlagruthe auf Kohlenfeuer, bis zum Aufstoßen oder Siedegrad abgeschlagen, dann gießt man den Saft der Orangen und Zitronen dazu und zuletzt den Arak, mit welchem man das Ganze noch einige Minuten abschlägt; dieser Punsch wird dann durch ein Haarsieb ge= seiht, wieder heiß geschlagen und kalt servirt.

2265. Cardinal.   Cardinal.

Zwei Bouteillen guter Rheinwein, ein Pfund Zucker, fünf Orangen und eine Bouteille Champagner. Von zwei Orangen wird das Gelbe fein abgeschnitten, in eine Terrine mit in Stückchen geschlagenem Zucker gethan, der Rheinwein darüber gegossen und so in's Eis gegraben. Kurz vor dem Gebrauche wird der Cardinal durch eine Serviette geseiht, der recht kalte Champagner dazu gegossen und servirt.

2266. Cardinal mit Ananas. Cardinal à l'ananas.

Unter den wie vorher bereiteten Cardinal wird noch ein halbes Quart Ananas-Syrup gegossen und so dies Getränk bis zum köstlichsten im Geschmack gehoben.

2267. Sillebub. Sillebub.

Zwei Bouteillen Rheinwein werden mit einer Maß unabgekochten gutem, süßen Rahm untermischt, mit einem Pfund fein gestoßenem Zucker untermengt, etwas auf Zucker abgeriebenes Zitronengelb dazu gethan und gut zugedeckt ins Eis gestellt; nach einer Stunde wird dieses Getränk mit der Schlagruthe schaumig geschlagen und in Gläsern servirt.

2268. Himbeer-Limonade. Limonade aux framboises.

In das nöthige Quantum frisches Brunnenwasser gießt man den nöthigen Himbeersaft, sowie den Saft von einigen Zitronen und süßt diese Limonade nach Geschmack.

2269. Limonade von Orangen. Limonade aux oranges douces.

Zu einer Maß frischem Wasser gibt man den Saft von drei Orangen, den nöthigen Zucker und etwas fein auf Zucker abgeriebene Orangenschale.

2270. Gewöhnliche Limonade. Limonade aux citrons.

In eine Maß frisches Wasser gibt man den Saft von zwei bis drei Zitronen und zwölf Loth Zucker.

2271. Kirsch-Limonade. Limonade aux cerises.

Unter eine Maß frisches Wasser gießt man eine Obertasse voll Kirschsaft, den Saft von zwei Zitronen und den noch nöthigen Zucker.

Auf gleiche Weise erhalten wir die

2272. Johannisbeer-Limonade. Limonade aux groseilles.

2273. Berberitzbeer-Limonade. Limonade aux épines-vinettes.

2274. Veilchen-Limonade. Limonade aux violettes.

Alle diese hier genannten Säfte findet man im Abschnitt von den eingesottenen Früchten.

2275. Mandelmilch. Lait d'amandes.

Ein halbes Pfund abgeschälte süße und ein Loth bittere Mandeln werden gebrüht, abgezogen, mehrmals gewaschen, dann mit etwas frischem Wasser feingerieben, in eine Schüssel gethan, mit fünf Quart Wasser übergossen und einige Zeit ruhig stehen gelassen. Hierauf werden die Mandeln durch ein reines Haartuch oder durch eine starke, gut ausgewässerte Serviette gepreßt, die Mandeln nochmals mit etwas wenigem Wasser übergoffen und dann nochmals ausgepreßt, so daß man gegen fünf Quart gute Mandelmilch erhält. Diese wird dann mit dem nöthigen, feingestoßenen Zucker angenehm gesüßt, drei bis vier Eßlöffel voll Orangenblüthen=Wasser beigegeben und in weiße Flaschen gefüllt.

2276. Gerstenwasser. Tisane.

Ein Pfund Gerste wird mit zwei Maß Wasser so lange gekocht, bis dieselbe leicht aufspringt, dann wird sie zurückgestellt und das Wasser durch ein Sieb geseiht. Nach einer halben Stunde ruhigen Stehens wird das Dicke der Gerste sich gesetzt haben, wo dann dasselbe nochmals klar durch eine Serviette geseiht und angenehm gesüßt wird. Nach Belieben kann auch etwas Wein mit Zitronensaft beigegeben werden.

2277. Orgeade. Orgeat.

Zwölf Loth Mandeln werden mit Gerstenwasser gerieben, mit dem= selben verdünnt und ganz wie die Mandelmilch beendet.

2278. Brotwasser. Eau de pain noir.

Drei Scheiben gutes Hausbrot werden auf dem Roste oder in einer Röhre braun geröstet, dann in eine Terrine gethan und mit einer Maß kochendem Wasser übergossen, zugedeckt und kalt werden gelassen. Hierauf wird das Wasser geseiht und entweder im natürlichen Zustande oder mit Zucker gesüßt, getrunken.

2279. Aepfelwasser. Eau de pommes.

Zwölf Reinette= oder Borsdorfer=Aepfel werden rein gewaschen, jeder in acht Theile geschnitten, die Kerne herausgemacht und ohne sie zu schälen mit fünf bis sechs Quart Wasser eine viertel Stunde langsam gekocht; dann wird das Wasser durch ein reines Haartuch geseiht und angenehm gesüßt. Nach Wunsch kann auch etwas Zimmt und Zitronenschale mitgekocht werden.

---

82. Abschnitt.

Von den eingemachten Früchten. Des Fruits confits.

Gleich im Voraus muß bemerkt werden, daß die Güte und Schönheit der eingemachten Früchte größtentheils von der Frucht selbst, wie auch von der Art und Weise abhängt, wie sie beim Einmachen behandelt werden. Daher hat man besonders darauf zu sehen, den richtigen Zeitpunkt der Reife kennen zu lernen und wenn sie zum Einmachen brauchbar sind. Alle un= reifen, harten Früchte müssen zuvor blanchirt oder erweicht werden, um dem

Zucker den Eintritt in's Innere zu erleichtern, was besonders bei großen Früchten der Fall ist. Der Zucker zum Einsieden muß besonders recht weiß sein, was viel zu ihrer Durchsichtigkeit beiträgt und den Früchten ein helles Ansehen gibt. Ebenso darf der Zucker weder zu sparsam noch zu reichlich angewendet werden; im ersten Falle gähren die Früchte und im zweiten Falle candirt sich der Zucker; in beiden Fällen verlieren die Früchte. Sehr schädlich ist es ferner, wenn zum Aufbewahren der Zucker zu dünn über die Früchte gegossen wird, indem die Früchte nachlassen, den Zucker noch dünner machen und zu gähren anfangen. Alle eingemachten Früchte, Gelées, Marmeladen und Säfte müssen an einem kühlen, trockenen Orte aufbewahrt werden.

2280. Veilchensaft. Sirop de violettes.

Das erste, was uns das Frühjahr bietet, sind die Veilchen; sie werden gesammelt, die Blättchen abgezupft, belesen, daß nichts Grünes darunter kömmt und in eine zinnerne Gefrierbüchse gethan; über diese wird kochendheißes Wasser gegossen, genau zugemacht und über Nacht stehen gelassen. Am andern Tage wird der Saft durch eine feine Serviette gepreßt und auf ein Quart ein halbes Pfund Raffinade-Zucker genommen. Man thut den Saft mit dem Zucker in einen neuen irdenen Tiegel, drückt den Saft einer Zitrone dazu, läßt den Zucker auf Kohlenfeuer langsam schmelzen und gut heiß werden. Die weißliche Haut wird rein abgeschäumt, der Saft, wenn er kalt geworden ist, in kleine gewärmte Bouteillen gefüllt, wenn er kalt ist, gut zugebunden und aufbewahrt.

2281. Erdbeer-Marmelade. Marmelade de fraises.

Man treibt die Erdbeeren durch ein Haarsieb, gibt zu einem Pfunde Mark ein Pfund feingestoßenen Zucker und läßt sie unter beständigem Rühren einigemal aufkochen, schäumt sie ab und füllt sie in Gläser.

2282. Erdbeer-Marmelade zum Gefrornen aufzubewahren. Marmelade de fraises pour l'hiver.

Hierzu müssen die Erdbeeren recht frisch gepflückt und durch ein feines Haarsieb passirt werden. Sie werden gewogen, in eine Schüssel gethan und auf ein Pfund Mark zwei Pfund feingestoßener Zucker gerührt; sie werden dann in weiße Bouteillen gefüllt, etwas Mandelöl darübergegossen, gut verpfropft, verpicht und dann an einem kalten, trockenen Orte aufbewahrt.

2283. Grüne Stachelbeeren. Groseilles vertes.

Man nimmt schöne, große, ausgelesene Stachelbeeren, ehe sie reif sind, schneidet den Putzen und den Stiel ab, macht auf einer Seite der Länge nach mit einem Messerchen ein Ritzchen und nimmt mit einem Hölzchen die Kerne heraus. Sodann setzt man eine Casserolle mit Wasser auf Kohlenfeuer und wirft ein Stückchen Alaun dazu. Wenn das Wasser kocht, so schüttet man die Stachelbeeren hinein und läßt sie so lange darin, bis sie weiß werden und in die Höhe gehen. Das Waſſer darf aber ja nicht mehr kochen, weil ſie ſonſt leicht zergehen. Sie werden ſobann mit einem flachen Schaumlöffel aus dem heißen Waſſer in's kalte gelegt und vier= undzwanzig Stunden ſtehen gelaſſen. Am andern Tage werden ſie ab= geſeiht, in eine irdene Schüſſel geſchüttet, mit dünn geläutertem Zucker übergoſſen, mit Papier gedeckt und wieder über Nacht ſtehen gelaſſen. Dann wird der Zucker abgeſeiht, etwas friſcher dazu gethan und dicker eingekocht, wobei öfters abgeſchäumt wird; dann ſchüttet man die Stachelbeeren dazu, läßt ſie nochmals langſam mit aufkochen und ſchüttet ſie wieder in die irdene Schüſſel, überdeckt ſie mit Papier und läßt ſie wieder über Nacht ſtehen. Das dritte Mal wird ebenſo verfahren. Am vierten Tage wird der Zucker rein abgeſeiht, zum Breitlauf gekocht, ſehr rein abgeſchäumt, mit den Stachelbeeren einigemal aufgekocht und wieder über Nacht ſtehen gelaſſen; ſobann wird der Zucker wieder rein abgeſeiht, etwas friſcher dazu gethan und unter öfterm Abſchäumen zum Faden gekocht; dann werden die Beeren dazu geſchüttet, genau durchſchwenkt, wenn ſie kalt ſind, in Töpfe gefüllt, mit Papier zugedeckt und, mit einer Schweinsblaſe gut zu= gebunden, aufbewahrt.

2284. Johannisbeeren. Groseilles rouges confites.

Zu einem Pfund abgezupfter Johannisbeeren kocht man ein Pfund Zucker zum Flug, thut die Beeren hinein und läßt ſie einmal mit auf= kochen, ſchäumt ſie dann ſehr rein ab, ſchüttet ſie in eine Schüſſel und legt einen Bogen Papier darüber. Am andern Tage ſchüttet man ſie in einen Durchſchlag, läßt den Saft ablaufen und kocht ihn zum Faden, gibt die Beeren dazu, läßt ſie einmal mit aufkochen, ſchäumt ſie ſehr rein ab, und füllt ſie, nachdem ſie etwas kalt geworden ſind, in Gläſer, bindet ſie feſt zu und bewahrt ſie gut auf.

2285. Rothe und weiße Johannisbeeren. Groseilles rouges et blanches confites.

Man zupft die ſchönſten und größten Johannisbeeren von den Stielen und kernt jede Sorte für ſich extra aus, kocht auf ein Pfund ſolcher Beeren ein Pfund Raffinade=Zucker zum großen Flug, ſchüttet die Beeren hinein und läßt ſie bei ganz ſchwachem Feuer einmal langſam mit auf= wallen, füllt ſie dann in kleine Gläſer, legt runde Papierſcheibchen darüber und bindet ſie, wenn ſie kalt ſind, gut zu.

2286. Johannisbeer=Gelée. Gelée de groseilles.

Gut abgezupfte, weiße oder rothe Johannisbeeren werden zerdrückt, in eine Caſſerolle gethan, etwas Waſſer darüber gegoſſen und einmal auf= gekocht; dann ſchüttet man ſie in ein Sieb und läßt den Saft durchlaufen. Dieſer Saft wird ſobann nochmals hell filtrirt und auf ein Pfund ſolchen Safts kocht man vierundzwanzig Loth Zucker zum Flug, gießt den Saft dazu und läßt ihn unter öfterm Abſchäumen in der Art einkochen, daß er vom Schaumlöffel mehr in kleinen Flocken fällt als fließt, oder auch, wenn eine Perle am Schaumlöffel hängen bleibt. Hat das Gelée diese Probe erreicht, so wird es sogleich in kleine erwärmte Gläser gefüllt und kalt gestellt. Sodann werden kleine runde Blättchen Papier geschnitten, in Arak getaucht, darüber gelegt und nochmals mit Papier gut überbunden.

2287. Johannisbeer-Gelée ohne Feuer. Gelée de groseilles rouges et blanches sans feu.

Ganz reife Johannisbeeren werden abgezupft, ausgepreßt, der Saft in eine Schüssel gethan und auf ein Pfund solchen Saftes ein Pfund fein gestoßener Raffinade-Zucker genommen und zusammen drei Stunden lang ohne Aufhören, bis er zu geliren anfängt, gerührt. Dieses Gelée hat einen sehr guten Geschmack und ist dem vorhergehenden vorzuziehen. Es wird ebenso in Gläser gefüllt.

2288. Johannisbeersaft. Sirop de groseilles.

Auf ein Pfund filtrirten Johannisbeersaft gibt man vierundzwanzig Loth feingestoßenen Raffinade-Zucker, gießt es zusammen in eine Bouteille oder Krug und schwenkt ihn gut durcheinander, bis sich der Zucker auf= gelöst hat; dann wird er gut zugepfropft, gepicht und aufbewahrt.

2289. Ueberzogene Johannisbeeren. Groseilles glacées.

Hierzu werden die größten und schönsten Trauben genommen, sie werden in eine Schüssel gethan, etwas zum Breitlauf gekochter Zucker darüber gegossen, mit diesem geschwungen, dann jede Traube in feingestoßenem Raffinade-Zucker umgekehrt, bis sie ganz weiß bepudert sind; sie werden dann auf ein Sieb gelegt, langsam getrocknet und zum Dessert gegeben.

2290. Schwarze eingemachte Nüsse. Noix noires.

Wenn die welschen Nüsse ausgewachsen sind, aber noch keine harten Schalen haben und sich leicht durchstechen lassen, werden sie zum Einmachen genommen. Man schneidet unten und oben ein kleines Scheibchen ab, durchsticht sie an verschiedenen Stellen drei= bis viermal mit einer Nadel und legt sie in's kalte Wasser, wo man sie zwölf bis vierzehn Tage liegen läßt, aber jeden Tag das gestandene Wasser abläßt und frisches darauf gießt. Hierauf werden sie weich blanchirt; die Probe ist, daß man eine Nadel durch die Nuß steckt und in die Höhe hebt, von der sie leicht wieder abfallen muß. Sodann gibt man die Nüsse wieder in's kalte Wasser und läßt sie über Nacht stehen. Am andern Morgen werden sie auf ein Tuch ausgehoben, abgetropft, wieder in eine Schüssel gethan und dünn geläuterter Zucker darüber gegossen. Des andern Tags wird derselbe abgegossen, etwas stärker gekocht und kalt wieder darüber gegossen. Auf diese Weise wird sechs Tage hintereinander der Zucker jedesmal abgegossen, etwas frischer dazu gegossen und sehr rein abgeschäumt. Am siebenten Tage wird der Zucker zum Faden gekocht, die Nüsse hineingethan und einigemal darin aufgekocht. Dann werden sie schichtenweise mit kleinen Stückchen Zimmt und einigen Nelken in steinerne Töpfe geordnet, der Zucker darüber ge= gossen, gut zugemacht und aufbewahrt.

2291. Weiße Nüsse.   Noix blanches confites.

Hierzu wählt man die größten Nüsse; von diesen wird die grüne Schale von oben herab bis auf's Weiße abgeschält und dann in frisches Wasser geworfen. Unterdessen macht man Fluß= oder Regenwasser siedend, in welches man einen Eßlöffel voll klein gestoßenen Alaun giebt und dann die Nüsse, den vorhergehenden gleich weich blanchirt. Dann werden sie in's frische Wasser gethan und etwas Zitronensaft dazu gedrückt, wobei man sie ganz kalt werden läßt. Dann werden sie in eine andere Schüssel gelegt, ganz dünner Zucker=Syrup darüber gegossen und über Nacht stehen gelassen. Auf diese Weise wird vier bis fünf Tage fort= gefahren, wo jedoch zu bemerken ist, daß jeden Tag der Zucker etwas stärker gekocht, rein abgeschäumt, kalt wieder darüber gegossen und dann mit Papier bedeckt wird. Am sechsten Tage wird der Zucker abgeseiht, etwas frischer Syrup dazu gethan, zum Breitlauf gekocht, die Nüsse einmal mit aufgekocht und dann nochmals über Nacht stehen gelassen. Am siebenten Tage wird der Zucker zur großen Perle gekocht, die Nüsse einigemal aufgekocht, sehr rein abgeschäumt und den vorhergehenden gleich aufbewahrt.

2292. Grüne Aprikosen.   Abricots verts confits.

Grüne, aber fast ausgewachsene Aprikosen, deren Kerne noch weich sind, werden in eine Casserolle gethan und siedendheiße, recht helle Lauge darüber gegossen. Dann werden sie zum Feuer gestellt, aber nicht kochen gelassen, bis sie ganz heiß geworden sind. Hierauf werden sie mit einem Schaumlöffel in's warme Wasser gelegt, nach und nach herausgenommen und mit einem Tuche die wollige Haut abgerieben, worauf man sie in's kalte Wasser legt. Sie werden herausgenommen, einigemal durchstochen, dann, bis sie von der Nadel fallen, weich blanchirt. Hierauf werden sie in eine Schüssel gethan, kaltes Wasser darüber gegossen und über Nacht stehen gelassen. Am andern Tage werden sie auf ein Tuch ausgelegt, dann in eine Casserolle gethan, dünner Syrup darüber gegossen und langsam einmal mit aufgekocht. Auf diese Weise wird jeden Tag fortgefahren, die Aprikosen einmal damit aufgekocht und der Zucker jeden Tag etwas stärker gekocht, so daß er am vierten Tag die Probe der kleinen Perle erreicht hat. Am fünften Tage wird der Zucker abgeseiht, zum Flug gekocht und die Früchte nochmals mit aufgekocht, dann sehr rein abgeschäumt und wie die vorhergehenden aufbewahrt.

2293. Orangenblüthen.   Fleurs d'oranges.

Die frischen Blüthen von den Orangenbäumen werden abgezupft, rein belesen und kurze Zeit, bis sie zu schwitzen anfangen, in einem Kesselchen mit etwas Wasser gekocht; dann streut man feingestoßenem Raffinade=Zucker darüber, rührt sie um und läßt sie, bis der Zucker Faden zieht, kochen. Dann streut man noch etwas klaren Zucker darüber, rührt sie immer um und fährt so fort, bis sie ganz trocken sind. Hierauf schüttet man sie auf ein Haarsieb, läßt sie im Trockenschrank trocknen und bewahrt sie gut geschlossen an einem trockenen Orte auf.

2294. Amarellen. Amarelles.

Auf ein Pfund ausgekernte Amarellen werden drei viertel Pfund Zucker genommen, zum Flug gekocht, die Amarellen dazu gethan, einmal damit aufgekocht, rein abgeschäumt, in eine irdene Schüssel geschüttet, ein Papier darauf gelegt und über Nacht stehen gelassen. Am andern Tage schüttet man sie in einen Durchschlag, läßt den Saft gut ablaufen, kocht ihn zum Breitlauf, schüttet die Amarellen wieder dazu, läßt sie einmal mit aufkochen, nimmt den Schaum sehr rein ab und schüttet sie wieder in die Schüssel. Am dritten Tage wird ebenso verfahren, nur daß der Zucker wieder etwas stärker gekocht wird. Am vierten Tage werden die Amarellen wieder in den Durchschlag geschüttet, der Syrup wird dann zum Flug gekocht, die Amarellen hineingethan, einigemal überkocht, sehr rein abge= schäumt und dann in steinerne Töpfe gefüllt. Am andern Tage wird ein rundes Papier über die Amarellen gelegt, diese mit einer Schweinsblase und Papier zugebunden und trocken aufbewahrt.

2295. Ausgekernte Kirschen. Cerises confites.

Auf ein Pfund ausgekernte Kirschen werden fünf achtel Pfund Zucker genommen und dieselben wie die Amarellen behandelt.

2296. Kirschensaft. Sirop de cerises.

Man reinigt die Kirschen von den Stielen, stößt sie sammt den Kernen und läßt sie zugedeckt über Nacht stehen. Dann werden sie gut ausgepreßt und auf ein Pfund Saft drei viertel Pfund Zucker genommen. Der Zucker wird zum Flug gekocht, der Saft nochmals durch ein Sieb dazu gegossen und zwei Minuten mit dem Zucker gekocht, währenddem man denselben sehr rein abschäumt. Wenn der Saft kalt geworden ist, wird er in Bouteillen gefüllt, diese gut verkorkt, gepicht und an einem kalten Orte aufbewahrt.

2297. Kirschensaft auf eine andere Art. Sirop de cerises.

Man wiegt den ausgepreßten Kirschensaft und rührt auf ein Pfund Saft ein Pfund gestoßenen Zucker darunter, füllt den Saft in gut ge= reinigte Flaschen und stellt sie acht Tage lang nicht zugebunden, sondern nur überbunden, an einen kalten Ort. Jeden Tag müssen die Bouteillen gut aufgeschwenkt werden, damit der Zucker sich auflöst. Nach dieser Zeit wird der Saft hell filtrirt, dann in Bouteillen gefüllt, diese gut verkorkt, gepicht und an einem trockenen Orte aufbewahrt.

2298. Kirschen in Essig. Cerises au vinaigre.

Ganz schöne große Kirschen werden hierzu gewählt, die Stiele halb abgeschnitten und in weiße Gläser gefüllt; sodann gibt man zu einer viertel Maß weißen Essig ein viertel Pfund Zucker, läßt ihn mit einigen Nelken und einem Stück Zimmt aufkochen und wenn er kalt geworden ist, so gießt man ihn über die Kirschen und bindet sie fest zu. Nach acht Tagen wird derselbe abgegossen, nochmals aufgekocht und wenn er kalt ist, wieder darüber gegossen, dann gut zugebunden und aufbewahrt.

2299. Eingemachte Himbeeren. Framboises confites.

Auf ein Pfund schöne, rothe Himbeeren wird ein Pfund Zucker ge-nommen. Derselbe wird zum Flug gekocht, dann werden die ausgesuchten Himbeeren dazu gethan, einmal mit aufgekocht, sehr rein abgeschäumt und dann in eine Schüssel gethan. Am andern Tage schüttet man die Him-beeren in einen Durchschlag, kocht den Saft wieder etwas dicker ein, schäumt ihn rein ab, läßt die Himbeeren nochmals mit aufkochen und schüttet sie wieder in die Schüssel. Am dritten Tage werden sie wieder abgeseiht, der Saft wieder etwas dicker gekocht, die Himbeeren dazu gethan, durcheinander geschwungen und so in steinerne Töpfe gefüllt. Wenn sie kalt sind, wird ein Papier darauf rund geschnitten, mit einer Schweinsblase und Papier überbunden und aufbewahrt.

2300. Himbeer-Saft. Sirop de framboises.

Der Saft von guten, reifen Himbeeren wird gut ausgepreßt und filtrirt, dann kocht man auf ein Pfund Saft vierundzwanzig Loth Zucker zum Flug, schüttet den Saft dazu, läßt ihn mit aufkochen, schäumt ihn sehr rein ab und wenn er kalt ist, füllt man ihn in gut gereinigte Bou-teillen, welche man sodann verkorkt und verpicht.

2301. Himbeer-Gelée. Gelée de framboises.

Man zerdrückt die Himbeeren, thut sie in einen Kessel, gießt etwas Wasser dazu (auf sechs Maß Himbeeren eine halbe Maß Wasser) und läßt sie unter beständigem Rühren aufkochen; dann stellt man ein Haar-sieb über eine Schüssel, schüttet die Himbeeren hinein, deckt sie zu und läßt sie über Nacht stehen. Am andern Tage thut man zu diesem Safte den vierten Theil Johannisbeersaft, wiegt ihn, thut dann auf ein Pfund Saft zwanzig Loth Zucker, kocht denselben zum Flug, gießt den Saft dazu und läßt ihn bis zur Perle unter sehr reinem Abschäumen einkochen. Man füllt dieses Gelée in kleine Gläschen, legt rundgeschnittene und in Kirschenwasser eingetauchte Papierscheibchen darüber, bindet sie nochmals zu und stellt die Gläschen an einen trockenen Ort.

2302. Himbeer-Marmelade. Marmelade de framboises.

Es werden völlig reife Himbeeren durch ein Sieb getrieben und dann zu einem Pfunde Mark ein Pfund gestoßener Zucker genommen; dieses wird zusammen in eine Casserolle gethan und unter beständigem Rühren einige Minuten gut gekocht, dann rein abgeschäumt. Man nimmt die Marmelade vom Feuer, läßt sie so lange stehen, bis sich eine feine Haut darüber gezogen hat, die behutsam abgenommen werden muß. Wenn sie halb ausgekühlt ist, wird sie in Gläser gefüllt und gut zugebunden.

2303. Himbeer-Essig. Sirop de framboises au vinaigre.

Drei Maß Himbeeren werden in eine Schüssel gethan, zwei Maß Weinessig darüber gegossen und einige Tage zugedeckt stehen gelassen. Sodann werden sie durchgepreßt und auf eine Maß ein Pfund Zucker genommen; man läßt es zusammen aufkochen, schäumt den Saft rein ab und wenn er kalt ist, filtrirt und füllt man ihn in Bouteillen. Wenn man diesen Essig mit Wasser verdünnt, so gibt er ein sehr wohlschmeckendes, kühlendes und gesundes Getränk.

2304. Geschälte Aprikosen. Abricots confits.

Man nimmt hierzu Aprikosen, welche fast reif sind, halbirt und schält sie recht glatt. Sobann werden sie in's kalte Wasser gethan und mit diesem heiß gemacht, vom Feuer genommen und zugedeckt stehen gelassen, bis das Wasser lauwarm und die Aprikosen weich geworden sind; dann werden sie in frischem Wasser abgekühlt, auf ein Tuch gelegt, in eine Schüssel geordnet, mit dünn geläutertem Zucker übergossen und mit einem Papier gedeckt stehen gelassen. Am andern Tage wird der Zucker abgeseiht, zum Breitlauf gekocht, die Aprikosen hineingethan, einmal gelinde mit aufkochen und wieder über Nacht zugedeckt stehen gelassen. Am britten Tage schüttet man den Zucker wieder ab, kocht ihn zum kleinen Flug, thut die Aprikosen dazu, läßt sie wieder mit aufkochen, schäumt sie sehr rein ab und wenn sie kalt sind, ordnet man sie in Gläser; sollte der Syrup zu viel sein, so kocht man ihn ein, schäumt ihn sehr rein ab und gießt ihn warm über die Aprikosen.

2305. Ganze reife Aprikosen. Abricots confits.

Man drückt mit einem Hölzchen die Kerne aus den reifen Aprikosen, legt sie schichtenweise in eine Schüssel, gießt geläuterten, zum Breitlauf gekochten Zucker warm barüber, bedeckt sie mit Papier und läßt sie über Nacht stehen. Am andern Tage wird der Zucker abgeseiht, noch etwas dazu gethan und zum kleinen Flug gekocht; dann legt man die Aprikosen wieder hinein und läßt sie langsam mit aufwallen, schäumt sie sodann sehr rein ab, schüttet sie wieder in die Schüssel und läßt sie zugedeckt bis zum andern Tag stehen. Dies Verfahren wird noch zwei- bis breimal wiederholt, bis die Früchte keinen Gährungsstoff mehr enthalten. Das letzte Mal werden die Aprikosen nochmals langsam mit aufgekocht und auf ein Sieb zum Abtropfen gelegt; der Syrup wird dann unter öfterm Abschäumen zum starken Faden gekocht. Die Aprikosen werden in Gläser geordnet, mit dem Syrup warm übergossen und wenn sie kalt sind, wird eine rundgeschnittene Papierscheibe darüber gelegt, mit einer naßgemachten Schweinsblase überbunden und wenn auch diese trocken geworden ist, wird nochmals Papier darüber gebunden.

2306. Aprikosen in Flaschen. Abricots au bain-marie.

2307. Aprikosen mit Kirschenwasser. Abricots à l'eau de vie.

Man wählt hierzu reife große Aprikosen; sie werden den vorhergehenden gleich eingemacht, ebenso behandelt und schön in Gläser eingerichtet. Unter den Syrup, der zur Perle gekocht und rein abgeschäumt ist, gießt man eine Obertasse voll Kirschenwasser, rührt es gut durcheinander und gießt den Syrup über die Aprikosen, welche dann genau zugemacht werden.

2308. Püree von Aprikosen in Bouteillen. Purée d'abricots en bouteilles.

Völlig reife Aprikosen werden, nachdem die Steine herausgemacht sind, durch ein Sieb gestrichen, dieses Püree in Bouteillen gefüllt, fest verkorkt und zugebunden, dann zwanzig Minuten im Dunste gekocht und darin erkalten gelassen.

2309. Aprikosen-Marmelade. Marmelade d'abricots.

Recht reife Aprikosen werden voneinander geschnitten, die Kerne heraus-gemacht und die Aprikosen durch ein Sieb gestrichen. Zu einem Pfund Mark kocht man ein Pfund Zucker zum Flug, rührt die Marmelade dar-unter und läßt sie bei beständigem Umrühren und öfterem Abschäumen dick einkochen. Wenn sie halb ausgekühlt ist, wird sie in Gläser gefüllt, ein Papier darauf geschnitten und dann fest zugebunden.

2310. Aprikosen-Pasten. Pâté d'abricots.

Man röstet das durchgetriebene Mark in einem Kessel, bis die Feuchtigkeit weg ist, ab, gibt dann auf ein Pfund Mark ein und ein halbes Pfund Staubzucker, rührt ihn nach und nach darunter, läßt Beides zusammen aufkochen, spritzt sie dann auf Kupferplatten, stellt sie bis zum andern Tag in den Trockenschrank, setzt jedesmal zwei zusammen und bewahrt sie an einem trockenen Orte auf.

2311. Eingemachte grüne Bohnen. Haricots verts confits.

Hierzu werden die sogenannten grünen Schwertbohnen genommen, so lange sie nicht hart und holzig sind. Sie werden in gesalzenem, kochenden Wasser mit etwas Alaun blanchirt und dann in kaltes Wasser gelegt. Hierauf werden sie auf ein Sieb zum Abtropfen, dann in eine Schüssel gethan und mit dünn geläutertem Zucker-Syrup übergossen. Den Zucker läßt man drei Tage nacheinander ablaufen, kocht ihn, schäumt ihn rein ab und gießt ihn jedesmal wieder kalt darüber. Am vierten Tage kocht man den Zucker zum Breitlauf und läßt die Bohnen mit aufkochen. Am fünften Tage schüttet man den Zucker ab, kocht ihn zur großen Perle, schäumt ihn rein ab, läßt die Bohnen nochmals mit aufkochen und wenn sie kalt sind, füllt man sie in Gläser und bindet sie gut zu.

2312. Mirabellen.   Mirabelles confites.

Man nimmt ganz reife, aber nicht weiche Mirabellen, durchsticht sie mehrmals, legt sie in kochendheißes Wasser und deckt sie zu, bis sie in die Höhe gehen und sich weich anfühlen lassen; dann legt man sie in's kalte Wasser. Wenn sie kalt geworden sind, schüttet man sie auf ein großes Haarsieb zum Abtropfen, legt sie dann in eine Schüssel, schüttet den nöthigen, dünngeläuterten Zucker darüber und deckt sie mit Papier zu. Am andern Tage wird der Zucker abgeseiht, etwas frischer dazu gethan und unter nochmaligem Abschäumen etwas dicker eingekocht, dann heiß über die Mira= bellen gegossen. Am zweiten Tage gießt man den Zucker wieder ab, kocht ihn zum Breitlauf, schüttet die Mirabellen hinein, läßt sie einmal mit aufkochen, schäumt sie sehr rein ab und schüttet sie wieder in die Schüssel, sie werden dann zugedeckt und über Nacht kalt gestellt. Am andern Tage schüttet man sie in einen Durchschlag, daß der Syrup abtropft, kocht ihn zur großen Perle, läßt die Mirabellen nochmals mit aufkochen, schäumt sie rein ab, füllt sie nach dem Erkalten in Gläser und macht sie gut zu.

2313. Melonen.   Melons confits.

Man nimmt reife, doch noch feste Melonen, schneidet sie in fingerdicke Stücke, reinigt sie von den Fasern und schält sie. Sodann läßt man in einem Zucker=Kessel hinlänglich Wasser heiß werden, gibt die Melonen hin= ein und setzt sie auf's Feuer. Sobald das Wasser den Siedegrad erreicht hat, werden die Melonenstücke mit dem Schaumlöffel in's kalte Wasser, dann wenn sie kalt sind, aus dem Wasser auf ein Tuch gelegt und in eine Schüssel geordnet. Hierauf gießt man geläuterten Zucker darüber, deckt sie zu und stellt sie kalt. Am andern Tage wird der Zucker abgeseiht, zum Breitlauf eingekocht, rein abgeschäumt und heiß über die Melonen gegossen. Auf diese Weise wird drei Tage hintereinander verfahren, wobei man aber jedesmal etwas Syrup dazu gießt und beim Aufkochen den Syrup jedesmal rein abschäumt. Am fünften Tage schüttet man die Melonenstücke in einen Durchschlag, kocht den Syrup zum kleinen Flug, gibt die Melonen hinein und läßt sie einmal mit aufkochen, schäumt sie sehr rein ab, füllt sie in Gläser, übergießt sie mit dem Syrup und macht sie gut zu.

2314. Muskatellerbirnen.   Poires confites.

Das nöthige Quantum schöner Muskatellerbirnen wird fein geschält, der Stiel abgeschabt und etwas abgeschnitten, dann werden sie durchstochen, im Wasser weich blanchirt und dann im kalten Wasser abgekühlt. Wenn sie abgekühlt sind, legt man sie in eine Schüssel und gießt dünn geläuterten Zucker darüber, bedeckt sie mit Papier und läßt sie stehen. Am zweiten Tage gießt man den Syrup ab, kocht ihn unter gutem Abschäumen etwas dicker ein, gibt die Birnen dazu, läßt sie einmal aufkochen, schäumt sie wieder ab, schüttet sie in die Schüssel und deckt sie zu. Auf diese Weise werden sie den dritten und vierten Tag behandelt, wo aber jedesmal etwas Zucker dazu gegossen werden muß. Am fünften Tage schüttet man die Birnen in einen Durchschlag, damit der Syrup rein abläuft, kocht dann den Syrup zum kleinen Flug, läßt die Birnen nochmals mit aufkochen und füllt sie, nachdem sie kalt geworden sind, in Gläser und bindet sie gut zu.

2315. Reineclauden. Reine-claudes confites.

Schöne große Reineclauden, nicht weich und schön grün, werden mehr= mals mit der Nadel durchstochen, die Stiele halb abgeschnitten, in's heiße Wasser gelegt und zur Seite gestellt. Wenn die Reineclauden sich weich anfühlen lassen, werden sie in's kalte Wasser gelegt und zugedeckt stehen gelassen. Am andern Tage werden sie in das Wasser vom vorigen Tage gelegt, etwas Alaun beigegeben, damit sie wieder grün werden und langsam, so daß man die Hand darin leiden kann, wieder erwärmt. Sind die Reine= clauden alle gleich weich geworden, so werden sie zum Abkühlen wieder in's kalte Wasser gelegt. Dann werden sie zum Abtropfen auf ein Tuch gelegt, sodann in eine Schüssel gethan und ganz dünn geläuterter Syrup darüber gegossen. Am andern Tage läßt man den Zucker ablaufen, kocht ihn etwas dicker, schäumt ihn rein ab und gießt ihn kalt wieder über die Reineclauden. Auf gleiche Weise wird noch zwei Tage verfahren. Am vierten Tage seiht man den Zucker ab, gießt noch etwas frischen dazu, kocht ihn zum Breit= lauf, schäumt ihn rein ab, gibt die Reineclauden dazu und läßt sie einmal mit aufkochen. Am fünften Tage gießt man den Syrup wieder ab, gibt noch etwas frischen dazu, kocht ihn zum Flug, schäumt ihn wohl ab, gibt die Reineclauden dazu, läßt sie einmal mit aufkochen, schäumt sie nochmals ab, füllt sie in Töpfe oder Gläser und bindet sie fest zu.

2316. Eingemachte grüne Weintrauben. Vergus confits.

Man nimmt große, ausgewachsene, noch grüne Weintrauben, macht die Kerne heraus und läßt sie mit Wasser einmal aufkochen, dann bedeckt man sie und stellt sie auf heiße Asche. Sobald sie weich sind, läßt man sie auf einem Sieb abtropfen. Zu einem Pfund solcher Beeren kocht man ein Pfund Zucker zum Flug, gibt die Beeren dazu und läßt sie langsam mit aufkochen, schäumt sie ab, schüttet sie in eine Schüssel und läßt sie, mit einem Bogen Papier bedeckt, stehen. Am andern Tage schüttet man sie in einen Durchschlag, kocht den Zucker zur großen Perle, gibt die Beeren dazu, läßt sie einigemal aufkochen, schäumt sie gut ab, füllt sie in Gläser und bindet sie, wenn sie kalt geworden sind, mit Papier und Schweinsblase zu.

2317. Grüne Feigen. Figues confites.

Man nimmt schöne grüne Feigen, welche noch nicht ganz reif sind, durchsticht sie von oben einigemal mit einem schmalen Messerchen, thut sie in's heiße Wasser, läßt sie zum Kochen kommen und legt sie dann wieder in's frische Wasser. Am andern Tage setzt man sie nochmals mit heißem Wasser zum Feuer, wirft eine Hand voll Salz und Spinat hinein und läßt sie langsam weich kochen. Dann legt man sie wieder in's kalte Wasser und wenn sie kalt geworden sind, schüttet man sie auf einen Durchschlag, legt sie dann in eine Schüssel und gießt dünn geläuterten Zucker darüber. Das weitere Verfahren haben sie mit den Birnen gemein.

2318. Eingemachte Pfirsiche. Pêches confites.

Die Pfirsiche müssen fast reif und völlig ausgewachsen sein. Man schneidet sie voneinander, nimmt die Kerne heraus, schält und blanchirt sie. Wenn sie zu kochen anfangen, legt man sie mit dem Schaumlöffel in's kalte Wasser und dann läßt man sie, wenn sie völlig abgetropft sind, in geläutertem Zucker einigemal aufkochen, schüttet sie in eine Schüssel und läßt sie, mit Papier zugedeckt, bis zum andern Tage stehen. Am andern Tage schüttet man sie in einen Durchschlag, kocht den Zucker zum Breitlauf, gibt die Früchte hinein und läßt sie einigemal mit aufwallen. Am dritten Tage kocht man den Zucker mit etwas Aepfel=Gelée zum kleinen Flug, gibt die Pfirsiche dazu, läßt sie nochmals mit aufkochen, schäumt sie sehr rein ab, ordnet sie in Gläser, gießt den Syrup darüber, bindet sie, nach= dem sie kalt geworden sind, mit Schweinsblase und Papier zu und stellt sie an einen trockenen Ort.

2319. Pfirsichmarmelade. Marmelade de pêches.

Aus ganz reifen Pfirsichen nimmt man die Kerne heraus, treibt sie durch ein Haarsieb und wiegt auf ein Pfund Mark ein Pfund fein ge= stoßenen Zucker, welches man zusammen unter beständigem Rühren dick einkocht, warm in Gläser füllt und, wenn die Marmelade kalt geworden ist, gut zubindet und aufbewahrt.

2320. Pfirsiche im Dunste. Pêches au bain-marie.

Schöne, nicht ganz reife Pfirsiche werden halbirt, geschält und in weithalsige weiße Gläser lagenweise mit gestoßenem Zucker ganz voll ein= gerichtet, dann gießt man etwas Syrup darüber, bindet sie mit Schweins= blase, daß keine Luft darin bleibt, fest zu und kocht sie sechs bis acht Minuten au bain-marie. Auf gleiche Weise bereitet man die

2321. Zwetschken im Dunste. Prunes au bain-marie.

2322. Aprikosen im Dunste. Abricots au bain-marie.

2323. Weichseln im Dunste. Griottes ou cerises au bain-marie.

2324. Mirabellen im Dunste. Mirabelles au bain-marie.

2325. Abgeschälte Zwetschken im Dunste. Prunes au bain-marie.

Schöne reife Zwetschken werden in's kochendheiße Wasser gelegt, wenn die Haut aufspringt, mit dem Schaumlöffel herausgehoben, abgeschält und in's kalte Wasser gelegt. Dann werden sie auf ein Tuch zum Abtropfen gelegt, mit gestoßenem Zucker in Gläser eingerichtet, etwas dünner Syrup darüber gegossen und mit Schweinsblase, damit nicht die mindeste Luft darin bleibt, fest zugebunden. Sie werden dann fünf Minuten an bain-marie gekocht.

2326. Eingemachte Quitten.   Coins confits.

Man nimmt recht reife, schöne, große Quitten, wo möglich Birn=Quitten, schneidet sie in schöne gleiche Schnitze, macht die Kerne heraus und schält sie sehr rein und glatt. Sie werden dann weich blanchirt und auf ein Sieb gelegt. Wenn sie alle weich und kalt sind, werden sie in eine Schüssel gelegt, mit dünn geläutertem Zucker übergossen und zugedeckt bei Seite gestellt. Am andern Tage schüttet man den Zucker ab, kocht ihn unter öfterm Abschäumen etwas dicker, läßt die Quitten mit aufkochen, schäumt sie nochmals ab, schüttet sie wieder in die Schüssel und deckt sie zu. Auf diese Weise werden sie vier Tage hintereinander bereitet, wobei man aber jeden Tag etwas Zucker nachgießt und ihn sorgfältig abschäumt. Am fünften Tage gießt man die Quitten in einen Durchschlag, kocht den Syrup zur großen Perle, läßt die Quitten nochmals mit aufkochen, füllt sie, nachdem sie rein abgeschäumt und halb ausgekühlt sind, in Gläser und bindet sie, wenn sie kalt sind, gut zu.

2327. Quittenbrot.   Pain de coins.

Ganz reife Quitten werden geschält, weich blanchirt und durch ein Sieb getrieben; auf ein Pfund Mark nimmt man ein Pfund gestoßenen Zucker, gibt es in einen flachen Kessel und kocht die Marmelade unter beständigem festen Rühren, bis sich die Masse vom Kessel ablöst, ganz dick ein. Eine Minute zuvor gibt man etwas gestoßenen Zimmt und ein wenig Nelken dazu, nebst kleinwürfelich geschnittenem Zitronat und eingemachten Orangenschalen, rührt Alles gut durcheinander, füllt die Masse in beliebige Formen, streicht sie glatt und stellt sie in den Trockenschrank. Am an=dern Tage nimmt man das Quittenbrot aus den Formen, legt es auf Bleche und stellt es noch mehrere Stunden warm. Man bewahrt es zwischen weißem Papier in Schachteln auf.

2328. Quitten=Gelée.   Gelée de coins.

Die Quitten werden gut von dem Wolligen abgerieben, in Stückchen geschnitten und weich gekocht, dann werden sie gut ausgepreßt und der Saft filtrirt. Auf ein Pfund Saft nimmt man ein Pfund kleingeschlagenen Raffinade=Zucker, läßt ihn darin zergehen und kocht es zusammen unter öfterm Abschäumen recht hell, bis der Saft, wenn er vom Löffel läuft, eine Perle hängen läßt, zum Gelée ein. Dieses Gelée wird dann gleich in kleine Gläser gefüllt und wie das Johannisbeer=Gelée zugebunden aufbewahrt.

2329. Hagebutten=Marmelade.   Marmelade d'églantines.

Man nimmt recht reife Hagebutten, macht die Kerne heraus, thut sie in eine Schüssel und läßt sie unter öfterem Umrühren mehrere Tage, bis sie völlig weich sind, stehen. Sie werden sodann durch ein Haarsieb gestrichen und zu einem Pfund Mark ein Pfund Zucker genommen, welchen man zum Flug kocht, die Marmelade dazu rührt und einigemal mit auf= kochen läßt. Diese Marmelade wird gleich in Gläser gefüllt, mit Papier zugedeckt und, wenn sie kalt ist, zugebunden aufbewahrt.

2330. Aepfel=Gelée.   Gelée de pommes.

Man nimmt schöne Borsdorfer=Aepfel, schneidet sie in Scheiben, gibt sie in eine Casserolle, übergießt sie mit etwas Wasser, kocht sie gut aus und schüttet die Aepfel mit dem Saft in einen Filtrir=Sack. Auf zwei Pfund Saft nimmt man ein Pfund Raffinade=Zucker, kocht es zusammen unter öfterm Abschäumen dem Quitten=Gelée gleich zum Gelée und füllt es ebenfalls in kleine Gläschen.

2331. Aepfel=Marmelade.   Marmelade de pommes.

Diese wird ganz der Pfirsich=Marmelade gleich bereitet.

2332. Eingemachte Orangenschalen.   Cestes d'oranges confits.

Schöne gelbe Orangen werden bis auf die innere weiße Haut ein= geschnitten, die gelben Schalen abgezogen, diese im Wasser völlig weich gesotten, in's kalte Wasser gelegt und ausgekühlt. Dann werden sie in einen steinernen Topf eingelegt, mit einem dünnen, kalten Syrup über= gossen, ein Brettchen darüber gelegt und leicht beschwert. Am andern Tage wird der Syrup abgeseiht, etwas stärker eingekocht und heiß über die Orangenschalen gegossen; so wird noch weitere drei Tage fortgefahren, der Zucker jeden Tag abgegossen, etwas anderer dazu gethan und immer etwas dicker eingekocht, wobei derselbe immer abgeschäumt und dann heiß darüber gegossen werden muß. Zuletzt werden dann die Orangenschalen in einen Durchschlag geschüttet, der Zucker zur großen Perle eingekocht, die Orangenschalen dazu gethan, einigemal übersotten, sehr rein abgeschäumt, dann in den Topf gepreßt, an einander eingerichtet, der Syrup darüber gegossen, mit einer naßgemachten Schweinsblase gut zugebunden und wenn sie wieder trocken geworden ist, nochmals mit Papier überbunden und so an einem trockenen, kühlen Orte aufbewahrt.

2333. Syrup von Berberitzen=Säuerlingen.   Sirup d'épine-vinettes.

Nach dem ersten Reisen werden diese Beeren gesammelt, zerdrückt, mit etwas Wasser einmal überkocht, dann gut gepreßt. Auf ein Pfund Saft werden drei Pfund Zucker geklärt, zur Perle eingekocht, der filtrirte Saft dazu gegossen, einmal aufgekocht, dann sehr rein abgeschäumt, kalt in Flaschen gefüllt, gut zugemacht und aufbewahrt. Dieser Saft ist als Limonade zu gebrauchen, sehr kühlend und von einem angenehmen Geschmacke.

83. Abschnitt.

Von den Essigfrüchten. Des Légumes confits au vinaigre.

2334. Essiggurken. Petits concombres au vinaigre.

Hierzu wählt man recht feine, glatte, halbausgewachsene Gurken, welche einigemal kalt gewaschen, dann vier bis fünf Stunden in Wasser mit Salz gelegt werden, nämlich auf dreißig Stück vier Maß Wasser und ein Pfund Salz. Hierauf werden sie aus der Salz-Lacke genommen, abgetropft und auf ein Tuch gelegt. Unterdessen wird so viel weißer Weinessig, als man für nöthig erachtet, aufgekocht und kalt über die in einen steinernen Hafen gelegten Gurken gegossen, welche noch mit einigen Zweigen Fenchel, einer Schote spanischem Pfeffer, einigen Lorbeerblättern, zwölf bis achtzehn abgeschälten Schalotten, einem Sträußchen Estragon und zwei Loth Gewürz, das aus einigen Nelken, Muskatblumen, Pfeffer und Coriander besteht, gewürzt werden. Nach einigen Tagen wird der Essig abgegossen, etwas frischer dazu gethan, aufgekocht und kalt wieder über die Gurken gegossen; dies Verfahren wird nach einigen Tagen nochmals wiederholt. Die Gurken werden dann fest zugebunden und aufbewahrt.

2335. Pfeffergurken. Cornichons.

Die ganz kleinen Gurken (halbfingerlang) werden rein gewaschen, mit einem Tuche abgetrocknet und einige Stunden in eine Salzlacke gelegt, dann abgegossen und mit nachstehenden gewürzhaften Ingredienzen in einen steinernen Hafen oder passende Gläser eingelegt. Auf einige hundert Gurken werden zwei Schoten spanischer Pfeffer, zwölf Nelken, ein Eßlöffel voll Coriander, ein Kaffeelöffel voll Pfefferkörner, ein halbes Loth Muskatblumen, zwölf Schalotten, einige Lorbeerblätter und eine Hand voll Estragonblätter genommen und die Gurken mit diesem Gewürz eingerichtet. Hierauf wird der nöthige Weinessig aufgekocht, abgeschäumt und, nachdem er kalt ist, über die Gurken gegossen, daß er zweifingerhoch darüber steht. Nach zwei Tagen wird der Essig abgeseiht, aufgekocht, abgeschäumt und heiß wieder darüber gegossen, dann, wenn er kalt ist, mit einer Schweinsblase überbunden aufbewahrt.

2336. Geschälte Gurken. Azia.

Zu diesen wählt man große feste Gurken; sie werden rein geschält, jede in vier gleiche Theile geschnitten, von den Kernen und wässerigen Theilen geschieden, dann mit einfachem, mit Salz untermischten Essig einmal aufgekocht und in eine irdene Schüssel geschüttet. Am andern Tage werden dieselben herausgenommen, auf ein großes Sieb gelegt und dann schichtenweise mit nachstehenden Ingredienzen in einen steinernen Topf eingerichtet. Auf dreißig solche Gurken nimmt man ein Loth Pfeffer=körner, zwölf Nelken, etwas englisches Gewürz, ein Loth Coriander, eine Hand voll Estragonblätter, etwas geschabten Meerrettig, eine Schote spanischen Pfeffer, einige Lorbeerblätter, zwölf Schalotten und eine Zehe Rocambole. Nachdem die Gurken so geordnet sind, wird der nöthige gute Weinessig mit etwas Salz aufgekocht und ausgekühlt darüber gegossen. Nach einigen Tagen wird der Essig abgeseiht, nochmals aufgekocht und kalt wieder über die Gurken gegossen, dann wenn sie ausgekühlt sind, mit einer naßgemachten Rindsblase zugebunden.

2337. Grüne Bohnen. Haricots verts.

Hierzu werden die ganz feinen, grünen Salatbohnen genommen; sie werden von ihren Seitenfasern befreit, hierauf mit etwas Alaun, dem nöthigen Salz und vielem kochenden Wasser acht Minuten recht grün blanchirt, dann abgeseiht, mit frischem Wasser übergossen und auf ein großes Tuch zum Abtropfen ausgebreitet. Sie werden sodann in Gläser eingelegt, mit gutem Weinessig, der mit einer Zehe Rocam=bole, einigen Schalotten, einem Loth gemengten Gewürz, Nelken, Pfeffer, Muskatblumen, Coriander und einigen Lorbeerblättern aufgekocht worden ist, kalt übergossen und dann gut mit einer Rindsblase zugebunden aufbewahrt.

2338. Blumenkohl. Chou-fleur.

Derselbe wird in kleine Röschen getheilt, rein geputzt, in gesalzenem, kochenden Wasser einigemal aufgekocht und dann wie die grünen Bohnen vollendet.

2339. Champignons. Champignons.

Die Stielchen der ganz kleinen, weißen, festgeschlossenen Champignons werden abgestutzt, die Champignons alsdann mit feinem Salz und Zi=tronensaft gut abgerieben und gewaschen. Ist dies geschehen, so werden sie mit Salz, Essig und Zitronensaft einmal aufgekocht, wenn sie kalt sind, abgeseiht und in ein weißes passendes Glas eingerichtet. Hierauf läßt man guten Weinessig mit den öfters bemerkten gewürzhaften In=gredienzen aufkochen und nachdem derselbe halb ausgekühlt ist, wird der=selbe über die Champignons gegossen. Nach einigen Tagen wird derselbe wieder abgegossen, aufgekocht und heiß über dieselben geschüttet; wenn sie ganz ausgekühlt sind, so werden sie mit einer nassen Rindsblase überdeckt und mit Bindfaden zugebunden.

2340. Türkischer Weizen. Blé de Turquie.

Hierzu wählt man die kleinen fingerlangen Kolben. Sie werden rein geputzt und in eine Salzlacke gelegt. Am andern Tage werden sie aus dem Salzwasser genommen und auf Sieben abgetropft, hierauf mit

ben gewürzhaften Ingredienzen in Gläser eingerichtet, dann mit aufge=
kochtem und ausgekühltem Weinessig übergossen. Bei allen Eingemachten
können auch die Ingredienzen mit dem Essig aufgekocht und dieser dann
über die Früchte gegossen werden.

2341. Zwiebeln. Oignons.

Hierzu wählt man die kleinen, weißen Florentiner=Zwiebelchen. Sie
werden rein geschält, in mit Essig und Salz vermischtem Wasser halb=
weich gekocht, sodann abgegossen und in weiße Gläser eingerichtet. Zu
gleicher Zeit wird weißer guter Essig mit den erwähnten gewürzhaften
Ingredienzen aufgekocht, dann, wenn derselbe ausgekühlt ist, wird er dar=
über geseiht und die Zwiebeln fest zugebunden aufbewahrt.

2342. Melirte Gemüse nach englischer Art. Mixed-Pikles.

Diese bestehen aus spanischen Pfefferschoten, grünen Bohnen, kleinen
Gurken, jungen gelben Rübchen, kleinen Zwiebeln, Blumenkohl=Rößchen,
Schalotten, Rocamboles, Artischokenböden, türkischem Weizen, Cham=
pignons und Spargeln. Alle diese genannten Vegetabilien müssen ganz
jung sein; jede Gattung wird für sich in mit Essig und Salz vermisch=
tem Wasser gut halbweich gekocht, zusammen auf ein großes Sieb gegossen
und in schöner Schattirung in weiße Gläser eingerichtet und voll gefüllt,
alsdann mit dem besten Estragonessig übergossen, gut zugebunden und
aufbewahrt.

2343. Estragonessig. Vinaigre à l'estragon.

Man zupft einen guten Theil recht frischer Estragonblätter ab, gibt
sie mit etwas Salz in die dazu bestimmten Flaschen und füllt sie mit
dem besten Weinessig auf. Sie werden mit Papier überbunden, einige
Wochen an einen den Sonnenstrahlen stark ausgesetzten oder sonst warmen
Ort gestellt und destillirt. Hierauf wird der Essig durch Leinwand geseiht,
in Flaschen gefüllt und verkorkt und verpicht aufbewahrt.

2344. Himbeeressig. Vinaigre aux framboises.

Zu einer Maß besten Weinessig wird eine halbe Maß gute Him=
beeren genommen. Die Himbeeren werden zerdrückt, in Flaschen gefüllt,
mit dem Essig übergossen und angefüllt. Im Uebrigen wird er ganz wie
der Estragonessig vollendet.

2345. Kräuteressig. Vinaigre aux fines herbes.

Estragon, frischer Basilikum, Thymian, Lorbeerblätter, Melisse, Tripp=
madam, Schnittlauch, Pimpernelle, Schalotten, eine Zehe Rocambole,
Pfefferkörner, einige Nelken und Muskatblumen. Diese Ingredienzen

kommen zusammen in eine Flasche und werden mit gutem Weinessig
überfüllt. Dann wird die Flasche mit Papier überbunden und wie der
Estragonessig einige Wochen destillirt. Hierauf wird er geseiht, in Flaschen
abgefüllt, verkorkt, verpicht und aufbewahrt.

84. Abschnitt.

Von der Anfertigung der Speisezettel. De la Manière pour regler les Menus.

Das Zusammenstellen verschiedener Speisen in einem richtigen Verhältnisse zu den Gästen und mit genauer Kenntniß rücksichtlich ihrer Wirkungen gegen einander, heißt einen Speisezettel entwerfen. Denn wir wissen, daß das Süße mit dem Sauern und Bittern, das Sauere mit dem Salzigen Mischungen eingeht, hingegen das Salzige dem Süßen und dem Bittern widersteht und Ekel erregt. Ebenso ist zu beobachten, welche Wirkungen diese Stoffe auf unsere Geschmacksnerven hervorbringen. So z. B. afficirt der Zimmt die Spitze der Zunge, der Pfeffer mehr die Mitte derselben, die bittern Stoffe die Vertiefung des Mundes, das Geistige den Obergaumen, einige Gewürze den Schlund und dann erst den Magen.

Man kann deßhalb, wenn ein Theil der Geschmacksnerven abgestumpft ist, denselben durch milde, erfrischende Gerichte wieder nachhelfen und ihnen ihre Empfänglichkeit wiedergeben. Aus diesen Gründen erfordert ein in allen Theilen richtig gehaltener Speisezettel genaue Kenntniß der Kochkunst und selbst des Tafelservirens.

Die Speisezettel zerfallen in mehrere Abtheilungen, nämlich in solche zu Festivitäten, zu Bällen, zu großen Tafeln, zu Frühstücken, und in solche für den Familienkreis und Hausfreunde. Wir wollen zuerst versuchen, bei einigen häuslichen Mahlen anzufangen und dann zu splendiden Tafeln übergehen und dabei bemerken, daß eine Mahlzeit für Wenige aus wenigen, aber geeigneten, ein Gastmahl aber aus vielen Speisen, so daß ein Jeder nach seinem Geschmacke wählen kann, bestehen soll. Ein jeder Tisch soll so mit Speisen versehen sein, daß die Gäste ihre Eßlust befriedigen können und übergroße Sparsamkeit, wobei sich der Gast geniren muß, noch etwas von einer Speise zu nehmen, vermieden werden.

Die in den nachfolgenden Speisezetteln genannten Speisen sind sämmtlich in dem Kochbuche selbst enthalten. Da es Brauch ist, die Speisezettel gewöhnlich in französischer Sprache auf den Tafeln aufzulegen, so wurde die französische Bezeichnung der Gerichte überall beigegeben.

Die Nummern an der linken Seite der Speisezettel bedeuten die Anzahl der nöthigen Terrinen und Schüsseln.

Häusliches Mahl auf 8 Gedecke.

1 Butternocken-Suppe.
1 Ochsenfleisch, gesotten, mit Kapern-Sauce.
1 Wirsingkraut mit Hammels-Coteletten.
1 Gebratene Gans mit Endivien-Salat.
1 Wienerkrapfen.

Häusliches Mahl für 12 bis 16 Gedecke.

1 Reissuppe mit gesottenem Huhn.
1 Fleischpastetchen.
1 Lendenbraten mit gebratenen Kartoffeln.
1 Gedünstetes Sauerkraut mit geräucherter Schweinsbrust.
1 Eingemachte junge Hühner.
1 Gebratener Rehschlegel mit Salat.
1 Bisquit-Torte mit Zuckerguß.

Wir gehen nun weiter und entwerfen ein größeres Mahl, nach deutscher Art servirt.

Mittagsmahl für 18 Gedecke.

2 Kraftbrühe mit Kaisereiern.
2 Kleine Krustaden von Nudeln auf schwedische Art.
1 Silber-Lachs blau abgesotten mit holländischer Sauce.
2 Gedämpfter Lendenbraten auf italienische Art.
2 Grüne Bohnen mit Hammels-Coteletten.
2 Escalope von jungem Reh mit Ragout Financier.
2 Hachis von Kapaunen auf Königin Art.
1 Gänseleber-Terrine.
2 Gebratene Schnepfen mit Brotkrüstchen und gemischtem Salat.
2 Kleiner Auflauf von Pfirsichen in Papierküstchen.
2 Gestürzter Crême mit Früchten.
1 Brüsseler Torte.
Gefrornes von Weichseln mit Bordeaur-Wein.
4 Teller verschiedenes Dessert.
4 Teller feines Tafel-Obst.

Mittagsmahl für 18 Gedecke auf russische Art servirt.

1 Kraftbrühe mit Geflügelbrötchen.
2 Austern-Pastetchen.

Französische Bezeichnung der nebenstehenden Speisezettel:

Diner pour 8 personnes.

Potage noques au beurre.
Boeuf au naturel à la sauce aux capres.
Choux de Milan aux côtelettes de mouton.
Oie rôtie, salade de chicorée.
Beignets à la Viennaise.

Diner pour 12 ou 16 personnes.

Potage poule au riz.
Petits pâtés au naturel.
Filet de boeuf piqué aux pommes de terre.
Chou-crout aux petits salés.
Poulets en fricassée.
Cuissot de chevreuil rôti.
Tourte de biscuit glacée.

Diner pour 18 personnes servi à l'Allemande.

Consommé aux oeufs à l'empereur.
Petites croustades de nouilles à la Suédoise.
Truite saumonée au bleu sauce Hollandaise.
Filet de boeuf aux macaronis à l'Italienne.
Haricots verts aux côtelettes de mouton.
Escalope de chevrette à la financière.
Hachis de chapon à la reine.
Terrine de foie gras de Strasbourg.
Bécasses rôties aux croutons et salade à la Macédoine.
Soufflé de pêches en petites caisses.
. Crême renversée à la prince Pückler.
Tourte à la Bruxelles.
Glace de griottes au vin de Bordeaux.

Diner pour 18 couverts servi à la Russe.

Consommé aux pains de volaille.
Petits vols au vent aux huitres.

1 Sterlet auf polnische Art.
2 Lendenbraten mit Ragout Godard.
2 Kapaun nach St. Cloud Art.
2 Fasanenbrüste auf königl. Jäger-Art.
2 Lamms-Coteletten mit Pflückerbsen.
1 Gesulzte Forellen.
1 Indian mit Trüffeln gefüllt.
1 Schnepfen und Wachteln.
2 Grüne Erbsen auf französische Art.
2 Carbonen mit Parmesan-Käse.
2 Palermer Charlotte.
2 Rahmschnee von Himbeeren.
2 Ananassulz mit gemischtem Obst.

Vor dem Braten wird Punsch auf römische Art in Crement-Gläsern servirt. Nach der Ananassulz werden zwei Gefrorne servirt, nämlich:

1 Rahm-Gefrornes mit Malaga-Wein.
2 Korb mit Früchten.
4 Teller Dessert.
4 Teller feines Tafel-Obst.

Die Speisen werden tranchirt, schön angerichtet und von der Küche aus sogleich servirt. Die drei Sorten Braten werden auf zwei langen Schüsseln melirt angerichtet.

Mittagsmahl für 24 Gedecke auf englische Art servirt.

30 Teller Austern mit 12 Zitronen werden vor der Suppe gegeben.

1 Englische Fischsuppe.
1 Echte Schildkrötensuppe.
1 Schill auf englische Art.
2 Hammelsrücken mit Gemüsen.
2 Ochsenfilet mit Trüffel-Sauce.
2 Feldhühner-Coteletten nach Pahlen.
2 Hühnerbrüstchen à la royale.
2 Wachteln à la financière.
3 Salat von Hummer.
2 Englische Tauben-Pasteten.
2 Junge Hühner, gebraten mit englischer Eier-Sauce.
2 Wildentchen mit Zitronen.
2 Englischer Kastanien-Pudding.
2 Spargeln.
2 Blumenkohl mit Parmesankäse.

Esterlet à la Polonaise.
Filet de boeuf à la Godard.
Chapon à la St. Cloud.
Filets do faisans au chasseur royal.
Côtelettes d'agneau aux petits pois à l'Anglaise.
Truites en aspic.
Dindon farcis en truffes ⎱ rôtis.
Bécasses et cailles ⎰
Petits pois à la Française.
Cardons au Parmesan.
Charlotte à la Palerme.
Crème fouettée aux framboises.
Gelée d'ananas à la Macédoine de fruits.

Glace de crème au vin de Malaga.
Corbeille aux fruits.

Diner pour 24 couverts, servi à l'Anglaise.

30 Assiettes huîtres et 12 citrons.

Potage do poissons à la Lady Morgan.
Turtle-soup.
Sandre à l'Anglaise.
Selle de mouton à l'Anglaise.
Filet de boeuf à la Monglas.
Côtelettes de perdreaux à la Pahlen.
Sauté de filets de poulets à la royale.
Cailles à la financière.
Salade de homard.
Pâté chaud de pigeons.
Poulets rôtis, sauce aux oeufs.
Sarcelles garnies de citrons.
Pouding de marrons à l'Anglaise.
Asperges.
Choux-fleurs au parmesan.

2 Ananassulz mit gemischtem Obste.
2 Butterteigringchen mit Mandeln.

Mittagsmahl für 36 bis 40 Gedecke nach französischer Art servirt.

Zwei Suppen:

1 Kraftbrühe mit Monacos.
1 Wildpretsuppe mit Linsen.

Zwei Hors d'oeuvres:

2 Kleine Krustaden mit Geflügel.
2 Krebsschweifchen à la Provençale.

Zwei Auswechselungen:

1 Rheinsalm à la Richelieu.
1 Ochsenfleisch auf Flamänder Art.

Vier Zwischenspeisen doppelt:

2 Glasirte Kalbstendrons mit Sauerampfer-Püree.
2 Hühnerbrüstchen nach Bopaliere.
2 Feldhühnernocken mit Ragout Toulouse.
2 Gestürzte Farce-Pasteten von Gänseleber.

Zwei Braten:

2 Fasanen mit Trüffeln gefüllt und gespickt.
1 Kapaunen von Mans.

Zwei Auswechselungen:

1 Kaiserkuchen.
1 Croquant von Genoise.

Vier Zwischenspeisen:

1 Spargeln.
1 Grüne Bohnen auf englische Art.
1 Bayerischer Crême mit rothen Johannisbeeren.
1 Gestürzte Aepfelsulz.

Mittagsmahl für 60 Personen, reicher als das vorhergehende, nach französischer Art servirt.

Vier Suppen:

1 Frühlingssuppe.
1 Gerstenschleimsuppe nach Beauharnais.
1 Durchgestrichene Schnepfensuppe.
1 Batavia-Suppe.

Vier Auswechselungen:

1 Hammelsrücken auf englische Art.
1 Kabeljau auf holländische Art.

Gelée d'ananas à la Macédoine de fruits.
Gimblettes aux amandes.

Diner pour 36—40 couverts, servi à la Française.

Deux potages:

Consommé aux monacos.
Purée de gibier à la Condé.

Deux hors d'oeuvres:

Petites croustades de volaille à la béchamel.
Queues d'écrevisses à la Provençale.

Deux relevées:

Saumon du Rhin à la Richelieu.
Côte de boeuf braisé à la Flamande.

Quatre entrées:

Tendrons de veau à la purée d'oseille.
Filets de poulets à la Vopalière.
Quenelles de perdreaux à la Toulouse.
Timbale de foie gras à la Demidoff.

Deux rôts:

Faisans farcis aux truffes.
Chapons de Mans rôtis.

Deux grosses pièces:

Gateau à la Compiègne.
Croquant de Genoise.

Quatre entremets:

Asperges.
Haricots verts à l'Anglaise.
Fromage Bavarois aux groseilles rouges.
Suédoise de pommes à la gelée.

Diner pour 60 personnes, servi à la Française.

Quatre potages:

Potage à la printanier.
Crême d'orge à la Beauharnais.
Purée de bécasses.
Potage au nids d'hirondelles.

Quatre relevées:

Selle de mouton à l'Anglaise.
Cabillaud à la Hollandaise.

1 Indian über einem Ragout Gobard.
1 Gefüllter Kalbskopf.

Acht Zwischenspeisen doppelt:

2 Gespickte Lamms-Coteletten mit Chikorée.
2 Escalopes von Hasen mit Trüffeln.
2 Hühnerbrüstchen auf Neapolitanische Art.
2 Feldhühnerbrüstchen mit Champignons.
2 Gansleber mit Trüffeln.
2 Poularden über einem Reisrand.
2 Hühnerbrüstchen mit Mayonnaise und gemischten Gemüsen.
2 Salat von Hummer.

Vier Braten:

1 Kapaunen von Mans.
1 Gebratene Fasanen.
1 Krammetsvögel mit Brotkrusten.
1 Rehrücken.

Vier große Stücke der Kunstbäckerei:

1 Füllhorn von gerösteten Mandeln mit Früchten.
1 Baumkuchen.
1 Antiker Helm über einem Sockel.
1 Aufgesetzte Meringuen.

Acht Zwischenspeisen:

2 Spinat mit Brotkrusten.
2 Spargeln.
2 Grüne Bohnen auf Lyoneser Art.
2 Blumenkohl im Ofen.
2 Auflauf von Calville-Aepfeln.
2 Gebackene Aprikosen mit Pistazien.
2 Gestreifte Mandelsulz.
2 Süße Sulzen von Danziger Goldwasser.

Die Art und Weise französischer Tafeln, wobei alle Speisen nach ihrer Reihenfolge, in zwei bis drei Trachten getheilt, über die Tafel aufgestellt werden, kommt von Tag zu Tag mehr in Abnahme, so zwar, daß gegenwärtig nur noch am kaiserlichen Hofe, bei einigen Gesandten der Großmächte und zuweilen auch bei besonderen Gelegenheiten in den Häusern einiger vornehmen Leute diese luxuriöse Sitte eingehalten wird. In den meisten Häusern aber und selbst an Höfen Deutschlands ist man längst schon zu der Einsicht gekommen, diese französische Art des Servirens abzuschaffen, denn man hat als Nachtheil kennen gelernt, daß die meisten Speisen erkalten und durch das Warmhalten derselben der Einfluß des Sauerstoffs zu sehr hervortritt, wodurch der sogenannte aufgewärmte Geschmack erzeugt wird und selbst die Trennung der einzelnen Theile erfolgt.

Dindon à la Godard.

Tête de veau farcie.

Huit entrées:

Côtelettes d'agneau piquées à la chicorée.

Escalopes de levrauts aux truffes.

Filets de poulets à la Napolitaine.

Sauté de filets de perdreaux aux champignons.

Escalopes de foie d'oie gras aux truffes.

Poulardes en bordure de riz à la reine.

Filets de poulets en mayonnaise à la jardinière.

Salade de homard.

Quatre rôts:

Chapons de Mans.

Faisans.

Grives.

Filets de chevreuil.

Quatre grosses pièces:

Corne d'abondance garnie de fruits glacées.

Gateau arbreux à la broche.

Casque antique sur socle en pâte d'office.

Grosse merinque montée.

Huit entremets:

Epinards aux croutons.

Asperges en branches.

Haricots verts à la Lyonaise.

Choux-fleurs au four.

Soufflé de pommes de Calville en caisses.

Beignets d'abricots aux pistaches.

Blanc-manger en rubans.

Gelée à l'eau de Danzic.

Von den Gabelfrühstücken.

Die Zwischenmahle werden nur da gegeben, wo die Geschäfte erst am späten Morgen ihren Anfang nehmen und daher erst am späten Abend enden, worunter ich große Geschäftsleute, wie in Paris und London, ver= stehe, oder wo es Sitte des Herrn vom Hause ist, erst gegen Abend zu Mittag zu speisen. Aus diesen Gründen bestehen die Gabelfrühstücke nur aus solchen Fleischspeisen, welche entweder gebacken oder auf dem Roste oder am Spieß gebraten sind. Gesottenes Ochsenfleisch, kräftige Suppen dürfen nicht erscheinen, doch kann, wenn es gewünscht wird, Bouillon in Tassen gegeben werden. Von süßen Speisen können leichte Mehlspeisen, leichtes Backwerk und eingemachte Früchte servirt werden. Weine sollen wenige, aber von der besten Gattung credenzt werden. Ich will daher einige derartige Zwischenmahle folgen lassen.

Gabelfrühstück für 8 Personen.

8 Teller Austern mit Zitronen.
1 Caviar mit frischer Butter.
1 Kalbs-Coteletten auf dem Roste gebraten.
1 Hammels-Nierchen.
1 Gebackene Seezungen.

Gabelfrühstück für 16 bis 18 Personen.

Geflügel-Bouillon.
2 Kleine Pastetchen.
2 Schill mit Kartoffeln.
2 Beefsteaks auf Haushofmeister-Art.
2 Pflückerbsen auf englische Art.
2 Gebratene Kapaunen.

Extra 4 Teller, welche sogleich aufgesetzt werden:

1 Teller Sardinen in Oel.
1 Teller mit Galantine von Indian mit Aspik.
1 Teller Hamburger Pöckelfleisch.
1 Kleine Terrine mit Gänseleber.

Gabelfrühstück für 24 Personen, feiner als das vorhergehende.

Geflügelbrühe in Tassen.
26 Teller Austern mit Zitronen.
 2 Teller Forellenschnitten mit einer kalten Senf-Sauce.
 2 Gespicktes Ochsen-Filet mit Madeira-Sauce.
 1 Grüne Bohnen auf englische Art.
 1 Kalbsbrieschen mit gemischtem Ragout.
 1 Schnepfen für Braten.

Extra:

1 Teller kleine Geflügel-Croquetten.
1 „   kleine Pastetchen.
1 „   kleine Bratwürstchen.
1 „   mit westphälischem Schinken.

4 Teller Zuckerwerk:

1 Carmelirte Kastanien.
1 Bisquits.
1 Meringuen.
1 Candirte Früchte.

Dejeuner pour 8 personnes.

Huitres aux citrons.
Caviar au beurre frais.
Côtelettes de veau grillées en jus.
Rognons de mouton sautés.
Soles frites.

Dejeuner pour 16 ou 18 personnes.

Consommé de volaille en tasses.
Petits pâtés.
Sandre à l'Anglaise.
Beefsteaks à la maître d'hôtel.
Petits pois.
Chapons rôtis.

Sardines à l'huile.
Galantine de dinde à l'aspic.
Boeuf de Hambourg fumé.
Terrine de foie gras.

Dejeuner pour 24 personnes.

Consommé de volaille.
Huitres aux citrons.
Filets de truites frites à la remolade.
Filet de boeuf piqué à la broche sauce au vin de Madère.
Haricots verts à l'Anglaise.
Ris de veau au ragout mêlé.
Bécasses rôtis aux croutons.

Croquettes de volaille.
Petits pâtés.
Petites saucisses.
Jambon de Westphalie.

Marrons glacés.
Bisquits.
Merinques.
Fruits candis.

Nachtmahle.

Die Nachtmahle werden stets spät in der Nacht gehalten; aus diesem Grunde werden nur solche Speisen gewählt, welche leicht zu verdauen, folglich nicht zu kräftig sind.

Nachtmahl für 8 Gedecke.

1 Gerstenschleim.
1 Glasirte Kalbs-Coteletten mit Endivien-Gemüse.
1 Gebratene Hühner mit grünem Salat.
1 Vanille-Crême in Bechern.
1 Aepfel-Compote.

Nachtmahl für 16 bis 18 Gedecke.

1 Panade-Suppe.
2 Blauabgesottene Forellen.
2 Hühnerbrüstchen mit Pflückerbsen.
2 Eingemachte Kalbsbrieschen.
2 Krammetsvögel.
2 Hohlhippen mit Schlagrahm.
2 Compote von Aprikosen.

Nachtmahl für 40 Gedecke.

1 Reisschleimsuppe nach französischer Art.
4 Blauabgesottene Saiblinge.
4 Grüne Bohnen mit Lamms-Coteletten.
4 Hühnerbrüstchen mit einem Ragout à la Toulouse.
4 Kaltes Feldhühner-Salmy.
2 Kapaunen gebraten ⎱ mit Salat.
2 Rehrücken   ⎰
2 Schwedische Omeletten.
4 Maraschino-Gelée.
4 Meringuen mit Schlagrahm und Erdbeeren.

Von den Büffets.

Unter einem Büffet versteht man eine Bühne, die reich mit Schau- und kalten Eßwaaren besetzt ist, und wo Jeder nach Lust selbst wählen kann. Es werden daher in einem, dem großen Saal zunächst liegenden Zimmer Bühnen aufgerichtet, welche geschmackvoll decorirt und mit kalten Speisen, Backwerken, Obstkuchen und guten Weinen besetzt werden. Derartige Schaubühnen zu decoriren, erfordert viele Kenntniß und kann dies daher auch nur von Sachkundigen ausgeführt werden.

Ich will ein solches Büffet für fünfhundert Personen beschreiben.

Soupers.

Souper pour 8 couverts.

Crème d'orge.
Côtelettes de veau glacées à la chicorée.
Poulets rôtis au salade.
Crème à la vanille en petits pots.
Compote de pommes.

Souper pour 16 ou 18 couverts.

Panade.
Truites au bleu.
Filets de poulets aux petits pois.
Ris de veau à la poulet.
Grives rôties.
Gaufres à la crème fouettée.
Compote d'abricots.

Souper pour 40 couverts.

Crème de riz veloutée à la Française.
Saiblings au bleu.
, Haricots verts aux. côtelettes d'agneau.
Suprême de poulets à la Toulouse.
Chaudfroid de perdreaux.
Chapons } pour rôts, salade verte.
Filet de chevreuil }
Omelettes à la Suédoise.
Gelée au marasquin.
Merinques à la crème fouettée aux fraises.

Büffet auf 500 Personen.

2 Kessel mit Suppe jeder zu 20 Maß; diese bestehen aus:
1 Kessel Gerstenschleim.
1 Kessel Hühnerbrühe.

32 runde Schüsseln:
4 Kalbsnuß mit kalter Kräuterbutter.
4 Kalbshirn als Salat.
4 Gesulzte Hasenkuchen.
4 Gesulzte Escalopen von jungen Hasen.
4 Gesulzte Feldhühner über einem Fettsockel.
4 Gesulzte Krammetsvögel.
4 Indianbrüstchen an Silberspießchen mit Fleischsulz.
4 Mayonnaisen von Hühnern mit Gemüsen.

32 lange Schüsseln:
4 Mit acht geräucherten und geschnittenen Zungen.
4 Westphälischer Schinken.
4 Gefüllte Kapaunen.
4 Hamburger Rauchfleisch.
4 Gebratene kalte Fasanen.
4 Gebratene kalte Kapaunen.
4 Gebratene Kalbsschlegel.
4 Gebratene Rehschlegel.

10 große Stücke der Küche:
2 Abgekochte Rheinsalmen mit Krebsen an Silberspießen garnirt.
2 Dressirte kalte Pasteten von Fasanen.
2 Dressirte kalte Pasteten von Gänselebern.
2 Busch von Krebsen.
1 Wildschweinskopf über einem Sockel.
1 Galantine von Indian über einem Sockel.

1 großes Mittelstück:
1 Aufsatz von Schwanen aus Fett oder Stearin gegossen.

8 Salate:
2 Gemischte Salate.
2 Gestürzte Kartoffel-Salate.
2 Gestürzte Salate auf Gärtnerin-Art.
2 Salat von Artischocken-Böden.

6 große Stücke der Kunstbäckerei:
1 Baumkuchen.
1 Füllhorn von Mandeln mit caramelirten Früchten.

Buffet pour 500 personnes.

Crême d'orge.
Consommé de volaille.

Entrées:
Noix de veau au beurre de Montpellier.
Cervelles de veau en salade.
Pain de lièvre à la gelée.
Chaud-froid de filets de levreauts.
Galantine de perdreaux sur socle.
Grives en aspic.
Atelettes de dindon en aspic.
Mayonnaise de poulets à la jardinière.

Plats longs:
Langue de boeuf fumée et decoupée.
Jambon do Westphalie.
Galantine de chapons.
Boeuf fumé de Hambourg.
Faisans rôtis froids.
Chapons rôtis.
Cuissot de veau rôti.
Cuissot de chevreuil.

Grosses pièces de la cuisine:
Saumon du Rhin au bleu garnis de hatelets aux écrevisses.
Pâtés dressées de faisans.
Pâtés dressées de foie d'oie gras.
Buisson d'écrevisses.
Hure de sanglier sur socle.
Galantine de dinde sur socle.

Grosse pièce au milieu:
Pièce montée de cygne, garnie d'homards.

Salades:
Salade à la Macedoine.
Salade de pommes de terre en chartreuse.
Salade dressée à la jardinière.
Fonds d'artichauts en salade.

Grosses pièces de la pâtisserie moderne:
Gateau arbreux à la broche.
Corne d'abondance garnie de fruits glacés.

1 Antiker Helm von Mandeln.
1 Lyra von Mandeln.
1 Englischer Hochzeitskuchen.
1 Aufgesetzte Meringuen.

24 runde Schüsseln mit Torten:

4 Kronprinz-Torten.
4 Maraschino-Torten.
4 Brüsseler Torten.
4 Malteser Orangen-Torten.
2 Kugelhupf auf polnische Art.
2 Kaiserkuchen.
2 Französische Kuchen.
2 Apostelkuchen.

24 Gelées und Crèmes:

4 Orangenkörbchen mit Orangen-Sulz gefüllt.
4 Gestreifte Orangen-Sulzen.
4 Süße Sulzen von Maraschino.
4 Crème mit rothen Johannisbeeren.
4 Crème mit Mokka-Kaffee.
4 Gestreifte Mandel-Sulzen.

16 Compotes:

4 Compote von Aepfeln mit Gelée.
4 Compote von Orangen.
4 Compote von Birnen.
4 Compote von eingemachten Aprikosen.

Olis 24 Maß

wird vor und nach dem letzten Tanz servirt.

Reveillon

wird nur dann gehalten, wenn die Unterhaltung bis spät zum Morgen dauert, um die erschlafften Körper aufzufrischen und ihnen wieder neue Kraft zu geben. Es werden dabei in der Regel schwarzer Kaffee, kalte Pastete und einige saure Gerichte servirt.

Ich glaube durch diese gegebenen Speisezettel klar gemacht zu haben, wie sowohl ein einfaches Mahl, als auch eine herrschaftliche und fürstliche Tafel bestellt sein soll.

Casque antique sur socle.
Lyra en nougat.
A bride cake.
Grosse merinque montée.

Tortes:

Tourte au prince royal.
Tourte au marasquin.
Tourte à la Bruxelles.
Tourte à l'orange à la Malte.
Baba Polonais.
Gateau de Compiegne.
Gateau Mazarin.
Grosse brioche.

Gelées et crêmes:

Gelée d'oranges en petits paniers.
Gelée d'oranges en rubans.
Gelée de marasquin di Zara.
Fromage Bavarois aux groseilles rouges.
Fromage Bavarois au café Mocca.
Blanc manger en rubans.

Compotes:

Compote de pommes à la gelée.
Compote d'oranges à la Malte.
Compote de poires.
Compote d'abricots confits.

Anhang.
Silberspießchen.

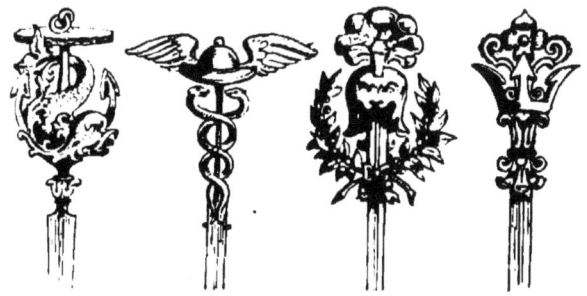

Silberspießchen für die Zwischenspeisen.

1.	2.	3.	4.

1. Silberspießchen mit einer Decoration aus Rüben geschnitten.
2. Silberspießchen von Fleischsulz mit Trüffeln und Champignons besteckt, für kalte Entrées.
3. Silberspießchen von Fleischsulz mit Trüffeln und Champignons besteckt, für kalte grosses pièces.
4. Silberspießchen für warme grosses pièces.

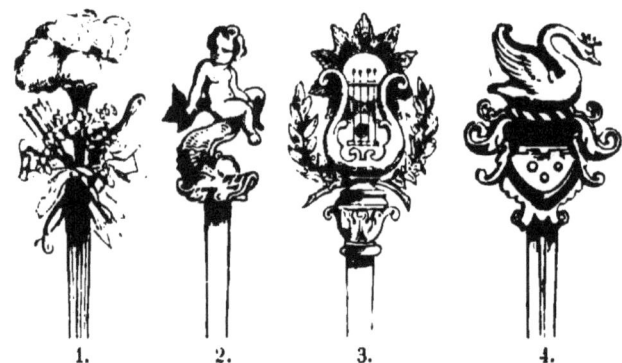

1. und 2. Silberspießchen für warme und kalte Entrées.
3. und 4. Silberspießchen für warme und kalte groses pièces.

5. Silberspießchen für warme Entrées.
6. Silberspießchen für kalte grosses pièces.
7. Silberspießchen mit einer Vase voll Rosen aus Rüben geschnitten für warme und kalte grosses pièces.

Fettsockel.*)

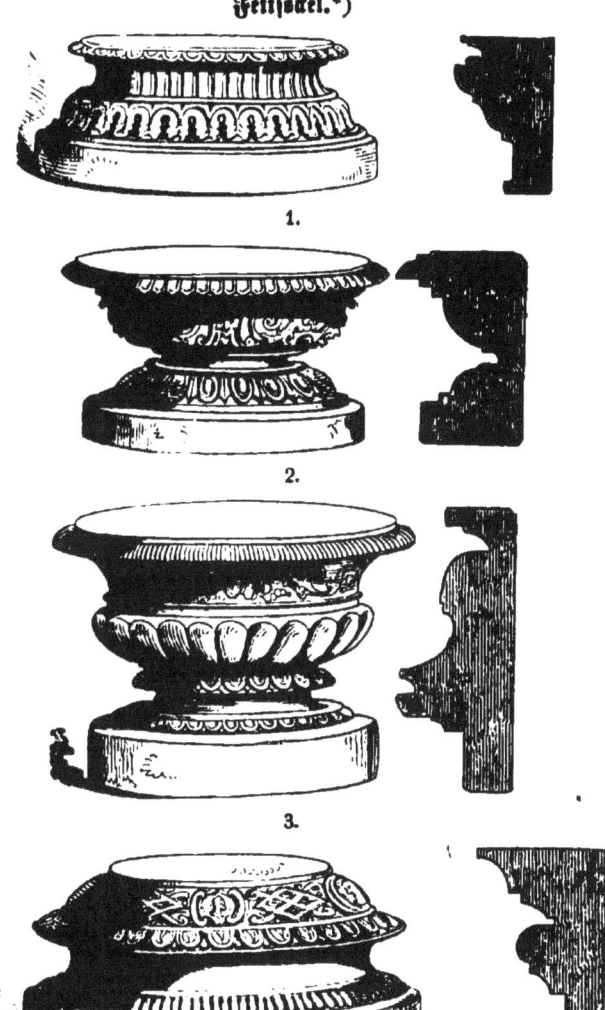

1.

2.

3.

4.

1. bis 4. Sockel aus Fett für kalte Zwischenspeisen.

*) Man vergleiche Abschnitt 72 des Kochbuches.

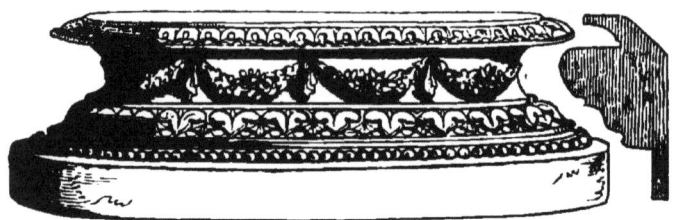

Fettſockel für kalte Fiſche.

Fett=Vaſe für kalte grosses pièces.

Fettsockel für kalte Fische.

Fett-Vase für kalte grosses pièces.

Zwei Fettsockel für einen Wildschweinskopf oder eine Galantine von Indian.

Afpic-Croutons.

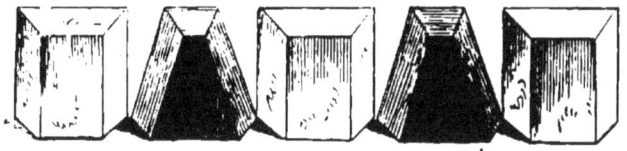

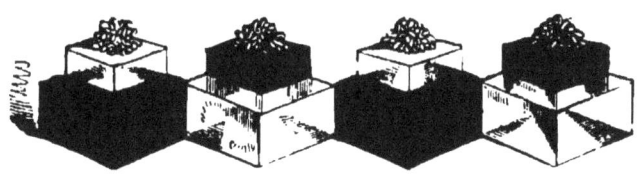

Ausgestochene Borduren aus Nudelteig, der recht fest aus lauter Gelbeiern angemacht ist.*)

---

*) Man vergleiche Abschnitt 73 des Kochbuches.

**Borduren von hartgefottenen Eiern mit Sardellenfilets, feinen Kapern,
Salatherzchen und kleinen Monat=Rettigen zufammengefetzt.**

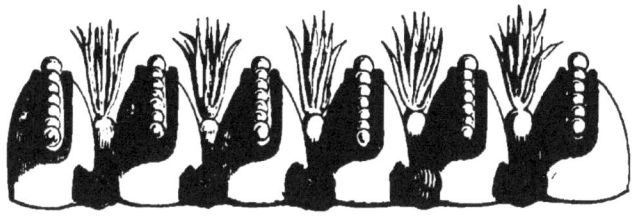

Borduren aus weißem, frischen Mundbrote,

theils geschnitten, theils ausgestochen, welche, wie es die Zeichnung gibt, blaß und etwas dunkel aus dem Schmalze gebacken und dann über die heißgemachten Schüsseln mit Eiweiß und Mehl aufgesetzt werden.

62*

Borburen aus weißem Traganttteig ausgestochen.

Silber-Borduren.

Formen.

Form für Baba polonais.

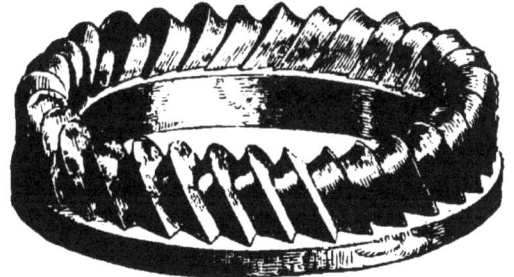

Aspic-Borduren-Form.

Aspic-Borduren-Form.

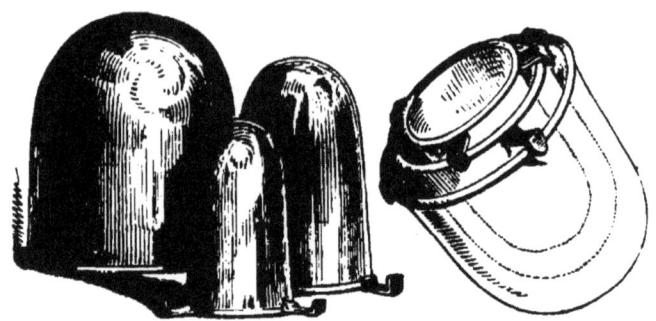

Form zu kalten Puddings (74. Abschnitt, 11. Abth.)

Förmchen zur **Galantine de perdreaux** (Abschnitt 25, Seite 423).

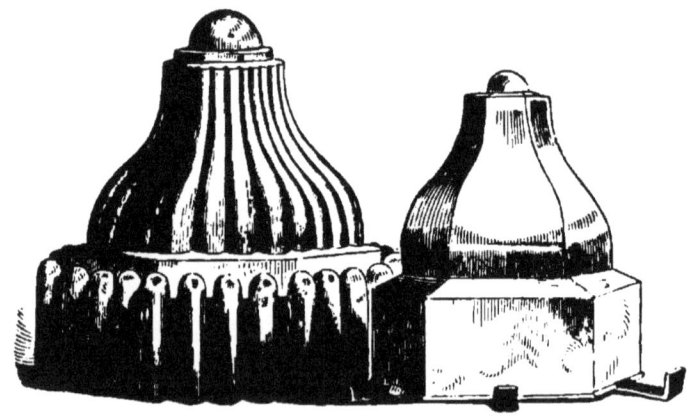

Form zur Macedoine (Abschnitt 77, Seite 824).

Einige Küchen-Geräthe.

Form zu den Attesetten en aspic.

Gefäß zum Früchte-Einmachen.

Chartreuse-Messer.

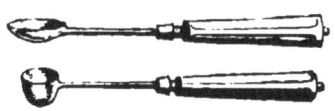

Gemüse-Bohrer.

Filtrirsack von Filz
für Zucker und
Früchte-Säfte.

Koch= und Windofenherde.

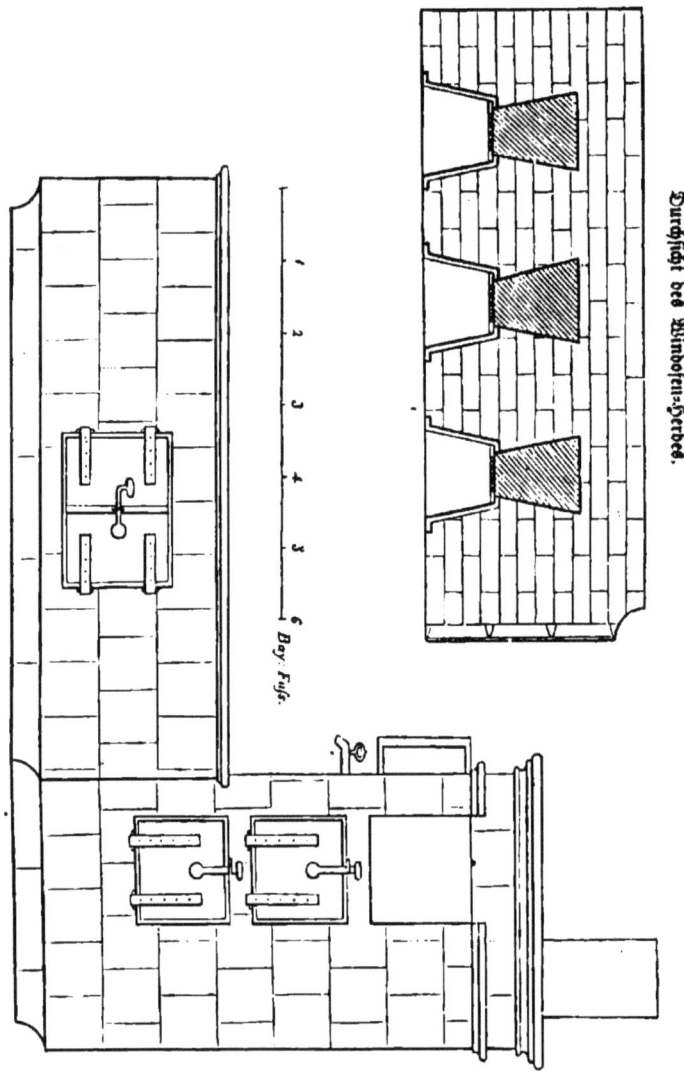

Durchsicht des Windofen=Herdes.

Bay. Fuß.

Kochherd. Aeußere Ansicht.

a) Feuerdurchgang.
b) Aschenloch.
c) Wärmkasten, Etuve.
dd) Bratröhren.
e) Wasserbehälter.
f) Etuve mit zwei Abtheilungen.

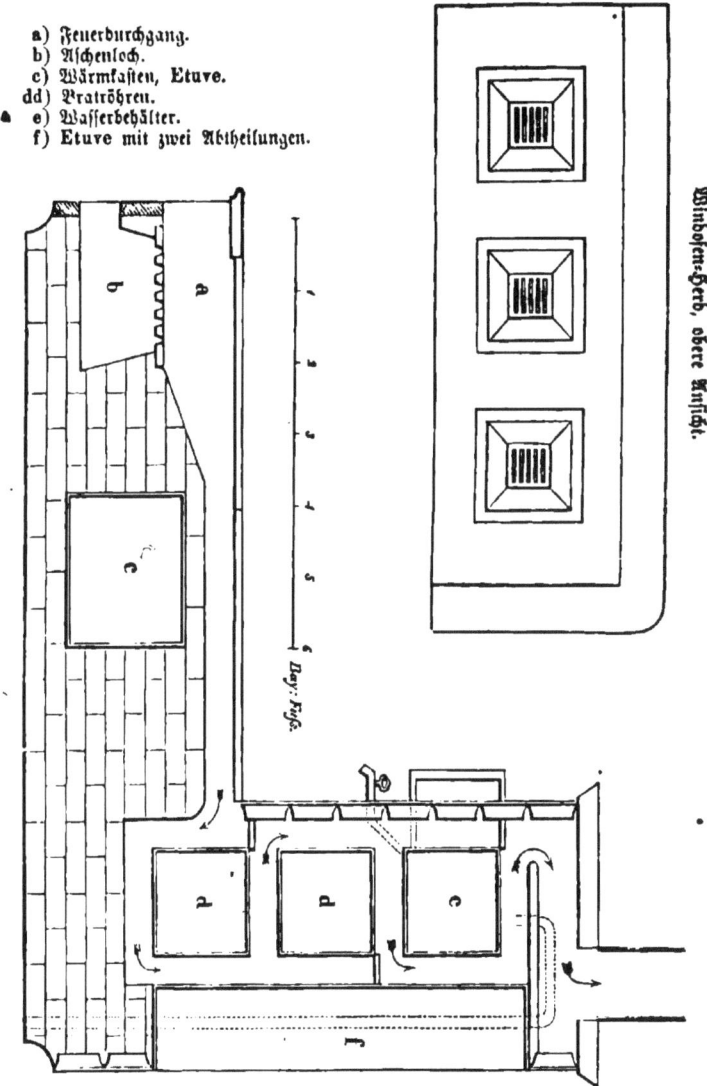

Windofen=Herd, obere Ansicht.

Kochherd. Querdurchschnitt.

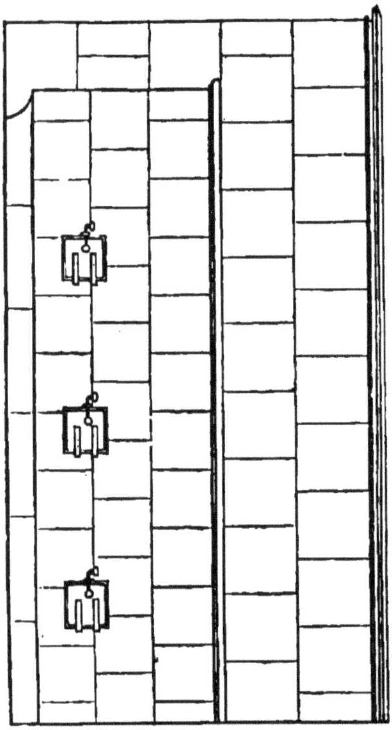

Seiten=Ansicht des Windofenherdes. 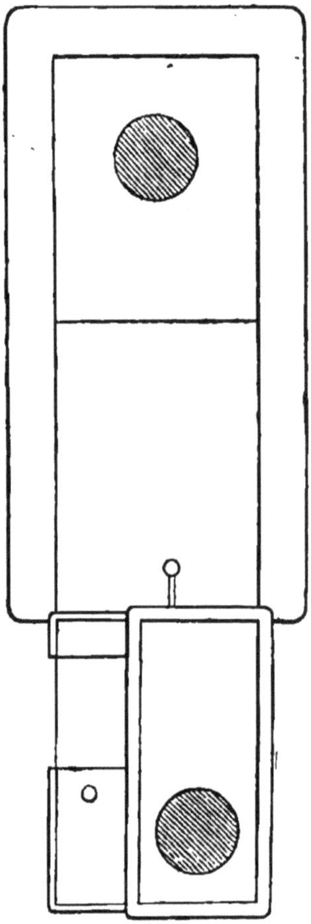   Obere Ansicht des Kochherdes.

Inhaltsverzeichniss.

Die Zahlen zur linken Seite geben die Receptnummern, die rechts aber die Seitenzahlen des Werkes.

215. Civet-Sauce 104
216. Sauce Tortue 104
217. Aufleg-Sauce 105
218. Regenten-Sauce 105
219. Sauce Rivernaise 105
220. Neapolitanische Sauce . . . 106
221. Genfer Sauce 106
222. Genueser Sauce 106
223. Spargel-Sauce 106
224. Halbe Geflügel-Glace . . . 107
225. Russische Sauce 107
226. Normänner-Sauce 107
227. Sauce à la Saint Marsan . . 107
228. Johannisbeer-Sauce 107
229. Sauce zu Beefsteaks 107
230. Herzogin-Sauce 108
231. Englische Brot-Sauce 108

2. Abschnitt. 3. Abtheilung.
Von den kalten Saucen und den verschiedenen Juttern.

232. Grüne Kräuter 109
233. Kalte Senf-Sauce 109
234. Grüne Remolade-Sauce . . 110
235. Spinatgrün 110
236. Gelbe Remolade-Sauce . . . 110
237. Kalte Oel-Sauce 110
238. Kalte Oel-Sauce auf eine
    andere Art 111
239. Grüne Oel-Sauce 111
240. Weiße Oel-Sauce mit Senf . 111
241. Kalte Wildgeflügel-Sauce . . 111
242. Kräuter-Butter 111
243. Englische Kräuter-Butter . . 112
244. Sardellen-Butter 112
245. Senf-Butter 112
246. Kalte Butter von Seekrebsen . 112
247. Krebs-Butter 112
248. Trüffel-Butter 113
249. Champignons-Butter 113
250. Kalte Butter von Schnepfen . 113
251. Butter auf Haushofmeisterart . 113

3. Abschnitt.
Von den Marinaden.

252. Marinade 114
253. Weiße Braise 114
254. Gekochte Marinade 115
255. Feines Kräutchen zu Papilloten 115
256. Trockene Braise 115

257. Dürre, feine Kräuter . . . 115
258. Kurze Brühe 116
259. Feine Kräuter 116
260. Backteig oder Weinteig . . . 116

4. Abschnitt.
Von den Püreen.

261. Pürees von Champignons . . 117
262. Pürees von Trüffeln . . . 118
263. Püree von Geflügel 118
264. Püree von Fasanen 118
265. Püree von Feldhühnern . . . 118
266. Püree von Schnepfen . . . 118
267. Püree von Wildenten . . . 118
268. Püree von Krammetsvögeln . 118
269. Püree von Lerchen 118
270. Püree von Becassinen . . . 118
271. Püree von Sauerampfer . . 119
272. Püree von Endivien 119
273. Püree von Carden 119
274. Püree von Erbsen 119
275. Püree von Linsen 120
276. Püree von Kartoffeln . . . 120
277. Zwiebel-Püree 120

5. Abschnitt.
Von den Farcen 121

278. Semmel-Panade 121
279. Kalbs-Euter 122
280. Kapaunen-Farce 122
281. Fasanen-Farce 122
282. Feldhühner-Farce 122
283. Kalbfleisch-Farce mit Nierenfett 122
284. Geflügel-Farce mit Nierenfett
    und Trüffeln 123
285. Kalbfleisch-Farce auf andere Art 123
286. Gratin-Farce zu Wildgeflügel 123
287. Gansleber-Farce zu Gratin . 124
288. Deutsche Farce ob. Koch-Farce 124
289. Gewöhnliche Koch-Farce . . 124
290. Geflügel-Farce mit Krebsbutter 125
291. Hechten-Farce 125
292. Farce von Karpfen-Milchner . 125
293. Sardellen-Farce 126
294. Feine Krebs-Farce 126
295. Feine Trüffel-Farce 126

6. Abschnitt.
Von den Ingredienzen zu den kleinen
Ragouts.

296. Kalbs-Milchner 127

63*

64 *